法兰西经典 04

La Mémoire, l'Histoire, l'Oubli

记忆，历史，遗忘

[法] 保罗·利科（Paul Ricœur） 著
李彦岑 陈颖 译

华东师范大学出版社

华东师范大学出版社六点分社 策划

出版弁言

1

　　法国——一个盛产葡萄酒和思想家的地方。

　　英国人曾写了一本名叫 *Fifty Key Contemporary Thinkers* 的书，遴选了 50 位 20 世纪最重要的思想家，其中居然有一半人的血统是法兰西的。

　　其实，自 18 世纪以来，法国就成为制造"思想"的工厂，欧洲三大启蒙思想家孟德斯鸠、伏尔泰、卢梭让法国人骄傲了几百年。如果说欧洲是整个现代文明的发源地，法国就是孕育之床——启蒙运动的主战场。自那时起，法国知识界就从不缺席思想史上历次重大的思想争论，且在这些争论中总是扮演着重要的角色，给后人留下精彩的文字和思考的线索。毫不夸张地说，当今世界面临的诸多争论与分歧、问题与困惑，从根子上说，源于启蒙运动的兴起。

　　法国人身上具有拉丁文化传统的先天基因，这种优越感使他们从不满足于坐在历史车厢里观望这个世界，而是始终渴望占据历史火车头的位置。他们从自己的对手——英德两翼那里汲取养料,在知识的大洋里,法国人近似于优雅的"海盗",从早年"以英为师",到现代法德史上嫁接思想典范的3M和3H事件,①可以说,自18世纪以来,启蒙运动的硝烟在法国始终没有散去——法国总是有足够多的思想"演员"轮番上场——当今世界左右之争的桥头堡和对峙重镇,无疑是法国。

保罗·利科(P. Ricœur)曾这样形容法兰西近代以来的"学统"特质:从文本到行动。法国人制造思想就是为了行动。巴黎就是一座承载法兰西学统的城市,如果把巴黎林林总总的博物馆、图书馆隐喻为"文本",那巴黎大大小小的广场则可启示为"行动"聚所。

2

当今英美思想界移译最多者当属法国人的作品。法国知识人对经典的吐故纳新能力常常令英美德知识界另眼相看,以至于法国许多学者的功成是因为得到英美思想界首肯而名就。法国知识界戏称"墙内开花墙外香",福柯(M. Foucault)如此,德里达(J. Derrida)如此,当下新锐托马斯·皮凯蒂(T. Piketty)也是如此。

移译"法兰西经典"的文本,我们的旨趣和考量有四:一是脱胎于"革命"、"改革"潮流的今日中国人,在精气、历史变迁和社会心理上,与法国人颇有一些相似之处。此可谓亲也。二是法国知

---

① 法国知识界有这样的共识:马克思、弗洛伊德和尼采被誉为三位"怀疑大师"(trois Maîtres de soupçon),法称3M;黑格尔、胡塞尔和海德格尔这三位名字首字母为H的德国思想家,法称3H;这六位德国思想大家一直是当代法国知识谱系上的"主食"。可以说,3M和3H是法国知识界制造"思想"工厂的"引擎"力量。

识人历来重思想的创造,轻体系的建构。面对欧洲强大的德、英学统,法国人拒绝与其"接轨",咀嚼、甄别、消化、筛选、创新、行动是法国人的逻辑。此可谓学也。三是与英美德相比较,法国知识人对这个世界的"追问"和"应答",总是带有启示的力量和世俗的雅致,他们总会把人类面临的问题和思考的结果赤裸裸地摆上桌面,语惊四座。此可谓奇也。四是法国人创造的文本形态,丰富多样,语言精细,文气沁人。既有狄德罗"百科全书式"的书写传统,又有承袭自蒙田那般精巧、灵性的 Essai(随笔)文风,更有不乏卢梭那样,假托小说体、自传体,言表隐匿的思想,其文本丰富性在当今世界独树一帜,此可谓读也。

3

伏尔泰说过这样的话:思想像胡须一样,不成熟就不可能长出来。法兰西民族是一个早熟的民族——法国思想家留给这个世界的文字,总会令人想象天才的模样和疯子的影子,总会自觉或不自觉地让人联想到中国人的那些事儿,那些史记。

从某种意义上说,法国人一直在骄傲地告诉世人应当如何生活,而我们译丛的旨趣则关注他们是如何思考未来的。也许法兰西民族嫁接思想、吐故纳新、创造历史的本领可以使我们一代人领悟:恢复一个民族的元气和自信要经历分娩的阵痛,且难免腥风血雨。

是所望焉。谨序。

倪为国
2015 年 3 月

献给西蒙娜·利科

曾在从现在开始将不再不曾存在:从现在开始,曾在的这一神秘且无比晦暗不明的事实就是其通往永恒的依靠。

——弗拉迪米尔·扬科列维奇

在德国威布林根修道院图书馆一个显眼的角落矗立着一座精美绝伦的巴洛克雕像。这座雕像刻画了两个历史人物。前面的是长着翅膀的神克洛诺斯。他是一位头戴圆冠的老人,他左手紧抓着一本书,并试图用右手撕扯其中的书页。而在后上方站立着历史神。他目露庄严与探究之色,他的一只脚弄翻了正溢出金币和银币的丰饶之角——这是不稳定性的象征。他的左手正在阻止克洛诺斯撕书的行为,与此同时他的右手上拿着书写历史的三件工具:书、墨水瓶和笔。

——威布林根修道院,德国乌尔姆

Entre la DÉCHIRURE par le temps filé
et l'ÉCRITURE de l'histoire et son stylet

Paul Ricœur

目 录

致读者······1

第一部分　论记忆与回忆

第一章　记忆与想象······6
　导论······6
　第一节　古希腊的遗产······8
　　1. 柏拉图：不在场事物的在场表象······9
　　2. 亚里士多德："记忆属于过去"······19
　第二节　记忆现象学概要······27
　第三节　记忆与图像······55
第二章　被训练的记忆：使用与滥用······70
　导论······70
　第一节　人工记忆的滥用：记忆化的功绩······72
　第二节　自然记忆的滥用：被压抑的记忆，被操控的记忆，被过度控制的记忆······86
　　1. 病理学-治疗学层次：被压抑的记忆······87
　　2. 实践层次：被操控的记忆······101

3. 伦理-政治层次:有义务的记忆 ………………… 109
第三章　个人记忆,集体记忆 ………………………… 117
　　导论 ………………………………………………… 117
　　第一节　内观的传统 ………………………………… 120
　　　　1. 奥古斯丁 ……………………………………… 120
　　　　2. 洛克 …………………………………………… 128
　　　　3. 胡塞尔 ………………………………………… 137
　　第二节　外观:莫里斯·哈布瓦赫 …………………… 152
　　第三节　记忆归因的三个主体:我,集体,亲者 ……… 158

第二部分　历史认识论

序论　历史:良药还是毒药? ……………………………… 181

第一章　文献环节:被做成档案的记忆 ………………… 187
　　导论 ………………………………………………… 187
　　第一节　居住空间 …………………………………… 189
　　第二节　历史时间 …………………………………… 198
　　第三节　见证 ………………………………………… 209
　　第四节　档案 ………………………………………… 217
　　第五节　文献证据 …………………………………… 233

第二章　解释/理解 ……………………………………… 240
　　导论 ………………………………………………… 240
　　第一节　心态史地位的提升 ………………………… 247
　　第二节　三位严密的大师:福柯、塞尔托、埃利亚斯 … 264
　　第三节　尺度的变化 ………………………………… 277
　　第四节　从心态概念到表象概念 …………………… 288
　　　　1. 效用或强制的尺度 …………………………… 291

2. 合理化程度的尺度 ………………………………… 294
　　3. 社会时间的非量化面的尺度 ……………………… 298
　第五节　表象的辩证法 ………………………………… 303
第三章　历史学家的表象 ………………………………… 314
　导论 ……………………………………………………… 314
　第一节　表象和叙述 …………………………………… 319
　第二节　表象和修辞 …………………………………… 334
　第三节　历史学家的表象和对于图像的幻象 ………… 354
　第四节　Représentance ………………………………… 375

第三部分　历史的条件

总论 ………………………………………………………… 389
序论　历史的重负和非历史 ……………………………… 393

第一章　批判的历史哲学 ………………………………… 402
　导论 ……………………………………………………… 402
　第一节　"历史本身"(Die Geschichte selber) ………… 405
　第二节　"我们的"现代性 ……………………………… 418
　第三节　历史学家和法官 ……………………………… 432
　第四节　历史诠释 ……………………………………… 456
第二章　历史与时间 ……………………………………… 469
　导论 ……………………………………………………… 469
　第一节　时间性 ………………………………………… 479
　　1. 向死存在 …………………………………………… 479
　　2. 历史学的死 ………………………………………… 491
　第二节　历史性 ………………………………………… 501
　　1. 语词"Geschichtlichkeit"的轨迹 ………………… 502

2. 历史性与历史编纂学 ……………………………… 512
　第三节　在时间中存在 …………………………………… 519
　　1. 在非本真的道路上 ………………………………… 519
　　2. 在时间中存在与记忆和历史的辩证法 521
　第四节　历史的令人不安的陌生感 ……………………… 532
　　1. 哈布瓦赫:被历史打碎的记忆 …………………… 533
　　2. 耶鲁沙利米:"历史编纂中的隐忧" 538
　　3. 诺拉:记忆的奇特场所 …………………………… 543

第三章　遗忘 ………………………………………………… 556
　导论 ………………………………………………………… 556
　第一节　遗忘与痕迹的消失 ……………………………… 563
　第二节　遗忘与痕迹的持存 ……………………………… 573
　第三节　回忆的遗忘:使用和滥用 ……………………… 594
　　1. 遗忘和被压抑的记忆 ……………………………… 595
　　2. 遗忘和被操控的记忆 ……………………………… 599
　　3. 被命令的遗忘:赦免 ……………………………… 605

结语　艰难的宽恕

导论 …………………………………………………………… 613
　第一节　宽恕的公式 ……………………………………… 615
　　1. 深度:过错 ………………………………………… 615
　　2. 高度:宽恕 ………………………………………… 623
　第二节　宽恕精神的奥德赛之旅:制度的穿越 ………… 629
　　1. 刑事罪责和不受时效约束的 …………………… 630
　　2. 政治罪责 …………………………………………… 635
　　3. 道德罪责 …………………………………………… 637
　第三节　宽恕精神的奥德赛之旅:交换的驿站 ………… 639

  1. 礼物经济学 ……………………………… 642
  2. 礼物和宽恕 ……………………………… 644
 第四节　回归自身 …………………………………… 650
  1. 宽恕和承诺 ……………………………… 650
  2. 解除行动者其行动的约束 ……………… 657
 第五节　回顾一段旅程：重述 ……………………… 662
  1. 愉快的记忆 ……………………………… 663
  2. 不愉快的历史？ ………………………… 666
  3. 宽恕和遗忘 ……………………………… 670

人名书名索引 ………………………………………… 679

致 读 者

本研究源自若干思考,一些是与我个人相关的思考,一些是与我职业相关的思考,另外的那些思考我则称之为公共层面的思考。

就与我个人相关的思考而言,这里并不想讨论对一段漫长人生的看法——《完成的反思》(*Réflexion faite*),而是想回过头来谈谈在《时间与叙事》和《作为他者的自身》的问题意识中被遗漏的部分。在这两部著作中,时间体验和叙事活动这两大主题得到了直接的考察,代价却是遗漏了对记忆,甚至更糟的是遗漏了对遗忘的思考,而这两者正是介于时间和叙事之间的中间层。

就与我职业相关的思考来说,本研究得益于职业历史学家——他们同样面对那些和记忆与历史间关系有关的问题——的著作,开设的高级研讨班以及各种研讨会。就此而言,这部著作是这一永不终止的对话的延续。

就公共层面的思考来说,在某一时空中的过多的记忆与在另一时空中的过多的遗忘造成了一些始终困扰我的令人担忧的景象,且不说各种纪念活动以及对记忆和遗忘的种种滥用所造成的影响。就此而言,一种关于公正记忆(la juste mémoire)的政治学概念就构成了我所认为的公民主题之一。

*

　　这部著作由三个部分组成,它们根据主题和方法而独立成章。第一部分是在胡塞尔现象学的层次上来讨论记忆以及与记忆有关的现象。第二部分探讨历史,这部分的讨论属于一种历史科学的认识论。第三部分则试图在一种关于我们人类之历史条件的诠释学的总体框架中进行对于遗忘的思考。

　　每一部分都按照一种可称之为三节律(rythme ternaire)的指定路线展开。因而有关记忆的现象学首先开始于对精神之前的记忆对象,即记忆(le souvenir)的分析,然后经过寻找记忆的阶段,即回忆(l'anamnèse, rappel)的阶段,最后由被给予的、被训练的记忆来到反思的记忆,即有关自身的记忆的阶段。

　　历史科学的认识论部分由历史编纂活动的三个环节构成。从见证(le témoignage)和档案的阶段开始,经过表现在各种解释和理解中的对"因为"(parce que)的运用环节,最后终结于历史学家在文字层面上表象过去的环节。

　　历史条件的诠释学同样由三个阶段组成。第一阶段是历史的批判哲学阶段,它同时也是一种批判的诠释学。它专注于研究被某种知识的傲慢以各种方式所无视的历史认知的界限。第二阶段是存在论诠释学阶段。这一阶段主要研究时间化(temporalisation)的各种模式,这些模式构成了历史认知的存在条件。紧随记忆与历史之后便是遗忘的王国,这是一个自行分裂的王国,一方面它遭到各种痕迹会被最终抹除的威胁,另一方面则是回忆(l'anamnèse)的对象已经得到保存的保证。

　　不过这三个部分并不独立成书。它们就像三根桅杆,上面挂着一些互相交错又判然有别的船帆。这三根桅杆同属于一艘拥有唯一的且独一无二的航程的小船。事实上,贯穿记忆现象学、历史认识论和历史条件的诠释学的一个共同问题就是关于过去之表象的问题。在对记忆的对象面的研究中这一问题被尖锐地提了出来：什么是图像（l'image）——柏拉图和亚里士多德称之为 eikōn——之谜，就图像是对一个带有过去的时间烙印且已不在场的事物的在场呈象而言？这个问题经过见证的认识论以及被认为是解释/理解的主要对象的各种社会表象的认识论后，最终在对表现历史之过去的种种事件、局势（conjoncture）和结构的文字表象的层面上展开自身。有关 eikōn 的那个最初的谜团在章与章之间不断得到强化。从记忆的领域到历史的领域，这个谜团在历史条件的诠释学阶段达到其顶点，而在最后这个阶段，过去的表象发现自身既受到遗忘的威胁，也同样受其庇护。

*

下面是一些需要对读者说的话。

在这本书中，我尝试了一种之前我从未使用过的阐述方式：为了减轻我的这本书所负有的最为沉重的教学考虑——在引出每一个主题的时候，都要回顾与前一章论证的联系并指出之后的思路发展——，我在本书的所有关键要点处都会附上一个总论，以便告知读者我们的考察行进到哪里了。我希望这种考虑到读者的有限耐心的安排能使后者满意。

还有一些话要对读者说：我经常提到和引用不同时代的作者，但我并不打算写一部问题史。我是根据论证的需要而提到这个或那个作者的，完全没有在意时代的问题。这项权利在我看来是所有读者的权利，在他们面前所有书都同时打开着。

我是否需要在最后承认，除了表示当权者和君主的"我们"，我在使用"我"（je）和"我们"（nous）上没有固定的规则？当我想要开始一个论证的时候，我倾向于使用"我"，当我希望引导我的读者跟随我的时候，我则偏爱使用"我们"。

让我们的三桅船扬帆起航！

*

在这部著作完成之际，请允许我向那些陪伴并且，如果可以说的话,见证我的这项事业的家人表示我的感谢,尽管在这里我没有列出他们的名字。

　　除此之外,我在这里要提到一些人的名字,除了他们给予我的友谊之外,他们还同我分享了他们的才智:在对历史学家工作的研究中,多斯(François Dosse)给了我不少建议;由于杜弗洛(Thérèse Duflot)出色的能力,细心又时而严厉的她成了这部著作的第一位读者;马克龙(Emmanuel Macron)对这部著作的文字部分提出了中肯的批评意见,并对注释部分进行了整理。最后我要感谢瑟伊出版社的负责人以及"哲学的秩序"(L'ordre philosophique)丛书的各位编委,感谢他们再一次给予了我信任与耐心。

保罗·利科

第一部分
论记忆与回忆

这里提出的记忆现象学将围绕两个问题构建起来：对什么（quoi）的记忆？记忆是谁（qui）的？

这两个问题是在胡塞尔现象学的精神指导下提出的。在这份遗产中，我们给予那句众所周知的格言——一切意识都是关于某物的意识——提出来的要求以优先性。这条"对象的"进路带来了一个在记忆层面上特有的问题。记忆本质上难道不是自反的（réflexive）吗，正如在法语中经常出现的代动词倾向于让我们想当然地认为：记得（se souvenir）某件事，就是直接地记得自身？然而，尽管哲学传统倾向于推崇记忆经验的自我学这一方面，我们还是要在"谁？"的问题之前提出"什么？"的问题。一旦充分考虑一番集体记忆的概念，那么我们就会发现，长久以来赋予"谁？"的问题以这种突出的优先地位已经带来了消极影响，导致对记忆现象的分析陷入了僵局。如果过快地宣称，记忆的主体就是单数第一人称的"我"，那么集体记忆的概念在记忆现象学中就只能作为类比的概念，甚至陌生的团体出现。如果想要避免被囚禁在这个无所助益的疑难之中，那么我们就应该悬置将记得的行为归因于某个人（包括全部语法人称）的问题，并且以"什么？"的问题为起始。在完善的现象学教义中，自我学的问题——自我(ego)意指什么——必须来自于意向性问题之后,而后者必须是有关意向行为(noèse)和意向相关项(noème)之间的相关性问题。不考虑记忆在其与过去关系的历史编纂学阶段进程中命运如何,用于讨论记忆的这第一部分设立的目标,就是尽可能远地通向一门记忆(souvenir)——记忆(mémoire)的对象环节——的现象学。

从"什么?"的问题到达"谁?"的问题的时刻,将再一次被前一个问题在认知(cognitive)方面和实用(pragmatique)方面的一个重要分裂所推迟。语词的概念史在这方面是有所助益的。古希腊人用 *mnēmē* 和 *anamnēsis* 两个词来表示:一方面是作为最大程度上被动地显现着的,以至于它在脑海中的浮现表现出了情感——*pathos*——特征的记忆;另一方面是作为通常被称为回想、回忆的寻觅的对象的记忆。记忆,时而被寻获,时而被寻找,就这样处在了一门语义学和一门语用学(pragmatique)的交叉路口上。记得(se souvenir),就是拥有一段记忆,或者去寻觅一段记忆。在这个意义上,由 *anamnēsis* 提出的"怎样?"(comment)的问题,倾向于从由 *mnēmē* 更加严格地提出的"什么?"的问题中脱离出来。认知进路和实用进路的这种分裂对记忆忠实于过去的要求产生了重大影响:这个要求确定了记忆的符合论地位,在下文,记忆的符合论地位必须要面对历史的符合论地位。不过在此期间,记忆的实用(根据记忆的实用,记得某件事就是做某件事)在全部符合论(或者说真实性)的问题域上造成一个干扰效果:滥用的可能性不可避免地被嫁接在围绕记忆的实用轴而被把握的记忆的使用资源上。在第二章中提出的使用和滥用的类型学,将会和第一章的记忆现象的类型学叠合在一起。

同时,*anamnèse* 的实用进路将会为从"什么?"的问题(在严格的意义上,致力于对记忆的认知资源进行研究)到"谁?"的问题(集中指向一个能够记得自身的主体对记忆的占有)提供合适的过渡。

  我们将沿着以下道路前进：从"什么？"，经过"怎样？"，到达"谁？"——从记忆(souvenir)开始，经过回忆(réminiscence)，最后到达自反的记忆(mémoire réfléchie)。

第一章　记忆与想象

导　论

在接受"什么?"的问题之优先性的同时,记忆现象学一上来就将面对一个为日常语言所认可的可怕疑难:似乎是由过去的表象(représentation)构成的在场,看起来完全是一个图像(image)的在场。人们不加区分地说,想起(se représenter)一件过去发生的事就是拥有其一个图像,这个图像或者是拟视觉的,或者是拟听觉的。除了日常语言之外,悠久的哲学传统——其以惊人的方式将英语世界的经验主义和笛卡尔开创的强理性主义两者的影响结合起来——使记忆成为了一片想象的领地。正如人们在蒙田和帕斯卡那里看到的那样,这一传统很长一段时间以来就已经受到怀疑了。斯宾诺莎为我们提供了一个非常能说明问题的情况。在《伦理学》第二部分《论心灵的性质和起源》的命题十八中,我们看到:"如果人身同时为两个或更多的物体所激动,那么当心灵后来随时想象其中的一个时,也将会记起另外的物体。"正是在观念联系的影响下,记忆和想象之间产生了这样一种短路:如果这两种情感前后相继,那么想起其中的一个(即想象它),也就是想起了另一个(即记起它)。记忆,被归结为回忆,就以这种方式跟随在想象之后起作用。而想象,就其自身而言,位列服从于人身以外事物联系的各种情感之下,处在人类认知方式阶梯的底层,正如接下去的附释强调的那样:"这种联系之发生是依照人身中情感的次序和联系,以便有别于依照理智的次序而产生的观念联系"(《伦理学》,法译本阿普恩[Appuhn]译,页166‐167)。由于我们在斯宾诺莎那里看到了时间——或者不如说绵延——的一个崇高定义,即"存在的持续",以上说明就更加值得注意了。令人惊讶的是,记忆与对时间的这种感知没有关系。从另一个角度来看,记忆被视为一种教育方式,在对传统文本的博闻强记的名义下,其最终声名狼藉(读者们可以阅读笛卡尔的《方法谈》);而就通达过去的特定功用而言,没有什么可以比得上记忆的帮助。

在对想象的一种批判的边缘地带,在记忆的这个没落传统的逆流中,应该着手将想象和记忆拆分开来,尽可能将其进行得更彻底。指导思想是,在两种指向、两种意向性之间,存在着可以说是本质的差异:一方面,想象的意向性,它指向幻想、虚构、非现实、可能性、乌托邦;另一方面,记忆的意向性,它指向先前的现实,这种先前性尤其构成了"被记得的事物"的、如其所是地"被记得的东西"的时间标记。

这项拆分活动的诸多困难可以追溯到这个问题域在古希腊的起源(第一节)。一方面,柏拉图的 eikōn 理论主要强调了一个不在场事物的在场显象,对过去时间的参照仍然是未曾言明的。正如我们接下去的研究将要证实的那样,这个与 eikōn 有关的问题域自有其妥当之处及其特有的结构。然而,它也会阻碍我们认识到记忆的完全时间化功能的特殊性。为了承认这个特殊性,我们必须转向亚里士多德这一边。在《自然诸短篇》的一篇杰出的小文章《论记忆与回忆》中,我们会读到"记忆属于时间"这个大胆的声明,它将成为我们接下去研究的导航星。

这项研究的核心部分将用于尝试去构建诸多记忆现象的类型学(第二节)。尽管存在明显的离散性,它依然致力于通过一系列相似性,把握时间距离、过去时间深度的本原(princeps)体验。我丝毫没有掩饰这一点,即这种对记忆分异化迹象的辩护,必须和一种修正结合在一起。这种修正,与想象物的论题(就像萨特在《论想象》和《论想象物》中从事的工作)齐头并进,有把图像从其所谓在意识中存在的场所里驱赶出来的倾向。对画面-图像的批判于是将成为想象和记忆共有问题的一部分,柏拉图有关不在场者之在场的主题打开了这个问题。

然而我认为,不能仅仅满足于针对想象物和记忆进行的这双重规定活动。在记忆的活的体验中,还必须存在一个不可还原的特点,它解释了记忆-图像(image-souvenir)这个表达长久以来就表现出来的混淆。看起来,记忆的再现只能以图像生成(devenir-image)的模式发生。与记忆的现象学和图像的现象学并行的修正,将会在记忆的图像化过程中发现其局限之所在(第三节)。

回忆和想象的混淆是记忆的这种图像生成的结果,它的持久威胁影响了记忆追求忠实性的雄心,记忆的符合论功用恰恰要归结于此。然而……

然而,为了确保在我们形成某件事的记忆之前,这件事已经发生过,没有什么是比记忆更好的了。现在必须承认,甚至历史编纂学也不会使我们放弃一个信念,尽管它不断地要受到嘲笑,却也不断地重新获得肯定。这个信念就是,记忆的终极所指仍然是过去,不论过去的过去性究竟能够意味着什么。

第一节 古希腊的遗产

由于记忆和想象的纠缠而提出的问题,和西方哲学一样历史悠久。关于这个主题,苏格拉底的哲学为我们留下了两片领地(topoi),它们彼此之间既相互对立又互为补充:一个是柏拉图,另一个是亚里士多德。前者围绕 *eikōn*,讨论了不在场事物的在场表象;他隐含地为想象问题域包围记忆问题域进行辩护。后者主要关注一个以前感知过的、得到过的或者学过的事物的表象,为记忆问题域包含图像问题域进行辩护。记忆和想象疑难的这些不同变型,我们从来都没有停止过表达我们的看法。

1. 柏拉图:不在场事物的在场表象

一开始就注意到这一点非常重要,即正是在讨论智者,以及透过这个人物,讨论智者学派本身及谬误特有的本体论可能性的对话框架内,我们遇到了 *eikōn* 这个概念,其或是单独地,或是和 *phantasma* 的概念成对出现。通过这种方式,图像,同样还连带记忆,最初就因为审视它们的哲学环境而遭受怀疑的打击。苏格拉底想知道,智者如何才是可能的,如何才能对智者言说虚假的事物,以及最后,非真如何就导致了非存在?正是在这个框架内,以《泰阿泰德篇》和《智者篇》为标题的两篇对话提出了问题。为了使事情进一步复杂化,借助于蜡板的隐喻,*eikōn* 的问题域在一开始还和印记、*tupos* 的问题域相联系,这样,谬误或是被看作标记、*sēmeia* 的消失,或是被看作一种误认,类似于某个人将脚放在了不合适的脚印当中。我们同时还看到遗忘的问题是如何在一开始就被提出的,甚至是从两个方面被提出来的:痕迹之消失,以及当下的图像无法准确地嵌入到比如说一枚戒指在蜡上留下来的印记里面。值得注意的是,自这些文本创立伊始,记忆和想象就共享了相同的命运。问题的这种起始情况让亚里士多德的断言——"记忆属于时间"——更加惹人瞩目了。

让我们从 163d 开始重新阅读《泰阿泰德篇》。① 我们身处在讨论的核心,这一讨论集中围绕虚假判断的可能性展开,并以对命题——"知识不会是感觉以外的其他事情"——的反驳为结束(151e–187b)。② 苏格拉底发起了如下"进攻":"有这样一个问题:'假定人们知道某物并且在再次获得此物时保留了对此物的记忆,是否有可能,当人们记得此物时却不知道此物就是他们所记得的事物?'但我这样说可能太累赘了。我想说的是,一旦人们习得了某物,当他们记得它的时候,是否可能不知道它"(163d)。我们立刻就可以注意到全部问题域和诡辩法之间的紧密联系。事实上,在看到问题的答案破土而出之前,必须越过普罗泰戈拉冗长的答辩及其为人类-尺度进行的自由辩护,而且必须首先面对一个更加尖锐的问题:"因为,现在这种情况,你不是认为人们会承认,对随便一个人来说,当下的对过去曾经有过的感觉印象的记忆,具有和当下已不再存在的感觉印象相同的性质吗? 远非如此"(166b)。这着实是一个狡诈的问题,它把全部问题域都拖入到在我们看来将是个陷阱的东西当中,亦即,诉诸相似性范畴以解决不在场者的在场难题,想象和记忆共有的难题。普罗泰戈拉试着将记忆(也就是不在场者的在场)的真理疑难限制在(过去)知识的(当下)非知识的诡辩法中。思想被领会为灵魂与其自身的对话。在思想中武装一种新的信心,

---

① 纳尔西(Michel Narcy)整理并翻译,Paris, Flammarion, coll. « GF », 1995。同时还有迪耶斯(Auguste Diès),Paris, Les Belles Lettres, 1926,以及罗班(Léon Robin)的译本,Paris, Gallimard, coll. « Bibliothèque de la Pléiade », 1950。

② 关于这部分内容,可以参见克雷尔(David Farrell Krell)的《论记忆、回忆和书写:在边缘》(*Of Memory, Reminiscence and Writing. On the Verge*, Bloomington et Indianapolis, Indiana University Press, 1990)。作者想知道,当过去的事情不可挽回地是不在场的时候,什么才是记忆的真相呢? 记忆看起来难道不是通过它们已经消失的在场的当下图像使我们和它们保持联系么? 希腊人在印记(tupos)隐喻的指导下所探讨的这个不在场的在场联系又是什么样呢? 作者在靠近德里达(J. Derrida)有关书写的著作的地方探讨印刷术和肖像学之间的联系时顺带探讨了这些问题。且不论这个隐喻在神经科学的时代最终命运如何,不在场的在场疑难迫使思想仍然居于边缘。

第一部分 论记忆与回忆

苏格拉底精心设计了一门误认的现象学:将某个事物认作了另外一个事物。正是为了解决这个悖论,他提出了蜡块隐喻:"那么,为了便于论证,假定我们的灵魂中有一块蜡板:在每个人心中或较大或较小,或较纯或较杂,或较硬或较软,或各方面都恰到好处。"——泰阿泰德:"我同意。"——苏格拉底:"很好,让我们说这是缪斯女神之母记忆女神的馈赠:如果我们想要记住我们所视、所闻或心灵中所接受的东西,我们便将蜡板放在感觉和思想之下,将感觉和思想刻于其上,就像我们用印章戒指盖印作为标记那样。只要图像(eidōlon)还保存在那,我们就能记住所印记的东西并且知道它;当印记被清除或是没有成功留下印记时,我们就会忘记(epilelēsthai),也就是说不知道它"(191d)。我们要注意,蜡块的隐喻将两个问题域——记忆的问题域和遗忘的问题域——结合到一起去了。一个精妙的类型学随之而来,其涉及现实知道的时刻和印记获得的时刻之间所有可能的组合;其中,问题主要在于下面两个(第十个和第十一个):"为人所知的并被当下感觉到的事物,其与记忆相符(ekhōn to mnēmeion orthōs;迪耶斯译为'有对其……忠实的记忆'),不可能认为此物仅为人所知而不在当下感觉之中;同样,为人所知并被当下感觉到的事物,不可能认为此物仅在当下感觉之中而不为所知"(192b-c)。我们还会进一步推进全部讨论,以便把握忠实性的这个符合论特征。继续印记的类比,苏格拉底将正确的意见和精确的嵌合、错误的意见和失败的嵌合同等看待:"当某个感觉和两个标记(tōn sēmeiōn)之一联合在一起,而没有和另一个相联合时,有人用适合于不在场感觉的那个标记去对应当下的感觉、思想,这种情况一旦出现,他就完全地处于谬误之中了"(194a)。① 我们不会再停

---

① 我在这里指出克雷尔的一个可供选择的翻译:"当和印记相符的感觉而不是其他感觉向我呈现时,当(换句话说)心灵用和不在场感觉相符的印记去适应当下的感觉时,心灵在每一次这样的情况下都会受骗。"(克雷尔,《论记忆、回忆和书写》,前揭,页27)

留在蜡的类型学上,其被用来引导正确的或错误的记忆的类型学。为了阅读的乐趣,我们也不要忘记柏拉图略带讽刺地提到(194e - 195e)"青铜的心"(《伊利亚特》第二卷)和"潮湿的心"。我们会牢记这个观念,即虚假的意见"既不存在于感觉和感觉之间,也不存在于思想上,而是在感觉和思想的联合(sunapsis)上"(195c - d)。在涉及"正确地保存记忆"这个表达时,人们期待的对时间的指涉在一种认识理论的框架内并不是妥当的,因为后者关心的是,错误的意见——进而判断——在其中的地位,而不是记忆本身。它的力量就在于,通过误认的现象学,把不在场的在场疑难囊括在自身之中。①

就对想象理论和记忆理论产生的影响而言,恰恰是同一个将两者囊括在一起的问题域主导着随鸽笼比喻的出现而发生的隐喻变化。② 根据这个新的模型("鸟笼模型"[le modèle de la volière],纳尔西译自伯耶特),我们要接受持有某个知识和主动地使用它是一回事,在这个意义上,手里捉住一只鸟是不同于把它关在鸟笼里的。我们于是就从印章留下的印记之被动显现的隐喻过渡到另一个隐喻,在这里,重点在于就潜能或能力而言的知识的定义。认识的问题是这样的:能力及其使用的区分是否使得这一点成为可以设想的,即能够断定已经习得的某物进而持有它的知识(手里捉住一只鸟)就是知道的某物(关在笼子里的鸟)(197b - c)? 考虑到对运算法则的错误记忆会导致计算发生差错,这个问题进入

---

① 在伯耶特(Myles Burnyeat)的《柏拉图的〈泰阿泰德篇〉》(The Thaetetus of Plato, Hackett Publ. Co, 1990;纳尔西译, Introduction au Théétète de Platon, Paris, PUF, 1998)中,我们将发现一场在英语分析哲学传统中,紧密围绕严格的认识论证展开的讨论(作者写道,"关于《泰阿泰德篇》的那些最重要的评论都是用英语完成的")。关于"错误的判断",它的可能性及其可能的反驳,参见法译本页 93 - 172;关于"蜡块",参见页 125 以下;关于"鸟笼",参见页 144 以下。

② 蜡块模型没有成功地解释以下这个情况:作为两个数字之和的一个数字的错误判断。此类抽象的谬误无法通过诸知觉之间的嵌合不匹配得到解释。

到我们自己的讨论范围内了。初看起来,我们已经离开了按照蜡块模型的那些嵌合不匹配的情况。然而,这些情况难道不是同样可以被看作能力的错误使用,并进而被看作误认吗?如果印记关系到已获得的知识,那么为了能够使用这些知识,印记难道不应该被记在心里么?记忆的问题也就以此方式间接地通过一个被视为误认的现象学的东西而被触及了。不匹配的嵌入和错误的捉取是误认的两种形态。就所有捕获被视为持有(hexis 或 ktēsis),而且首先是被视为捕捉而言,"鸟笼模型"尤其适合于我们的研究,因为所有对记忆的探寻,同样也是一种捕捉。作为一名真正的"智者",苏格拉底越过繁琐的文字,不仅将野鸽和他自己的鸽子,而且还将非鸽子和真正的鸽子结合在一起。此时此刻,让我们继续跟随着他前进。无论是在捉取的时刻,还是在持有的状态上,麻烦都始终如影随形。①

通过这些出人意料的分化和重叠,鸽笼类比(或者"鸟笼模型")展示出来的丰富性,可以和错误地将脚放在不合适的脚印中的类比的丰富性媲美。错误的捉取、误认被补充到不匹配的嵌入上。相反,eikōn 的命运消失在视野之外。《智者篇》会把我们重新引回到它这里来。

在《智者篇》中展开的 eikōn 问题域完全成为了解决凝缩在上引《泰阿泰德篇》194a 文字中的不在场的在场难题的得力帮手。② 问题的关键在于回忆起——其被视为对印记的一种识认(reconnaissance)——的那一刻其状况如何。谬误的可能性处在这个悖

---

① 我们要捎带注意一下还未展开的比喻,关于错失了靶子的弓箭手(194a)。必须由此想到,hamartanein("犯错"以及下文的"犯罪")就是"错失了靶子"。

② 讨论到目前为止还集中在错误的判断上,当它更加专注于知识、知觉和正确的判断这三个主题之间的严格认识论的关系问题时,我们就离开了《泰阿泰德篇》。从严格知识论的视角来看,我们从《泰阿泰德篇》中的描述和认同的谬误来到了《智者篇》中描述的纯粹谬误(伯耶特,《柏拉图的〈泰阿泰德篇〉》,前揭,页125)。

论中。①

让我们抽出《智者篇》②的关键段落,柏拉图在模仿的种类中区分真实和欺骗(234c 以下)。讨论的框架接近《泰阿泰德篇》:智者学派及其幻相术何以可能?客人与泰阿泰德最后同意,智者——永远都是他——主要是存在和真理的一个模仿者,他制作诸存在的"仿制品"(mimēmata)和"同名的摹本"(homōnuma)(234b)。隐喻在这里发生了变化。我们从蜡块中的印记来到了肖像,隐喻相应地从图像的技艺拓展到语言的技艺(eidōla legomena,迪耶斯译为"言语的假象",234c),它能够使被说的事物"看起来是真实的"。我们因此处在技艺、模仿技艺中,而模仿和魔术("奇迹制造者",235b5)是区分不开的。在这个既定框架之内,柏拉图实践着他偏爱的划分法:"因此现在进行拆分:尽快拆分图像制作术(eidōlopoiikēn tekhnēn)"(235b)。一方面,存在 tekhnē eikastikē(迪耶斯翻译为"仿像的技艺"):"为了使模仿更加完美,在借鉴模型的过程中,应该更严格地忠实于长、宽、高的比例关系,此外,还要依照每个部分对应的颜色"(235d,e)。另一方面,存在着幻像,柏拉图为之保留了术语 phantasma(236b)。因此,eikōn 对立于 phantasma,"仿像的"技艺对立于"幻像的"技艺(236c)。考虑到问题的特殊性,记忆的问题已经消失了,占统治地位的问题域,即在哪里可以发现智者的问题将它吞没了。客人承认这里困难重重。关于模仿的全部问题同样都深陷疑难之中。为了摆脱它,必须在概念的等级中向

---

① 在这方面,我并不赞同克雷尔。没有任何理由拿这个悖论的发现去反驳柏拉图,也没有理由说从中辨别出一种在场存在论的先兆。这个悖论在我看来构成了记忆的难题,在本书中它会自始至终伴随着我们。毋宁说,恰恰是问题的本性才产生出了这样的悖论。

② 《智者篇》,由迪耶斯整理并翻译,Paris, Les Belles Lettres, 1925。我们这里使用的是这个译本。同样存在科尔德罗(Nestor-Luis Cordero)的一个译本,Paris, Flammarion, coll. « CF », 1993。

上回溯并假定非存在。

仿像特有的"忠于事实的相似"这个观念至少可以作为中继。当柏拉图自问"图像(eidōlon)究竟表示什么"(239d)时,他好像发现了僵局的入口。我们纠缠在例子的列举中,这些例子看起来回避了有规则的划分,而且首先回避的是类的定义:"客人,我们不是会给予图像以定义,将其说成是被模仿得与真实的东西相似的另一个(heteron)同类东西么"(240a)？但"同类的"是什么意思？"另一个"呢？"被模仿得"呢？我们对此毫无头绪,茫然无措:"因此,我们所谓的相似(eikona),真实地是一个不真的非存在么"(240b)？要说明这一点,我们就必须"不情愿地承认非存在在某种意义上存在"(240c)。仿像和幻像之间的可以说现象学的差异卷入到漩涡中,在这里,诡辩术和辩证法几乎完全不能分辨出来。原因在于,智者的存在问题已经淹没了全部讨论,反对巴门尼德——"父亲的论断"(242a)——的战斗已经耗尽了思想的全部能量。我们甚至会发现三个术语 eidōlon、eikōn、phantasma 在欺骗(apatē,260c)这个不太光彩的词中重新联合起来了,以及稍后一些,"图像制作术和幻像制作术(eidōlopoiikēn kai phantastikēn)"(260d)。需要的只是从"与非存在'结合'"(260e)的视角来"研究一下 logos、doxa 和 phantasma 究竟是什么"(同上)。

让我们来总结一下我们在柏拉图有关记忆的文字中间穿行带来的疑难结果。我们以如下方式来展示这些困难。第一个关系到(附带被注意到)没有任何对记忆的独特标志——"标记"、sēmeia 的先前性——的明确指涉,和记忆依附在一起的身体和灵魂的诸情感在这些标记中有了意义。动词的过去时态事实上很多时候已经清楚地讲出来了;但没有任何特定的反思被用到这些明显的指示成分上。亚里士多德的分析与此截然不同。

第二个困难关系到存在于 eikōn 和最初标记之间的那种关系,

正如其在模仿术的框架内被概述的那样。当然,《智者篇》强烈地肯定仿像术和幻像术的区分。我们可以将这个区分视为出发点,由此开始完全承认那个处在这项研究中心的问题域,也就是记忆的,以及让我们提前补充说,历史的符合论维度。此外,在围绕智者学派展开的辩论中,谬误的认识论和本体论地位始终以从谬误的眩晕中取得真实话语的可能性以及谬误的真实非存在的可能性为前提。一个逼真的仿像于是就有了可能性。但是,如果认识到问题的特殊性,那么包含在仿像术概念中的忠实性和真实性的要求在模仿术概念中是否找到了一个合适的框架的问题就被提出来了。这个分类导致与能指标记的关系可能仅仅是一种相似性关系而已。我在《时间与叙事》中探索过 mimēsis 概念的资源并以 mimēsis 和摹本-模仿之间不断加大的断裂为代价尝试过给予其以最大范围的拓展。然而问题还是存在着,相似性的问题域是否构成了一个阻碍我们认出将记忆和想象区分开来的差异特征的障碍。和过去的关系只能是种种 mimēsis 而已?这种困扰将始终跟随着我们。如果我们的疑问是有道理的,仿像术特有的"忠于事实的相似"的观念在对记忆的符合论维度的探索中可能更多的是一个遮蔽,而非一个中继。

但是我们还没走到死胡同里去。我们看到《泰阿泰德篇》把 eikōn 的研究和标记的假定紧密地结合在一起,这个标记类似于一个印章在蜡块中的印记。我们回顾一下《泰阿泰德篇》将 eikōn 和 tupos 联系起来的句子:"为了便于论证,假定我们的灵魂中有一块能浸透的蜡板……"作者认为这个假定可以解决混淆或误认的难题,既没有忽略标记之持存的难题,也没有忽略在遗忘的情况下标记之清除的难题。这正是其要承担的重任。在这方面,柏拉图毫不犹豫地将假说归到缪斯女神之母记忆女神的名下,由此给予其以一丝极其庄重的色调。eikōn 和印记之间的结合因此被视为比起模仿术运用的相似性关系来说要更加的原初。换句话说,存在着真实的或伪造的模仿,因为 *eikōn* 和印记之间存在着一种适合的、协调的、嵌合(可能成功也可能失败)的辩证法。我们同印记的问题域以及 *eikōn* 和印记之间的关系的问题域一起来到了整个逆退分析的最终阶段。而印记的假说——或者不如说印记的接受——在观念史的进程中引起了一系列困难,它们不仅持续地压制着记忆理论,而且还以有所不同的"痕迹"(trace)之名继续压制着历史理论。在马克·布洛赫(Marc Bloch)看来,历史学致力于成为一门诉诸痕迹的科学。现在,清除和"痕迹"一词仿效"印记"一词用法有关的某些混乱是可能的。运用柏拉图在《智者篇》提议——并实践——的划分法,我区分了"痕迹"一词的三个主要用法。

我暂时将历史学家从事研究的那些痕迹放在一边:这些是被书写的并且在必要时被归档的痕迹。柏拉图在《斐德罗篇》讲述文字发明的神话中发现的正是这些痕迹。自第二部分序论开始,我们还会回到这里。"外在的"标记,确切说来书写的标记,被书写的话语的标记,与根据蜡板盖印的隐喻,和图像的仿像组成不可分的图示组成之间于是就划出了一条分割线。《斐德罗篇》的神话使印刷术模型——克雷尔将其对《泰阿泰德篇》的解释建立在这个模型上——从灵魂深处转向公共话语文字的外在性。被书写的痕迹的起源只会变得更加神秘。

另一个用法是作为情感的印象,它是事件撞击的结果,可以说,它是打动人心的、印象深刻的。这种印象本质上是要为人经受的。在戒指压印在蜡块上时,*tupos* 的隐喻暗中预设了它,因为正是灵魂接受其印记(《泰阿泰德篇》,194c)。我们现在将要评论的柏拉图第三篇文本明确地将其提了出来。可以在《斐莱布篇》38c - 39c①中读到它。问题又一次涉及时真时假的意见,这

---

① 《斐莱布篇》,迪耶斯整理并翻译,Paris, Les Belles Lettres, 1941。

一次在于其与快乐和痛苦的关系,它们在对话开篇开启的诸敌对的善的竞争中是优先候选。苏格拉底提问:"记忆和感觉总是自然而然地产生意见,并且对这些意见进行思考,是么"(38c)?普罗塔库同意。然后是一个人的例子,他想"辨认"(krinein)在远处向其显现的东西是不是一个人。当他把他的问题向自己提出来的时候,情况又如何?苏格拉底说:"我想象我们的灵魂就像是一本书"(38e)。普罗塔库问:"为什么"。解释是这样的:苏格拉底提出,"与感觉相遇的记忆,以及这种相遇引起的种种情感(pathēmata),在我看来,可以说它们在我们的灵魂上写字(graphein),当这样一种情感(pathēma)写下了正确的东西时,在我们身上产生正确的意见和正确的推论。但是如果这位在我们身上的作者(grammateus)写下的东西是错误的,结果就是相反的情况"(39a)。① 苏格拉底接着提出了和绘画、书写的一个变型有关的另一个比喻:"请你同样接受这一点,另一位工匠(dēmiourgos)此刻在我们的灵魂中正工作着"(39b)。哪一位工匠?"一位画家(zōgraphos),他在作家之后,在灵魂中画上和言说相一致的图像"(同上)。而这能够发生,得益于以下两者间的区分,亦即,一方面,伴随着感觉的各种意见和论断,另一方面,"论断过的和发表过意见的那些对象的图像"(同上)。《斐德罗篇》与这种在灵魂上的铭印的情况有所不同,其将被书写的话语建立在外在的标记上。这种作为情感的印象提出的问题因此是双重的。一方面,无论它是否被想起来,它如何被保存,它如何持存?另一方面,它与印象深刻的事件保持了何种意义关系(为了不和不在场标记的在场 eikōn 混淆起来,柏拉图称之为

---

① 译者有理由根据《理想国》511d 在作为灵魂状态的推理或直观与 pathēmata 之间做出的比照,从而将 pathēmata 译为 réflexion 么。内在于灵魂的书写属于情感的秩序,这一点对《斐莱布篇》的论证来说仍然是本质性的。到了亚里士多德,他将 mnēmē 视作向灵魂的在场,并将记忆视作一种情感(pathos)(参见下文,页 18-20)。

eidōlon 的东西提出了一个和原始标记相似的问题)？这种标记-印象的现象学就其最大限度而言可能就是胡塞尔所谓的一门原素学(hylétique)。

标记的第三种用法：身体的、大脑的、大脑皮层的印记，就像神经科学讨论的那样。对作为情感的印象的现象学来说，这些身体印记是有关外在因果关系的一种预设的对象，确立这种预设的地位是极其困难的。我们将在这种基本情况中讨论，以指出隶属亲历世界的印象和隶属神经科学的大脑物质印记之间的一种特别的联系。① 我在这里不会说很多，仅限于指出模糊的痕迹观念的三种用法的差异：书写在一个物质载体上的痕迹；"在灵魂中"作为情感的印象；身体的、大脑的、大脑皮层的印记。在我看来，这就是与如同在一个蜡块中的"在灵魂中的印记"的身份联系在一起的无法回避的困难。今天已不再可能回避大脑印记和亲历体验的印象、原始情感的存储-保存和不可控重复之间的关系问题。我希望表明，这个问题，其继承了关于身心关系的古老争论，柏格森(Bergson)在《物质与记忆》中勇敢地将这个争论承接下来，可以通过无需面对唯物论和唯灵论的方式重新得到阐述。在平行论从本体论层面转移到语言学或语义学层面的同时，我们不是对身体、身体性——作为对象的身体面对亲历体验的身体——进行过两种的阅读么？

2. 亚里士多德："记忆属于过去"

亚里士多德的论文《论记忆与回忆》(*Peri mnēmēs kai anamnēseōs*)以拉丁语标题 *De memoria et reminiscentia* 传到我们手里，其被收录在九篇小论文组成的一个集子里，传统将其命名为

---

① 读者可以在第三部分遗忘问题域的框架内读到关于大脑皮层痕迹的讨论(参见下文，页 543-553)。

《自然诸短篇》(*Parva Naturalia*)。① 它可以被放在继承自柏拉图的诡辩术和辩证法的背景上。为什么标题包含两部分内容？不是为了分辨相对于其回忆的记忆的持存，而是为了分辨相对于作为探寻的回忆的记忆单纯在心灵中的在场(在下文的现象学概要中，我称之为单纯的浮现)。

在这个独特的意义上，记忆一开始就以情感(pathos)为特征，而正是情感使记忆不同于回忆。②

第一个提出来的问题涉及被记得的"事物"；正是在这个场合下，作者说出了会陪伴我整个研究的关键一句话："记忆属于过去"(449b15)。③ 与揣测和期待的未来以及感知(或知觉)的当下形成的反差规定了这个首要特点。只有经日常语言(没有人会说……人们只能说……)的允许区分才得以做出。更严格地说，人们"在灵魂中"说④，他以前(proteron)听到过、感知过、思考过某件事(449b23)。通过这种方式被提升为语言的这个时间标志属于我们在下文将称之为陈述记忆的范围。时间标志一

---

① 法译本 *Petits Traités d'histoire naturelle* 及我们要讨论的论文 *De la Mémoire et de la Réminiscence* 由米尼耶(Réne Mugnier)翻译。和其他许多人一样，我在这里要特别对索拉布吉(Richard Sorabji)提供的英译本和评注——《亚里士多德论记忆》(*Aristotle on Memory*, Providence, Rhode Island, Brown University Press, 1972)——表示感谢。在他看来，anamnēsis 可以译为"回忆"(recollection)；不过我更喜欢"回忆起"(remémoration)这个译法，这和在本书中跟随在这种问题的考古学之后的记忆类型学保持一致。

② 亚里士多德同时用一个名词 mnēmē 和一个动词 mnēmoneuein(449b4)来指称这种浮现。米尼耶译为"记忆和记得"(la mémoire et le souvenir)，以及稍远一点，"显示记忆"(faire acte de mémoire)；索拉布吉译为"记忆和记住"(memory and remembering)。名词 anamnēsis 同样与一个动词 anamimnēskesthai 成对出现。米尼耶译为"回忆"(réminiscence)和"回忆起记忆"(souvenir par réminiscence)，索拉布吉译为"回忆"(recollection, recollecting)。

③ 米尼耶译为"记忆归属过去"(La mémoire s'applique au passé)；索拉布吉译为"记忆属于过去"(Memory is of the past)；古希腊语 tou genomenou(发生的事情)。

④ 索拉布吉译为"在灵魂中说"(say in his soul)。

再得到强调:事实上,只有"没有现实的对象"(449b19),人们才记得;必须要强调,"当时间流逝后"(when time has elapsed)(449b26),才有记忆,简而言之,记忆"伴随着时间"。① 在这方面,人类和一些动物都有简单的记忆,但所有的动物都没有"对时间的感知(知觉)(aisthēsis)"(b29)。这种感知(知觉)在于先前性的标志意味着之前和之后的区分。"之前和之后存在于时间中(en khronōi)"(and earlier and later are in time)(b23)。这里与《物理学》第四章第11节对时间的分析是完全一致的,根据这个分析,在知觉到运动的同时,我们知觉到了时间;但只有当我们"确定"(horizomen)(《物理学》,218b30)②运动时,也就是说只有当我们能够区分运动的两个瞬间(作为之前的瞬间和作为之后的瞬间)时,我们才能知觉到时间不同于运动。③ 在这一点上,时间的分析和记忆的分析重合了。第二个问题关系到记忆和想象的关系。它们属于灵魂的同一部分——感知的灵魂(按照柏拉图已经实践过的一种划分方法)——证实了这种联系。④ 但是困难在其他地方。两个问题域的接近重新激活了不在场者的在场方式这个古老疑难:"人们也许会问(we might be puzzled),当情感在,那个事物却不在时,人们何以记得不在的事物"(450a 26-27)。

亚里士多德借在他看来显而易见(dēlon)的事实来回答这个

---

① 米尼耶译为"任何记忆都伴随时间的概念"(Tout souvenir s'accompagne de la notion du temps);索拉布吉译为"所有记忆都涉及时间"(All memory involves time)。

② "存在于时间里,这意味着时间既计量运动本身,又计量运动的存在……对运动来说,存在于时间里,这正意味着在它的存在里被计量"(221a5-7)。

③ "我们使用这两个彼此相互区分的术语(之前,之后),以及有别于两者的一个间隔来完成这种确定。事实上,当我们凭借理性区分了两个极端以及两者间的间隔,灵魂表明有两个瞬间——之前与之后——时,我们说这就是时间"(219a25)。

④ 因此必须说,"所有记忆的对象都属于想象的对象,想象必然包含的对象则是偶然地成为记忆的对象"(whereas things that are not grasped without imagination are remembered in virtue of an accidental association,450a22-25)。

疑难,即"在灵魂中,在支配感觉的那部分灵魂中",①因感知而激起的情感被视为一种画面(zōgraphēma),"我们称其为记忆"(同上)。现在,通过一个稍后会引起我们兴趣的新词,熟悉的 eikōn 以及同它一起的印记(tupos)——其本身又与印章隐喻联系起来——的问题域又出马了。然而,不同于《泰阿泰德篇》——以将灵魂视为可浸透的实体为代价——把印记放"在灵魂中",亚里士多德把身体和灵魂结合起来,并在这个双重基础上精心设计了一门简练的类型学,关于印记的多种多样的效果(451b1 - 11)。但是我们的作者并没有以这个隐喻为结束。另一个新的疑难随之而来:他问,如果情况就是这样的,那么人们记在心中的又是什么? 是情感,还是产生情感的那个东西? 如果是情感,那么人们记得的就不是一个不在场的东西;如果是那个东西,在感知印象的同时,我们何以能够记得我们现在没有感知到的不在场的东西? 换句话说,在感知一个图像的同时,我们如何能够记得某个不同于它的东西?

解答这个疑难在于引进从柏拉图辩证法那里继承而来的他异性(altérité)范畴。在印记的概念上加入图形的概念,我们今天会说,铭印(inscription, graphē)②的概念,这就给解答开辟了道路。铭印的概念事实上包括对他者(l'autre)的指涉;他者不同于情感本身。不在场,作为在场的他者! 亚里士多德说,让我们举个例子:动物的画像。我们可以对这幅画做一个双重阅读:或者仅将其看作画本身,画在一个载体上的单纯图形,或者看作一个 eikōn(我们的两个译者均译为"一个摹本")。我们能够这样做,因为铭印同时包括两个东西于自身:它是自身,它是另一个东西的表象(al-

---

① 究竟是什么? 是灵魂还是感觉? 米尼耶译为"拥有感觉的灵魂"(qui possède la sentation);索拉布吉译为"包含灵魂的感觉"(which contains the soul)(450a25)。

② 上文引述过的 zōgraphēma 这个表达包含根本的 graphē。

lou phantasma);在这里,亚里士多德的用语很精确:他为铭印本身保留了术语 phantasma,为指称异于铭印的东西保留了术语 eikōn。①

解答很巧妙,但是它有其本身的困难:印记的隐喻——铭印的隐喻想要成为其一个变型——需要诉诸"运动"(kinēsis),印记是这个运动的结果;这个运动反过来又诉诸一个外部原因(某人,某物压印了印记),然而图画、铭印的双重解读意味着心理图像的一个内在分化,我们今天会称之为双重意向性。这个新的困难在我看来是印记和铭印的两个模型之间竞争的结果。《泰阿泰德篇》在将印记本身视为一个能指标记,一个 sēmeion 的同时已经为它们的对质做好了准备;因此,正是在 sēmeion 中,压印(kinēsis)的外在因果性和标记(sēmeion)的内在能指融合在一起。如果我们比照一下情感的产生和符号的意义,我们的两位译者将其解释为摹本,进而解释为相似性,那么两个模型的隐秘不相容在亚里士多德的文本中重新出现了。对我们来说,(外在的)刺激和(内在的)相似性之间的这种结合将是整个记忆问题域的关键之所在。

亚里士多德的这篇论文其两章——mnēmē 和 anamnēsis——之间的差别比起它们同属于一个问题域来说要更加明显。mnēmē 和 anamnēsis 的区分涉及两个特点:一方面,单纯的记得以一种情感的方式发生,而回忆②在于主动的探寻;另一方面,单纯的记得

---

① 在这个词汇表中还必须补充另一个词 mnēmoneuma(451a2),索拉布吉将其译为"提醒物"(reminder),它是辅助记忆的东西,我们将在本研究的现象学部分对它进行解释。对于 mnēmoneuma 来说,在使人想起另一个东西的意义上,米尼耶只使用了一个词"记忆"(souvenir)。

② 米尼耶保留了"回忆"(réminiscence);索拉布吉提出"回忆"(recollection);就我而言,从位于柏拉图和亚里士多德的两个"文本解释"之后的现象学概要的视角来看,我会说"回忆"(rappel)或"回忆起"(remémoration)。亚里士多德对 mnēmē 与 anamnēsis 进行的区分在我看来把记忆现象学在单纯的浮现与寻找或回忆的努力之间提出的区分提前了。

处于印记的动因影响下,而将要说到的各种运动和变化的整个序列在我们身上有其本原。不过,时间距离发挥的作用保证了两章的联系:当时间流逝后(prin khronisthēnai),记得的行为(mnēmoneuein)才会发生(451a30)。回忆走过的路,正是原始印象及其再现之间的时间间隔。在这个意义上,时间仍然是作为情感的记忆和作为行动的回忆共同的关键。这个关键事实上在回忆的细节分析中几乎消失不见。原因在于,强调的重点从此刻起放在了"怎样"上,放在了有效回忆的方法上。

在一般意义上,"当一个刺激(kinēsis)接着另一个刺激发生时,回忆的行为就会产生"(451b10)。① 这种接续性得以发生,或者根据必然性,或者根据习惯;变化的某种差值——我们在下文还会回到这个问题——于是被保存下来。这就是说,探寻(对苏格拉底学派来说极为重要的术语)的方法被给予的优先性解释了对回忆路程出发点选择的强调。探寻的主动性就是为我们所拥有的一种"能够寻找"。出发点仍然处在对过去进行探索的人的力量控制下,不论随之而来的接续是出自必然性还是出自习惯。此外,在回忆的路程中,从同一个出发点出发仍然有多条不同的路线。刺激的隐喻通过这种方式引出了探路的隐喻。这就是为什么探寻会迷失在错误的曲幽小径上而运气永远都会起到作用。但是在这些有方法的记忆训练中,时间问题并没有消失在视野外:"最重要的是认识时间"(452b7)。这种认识针对时间间隔的计量,精确的或者不确定的计量;在这两种情况中,或多或少的估量是这种认识的组成部分。而这种估量属于分辨和比较大小——无论是更大的还是更小的距离或长度——的能力。这种估量最终将包括比例的概念。亚里士多德的目的在于证明这个命题,即时间距离的概念

---

① 米尼耶:"当这个运动自然地接着那个运动发生时,回忆就会产生";索拉布吉:"回忆的行为发生了,因为一个变化出于本性地发生在另一个变化之后。"

是记忆的本质固有的，并证实记忆和想象之间的原则区分。此外，对一段时间的估量起到的作用强调了回忆的理性一面："探寻"构成"一种推理（sullogismos）"（453a13-14）。这并没有妨碍对影像（phantasma）（453a16）的捕捉展现出来的情感一面及情感本身把身体牵连进去。

和一种还原式阅读相反，多个解释传统在这里孕育发芽。首先是记忆之术（ars memoriae）的传统，正如我们将在第二章中说明的那样，它包括一种记忆的训练，其中，记忆化的活动压倒了对过去的特定事件的回忆。第二个出现的是近代的联想心理学，正如索拉布吉的注释强调的那样，它在亚里士多德的文本中找到了强有力的支持。但是他的文本同样为第三个概念体系留下了空间，在这个体系中，重点在于连绵不绝的活力、创造，正如柏格森在他对"回忆的努力"的分析中做的那样。

在阅读和解释亚里士多德的《论记忆与回忆》结束之际，我们可以试着评价一下这篇论文对记忆现象学的贡献。

首要的贡献在于 mnēmē 和 anamnēsis 的区分。我们在下文会通过另一组术语重新发现这个区分，即单纯的浮现和回忆的努力。在以此方式在记忆的单纯在场和回忆的行为之间划出一条线的同时，亚里士多德为《泰阿泰德篇》揭露出来的根本疑难留出一个值得永久讨论的空间，即不在场者的在场疑难。他对这个讨论做出的贡献所产生的结果存在强烈的反差。一方面，通过使对时间的参照成为记忆在想象领域内的独特音符，他把难题尖锐化了。和记忆一样，不在场者带有先前的时间标志。另一方面，为方便讨论而假定 eikōn 的范畴和 tupos 的范畴结合在一起，他就有将疑难始终维持在僵局中而无法脱身的危险。僵局甚至体现在两个方面。一方面，贯穿我们研究始终的，有一个麻烦的问题，即记忆-图像和原始印象之间的关系是否只是相似性关系，甚至摹本关系。通过把这样一种关系固有的欺骗性当作目标,柏拉图迎难而上,他在《智者篇》中尝试区分了两种模仿术:幻像术,本质是欺骗的;仿像术,可能是真实的。亚里士多德看起来好像忽视了依附在以相似性为中心的 eikōn 概念上的谬误或幻相的可能风险。与想象和记忆的困扰保持一定的距离,他也许想使这些现象避开智者学派挑起的纷争,他把对其的反驳和攻击留到了《形而上学》的框架内,主要是在涉及实体(ousia)的自身同一性时。但是,没有考虑记忆的可靠性程度,他也就没有讨论符号相似性的概念。另一个僵局:把 eikōn 和 tupos 的联系视为理所应当的,他在摹本-图像的困难上又加入了印记概念特有的困难。产生印记的外在原因——"运动"——和在记忆中且记忆指向的原始情感之间的关系事实上究竟是什么?诚然,通过引进相异性范畴到 eikōn——被重新解释为铭印——和原始情感之间的关系中心,亚里士多德使讨论向前迈进了一大步。之后,他开始讨论未受任何非议的相似性概念。但是,印记的各种悖论将不断地重新出现,主要是和记忆持存的物质原因问题一起;记忆的持存是其回忆的前提。

至于 anamnēsis,亚里士多德借这个词第一次对回忆的记忆现象进行推论式的描述,这种回忆不同于一段记忆浮现于脑海的单纯的浮现。描述得着实巧妙,内容丰富,这使其成为各色思想学派的领军人物,这些学派致力于为出自"必然性"或出自"习惯"的记忆接续方式寻找一个解释模型。英国经验论的联想心理学只是其中之一。

然而让人惊讶的是,为了如其在日常生活条件下运作的那样来描述回忆,亚里士多德保留了柏拉图哲学自《美诺篇》以来并历经其他伟大的对话后最重要的语词之一,即 anamnēsis。如何解释这种语词使用的忠诚性?对他的老师表示尊敬?为完成一项分析而求助一个权威,然而其吸收了一个其诞生早已被遗忘,通过研究又回忆起来的知识的崇高展望?更糟的是:隐藏在忠诚中的背叛?

永远都会有新的揣测。不过刚刚提到的任何一个揣测都没有离开作者的心理学。而每一个都可以从存在于柏拉图的 anamnēsis 和亚里士多德的 anamnēsis 之间的命题联系中获得它的可能性。命题联系是两方面的。首先是在疑难的层面上，从《泰阿泰德篇》和《智者篇》继承来的 eikōn 和 tupos 的遗产。柏拉图认为这些范畴解释了智者派以及智者存在本身的可能性，进而与仅仅解释了《美诺篇》年轻奴隶愉快记忆的理念回忆说相互对应起来。在亚里士多德看来，eikōn 与 tupos 是唯一可以用来说明日常记忆运作的范畴；它们不再只是疑难，同时还指明了疑难应该得到解决的方向。但是，柏拉图和亚里士多德之间还存在着一个更加紧密的联系，比起在解决道路上的疑难联系还要紧密得多。这个联系就是在标志性术语的使用上忠诚于苏格拉底：“学习”和"探求"。必须首先"学会了"，然后艰苦地"探求"。因为苏格拉底，亚里士多德没能，也没想"忘记"柏拉图的 anamnēsis。

第二节　记忆现象学概要

请允许我以两点评论开始接下来的概述。

第一点希望提醒读者注意一种倾向，许多作者从记忆的减退，甚至障碍开始讨论记忆。我们将在下文指出这种倾向的合理场所。① 对我来说，重要的是从能力的视角出发对记忆现象进行描述，这些记忆现象是其"愉快"的实现。② 为了做到这一点，我会尽可能少地以学院的方式阐述在日常生活的通常话语中被称为记忆

---

① 参见第三部分第三章。

② 在这个意义上，我的工作和我对基础能力——能够说、能够行动、能够叙述、能够对行为负责——的研究保持一致，在《作为他者的自身》(Soi-même comme un un autre, Paris, Éd. du Seuil, coll. « L'ordre philosophique », 1900 ; 1996)中，我把它们放在有能力的人这个称呼下面。

的那些现象。最终证明了为了"好的"记忆而采取的这个立场是合理的,是接下去的研究将努力支撑的信念,即除了记忆以外,我们没有其他办法来指涉过去。记忆涉及一个雄心,一个要求,忠实于过去的雄心和要求;在这方面,减退出自遗忘,我们在适当的时候会详尽地讨论这种减退,一开始,它还不应该被看作病理形式、看作障碍,而是看作无法被记忆之光照亮的阴影,记忆把我们和在我们产生其记忆之前已经发生的事情联系起来。如果我们能够指责记忆显得有些不太可靠,这完全是因为,它是我们唯一仅有的办法用来表示我们说我们记得的事情的过去特性。没有人会考虑以同样的方式去指责想象,因为后者就其范式而言本身就是不真实的,虚构的,可能的以及其他可以说非设定的特征。在思考记忆的病理学减退以及非病理学缺点(从本研究的下一节开始我们将讨论一些缺点)之前,甚至在考虑各减退之间的相互对照(我们将其放在下一研究的记忆的滥用之名下)之前,记忆追求符合的雄心所具有的那些特征值得好好研究一番。坦率地讲,除了记忆之外,我们没有更好办法用来表示,在我们说我们记得某件事情之前,这件事情已经发生过。我们在第二部分将谈论错误的证据,只有一个批判的审查机构才能将其揭露出来。这个批判只是以更加切实可靠的证据反驳受到怀疑的证据而已。正如我们因此将要表明的那样,证据构成了记忆和历史的基本过渡结构。

第二点评论。初看起来,一词多义似乎使人不敢进行记忆这个词指定的语义学领域秩序化的哪怕最谦逊的尝试,与此不同,概述一门分散的,但并不彻底离散的现象学是可能的,其与时间的关系仍然是首要且唯一的指导线索。然而只有当我们成功地表明描述遇到的多种记忆样式与时间的关系可以接受一门相对有序的类型学,并且比如说,过去只发生过一次的事件的记忆的情况没有穷尽这门类型学时,这条线索才能被牢牢把握在手里。我们将事业的这第二个赌注押注在与自本研究一开始就从亚里士多德那里借来的论断的最低程度的相容上,即记忆"属于过去"。但过去的存在是以多种方式被讲述的(根据亚里士多德《形而上学》的名言:"存在以多种方式被讲述")。

这门现象学的第一个分散特征表现在记忆的对象特征上:我们记得某个事物。在这个意义上,必须在语言中区分作为意向的记忆和作为被意向事物的记忆。我们说记忆(la mémoire)和记忆(les souvenirs)。根本地讲,这里讨论的是记忆(souvenir)的现象学。古希腊语和拉丁语在这方面都使用了分词形式(genomenou, praeterita)。正是在这个意义上,我谈论过去的"事物"。实际上一旦在作为记忆(souvenir)的记忆(mémoire)中将过去和当下区分开,那么,反思就可以轻易地在记忆行为中,根据我们现象学三章的节奏,将"怎样"、"谁"和"什么"的问题区分开。借用胡塞尔的术语,这正是在回忆所是的意向行为(noèse)和记忆(souvenir)所是的意向相关项(noème)之间的区分。

第一个特点将记忆领地的特征描述为:记忆的多样性及其差别的不同程度。作为能力,记忆(mémoire)是单数的,而作为实现,记忆(souvenirs)是复数的:我们有许多记忆(有人甚至恶意地说,老年人比年轻人有更多的记忆[souvenirs],但记忆[mémoire]却很少)。我们在下文将提到奥古斯丁对记忆(souvenirs)做出的精彩绝伦的描述,它们"蜂拥而至";或是单独地,或是成群地(根据内容或者环境的复杂关系),或是按照顺序地(多少可以编织成叙事)叩开记忆(mémoire)的大门。在这方面,记忆可以被视为相互分离的,带有多多少少清晰的条纹,在可以被称为"记忆深处"的地方清楚地呈现出来,而在这个地方,人们可能会沉浸在种种虚幻的梦境中。

但是最重要的特点是这个:它关系到在我们所有记得的"事物"中,事件被自发给予的优先性。在稍后从柏格森借用的分析中,被记得的"事物"完全就是一个单一的,不可重复的事件,比如说,某次阅读熟记于心的文本。情况一直都是这样?当然,正如我们在结论中会表明的那样,对事件的记忆多少可以作为一个范例,因为它是物理事件的现象等价物。事件只是发生的事情。它发生了。它过去了并发生了。它产生了。它出现了。这正是康德辩证法的第三个宇宙学二律背反的关键所在:或者根据必然的因果关系,它是先前某件事的结果;或者根据自发的因果关系,它出自自由。在现象学的层面上,即我们现在站立的地方,我们说我们记得在某个特定的环境中做过、经历过、学习过的事情。但是,一系列有代表性的情况在事件的特殊性和一般性的两极间展开,我们称其为"事态"。各自有别的景象(夏日的某一个傍晚,太阳落山了),亲友独特的面容,耳边的絮语(依照每一次重新讲述它们时的狀況),多少有些难忘的相遇(我们稍后会根据另一些变量标准对其进行分类),这些都依然近似单一的事件。不过,事物和人不只是出现,而是像往常一样再次出现;正是因为这种再次出现的相同性,我们记得它们。以同一种方式,我们记得我们亲友的名字、地址和电话号码。那些难忘的相遇是值得记住的,比之它不可复的特殊性,更多地因为它们有代表性的相似性,甚至是因为它们的标志性特征:普鲁斯特《追寻逝去的时光》的开篇萦绕着每天在贡布雷家的早晨睡醒时的那一幅画面。接下来的情况涉及学会的并因此获得的"事物"。我们以此方式说我们还记得古希腊语和拉丁语的性、数、格变化表和动词变位表,还记得英语或德语的不规则动词表。没有忘记,就是能够在不用重新学习的情况下背诵它们。这些例子于是就和另一极,"事态"的一极衔接到一起。在奥古斯丁依然属于的柏拉图主义和新柏拉图主义的传统中,后者构成了回忆(Réminiscence)的范例。这个传统的标准文本仍是柏拉图的《美诺篇》及其关于年轻的奴隶重新发现某些显著的几何学公理的著名段落。在这个层次上,记得和知识完全地叠合在一起。但是事态不仅仅包括抽象的一般性、概念;正如我们在下文会读到的那样，经过批判地考察，文献史所讨论的各类事件具有的命题形式使它们获得了事实的身份。问题因此就在于，因为"事实是……"，所以事情以这种方式而不以那种方式发生。这些事实可以被称为既定的，甚至按照修昔底德的愿望，被提升为"万世瑰宝"。以此方式，在历史知识的范围内，事件本身有和"事态"结合起来的倾向。

考虑到过去"事物"的多样性，是什么特点使这些"事物"——这些 praeterita——被认作"属于过去"的？一系列新的离散样式描述了我们的记忆的这种共同"属于过去"的特征。作为我们穿行在记忆的多义性领域的向导，我提出一系列对立的结对，它们的秩序化构建了一门规整的类型学。后者服从一个秩序的原则，可以通过其自身的应用而得到合法性辩护，正如马克斯·韦伯（Max Weber）的理想型（ideal-type）涉及的情况。如果我要寻找对照术语，我会首先考虑亚里士多德的类比原则，介于单纯的同音异义（表现为意义的离散）和一词多义（由一个真正的符号学还原分辨出来的一个语义内核构成）之间。我同样会考虑维特根斯坦提出的"家族相似"。这里提出的分类其认识论地位的相对不确定性原因主要在于前语言的亲历体验，我称之为活的体验（expérience vive），作为胡塞尔现象学的经历（Erlebnis）的翻译，和语言工作（不可避免地把现象学放在诠释，进而诠释学的道路上）的纠缠。以解释为武器并支配着这里提出的"命题"概念秩序化的"工作"概念避免了一种彻底反思希望响应的意义统治。记忆现象，和我们如此紧密地联系在一起，最为顽强地抵抗着彻底反思的傲慢（hubris）。①

习惯（habitude）和记忆（mémoire）构成了第一组对立的结对。

---

① 我在这里把在本书的第三部分，在历史知识的认识论和历史条件的诠释学的批判转折点上才会找到其位置的那些思考提前了。

在我们当代的哲学文化中,柏格森在作为习惯的记忆和作为记忆(souvenir)的记忆(mémoire)之间提出的著名区分阐明的正是它。我们暂时不考虑柏格森把这个对立展示为一个二分法的原因。我们更愿意遵从包含最少形而上学前提的经验的建议,对它来说,习惯和记忆构成了连续不断的记忆现象的两极。把它们统一到一起去的,正是与时间关系的共同性。在这两极情况下,先前获得的经验是作为前提的。但是在习惯一边,这个已经获得的渗入到当下的经历中,没有过去的标记,没有作为过去表达出来;在另一边,涉及的是先前性,作为从前获得的先前性。因此,记忆"属于过去"在这两种情况下还是正确的,但是,根据的是两种不同的对原始经验时间的指涉方式:带有过去标记的和不带有过去标记的。

如果说我将习惯和记忆的结对放在现象学概要的开端,这是因为它提供了第一个机会,将自导论起我就把它叫作克服时间距离的东西应用到记忆问题上面,克服有其标准,可以称之为距离化的梯度。描述的活动于是乎就在于对和时间深度有关的经验进行分类,从过去以某种方式依附于当下的经验开始,一直到过去已经处在其完全逝去的过去性中的经验。和其他许多人一样,我们来引述一下《物质与记忆》①第二章用于区分"记忆的两种形式"的著名篇章。像奥古斯丁和古代修辞学家那样,柏格森置身到一篇熟记于心的课文的背诵情境里。习惯-记忆因此是当我们背诵课文,没有逐一回想学习期间的每一次连续阅读时应用的记忆。在这种情况下,学会的课文"是我当下的一部分,就好像我的行走与书写习惯一样;它就是亲身经验,它'被行动着',而不是被表象着"(柏格森,《物质与记忆》,页227)。相反,对特定的这篇课文

---

① 参见 Henri Bergson,《物质与记忆》(*Matière et Mémoire. Essai sur la relation du corps à l'esprit*,见 *Œuvres*,亨利·古耶导论,罗比内注释,百年诞辰纪念版,Paris, PUF, 1963,页 225 – 235)。本书的第三部分将在针对遗忘进行研究的框架内提出关于心理学和形而上学之间关系的系统研究(参见下文,页 566 – 569)。

的记忆,对记忆化的这个阶段的记忆,没有表现出"习惯的任何一种特征"(前揭,页226):"它就像我生活中的一个事件;它本质上带有一个日期,因此不能重复发生"(同上)。"就图像(image)本身而言,它最初就必定是它将一直所是的东西"(同上)。还有,"自发的记忆即刻就是完整的;时间如果不使这种记忆变形,就不会给它增加任何东西;它为记忆保留着它的位置与日期"(前揭,页229)。简言之,"对限定阅读的记忆,是一种表象,而仅仅是一种表象"(前揭,页226);相反,正如刚刚说到的,学会的课文是"被行动着"而不是被表象着。表象-记忆使我们可以"为寻找某个图像,重登我们过往生活的高坡"(前揭,页227)。与重复的记忆相对的,是图像化的记忆:"以图像的方式忆起一段过去,就必须能够将当下的行动放在一边,必须能够使无用的事物获得某种价值,必须能够做梦。也许唯独人类具有做出这种努力的能力"(前揭,页228)。

这篇文本的内容极为丰富。在如水晶般清晰的结构中,它提出的问题涉及行动和表象的关系,涵盖范围要更加广泛。正如我们将在下一章读到的那样,记忆化的训练只是其一个方面而已。加之,柏格森还指出了熟记于心的课文和"我行走或书写的习惯"之间的亲缘关系。通过这种方式加以强调的,正是背诵所属的集合,即本事(savoir-faire)的集合,作为共同的特点,它们都是可自由取用的,不需要付出重新学习、再次学习的努力。在这个意义上,它们可以被运用到不同场合中,其对某种可变性保持开放。在"记忆"一词的各式各样的用法中,我们把它广为接受的诸词义之一用到这些本事上。现象学家将以此能够区分"记得怎样"(se souvenir comment...)和"记得什么"(se souvenir que...)(表达本身同样适用于以后的其他区分)。这个辽阔的领地覆盖了处在截然不同的层次上的各种本事。我们首先遇到了身体的能力以及我在我本人的"有能力的人"的现象学中逐一审视的"我能"的所有形态:能够说、能够介入到自然进程中、能够叙述、能够在将自身构建为一个行动的真正作者的同时将其归责于自身。其中,还必须补充社会习俗、风俗、共同生活的所有惯习(habitus),它们的一部分在属于纪念现象的各种社会仪式中发挥作用。我们将在下文比较纪念现象和回忆现象,后者被指定给唯一的私人记忆。不同的极性就这样交叉在一起。在当前论述的框架内,其重点放在了时间距离化标准的应用上,我们将遇到其他具有同等意义的现象。

如果说在现象学的层面上,问题在于其中一个极性而不是一个二分法,位于柏格森根据其惯用的划分法精神区别的两极之间的现象所起到的突出作用证实了这一点。

浮现(évocation)和探寻(recherche)构成了第二组对立的结对。

对于浮现,让我们将其理解为一段记忆的现时的事后出现。亚里士多德为其保留了术语 mnēmē,并用 anamnēsis 来指称我们稍后称之为探寻或回忆的东西。他将 mnēmē 描述为 pathos、情感:在这样或那样的场合下,我们想起这个或那个;我们因此体验到一段记忆。不同于探寻,浮现是一种情感。换句话说,撇开其处在一极上不谈,如其所是的浮现承受着那个启动了柏拉图和亚里士多德研究的难题的全部重量,也就是先前知觉过、体验过、学习过的不在场者的现在在场。这个难题应该暂时与原始情感的留存——印章印记的著名隐喻阐明的留存——提出来的问题分开,进而与记忆的忠实性是否在于 eikōn 和原始印记的相似的问题分开。神经科学以记忆痕迹之名将这个问题接了过来。我们的注意力不应该全都放在它上面:在现象学上,我们对浮现的身体基质,更确切地说,大脑皮层基质,一无所知,也不清楚这些记忆痕迹的形成、保存和激活与现象学目光所及的那些现象之间的相关性的认识论状况。这个属于物质因果性范畴的问题应该尽可能久地搁置在一边。我会等到本书的第三部分时再面对这个问题。相反,跟随着亚里士多德,首先应该做的,是提到被想起的"事物"相对于其当下浮现的先前性。记忆的认知维度,它的知识特征正在于这一点。根据这个特点,记忆可以被视为可靠的,或不可靠的,完全认知上的减退得到了说明,而无需匆忙地以这种或那种形式的遗忘症之名将其交给一个病理学模型。

我们来到浮现和探寻这个结对的另一极。古希腊语 anamnēsis 涉及到的问题就是它。柏拉图通过把它和一种生前的知识联系在一起而使其成为神话,以灵魂的生命跌进一个尤其被描述为坟墓(sōma-sēma)的身体里为开端的遗忘,可以说出生的遗忘,让我们远离了这种知识。它使探寻成为了重新学习被遗忘的东西。在上文分析过的论文的第二章中,亚里士多德可以说把 anamnēsis 接受过来,使其接近我们在日常经验中称之为回忆的东西。和所有苏格拉底派一起,我用探寻(zētēsis)这个标志性术语来表示回忆。然而其与柏拉图的 anamnēsis 的断裂是不彻底的,因为作为类的 anamnēsis 意味着以前见到过、体验过或学过的东西的再现、再占有、再得到,因此在某种意义上意味着重复。遗忘于是间接地表示了这一点,回忆的努力就是用来对抗遗忘。回忆(anamnèse)在遗忘(Lēthē)河的逆流中前进。人们探寻其担心暂时或永远忘记了的东西,并且在回忆的日常经验的基础上,无法在遗忘起源的两种假说之间做出决断:究竟是先前学过的东西的痕迹的一种最终消失,还是阻碍痕迹复活的暂时的、有可能被克服的一个障碍?这种和遗忘的本质有关的不确定性使探寻具有了一丝不安的色调。① 寻找不是必然就有所发现。回忆的努力会成功,也会失败。成功的回忆是我们所谓"愉快的"记忆的诸形态之一。

至于回忆的机理,我们在评论亚里士多德论文的框架内提到

---

① 我们关于遗忘的那一章(第三部分,第三章)会长时间停留在这个模糊性上面。

过发挥作用的连续过程:从准机械式的联合开始,一直到重建的工作,亚里士多德将其比作 sullogismos、推理。

我想在这里给予这些古代文本以一个现代的响应。我将再一次求助柏格森,以待下文对《物质与记忆》的基本理论做一个全面的考察,它将涵盖我在这里从柏格森借用的一些局部分析。我考虑的是《精神能量》①中以《智识的努力》为题的一篇文章,主要专注于用于讨论"记忆的努力"的篇章。

主要的区分在于"努力的回忆"和"自发的回忆"(柏格森,《精神能量》,页932-938),自发的回忆可以被视为探寻的零度,努力的回忆则以其为目标。柏格森的这篇文章的主要旨趣在于反对联想主义的还原,即将探寻的每一种方式都还原为它们中最机械的那一种。回忆的两个形式之间的区分被划入一个更加广阔的、只借一个问题就表述出来的研究中:"智识的努力的智识特征是什么?"(前揭,页931)。文章的标题就来自这个问题。其涵盖面之广及一针见血值得我们逐一加以强调。一方面,记忆的回忆属于心理事实的一个大家族:"当我们回忆起过去的事实时,当我们解释当下的事实时,当我们倾听一场谈话时,当我们理解别人的思想时,当我们跟随自己的心意时,最后,当一个复杂的表象系统占据我们的智性时,我们发觉我们会有两种不同的心境,一种紧张,一种轻松。两者的区别尤其在于,其中一个有努力感,另一个没有努力感"(前揭,页930)。另一方面,一针见血:"表象的活动在两种情况下是相同的么?它们的智识因素属于同一类并且彼此间保持同一种关系么"(前揭,页930-931)?可以看到,问题不可能不引起当代认知科学的兴趣。

如果说在针对不同种类的智识工作的研究中,关于回忆的问

---

① Bergson,《智识的努力》(« Effort intellectual », *L'Énergie spirituelle*,见 *Œuvres*,前揭,页930-959)。

题是占据首要地位的,这是因为,"从最简单的智识工作,即再生,到最艰难的智识工作,即生产或创造"(前揭,页932)的渐次变化在回忆中是最明显的。此外,这篇文章还可以倚靠在《物质与记忆》在"一系列不同的'意识位面',从还不能转化为清晰图像的'纯粹记忆',到在新生的感觉和刚开始的运动中现实化的这同一个记忆"(同上)之间做出的区分上。记忆的有意浮现就在于这样一种在意识的诸位面间穿越而过。一个模型于是被提了出来,用来分别在日常经验中紧密搀和在一起的机械的回忆、自动的一面和智识的重建、反省的一面。事实上选择的例子正是对一篇熟记于心的课文的回忆。因此在学习时,有两种阅读方式分别开来:和分析式阅读相对的,其优先看待主要观点和次要观点之间的等级层次,是柏格森提出的著名的动态图式的概念:"我的意思是说,比起图像本身,这些表象包含的更多地是为了重建这些图像所必须做的事情的迹象"(前揭,页937)。能够玩几局游戏而不看棋盘的象棋棋手在这方面是典型的:"出现在棋手脑海中的,是力量的一种组合,或者更准确地说,联合的、敌对的力量之间的联系"(前揭,页938)。每一局游戏根据其特有的局面作为一个整体而被记住。因此必须在学习的方法中寻找回忆现象的关键,比如说,不安地回忆一个罕见的名词:"一个陌生的,但又不是完全陌生的印象"(前揭,页939)。动态图式起到一个向导的作用,"指出某个努力的方向"(前揭,页940)。在这个例子中,和在其他例子中一样,"记忆的努力的实质似乎在于使一个图式,即使不是单一的,至少也是浓缩的,展开为一个图像,组成要素相互有别,多多少少各自独立"(同上)。"图式向图像的下降"(前揭,页941),这就是在意识的诸位面间穿越而过的样式。我们因此说,"回忆的努力在于使一个图式表象,其要素互相渗透,转变为一个图像表象,其各个部分相互并列"(同上)。正是在这一点上,回忆的努力构成了智识的努力的一个特殊情况,并且与《物质与记忆》第二章考察的知性的努力联系到一起去了:"问题在于理解一个论证,阅读一本书,倾听一次谈话"(前揭,页942),"知性的努力感发生在从图式到图像的途中"(前揭,页946)。仍然有待研究是什么使记忆、知性或创造的工作成为一种努力,也就是成为困难。它以感到不适或遇到障碍、最后完全在时间上的减慢和迟缓为征象。陈旧的结合抵抗着动态图式以及图像本身——图式力求成为图像——要求做出的翻新。习惯抵抗着创造:"智识的努力的特征可以在这种完全特别的犹豫不决中找到"(前揭,页954)。并且"我们可以设想,智性的这种无决断延续到身体的焦虑中"(前揭,页949)。努力的艰辛由此获得了其情感体验的时间标志。在 *zētēsis* 中有 *pathos*,在"探寻"中有"情感"。在回忆的努力中,智识维度和情感维度通过这种方式交叉在一起,像所有其他形式的智识的努力那样。

在关于回忆的这个研究结束之际,我希望简单提一下回忆的努力和遗忘之间的关系(我们将在本书的第三部分以更加系统的方式回到关于遗忘的这些问题,在这里,我们只是在一个零散的框架内讨论它们。)

事实上正是回忆的努力,提前像奥古斯丁那样讲,为"记得遗忘"提供了主要机会。记忆的探寻实际上证实了记忆行为的首要目的之一是同遗忘作斗争,是从(奥古斯丁说的)时间的"贪婪"、遗忘的"埋葬"中夺取一些记忆的片段。给予它们之间的关系以不安的色调的,不仅有记忆的艰辛努力,还有对已经遗忘、正在遗忘、明天会遗忘这个或那个任务的担心;因为明天,一定不要忘记记得……我们在下一研究中将称之为记忆的责任的东西本质上在于不要遗忘的责任。就此说来,过去的探寻其好的一面就以不要忘记任务为标志。以更加一般的方式,过去的、现在的、将来的遗忘的挥之不去,使愉快的记忆之光始终都带有不愉快的记忆投射到它上面去的阴影。对于沉思的记忆——*Gedächtnis*——来说,遗忘仍然既是一个悖论又是一个难题。一个悖论,正如修辞学教师奥古斯丁展开的那样:如果不是通过对遗忘的记忆,如何谈论遗忘,正如被遗忘"事物"的再现和识认允许并保证的那样?不这样的话,我们不知道我们已经遗忘了。一个难题,因为从现象学的角度看来,我们不知道遗忘是否只是回忆和发现"逝去时光"的障碍,或者它是否是由时间"造成"的诸痕迹不可避免的磨损的结果,突如其来的事件以原始情感的形式把这些痕迹留在我们身上。为了解决这个难题,不仅需要将绝对遗忘深处(le fond d'oublie absolu)拉出并释放,"从遗忘中解救出的"记忆就突显在这里,还需要将这种关于绝对遗忘深处的非知识和关于记忆痕迹的外在知识——特别是神经科学和认知科学——连接起来。我们不会忘记在适当的时机讨论现象学知识和科学知识之间的这种艰难的相关性。①

胡塞尔在《内时间意识现象学讲座》②中,在滞留或原生回忆和再造或次生回忆之间引入的区分,应该被给予一个独立而突出的地位。我们可以在 1905 年关于内时间意识的《讲座》的第二章中看到这个区分,它组成了《讲座》的第一部分,1905 – 1910 年间的续加和补充使其更加完整。我要单独考察这些明显有关记忆的对象一面的分析,正如用"记忆"(souvenir)翻译 *Erinnerung* 证实的那样,并在下文将胡塞尔有关记忆和图像的关系的思考补充到它上面去。在将这一章从《讲座》的主要上下文中抽出来的同时,我使其避免受嫁接到记忆的自反一面(我将对它的研究一直推迟到

---

① 参见下文第三部分第三章,关于遗忘,页 543 – 553。
② Husserl,《内时间意识现象学讲座》(*Leçon pour une phénoménologie de la conscience intime du temps*,迪索尔[Henri Dussort]译,Paris,PUF,coll.《Épiméthée》,1964)。

我们记忆现象学的最后一章)上的主观主义观念论的影响。我承认,这种解放是和作为整体的1905年《讲座》的动力背道而驰的。从第一章到第三章,《讲座》走过了一系列"构造阶段"(胡塞尔,《讲座》,§34),在这个过程中,为了意识流的自身构造,构造的对象特征逐渐消失了;"时间对象"——或者说延续着的事物——在内时间意识的纯粹反思性中因此作为"被构造的统一"(同前书,§37)显现。我的观点是,这本书以之为起点的,并对客观时间(宇宙学、心理学和其他人类科学将这种时间视为一种实在,诚然是形式的,但与为其所包裹的现象的实在论地位相关联)加括号的著名的悬置(epokhē),首先揭露出来的不是一条纯粹的河流,而是一个在回忆中有其对象一面的时间体验(Erfahrung);第一阶段的构造是一个首先以持续响起的声音为模型,然后以人们能够事后回忆起来的旋律为模型的延续着的事物的构造,无论这种客观性有多么微小。但是,在每一种情况下,"某个事物"延续着。悬置诚然揭露出纯粹的体验,"时间的体验"(前揭,§2,页15),但是在这些体验中,指向的是"'客观时间'的材料"(§2)。它们被命名为"客观性"(同上)并且包含属于"客观性的各种构造因素"(同上)的"先天真理"。如果说对这个"对象"方面的参照自阅读开始起好像是暂时的,这是因为一个根本的问题被提了出来,即"时间的'起源'"问题(同上),作者想使其免受到心理学的影响,然而又不落入到康德先验主义的陷阱中。由对一个延续的声音和一段重现的旋律的体验提出的问题涉及某种持存,它使得"被感知的东西在某一段时间里始终都是当下的,尽管并非没有变异"(前揭,§3)。问题是:对一个延续着的事物来说,什么是始终都是?时间的延续是什么?这个问题与威廉·詹姆斯(William James)和柏格森借相似的语词(绵延、延续、持存)提出的问题没什么不同。又是哪一种变异?是一种联想(布伦塔诺)?是从最后的声音开始的一种回顾性比较(W. 斯特恩)?可以不考虑这些回答，但问题需要注意，也就是"延展为一个绵延的超越的时间对象的统握"（前揭，§7，页35）。让我们在下文会提出的时间构造问题的基础上，时间自那时起被视为一个不被延续着的事物分化的绵延，将这些对象称为"时间对象"（Zeitobjekten）。从对事物的绵延的知觉开始，分析因此将转而研究知觉本身的绵延。被专题化的将不再是声音、旋律，而是它们的非客体化绵延。正是在关注点发生转变之前，直接回忆或滞留与次生回忆（再回忆）或再造之间的显著区分格外有意义。

被描述的体验有一个中心点——当下，现在发出声响的声音的当下："当它响起时，我将它听做是当下的，但当它在续响的时候就具有一个始终新的当下，而每一个前行的当下都变成一个过去"（前揭，§7，页37）。正是这个变异构成描述的主题。"每一次"都有一个当下。被描述的情况在这方面与奥古斯丁在《忏悔录》第十一卷中思考的情况没什么不同：变异是当下的变异。当然，奥古斯丁并不知道将所有超越的主题加上括号以及把声音还原为"一种纯粹的原素素材"（前揭，§8，页37）。但是某个事物开始并停止，开始并在其结束后"跌落"到最遥远的过去，这个观念是共同的。"滞留"的观念于是就提出来了："在这样的回落中"，我仍然"把持住"它，我在一种"滞留"中拥有它，而且只要这个滞留还持续，"声音就具有其本己时间性，它还是同一个声音，它的绵延就还是同一个"（同上）。在分析的这个阶段，两个命题重叠在一起：声音是同一个，它的绵延是同一个。以后，第二个将吸收第一个。我们由此将从记忆现象学来到内时间意识现象学。一句评论，即我可以将我的目光指向"（声音）被给予的方式"（前揭，§8，页38）为这个过渡做好了准备。因此"诸样态"及其连续性在一条"连续的河流"中将占据首要位置。但是对当下的指涉不会被废止，在我们现在所处的分析起点处，当下是一个声音的相位，这个相位被叫做"关于这个发响的声音的意识"（前揭，§8，页

37):"这个声音被给予,也就是说,我将其意识为当下的"(前揭, §8,页38)。在分析的下一个阶段,我们能够在对当下的顽固指涉中看出海德格尔以及受其影响的那些人揭露出来的"在场形而上学"的统治。① 在我们现阶段的分析中,对当下的指涉与我们拥有的关于事物开始、持续和停止显现的日常经验联系在一起。开始是一个毋庸置疑的经验。没有它,我们不会理解持续、延续、继续、停止都指的是什么。总有某一个事物开始和停止。此外,当下并不等同于在场——无论在何种形而上学意义上。知觉的现象学没有任何权利独揽对当下的描述。当下同样是快乐和痛苦的当下,以及对历史知识的研究来说更有意义的,主动性的当下。在胡塞尔分析的起始阶段,可以合理批评他的是,他把当下的现象学封闭在知觉的客观性里面了,从而牺牲掉了情感的和实践的客观性。在这些限度内,他的命题仅仅是:知觉不是瞬时的;滞留不是一种想象,而在于知觉的一种变异。某个事物的知觉在延续。远离"现时的当下点"(前揭,§9,页39)仍然是知觉的一个现象而不是想象的。我们说某个事物它在延续:"'意识'、'体验'是通过一个显现而与它的对象发生关系的,'在样态中的对象'恰恰处于这个显现之中"(前揭,§9,页41)。如果"在样态中的对象"因此而得到理解,那么记忆(mémoire)的现象学在初期是记忆(souvenir)的现象学。所谓当下、过去,都是其"流逝特征"(前揭,§10,页41),完全内在的现象(在还原到原素状态的先验意义上)。

　　在滞留和再回忆的区分登场之前,如果在分析的过程中察觉到一种张力,那也是现时当下的停驻和流逝现象的不可分割性之间的张力。但是不能因这种张力而指责胡塞尔,好像它是一种形而上学自满的矛盾产物:它构成了被描述的现象。确实可以不做任何停驻地,像时间本身那样,从同一个客体的绵延的一个相位转

---

① 第三章将论述贝尔奈特(Rudolf Bernet)对胡塞尔的时间现象学做出的重要分析。

到另一个相位,或者停驻在某一个相位上:开始完全只是这些停驻中最显著的一个而已,不过停止也是。通过这种方式,我们开始做事并且我们停止做事。尤其是行动,它有结点,有起伏,有断裂,有前冲:行动是强有力的。而且,在知觉更为平滑的接续中,开始、持续和停止的区分完全说得过去。作为一个开始,当下有了意义,延续相当于变异:"随着一个新的当下不停地出现,这个当下转变为过去,与此同时,前行点的诸多过去的整个流逝连续性均衡地向过去的深处'跌落下去'"(前揭,§10,页43)。说的是"起源点"(前揭,§11,页43)? 在开始-持续-停止的关系框架内,是这样。在一种非形而上学的意义上,在某个东西只是开始并且由于它而有一个之前和一个之后的意义上,印象是原初的。当下不停地转变,同样也不停地产生:这就是我们说的发生。就此说来,整个流逝不过是"滞留的滞留"(前揭,§11,页44)。但是开始和延续的区分始终都有意义,以致一种持续性可以聚集在"以滞留映射出来的一个现时性的点上"(同上),胡塞尔喜欢将其比作彗星尾。我们因此谈论"已过去的"(前揭,§11,页45)延续。这个终点完全可以被分析为滞留的连续性;但是作为终点,它在"现在统握(appréhension)"(同上)、彗星尾的核心中自身被给予。①

随着弱化的可能结束,知觉的最终完结,情况又是什么样? 胡塞尔通过不被察觉性提到了这一点(前揭,§11),以此方式表明时间领域的有限性特征,就像视觉领域那样。"无法预见任何一个滞留的结束"(胡塞尔的笔记),这点评论同样适用于第11节的图形。在某些评论者看来,这即为承认一种不可避免的遗忘,也为思考过去的无意识持存留下了空间。

简言之,将滞留本己的过去瞬间称为本原的,这是否认滞留是

---

① 在这方面,第11节配合流逝现象描述的图形不应该误导我们:它只是当下和点的等价关系记录在空间上。

一个图像化形象。在未出版的,并且属于另一组关于设定和非设定的对立分析范围内的文本基础上,我们重新拾起这个区分。1905年《讲座》主要探讨的印象和滞留的对立。这个区分足以使我们在"刚刚过去"的意识中分辨出现在,这个"刚刚过去"给予知觉以一种时间的延展。然而与想象物的一个对立已经准备就绪:说起来,自第一章对布伦塔诺的批判开始,对立就存在了。至于我们在这里集中注意力到它上面的印象和滞留的区分,在胡塞尔看来,它属于一种本质必然性。这不是一种事实上(de facto)的被给予:"我们要教会他们,知觉进而相应的原初印象先天必然地先行于滞留"(前揭,§13,页48)。换言之,对一个延续着的事物来说,持续以开始为前提。我们可以用"柏格森的"保留来反对现在和点的等价关系,但无法反对开始和持续的区分。这个区分构成了记忆现象学——这种记忆即是说:"过去的被给予,就是记忆"(前揭,§13,页50)。这种被给予必然包含一个否定性环节:滞留不是印象;持续性不是开始。在这个意义上,它在于一个"非现在":"过去和现在是相互排斥的"(同上)。绵延,就是以某种方式超越这种排斥。绵延,就是保持同一。"变异"这个词指的就是它。

相对于对过去的这种排斥(然而其得到滞留),即相对于过去的这种源始非现在,在记忆的非现在内部,新的一种极性被提了出来:原生回忆和次生回忆、滞留和再造的极性。

再造假定了一个像旋律这样的时间对象的原生回忆"已经消失"及其再现(retour)。滞留仍然紧紧依附在每一刻的知觉上。次生回忆不再完全是呈现(présentation);它是再现(re-présentation);这是同一段旋律,但只是"好像听到"它(前揭,§14,页50)。刚刚"亲身"听到的旋律现在被回忆起,被再现。回忆起就其而言能够留有刚刚被回忆起、被再现、被再造的样式。在其他地方提出的自发浮现和努力浮现之间的区分,以及明见性的诸阶段之间的区分,可以应用于次生回忆的这种模式。实质是,被再造的时间对象,如果可以说,在知觉中不再有其立足点。它脱离了。它确实过去了。然而它连接着,必须跟随着当下及其彗星尾。之间即我们所谓的时间间隔。在 1905 年《讲座》和 1905 – 1910 年《补充》这一时期,再造位列想象的诸样式中(前揭,附录二,页132 –136)。仍然有待区分设定的想象和非实项的想象,两者唯一的联系也缺乏探讨,柏拉图借模仿术已经注意到了幻像和仿像之间的主要分歧。在这里讨论了绵延的"再被给予",胡塞尔暗含地提到再回忆的有差别的正题特征。① 如果再造同样是想象,这是布伦塔诺的有限真理(前揭,§19):否定地讲,再造不是亲身给予。再一次被给予,不是刚刚被给予。差异不再是持续的,而是非持续的。问题因此以令人望而却步的方式被提出了:"再造"在何种条件下是过去的再造?想象和记忆的差异取决于对这个问题的回答。正是再回忆的设定性维度产生了差异:"相反,再回忆设定了被再造者,并且在设定中给予被再造者一个位置,一个相对于现时现在以及这个再回忆本身从属的原初时间领域的位置"(前揭,§23)。胡塞尔在这里诉诸附录三:《回忆与知觉的关联意向——时间意识的诸样式》。以此为代价,被再造的现在可以说"包含"一个过去的现在。这种"次生的意向性"与柏格森和其他人起名为识认——一次寻觅的愉快结束——的东西是一致的。

在这一点上,用于讨论记忆(Erinnerung)和表象(Vorstellung)之区分的精细分析,被收录在《胡塞尔全集》第二十三卷,接续着《内时间意识现象学讲座》第二章的分析。在本章的最后一节,在记忆和图像的对照框架内,我将对之做出说明。

我希望通过论述一组对立而又互为补充的术语结对,其重要性将在从记忆过渡到历史时完全显露出来,以结束目前诸极性的

---

① 想象(Phantasma)这个词出现在 64 页和 65 页(胡塞尔,前揭)。

旅程。

我将谈论自反性(réflexivité)和世界性(mondanéité)的两极。我们不仅记得自己,记得正在看的,正在感受的,正在学习的,而且还记得世界处境,我们在这些处境中看见过,感受过,学习过。这些处境牵涉本己身体和他人身体、生存的空间、总有事情发生了的共同世界视域和不同世界视域。自反性和世界性之间,始终有一个极性,因为在记忆的陈述阶段,自反性是其一个毋庸置疑的特点:某个人说,他将从前看见的、感受的、学习的都"记在心里";在这方面,如果说记忆属于内在性领域,借用查尔斯·泰勒(Charles Taylor)在《自我的诸根源》①中使用的语词,属于 inwardness 的环路,那也没什么可对此加以拒绝的。除了可能导致主观主义观念论的解释过度以外,这没什么问题;这种解释过度会阻碍自反性的环节进入到与世界性的辩证关系当中。在我看来,这个"前提"使胡塞尔的时间现象学负重累累,即使他的旨趣在于仅仅听从"事情本身"的教导,没有任何前提地构建这门现象学。在客观化的掩护下对世界性发起攻击的悬置(epokhē),其一个可疑结果就出现在这里。但必须老实讲,为胡塞尔辩护一下,在其最后一部伟大作品中展开的生活世界(Lebenswelt)现象学,在恢复我们统称为世界处境的源始性权利的同时,部分地清除了含糊,然而没有完全摆脱中期作品的先验观念论,其在《观念Ⅰ》中发展到极致,不过在《内时间意识现象学讲座》中已经有所预示。

接下来的思考要全部归功于爱德华·凯西(Edward Casey)的一部极其重要的著作——《回忆》。② 我和他的唯一分歧在于他对

---

① Charles Taylor,《自我的诸根源》(Sources of the Self, Harvard University Press, 1989;梅朗松[C. Melançon]译, Les Sources du moi. La formation de l'identité modern, Paris, Éd. du Seuil, coll. « La Couleur des idées », 1998)。

② Edward S. Casey,《回忆——一种现象学研究》(Remembering. A Phenomenological Study, Bloomington et Indianapolis, Indiana University Press, 1987)。

他本人给予出色描述的那些现象给出的解释:他认为,迫于海德格尔在《存在与时间》中开创的生存论存在论的压力,必须离开意向性主题和就此说来,胡塞尔现象学主题共同划定的区域。据此,分别以"牢记于心"(Keeping memory in Mind)和"于心外寻找记忆"(Pursuing memory beyond Mind)为标题的两大部分内容之间的对立决定了他对记忆现象的描述。但 Mind 是什么意思? 这个英语单词很难翻译成法语。它指的难道不是现象学的及其主题意向性的观念论解释? 凯西还通过在这两大整体间加入他称之为"记忆的诸样式"的东西,也就是"提醒,追忆,识认"(Reminding, Reminiscing, Recognizing)而考虑了两者的互补性。此外,他毫不犹豫地将其著作取名为《一种现象学研究》。请允许我补充几句,以证明我和凯西工作的深层一致:我最欣赏的是这部著作以使记忆摆脱遗忘为目标的总体取向(据此,导论的标题为《记起被遗忘的事情——回忆的健忘症》,第四部分的标题《记起被记住的事情》和导论遥相呼应)。在这方面,这本书是对我所谓"愉快的"记忆的一个辩护,不同于因怀疑或因记忆减退现象,甚至记忆病理学具有的过度优先性而引起的描述。

关于这里论述的结对的自反一极,我不会说出什么真正新鲜的东西了,因为在它下面,可以聚集诸多已经出现在其他对立结对中的现象。首先必须上溯到我们下一研究的本己记忆和集体记忆的两极。况且凯西正是以集体记忆,在"纪念"的标题下,完成了他的"于心外"寻找记忆。然后必须将前面每一个结对中"右边"那个术语归到自反性的名下。就此说来,在习惯和记忆的对立中,习惯这一边很少会明确关系到自反性:一个人按一项本事行事,没有留意它,没有注意它,没有留心(mindful)。只有行事遇到障碍时,他才会被要求去注意它:留心脚下(Mind your step)! 至于浮现和回忆的结对,自反性在回忆的努力中到达顶点;努力的艰辛感使之突显;单纯的浮现在这方面可以被视为是中性的或者平淡的,因

46　为记忆之为记忆,是不在场的在场。普鲁斯特《追寻逝去的时光》的读者都知道,自发的、非意愿的浮现,可以说,是没什么特点的;甚至下一研究将要论述的强迫性涌现,情况也同样如此。浮现不再只是感受性的(pathos),还是遭受性的。在弗洛伊德意义上的"重复"因此是回忆起的反面;作为回忆的工作,后者更接近上文描述的回忆的努力。

凯西在系留(在他看来)"于心中"的记忆的意向分析和"于心外"的记忆捕捉之间加入的三种"记忆样式",实际上构成了记忆的自反性一极和世界性一极之间的过渡现象。

提醒(reminding)是什么意思?除了 rappeler 的一个用法之外,法语并没有很恰当的词;这个使我想起了(rappeler)那个,使我想到了(penser à)那个。我们可以说纪念品、备忘录、辅记符号或者神经科学的回忆线索么?实际上说的是用来防止遗忘的指示物。它们分布在内在性和外在性的分割线两边。我们首先在回忆中发现了它们,或是以通过一个东西想起了另一个东西的多少有些机械式的固定联合方式,两者是在学习期间联合到一起去的,或是作为回忆工作的一个"活的"中继。然后我们又通过回忆的外在载体碰到了它们:照片、明信片、记事本、收据、记号(那个有名的手帕上打个结!)。这些指示符号通过这种方式来提防将来的遗忘:在使人想起来要去做什么事的同时,它们也就防止了忘记去做这件事(喂猫!)。

至于追忆(reminiscing),它说的是一个和在提醒中相比更多地表现出主动性的现象:通过一起回顾过去,一个人帮助另一个人记住共享的事件或知识,一个人的记忆充当另一个人的提醒(reminder)而使过去重新绽放。这种记忆过程诚然可以借助日记、回忆录和反回忆录、自传,以沉思记忆——德语 *Gedächtnis* 最好的译法——的方式得到内在化。书写的载体在这里给予被保存的、被激活的痕迹以物质性,尚未出版的资料进一步使其充实起来。以此方式将记忆储存起来,以待将来的某一天,以待需要回忆的时候。但是追忆的标准形式是在口语领域内的对话:"哎,你还记得……那时你……我们……?"追忆的样式于是在推理性以及在其陈述阶段的单纯浮现的同一个层次上展开。

还剩下第三个记忆的样式,凯西称其为过渡的样式:识认(recognizing, reconnaissance)。识认首先表现为回忆的一个重要补充部分,可以说是回忆的认可。我们将当下的记忆和被意指为与其相异的原始印象认作是相同的。① 识认现象于是就将我们带回到先前遇到过的作为不在场者之在场的记忆难题中。被认出的"事物"在两方面是相异的:作为(异于在场的)不在场者和作为(异于当下的)先前。正是作为相异的,来自一个相异的过去,它才被认作是相同的。这种复杂的相异性本身表现出来的不同程度,是与过去相对于当下的分化和距离化的不同程度一一对应的。相异性在熟悉感中接近于零度:在享受过去的重现时,重新找到归属,感到自在,亲身在家(chez soi, heimlich)。相反,相异性在陌生感中达到最高程度(弗洛伊德著名的文章《无家可归》[Unheimlichkeit],"令人不安的陌生感")。当被回忆起来的事件,如凯西所说,被带"回到它曾经在的地方"时,它就维持在其中度(degré médian)。这个中度在记忆现象学的层面上预示了一种批判活动,通过它,历史知识在已经逝去的过去王国内重建它的对象,以此方式使其成为塞尔托(Michel de Certeau)叫做的"历史的缺席者"。

但是识认的小小奇迹就是用已经逝去的过去的相异性来包裹在场。于是记忆就是再现,双重意义的"再"(re-):在之后,重新。这个小小的奇迹对现象学分析来说却是一个大大的陷阱,因为这种再现(re-présentation)有将反思重新封闭在表象(représentation)

---

① 识认在我们针对遗忘的研究中将会成为一个特别关注的对象。参见下文,页554–574。

的不可见壁垒内的危险,封闭在我们的头脑中,封闭"于心中"。

这还不是全部。事实上,被识认的过去有表现出被感知的过去的倾向。能够在记忆现象学和知觉现象学的框架内得到探讨的识认的奇特命运就从这里来。我们没有忘记康德对三个主观综合的著名描述:领会(parcourir)、再生(relier)、认知(reconnaître)。认知以此方式保证了被感知者本身的统一。通过近似的方式,柏格森谈论了从动态图式到图像的展开,作为返回(retour)到知觉的展开。在本章的第三节,以记忆的图像化为名,我们还会回到这个问题。

一旦在穿过"记忆的诸样式"之后,凯西的类型学将它们放在意向性现象学(在我看来,负载太多的主观主义观念论)视为位于"心中"的现象和要"于心外"寻找的现象的中间,我们不得不面对一系列记忆现象,它们牵涉身体、空间,以及共同世界或某个世界的视域。

在我看来,这些现象并没有使我们离开意向性的领域,而是揭示出其非自反的维度。我记得在我过去生活的某一个时期,我在我的身体里感受过快乐或痛苦;我记得在某个城市的某个房间里住过很长时间,记得游历过世界的某个角落,而现在,我想起了我去过的所有那些地方。我记得辽阔的海洋风光,它让我感受到世界的广袤。在参观某个考古学遗址时,我想起了已经消失的文化世界,这些废墟悲伤地把我带回到那个世界。作为案件侦查的目击者,我可以说这些现场"我当时在那"。

从身体的记忆开始,必须说,它沿着第一条对立轴重新分布:从习惯的身体到,如果可以说,事件的身体。自反性和世界性的两极部分地适用于前一个。身体记忆可以像所有其他习惯方式那样被"行动着",比如驾驶一辆我熟练掌握的汽车。它根据熟悉感或陌生感的所有变化而调整。但是当过去成为痛苦、疾病、伤痕、创伤时,这就要求身体记忆通过诉诸次生记忆、再回忆而精准确定发生的事故,进而叙述它们。在这方面,愉快的记忆,尤其是有关爱情的,让人愿意多次提到其在已经逝去的过去中的独一无二的位置,只要记忆包含的重复承诺没有被遗忘。身体记忆(mémoire)于是充满了受时间距离化的不同程度影响的各种记忆(souvenirs):流逝的时间间隔的大小能够以惋惜、怀旧的方式被感知到、感受到。睡醒那一刻,普鲁斯特在《追寻逝去的时光》开篇将其描述得如此精彩绝伦,尤其有利于事物和存在返回到前一天它们在时空中的位置。回忆的时刻因此就是识认的时刻。后者可以走过从无言的回忆起到陈述的记忆——再一次为叙事做好准备——的每一个阶段。

和定位、移位,尤其是栖居(habiter)一样重要的身体行为保证了从身体记忆到场所记忆的过渡。正是在可栖居的地表上,我们记得游历过、参观过那些值得记忆的风景。被记得的"事物"通过这种方式和场所内在地联系在一起。我们说发生的事有了场所,可不是随随便便的。① "记忆场所"的现象,在其成为历史认识的一个参照之前,实际上正是在这个源始的层次上构建起来的。这些记忆的场所主要以提醒、回忆线索的方式发挥作用,它们相继为减退的记忆提供了一个支承、反遗忘斗争中的一场战斗,甚至死亡记忆的一个无声代言。场所作为铭文、遗迹,潜在地作为档案②"继续存在",而只由口述传递的记忆像话语那样随处流传。同样借助记忆和场所的这种亲缘性,下一章开篇将提到的记忆之术,能够作为定位(loci)的方法被建立起来。

记忆和场所的这层联系提出了一个难题,它产生在记忆和历史——它同样还是地理——的交接点上。这个问题涉及日期确定

---

① 法语中 avoir lieu 有发生的意思,其字面意思就是有场所、占据场所。——译注
② 关于档案和古迹的关系,参见第二部分,第一章。

(datation)现象的原初性程度,其与位置确定(localisation)现象是平行的。日期确定和位置确定在这方面构成了相互关联的现象,它们证实了时间问题域和空间问题域的不可分联系。问题是这样的:直到什么地方,一门日期确定和位置确定的现象学可以被构建起来,无需借用——我们说欧几里得和笛卡尔的——几何学空间的客观知识和与物理学运动联系在一起的编年体时间的客观知识?这正是重新获得一个先于——如果不是历史上也是概念上先于——自然科学(重新)构建的世界的生活世界(Lebenswelt)的所有尝试提出来的那个问题。柏格森本人,其对空间范畴污染绵延的纯粹体验的威胁是如此地警觉,不受任何约束地将作为记忆(souvenir)的记忆(mémoire)的特征描述为日期确定现象,以此有别于作为习惯的记忆。他说到某次特定的阅读,其浮现打断了一篇课文的背诵:"它就像我生活中的一个事件,它的本质在于带有一个日期,并且不能够重复发生"(柏格森,《物质与记忆》,页226);稍后,为了"表现理论上独立的两种记忆",他写道:"第一种以图像-记忆的形式,随着事件本身的展开,记录着我们日常生活中的全部事件;它不忽略任何细节;它为每一件事实、每一个姿态保留了它们的位置和日期"(前揭,页227)。日期,作为在时间中的位置,于是似乎有助于习惯和准确地说来记忆(mémoire)共有的记忆现象的第一次两极化。它同样构成了回忆起的自反阶段或者我们说,陈述阶段;记忆的努力很大程度上就是日期确定的努力:什么时候?多久以前?持续了多长时间?早在《危机》之前,从《讲座》开始,胡塞尔就不再回避这个问题。如果不说一个声音延续了多长时间,我就不能说它的开始、延续和停止。此外,说"B后继着 A",这正是在两个不同现象的接续中认出了一个本源特征:接续的意识是意识的一个原初被给予;它是对这个接续的知觉。我们没有远离亚里士多德,在他看来,之前和之后的区分,是时间相对于运动的判定因素。在胡塞尔看来,作为原初的内时间意识已经有其规定着内时间意识统握的先天(a priori)。

回到场所的记忆,我们可以试着跟随在凯西之后,在几何学空间的抽象概念上恢复空间性的意义。他把地点(site)这个词留给了前者,而为亲历的空间性保留了语词场所(lieu)。他说,就场所构成了在亚里士多德看来具有一定体积的内空形式而言,场所对于占据着它,或者不如说填充着它的"事物"来说不是无关紧要的。人们说难以忘怀的,正是这样一些令人印象深刻的场所。上文提到的栖居行为,在这方面就构成了日期和场所最为紧密的人世联系。栖居的场所尤其是难忘的。陈述的记忆(mémoire)乐于提起它们,讲述它们,记忆(souvenir)是这样地依附着它们。至于我们的移动,相继经过的场所充当在这里发生过的故事的提醒。正是它们,事后在我们看来或是殷勤或是冷淡,总之一句话,可栖居的。

然而在第二部分开篇,在记忆转向历史的转折点上,问题出现了:是否能够在不求助混合范畴的情况下构思一种历史学时间,一种地理学空间。这些范畴把亲历时间和亲历空间与为了一门"纯粹"现象学,悬置系统地悬搁起来的客观时间和几何学空间连接到一起去。

已经多次遇到的,关于胡塞尔的悬置能否真正站稳脚跟的问题又一次被提出来了。无论日期和场所的记忆在历史知识的层面上最终命运如何,以源始的名义为空间和时间脱离其客观化形式提供合法性的,是在身体记忆和场所记忆之间建立起来的联系。身体在这方面构成了源始的场所——这儿,与其相对,其他所有的场所是那儿。空间性和时间性于是就完成对称了:在那些强调了我们语言的指示代词中,"这儿"和"现在"占据相同的地位,位于"我"、"你"、"他"和"她"一边。这儿和现在实际上构成了绝对的场所和日期。但是这种对客观化时空的悬搁能长久坚持下去么?我能避免将我的这儿和他人身体划定的那儿联系到一块儿去而不诉诸一个中立的场所系统么？场所记忆的现象学似乎自一开始就在亲历空间对几何学空间的脱离和一个人在本己和陌生的整个关系化过程中对另一个人的牵连之间的一个不可逾越的辨证运动中被把握到了。我们能够在没有地形图的情况下把自己看作是某个人的邻人么？如果在一个大型的地籍册——场所在这里更多地是地点——上找不到具体的邻域关系,这儿和那儿能够在一个共同世界的界域上突显出来么？那些最令人难以忘怀的场所,如果它们不是风景名胜和地理学相交而成的著名景点(site),似乎也就发挥不了这样的功能了。简言之,如果记忆的场所仍然没有在场所和地点的双重意义上"找到其位置",它们能够成为个体记忆和集体记忆的守护者吗？

如果我们跟随在凯西之后,将和纪念有关的记忆现象的分析放在旅途的最后,其被看作是使记忆远离它的"心理主义"中心,这里提到的困难就会变得尤为棘手。诚然,把纪念放回到自反性和世界性的两极框架内是完全有道理的。① 但为纪念嵌入到世界性框架内所付出的代价却是极其高昂的：一旦强调点落在身体的姿势以及应和庆典时间节奏的仪式空间性上时,就不能回避一个问题,即记忆的这些节庆形态在哪种时间和哪种空间中展开的。庆典参与者集结于其中的公共空间,强调教会礼拜和爱国庆典的严格时间的节日历法,如果没有现象学时间和空间与宇宙学时间

---

① 我们同样可以把纪念的行为置于作为习惯的记忆和作为记忆的记忆的结对中。文本(创始叙事、圣礼仪式手册)的中介在这方面起到上文提到过的提醒的作用；如果没有回想起一个神话,其记忆带到值得纪念的地方,也就没有仪式活动。纪念就此说来是创始事件在再次现实化意义上的某种提醒(rappel),对记得的"诉求"(appel)起到帮助作用,并且使仪式庄严隆重——凯西写道,纪念,就是在严肃地对待过去并通过恰到好处的仪式赞美过去的同时,隆重庆祝(凯西,《回忆》,前揭,页223)。纪念的公共现象的一条与其说描述不如说批判的进路将在第三部分历史批判哲学的框架内提出来。在此之前必须穿过历史知识的认识论累积的深度。下一章将第一次提到和纪念的颂扬联系在一起的重重陷阱(参见页104－111)。

和空间连接到一起,能够发挥其共同体聚集功能么(敬神[religio]等同于联结[religare])？更特别的是,通常处在遥远的过去的创始事件和创始行动,难道不是和历法时间联系在一起,有时甚至为后者确定了官方日期确定体系的起点么？① 甚至更加极端的问题:因仪式接连不断的举行而带来的永久化,超越庆典参与者的逐一死亡,难道没有使我们的纪念成为抵抗遗忘——在痕迹的消失和毁灭的最隐蔽形式下——的最为绝望的行为么？而这种遗忘似乎在物理学运动和时间的交接点上起着作用,在亚里士多德在《物理学》第四章第十二节221a – b中注意到的时间"消磨并损耗"事物的那一点上。正是出于对此的犹豫,我中断,而不是完成对记忆现象学的概述。

第三节 记忆与图像

在"记忆与图像"的标题下,我们来到整个记忆现象学的临界点。问题不再涉及能够包含在像记忆(mémoire)这样的类概念中的,甚至能够被两分为记忆(souvenir),古希腊的 *mnēmē* 的单纯在场以及回想、回忆,古希腊的 *anamnēsis* 的两极。棘手的问题是这个:记忆是一种图像么？如果是的话,是哪一种图像？如果通过一个恰到好处的本质分析来阐述图像和记忆的本质差异显得是可能的,那么,如何不仅在语言的层面上,而且在活的体验的层面上解释它们的纠缠,甚至混淆呢？人们不是一向谈论图像-记忆,甚至

---

① 当然,并不一定要将纪念的行为限定在宗教和爱国的庆典上;治丧和安葬也同样是仪式。我会说,它们在亲人的时间中展开,介于私人记忆和社会记忆之间。不过这种亲人的时间,以及与之并列的空间(墓地、纪念碑),在公共空间和社会时间的背景上显露出来。每当我们说出或写下这个句子:"纪念……"(en mémoire de…),我们都在共同记忆(co-souvenir)这本大书中记下我们记住的那些人的名字,这种共同记忆反过来又属于最大的时间。

谈论记忆,作为其形成的关于过去的一个图像么? 问题并不新鲜:西方哲学从古希腊哲学家及其围绕术语 eikōn 产生的各式变型那里继承了这个问题。当然,我们已经反复表明,想象和记忆以不在场者之在场作为共同特征,而作为区别特征的,一方面,想象悬搁了实在的全部设定并带有非实在的看法,另一方面,记忆则带有一个先前实在的设定。然而,我们最艰难的分析将用于重建从一个问题域到另一个问题域的转移线。何种必然性迫使我们在把想象和记忆分开之后又必须把它们联系到一起,理由又不同于要将其拆分的那个呢? 一句话,往来于我们的记忆现象学中,并且以历史过去的表象之名声势浩大地重现在历史编纂活动的认识论层面上的图像-记忆这个表达表现出何种本质必然性?①

在图像和记忆的本质差异研究中,我们把胡塞尔当作第一个向导。胡塞尔对这个讨论的贡献是巨大的,虽然在长达二十五年的时间里才铺陈展开的片段分析一直都没有形成一部完成的著作。然而多数分析以《表象、图像、想象(1898–1925)》(Vorstellung, Bild, Phantasie)为题被收录在了《胡塞尔全集》第二十三卷。② 像布伦塔诺一样重要的思想家们在 19 世纪末的讨论状况规定了这些术语的使用。我代表我自己对这些分析表示由衷的敬意,它们将一种理智的耐心和诚实,与描述现象学对记忆问题域的第二个主要贡献融合在一起;这些分析,与 1905 年《内时间意识现象学讲座》的前两章对滞留和再回忆进行的分析并列在一起。我希望吸引读者注意的,正是这两组平行分析的相关性:两者均和记忆(Erinnerung)的"对象"一面有关,法语将 Erinnerung 恰当地指定给名词"记忆"(souvenir)。

---

① 参见第二部分,第三章。
② 《胡塞尔全集》第二十三卷(*Husserliana*, XXIII, *Vorstellung, Bild, Phantasie* [1898–1925],马巴赫[Eduard Marbach]编辑并作序,Dordrecht, Boston, Londres, La Haye, Nijhoff, 1980)。

这些勤勉的文本实际上探索的是种的差异,它们根据其"对象的"(Gegenständlichen)相关项而分辨出以种的意向性为特点的意识行为的变异。描述的困难不仅来自这些相关项的纠缠,同时也来自过往的语言使用造成的障碍,它们或者是极端传统的,比如术语 Vorstellung,它不得不也很不幸地被翻译为法语"表象"(représentation),或者是时代的讨论强加的。这个自康德以后就无法回避的 Vorstellung 就这样集合了所有不同于判断的感性直观行为的相关项:胡塞尔孜孜以求的理性现象学不能缺少它。但是知觉和所有其他感性直观行为的比照提供了一个更具前景的入口。胡塞尔固执地从这里取道:这就不得不在某个事物的"诸显现样式"的变异之间作出区分:知觉构造了"纯粹的显现"、当下具有(Gegenwärtigung),其他的行为被归类到当下化这一边——当下化(Vergegenwärtigung,这个词也被译为"再现"〔re-présentation〕,冒着使"再现"〔re-présentation〕和"表象"〔représentation-Vorstellung〕混淆在一起的危险)。

这一卷的标题涵盖直观当下化的现象学领域。我们看到记忆现象学和其相交的地方:记忆是一种和时间有关的直观当下化。胡塞尔经常把他的计划放到一门"知觉、图像(Bild)、想象(Phantasie)、时间、物体(Ding)的现象学"的保护下,一门仍然有待完成的现象学。知觉及其显现样式被当作基点,并不应该因此就过早地怀疑有某种"在场形而上学":这是某个事物与其直观性的区别性特征一起显现的问题。而且这一卷的所有手稿都和对象的诸样态有关,这些样态共享直观性,但因其对象的非显现而与知觉有所不同。这是它们的共同特点。然后是其差异。至于记忆在这里的位置,只要记忆和时间意识的联系还没有建立起来,那么它就仍然是不完全确定的;但是这层联系可以形成于滞留和再造的,仍属对象维度内的分析层次上。因此正如胡塞尔要求的那样,必须把收录在第十卷《内时间意识》的手稿和《胡塞尔全集》第二十三卷的手稿进行一番对照。在后一卷中,重要的是记忆与其他当下化样式的亲缘性。在分析的这个阶段,关键在于记忆和图像的关系,我们的图像(image)这个词和胡塞尔的当下化(Vergegenwärtigung)占据了同一块领地。但是这难道已经不是古希腊的 *eikōn* 及其与 *Phantasia* 的纷争所涉及到的情况了么?我们将随图像(Bild)和想象(Phantasie)一起重新发现这些纷争。而正如在胡塞尔这个为人所津津乐道的标题中诸样式的列举让人想到的那样,记忆不得不和这两种样式有关。还必须在这个列举中补充期待(Erwartung),在时间的当下化中,其和记忆位于同一边,但却是对立的两端,正如我们同样在关于时间的手稿中看到的那样。

胡塞尔在讨论图像(Bild)时,他考虑的是诸当下化,它们以间接的方式图示某个事物:画像、图画、塑像、摄像等。亚里士多德在注意到一幅图画、一张绘画既可以被理解为在场的图像,也可以被理解为指的是一个非实在的或不在场的事物的图像时,就已经开始了这门现象学。① 日常语言非常不精确,在这种情况下完全像谈论表象那样谈论图像;但是在问某幅图画表象的是什么时,它有时也明确表达它是什么东西的或者是谁的图像。因此可以模仿动词"图示"(dépeindre)将 *Bild* 译为"图示"(dépiction)。

胡塞尔在讨论想象(Phantasie)时,他想到的是传奇故事的仙女、天使和魔鬼:问题完全在于虚构(某些文本说 *Fiktum*)。由于它和自发性——这种自发性是一种信仰特征(他经常根据英语传统的使用而说 *belief*)——的联系,胡塞尔对它特别感兴趣。

记忆现象学就潜伏在这些区分和岔路里面。但是提出来的例

---

① 可以阅读迪索尔的译本《内时间意识现象学讲座(1095 – 1928)》,由格拉内尔(Gérard Granel)校对。在这篇文本的原版基础上,贝尔奈特编辑出版了 1905 年《讲座》的一些补充文本,并为之作序,书名为《通往内时间意识现象学》(*Zur Phänomenologie des inneren Zeitbewusstseins* [1893 – 1917],《胡塞尔全集》第十卷, Hambourg, Meiner, 1985)。

子不能用来代替一个本质分析。胡塞尔没完没了的分析表现出想要把不停地相互僭越的意义固定下来是有多困难。

图像(Bild)和想象(Phantasie)的差异从一开始(1898–1906)就让他倍感困扰。首先是在《逻辑研究》时期,在一种判断理论和崭新的意义理论的语境下,首要的问题是以意指意向的"充实"(Erfühlung)为名的直观性。稍后,在《观念》时期,想象(Phantasie)特有的中立性样式,面对知觉的设定性特征,将成为首要的问题。可以说间接地介入其中的,同样还有因显现的多样性而产生的某一个事物的个体化问题,好像每隔一段时间直观性就要重新占据知识阶梯的顶端。其他时候,想象(Phantasie)极端远离亲身的显现激起了他的好奇心。想象(Phantasie)因此将占据英语观念(idea)——对立于英国经验主义的印象(impression)——占据的位置。现在不仅关系到鬼把戏,还关系到了诗的或者其他形式的虚构。非显现的直观性划定了领域的边界。我们要冒险像古希腊人那样平静地谈论想象(fantaisie)、想象物(fantastique)么?(*phantaisie* 或 *fantaisie* 的拼写因此仍然是开放的。)对记忆现象学来说重要的是,暂时被视作所有非显现的属的想象被加上了滞留的时间记号。但是当强调重点放在显现和当下化在意义的逻辑现象学领域内共同的直观性上时,我们可以保留表象(Vorstellung)这个词。因此就必须把滞留和再造的时间标记放在唯一的想象(Phantasie)上吗?如果强调的是非显现,那么答案是肯定的。如果强调的是在次生回忆情况下的再造,那么答案是否定的。与图像(Bild)的亲缘性因此就是必要的了,其超越上文提到过的例子,并涵盖整个"被图示之物"(dépeint, Abgebildete)的领域,也就是以一个自身被显现的事物作为基础的间接当下化领域。如果强调的是"依附于记忆的存在信仰"(Seinsglaube an das Erinnerte),那么记忆和想象就是完全对立的:后者没有被再造过去的当下"似乎如此"。相反,与"被图示之物"的亲缘性似乎是更加直接的,正如在照片上认出了一个熟悉的存在。"被记得之物"因此建立在"被图示之物"上。胡塞尔孜孜不倦与之斗争的,正是这个既亲和又排斥的相互关系,①惟有直观的当下化的主题一直保持不变,不考虑其与一般表象概念模式的纠缠,这个主题涵盖显现和非显现,进而涵盖对象化"统握"的全体,只是将实践的和情感的体验排除在外。事实上,这些体验仍被假定是建立在这些统握基础上的。

领域通过这种方式时而不停地拓宽以至囊括所有统握(Auffassungen),时而不停地缩窄直到当下化或再现的无数岔路中去。被记得之物、虚构之物(Fiktum)和被图示之物(Abgebildete)之间的相互关系,在其完全对立于知觉的背景上,因此就是必要的了;知觉的对象直接地自身呈现(Selbstgegenwärtige)。被图示之物通过其间接性而克服了伪造性,一个物质图像(Bild)为其提供了载体。图像和事物(在 res,pragmata 意义上的 Sache)于是发生了断裂,这里涉及的事物,并不是在空间中的物体(Ding)。

那么,如果记忆是在这个意义上的一种图像,它就具有一个设定性维度。从这个角度看来,记忆更接近知觉。用我的话讲,人们会说被记得的过去的曾经所是,现实记忆的终极所指。在现象学的视角下,非实在和实在(无论它是当下、过去还是未来)的断裂因此将成为首要的问题。当想象不是图示实在,而是驱逐实在时,

---

① 《胡塞尔全集》第八卷《第一哲学》(Husserliana, VIII, Erste Philosophie, 伯姆 [R. Boehm]编辑并撰写导论, La Haye, Nijhoff, 1959)表达了胡塞尔在面对这些错综复杂而又无可奈何的现象时的苦恼:"看起来,记忆使一个被记得的过去单纯地当下化,期待使一个被期待的未来当下化,'图示'(Abbildung)使一个被图示的对象当下化,幻想使一个'虚构'当下化;其方式与一个被知觉者的知觉是一样的。但事实并非如此"(前揭,页 130;保罗·利科译)。胡塞尔不止一次承认他的错误。卡西斯(Raymond Kassis)是胡塞尔文献的杰出专家。他向我指出《胡塞尔全集》第二十四卷《逻辑学与认识论引论:1906/07 年讲座》(Einleitung in die Logik und Erkenntnistheorie Vorlesungen 1906–1907, 梅勒[U. Melle]编辑并撰写导论, Dordrecht, Boston, Londres, Nijhoff, 1984)的一段文字,它将"区分想象(Phantasie)的意识和原生回忆"(页 255–258),并"类比"这两种当下化。问题始终离不开与一个"时间延展"牵涉在一起的时间对象。

想象把玩虚构的实体,相反,记忆设定过去的事物。被图示之物尚属显现,作为间接的显现,而虚构和伪造则完全沾不上显现的边。但是考虑到诸现象得以描述的视角的多样性以及这些现象学门类的多变范围,"图像(Bild)意识"和"想象(Phantasie)意识"能够在同一个层次上区分开来,进而在一种意义上彼此对立,或者在另一种意义上相互包含,这取决于它们在直观的当下化领域中被给予的位置:是整个位置,还是其中一部分位置。(胡塞尔有时会为"图示"活动的这些载体保留名词 Phantasma,以此方式将想象[Phantasie]带入到图像[Bild]的"图示"领域中。①)

这个包罗性的当下化问题域在《内时间意识现象学讲座》的第三章中将会被彻底打乱。然而显现和当下化的对立,以及原生回忆和次生回忆的区分,仍然在意向意识的对象相关项领域内起着作用;次生回忆,作为当下化的时间变种,它使不能在显现的意义上作为当下被给予的东西"成为当下的"。相同的分析现在从记忆开始,而不再从图像(Bild)或想象(Phantasie)出发,让事情变得更为复杂了。作为过去的、被记得的事物将是一种纯粹的想象(Phantasie),②但是,作为再次被给予的,它要求记忆成为一个发生在知觉上的自成一类(sui generis)的变异。③ 在第二个方面,想象(Phantasie)将记忆"悬置"(aufgehobene)起来;④这使得记忆比虚构要更加的朴素。我们于是就得到如下序列:知觉、记忆、虚构。非现实的门槛在记忆和虚构之间横穿而过。记忆现象学从这时起必须摆脱想象和带有非现实、中立性标记的想象物的监控。为了确定想象物相对于被记得的事物的位置而提到中立性,正如《观念Ⅰ》第 111 节做的那样,就是诉诸信仰:不同于知觉、记忆、期待

---

① 《胡塞尔全集》第二十三卷(HUA XXIII, Beilage XIII,前揭,页 168 以下)。
② 《胡塞尔全集》第二十三卷(HUA XXIII, n°4,页 218 以下)(1908 年)。
③ 《胡塞尔全集》第二十三卷(HUA XXIII, n°6,页 241 以下)。
④ 《胡塞尔全集》第二十三卷(HUA XXIII,页 245)。

它们共有的确定性的,是"接纳"(Aufnahme)、"预感"(Ahnung)有的一种不确定性;这些样式和"执态"(Stellungnahmungen),所有非现实、中立样式的属,属于同一个范围。

分割线以这种方式沿着显现和当下化的断裂延伸。正如1905年讲座前两章证实的那样,回忆,至少作为原生回忆或滞留,是显现的一个种的变异。在这里,《胡塞尔全集》第二十三卷和第十卷重叠到一起,它们最开始均强调实行(或者成就)(Vollzug)的样态,其将再造和原造、非现时性和现时性、非设定和设定区分开。记忆和一种在图示(Bild)意义上的图像混淆起来的所有可能性从此以后就都被排除掉了。所有这些都是在被探问的体验的"对象"相关项的背景上进行的。

即使说意识哲学发生了观念论转向,《观念Ⅰ》关于当下化的诸直观样式"如何充实"的问题也不会说出什么新的东西。① 在《观念Ⅰ》之后的那些文本中,设定性的标准会陆续得到强化:记忆属于"经验的世界",面对"想象的世界",非现实的世界。前者是一个共同世界(尚未提到主体间性起到何种中介作用),后两者是完全"自由的",它们的视域是极其"不确定的"。因此,不管虚构之物(Fiktum)和可能性存在何等复杂的关系,甚至不管它们彼此间的不可还原性,在理论上,我们既不可能混淆上述两个世界,也不会把它们掺和到一起。一门专注于各本质差异的现象学永远不会结束区分……

如果必须要确定《胡塞尔全集》第十卷的工作(其重复了1905年《内时间意识现象学讲座》第一章的工作)和建立在想象(Phantasie)、图像(Bild)、记忆(Erinnerung)上的工作之间的进路差异,

---

① 《胡塞尔全集》第十卷把《观念Ⅰ》第36节以下,和第二十三卷 n°19 联系在一起,关于想象的构造活动以及就充实而言想象和记忆的区分。记忆的"非变异的专题意向性"阻止与想象的所有混淆,至于后者的样式,它的相关项是"纯粹的可能性"(《胡塞尔全集》第二十三卷,页359)。

我们可以说,后者的重点在于当下化家族的成员,也就是说,影响"对象"相关项显现的变异家族的成员之间的差异。而在 1905 年《讲座》中,强调的则是记忆所是的那种当下化特有的时间样式。在这方面,在第二十三卷的分析中,值得注意的是,显现(当下具有——Gegenwärtigung)的关键概念仍然有别于时间当下的概念,同样,在没有任何损失的情况下,记忆的对象分析还没有现在(Jetzt)的主题。我们难道不应该得出结论,当下、现在——其他的时间性指示词围绕它而得以规定——是不能和显现(多种多样的当下化以之作为基础)的观念分开的吗?并且如果这个假说尚有价值,那么,记忆和图像在当下化大家族内的亲缘性,回顾一下上文,不是允许我中断了分析吗,通过它,我让把 1905 年《讲座》的全部工作带向意识流自身构造的运动停在了对象性的环节上?从仍然工作在记忆现象学中的,向外的(ad extra),正如我们将看到的那样,横意向性,到在意识流自身构造中起主要作用的,向内的(ad intra)、纵意向性的过渡,将发生在返回自身的途中。在记忆(mémoire)现象学的第三章,我们会重新接上这条以此方式被撕开的线。

　　在胡塞尔的陪伴下旅程行将结束之际,在各种关系错综复杂、困难随处可见的迷宫中,必须承认,为了解释使得图像和记忆的对照困难重重的混淆,仅有的半条道路也被遮蔽了。如何解释记忆以图像的形式重现,如何解释以此方式被激活的想象具有了避开非实在功能的形式?现在要开始理清这个双重的混乱局面了。

　　我采纳柏格森从"纯粹记忆"到图像-记忆的概念体系作为工作假说。说到工作假说,我的目的不是要和这个精彩的分析分道扬镳,而是要一上来就表明我的关注点,即尽可能地在《物质与记忆》的文本中将心理学描述从有关身体和大脑被指派的作用以及由此肯定记忆非物质性的形而上学(在这个词严格而高贵的意义上)命题中分离出来。这种对形而上学命题的悬置,相当于在从古希腊接受来的遗产中,区分开一开始本是联系在一起的 *eikōn* 的概念和 *topos*、印记的概念。从现象学的视角来看,两者实际上属于两种截然不同的状况:*eikōn* 在自身内包含异于原始情感的因素,而 *topos* 则关系到刺激(kinēsis)的外在因果性,其引起了在蜡块中的印章压印。在现代,"记忆痕迹"的所有问题域事实上都继承自这个 *eikōn* 和 *topos* 的古老联盟。《物质与记忆》的形而上学明确表示要系统地重组行动(大脑是其中枢)和纯粹表象的关系(根据原始印象的理论上的记忆持存,纯粹表象是自足的)。在下面的分析中,我暂时不会考虑这个关系。①

柏格森在"纯粹记忆"和图像-记忆之间建立的区分使得我们在上文通过它而开启现象学概述之旅的两种记忆的命题进一步极端化了。而《物质与记忆》奠基于其上的形而上学命题反过来又使这个区分进一步极端化。考虑到研究的整体策略,在目前这个中间处境下,我们还是要对从"纯粹记忆"到图像-记忆进行一番描述。

为了着手进行分析,让我们承认,存在某种类似"纯粹记忆"的东西尚未图像化。我们稍后就会表明以何种方式才有可能谈论它,以及能够以令人信服的方式谈论它是何等的重要。还是让我们从两种记忆的理论所能到达的最远的地方说起。"以图像的方式忆起一段过去,就必须能够将当下的行动放在一边,必须能够使无用的事物获得某种价值,必须能够做梦。也许唯独人类具有做出这种努力的能力。但是我们回顾的过去总是不断地溜走,永远躲避着我们,不过,这种后退式的记忆与另一种更加自然的记忆形

---

① 我将出现在一种广义上的心理学和一种本质上被构想为"建立在绵延基础上的物质形而上学"(沃姆斯[Frédéric Worms],《物质与记忆》导论,Paris,PUF,coll.«Les Grands Livres de la philosophie»,1997)的形而上学之间的连接点上的身体和大脑的作用问题保留到第三部分第三章,关于遗忘的讨论框架内。

成鲜明的对比,前进的运动则依靠后一种记忆,促使我们去行动,促使我们去生活"(柏格森,《物质与记忆》,页 228)。在分析的这个阶段,为了论述"纯粹记忆",可供我们使用的还只有熟记于心的课文的例子。尽可能行进到最极限的情况,跟随着柏格森,我们写道:"自发的记忆即刻就是完善的;时间如果不使这种记忆变形,就不会给它增加任何东西;它为记忆保留着它的位置与日期"(前揭,页 229)。"重现的记忆"和"重复的记忆"(前揭,页 234)的区分是一种划分法的结果;其首先区分了"处于纯粹状态下的记忆的两种极端形式"(同上),然后将图像-记忆重构为一个中间形式,重构为"由于它们的融合而产生的混合现象"(同上)。这种融合发生在识认行为中,"既视"(déjà vu)感指明了这一点。因此,"纯粹记忆"的图像化活动自一开始同样可以在回忆的工作中被把握到。如果想要描述这种活动,我们只能将其视为从潜在到实现的过渡,或者将其视为云彩的凝结,飘渺感觉的一种物质化。还有其他的隐喻:从深处到表面、从黑暗到光明、从张力到松弛、从精神生命的顶端到最低端的运动。这就是"工作中的记忆运动"(前揭,页 276)。它可以说把记忆带回到和知觉领域相近的当下领域。然而——我们正是在这里看到了困难的另一面——不是所有的想象都是以此方式被激活的。想象的非现实化功能在被驱逐到整个现实性领域之外的虚构中发挥到极致,相反,这里称赞的,是想象的可视化功能,是它的展示事物的方式。关于这一点,不得不提情节(muthos)的最后一个组成成分,即戏景(opsis)。在亚里士多德《诗学》看来,情节构成了悲剧和史诗的塑形(configuration),而戏景,它在于"置于眼前",在于展示,在于使之可见。①

---

① 《诗学》,1450a7-9。亚里士多德使"戏景"(opsis)成为悲剧叙事的一个组成部分;它指的是诗、神话的外在和可见布局(kosmos),和表达其可读性的话语(lexis)有所不同。《修辞学》第三章第 10 节 1410b33 说到隐喻,它把事物"置于眼前"。我们在历史表象的层次上将重新发现同一个可读性和可视性的关系(第二部分,第三章)。

"纯粹记忆"的图像化同样是这种情况:"从本质上说,过去是潜在的。如果我们不跟随并接受过去完全地展现为当下的图像所需要的运动,让过去从晦暗状态转而显露在光明中,我们就不能捕捉到过去"(前揭,页278)。柏格森分析的力量在于,在将两端分开的同时,又能把它们联系到一起。在一端,"想象不是想起。毫无疑问,随着记忆得以实现,它就往往会存活在一个图像中。反之却并非如此。纯粹而单纯的图像不会让我回想起过去,除非事实上,我已经处在我要寻找的那个过去中。以此方式,图像跟随着一个连续的进程,逐渐从黑暗把它带入光明"(同上)。

如果我们继续沿着这条从"纯粹记忆"到图像-记忆的下降之路前进,直至另一端,而且正如我们将看到的那样,甚至还要远,那么我们就会看到图像化功能的一次大反转,从其虚构的一极一直展开到幻觉的对立一极。

当我在《时间与叙事》中将虚构叙事和历史叙事相对照时,我阐述的正是想象的虚构一极。我们现在必须相对于另一极、幻觉的一极确定位置。依照柏格森通过其划分法以及转向极端而激化了记忆问题的方式,重要的是通过相对于虚构和幻觉的两极安排想象而激化想象的问题。在转向幻觉的一极的同时,我们会揭露出究竟是什么构成了对记忆来说想象物的陷阱。记忆的理性主义批判的共同目标,实际上正是这样一种被纠缠的记忆。

要解释这个陷阱,我认为也许除了柏格森之外,传唤另一个证人,即写作《想象物》①的萨特(Jean-Paul Sartre),是比较妥当的。这本惊人的书为记忆问题域的这个倒转开辟了道路,尽管这不是它本来的目的。我说这本书是惊人的。它实际上开篇于对一门关于非实在的现象学的辩护,并从另一个角度继续我们在上文尝试

---

① Jean-Paul Sartre,《想象物》(*L'Imaginaire*, Paris, Gallimard, 1940; rééd., coll. «Folio essais», 1986)。这里引用的是第二个版本。

过的想象和记忆的拆分工作。正如在结论中明确地肯定的那样，尽管也存在我们将要说到的偏离："图像化意识的命题完全不同于一个现实化意识的命题，这就是说，被图像化的对象的存在类型，只要它是被图像化的，本质上就不同于被领会为实在的对象的存在类型……被图像化对象的这种本质虚无，足以使其和知觉对象区别开来"（萨特，《想象物》，页346）。从现实性的角度来看，记忆属于知觉这一边："记忆和影像（image）之间存在着……一个本质差异。如果我回忆起我过往生活的一件事，我没有想象它，而是想起它，这就是说，我没有将其设定为不在场者被给予（donné-absent），而是设定为过去的在场者被给予（donné-present）"（前揭，页348）。这一点完全就是这项研究开篇提出的解释。但是现在，倒转来了。它出现在想象物的领地上。它是可以被称为想象物幻觉诱惑的产物。《想象物》的第四章，以《想象的生活》为标题，探讨的正是这个诱惑："想象……是魔法。它是咒语，它让人们思考的对象，人们欲求的事物，按照他们可以拥有它们的方式显现出来"（前揭，页239）。这个咒语让不在场和距离统统消失不见。"它是一个假装满足的方法"（前揭，页241）。魔法活动产生的准在场把被图像化对象的"不在那儿"（前揭，页242–243）遮掩起来。这种"在非实在面前翩翩起舞"于是就避开了非现实。说起来，这种消失不见在"置于眼前"中就已经有其萌芽了，构成了图像-记忆的图像化、亮相就在于这种"置于眼前"。萨特在书中并没有考虑对记忆理论可能造成的冲击。但是在他描述很快就会变成一个"想象病理"（前揭，页285）的现象时，他为理解这一点做好了准备。想象病理主要集中在幻觉及其独特标志——强迫症（obsession）上，也就是说"尤其是在一条禁令面前望而却步引发的眩晕。"不再去想"的全部努力，自然而然地变成了"强迫性的想"。面对这个受被禁止之事吸引的现象，怎么能不一跃而上，跳到集体记忆的层面上，怎么能不提当代的历史学家描述的给当代这个"没有过去的过去"打上烙印的那种萦扰（hantise）呢？萦扰对于集体记忆来说，正如幻觉对于私人记忆。萦扰，过去嵌入到当下中心的这种病理模式成为无恙的、同样居于当下的习惯-记忆的对应物，但正如柏格森所言，后者是为了"去行动"，决不是为了萦扰当下，也就是说，烦扰当下。

萨特对从想象的非现实化功能到幻觉化功能的倒转进行的这种描述，带来了记忆现象学和想象现象学的一种奇怪的平行性。这一切就好像是，柏格森在"纯粹的记忆"与重新进入到知觉里的记忆中间，在识认在即视感中绽放的阶段上称之为记忆的中间的或者混合的形式，也就是图像-记忆，对应于想象的一个处在虚构与幻觉之间的中间形式，也就是图像-记忆的"图像"组成部分。因此在说到想象的"置于眼前"功能，可以说明示功能时，必须同样作为融合的形式：这样一种想象，它展示、使为人所见、使之可见。

一门记忆的现象学不可能对刚刚说到的想象物的陷阱视而不见，因为这种图像化是如此接近想象的幻觉化功能，对记忆来说，它造成一种薄弱、一种不可信、一种可靠性的缺失。当我们效仿米什莱（Michelet）思考历史书写的某种方式时，我们还会回到这里，我们说，在他那里，过去的"复活"往往同样具有准幻觉的形式。历史书写在想象的明示功能的保护下以此方式分担记忆图像化的风险。

我不想结束在这个困惑上面，而是想结束在对可以说和信心有关的、记忆理论交给历史理论的问题的暂时性回答上。这个问题是记忆可靠性的问题，以及在这个意义上，其真实性的问题。我们的整个研究针对把记忆和想象区分开的差异特征，这个问题就是在这个背景上提出的。在我们的研究结束之际，尽管想象物有可能为记忆布下重重陷阱，但还是可以肯定，在对过去的"事物"，先前见过、听过、经历过、学过的什么的意向中，包含一个对真实性的特定诉求。这个真实性的诉求将记忆规定为认知的高度。更确切地说,在识认的那一刻,回忆的努力结束了,这个真实性的诉求把自己表达出来。我们因此感觉到并且知道某件事过去了,某件事发生了,而我们作为行动者、遭受者、见证者牵涉其中。让我们把这个真实性的诉求称为忠实性。为了表达这种诉求、这种追求、这种要求,我们从现在开始会说记忆的忠实性-真实性,其构成了记忆的正确逻各斯(orthos logos)的符合-认识维度。接下来研究的任务是要表明,记忆的认识、符合维度是如何与和记忆的训练观念相联系的记忆的实用维度结合到一起去的。

第二章 被训练的记忆:使用与滥用

导 论

在前一章中展开的认知进路并没有穷尽在"对象的"角度下记忆的描述。必须补充一个实用的进路。这个新的考虑以下述方式和前一个连接起来:记得,不仅仅是接受、得到一个过去的图像,同样还是寻找它、"做"某件事。动词"记住"(se souvenir)取代了名词"记忆"(souvenir)。这个动词所要表明的是,记忆是"被训练的"。而应用于记忆的训练概念,其古老的程度不亚于 *eikōn*、表象。与"追寻"(*zētēsis*)的概念联系在一起,它在苏格拉底的概念苍穹之下,熠熠生辉。紧随在苏格拉底之后,柏拉图毫不犹豫地将他关于 *eikōn* 的对话转移到"模仿术"的领域内,进而将一种注定是虚假的"幻像的"模仿和一种被视为"正确的"(orthos)、"真理的"(*alēthinos*)、"仿像的"模仿区分开。转而到亚里士多德,他在其具有两个标题的小论文的 *Anamnēsis* 这一章中描述了作为一种"追寻"的回忆,而第一章则将 *mnēmē* 描述为"情感"(pathos)。正如我们将要看到的那样,我们这两位古希腊导师以此方式预先为柏格森称为记忆的努力的东西和弗洛伊德称为回忆的工作的东西做好了准备。

值得注意的是,认知和实用的两条进路在回忆的活动中交叉在一起了;追寻因识认而取得成功,它代表回忆的认知层面,而努力和工作则属于实践的领域。为了表示认知和实用两个问题域在 anamnēsis、回忆、回想的相同活动中的这种叠合,我们今后会保留术语回忆起(remémoration)。

认知维度和实用维度的这种分裂突显了记忆在属于心理范畴范围内的诸现象中的特殊性。在这方面,产生记忆的行为属于"我能"(再次借用对梅洛-庞蒂极其重要的表达方式)的范畴,它被列入到力量、能力的清单内。① 不过看起来是这个产生记忆的行为根据描述提供了认知目的和实践活动在一个单一的行为中相当完整的叠合,比如回忆起,它直接继承亚里士多德的 anamnēsis 而间接继承柏拉图的 anamnēsis。

记忆现象的这个独特性对我们接下去的所有研究来说都极具重要性。事实上,它同样将历史编纂学活动作为理论实践的特征表现出来。历史学家试图"从事历史研究"(faire de l'histoire),正如我们每个人致力于"产生记忆"(faire mémoire)。记忆和历史之间的照面本质上将发生在这两个不可分离的认知活动和实践活动的层次上。

接下来研究的最终关键在于我们已经看到的作为时间深度和时间距离的守护者的记忆其忠实性愿望的结局如何。根据这个关键,记忆因训练而发生变化以何种方式有可能影响记忆的符合论

---

① 我本人在《作为他者的自身》中将传统上被指定给不同问题域的诸活动视为行动之基本力量的多种表现。这本书的每一个大节都进行了相同的语用学(pragmatique)转向:我能够说,我能够行动,我能够叙述(自己),我能够将我的行动归咎于我自己,作为它们真正的作者。现在我要说:我能够记得。在这个意义上,这里提出的对记忆现象的研究构成了一门哲学人类学的一个补充性环节,这门哲学人类学关系到行动的和遭受的人,有能力的人。

雄心？一句话，记忆的训练，这是它的使用；不过使用还包含滥用的可能性。坏"模仿"的幽灵钻进使用和滥用之间。正是因为滥用的存在，记忆的符合论目标受到严重的威胁。

随后的几页力求概述一门关于这些记忆的滥用的松散的类型学。它们每一次都关系到被训练的记忆的一个方面。

我们将会把记忆之术——弗朗西斯·耶茨①（Frances Yates）赞美的技术——的诸功绩单独放在一边；它造成的过剩是一种人工记忆的过剩，这种人工记忆有条不紊地开发着记忆化活动的资源；我们想仔细地将其与位于自然记忆层面上的，并限定在想起特定的事实、事件意义上的回忆区分开。本章的最长一节随后将用于讨论自然记忆的滥用；我们将其分布在三个层面上：在病理学-治疗学的层面上，一种被压抑的记忆的诸紊乱突显出来；在完全属于实践的层面上，被操控的记忆的诸紊乱突显出来；在伦理-政治的层面上，当纪念附和回忆的节奏时，一种被过度召唤的记忆的诸紊乱突显出来。滥用的多种形式使记忆的根本易损性暴露无遗，这种易损性是被记得的事物的不在场及其通过表象的在场之间的关系造成的。与过去的这个表象关系的高度成问题性因记忆的全部滥用而被揭露出来。

第一节　人工记忆的滥用：记忆化的功绩

产生记忆的行为有一种方式尤其是作为实践被给予出来的，这就是记忆化（mémorisation），必须将它和回忆起严格区分开。

对回忆起而言，强调的重点在于一个事件回到了被唤醒的意

---

① Frances A. Yates,《记忆之术》(*The Art of Memory*, Londres, Pimlico, 1966；阿拉斯[D. Arasse]译, *L'Art de la mémoire*, Paris, Gallimard, coll. «Bibliothèque des histoires», 1975)。这里引用的是原版的页码。

识当中,这个事件被视为在意识宣布其体验过、感受过、学习过它的那一刻之前就发生过了。在单纯的浮现以及结束了回忆过程的识认的双重形式下,以前这个时间标记因此构成了回忆起的区别性特点。相反,记忆化包括学习的方法,关涉到知识(savoir)、本事(savoir-faire)、能力(pouvoir-faire),它们因此被固定下来,并继续应用到行事当中去,从现象学的视角来看,简单感、轻松感、自发感是其标志。这个特点构成了在认识论层面上结束了回忆的识认的实用对应物。在消极方面,这涉及到努力的经济学,主体为完成一个和特定环境相适的任务而免于重新学习。简单感因此代表了一段记忆的这种成功行事的积极一面,柏格森将之称为"被行动的"而不是"被表象的"。我们就此可以将记忆化视为习惯-记忆的一种形式。但是以简单行事——愉快的记忆的优先形式——为目标的学习方法的构成特征规定了记忆化的过程。

从习得(acquisition)技术的视角来描述以这样一种简单行事为目标的学习方法,并尝试从中发现滥用能够借以钻进使用当中去的诸缺点,因此就是一项合情合理的计划了。我们将沿着逐渐加大的复杂性等级前进,在这里,误用的机会以及企图操控整个记忆化过程的野心也随之加大。因为使用变为滥用的可能性恰恰存在于这个操控的野心中。

在最低阶段,我们遇到了各类技术,其属于人们在实验心理学中称之为学习(apprentissage)的范围。为了仔细地限定学习的领域,我会以一般的、涵盖范围广的方式谈论"学习方法"。学习,在专业性的工作中很自然地和记忆联系在一起,隶属于一门记忆生物学。① 学习实际上包括了一个有生命的存在对新行为的习得,这些

---

① Georges Chapouthier,《记忆生物学》(*La Biologie de la mémoire*, Paris, PUF, 1994,页5以下)。

新行为既不属于遗传获得的、按照遗传学的遗传密码工作的能力或本事,也不出自大脑皮层后生。对我们的研究来说重要的是,进行实验操作的实验员控制着习得。正是他,规定了任务,订立了成功的标准,安排了奖惩,并以此方式"决定"了学习。这种情况和我们将会在本探究行将结束之际看到的记忆之术截然不同,后者是教育、"修行"(ascèse)——苏格拉底派的 *askēsis* 表示"训练"——的成果,学生本人是教育的老师。说到实验操作,还不能就肯定地揭露出一种滥用;这仅仅是想说明支配着实验的控制类型。正如我们将在下文涉及到意识形态时说到的那样,只有在人类社会中的操控,才值得被打上卑鄙的烙印。然而从这个层次开始,同时不离开这些实验已经到达的心理生物学的层次,可以对接受这些试验的生命体的实验操作控制条件提出一个恰当的批判。在行为主义的时代,这些试验被视为向刺激-反射的假说"模型"提供了一个可供验证的实验基础。一些作者的批判,比如戈尔德斯坦(Kurt Goldstein),梅洛-庞蒂在《行为的结构》中和康吉莱姆(Ganguilhem)在《生命的认识》①中分别响应了他们,主要涉及实验环境的人为性,其中,一个动物,甚至一个人类对象,都处在实验员的控制之下,这不同于生命体与其环境的自生关系,就像动物行为科学在开放的环境中理解的那样。而实验的诸条件对于被观察的行为的意义来说也不是中立的。它们有利于掩盖生命体探索、期备、商议的资源,借助这些资源,生命体进入到和一个周遭世界(Umwelt)的辩证关系中,它是生命体本己的一部分,生命体又帮助构造了它。

这个讨论对我们很重要,因为我们现在将要考量的学习方法,能够在操作,也就是老师施加的控制,和学生期待的教育之间

---

① Georges Canguilhem,《生命的认识》(*La Connaissance de la vie*, Paris, Vrin, 1965; rééd., 1992)。关于 K. Goldstein, 参见《生命体及其环境》(Le vivant et son milieu)一章,页 143 – 147。

摇摆。

　　作为教育、*paideia* 计划的一部分，记忆化的训练实际上属于老师和学生的辩证法的范围。经典的模型是众所周知的：背诵熟记在心的课文。修辞学家奥古斯丁喜欢通过考察一首诗或一段经文的背诵行为得出其三重当下的分析：过去的当下或记忆、未来的当下或期待、当下的当下或直观。据说，流利且没有错误地根据记忆背诵，创造了一个小小的成绩，其预示更大的一个，稍后就会说到。不过，在我们针对"熟记于心"的滥用展开批判之前，还是应该回顾一下属于其好的使用的一些理由。在教学——它只是 *paideia* 的一部分而已——的框架内，正如将会看到的那样，背诵一直以来都是教育者参与控制的文本传递的优先方式，这些文本，即使没有被视为被传授的文化的奠基性文本，至少也被看作在权威的意义上有威信的文本。因为最终关涉到的恰恰是这个权威，更确切地说，话语的权威，区别于制度的权威。① 在这个意义上，我们在这里触及到一个最根本意义上的政治概念，关于社会关系的建立。按照阿伦特（Hannah Arendt）提到的一个古老格言："权力在人民，权威在元老院"（Potestas in populo, auctoritas in senatu），我们几乎不能设想一个社会，共同生活的横向关系和古代人权威的纵向关系不会交叉在一起。完完全全政治的问题是，什么是"元老院"，什么是"古代人"，以及他们的权威来自何处。教育无法解决这个问题，而且好像也并不就其合法性提出问题。且不论这个关于权威的难题——卢梭所谓"政治迷宫"的核心——实际上情况如何，每一个社会都有向下一代传递其视为文化成果的东西的重任。正如上文已经暗示的那样，对每一代来说，学习就是避

---

① Gérard Leclerc,《权威的历史：文化话语的指定和信仰的谱系》(*Histoire de l'autorité. L'assignation des énoncés culturels et la généalogie de la croyance*, Pairs, PUF, coll. «Sociologie d'aujourd'hui», 1986)。

免每一次都要重新学习全部东西的令人疲惫不堪的努力。正是通过这种方式,在基督教共同体中,人们早早地就学会了背诵教理书。还是通过这种方式,人们学会了正确的书写规则——哎！听写！——还有语法和算术规则。同样是以同一种方式,我们学会了一门死去的语言或一门外语的基础知识——哎！希腊语还有拉丁语的性、数、格变化和动词变位！少年的时候,我们学会了儿歌和合唱;然后是寓言和诗歌。在这方面,我们岂不是已经在反对"熟记于心"的战斗中走得太远了？那些仍然能够在弥留之人的耳边低声絮语的人,比如塞姆朗(Jorge Semprun),是幸福的——哈布瓦赫(Maurice Halbwachs),唉！——波德莱尔(Baudelaire)的诗:"喔死亡,老船长,时间到了,起锚……你知道,在我们心中充满了光明……"不过"熟记在心"并不是过去唯一存在于学校里的特征。许多专业人士——医生、法学家、科学家、工程师、教师等等——究其一生都需要牢记这些浩瀚的本事,它们取决于每门知识的覆盖度、精细度和具体内容,并随时可以应用于适当的时机。所有这些都被视为掌握一种被训练的记忆。

这还不是全部。无论是记忆化的教学法使用,还是记忆化的专业性使用都没有穷尽一种流利且无错误的背诵认可的所有学习方法的宝库。在这里必须提到亨利·古耶(Henri Gouhier)分两个阶段放在艺术的总称下的所有那些艺术——舞蹈、戏剧、音乐,①其中,演出不同于包括剧本、乐谱以及某种形式的碑文在内的作品的创作。这些艺术要求他们努力地从事一种记忆的艰苦训练,持之以恒地重复下去,一直到取得了既保守又创新的演出,这时,愉快的即兴之作就出现了,之前的准备性工作都忘记了。怎么能不赞美那些为讨我们欢心有时要记住其要"表演"的五花八门的节目的舞蹈家、演员、音乐家呢？这才是记忆的真正竞技者。于是乎

---

① Henri Gouhier,《剧场和存在》(Le Théâtre et l'Existence, Paris, Aubier, 1952)。

他们也许是一种没有丝毫滥用的使用其唯一无可争议的见证者：服从作品的要求激励他们保持谦逊，由此能够缓和对非凡成就的合理骄傲。

经过学习方法之后，在旅途的第三个阶段，我希望说一说把记忆化提升为配得上技术这一称呼的记忆之术（ars memoriae）的悠久历史。耶茨以《记忆之术》为书名用一整本著作来讨论这个历史，从题材上看，其仍然是一部古典作品。① 拉丁名称不是来自惯例：它起初涉及到拉丁修辞学家引介并实践的记忆法程序：《修辞学》(*Ad Herennium*)的不知名作者（中世纪传统错误地将其认定为西塞罗）、西塞罗本人（经常被称为图留斯）、昆体良（Quintilien）。奠基性的神话然而不是罗马却是希腊的。这关系到一个著名的事件，大约发生在公元前 500 年左右，为了向一名著名的运动员表示敬意，一位富有的慈善家赞助了一场盛宴。故事就发生在这场宴会不得不结束的时候。诗人西蒙尼德斯（Simonide de Céos）——柏拉图在其他地方赞许地提起过他——被请来发言，以赞美这位获得胜利的运动员。恰好在这时，会场之外，仁慈的半神卡斯托尔（Castor）和波琉刻斯（Pollux）召唤他出来相见，他因此躲避了一场大灾难，它将运动员和客人掩埋在庆功场地的瓦砾废墟之下。这样的幸福命运满足了诗人常常为神所赐福的希腊神话。但是拉丁人从中发现了一个适合他们辩论术文化的结果。诗人能够根据记忆指出每一位宾客的位置，进而，按照魏因里希的说法，"根据他

---

① Frances A. Yates,《记忆之术》(*The Art of Memory*, 前揭)。魏因里希（Harald Weinrich）在《Lethe：遗忘之术及其批判》(*Lethe. Kunst und Kritik des Vergessens*, Munich, C. H. Beck, 1997；默尔［Diane Meur］译, *Léthé. Art et critique de l'oubli*, Paris, Fayard, 1999；这里引用的是原版的页码）一书中寻找一种可能的、和这种"记忆之术"对称的遗忘之术（ars oblivionis），历史很好地证实了这一点。他在其著作的开篇讨论了"记忆之术"，与其说是回忆起，不如说是记忆化成为一个关于遗忘的文学史的基准轴，这个文学史的曲折程度丝毫不亚于用来命名其著作的神秘河的蜿蜒。我们将会在第三部分的第三章回到这里来。

们在空间中的定位而辨认出死者"。功绩指的就是对遗忘——这场以突然的死亡为象征的灾难——的一个奇迹般的胜利。但是将记忆之术归并到修辞学所付出的代价是沉重的。这项技术的本质在于将图像(image)和在严密系统中组织起来的场所(topoi, loci),比如一座房屋、一个公共场所、一处建筑布景,联系在一起。这项技术的规则分为两种:一种决定场所的筛选,另一种决定人们想要记得的事物的心理图像的筛选,技艺将这些图像指定给被选择的场所。以此方式被储存起来的图像据说在时机适当的时候会轻易地浮现出来,同时,场所的秩序保存事物的秩序。论文《修辞学》——早期希腊的论文已经遗失了——得出一个恒久流传的定义,一代一代都将不停地重复:"人工(artificiosa)记忆包括场所和图像。"至于图像和场所描述的"事物",这就关系到和一个有待为之辩护的原因有关的对象、人物、事件、事实。重要的是,这些观念依附在图像上,这些时间被储存在场所里。我们于是就重新发现了关于铭印的古老隐喻,场所是蜡板,图像则是铭印在上面的文字。而且,在这个隐喻之后,来自《泰阿泰德篇》的,关于蜡块、印章、印记的完全奠基性的隐喻也重新出现了。但是这里的革新性在于,身体——也可能是大脑——或者结合在身体上的灵魂不再是这个印记的载体,而是想象的载体,后者被视为一种精神的力量。将想象纳为己用的记忆法沐浴着想象的荣光,记忆成为其附庸。同样地,空间化抹平时间化。不是本己身体和周围环境的空间性,而是心灵的空间性。场所的概念赶走了先前的时间标记,自亚里士多德的《论记忆与回忆》以后,它就一直描述着记忆的特征。记忆不再以想起过去为主,而在于将学会的、在一个心理空间中排列整齐的知识实现出来。按照柏格森的术语,我们转而来到了习惯-记忆这一边。但是某些文本会说,这种习惯-记忆是一种被训练的、被栽培的、被培训的、被塑造的记忆。这正是记忆化的真正竞技者浩如烟海的记忆取得的成绩。西塞罗把这样的成就称为"近乎神圣的"。

再次借用昆体良文章的标题,起源于这种"演说术教育"(institution oratoire)的传统内容包罗万象,甚至我们当代关于记忆场所——在地理上完全现实的场所——的讨论也可以被视为希腊人和拉丁人的人工记忆之术的晚近继承者,在他们看来,记忆场所是一种心理书写的地点。如果说,传统应该是绵长悠久且不拘一格的,不仅回溯到《泰阿泰德篇》及其蜡块印章的隐喻,还回溯到《斐德罗篇》及其对托付给外在"记号"的记忆的著名谴责,那么,在《修辞学》之后,从"图留斯"一直到布鲁诺(Giordano Bruno)(耶茨认为他将记忆之术推向极致),这样的传统该是何等丰富!每一条路走到最后就突然折向另一条路,这是什么样的转折!其中至少有三个转折点特别突出了这个记忆化记忆的奇特时代。

首先出现的是作为拉丁修辞学家的奥古斯丁重新对一种更多地依附于本质而不是事件的记忆进行一个明显的柏拉图式的解释。我们自本书一开篇就提到了《忏悔录》的第十卷《论记忆》:除了关于记忆"殿廷"和"府库"的著名开场白以外,我们还看到蜡块印章的隐喻,替换为"肖像"的主题。此外,背诵行为被看作回忆分析的基础。不过我们要尤其记住这个惊叹:"记忆的力量真伟大啊!"恰恰是在产生记忆的行为中被训练的力量成为整个记忆之术传统的关键。但是奥古斯丁仍然担心着遗忘,在记忆之术达至极致时,遗忘将彻底被遗忘。

随着第二次转折,记忆之术在中世纪学者那里接受了一次全面的道德化;这是发生在西塞罗-"图留斯"①的已经道德化过的修

---

① 西塞罗留给中世纪许多重要的修辞学著作:《论演说家》(*De oratore*)、《论开题》(*De inventione*)(《修辞学》被看作是此书的第二部分)和《图斯库鲁论辩》(*Tusculanae disputationes*),它们在奥古斯丁的皈依中发挥过决定性的作用。他是第一个拉丁人,直到《论开题》的结尾,使记忆成为明智(prudentia)德性的一部分,和理智(intelligentia)、预见(providentia)并列。

辞学和亚里士多德的《论灵魂》、《论记忆与回忆》①的心理学之间的一个惊人的结合之基础上的。尤其是后面这篇文本,被看作是《论灵魂》的一个附录,中世纪思想家给予它极高的评价:圣托马斯对它进行了详尽的注释。记忆于是被列入到许多名单当中:它是修辞学的五个组成部分之一,和理智、预见并列在一起,而修辞学本身又是七种自由技艺(语法、修辞、辩证法、算数、几何、音乐、天文)之一;不过记忆同样是明智德性的一部分,后者出现在主德中,和勇敢、公正、节制并列。中世纪的记忆就这样以多种方式被环绕起来,并以此方式呈交给一个第二阶段的记忆化,它是赞美的对象,被给予特别的关心,正如我们在一个虽然知道书写但没有印刷,而且要极力仰望话语和书写权威的文化中可以预料到的那样:古希腊和拉丁的精神导师就是作为权威(auctoritates)出现的,和《圣经》、信经以及教会博士的论文位列在一起。中世纪早期,阿尔昆(Alcuin)——查理曼大帝请他负责在加洛林王朝恢复古代文化的教育体系——可以告诉他的国王,记忆是"全部事物的宝藏";全部事物:信条、通往天堂的德性之路、跌入地狱的罪恶之路。在"记忆条目"的基础之上,通过记忆化,全部知识(savoir)、本事(savoir-faire)、能力(pouvoir-faire)、信仰(savoir-croire)、礼仪(savoir-vivre)得到灌输,它们开辟了通向至福的道路。在这方面,圣托马斯的《神学大全》第二集第二部是这种关于理性和信仰的训言的重要文献,记忆之术成为了得到它们的途径和工具(organon)。和理性和信仰一起,虔信收获它那部分关于地狱、炼狱、天堂的生动景象。它们是善和恶存在的场所,在语词的最强意义上说,是记忆的场所。当记忆化的这个行程完全超出个体记忆的成

---

① 说起来,中世纪对亚里士多德有关记忆遗产的继承是三方面的:首先,在蜡块中的印章印记隐喻得以传续(《论记忆与回忆》第一章);其次,记忆和想象的联合,《论灵魂》对此说,"没有图像,思是不可能的";最后,使记忆法包含在《论记忆与回忆》第二章记忆的回忆推理过程中(起点的选择,沿着组合系列上升和下降,等等)。

就,进而来到但丁的《神曲》时,也就没什么可以令人感到惊讶的了。在维吉尔然后是比阿特丽斯的带领下经过的场所为一种沉思的记忆建造了如此多的栖所,这种沉思的记忆将回忆起(榜样人物)、记忆化(传统的重要教育)、纪念(基督教文化的奠基性事件)结合起来。① 和心灵的场所这个美妙的隐喻相比,人工记忆的成就显得有些微不足道。为了超越自然记忆和人工记忆的对立,为了消灭使用和滥用的对立,实际上应该还有一种诗意的记忆。② 在第三个转折结束的时候,情况发生了变化。

决定人工记忆命运的第三个转向以记忆法和秘术(secret hermétique)的结合为标志。布鲁诺,耶茨的整个分析都汇集到这个人身上,是这个不可思议的记忆之术之旅最新,差不多也是最后阶段的标志性人物。相关的技术成为了魔术的技术,神秘的技术。天体和下界之间的一个对应性体系的概念,表现为一种天启、一种秘技的入门,支配着这个变化。新的技术在于,根据一一对应原则将天体的位置、德性表、表达生命的图像采集、概念表、一系列英雄或圣人、所有想象得到的典型图像,简言之,将所有可列举出来的、可置于体系秩序中的东西,放到一个"轮"的同心圆上面——"记忆之轮"。以此方式被交给记忆的,是一种神圣的力量,对天体秩序和人世间事物之间的组合技术了若指掌。仍然是关于将图像"放"在场所上的问题,只不过这些场所是天体,这些图像是"阴

---

① 耶茨的《记忆之术》(前揭,页 104 以下)和魏因里希的《Lethe》(前揭,页 142 以下)都用了很多优美的篇章来讨论但丁。在后者看来,彼岸的地志学——诗人在饮过忘川水后到达的地方——使但丁成为记忆的人(Gedächtnismann)(同上,页 145)。除了普鲁斯特的《追寻逝去的时光》以外,魏因里希不熟悉其他可以媲美《神曲》的著作。

② 耶茨以如下方式结束了《中世纪的记忆和图像的形成》这一章:"本书主要关心的是这门技术的晚近历史,从这个视角来看,必须强调,记忆之术诞生在中世纪。它的根深深地扎在一个非常古老的过去里。从这些深远而又神秘的源头出发,它蔓延流淌在以后的数个世纪当中,带有一个和记忆法关心奇怪地结合在一起的宗教虔诚的印记。在中世纪,这个记忆法关心被应用到宗教虔诚上面"(《记忆之术》,前揭,页 113)。

影"(布鲁诺出版的第一本有关记忆的书就叫作《概念的阴影》，1582年)，下界的物体和事件处在这些阴影中。想象是真正的"炼金术"，正如耶茨所言(《记忆之术》，页220)，它支配着一种有魔力的记忆法，其将一种无穷的力量给予掌握这种记忆法的人。柏拉图主义，特别是新柏拉图主义的回忆(réminiscence)，对亚里士多德主义的记忆和回忆(rappel)的心理学进行的回击是彻底的，但为此付出的代价却是理性思辨转变为秘传宗教。的确，按照奥古斯丁的说法，"记忆的力量是伟大的"；但是，基督教的修辞学教师并不清楚对愉快的记忆的这种赞美可能导致何种异常情况。西塞罗可以称一种被训练的记忆取得的成就为"几乎神圣的"；但是他也不可能预知一个文艺复兴时代的人的神秘记忆产生了何种过剩。耶茨把这个人称作"记忆的魔术师"(前揭，页297)。

为了结束这个简单的记忆之术之旅，我希望提一下耶茨在其本人的旅程行将结束的时候，在撰写以《记忆之术和科学方法的发展》(前揭，页354)为题的最后一章构成的附言之前提出的一些问题。我引用耶茨的话："有个问题，我不能给出一个清楚的或者令人满意的答案:神秘的记忆是什么？从可理知世界的物质相似性观念的形成，到通过难以置信的想象力训练——布鲁诺穷其一生都在从事这些训练——以把握可理知世界的努力，这样的改变真的使人类精神到达一个比以往更高级的、更富创造力的成就阶段吗？这就是文艺复兴的奥秘，而神秘的记忆正表现了这个奥秘？我将这个问题留给别人"(同上)。

如何回答耶茨呢？我们不能仅仅因为知道以下事实就满足了，观念史没有让这种狂热的记忆文化继续下去，并且新的篇章随着方法概念的出现，随着培根《工具论》和笛卡尔《方法谈》的问世开启了。毕竟，记忆之术，及其对无论是在场所，还是在图像层面上的秩序的崇拜，就其方式而言都是一种方法的训练。必须在事业的核心处寻找它消失的原因。当培根揭露出人工记忆文化骨子里的"异常矫揉造作"时,他就直接抓住了批判的要点。自一开始,这门技术就被吹捧为成就、奇迹。一种沉醉——康德同时在热情和中毒的意义上讨论了狂热(Schwärmerei)——渗入到自然记忆和人工记忆之间的连衔点上。一种沉醉,它使得因自然记忆的局限而开始的沉重教育抱有的谦逊转变为它的反面。力求强化自然记忆的力量,增加其丰富性和精确性,始终都是合理的。因为这里牵涉到的问题恰恰是局限的概念。和布鲁诺一起,对局限的突破被带向了极致。但又是什么样的局限?本质上,这是记忆对遗忘的关系所暗示的局限。① 记忆之术是对遗忘的一种极端拒绝,并逐渐地拒绝痕迹的保存及其浮现内在固有的诸缺点。相关地,记忆之术不考虑痕迹的约束。正如在讨论柏拉图的 *tupos*、印记隐喻时第一次暗示过的那样,现象学的痕迹概念不同于印记的物质、身体和大脑皮层条件,它是建立在为事件所感动(être-affecté)的基础上的;在事后,叙事使事件成为证据。对于人工记忆来说,一切都是行动,没有情感。场所是绝对被选择的,它们的秩序掩盖了选择它们的专断。比起图像被指定的场所,图像较少地被操控。因此双重的拒绝:拒绝遗忘,拒绝被感动。终点的自命不凡在这个起点的拒绝中已有萌芽。诚然奥古斯丁感叹记忆的力量是伟大的。但是我们早早就已经注意到,他没有忽视遗忘;他忧心忡忡地衡量了遗忘的威胁和破坏。此外,这个对遗忘和被感动的拒绝牺牲了回忆起,换来了记忆化的高高在上。记忆之术使图像和场所日转千阶,其代价是那些激动人心的事件被忽略了。在为了方便

---

① 魏因里希发现自希腊时代以降这种对遗忘记忆之功绩的拒绝被归到西蒙尼德斯头上,他为每一位致命宴会的死者恢复了其原来的位置。据西塞罗讲,诗人曾向地米斯托克利(Thémistocle),被其国家驱逐的人提议,教给他"记得一切事情"(ut omnia meminisset)的奇术。伟大的统帅答复说,他对一门遗忘之术更感兴趣,这能够使他避免痛苦,记得不想记得的,不能忘记想忘记的(魏因里希,《Lethe》,前揭,页24)。当我们将遗忘视为其自身权利的一种崇高时,我们还必须回到这里。

在一个想象的空间进行内在的书写而以此方式切断记忆和过去的纽带的同时,记忆之术从一种被训练的记忆的竞技者取得的成就转变为耶茨恰当地起名为"想象的炼金术"的东西。想象从过去加诸其上的条条框框中解脱出来,占据了记忆的位置。历史讲述过去;作为历史不在场的过去,和遗忘一起,构成了野心勃勃的记忆法的另一个局限。我们在下文将会说明遗忘是如何和过去的过去性关联在一起的。①

有两种方式可以继续这些准备性的思考,其在一项致力于将局限排除在外的计划中重新引入了局限的观念。第一种是在自然记忆的局限内恢复记忆化文化的限度;第二种是当使用成为借人工记忆进行操控的一种方法的时候思考一下嫁接在使用上的诸滥用。这一节的最后一些思考将给予一项处在自然记忆局限内的记忆化技术的诸模式。我们将通过这种方式在记忆的教学法,也就是说在将记忆的培养纳入到教学计划里的方向上避开记忆的魔术。我们于是就回到了上文一开始的讨论,关于在教育中记忆化的使用和滥用。但是我们回到这里,头脑中已注意到人工记忆源远流长的历史中那些重要的时期。说起来,在这个已经见证了人工记忆取得的诸多成就的文艺复兴时期,在对凭记忆进行背诵的控诉中,作为靶子的并不是一种被带向极端的想象的力量,而是文本传递的文化遗传的权威。对于这些批判来说,驴子很自然地成为愚蠢记忆的标志性动物,被强加到其身上的知识重担压得直不起腰。蒙田说:"我们就只会产生驮着各类书本的驴子。"②值得注

---

① 凯西在我们上一个研究曾经大量引用过的著作《回忆》的开篇提到,对建立在记忆之上的教学法的批判没有正确地对待在完全回忆起的意义上的记忆,好像为了一个会遗忘的文化,对记忆化的控诉会不加分辨地延续到对回忆起的控诉。

② 蒙田,《随笔集》第一卷,26,引自魏因里希。他在这个语境下没有忘记提到桑科·潘扎和他的驴子,使其和"机敏的"骑士这个悲伤的人物相对照(魏因里希,《Lethe》,前揭,页 67–71)。

意的是,对记忆化记忆的批判,是和对本性(ingenium)、天资、精神——在爱尔维修《论精神》①给予这个词的意义上——的赞扬同时进行的。对方法的辩护(向上追溯到拉姆斯[Ramus])和对本性的辩护(其蕴藏着培养创造性想象的萌芽)之间的一种融合于是就产生出来了。融合发生在判断的概念中,这个概念对启蒙运动的拥护者来说非常重要。但是,恰恰在判断的中心,理性者的理智没有成功地抑制住本性。卢梭对启蒙运动的抗拒证明了这一点。因此,正是以一种野性本性的名义,卢梭对自然记忆的培养给予最猛烈的一击:"爱弥尔永远不会记住任何东西,不会记住寓言,甚至都不会记住拉封丹的寓言,它们都是如此天真和可爱。"②

我们因此可能想知道,在这个时候,对记忆化记忆的批判是否没有超出它的目的。回应布鲁诺的过剩式滥用的,是卢梭的不足式滥用。事实是,一个人赞美的和另一个人贬低的并不是同一种记忆。一个人的过剩影响了人工记忆(memoria artificiosa),另一个人的不足式滥用没有正确地看待自然记忆,因为它同样需要它应得的一部分。在记忆化的学院使用之外,我们于是想起了专业性记忆的那些值得尊敬的功绩,比如医生、法官、教师等等的记忆,以及舞蹈家、戏剧家、音乐家的记忆。事实上,我们从未结束过记忆化。

在翻过记忆之术这一页之前,我希望和魏因里希一起简单地说一下遗忘。我们在上文说过,记忆之术是受"什么都不遗忘"的过度欲望驱使的;记忆化的一种有节制使用难道不同样意味着遗忘的一种有节制使用么?难道不能跟随在笛卡尔之后谈论"有方法的遗忘"么?如果说有方法的怀疑事实上通过反思的方式拒绝

---

① 魏因里希喜欢引用爱尔维修的这句话:"伟大的精神并不意味着伟大的记忆;我甚至要补充说,其中一个得到最大的展开,必然要排斥另一个"(魏因里希,同上,页78)。

② 引自魏因里希,同上,页90。

所有建立在记忆之上的教学法，并在这个意义上包含某种遗忘的策略的话，那么《方法谈》在回顾过往生活时运用的规则，难道不是并没有构成记忆的一种有方法的使用，而是构成摆脱了所有记忆法的一种自然记忆的使用么？同样地，难道不能根据启蒙的精神谈论"启蒙的遗忘"么？启蒙的遗忘，难道不能充当抵御记忆化记忆的文化狂热的一道防线（garde-fou）么，在这个词严格的意义上？在适当的时候，当我们尝试着按照魏因里希在《Lethe》中的心愿给予记忆之术一个和遗忘之术的对称关系时，我们还必须回到这里。① 在此期间，这些提示都汇集到对回忆起的一种有节制使用——以一种公正的记忆为标志——的辩护上来，稍后，我们关于一种受意识形态操控的记忆之滥用的反思会把这个想法实现出来。在某种意义上，但丁对人工记忆诗意的超越以及笛卡尔式的有方法的遗忘把他们以其自己的方式带回到自然记忆丰富多彩的问题域。

第二节　自然记忆的滥用：被压抑的记忆，被操控的记忆，被过度控制的记忆

接下来的研究将用于讨论自然记忆的使用和滥用的类型学。尼采在《不合时宜的沉思》的第二篇文章中——标题《历史对于生活的利与弊》就已经说明了问题——沿着这个方向开辟出了道路。由这篇文本开创的提问方式在一种复杂的符号学中联合了症候的医学处理和转义的语文学处理。当然，这里挑起的论战主要涉及历史，更确切地说，涉及历史哲学在文化中的地位。但是，处理问题的方式却是和记忆类似的，确切地说，集体记忆。正如自下一个研究一开始我将不断重复的那样，集体记忆构成了历史编纂

---

① 参见下文，关于遗忘，第三部分第三章。

学扎根的土壤。在当前研究开始的时候我已经说过,记忆是作为被训练的进入到这个视角下的。

为了避免记忆的滥用概念繁杂错乱而又彼此纠缠,我接下去将提出一个阅读框架。首先,我将区分一条完全病理学的进路(和临床的范畴有关)和多条可能的治疗学进路(主要借用精神分析)。在将这个病理学和某些最基本的人类经验联系在一起的同时,我会尝试着恢复它的宽度和密度。然后,我将为属于意识形态批判范围内的记忆工具化,或者记忆操控的协同形式提供空间。正是在这个中间层次上,记忆的滥用概念,以及我们马上补充的,遗忘的滥用概念,才是最为妥当的。最后,我想为记忆的责任这个问题保留一个规范的,完全伦理-政治的视角;这个规范的视角必须和前面的视角仔细地区分开,因为两者很容易混淆在一起。从一个层次到另一个层次的旅程,于是将成为从记忆的使用和滥用的一种形态到另一种形态的旅程,从被压抑的记忆出发,经过被操控的记忆,直到负有责任的记忆。

1. 病理学-治疗学层次:被压抑的记忆

正是在这个层次上,并且从这个视角出发,我们才可以合理地说起受伤的记忆,甚至病态的记忆。像创伤(traumatisme)、受伤(blessure)、伤痕(cicatrice)这样的日常表达证实了这一点。这些语词本身就让人感到哀婉伤感,它们的使用并非没有产生某些严重的困难。我们首先要问,在精神分析谈话中构造的范畴,直到何种程度,我们才可以,主要以移情的中介为标志,把它们用到集体记忆,进而用到一个人际间的层次上?第一个困难只有到下一章结束的时候才会得到最终解决。我们在这里将承认,暂时地承认,集体记忆概念的操作性价值;加之,马上就要对它做出的使用今后将有助于这个成问题的概念合法化。另一个困难必须在这里找到某种解决:我们想知道,到什么程度,记忆的一种病理,进而记忆作为情感得到治疗,属于一个有关记忆的训练、记忆的技艺(tekhnē)的研究。困难是新的:问题之所在,正是个体和集体因记忆的使用和实践所发生的变化。

为了直面这两个困难,我认为援引弗洛伊德的两篇出色的文章并把它们对照一下——作者好像没有这样做过——是非常合适的。第一篇文本,写于1914年,标题为《回忆,重复,修通》。① 我们立刻就注意到,标题只包括动词,它们强调三个过程属于精神力量的游戏,精神分析学家和这些精神力量一起"工作"。

弗洛伊德的反思出发点在于确定解释(Deutungsarbeit)的工作在回忆创伤记忆的道路上遇到的主要障碍。这个障碍归因于"压抑的抵抗"(Verdrängungswiderstände),"重复性强迫"(Wiederholungszwang)这个词指的就是它。它尤其表现出一个见诸行为(passage à l'acte, Agieren)的倾向,弗洛伊德称之为"替代回忆"。病人"没有以回忆,而是以行动的方式再现了(被遗忘的事情):他不断重复它,显然没有意识到他在重复它"(《全集》第十卷,页129)。我们没有远离上文提到过的萦扰现象。让我们将其牵涉到遗忘的地方暂时放在一边。在第三部分关于遗忘的那一章中,我们还会回到这里。另外,我们要强调见诸行为及其在不为病人所知的情况下占据的位置。对我们来说,重要的是,抵抗和重复性强迫之间的联系,以及这两个现象对回忆的替代。继续进行分析的障碍就在于此。而超越这种临床的观察,弗洛伊德给出了两点对我们来说当从临床分析转移到集体记忆的层面上时——正如我们认为可以在讨论的这个阶段做的那样——最为重要的治疗建议。第一点涉及精神分析医生,第二点涉及精神分析对象。

---

① «Erinnern, Wiederholen, Durchairbeiten», 见《全集》第十卷(*Gesmmelte Werke*, t. X, Francfort-sur-le-Main, S. Fischer Verlag, 1913 – 1917, 页 126 – 136)。这里使用的是德文版页码。使用的是贝尔曼(A. Berman)在《精神分析技术》(*La Technique psychanalytique*, Paris, PUF, 1970)中的翻译« Remémoration, repetition, perlaboration»。

对前者来说,弗洛伊德建议他要保持巨大的耐心,特别是面对在移情的掩盖下突如其来的重复。弗洛伊德注意到,移情以这种方式在疾病和现实生活之间创造一个中间地带:人们谈论它,作为一个"舞台",强迫在一种准完全自由的环境中表现出来,对象的致病背景的公开呈现借此有了机会。但是他同样对病人提出一些要求:停止诉苦,停止向自己隐藏他的真实状态,他应该"鼓起勇气,将注意力集中到他的病态表现上,不再将他的疾病视为某种卑劣的东西,而是把它看作值得重视的对手,看作自身的一部分,而且疾病的存在本就有着正当的理由,它能够为以后的生活提供宝贵的资料"(前揭,页132)。不这样的话,病人和被压抑的东西就无法达成"和解"(Versöhnung)(同上)。让我们保留"和解"这个术语,在我们以后关于宽恕的反思中,它还会回到视线里。现在,我们要在病人及其精神分析医生对抵抗的这种双重处理(maniement)上稍作停留,弗洛伊德将其命名为"修通"(Durchairbeiten)(前揭,页136),英语译为"*working through*",法语译为"*perlaboration*",又或我本人更喜欢的"*remaniement*"。在这里,重要的词是工作(travail),或者倒不如说,工作(travailler),它不仅强调整个过程的动态特征,还强调精神分析对象的合作。只有与这个在其动词形式下讲述出来的工作概念联系在一起,才有可能谈论以此方式得到解放的、作为一种工作的回忆,"回忆的工作"(Erinnerungsarbeit)(前揭,页133)。工作这个词于是就被多次地重复,并和强迫对称式地保持对立:回忆的工作对重复性强迫,这句话因此可以用来概括这篇短小而又弥足珍贵的文章的主题。同样属于这种工作的,还有精神分析医生在面对移情导致的重复时表现出的耐心,以及精神分析对象在寻找与其过去的真实关系时自认为病人的勇气。

以上文提到的原则保留为代价,在考虑从精神分析关系的私人层面向集体记忆和历史的公共层面的可能转移之前,让我们援引第二篇文章——《哀伤与忧郁》。① 它很可能比起上一篇文章来说表现出更多的对向集体记忆的层面转移的抵抗,因为哀伤很少就其自身得到讨论,更确切地说,很少被视为工作,而是为了更好地洞察忧郁的难题,更多地以对照术语的方式得到讨论。和前一篇文章相互对照一下可以帮助我们从这个术语对照中得到有关哀伤的工作的积极信息。② 不过这篇文章尤其奏响了千年经验里的深远回音,忧郁千百年来就是沉思的主题和痛苦的来源。

开始的那些保留没有妨碍我们注意到,哀伤——哀伤的工作——首先是作为一个对照性术语使用的,并且假定人们可以直接地理解它,至少第一时间如此。此外,哀伤和忧郁的结对组成一个整体;哀伤变为忧郁的倾向,以及哀伤从这个可怕的神经官能症中抽身出来的困难,都应该激励我们投身于思考,有关集体记忆的病理学和以此方式打开的治疗学前景。

开篇说,"哀伤始终都是对缺失的反应,不是一个心爱之人的缺失,就是代替这个人的一个抽象物的缺失,比如,祖国、自由、理想,等等"。在我们今后将要前进的方向上,一个入口一开始就这样被准备好了。精神分析医生提出的第一个问题是想知道,为什

---

① «Trauer und Melancholie»(1915),见《全集》第十卷(Gesmmelte Werke, t. X,前揭)。这里使用的是拉普朗什(J. Laplanche)和蓬塔利(J.-B. Pontalis)在《超心理学》(Métapsychologie, Paris, Gallimard, 1968; rééd., coll.«Folio essais», 1986)中的翻译。

② 可能导致我们没有注意到我们正在寻找的关于回忆的工作和哀伤的工作之间的亲缘性知识的,是这个事实,忧郁和哀伤在弗洛伊德在写作这篇文章的时期极力提出的"经济学"模型的框架内都使用了工作这个术语。彼得·霍曼斯(Peter Homans)在《哀伤的能力》(The Ability to Mourn, Chicago, The University of Chicago Press, 1989)中注意到,哀伤的主题并不只是精神分析的描述和说明中的其中一个主题而已;它和癔症(hystérie)的症状,以及著名的陈述"精神病患者受回忆之苦"联系在一起。在《关于精神分析的五次讲座》中,弗洛伊德把作为记忆征候的癔症征候与装点我们城市的纪念性建筑物联系起来(霍曼斯,前揭,页261)。纪念性建筑物是对缺失的回应。此外,作为在与缺失的和解中最终完成的放弃和屈从,哀伤的工作和整个精神分析的事业是同外延的。霍曼斯在被理解为自身占有的,与想象(Phantasie)和叙述的能力联系起来的个性的标题下积极地拓宽了这个中心主题。

么在有些病人那里,我们看到"经历过相同的环境之后,代替哀伤,忧郁"(我自己的强调)产生了。从论证策略的角度来讲,"代替哀伤"(au lieu de deuil)这个表达一上来就指出了我们所对照的两篇文章之间的亲缘性:代替回忆,见诸行为——代替哀伤,忧郁。因此,问题恰恰在于哀伤和忧郁的某种对立方式,在于不同的情感填充(investissement)在"经济学"层次上的区别,以及在这个意义上,在于两种工作模式的区别。弗洛伊德注意到的第一个对立是"自我感觉"(Selbstgefühl)在忧郁中的减弱,而"在哀伤中,不存在自我感觉的减弱"。由此而来的问题是:在哀伤中,工作产生了什么?答案是:"现实检验(épreuve de la réalité)已经表明,所爱的客体不在了,现实要求全部力比多放弃与这个客体的联系。一种可以理解的对其的反抗产生了。"接下来就是细致入微的描述,关于力比多服从现实的命令所需要的"时间和填充能量的大量消耗"。为什么代价如此高昂?因为"缺失的客体在心理上还继续存在着"。于是乎,为了结算"具体实现现实颁布的每一道命令就是哀伤的工作"而付出沉重的代价,正是由于回忆的过度填充(surinvestissement)以及力比多对仍然依恋着缺失的客体的期待。

但是为什么是哀伤而不是忧郁呢?是什么使哀伤倾向于变成忧郁呢?"一旦哀伤的工作完成时,自我会重新获得自由并且无拘无束",这就使哀伤成为一种正常的、尽管痛苦的现象。就此而言,哀伤的工作可以近似回忆的工作。如果说忧郁的工作在这篇论文中占据了一个策略上的地位,类似强迫性重复在前一篇里的地位,那么这也就表明,哀伤的工作,正是作为回忆的工作,获得代价高昂的自由的,不过关系是相互的。哀伤的工作是回忆的工作的代价;而回忆的工作是哀伤的工作的获益。

在从中获得我们想要的结论之前,让我们来看一下忧郁的工作在前一个哀伤的工作中带来的补充教益。我们已经注意到自我感觉(Ichgefühl)在忧郁中的减弱,重新从这里出发,必须说,对哀伤而言,宇宙显得如此空洞贫乏,不同于此,在忧郁中,是自我本身处在实实在在的荒漠中。他接连不断地遭受打击:自己的否定、自己的控诉、自己的指责、自己的屈辱。但这还不是全部,甚至都不是主要部分:对自己的责备难道不是用来掩盖对爱情对象的责备么?弗洛伊德大胆地写道,"他们的诉苦就是控诉"(Ihre Klagen sind Anklagen)。控诉,可能最终导致对爱情对象的折磨,而在哀伤的内心深处,一直在追求着这个对象。弗洛伊德提出这样一个假说:在削弱对象填充的同时,控诉更容易在自我中退却,更容易从与他人的不和转变为自我的撕裂。我们不会再跟随着弗洛伊德本人关于从对象爱情退化到原发性自恋,甚至退化到力比多口欲期——包括归入到自恋里的性虐待——的精神分析研究前进,同样也不再考虑忧郁在症状上反转为相反的狂躁状态的倾向。而且弗洛伊德在他的探索中太谨小慎微了。我们仅限于给出以下引文:"忧郁从哀伤那里得到它的一些特征,从自恋对象的选择到自恋的退化过程中得到另一些。"

　　如果现在问,关于哀伤,忧郁都教了些什么,那么就必须回到这个"自我感觉"上,其被看作是众所周知的,而且弗洛伊德曾经将其特征描述为"自我的认知"。在他人面前的羞怯属于"自我感觉",忧郁的人不关心这个,他是如此专注于自己。自尊和羞怯似乎就这样共同组成了哀伤。弗洛伊德注意到,"意识的审查"——"审查机构"(instance)通常被称为"道德意识"——与"属于自我重要机制的现实检验"结伴偕行。这一点和上一篇文章对精神分析对象的责任,即放弃见诸行为并回到记忆本身的工作上来进行的论述是相吻合的。另一个需要注意的地方:如果说在忧郁中,诉苦就是控诉,那么在哀伤固有的某个限度条件下,这个限度既限制控诉,也限制控诉隐藏于其中的自我责难,哀伤也同样具有这个令人不安的亲缘性标志。最后,也许是最重要的一点,忧郁展示出来的 Klage 和 Anklage、诉苦和控诉的接近,难道不是揭示出恋爱关系直至在哀伤中的爱恨交加的矛盾性吗?

不过我希望在哀伤的峰回路转——对比忧郁的灾难——上结束对弗洛伊德最著名的一篇文章的简短阅读:"忧郁还提出了另一些我们始终都无法解决的问题。一段时间流逝后,它消失不见了,没有留下什么明显的变化。哀伤也同样具有这个特点。我们可以看到,对于哀伤而言,在现实检验要求的具体结算完成之前,并且为了自我能够在这个任务完成后从缺失的客体中收回其重获自由的力比多,必须有一段时间流逝过去。我们可以设想,在忧郁的过程中,自我忙于一项类似的工作;从经济学的视角来看,我们既没有理解这个现象,也没有理解那个现象。"让我们忘记弗洛伊德对此的无奈,并牢记他的临床忠告:哀伤的时间并不是和从重复到记忆的分析所需要的耐心毫无关系的。记忆不仅仅和时间相关:它同样需要时间———一种哀伤的时间。

我不想让哀伤和忧郁的对照就这样结束在弗洛伊德的这个令人困惑的表述上:"我们既没有理解这个现象,也没有理解那个现象。"如果最后说的不是哀伤和在精神分析中哀伤的工作,那是因为它说的也不是忧郁。一定要把忧郁交给医生、精神病科医生、精神分析医生吗?它仅仅是一种心理疾病?对于克利班斯基(Raymond Klibansky)、帕诺夫斯基(Erwin Panofsky)和萨克斯尔(Fritz Saxl)合著的《土星与忧郁》①的读者来说,由克雷珀林(E. Kraepelin)开创并由宾斯万格(L. Binswanger)重新确定方向的,忧郁的疾病分类学还原,是难以接受的。为什么就不提忧郁在古希腊医学四体液说中占据的位置? 其中,忧郁的体液(humeur)——黑胆

---

① 《土星与忧郁》(*Saturn and Melancholy. Studies in the History of Natural Philosophy*, *Religion and Art*, Nelson, 1964)。这里引用的这个版本是我本人翻译的。还有博加埃尔(F. Durand-Bogaert)和埃弗拉尔(L. Évrard)的译本(*Saturne et la Mélancolie*: *études historiques et philosophiques*, *nature*, *religion*, *medicine et art*, Paris, Gallimard, 1989)可供使用。这里使用的是原版页码。

汁（atra bilis）的体液——和多血的、易怒的、黏液的体液并列在一起。现在又有一张需要背下来的表了，它将宇宙元素、时间刻度、人生阶段纳入到相互对应的网络中来。12世纪的中世纪文本说，"忧郁效仿大地，它在秋天生长，支配万物的成熟"。生理学、心理学、宇宙学就这样根据三个原则被结合到一起：寻找微观世界和宏观世界共同的基本元素；建立这些复杂结构的数学表达式；建立元素间的和谐与比例的法则。我们在这里看出这是毕达哥拉斯的精神，恩培多克勒跟随在他后面。对于我在超出——或者不如说未及——弗洛伊德的地方做出的这种离题来说重要的是，体液的概念不停地在疾病的观念和性格或气质的观念间摇摆，平衡产生自体液间的和谐或不和谐程度。而这种双重性正是在忧郁中达到极致的，忧郁也因此成为了整个体系的关键因素。当四体液说理论转变为气质理论和心理类型理论时，忧郁的这个特权，如果我们可以这么讲的话，就更加明显了。抑郁和焦虑（或者恐惧）成为忧郁的突出症状。忧郁因此成为精神错乱、疯狂的同义词。就我们掌握的资料来看，被归到亚里士多德名下的《问题集》中最知名的"一篇关于黑胆汁的专题论文"（第三十卷，问题一）完成了柏拉图提升到哲学原理层次上的体液理论的忧郁和悲剧英雄（埃阿斯、赫拉克勒斯、柏勒洛丰）的疯狂之间的结合。第三十卷的作者问："为什么在哲学、政治学、创制或技艺方面，最杰出的人显得很忧郁？"文章在精神有些失常的名单中还加入了恩培多克勒、柏拉图和苏格拉底的名字。因此，怎么能不提柏拉图本人的迷狂（mania）的多种形态理论以及许多对话在狂热、恍惚、陶醉和其他"神授"状态之间进行的对照？而所有这些状态都是黑胆汁的杰作！在这里，正常和反常并肩而立，忧郁的人从医生那里被送到教师手上，反之亦然。忧郁的人是"例外的"。"天才"的浪漫主义理论在这种"迷狂"（fureur——西塞罗用这个词翻译古希腊的mania）的暧昧描述中有发展的萌芽。孤独的斯多亚学派在抵抗，他们果断地选择尚未成型的精神病学阅读。

文艺复兴的思想家,他们跳出中世纪对接受自古希腊医生和自然科学家的不同遗产的传递,把关于忧郁的沉思引向天才的现代学说。① 我们的学者们孜孜不倦地甚至到阿拉伯占星术那里去寻找的天体命题随时都准备好出现在文艺复兴的狂热者那里。② 文艺复兴时代的人,以伊拉斯谟(Érasme)、费奇诺(Marcile Ficin)、皮科·米兰多拉(Pic de la Mirandole)、库萨的尼古拉(Nicolal de Cues)、丢勒(Dürer)为代表,它们较少追求个体的拯救,而更多地追求个体自主性的自由发展;在这个预示了浪漫主义天才之激情的冲动中,狂热和抑郁的令人烦恼的对立仍然受到关注。负极不是别的,正是莱辛(Lessing)将会称为"感官的忧郁"的东西,其继承自中世纪的忧郁(acedia),那种在罪恶和疾病之间摇摆的凶险诱惑。不过文艺复兴时代的人同样坚信,忧郁可以是"崇高的忧郁"(melancholia generosa)(《土星与忧郁》,页241)。③

但是恢复土星和忧郁地位的所有尝试都凝结在丢勒以《忧郁Ⅰ》为题的铜版画中。克利班斯基、帕诺夫斯基和萨克斯尔的评论驻足在它上面。让我们来"阅读"一下这幅版画吧。一个女人坐着,目光投向虚空,表情有点模糊,紧握的拳头支着下巴;在她的腰带上,挂着几串钥匙——权力的象征,和钱袋——财富的象征,总之,虚荣的两种形式。忧郁永远都是这样一副低头思考的形象。疲倦?

---

① 读者不会忘记把上文提到的记忆之术和忧郁理论并列起来。布鲁诺,《概念的阴影》的作者,难道不是"疯狂的"吗?

② 《土星与忧郁》(*Saturn and Melancholy*,前揭,页125 以下)。两个主题之间的平行关系不是随意的,正如在文学、绘画、诗歌的传统中,对土星、"忧郁的天体"的引用证实的那样。

③ 费奇诺比起其他人要更加"明确地表达了天才的忧郁的观念,并把它向处在基督教的新柏拉图主义和其神秘主义的明暗对比中的欧洲其他地区——尤其是16世纪和17世纪的英国——揭示出来"(《土星与忧郁》,前揭,页255)。考虑到许多文艺复兴的思想家的天体内涵,我们没有远离记忆之术的热情竞技者。

忧愁？悲伤？沉思？问题又来了：这究竟是虚弱的病态姿势，还是天才的思考姿势？答案不能在唯一的人物上去寻找；环境同样具有不言而喻的说服力：许多还没有被使用的仪器、一个代表几何学——第五个"自由技艺"——的三维几何图形，散布在固定的场景内。知识的虚荣就这样和闲散的形象掺合在一起。向忧郁让步的几何学，消失在沉思的几何学中的忧郁，两者的融合给予《忧郁Ⅰ》以神秘的力量①：按照《传道书》的话，真理本身也许就是悲伤的？

  对我们来说，问题因此提出来了：这样的回溯将何种阴暗的光投射在弗洛伊德的文本上？在我看来，为了理解这一点，必须拓宽对忧郁的探究，直至发现隐藏在医学、心理学、文学和肖像学下面的诸主题由来中的一种：在一曲夏蒂埃（Alain Chartier）祈求"忧郁夫人"式的，或者鲁瓦·勒内（Roi René）赞美"悲伤夫人"式的悲歌之后，上文曾经说到过的忧郁（acedia）显露出其轮廓。中世纪教权在它上面看到了最邪恶的诱惑，甚至超过多血的"淫荡"和易怒的"争执"，这就是对悲伤的过分纵容。acedia 是懒惰，是萎靡，是厌烦；既不祈祷也不工作的教士有经受不住其诱惑的危险。我们在这里难道不是触及到弗洛伊德通过自我感觉（Selbstgefühl）这个词才勉强论及的忧郁的道德基础么？acedia 所热衷的，难道不正是这种沉思记忆的悲伤、这种表达自身意识有限性的特定情绪（mood）么？没有理由的悲伤，与克尔凯郭尔（Kierkegaard）的致死的疾病，与绝望（désespoir），或者根据马塞尔（Gabriel Marcel）的建议不如说，与无希望（inespoir），难道不是亲缘的吗？② 在通过这

---

  ① 事实上，中心人物有双翼，但是还未展开，男童丘比特为他带来了些许生气：升华的暗示？戴在头上的王冠，特别是数字"四"——医疗数学的"神奇正方形"——均作为解毒剂出现。

  ② 我第一次面对"没有理由的悲伤"这个问题，是在《意志哲学》（*phitosophie de la volonté*）第一卷结束的时候，在"有限的悲伤"这个标题下（*Le Volontaire et l'Involontaire*, Paris, Aubier, 1950, 1988, 页420 以下）。

种方式回溯到教士的 *acedia* 的同时,我们难道不是为哀伤的工作提供了一个与其相称的对立面吗?有人会反驳说,哀伤的工作在忧郁的文学中没有先例。在这个意义上,这的确可能是弗洛伊德的一个创造。但是哀伤的工作在医学、心理学、道德、文学、宗教传统用以围剿忧郁的解毒剂中也是有先例的。在这些药剂中间,我看到了欢乐、幽默、希望、信心,还有工作。《土星与忧郁》的作者在始于中世纪晚期和文艺复兴、尤其是英国文艺复兴时期——从弥尔顿和《十四行诗》的莎士比亚一直到济慈——的抒情诗中寻找一种对比鲜明的、辩证的(如果可以这么说的话)心情(humeur)颂歌,其中,欢乐(Delight)在美的帮助下回应了忧郁(Melancholy)①,他们是没有错的。为了恢复任何疾病分类学都无法穷尽的忧郁的谜一般的深度,我们就必须继续回顾忧郁的这些诗化形象,直至波德莱尔。斯塔罗宾斯基(Jean Starobinski)在《镜中的忧郁:关于波德莱尔的三篇阐释》②中把我们带到这里。在《恶之花》中,卷首诗《致读者》不是把无聊的书叫作"忧郁的书"么?消失的忧郁的目光映照(réfléchir)在反思(réflectif)意识的镜子上,诗歌调整其映像(reflet)。一条记忆之路就这样被"忧郁"(Spleen)打开了:"我是不祥的记忆";"我有比活了一千年更多的记忆"。我们将以一个不同的角度,在历史的记忆化和记忆的历史化交叉在一起的地方,靠近这些反复出现在著名诗篇《天鹅》中的历史过去的形象:③

> 安德洛玛刻,我想起您!……

---

① 济慈写过一首非常著名的诗歌《忧郁颂》(Ode on Melancholy)。——译注
② Jean Starobinski,《镜中的忧郁:关于波德莱尔的三篇阐释》(*La Mélancolie au miroir. Trois lectures de Baudelaire*, Paris, Julliard, coll.«Collège de France», 1984)。
③ 参见下文,第三部分,第三章,页 508-510。

> 假想的西摩伊斯小溪涨满了您的眼泪，
> 突然之间唤起我的丰富的记忆……
>
> 于是，在我精神流亡的森林里面，
> 一段古老的回忆像号角狂吹一般响起！①

为什么最后（in fine）不提贝多芬最后的四重奏和最后的奏鸣曲及其强有力唤起了一种升华的（sublimé）悲伤？因为这个被说出来的词：升华（sublimation）。弗洛伊德的元心理学（métapsychologie）中缺少的这一块原本有可能为其提供从悲伤的纵容到升华的悲伤，到快乐的转变奥秘。② 是的，忧愁是那种没有完成哀伤的工作的悲伤。是的，快乐是放弃缺失的客体得到的补偿，是与其内在化客体和解的标志。而且，既然哀伤的工作是记忆（souvenir）的工作的必然之路，那么快乐同样可以以其恩泽使记忆（mémoire）的工作圆满完成。在这个工作的前景上：当诗的意象完成了哀伤的工作时，一种"愉快的"记忆出现了。但是这个前景躲在历史的工作后面。在记忆现象学之外，历史的工作理论仍然有待建立。

话已至此，我回到悬而未决的那个问题，直到什么程度，将弗洛伊德在刚刚读到的两篇文章中提出的病理学范畴挪用到集体记忆和历史学的层面才是正当的。可以在两个方面找到一种暂时的辩护：一方面，弗洛伊德，以及另一方面，受伤的记忆的现象学。

---

① 斯塔罗宾斯基通过这种方式开辟出一条道路，它从古代的忧郁（acedia）开始，经过丢勒的忧郁（Mélancolie），最后到达波德莱尔的忧郁（spleen），后者反过来又把它带回到记忆。参见《镜中的忧郁》的第三篇阐释《低垂的头："天鹅"》。

② 在提到"后中世纪"和伟大的伊丽莎白时代的诗歌中"诗的忧郁"（其预示了济慈的《忧郁颂》）时，《土星与忧郁》的作者把这种唯美的忧郁描述为"强化的自我意识"（heightened self-awareness）（前揭，页228）。

在弗洛伊德这边，我们会注意到对不同情境（situation）的暗示，无论是对回忆的工作来说，还是对哀伤的工作来说，它们都远远超出了精神分析的场景（scène）。这样的扩展是意料之中的，因为在精神分析的治疗中回想起来的所有情境都一定是和他者（autre）相关的，不仅是"家庭罗曼史"的他者，也是心理社会的他者，如果可以说，还是历史情境的他者。而且，在《图腾与禁忌》、《摩西与一神教》、《一个幻想的未来》或者《文明及其不满》中，弗洛伊德在类似的推论上没受到过什么限制。甚至他的某些私人精神分析，如果我们敢说，也是不在场（in absentia）的精神分析，最著名的就是施雷伯（Schreber）法官的分析。对《米开朗基罗的摩西》和《达·芬奇的童年回忆》又会说些什么？没有任何顾虑应该阻止我们留在这一边。接近诠释学的精神分析的某些重新解释让挪用更加容易了，正如我们在哈贝马斯的某些早期作品中看到的那样，在那里，他借去象征化（désymbolisation）和再象征化（resymbolisation）的措词重新表达了精神分析，并且强调的是在社会科学层面上交往的系统扭曲起到的作用。唯一的异议在精神分析的诠释学解释中并没有得到回应，它涉及被承认的治疗者在人际关系中的不在场。但是在这种情况下，难道不可以说，讨论的公共空间构成了上文提到过的"舞台"——治疗者和分析对象的中间地带——的等价物么？

尽管这个困难确实比较麻烦，对我们的研究来说更重要的还是看一看集体记忆这一边，并在这个层次上找到和精神分析相关的病理学情境的等价物。人格同一性和共同体同一性的两极构造最终为把哀伤的弗洛伊德式分析扩展到集体同一性的创伤上作出了辩护。我们可以谈论集体的创伤、集体记忆的受伤，不仅仅是在一个类比的意义上，而且是以一种直接分析的方式。缺失客体的概念在同样还影响了构成一个国家实体的权力、领土和人口的"缺失"中获得一个直接的应用。从痛苦的表达开始，一直到与缺失客体的和解,哀伤的行为是在此期间展开的,而大型的葬礼活动——整个民族围绕它们聚集在一起——直接就说明了这一点。在这方面可以说,哀伤的行为构成了私人表达和公共表达的交叉关系的一个特例。我们的病态历史记忆概念就这样在哀伤的行为的这种两极结构中找到了一个后天(a posteriori)辩护。

将病理学范畴挪用到历史的层面上,如果我们能够表明这种挪用不仅适用于刚才提到的特殊情境,而且这些情境是系于集体生存的基本结构的,那么它就会更进一步得到辩护。这里必须提及的是历史和暴力的基本关系。霍布斯让政治哲学诞生于一个原始情境,其中,对暴力死亡的恐惧迫使"自然状态"的人进入到首先保证其安全的契约联系中,就此说来,他没有错;此外,没有任何历史共同体不是从一个可以将之毫不犹豫地比作战争的关系中诞生出来的。我们以创始事件之名庆祝的,本质上是不稳定的权利状态事后赋予其合法地位的暴力行为。使一些人荣光的,使另一些人蒙羞。和一边的欢庆遥相呼应的,是另一边的诅咒。就这样,要求得到治愈的象征性创伤被储存在集体记忆的档案里。更确切地说,在历史经验中表现出来的悖论,即这里记忆太多,那里记忆不足,借抵抗、强迫性重复等范畴重新得到解释,最后还要服从艰苦的回忆工作的检验。记忆的太多尤其使人联想到强迫性重复,弗洛伊德告诉我们,它使得见诸行为替代了真正的记忆,而只有通过真正的记忆,当下才可能与过去达成和解:世界上有多少暴力根本就是见诸行为"替代"了记忆! 对于那些葬礼,如果我们愿意的话,我们可以说重复-记忆。但是要立刻补充说,这种重复-记忆抵抗批判,而记忆(souvenir)-记忆(mémoire)本质上是一种批判的记忆。

如果情况就是这样,那么,记忆的太少就属于同一种重新解释。一些记忆因贪恋快乐而要培养的,另一些记忆因良心有愧而要逃避的,是同样的重复-记忆。一些乐于沉迷其中,另一些担心被其吞没。但是它们都允许相同的批判不足,它们都没有达到弗洛伊德说的回忆的工作。

我们可以前进一步并提出,哀伤的工作和记忆的工作的交叠,正是在集体记忆的层面上,比在个体记忆的层面上还更有可能获得其全部意义。当关系到民族自爱的创伤时,我们可以名正言顺地谈论缺失的爱的客体。受伤的记忆不得不始终面对缺失。它无能为力的,正是现实检验指定给它的工作:放弃填充。只要缺失还没有被完全内在化,那么填充就会不停地将力比多和缺失的客体联系起来。但是在这里同样要强调,这种对现实检验的服从,构成了真正的哀伤的工作,同样也是记忆的工作的内在组成。上文给出的关于记忆的工作和哀伤的工作之间意义交换的提示在这里得到其充分的辩护。

适用于这些紊乱的治疗笔记为我们提供了从病理学层次到完全实践的层次的过渡。弗洛伊德不停地号召精神分析对象的合作,通过这种方式将整个分析的经验放在了记忆的情感的被动一面和记忆的训练的主动一面的连接点上。在这方面,工作(回忆的工作、哀伤的工作)的概念在关于记忆减退的反思中占据了一个策略性的位置。这个概念表明,相关的紊乱不仅是遭受的,而且我们还是对之负有责任的,正如伴随修通的治疗建议证实的那样。在某种意义上,现在马上就要讨论到的记忆的滥用可以表现为这个哀伤和回忆结合在一起的工作的反常偏离。

2. 实践层次:被操控的记忆

且不论集体记忆的过多和不足的病理学解释的有效性如何,我不希望任其占据整片领地。必须在这些"滥用"的多少有些被动、消极、遭受的模式——即使考虑到弗洛伊德本人对被动性的这种片面处理作出的修正——之后,为另一些滥用腾出一块不同的空间,在语词严格的意义上,它们是权力掌握者对记忆和遗忘施加

97

的一种操控的结果。因此,我将较少地谈论受伤的记忆,而更多地讨论工具化的记忆(韦伯的对立于价值理性[Wertrationalität]范畴的目的理性[Zweckrationalität]范畴在这里占有一席之地;同样还有哈贝马斯使用的对立于"交往理性"的"策略理性")。正是在这个层面上,我们可以最正当地谈论记忆的滥用;其同样也是遗忘的滥用。

这第二条进路的特殊性在于记忆问题域和既是集体的也是人格的(个人的)同一性问题域的交叉。

我们将长时间面对这个交叉的问题,一直到下一章洛克理论的场合中,记忆在他那里被当作同一性的标准。问题的核心是,为了寻找、寻求、诉求同一性而调动记忆。在由此产生出来的偏差中,我们发现了某一些令人不安的症状:在世界的某个地区,记忆太多,这是记忆的滥用;在其他地方,记忆不足,这是遗忘的滥用。那么,现在必须在同一性的问题域里寻找通过这种方式被操控的记忆的脆弱性的原因。这种脆弱性加入到因想象和记忆的接近而产生的完全认知的脆弱性上,并在后者中得到其刺激和推动。

是什么造成了同一性的脆弱性?当然,这纯粹是同一性被假定的、被推想的、所谓的特征。这个 *claim*(可以用英语说),这个 *Anspruch*(用德语说),出现在问题"谁?"、"我是谁?"的回答中。在形式上以"什么?"作为回答:我们就是,我们。以这种方式而不是别的,我们是这样的。同一性的脆弱性就在于这些以什么为回答的脆弱性,它们声称给出了人们断定和要求的同一性的秘方。从记忆的脆弱性到同一性的脆弱性,问题于是就后退了一个阶段。

要说同一性的脆弱性的第一个原因,必须是其和时间的困难关系;第一个困难恰好证实了向记忆——其和当下的评价、未来的投射一并作为同一性的时间组成——求助是有道理的。由于相同(même)概念的模糊性,其暗含同一(identique)的概念,和时间的关系于是成了问题。越过时间的长河而保持相同,这究竟是什么意思？我以前和这个难题展开过较量，为了解决它，我提出过要区分同一的两层含义：作为相同（idem, same, gleich）的同一和作为自身（ipse, self, Selbst）的同一。在我看来，在时间中的自身坚持，如果大胆地使用这些不规范语词，是建立在相同性（mêmeté）和自身性（ipséité）的一个复杂的相互关系之上的。在这个暧昧的相互关系中，实践和情感的方面，比起概念和认识的方面来说要更为棘手。我将会说，归属同一（identitaire）的诱惑，或者如勒高夫（Jacques Le Goff）所说，"归属同一的无理性"（déraison identitaire），就在于从自身（ipse）的同一性折回到相同（idem）的同一性，或者如果你们更喜欢的话，就在于滑移、在于偏离，它将在承诺中的自身坚持所固有的灵活性滑移、偏离为一个性格的僵化，在其准字面意义上。

　　脆弱性的第二个原因，和感觉其是一个威胁的他人对质。事实是，他者（autre），因为他是异的（autre），所以会被感知为本己同一性——既有我的同一性也有我们的同一性——的一个危险。我们当然可能会对此感到惊讶：我们的同一性就一定是这样脆弱的，连他者以不同于我们的方式进行他们的生活、理解他们自己、将他们的本己同一性书写在共同生活的网络中都经受不了，忍受不了吗？确实就是这样。正是自尊在难以容忍的他异性作用下遭遇到的真实或想象的屈辱使接受逐渐变为拒绝和排斥。这就是同和异维持的关系。

　　脆弱性的第三个原因，创始暴力的遗产。事实是，不存在不是诞生在可以说和战争的一个原始关系中的历史共同体。我们以创始事件之名大肆庆祝的，本质上是不稳定的权利状态事后赋予其合法地位的暴力行为，就最大限度而言，这些事件的世远年陈赋予其合法地位。相同的事件于是对一些人来说是光荣，对另一些人来说是耻辱。和一边的欢庆遥相呼应的，是另一边的诅咒。真实的和象征的创伤通过这种方式被储存在集体记忆的档案里。在这里,同一性的脆弱性的第三个原因融入到第二个里面去。仍然有待指出,记忆的误用的诸形式能够以何种方式嫁接在刚刚已经表明其本身脆弱性的同一性诉求上。

马上就要提到的记忆的操控,是一个令人不安的且多形式的因素介入到同一性的诉求和记忆的公共表达之间的结果。这里说的是意识形态现象,我在其他地方尝试过拆解其运作机制。① 意识形态进程在两方面是晦暗的。首先,它仍然是隐藏的;不同于乌托邦,它是不可告人的;在转而谴责意识形态竞技场的其他对手的同时,它把自身掩盖起来:永远都有他者陷入到意识形态中。另一方面,进程是极端复杂的。根据它对理解人类行动世界产生的影响,我提出过区分意识形态现象的三个运作层次。从高到低,从表到里,这些影响分别是,现实的扭曲;权力体系的合法化;共同世界通过内在于行动的象征系统而整体化。在格尔茨(Clifford Geertz)所处的最深层次上,意识形态现象看起来完全构建了一个不可逾越的行动结构,因为象征的中介使得人类行动的动机和按照遗传学遗传密码工作的行为结构有所不同。象征综合和符号学系统——某些系统完全属于转义的修辞学②——之间的一个显著的相关性在这个基础层次上被建立起来。在这个深层次上考虑,意识形态现象的分析属于"文化符号学"的一部分。正是以这个整体化因素之名,意识形态可以成为同一性的守护者,因为它为这种同一性的脆弱性的原因提供了一个象征的解答。在这个根基性

---

① P. Ricoeur,《意识形态与乌托邦》(*L'Idéologie et l'Utopie*, Paris, Éd. du Seuil, coll.«La Couleur des Idées», 1997)。我的研究涉及马克思、阿尔都塞、曼海姆(Mannheim)、马克斯·韦伯、哈贝马斯(早期)、克利福德·格尔茨这些互不相同的思想家。

② "如果没有隐喻、类比、反讽、二义性、双关语、悖论、夸张、韵律以及所有其他我们不恰当地称之为'表现手法'(style)的元素如何起作用的概念……那么我们就不能在通过公共的方式投射个人的态度中分析意识形态断言的重要性"(《意识形态作为一个文化系统》,见 C. Geertz,《文化的解释》[*The Interpretation of Cultures*, New Yorks, Basic Books, 1973,页 209])。

的、行动以象征为中介的层次上,还没有操控的问题,进而也就没有记忆的滥用的问题。我们只能谈论施加在一个传统社会习俗上的无声约束。也正因为如此,意识形态的概念在实践上无法根除。但是必须马上补充说,意识形态的这个构建功能在其第二个功能,即为一个权力秩序体系提供合法性的功能之外几乎不会发挥任何作用,甚至于如果缺少了嫁接在前一个功能上的扭曲功能,它都不会潜在地发挥作用。就最大限度而言,只有在没有任何政治等级结构的,且在这个意义上没有任何权力的社会中,我们才有可能遇到意识形态的纯然现象,作为可以说纯洁的整体结构。归根结底,意识形态都要围绕权力旋转。①

意识形态试图为之提供合法性的,实际上是秩序或权力的权威——秩序,在整体和部分的组织关系意义上;权力,在统治者和被统治者的等级关系意义上。在这方面,韦伯对秩序(Ordnung)概念和统治(Herrschaft)概念进行的分析对我们的事业来说帮助很大,虽然《经济与社会》的作者并没有专题探讨意识形态及其与同一性的关系。韦伯对权力的整个分析②围绕每一种权力形式——克里斯玛的、传统的或官僚的——提出来的合法性诉求进行;这一切于是关系到将统治者提出的合法性要求与被统治者对上述权威的信仰联系到一起的结点(nexus)的本质。权威的悖论就在这个结点上。我们可以假定,意识形态恰好发生在一个权威体系所提出的合法性要求和我们以信仰作为回应之间的缺口上。意识形态在我们自发的信仰中加入一种剩余价值,多亏了它,信仰

---

① 格尔茨的研究领域是摩洛哥和印度尼西亚,他很愿意承认这一点:"透过意识形态的构建,透过社会秩序的图式化图像,不论是好还是坏,人类成了政治的动物。"他接着说:"意识形态的功能就在于使一种自主的政治成为可能的,通过提供使其具有意义的权威概念和使人信服的图像,借助这些图像,它可以得到合理的理解"(同上,页218)。

② P. Ricoeur,《意识形态与乌托邦》(前揭,页241–284)。

才得以满足权威的要求。在这个阶段,意识形态的功能是,填补每一个权威体系挖出的可信性鸿沟,不仅有克里斯玛体系(因为领袖被捧上了高位)和建立在传统上的体系(因为人们向来就这样行事),同样还有官僚体系(因为专家掌握知识)。通过在信仰("由于它",秩序是合法的,权力是正当的)的诸类型的基础上确定合法性的诸类型及其命令和要求,韦伯使当前的假说具有了说服力。而几种信仰依次以自己的方式为服从提供了理由。并且通过这种方式,权威被规定为使人服从的合法权力。在韦伯看来,统治(Herrschaft)本质上在于命令和服从的一个等级关系。对服从的期待以及服从的可能性——"可能"(chance)——明确规定了它。可以看到,格尔茨在别的地方提到的象征体系及其修辞学表达在这个关键点上得到了充分发挥。它们为意识形态提升为加在权力合法性信仰上的剩余价值提供了依据。①

意识形态和权威体系合法化进程的这层关系在我看来构成了一条中轴。围绕着它,一方面,更为基本的共同体借助行动的象征中介——甚至修辞学中介——而整体化的现象,另一方面,更为明显的,也更容易对之感到惋惜并加以批判的现象,也就是扭曲效果,一起得到排列。马克思在《德意志意识形态》中将其最完美的分析集中到后者上面。② 我们熟知那些为人津津乐道的隐喻——倒影或倒立的人。以此方式被图像化的扭曲的机制,只有当它和我放在意识形态机器中心的合法化现象连接在一起,并最终影响到行动的不可逾越的象征中介时,才会是说得通的。缺少这些中间环节,意识形态的诽谤者相信其能够给予人类的基本实在(也

---

① 大胆地使用剩余价值的表达,我想说的是,马克思剩余价值的概念聚焦在市场经济的价值生产上,它实际上只是系于权力运作的剩余价值的普遍现象中一个特殊形态而已。在资本主义的市场经济中,经济权力是统治者和被统治者的劳动分工确定的变体。

② P. Ricoeur,《意识形态与乌托邦》(前揭,页103-147)。

就是实践,改变现实的活动)以一种真实的,未经歪曲的,进而无需在意义、价值、规范上进行任何解释的描述。实践①的,以及更确切地说,活的劳动②的这种实在论,甚至这种本体论,使马克思意识形态理论既强大又薄弱。事实上,如果实践不一开始就包裹一层意识形态(在这个词的最初意义上)的外衣,那么我们在这种实践中就也看不出能够对什么造成扭曲。脱离这个初始的象征语境,意识形态的批判,不过是五十步笑百步罢了。这种净化工作不是徒劳的,视情况而定,它可以有其必然性,只要它是为重建讨论的公共空间,而不是为一个残酷的斗争进行的,后者只会演变成为市民战争。③

如果这个分析是有些道理的,甚至是正确的,那么我们很快就会看出是什么为记忆操控的不同努力添了一把力。

很容易把它们与意识形态的不同运作层次分别联系起来。在最深层,在行动的象征中介的层面上,通过叙事功能,记忆被归并到同一性的构造中。叙事的塑形工作提供出来的变动资源使得记忆的意识形态化成为可能的。正如叙事的人物在故事被讲述的同时被情节化一样,叙事的塑形在行动本身成形的同时帮助塑造行动主角的同一性。阿伦特提醒我们,叙事说的是"行动的谁"。更

---

① 米歇尔·亨利(Michel Henri)关于马克思本体论的著作(《马克思》第一卷[*Marx, t. 1, Une philosophie de la réalité*, Paris, Gallimard, 1976])仍然是深入理解马克思对人类实在分析的参考文本。在这本精彩的书出版后不久,我写了一篇分析文章,收于《阅读集 2》(*Lectures 2, La contrée des philosophes*, Paris, Éd. du Seuil, coll. «La Couleur des Idées», 1992 ; rééd., coll. «Points Essais», 1999)。在后一版中,页 265-293。

② Jean-Luc Petit,《从活的劳动到行动的系统》(*Du travail vivant au système des actions. Une discussion de Marx*, Paris, Éd. du Seuil, 1980)。

③ 这是哈贝马斯在《认识与旨趣》(*Connaissance et intérêt*, Paris, Gallimard, coll. «Bibliothèque de philosophie», 1976 ; rééd., coll. «Tel», 1979)时期做的贡献;参见 P. Ricoeur,《意识形态与乌托邦》(*L'Idéologie et l'Utopie*, 前揭,页 285-334)。解放的旨趣,不同于经验科学的控制和操作的旨趣,甚至不同于历史和解释科学特有的交往的旨趣,它是诸如精神分析和意识形态批判的社会批判科学的基础。

确切地说,叙事的有选择性为操控提供了机会和机巧的方法,后者一开始就同时包括了遗忘和回忆起的策略。我们在对遗忘进行专题研究时会说明这一点。但是在意识形态作为权力、统治得以合法化的话语起作用的层面上,叙事提供的操控资源得到了充分调用。我们都了解,统治不仅限于身体的管辖。甚至专政者也需要一个修辞学家、一个智者为他的王国提供一整套诱惑和恫吓共存的话语。强加的叙事于是就成为了这个双重活动的优先工具。意识形态加在信仰——被统治者以之回应统治者提出的合法性要求——上的剩余价值表现出了一个叙事结构:创始的叙事、光荣和耻辱的叙事,编织着奉承和畏惧的话语。于是乎,把记忆的明文滥用与属于意识形态现象层面的扭曲效果联系起来就有可能了。在这个表层,自身"授权的"历史、官方的历史、公开学习并庆祝的历史将强加的记忆武装起来。一种被训练的记忆,在制度的层面上,实际上就是一种被教授的记忆;为了能够回忆起共同历史的诸起伏波折,它们被视作共同同一性的创始事件,强制的记忆化因此加入进来。叙事的界限于是被用来当作共同体同一归属的界限。被教授的历史,被学习的历史,还有被庆祝的历史。约定俗成的纪念进一步增援强制的记忆化。回忆起、记忆化和纪念就这样缔结了一道强大的盟约。

我们在这里触及到托多罗夫(Tzvetan Todorov)在《记忆的滥用》①中准确无误地揭露出来的那些滥用。就此说来,文章的标题可谓恰如其分。其中,我们可以读到针对当代的纪念——伴随各种仪式和传说——狂热的一个严厉指控,通常说来,它们是与刚刚提到的创始事件联系在一起的。托多罗夫强调,对记忆的控制,不仅是极权政体的专长;它是所有醉心于荣耀的人的特点。这样的揭露提醒我们警惕作者称为"记忆的无条件赞词"(《记忆的滥

---

① Tzvetan Todorov,《记忆的滥用》(*Les Abus de la mémoire*, Paris, Arléa, 1995)。

用》,页13)的东西。他补充说:"记忆的重要性如此之大,既不能将其交予狂喜,也不能交予愤怒"(前揭,页14)。我不会再强调问题的另一面,也就是我们当代人要求处在受害者的位置,具有受害者的身份:"成为受害者,让你们有了抱怨、抗议、要求的权利"(前揭,页56)。这个位置带来了一个过分的特权,反将其他人置于负债者的地位。我现在不如保留托多罗夫的最后一点评论,它会把我们引向关于记忆责任的棘手问题:"历史学家的工作,和所有从事于过去的工作一样,决不仅仅是确定事实,他还要从中选择出某一些来,比另一些更突出,更有意义,然后把它们关联在一起。这种选择和关联的工作,并不必然是由寻求真理引导的,而是为了善(bien)"(前揭,页150)。不论我们对这里在真理和善之间提出的取舍持何种保留意见,我们都必须把沿着寻求正义的方向继续全部有关记忆的滥用的研究延续到下文和记忆的责任有关的讨论。遵照托多罗夫的一个完全明智的建议,即从创伤记忆中获取只有当记忆成为一项规划时才会变得贴切的示范价值,这点考虑就和前一小节的讨论连贯起来了。如果创伤是回到过去的,那么示范价值就是指向未来的。因记忆而崇拜记忆忽视的,不仅有对未来的指向,还有和道德相关的终极问题。而使用的概念,其隐含在滥用的概念中,不得不牵涉到这个问题。它已经让我们跨过了我们研究的第三个层次的门槛。

3. 伦理-政治层次:有义务的记忆

我们最后想知道,所谓记忆的责任,它指的是什么? 老实讲,从我们有待完成的思想历程来看,问题还不是很成熟。它完全把我们抛到了一门单纯的记忆现象学之外,甚至抛到了一门历史认识论之外,直达历史条件的诠释学中心。我们确实不能撇开历史的条件不谈。在历史的条件中,诸如,在20世纪中叶那些可怕的历史事件之后的几十年间,在西欧,尤其在法国,记忆的责任是必要的。只有当民族共同体,或者政治集团中受伤的那一部分感到有困难心平气和地记住这些事件时,命令才获得其意义。只有穿过历史知识认识论的贫瘠土壤,进入个体记忆、集体记忆、历史记忆的冲突地带,来到幸存者的活的记忆不得不迎接历史学家,更不必说法官的疏远且批判的目光的地方之后,我们才能负责任地讨论这些困难。

而在这个相互摩擦的地方,记忆的责任显得尤为模糊不清。记住的命令有被理解为向记忆提出的一个绕过历史学工作的劝说的危险。就我而言,我会特别警惕这个风险,因为考虑到记忆仍然是当下和过去的表象关系问题域的守护者,我的书就是对记忆作为历史发源地的一种辩护。这种辩护转而成为要求记忆去反对历史的诱惑是巨大的。正如我会在适当的时候反对冒剥夺记忆具有的发源地功能的危险而将记忆还原为历史学"新对象"中一个单纯对象的相反要求,同样,我也会拒绝让自己参与到相反的辩护中。正是因为这层考虑,我选择在记忆的使用和滥用的语境下首次提出关于记忆的责任的问题,以待稍久一些在遗忘的语境下回到这里来。说"你要记住",这同样是说"你不要忘记"。甚至于很可能,记忆的责任同时构成了好的使用和滥用在记忆的训练中的极致。

我们首先会对记住的命令带来的语法悖论感到惊讶。说"你要记住",进而你在将来讲述这个作为过去的守护者被给予的记忆,这是如何可能的?更进一步讲,说"你必须记住",进而你必须通过命令式去讲述记忆,尽管它能够以自发浮现的方式,也就是亚里士多德的《论记忆》说的,以情感的方式在记忆中重现,这又是如何可能的?心灵的这个指向未来的运动,其把记忆看作一项有待完成的任务,如何与两个好像被悬搁起来的记忆的工作和哀伤的工作的倾向(其先后独立地而又成对地进行)连接在一起?它以某种方式扩展了其指向未来的特征。但是,它又增加了什么?

严格说来,完全是在治疗学疗法的框架内,记忆的责任作为一项任务被表达出来:它强调精神分析对象从其参与到分析时起,越过移情的陷阱,协助完成共同的分析事业的意志。这个意志甚至采取了命令的形式,让潜意识的诸表象自由地表达并以此方式,尽可能"表达一切"的命令。在这方面,必须重读弗洛伊德在《回忆,重复,修通》期间给精神分析医生和精神分析对象的那些建议。①就其而言,哀伤的工作需要时间,它把这个工作的工匠投射在本人面前:从这时起,他陆续地一个接一个切断使其臣服于缺失的爱和恨的客体之控制的联系;至于和缺失本身达成的和解,它始终是一项永远都没有完成的任务。对自身保持的这种耐心甚至具有了美德(vertu)的特点,如果将之与对悲伤、对教会导师的 acedia 的妥协构成的那种恶对立起来的话,正如我们尝试做过的那样。这种隐蔽的激情将忧郁拉向深渊。

既然如此,要使记忆的工作和哀伤的工作等同于记忆的责任,它们还缺少什么?缺少的,正是在工作的概念——记忆的工作和哀伤的工作——中没有明确表现出来的命令因素。更确切地说,仍然缺少的是责任的两方面:从外面规定欲望和施加一个主观上被感受为义务的约束。而这两个特点以最不具有争议的方式结合在一起的地方,如果不是在正义的观念中,我们第一次提到它作为在操控的层次上记忆的滥用的回应,还会在哪里呢?从创伤记忆中获取它们的示范价值,正义使记忆转变成为规划;正是这个正义的规划本身,给予记忆的责任以未来的和命令的形式。我们于是可以提出,记忆的责任,作为正义的命令,它以一个第三项的方式投射在哀伤的工作和记忆的工作的连接点上。作为回报,正义的命令从记忆的工作和哀伤的工作中得到原动力(impulsion),其把命令归入一门内驱力(pulsion)的经济学中。正义的责任的这个

---

① 参见上文,页84-86,页96-97。

联合力量因此能够超出记忆和哀伤的结对,扩展到记忆的符合论维度和实用维度共同组成的结对;到目前为止,我们关于记忆的话语实际上是在两条平行线上展开的:一条线,以记忆相对于实际发生的事情的认识忠实性为标志,记忆追求符合的雄心;一条线,被视作实践的,甚至被视作记忆化技术的,记忆的使用。这就是过去的再现和过去的训练,这个二分重复了亚里士多德的论文两章之间的划分。这一切就好像是,记忆的责任作为记忆的符合展望和实用展望的一个会合点,投射在意识面前。

问题因此产生了,是什么给予正义的观念以联合的力量,不论是记忆的符合目标和实用目标的联合,还是记忆的工作和哀伤的工作的联合?必须探问一下记忆的责任和正义的观念之间的关系。

回答的第一个要点:首先必须想到,在所有德性(vertu)中,正义是尤其并且根据其结构,转向他人的。甚至可以说,正义构成了所有德性的他异性(altérité)组成;它是在从自身到自身的短路中发现他异性的。记忆的责任就是通过记忆,公正地对待每一个异于自身的他者的责任。①

回答的第二个要点:是时候引入一个新的概念了,亦即债责(dette)的概念,重要的是不能将其局限在罪责(culpabilité)的概念上。债责和遗产息息相关。我们对那些和我们同属的、先我们离世的人是负债的。记忆的责任,不仅是保存已经过去的事实的物质、书写或其他形式的痕迹,而且是保持对这些我们下文会说不再存在,但已经存在过的他者的负有债务感。我们会说,偿还债责,以及清点遗产。

回答的第三个要点:在这些我们对其负债的他者中,一种道德的优先性应该属于受害者。托多罗夫在上文让我们警惕自称受害

---

① 参见亚里士多德,《尼各马可伦理学》,第五卷。

者以及无休止地要求赔偿的倾向。他是有道理的。这里说的受害者,是不同的(autre),异于(autre)我们的受害者。

如果说,这就是记忆的责任——作为正义的责任——的合法化,那么滥用又是如何嫁接在好的使用上的?滥用只会发生在正义观的运用中。在这里,激情记忆、受伤记忆提出的某个要求,不同于历史学范围更广的、更具批判的目标,让记忆的责任发出了一个恫吓性的声音,其在时时刻刻都要去纪念的劝告中找到了最公然的表达。

提前进行下文以记忆和历史的辩证法的一个更成熟状态为前提的展开,我要指出,对这种从使用到滥用的变化来说,存在两个完全不同又相互兼容的解释。

一方面可以强调滥用的倒退性,它把我们带回到在使用和滥用的旅程中以被压抑的记忆为标题的第一阶段。这正是卢索(Henry Rousso)在《维希综合症》①中提出的解释。这个解释,只有在当代史的范围内,进而只有在一个相对短的时段上,才有价值。作者充分利用了从一门记忆病理学中取来的诸范畴——心理创伤、压抑、被压抑事物的再现、萦扰、驱魔(exorcisme)。在这个从其仅有的启发式有效性中取得其合法性的概念框架内,记忆的责任作为驱魔的尝试起作用,亦即对一个受法国人在1940到1945年间遭受到的心理创伤萦扰的历史处境进行驱魔。因为记忆的责任的宣告仍然受困于萦扰的病症,它就无休止地在使用和滥用之间摇摆不定。确实如此,记忆的责任得到宣告的方式同样可以表现为记忆的滥用,以稍早前在被操控的记忆的标题下揭露出来的滥用的方式。当然,问题不再是限定在权力话语的意识形态关系

---

① Henry Rousso,《维希综合症》(*Le Syndrome de Vichy, de 1944 à nos jours*, Paris, Éd. du Seuil, 1987:rééd., 1990);《维希:一段不曾消逝的过去》(*Vichy. Un passé qui ne passe pas*, Paris, Fayard, 1994);《过去的萦扰》(*La Hantise du Passé*, Paris, Textuel, 1998)。

意义上的操控,而是以更加微妙的方式,在自称是受害者正义诉求代言人(porte-parole)的意识引导意义上的操控。这种对受害者无声言语(parole)的骗取,让使用沦为滥用。在这个有义务的记忆的尽管更高的层次上,主要以纪念狂热的形式,重新发现和上一小节相同的滥用迹象,不会再让人感到惊讶了。在本书关于遗忘的那一章中,在一个更加成熟的阶段上,我们会以专题形式讨论这个萦扰的概念。

以"纪念的时代"为标题,诺拉(Pierre Nora)结束了三部曲《记忆的场所》的最后一部《统一多元的法兰西》。① 他在这里提出了一个较少以当代史的宣叙调为中心的解释。这篇文章用于讨论"强迫性纪念",而且只有通过作者与《记忆的场所》的开篇词进行的对话才能得到理解。我会在适当的时候对诺拉与自己的这场对话作一番研究。② 如果说我现在就提到它,那是为了借此提防以记忆之名对历史发起的攻击对我本人的工作加以利用。诺拉本人抱怨过类似的,"时代的纪念饕餮"(诺拉,《记忆的场所》第三部,页977)对《记忆的场所》的主题加以利用:"这些《记忆的场所》的命运是奇特的:它们原本打算通过它们的概念、方法,甚至标题来实现一种反纪念的历史,但是纪念却一跃而上……为了阐明批判的距离而打造的工具,最后成了纪念的手段"……从那时起,一个属于我们的历史时刻,完全具有了"强迫性纪念"的特征:1968年5月,法国大革命两百周年,等等。我们不再关心诺拉给出的解释,而仅仅关心他的诊断:"纪念的动力发生了颠倒,记忆的模式战胜了历史的模式,一种对过去的完全不同的使用产生了,变化多

---

① P. Nora 主编,《记忆的场所》(*Les Lieux de mémoire*,三部:第一部《共和国》[La République];第二部《民族》[La Nation];第三部《统一多元的法兰西》[Les France], Paris, Gallimard, coll. « Bibliothèque illustrées des histoires », 1984 – 1986)。参见第三部《统一多元的法兰西》第三卷(Les France, t. 3, « De l'archive à l'emblème », 页977以下)。

② 参见同上,第三部,第三卷,« De l'archive à l'emblème »,第二章第四节。

端,不可捉摸"(前揭,页988)。记忆的模式可能替代了哪一种历史的模式?替代了献给民族国家无人称主权的赞美的模式。它称得上历史的,因为法国人的自我理解就等同于民族国家的创建历史。个别的、片段的、地方的、文化的记忆替代了它。① 什么要求和这种从历史到纪念的颠倒联系在一起?我们在这里感兴趣的,是如何触及记忆现象学到历史科学认识论的过渡。诺拉告诉我们,后者"在于校正、丰富这个记忆的传统,正如它协助了民族的创立;虽然它自称是'批判的',但是却只是表现出传统的深化。它的终极目标完全在于通过世系关系而实现认同。在这个意义上,历史和记忆没有什么不同;历史是被核实的记忆"(前揭,页997)。作为强迫性纪念根源的颠倒,它重新利用已经不复存在的传统、我们已经完全远离的过去。总之,"纪念从传统指定给它的空间中解放出来,不过整个时代都是纪念的了"(前揭,页998)。

在用于讨论记忆实践的这一章结束之际,我要说明一点,我的工作不属于这个"记忆的纪念冲动"(前揭,页1001)。如果说"记忆的时刻"(前揭,页1006)确实规定了一个属于我们的时代,那么我的工作就有志于摆脱规定了这个时代的标准,在其现象学阶段、认识论阶段和诠释学阶段,均是如此。不论正确与否。这就是为什么,诺拉的结论——预告了一个"纪念的时代终将永久结束"(前揭,页1012)的时间——并没有威胁到我的工作,反而提供了有力支援。我的工作原本就没打算帮助"记忆的专制"(同上)。这种滥用的滥用同样也是其全力揭露的一种,为此付出的努力使其阻止记忆的责任替代哀伤的工作和记忆的工作,并且仅限于将这两个工作放在正义观念的引导下。

---

① 诺拉明确指出,这种"纪念的变形"是一种更大范围的变形的结果,"在过去不到二十年的时间里,法国从一个有着中央集权民族意识的国家,变成一个有着遗产型自身意识的国家"。

记忆的责任提出的问题以此方式超出单纯的一门记忆现象学的界限。它甚至超出一门历史知识认识论的可理解性资源。最终,作为正义的命令,记忆的责任属于一个本书只是向其靠近的道德问题域的范畴。在一个和遗忘有关的思考框架内,关系到遗忘的一个可能权利,我将第二次部分地提起记忆的责任。我们因此将不得不面对记忆、遗忘的话语和罪责、宽恕的话语之间的微妙联系。

　　我们在这个悬而不决上中断被训练的记忆及其功绩、使用和滥用的研究。

第三章 个人记忆,集体记忆

导　论

在当代的讨论中,有关记忆的诸活动之真正主体的问题有跃居到舞台上的趋势。我们的研究领域特有的一个疑虑进一步加快了这一趋势:对历史学家来说,重要的是要知道什么才是他们要面对的东西,究竟是一个接着一个连续做出行动的诸故事主角的记忆,还是以团体作为其形式出现的集体的记忆?尽管这两个方面都极为要紧,我还是抵住了以这个有时显得繁杂的争论为起点开始我的探究的诱惑。我认为,通过使其从第一等级(这里采用的话语的教学法同样曾建议其停留于此)下降到第三等级(我的方法的连贯性要求将其带到这里来),这样,其有害成分就被清除了。如果既不知道在过去事物的一个图像的活的当下中记忆的体验意味着什么,也不知道寻找一段已经逝去的或者重新发现的记忆意味着什么,那么又如何可能合理地思考这样的体验或者这样的寻找应该归因于谁呢?讨论就以这种方式得到了推延,并有了某个机会直面一个没有那么棘手的问题,比较起来,通常在使人无能为力的两难困境的形式下提出的那个问题反而更为艰难:源始地讲,记忆究竟是个人的,还是集体的？现在的问题则如下所示：与记忆的获得相应的情感(pathos),以及包含在记忆的寻找之中的实践(praxis),两者可以合理地归因于谁？通过这些术语提出的问题有机会避免"或者这样,或者那样"这类非此即彼式的回答。为什么记忆就必须仅仅归因于我、归因于你、归因于她或者他,归因于三种语法人称的单数？这些语法人称,或者能够指称自身,或者能够作为一个"你"同每一个人讲话,或者能够在叙事中以第三人称单数的方式讲述一个第三者的行为举动。为什么归因就不能直接地发生在我们、你们、他们或她们上？本章的标题所概括的非此即彼的选择开启的讨论诚然没有因为问题的这种简单的转变而得到解决,但至少预先打开向所有语法人称(甚至不定人称:某人、任何人、每个人)归因的空间,这为可通约的诸论题之间的一种相互对质提供了一个合适的框架。

　　以上是我的第一个工作假说。以下是第二个:我们由之出发的那个选择,它是一场双向运动相对晚近的成果。在记忆的体验和记忆的寻找这两个重大问题域得到精心设计之后,这场运动得以成形并且飞跃发展。正如我们已经看到的那样,其渊源要追溯到柏拉图和亚里士多德的时代。一方面,一个完完全全自我学模式的主体性问题域出现了,另一方面,在社会科学领域内,社会学以及与之相伴而行的集体意识这个前所未有的概念涌现出来了。而无论是柏拉图、亚里士多德,还是其他的古代人,都未曾将知道谁记得视为一个先决问题。他们想了解拥有或寻找一段记忆意味着什么。向某个能够说我或者我们的人的归因,依然还只是暗含在不同语法人称和不同动词时态的记忆和遗忘的动词变位之中。他们不曾向自己提出这样的问题,因为他们提出了另外一个问题,有关个体和城邦之间的实践关系的问题。他们解决这个问题或好或坏,正如亚里士多德在《政治学》第二卷中对柏拉图的《理想国》第二、三卷中的城邦改革提出的批评所证实的那样。至少这个问题避免了在所有毁灭性的非此即彼中做选择。不论如何，个体（"每一个"，亦即，"人"，至少是根据他们参与城邦的管理来定义的自由人）在他们私人关系的范围内，培养友谊德性。友谊使他们相互之间平等地交流。

一个主体性的问题域，以及一个自我学的问题域以越来越紧迫的方式突显出来，这既使得意识成为亟待解决的问题域，同时又引起了意识向其自身的倒退运动，直至触及一种思辨的唯我论。内观（regard intérieur）学派，让我们借用泰勒的表达 inwardness，① 于是就逐渐建立起来了。我将提到其三个典型代表人物。这种主体主义的极端化所付出的代价是高昂的：向一个集体主体的归因，不是成为不可设想的，就是成为派生的，甚至完完全全是隐喻性的。一个反题随着人文科学（从语言学到心理学、社会学和历史学）的诞生出现了。采用自然科学的客观性样式作为认识论模型，这些学科建立了各式各样的可理解性模型，对其而言，社会现象是不可还原的实在。更确切地说，为了反对方法论的个体主义，涂尔干学派提出了方法论的整体主义。哈布瓦赫将被列入到这个整体主义的框架之内。在进入到 20 世纪之际，对社会学来说，集体意识因此也是这些实在中的一种，其本体论地位不再受到怀疑。与之相反，作为所谓的本原的心理机制（instance），个体记忆成了问题；新生的现象学遇到的最大困难，就在于不能摘掉心理主义多多少少已经声名狼藉的标签，尽管现象学一直以来就致力于拒绝心理主义；私人意识由于被剥夺了科学可靠性的全部特权，也就不再适合于进行描述和说明，只能走内在化的道路，而孔德（Auguste Comte）讽刺过的著名的内省（introspection）将是它的终点。至多，私人意识成为有待说明的东西，成为 explicandum，其没有任何本原性（originaréité）上的优先性。本原性这个词，在人类实在的全

---

① Charles Taylor，《自我的根源》，前揭，参见页 149 以下，《内在性》。

部客观化视域内,没有任何意义。

正是在这种高度论战性的环境中,更加年轻的客观性传统反对着古老的反思性(réflexivité)传统,个体记忆和集体记忆处在敌对的位置之上。然而,它们并不是在同一水平面上相互反对,而是在彼此之间已经变得陌生的话语的整体中。

既然如此,如果一门哲学想要了解历史编纂学是如何将它的话语和记忆现象学的话语连接起来的,那么,它的任务首先就在于,通过分别研究每一种话语的内在运作,分辨出产生这个极端误解的诸多原因;然后,在两种话语之间架设一座桥梁,希望能够为个体记忆和集体记忆彼此有别却又相互交叉的构建假说提供某种可靠性。在讨论的这个阶段,我将会诉诸归因的概念,作为操作性的概念,它能够在诸多相互反对的论题之间建立某种可通约性。在此之后的研究将会涉及记忆现象向自身的归因及其向他人、陌生人或亲人(proche)的归因之间的某一些交换方式。

个体记忆和集体记忆之间的关系问题,不会就此而完结。历史编纂学会花大力气重新拾起这个问题。当历史学反过来将其自身设定为主题,试图放弃通常被给予记忆的历史学发源地的身份,并将记忆作为历史认识的诸对象之一加以探讨时,问题就会再一次出现。对记忆和历史的外在关系以及个体记忆和集体记忆的内在关系同时投以最后一瞥,因此将成为历史哲学的任务,本书的第三部分将展开对此的讨论。

第一节 内观的传统

1. 奥古斯丁

为个体记忆的本原和源始特征进行的辩护,与日常语言的使用和为这些使用提供支持的大众心理学联系在一起。在任何一个活的体验的集合中,不论是认知领域、实践领域,还是情感领域,主体的自指行为和其体验的客体意向决没有像这样如此彻底地依附一起。在这方面,在法语和其他语言中,反身代词"自身"(soi)的使用似乎并不是偶然的。在记得某件事的同时,也记得自身。

考虑到记忆彻底的私人性,自然要强调其三个特点。首先,记忆尤其显得是极端单一的:我的记忆不是你们的。一个人的记忆(souvenirs)也不可能移植到另一个人的记忆(mémoire)中。对于主体的所有亲历体验来说,记忆,作为"我的",是属我性(mienneté)、私有财产的一个典型。其次,意识和过去的原始联系似乎存在于记忆中。我们在亚里士多德那里已经说到了这一点,在奥古斯丁那里,我们还会更进一步重复它,亦即,记忆是属于过去的,这个过去是我的诸多印象的过去;在这个意义上,这个过去是我的过去。凭借这个特点,记忆保证了人格的时间连续性,并以此方式保证了我们稍早前已经面对过其重重困难和陷阱的那种同一性。这种连续性使我有可能从亲历的当下毫不间断地一直回溯到我的童年的最为久远的事件。一方面,记忆(souvenirs)分门别类并组织成为意义的诸层次、组织成为可能被漩涡分隔开来的群岛;另一方面,记忆(mémoire)仍然具有历经时间、回溯时间的能力,原则上,没有什么可以阻止人们连续无终结地去从事这个运动。主要是在叙事中,复数的记忆(souvenirs)和单数的记忆(mémoire)、分化和连续性,彼此连接在一起。通过这种方式,我向后回到了我的童年,感觉到一些事情发生在另一个年代。反过来说,正是这种相异性(altérité)使得历史学在编年体时间的基础上进行的那种时间间隔的分化固定下来。不管怎样,被回忆起来的过去的诸时刻之间的这个区分要素,并没有破坏任何一个被记得的过去和当下之间的关系的首要特征,也即没有破坏时间的连续性和记忆的属我性。第三个,也是最后一个,在时间的流逝中,方向感和记忆联系在一起;在双重意义上的方向:借助从后面来的推动,可以说,根据变化的时间之矢,从过去通往未来;同样也可以根据相反的运动,经过活的当下,从期待转向记忆,这样,从未来回到过去。内观的传统,正是建立在这些为日常语言和公共体验所接受的特点之上的。这是一个其荣耀头衔可以追溯至受基督教影响的古代晚期的传统。奥古斯丁既是其表达者,也是其创立者。可以说,他发现了建立在基督教的皈依经验基础上的内在性。这样的创造发现,其革新性通过将其与古希腊、进而拉丁世界有关个体和城邦(polis)的问题域相互对照而衬托出来。这个问题域起先占据的位置将逐渐为政治哲学和在这里被考量的二分化的记忆的辩证法所分享。不过,即便奥古斯丁确实认识到了内在的人,他也没有认识到同一性、自身(soi)和记忆彼此之间的关系式。这是洛克在18世纪早期的一项发明。但是他同样不了解"主体"这个词的先验含义。这是由康德开创并由康德传给了他的后康德和新康德的继承者,直至胡塞尔的先验哲学,后者将竭尽全力去摆脱新康德主义和先验主体的心理学化。然而,我们并不会止步于康德,因为考虑到主体的问题域在先验、本体和经验之间的分裂,"内感官"的问题域属于一种极其艰难的阅读。此外,无论是理论,还是实践,都没有为记忆的某种有意义的研究留下空间。因此,我们将直接转向胡塞尔。在他未出版的大部分手稿中,记忆的问题域和拥有记忆的主体的问题域、内在性和反思性,相互交织。在胡塞尔这里,内观学派到达了其顶峰。与此同时,整个内观传统在转向集体记忆的道路上陷入了困境。

因此,这还不是意识和自身,也不是奥古斯丁描述和尊崇的主体,而已经是记得其自身的内在的人。奥古斯丁的力量在于,在《忏悔录》第十卷和第十一卷中,将记忆的分析和时间的分析结合在一起。这两个分析实际上是与一个极其独特的语境分不开的。首先,忏悔的文学样式,与悔罪(pénitence)——其日后更加通行于流行术语的使用——的时刻,甚至还与对自我服从于造物主的话语——永远都先于私人的话语——的最初承认紧密联系在一起。悔罪的时刻，一个完全反思性的时刻，一开始就在疑难的痛苦中将自身的呈现和记忆结合在一起。在《时间与叙事》第一卷中，跟随在让·吉东（Jean Guitton）之后，我引用了这一段伟大的"忏悔"："至少对我来说，主，我正在探索，在我身内探索，我自身成为我辛勤耕耘的田地，①不再是在探索辽阔的苍穹，而是灵魂：是在探索我自己，探索具有记忆的我，我的灵魂（Ego sum, qui memini, ego animus）。"②因此，没有任何一门记忆的现象学会摆脱内在性的苦苦寻觅。让我们回忆一下这个寻觅走过的几段旅程。

首先来到《忏悔录》的第十卷。内在性的优先性在这里当然还不是完全的，因为对上帝的寻求一开始就为有关记忆的沉思带来了一个高度、一个垂直度。不过，也正是在记忆中，上帝首先被找到了。高度和深度——它们是同一回事——在内在性之中被挖掘出来。③

这本书一直因"记忆的殿廷"这个著名的隐喻而享誉盛名。它给予内在性以一个独特的空间性形态，一个内在场所的形态。这个关键的隐喻借助一系列类似的形象而得到加强："府库"、"洞穴"，其多样性将得到一一枚举的记忆"储备"、"贮藏"在此——"记忆将其收获的一切，全都纳于庞大的府库，保藏在不知哪一个幽谧屈曲的场所，以备需要时取用"（《忏悔录》卷十，八，13）。研

---

① 这一段表述是让·吉东在《普罗提诺和圣奥古斯丁思想中的时间与永恒》（*Le temps et l'Éternité chez Plotin et saint Augustin*, Paris, Vrin, 1933, 4éd., 1971）中翻译的。

② Saint Augustin,《忏悔录》（*Confessions*, Paris, 1962, 第十卷, 十六, 25）。引自 P. Ricoeur,《时间与叙事》第一卷（*Temps et Récit*, t. I, *L'Intrigue et le Récit historique*, Paris, Éd. du Seuil, coll.《L'ordre philosophique》, 1983 ; rééd., coll.《Points Essais》, 1991, 页 23）。

③ "主，我对你的爱，我不怀疑，我是完全意识到的（certa conscientia）……我爱我的天主，爱内在于我的光明、音乐、馨香、饮食、拥抱"（卷十，六，8）。

究全神贯注于回忆的奇迹①:我随心所欲地"召唤我的记忆"表明"这些行为都是在内部(intus),在我的记忆的殿廷中完成的"(卷十,八,14)。这正是奥古斯丁赞美的一种愉快的记忆:"记忆的力量是伟大的,太伟大了,我的天主! 这是一所广大无边的圣殿! 谁曾触及其深端? 但这种力量不过是我与生俱来的精神力量,对于整个的我就无从捉摸了"(卷十,八,15)。记忆实际上有两次是令人赞叹的。首先,就其广度而言,它值得如此对待。事实上,在记忆中被收集的"事物"不仅仅局限于诸多感觉印象的图像,记忆将这些图像聚拢在一起以避免其离散,而且,这些"事物"还包括了可以说学习过的并在此之后被知道的理智概念。可以说记忆"容纳"的宝藏是巨大的(记忆同样容纳"理性以及数字和度量关系的无数法则"——卷十,十二,19)。除了感觉图像和概念以外,还要补充灵魂的激情的记忆:实际上,记忆能够记住快乐,但不快乐,能够记住忧伤,但不忧伤。其次是其令人惊叹的活动:既然涉及到概念,那么回忆起来的就不只是事物的图像,还有理智本身。就此而言,记忆等同于我思(cogito)。② 此外,"事物"的记忆和我自身的记忆同时发生:在记忆中,我同样遇见了我自身,我记得我,记得我做过的事情,记得在什么时候,在哪里我做过它,记得在我做它的时候,我有什么感受。是的,记忆的力量是伟大的,因为"我甚至

---

① "当我置身于这座殿廷,可以随意呈现我所希望的那些记忆,有些一呼而至;有些姗姗来迟,好像从隐秘的洞穴中抽拔出来;有些成群结队,蜂拥向前;有些正当我寻找其他时,另一些好像毛遂自荐地问道:'可能是我们吗?'我心灵的双手把它们从记忆的面前赶走,直到我所要的从隐藏之处出现在我的眼前。有些记忆毫无困难地出现在我面前,井然有序地鱼贯而至,依次进退,在我需要时重新出现。在我叙述回忆的时候(cum aliquid narro memoriter),事情完全就是这样发生着的"(同上,卷十,八,12)。

② 概念,"应该重新加以聚合(colligenda)。术语'思'(cogitare),源自于'集合'(cogo),而我思(cogito)以同样的方式得来,一如 agito 源自于 ago,factito 源自于 facio"(《忏悔录》,卷十,十一,18)。以 ito 为结尾的动词是表示反复动作的,它指的是简单动词代表的活动的重复。

记得我曾经记得"(卷十,十三,20)。简言之,"心灵同样也是记忆"(卷十,十四,21)。

那么,这就是愉快的记忆?当然是的。然而遗忘的威胁始终纠缠着这个对记忆及其力量的歌颂:自第十卷一开篇,内在的人就被表述为场所,"空间无法限制的,在此照耀我的灵魂,贪婪的时间无法捕捉的(quod non rapit tempus),在此奏响"(卷十,六,8)。稍后,在提到"广阔的领地"和"记忆的殿廷"的同时,奥古斯丁谈论了被储存的记忆,就像是谈论某些"尚未被遗忘所掩埋和吞没"(卷十,八,12)的东西。在这里,仓库近乎于墓地("遗忘埋葬了我们的记忆……"——卷十,十六,25)。当然,识认一个被回忆起来的事物,被视为对遗忘的一场胜利:"如果我忘却了事物,显然我便无从知道声音的含义"(卷十,十六,24)。因此,要谈论识认,就必须能够"命名遗忘"(同上)。如果不是一个已经以某种方式保存在记忆中的东西,一个遗失的对象——福音寓言中的妇女丢失的德拉克马——又能是什么呢?现在,找到就是重新找到,重新找到就是识认,识认就是证实,进而断定被重新找到的东西和被寻找的、事后被视为已被遗忘的东西是完全一样的。如果说,另一个不同于我们要寻找的对象的东西重现于记忆中,那么我们就能够说:"不是这个","一个东西在眼前丢失了,而记忆却保管着它"(卷十,十八,27)。我们因此就完全安心了么?说起来,只有识认在语言中并且事后地证实了"我们还并没有完全遗忘我们至少还记得已经遗忘了的东西"(卷十,十九,28)。但是遗忘和我们记得已经遗忘了的那个东西难道不是两回事么,因为我们还想起它并认得它?为了消除某个更加彻底的遗忘的威胁,奥古斯丁,这个修辞学家,大胆地将对遗忘的记忆(souvenir)补充到对记忆(mémoire)的记忆(souvenir)上去:"我们将我们记得的保存在记忆中,如果我们不曾记得遗忘,那么听到遗忘这个词时,我们便不能理解这个词的意义,如果是这样,那么记忆还记着遗忘"(卷十,十六,24)。

然而,究竟什么才是真正的遗忘,亦即,"记忆的剥夺"呢?"既然遗忘一旦在场,我就不能记住,那么我能够记住遗忘,这又怎样讲呢"(同上)?一方面,必须说,正是记忆,在认出被遗忘的对象时,证实了遗忘的存在;如果正是这样,那么"记忆记着遗忘"(同上)。另一方面,当我们真的遗忘时,又怎么能说遗忘本身的在场呢?虎钳现在开始渐渐缩紧:"我确定记得我的遗忘,我说的是什么呢?是否能说我记得的东西并不在我的记忆中?或者是否能说遗忘在我的记忆中,是为了使记忆不被遗忘?这两种说法都讲不通。那么第三种解释又怎么样呢?能否说当我记得遗忘时,记忆占有的不是遗忘本身,而是遗忘的图像?如果是这样,我有什么根据呢"(卷十,十六,25)?在这里,古老的诡辩术来妨碍忏悔。"然而不论如何深奥难明,我都确信我记得这个破坏了我们记忆的遗忘"(同上)。

在跨越这个疑难的同时,以对幸福生活的觅求为中介,作者继续在记忆中寻求比记忆更加高贵的上帝:"我将超越我本人名为记忆的这股力量,我将超越它而飞向你、温柔的光明"(卷十,十七,26)。但是这个超越反过来也并不是没有问题的:"我将超越记忆,去哪里寻获你?……如果在记忆之外寻获你,那么我已忘记了你。如果我忘记你,那么我又怎能寻获你"(同上)?现在,比起由时间造成的全部可见事物的毁灭来说,一个更加根本的遗忘显露出其轮廓,亦即,对上帝的遗忘。

在这个对记忆由衷赞叹的背景上,对遗忘威胁的惶惶不安始终笼罩着这个赞叹,第十一卷关于时间的伟大宣言出现了。但是,既然记忆是过去的当下,那么对时间及其与内在性的关系所能说出来的东西就可以轻易地诉诸记忆。

正如我在《时间与叙事》中已经注意到的那样,奥古斯丁通过时间度量的问题进入了内在性的问题域。度量的初始问题一开始就被指定给心灵的场所:"我的心灵,我是在你里面度量时间"(卷十一,二十七,36)。只有过去和未来,我们才能说是长的还是短的,或者未来变短了,或者过去变长了。更加根本的是,沉思性的反思证实时间已经经过了,已经变化了:"当我们度量或者感觉时间时,只有时间经过,我们才能加以度量"(卷十一,十六,21)。随后:"我们是在时间经过时度量时间"(卷十一,二十一,27)。就此说来,灵魂(animus)被视为场所,未来的事物和过去的事物都在这里。延伸(distention)和收缩(intention)的辩证法正是在灵魂或心灵的内在空间中展开的,这个辩证法为我在《时间与叙事》中对《忏悔录》第十一卷的解释提供了指导性线索。将当下的三重意指——过去的当下或记忆、未来的当下或期待、当下的当下或注意——区分开来的延伸(distentio)是灵魂的延伸(distentio animi)。它相当于自身和自身的相异。① 此外,最重要的是强调,反思视角的选择论战性地与拒绝亚里士多德从宇宙运动出发对时间起源的解释联系在一起。至于我们围绕记忆的私人性或公共性而展开的论战,值得注意的是,根据奥古斯丁,内在时间的真实和原初的体验,主要反对的并不是公共的时间、纪念的时间,而是世界的时间。在《时间与叙事》中,我就已经考虑过,历史的时间是否能够通过一些同样的二律背反的术语得到解释,以及,在亲历的时间,如果可以说现象学的时间,和宇宙学的时间之间的连接点上,历史的时间是否不如说是作为第三种时间被建构起来的。一个更加根本的问题在这里被提出来了,亦即,个体记忆嵌入到集体记忆的活动中,是否并不要求这样一种灵魂的时间和世界的时间之间的调和?截止到目前,对我们来说,将"谁"的问题植根于灵魂(animus)——具有记忆的自我(ego memini)的真实主体——的问题中

---

① 更确切地,也更危险地说,延伸(distentio)不仅仅是灵魂的延伸,而且也是在灵魂中的延伸(同上,27)。也就是说,在一个类似于记录了过去的诸事件留下的诸多痕迹、诸多形象(effigia)、简言之,诸多图像的场所中。

就已经足够了。

我不想在还没有提及直至本书最后一节都将陪伴我们的一个问题时就放弃这些关于奥古斯丁时间现象学的简要评论。这个问题就是想知道，三重当下的理论，是否并没有给予当下的活的体验以一种优势，以致过去的相异性受其影响和牵连。即便是延伸（distentio）的概念也同样如此。在灵魂的延伸（distentio animi）的描述中，经过（passage）的概念所发挥的作用更加直接地提出了问题："时间从哪里（unde）来，经过哪里（qua），往哪里（quo）去"（卷十一，二十一，27）？奥古斯丁说道："时间的变化（transire）在于，从将来出现，经过当下，进入过去"（同上）。让我们忘记变化的场所隐喻其不可避免的空间性并让我们专注于这个经过的离散（disapora）。借用列维纳斯在《异于存在或本质之外》中的用语，这个经过——从将来出现，经过当下，进入过去——是意味着不可还原的历时性，还是意味着微妙的共时性还原？在现象学内，这个问题把关于过去之过去性的问题提前了，时间距离的概念与其是分不开的。我们最后将对这个问题进行一些思考。①

2. 洛克

在哲学的内观学派内部，洛克的情况是极其特殊的。柏拉图主义和新柏拉图主义的回音已不再觉察得到，正如其在奥古斯丁那里那样，也正如其在洛克非常熟悉并且思考过的卡德沃思（Cudworth）和剑桥的柏拉图主义者那里引起了强烈的反响。另一方面，基督教皈依的问题域和内在性之间的亲缘关系也已不复存在了。我们相

---

① 作为记忆指向的过去的地位问题同样得到保留。必须说过去不再存在或者已经存在吗？奥古斯丁反复诉诸日常语言的表达，特别是各种副词"不再"、"还没有"、"自多久以来"、"长时间"、"再次"、"已经"，以及将过去视作"存在和不存在"，它们共同构成了关于某种本体论的试金石，时间内在于灵魂的命题不可能展开这种本体论。

信洛克——我们将会看到,这是错误的——最接近笛卡尔,在确切地说来关于我思的问题上。然而,对天赋观念的批评已经预先明确地宣告其远离了笛卡尔,至少在知觉观念的层次上。无论如何,洛克是三个概念,以及它们共同组成的序列的发明者:同一性(identity)、意识(consciousness)、自身(self)。以"同一性与差异性"为标题,《人类理解论》(1690年)的第二卷第二十七章自第二版(1694年)起就占据着一个策略性的位置。诚如巴利巴尔(Étienne Balibar)——我们受益于他的新译本和内容详实的注释,①此译本替代了科斯特(Pierre Coste)的译本(1700年)——一开始就强调的那样,在起始于莱布尼茨和孔狄亚克,经过康德和黑格尔,一直到柏格森和胡塞尔的西方哲学中,洛克对意识的发明,将成为诸多意识理论认可或不认可的参照。因为它确确实实是关乎意识和自身这些术语的一项发明,其深刻地影响了为它们提供框架的同一性概念。这个论断也许使人感到有些惊讶,如果考虑到笛卡尔我思的威望以及在《沉思集和答辩》的拉丁版中,即使不是意识(conscience)这个词本身,至少也是形容词"意识的"(conscius)的出现(意味深长的细节:conscius 在法语中通常被翻译为另一种表达方式,对事物有了解的[connaissant],拥有事物现实的认识[une actuelle connaissance],体会[expérimenter])。②但是,笛卡尔我思的语法主语

---

① John Locke,《同一性与差异性》(Identité et Différence. L'invention de la conscience,巴利巴尔[Étienne Balibar]译介并注释,Paris, Éd. du Seuil,1998)。

② 拉丁语 sibi consciere, sibi conscius esse 以及名词 conscientia(用来翻译古希腊语 suneidēsis),并不表示意识到自身,而是表示对某事物有所了解,有所警觉;它是判断的一种形式。在巴利巴尔加入到其注释中的"资料"里面,我们将读到笛卡尔的一些摘录,它们主要来自于第二、第三、第四、第六和第七答辩、《哲学原理》、《与比尔曼的对话录》以及一些书信(《同一性与差异性》,前揭,页 265 - 273)。尽管如此,"意识"这个词也不是就没有;在《哲学原理》中可以读到它。莱布尼茨更喜欢"统觉"(《单子论》,§14)。巴利巴尔告诉我们,在用语的层面上唯一的先例,可以在卡德沃思和剑桥的柏拉图主义者那里找到(《同一性与差异性》,前揭,页 57 - 63)。

124 （sujet）并不是一个自身（self），而是一个作为范例的自我（ego），他邀请读者去继续这个自我的姿态。在笛卡尔那里，不存在在自身意义上的"意识"。此外，即使我思具有一种在《第二沉思》枚举到的多种思维活动之名义上的多样性，这种多样性也不是地点和时间的多样性，凭借它们，洛克的自身保持其人格同一性。它是一种功能的多样性。我思不是一个由其记忆及其能够讲述自身的能力定义的人。它在每一个瞬间闪现。一直在思并不就意味着记得已经思过。只有连续的创生才赋予其延续性。就其本身而言，则不具有任何延续性。

还原的一系列先决活动协助清理地面。《沉思集》的哲学是一门关于确定性的哲学，其中，确定性是对怀疑的一场胜利；相反，洛克的论文是对多样性、差异性的一场胜利。此外，在《形而上学沉思集》中，存在的确定性归属于一门新的实体哲学；相反，对洛克来说，人格和唯一的意识即自身是同一的，实体的形而上学被排除在外。实体，即使没有彻底地被根除，在方法上也得到了悬置。这种意识在另一方面，在语言和语词的使用方面，再次得到净化；这另一种还原将心灵（Mind）——拉丁语 mens 的英语译法——揭露出来。无需语词——在这个意义上无言地——进行意指，这是心灵特有的，其能够直接地反省"在我们身上发生的事"。最后一个净化：意识在自身中发现的不是天赋观念；它感知"我们自身心灵的各种活动"，时而被动，这就涉及到知觉观念，时而主动，这就涉及到"心灵的能力"，以《能力》为标题，第二卷第二十一章讨论了这个问题。

125 说了这么多，同一性-意识-自身的三段式又当如何？对于我们这些在这里探问一门似乎完全没有为向任何一种共同存在、任何一种对话或共同体处境的过渡提供什么可行性的意识和记忆哲学其自我学特征的人来说，第一个值得注意的特点是论文以之为出发点的同一性其纯粹反思性的定义。事实是，通过一种产生了同一性和差异性观念的心灵比较行为,同一性对立于多样性、差异性。某个事物存在的时间和地点是有差异的。但恰恰是这个事物,而不是另外一个事物存在于这些有差异的时间和地点上。同一性诚然是一种关系,但对另一个事物的指涉立刻就被清除了:事物"与它自身相同而不相异"(§1)。"与自身相同"这个惊人的表达提出了一个等式,"同一的等于与自身相同的"。在这个自指关系中,包含在反思中的收拢运动最初集结起来。同一性正是这个收拢(repli)形成的褶子(pli)。差异性仅仅用来被悬置、被还原。"而不相异"这个表达是这种还原的标志。在试图重新为"人们竭力寻求的"(§3)个性原则下定义时,洛克以一个原子作为他的第一个例子,"外表持久不变更的物体",并重申其自身同一性的格言:"因为,在那一刻它是它自身,不是别的,所以它是相同的,而且它的存在只要继续,它就一定仍然是相同的:事实上,在这种延续中,它将是相同的而不是别的。"

刚一提出就被拒绝了的差异性,重新出现在根据同一性类型分化出来的不同种类下面:在刚刚提到的粒子的同一性之后,还有植物的同一性(同一棵橡树保持着同一套组织结构)、动物的同一性(唯一的生命在持续着)、人的同一性("仅仅是不间断地参与到同一的生命中"),最后,人格的同一性。重要的断裂于是出现在人和自身之间。意识使得同一的人的观念和自身(也被称为人格)的观念之间产生出了差异。人格,"在我看来,这是有思想、有智慧的一种存在,有理性,能反思,并且能在不同的时间地点认自身是自身,同一个能思维的东西"(§9)。指明差异性的,不再是被否定的"相异的事物"的外部,而是被展示的时间和地点的内部。这种自身同一性、这种"能思维的东西"(笛卡尔在这里眨眼呢)的知识,就是意识。唯一被允许的否定是:"任何人,如果他没有知觉到他正在知觉,那么他就不可能知觉到任何东西"(同上)。我们看到,这就排除了传统上对不论是物质的还是非物质的,一的

126

还是多的实体,对这种与自身同一并且意识到自身如此这般的意识之根源的指称。和另一个事物有关的差异性就得到避免了?完全不是这样:"因为意识一直伴随着思想,它使每个人成为他所谓的'自身',并使此一个人同别的一切能思想的人区别开来"(§10)。这个在意识之中的自身的同一性足以提出在这里使我们感兴趣的在意识、自身和记忆之间的等式。实际上,"这个意识在回忆过去的行动或思想时,它追忆到多远的程度,个人的同一性也就达到多远程度;现在的自身就是以前的自身,而且,以前反思自身的那个自身,就是现在反思自身的这个自身"(同上)。人格的同一性是一种时间的同一性。在这种情况下,遗忘和睡眠,作为意识的中断,由它们引发出来的异议暗示着实体观念的强力回归:为了填补意识的中断产生的空缺,难道不应该存在某种实体的连续性吗?洛克果断地回应:不论实体的基础是什么,意识仅仅"产生"(make)人格的同一性(§10)。同一性和意识组成了一个圆圈。诚如巴利巴尔注意到的那样,这个圆圈不是理论的逻辑缺陷,它是洛克本人的、为实体的还原所认可的发明:"同一的意识把远隔的各种行动联合起来成为同一的人格,无论它们是由什么实体产生的"(§10)。随后,洛克继续战斗在其他疑似反例的前线:被切除的并与身体分离的小拇指所缺乏的不是身体实体,而是身体意识;至于多重人格,假定同一个非物质实体保持不变,那么这些人格和同一个能思维的实体之间,也没有任何可确定的联系;确确实实有多重的、分裂的意识,"两种不同的人格"(§14)。洛克有勇气坚持他的意见。对由灵魂的所谓预先存在(préexistence)引发的异议的回应性质是一样的:"问题实际上是想知道,同一的人格是由何塑造的,而不是在同一的人格中永远思想的那个东西是否是同一的实体,后面这个问题在这种情况下没有任何重要性"(§10);在下文,没有人能重新成为苏格拉底,如果他"意识不到苏格拉底的任何行动或思想"。相同的论证出现在复活的情况中,涉及一个人来到世间不同的身体内:"因为同一的意识跟随着其栖息的灵魂"(§15)。不是灵魂,而是同一的意识,产生了人。

对于我们的目的来说,事情已经确定了:意识和记忆是相同的东西,没有任何实体的支撑。简言之,既然涉及到人格的同一性,那么相同性(sameness)等同于记忆。

说了这么多,哪一种相异性还可以溜进到这个自身相同性的褶子里?

在一个依旧形式化的层次上,我们可以看到,同一性仍然是一个比较的关系,它和多样性、差异性处于对立状态;另一个相异事物的观念始终纠缠着相同的自指。一个事物与它自身相同而不相异,此表达包含的反义词说出来也只是为了将它排除掉。更确切地说,对于经洛克重新解释过的个性原则来说,相异的事物,一经指定就被剔除在外;同一种类的两个事物之间的明显的不可通达性表明,在"没有相异的"之名义下,相异的意识是间接地被意指的。为了指定"这个"意识,难道不应该保留"某个人"(any)、"每个人"(every one)这类隐秘的配分词么? 这个(this)的同一性不是那个(that)人格的同一性(§9)。在假说"两个彼此互相隔绝的意识支配着同一个人的行动,一个是在白天,一个是在夜间"中,人们可以合理地询问"白天的人与夜间的人是不是两个不同的人格,正如苏格拉底与柏拉图一样"(§23)。要建立起这个假说,必须能够在两个意识之间进行区分,进而确立起两个意识之间的差异性。更进一步说,关键的是自身(self)这个词的逻辑语法地位。诚如英语语法的灵活性所允许的这样,①其时而以一般形式出现,如自身(the self),时而以特殊形式出现,如我的自身(my self)。尚缺少一个有关名词化代词——以上述方式游移在指示词和普通名

---

① 关于自身这个词在英语中那些可能用法的多样性,参见巴利巴尔为他的翻译补充的宝贵的用语汇编(同上,页249-255)。

词之间——的身份的讨论。不过洛克已经决定了将观念和名称（nom）分开。然而，"人格这个词，在我看来，就是这个自身的名称"（§26）。同时，论文的最后一个词留给了名称："因为，一个复杂观念无论是以什么样的方式形成的，只要它的存在能使它成为一种特殊的东西，得到某种名称，那么这种存在的继续，就能为同一的个体提供同一的名称"（§29）。

在一个更为具体的层次上，差异性回到同一的自身这个观念具有的诸多意义之平面的两端。多样性，"一个事物与它自身相同而不相异"这个表达在形式上已经排除了的，将自身作为诸时间和诸地点——这些时间和地点的记忆组成一个整体——被历经的并且被记住的多样性呈交给记忆。这个多样性触及到潜藏在不过是时间的经过本身而已的记忆下面的生命的一面。意识是对在生命中发生的事情的意识。经过，是知觉和思想活动的经过，进而是所有安置在先前两章记忆的"什么"之名下的内容的经过。没有任何一座桥梁被架设在向自身收拢的意识及其能力之间，然而这样的能力在《论能力》一章中却成为独立的讨论对象。洛克没有可供其使用的意向性范畴，也没有在记忆（mémoire）及其记忆（souvenirs）——知觉和思想活动的记忆（souvenirs）——之间做出区分。如果敢于说，记忆（mémoire）是没有记忆（souvenirs）的。唯一可以察觉得到的张力，存在于意识和生命之间，即使它们是被视为同一的。由"生命的联合体"所阐明的"存在的继续"将其表达出来。清醒和睡眠之间的交替，记忆和遗忘的不同阶段，都不得不诉诸于生命：只有当"与我们身上有意识的东西相伴随的一个生命联合体"（§25）能够持续时，存在的继续才能得到维持。一旦这样的"生命联合体"减弱了，那么我们身上的这部分就完全有可能"成为一个人的一部分"（同上）。与生命这个词一同提出的于是还有"同一的自身的各部分"（同上）。因此，尽管有着内在分裂之威胁，"继续的存在"（§29）仍然有越过意识的倾向。总之，继续的存在"产生同一性"(同上)。在人的同一性和自身的同一性的连接点上,一门生命的哲学在意识哲学的下面明晰起来。如果在与过去的关系上补充进来与将来的关系,期待和回忆之间的张力引起的不安(uneasiness)影响了心灵能力的使用。意识和不安因此有着彼此分开的危险。

在自身的同义词组合的另一端,伦理的词汇此外还提及从自身到自身的相同性的严重变形。我们在上文已经注意到"人格"这个词归属于其中的司法语言的"外在的"(étranger, forensic)特征,即便其是"自身的名称"(§26)。而关心、归罪、占有属于同一个伦理-司法领域,随后还有惩罚和奖赏。关键的概念是"自身的解释"(§25)这个概念。它回应了刚刚提到的对内在多样性的承认。这个解释(account)的观念可以走得更远。首先是在通向未来的方向上:同样在未来,"自身,这个同一的自身继续他的存在"(§25)。这种在自身前面的继续存在,作为被回溯性集中到一起的,使得意识成为承担负责的:能够对自身解释自己行为的人是对这些行为"负有责任的"(accountable)。另一些表达随之而来:负有责任的,同样也是"关心的"(concerned)(我们认出拉丁语 cura)。"对自己幸福的关心,不可避免地与意识相伴随"(同上)。很快就会转变为司法的用词了。过渡的概念就是"人格"的概念,"自身的另一个名称"(§26)。即使存在着"外在的"特征,又是什么使其成为自身的同义词呢?是这样的,它意味着自身将其行为的所有权"托付"(reconcile)、"归之于"(appropriate)意识,这也就是说,指定给、判定给意识。这里的用词言简意赅:"占有"(approprier)这个术语发挥着所有格和动词的作用,它表示"认作自己的(own)"。

我们在这里触及到一片可以进行双重阅读的领域:从自身出发以及从他人出发。因为谁指定?谁归之于?甚至谁归罪?一个人难道不同样,而且有可能是首先解释他人吗?谁又惩罚,谁又奖赏呢？末日的法庭将会宣告判决(sentence)，洛克站在神学争论这一边表示，判决"会因为一切人所拥有的意识而得到其公正的目的"(§26)。

这样的双重阅读并不是洛克本人的阅读。他这篇关于同一性、意识和自身的论文真正吸引我的，正是一门不做任何让步的哲学之不妥协性，必须将其称为"相同"的哲学。①

在《人类理解论》和《政府论》(下篇)②的概念体系和词汇的比较中，我们看到这门相同哲学的单义性得到证实。读者一开始就被带到阿伦特喜欢称之为人类复数性的核心。我们最初都是亚当的后裔，臣服于今天仍然存在大地之上的统治者，同时我们想知道他们权威的来源："如果人们不能提供一个正当的理由来设想，世界上的一切政府都只是强力和暴力的产物，人们生活在一起乃是服从弱肉强食的野兽的法则，而不是服从其他法则，同时，如果人们不想因此撒播永久混乱、祸患、暴动、骚乱和叛乱的种子……那么就应该寻求另一种关于政府产生的说法……"(《政府论》[下篇]，页4)我们被抛到事件的中心(in medias res)。当人类、统治者、战争和暴力、混乱的威胁都已经存在的时候，一个问题，关于政治权力起源的问题，被提了出来。首先提到的自然状态，及其完美的平等的优先性，在自身的哲学中均没有根源，即使行动、所有权和人格的概念一开篇就出现了。它们没有表现出与依照

---

① 在这方面，我在《作为他者的自身》中提出的批评，即指责洛克混淆了相同(idem)和自身(ipse)，并没有涉及《人类理解论》中的文字。相同性的范畴自始至终都占据着统治地位：人格的同一性并没有为相同性提供一个替代品；它是相同性的一个变种，诚然是最有意义的一个，但仍然包含在自身同一性观念的形式统一中。对于一个从他处获得其论据的阅读来说，人格同一性可以被视为相同性的替代品。在洛克那里，自身(soi)还不是一个与相同(idem)相对立的自身(ipse)，而是位于相同性金字塔顶端的一个相同(same)——甚至是一个自身相同(selfsame)。

② Locke,《政府论》(下篇)(*Second Traité du gouvernement*, 施皮茨[Jean Fabien Spitz]译介并注释, Paris, PUF, 1994)。

《人类理解论》的自身闭合的意识有任何可见的联系。凭借一个没有任何动机的跳跃,我们从人格同一性转到平等的状态,"所有人类自然地"处在这种状态(第二章)。这确实是关乎权力的问题,但它一开始就是一种"对他人的权力",甚至是一种奇特的权力,因为这种权力"根据冷静的理性和意识的指示,比照他所犯的罪行对他施以惩处,这就是说仅仅起到纠正和禁止的作用"(同上)。此外,战争状态立即就被提了出来(第三章):它假定敌对和毁灭,在这种状态下,"基于根本的自然法,人应该尽量地保卫自己"(同上)。人,不是自身。正如在霍布斯那里,人害怕暴力的死亡,这种人对人施加的恶。自然法为我们提供了权利,"如果我能够的话,就杀死他"(同上)。我们一直处在一个自然状态和战争状态相对立的世界之中。在自身理论中,没有什么能够使我们预见到这一点。① 从这里开始,《政府论》(下篇)展开了另一幅不同于自身的场景。

3. 胡塞尔

对我们来说,胡塞尔将是内观传统的第三个见证。他在洛克之后,但经过康德、后康德主义者,主要是费希特。在很多方面,他与费希特都非常接近。借助于批判性地转向笛卡尔的我思,胡塞尔试图将自己定位在与一门意识的先验哲学的关系中。但是比起

---

① 在关于财产的那一章中可以发现唯一看似合理的联系(洛克,同上,第五章)。土地及其上面生长的一切,都是上帝给予全人类的,目的为了保障他们的生存和幸福的生活,不过上帝使它们被"占有"(同上,页22)。这是《人类理解论》中的占有概念么?它们可能很相似,因为每个"人对他自己的人身享有一种所有权"(同上,第四章,页27)。不过这是在相对他人的关系中来说的,这些人有可能夺走这种所有权。因此,正是在关于权利的语言中,他才谈到它并谈到与一个真实的他人的关系:"除他自身以外任何人都没有这种权利"(同上)。此外,与《人类理解论》无关的一个范畴,劳动,被添加到赤裸的财产上:"因为,劳动是劳动者无可争议的财产,对于这一有所增益的东西,除他以外,没有任何人享有权利……"(同上)

洛克,他较少将自己与笛卡尔区别开。最终与他最为接近的,是已经多次带有感激地提及到的奥古斯丁,至少是就将内在性、记忆和时间三个问题域连接在一起的方式而言。我在目前的语境下对胡塞尔的研究角度明显不同于我在《时间与叙事》中提出的角度,在那里,时间的构成是主要的问题。在个体记忆的现象学和记忆的社会学之间的对质这个视角下,关注点被引向《笛卡尔沉思》的第五沉思,在那里,从自我学过渡到主体间性的问题是首先要解决的。然而,我并不想从正面直接着手处理这个困难,我会给予一条经由记忆问题域的耐心道路以优先性,这和胡塞尔这位永远的"初学者"的严格性是相称的。实际上,正是在这个问题域的中心,正如在《内时间意识现象学讲座》中探讨的那样,倒转的运动出现了,借助于这样的运动,内在的目光从记忆的构造,记忆仍然和一个在时间中展开、在延续的对象保持对象关系,移向将所有对象性意指排除在外的时间流的构造。这种目光的转移在我看来是如此的基本,如此的彻底,因此我冒险在不同的两章中探讨记忆的问题。在第一章中,一方面,从记忆与一个延续着的事物(以持续响起的声音以及能够再次再现[re-présente]的旋律为例)的关系视角;另一方面,从记忆与图像(图像[Bild]、表象[Vorstellung]、想象[Phantasie])的差异视角,我考量了什么才特别属于一门记忆的现象学。我停留在滞留和前摄的分析上面,此时,对一个延续着的对象的指涉——确切地说是记忆的构造指涉——为一种没有任何对象指涉的构造腾出了位置,即纯粹时间流的构造。只要记忆(souvenir),不同于图像,保留其设定性行为的独特标志,那么我们就可以相对比较轻松地在记忆的现象学和时间流的现象学之间划出一条分割线。一旦印象、滞留和前摄这些概念不再涉及一个时间对象的构造,而是涉及纯粹时间流的构造,那么这条线就变得难以捕捉了。刚刚举出的三个概念于是占据了一个策略性的位置,就此说来,它们或是被指定给一个对象性的分析,或是被使用在一个排除了任何对象性指称的反思上。这样的转移,相当于一个真正的倒转,现在就得到了解释。推动着我的问题因此如下所示,在何种程度上,这种退缩到对象性领域——*Erinnerung* 在这里指的是记忆(souvenir)而非记忆(mémoire)——之外为《笛卡尔沉思》的自我学主题做好了准备,后者在决定接近"陌生人"之前就已经阻碍了通向它的道路?① 这个指导性问题的选择解释了为什么我以可以说短路的方式将《内时间意识现象学讲座》和《笛卡尔沉思》的第五沉思连接起来。在前一部文集里,自我学的统治尚在酝酿之中,而在第二个文本里,沿着"更高阶段的主体间性共同体"的方向,作者尝试着勇敢地离开它。

《内时间意识现象学讲座》②在标题上就显露出其特色:时间意识被宣告为内在的。此外,"意识"在这里并不取以向外的(ad extra)意向性为模式,"对……的意识"(conscience de)这个意义。最好还是按照格拉内尔的说法,其在开篇就谈到了,问题涉及时间意识——"意识进程的内在时间"。因此,在意识和时间之间,没有任何阻隔。值得注意的是,这种完美的内在性是通过对常识视为外在于意识的世界时间、"客观"时间的加括号、"还原"一下子得到的。这种开篇的姿态让我们想起将灵魂时间和物理学时间区

---

① 我的问题与像贝尔奈特一样学识渊博的批评家提出的问题并不一致:对他而言,可以说,隐秘的问题是时间的先验现象学,其在"活的当下"的运作中达致顶点,与海德格尔追问的"在场形而上学"保持的联系问题。对这种后海德格尔式的阅读来说,德里达的敏锐批判使这样的阅读更加有力,弥布在绝对的当下设定的在场中的不在场,相比处在与另一个不在场的关系中的不在场而言,即与我的本己领域、个人记忆的属我性有关的"陌生人"的不在场,意义更为重大。

② 《内时间意识现象学讲座》提出了一个与版本,进而与翻译有关的值得细究的问题。《续加与补充》(1905 - 1910)被重新收录到《1905 年内时间意识讲座》的核心内容上。海德格尔在 1928 年把它们编辑到一起,出版在《哲学与现象学研究年鉴》(*Jahrbuch für Philosophie und phaenomenologische Forschung*)上面。新的手稿以"通往内时间意识现象学"(1893 - 1917)(前揭)为题收录在《胡塞尔全集》第十卷上。这里引用的法语翻译,来自迪索尔,由格拉内尔校对,使用的是《胡塞尔全集》第十卷的文本。还有另一个版本,由贝尔奈特作序。

分开的奥古斯丁,亚里士多德曾将物理学时间和变化联系在一起,并以此方式将物理学时间放到物理学运动中。当我们构思作为被嫁接在宇宙次序之上的历法时间的历史时间概念时,必须记得这一点。自一开始,主要的障碍就出现在内时间意识向历史时间过渡的道路上。内时间意识一开始就是自身封闭的。至于心灵对意识流,进而对过去的"统握"(appréhension)之本质,这是一个这种被感知的时间是否能够在完全不借用客观时间的情况下,尤其是关系到同时性、接续性以及时间距离感时被统握并被言说的问题。我们在第一章遇见过这些概念,当时,问题在于区分记忆和想象,前者转向已经逝去的时间,后者朝向不真实、幻想、虚构。胡塞尔认为通过使内时间意识承担起附着在"统握"(Auffassungen)——其本身内在于被感知的时间——之上的先天真理之责,就避免了这些困难。值得注意的是,这个有关时间意识之本原接合的问题,是在取自古希腊的 $hul\bar{e}$、"质料"意义的"原素"(hylétique)层次上提出来的,对立于所有与被知觉对象(根据其意义统一而被统握)的形态学性质相同的形态学。内时间意识及其自身进行的构造,力求达到这个根基性的层次。

我不会再重复讨论我们特别感激胡塞尔的两个现象学发现。一方面,"刚刚"流走的,并且"依然"附着于活的当下的河流相位的"滞留"与停止附着于活的当下的时间相位的"再回忆"之间的差异;另一方面,记忆的设定性特征与图像的非设定性特征之间的差异。在一门致力于区分记忆的过去实在和想象物的非实在的"对象"现象学的框架内,我大胆提到过它们。现在,在这一章中,站在我们的角度上,亦即私人的回忆与公共的纪念之间相互对质的角度上,我将专心考察一项研究的诸多前提,这项研究宣称其属于一门意识现象学,更确切地说,属于一门内意识现象学。

1905年《讲座》的第三章,以下述方式和前一章衔接起来,在那里,时间性分析仍然建立在"一个个体对象"(§35),一个延续的事物(声音或旋律)的基础上。这个事物的同一性在其自身的延续中被构造起来。从此之后,河流的连续性占据了在时间上被构造的同一性的位置。第 36 节于是可以以此为标题:"构造时间的河流作为绝对的主体性"。对象,进而个体的进程及其相关谓述的消失然而并没有造成语言的空白:在一个现在和一个以前之间,在一个现时的相位和一个过去的连续性之间,仍然留下了显现连续性的纯粹内在关系。我们要注意"现在"范畴的用法差异:它不再仅仅意指某个延续着的事物的开始或停止,它还意指显现的纯粹现时性。我们诚然根据被构造起来的东西连续地命名这条河流,"但它并不是时间上'客观的东西'":"这是绝对的主体性,并且具有一个形象地被标志为'河流'的东西的绝对特性:'现在'涌现出来的东西、现时性点、原源泉点,等等。在现时性的亲历体验中,我们拥有原源泉点和一个余音瞬间的连续性。对所有这些,我们还缺少名称"(同上)。

　　说起来,我们也并不是完全没有这些名称。胡塞尔和詹姆斯、柏格森共同分享的河流隐喻使得源泉隐喻具有了依据:一个基准轴于是保存下来用以表达连续性;这个轴就是原源泉点。它不是某个事物的开始,而是涌现的现在。我们可以保留滞留这个词,但不需要被构造起来的延续着的事物作为支撑。它转而来到显现本身这一边。我们依旧要谈论统一吗?一条统一的河流?在这个意义上,是的,即"现在"不停地转变为"不再","尚未"不停地转变为"现在",这样的转变就相当于唯一一条河流的构造,只要当除了河流本身以外没有任何事物被构造时,"构造"这个词保留一层涵义:"内在的时间是作为一个对于所有内在对象和过程而言的时间而构造其自身的。与此相关,关于内在之物的时间意识是一种全部的统一"(§38)。这种全部不是别的,而是"意识样式、已流逝样式的一个持续的连续统"(同上)。一个接一个地,或者共同地——同时——显现,通常被称为相继和同时存在。放弃对延续着的事物的指涉,其必然性,同时不可能性并非没有使胡塞尔感到不安:"但这意味着什么呢?我们所能说的无非是:'您看'"(同上)。看什么?看从内在的现在("一个声音的现在")到即刻的过去之意识诸样式的连续转变。这提供了一个新的现在的东西,胡塞尔称之为"形式"(同上)。我们要特别注意为了证明关于河流的语言而对形式概念的诉诸:"就其形式而言,意识,作为原感觉意识,是同一的"(同上)。但是,不同于康德(在康德看来,形式的语言是前提的语言,是先天的语言,在这个意义上是不可见的语言),①某种直观性与这些形式联系在一起了:现在、以前、同时、相继、持续(stetig)。这种直观性与相位的位置联系在一起。它被表达为意向性词汇的持存,不过被分为"滞留"这个术语的两种用法,一方面表达某个事物的延续,另一方面表达现时的相位在河流的统一中的持存:"正是在这唯一的一条意识河流中,声音的内在时间统一与这意识河流本身的统一,同时构造起来"(§39)。胡塞尔表露出他的困惑:"尽管这看起来令人反感(开始时甚至是荒谬的),亦即,意识流构造它自身的统一,然而情况确实如此。而这是可以从它的本质构造中得到解释的"(同上)。对这个表面上的悖论的解决如下所示:一方面,延续着的事物的统一越过诸相位而被构造起来;另一方面,目光投向河流。于是就有两种意向性:一种横向的,瞄准延续着的事物(我们因此谈论声音的滞留);另一种只是对准滞留的"仍然"本身以及一系列滞留的滞留:"一个纵意向性贯穿在此河流中,它在流程中持续地与自身处在相合统一之中"(同上)。胡塞尔继续写道:"如果我处在这种纵意向性之中,那么我就将反思的目光从声音上移开"(§33),并且仅仅思考

---

① 引自 Ricoeur,《时间与叙事》第三卷(*Temps et Récit*, t. III, *Le Temps raconté*, Paris, Éd. du Seuil, coll.«L'ordre philosophique», 1983 ; rééd. , coll.«Points Essais», 1991)。参见后一版,页 82 – 109。

本原的显现和滞留的关系,简言之,仅仅思考河流本身的持续更新。但是,这两种意向性仍然相互交织在一起。换句话说,我们只能与某个延续着的事物的构造相互关联地(稍早前使用过这个词)达到河流的绝对构造。根据两种意向性的这种相关性,作者有理由写道:"构造内在时间的意识流不仅存在着,而且是以如此奇特的、却又可为人理解的方式存在着,以至于在它之中必然有此河流的一个自身显现,因而这条河流本身必然是可以在流动中被把握到的"(§39)。一个新的困难很快就被克服了:河流的自身显现必须在第二条河流中才能被给予么? 完全不是的:这里没有无穷倒退的危险;河流的构造是最后的,因为它是一种自我构造,其中,由于内在内容的构造——亦即在通常意义上经验的构造——是"绝对意识流的成就"(§40),因此构造的和被构造的是同时发生的。可是这个成就有界限么? 在涉及滞留的滞留的可能视域时,问题就已经被提出来了。在涉及河流时,其又一次被提了出来:"这些'特定的'滞留和前摄具有一个模糊的视域,在流逝中,它们过渡到不确定的、与过去和未来的河流之流动相关的诸相位中,现时的内容通过它们而嵌入到河流的统一中"(同上)。关于视域的问题仍然是开放的。无论是出生的问题,还是死亡的问题在这里都没有它的位置,至少在发生现象学的领域之外是这样。至于延续着的事物的滞留享有的明证无疑性,它被回溯到享有直观性的自我构造,而康德拒绝感性的先天形式具有直观性。这便是"印象"的双价,围绕着印象"再造"(reproduction)得以组织,在想象和记忆的联合分析中,我们曾将其称为"当下化"(présentificaiton)。① 当下之于某物的当下化(胡塞尔在这里

---

① 在 Gegenwärtigung 旁边,其被翻译为"显现"(présentation),与 Präsentation 并列,我们同样遇到了 Gegenwärtigkeit 这个术语,其在这里被翻译为"在场(当下性)"(présence),这样的翻译没有任何问题。

称之为"印象性的意识"),正如时间标记之于记忆的"对象"内容,彼此都是分不开的。相关性由此而来:"一个知觉是关于一个对象的意识,但是它作为意识,同时是一个印象、一个内在的当下之物"(§42)。我们将"对象的"呈现与反思的当下之间的这个联结点、这个中心称为"本原意识"。这个本原意识,我们说它是绝对的河流,不需要另外一条比它更为本原的河流:原初的意识"在它后面,不会再有一个意识到它的意识"(同上)。在这个意义上,它是在原初意义上的本原。根据这种本原,对某物的意识之固有的横意向性,可以被视为一种"对象化":"通过以下这种方式,内在时间将自身对象化为一种在内在显现中被构造的对象的时间,亦即,在作为现象学时间各个统一性的感觉内容的映射多样性中(因此在这些内容的各个理解的现象学——时间性的映射多样性中),一个同一的事物性显现出来,它在所有相位中都不停地在映射的多样性中展示自身"(§43)。当意指某个延续着的事物的横意向性充当通过反思而进入到分析中的纵意向性之支撑时,关系于是就回到前面一章的分析。对象现象学对当下的当下性(présence)的绝对化做出的全部抵抗都瓦解了吗?如果没有某个被构造起来的对象性作为支撑,河流的这样一种统一如何可能被言说?胡塞尔顽强地将关系倒转过来:为了拥有某个延续着的事物,必须首先拥有一条构造自身的河流。一门纯粹现象学的事业最终完成于这样的自我构造。

时间流通过这种方式被给予的优先性,并没有使个体记忆和集体记忆的一种同时进行构造的观念立刻注意到这种极端主体主义造成的诸多障碍。还必须看到,在其河流中被构造的先验意识自指为一个先验自我(ego),换言之,我思/所思(cogito/cogitatum)的对子在自我我思所思(ego cogito cogitatum)的三段式中展开。这种在《观念Ⅰ》中就已见其端倪的极端化运动在《笛卡尔沉思》的第四沉思中恰好作为主体间性问题域的序幕而得到充分的解释。

河流的先验意识因此自指为一个唯一的我的意识,困难将从孤独的自我转移到一个反过来能够成为一个我们的他人。① 而自我学的研究角度似乎缺少的,正是对一个原始不在场的识认,对一个陌生的我的识认,对一个他人的识认,其始终包含在单独的自身意识中。

现在问题出现了,对不在场这种看似狭隘的缺乏认识是否没有影响到现象学的全部事业,以及内时间意识现象学是否已经不容许一个同样内在的不在场,其将有可能和另一个不在场,在自我的设定中的他者的不在场,协调起来。

值得注意的是,柏拉图的 eikōn 理论自我们的研究一开始就提出的与在场有关的不在场问题似乎已经消失在现象学的哲学视野之外。而在场的图像和某个不在场事物之间的这个关系从《泰阿泰德篇》的时期起就尤其构成了有关过去的表象,有关被补充到不在场标志之上的先前性标志的难题。我们因此可以思考,推动一个阶段接着一个阶段地超越某个事物因时间河流的自身构造而得以延续的构造之动力,在时间的概念化中是否相当于一种对否定性的渐进还原。这个还原正对应于在本己领域内的陌生人还原。

这种对不在场的还原在记忆的"对象"现象学的水平上,首先伴随着知觉、原生回忆、次生回忆之间的关系分析,然后伴随着回忆与其他当下化方式之间的关系分析开始了。然而我们不能说在这些本质分析中就完全察觉不到否定性的痕迹了。我们说,次生回忆不是原生回忆,原生回忆也并不是知觉。就在刚刚才发生的事情已经开始暗淡下去了,开始消失了。诚然它被滞留,但只有已经消失的东西才被滞留。至于再回忆,它与知觉不再有任何联系;它完全就是过去;它不再存在;但"刚刚过去的一切"已经逝去了;

---

① 我们在《讲座》中看到:河流是"独一无二的"(§39)。

它停止显现。在这个意义上,我们可以说起沿着记忆的链条不断增加的不在场。

解释性假说因此如下所示:致力于消除这些差异的元范畴是"变异"(modification)。它的主要工作是使滞留成为不考虑再回忆的整个时间分析的首要概念。根据变异,滞留是一种展开的、延续着的知觉。它"仍然"分有知觉之光;它的"不再"其实是一个"仍然"。一门记忆现象学,比如亚里士多德的记忆现象学,为寻找过去的时间提供了一个和记忆情感的灵魂在场同等的位置,而胡塞尔的记忆现象学却很难提出一个 anamnēsis 的、重新占有逝去时间的、进而认知(作为在差异性中的同一性证实)的等价物。我们可以把记忆现象学使次生回忆吸收到原生回忆(当下的真正时间附属物)中的一般倾向归于变异的元范畴的作用。这种吸收是通过滞留的滞留这个观念完成的,次生回忆的中介作用被掩盖在这个观念下面。如果正如我所坚信的那样,基本的时间体验是时间深度和距离的体验,那么真正的回忆最后还是次生回忆。随之而来的结果是,整个辩证法都被排斥在描述之外,我们已经构建的记忆现象学(第一章第二节)以之为基础的所有的极性,在变异观念的遮盖下,可以说,被压平,被削弱了。

至于第二组现象学分析,关于记忆在当下化家族中的位置,它对相异性的还原工作进行更为强烈的抵抗:图像(Bild)、想象(Phantasie)、记忆(Erinnerung)的完整组合位于当下化(présentification)的,进而位于非在场(non-présence)的一边,或者更确切地说,位于非显现(non-présentation)的一边(我再一次强调这个细微差异,它会防止再现的分析被过早地吸入到在现在的意义上的当下的霸权主义理论中)。在这方面,现时性和非现时性之间的对立,似乎是原初的、不可还原的。我们可以和胡塞尔一起通过多种方式使图像、想象、记忆交织在一起:相互作用在当下化或再现的大家族的成员之间继续进行。自一开始,"幻想的"、"虚构的"、"回忆的"

就伴随着否定的。为了解释这个特征,胡塞尔的现象学用尽一切描述的方法,但是它的动力促使其低估了自己的发现,甚至把它舍弃了。

看起来,这就是《内时间意识现象学讲座》第三章涉及到的情况。借助从记忆(souvenir)的"对象"分析到记忆(mémoire)的反思分析的倒转运动,否定性最终消失在视线之外,被还原为接受性(récipiscence)。它是一个不会犯错的记号:滞留的问题域毋庸置疑的优先性,通过叠加,通过重复,其将再回忆的问题域吸收到自己的好处中来,直至除了滞留的滞留以外不再有任何问题。① 甚至更进一步说,横和纵的双重意向性的问题域是与滞留而不是与别的联系在一起。统一的问题域于是可以保留在河流的层面上,即使这个问题域独立于有关时间对象(一个声音,一个单一的声音)的构造。河流于是就享有自身同一性的特权。剩下的差异性因此躲避在多种相位和"映射的连续性"(§35)的观念中。"显现的连续性"的结论性观念,于是使变异的起始观念圆满完成。

可以在许多方向上寻找在场胜利的阻力点。首先,在构造的最终层面上,随着构造进程中河流的纵意向性和时间对象的横意向性之间专横的相关性,反思不停地要求得到记忆的"对象"结构的支撑。其次,如果我们重登《讲座》的陡坡,原生回忆和次生回忆的二分会反抗滞留的独裁。最后,当下化家族——虚构、"图示"(dépiction)、记忆——的整个令人赞叹的现象学证实了再现和显现之间的一种基础二分。

在这种快速阅览的最后,我回到我先前的提示:拒绝自身意识

---

① 并非没有提到再回忆,不过是和滞留结合在一起的;第39节关于这方面谈论了"第二阶段的在滞留中的滞留者"。此外,滞留的滞留这个概念被压缩到"前-同时"的概念中,在这里,所有的相异性都不见了(§39)。相反,随着"印象与再造"(§42)之间的对立的重新出现,与在场的断裂倾向于重新成为必要的。但是,两种现象之间的肯定和关联还是战胜了对其差异的承认。

的内在否定性,难道不正是在自身意识的自我学构造中隐秘地拒绝和陌生人关系的源始性吗? 问题仍然保持开放。①

---

① 熟悉胡塞尔著作的读者会注意到我的分析非常接近杰出且博学的胡塞尔解释者贝尔奈特的分析。我们会阅读其《通往内时间意识现象学》(1893 – 1917)的《导论》(« *Einleitung* » à *Texte Zur Phänomenologie inneren Zeit bewusstseins*,《胡塞尔全集》第十卷, Hambourg, Felix Meiner, 1985, 页 XI – LXXVII),《在胡塞尔时间意识分析中的非当下的当下、在场以及不在场》(« Die ungegenwärtige Gegenwart, Anwesenheit und Abwesenheit in Husserls Analysis des Zeitbwusstseins », 见 *Phänomenologisch Forschungen*, Fribourg, Munich, Verlag Karl Aber, 1983, 页 16 – 57), 以及《在胡塞尔时间意识分析中的过去的在场》(« La présence du passé dans l'analyse husserlienne de la conscience du temps », *Revue de métaphysique et de morale*, vol. 19, n°2, 1983, 页 178 – 198)。在贝尔奈特看来,胡塞尔思想没有说出来的东西在于他不自觉地忠诚于"在场形而上学",海德格尔认为这种"在场形而上学"在存在之遗忘的庇护下统治了西方哲学。他是有道理的,虽然解释有其暴力一面。然而解释不应该关闭在胡塞尔本人的本质分析领地内修正其现象学的道路。尤其是,它并不要求放弃时间体验参照当下。如果没有现在作为标记,如何能表达某物开始或者停止? 只要不将活的当下与客观时间的点状瞬间混淆在一起就够了:客观时间的还原使我们避免这种混淆;没有当下,也就没有之前,没有之后,没有时间距离,没有时间深度。正如奥古斯丁察觉到的那样,灵魂的延伸(distentio animi)在活的当下中发生。永恒当下的出现并没有使得内在差异和张力消融于时间,相反,当下会充当差异,并进而充当贝尔奈特谈论的破裂的揭示者(《……过去的在场》, 前揭, 页179)。一门差异的现象学通过倒转将占据和同一的自身在场现象学相同的领地。就最大限度而言,倒转引起了其特有的诸多困难。另一些与受海德格尔启发的解释不同的解释仍然是可能的:如果胡塞尔的思想脉络和在场形而上学的单一门类不是必然联系在一起的,那么他难道没有为费希特的同一性哲学带来新的生命吗? 自列维纳斯的伟大著作《时间与他者》(*Le Temps et l'autre*, Paris, 1983)出版以后,我们可以和他一起思考,首要的拒绝是否本质上属于伦理的秩序,对他人之本原他性的无知是否会盲目不见一个接一个的所有他性形式。但我们同样可以假定,对否定的失明具有多重形式,就其而言,不存在唯一的原因,而只存在一个"家族相似",无法达到体系的统一化。这种统一化悖论性地标志着同一性恰恰以差异性的名义取得胜利。在《在场的殷勤:胡塞尔现象学的他者性问题》(*The Hospitality of Presence. Problems of Otherness in Husserl's Phenomenology*, Stockholm, Almqvist & Wicksell, 1998)中,波恩鲍姆(Brinbaum)成功地从胡塞尔著作的否定性形象中开发出这种家族相似的资源。在这方面最值得注意的家族相似在两个拒绝之间,拒绝时间中的内在不在场,拒绝自我学中的陌生人不在场——陌生人,没有这个形象,就没有任何自我学可以展开。在这方面,还是贝尔奈特:《时间的他者》(« L'autre du temps », 见 *Emmanuel Levinas, Positivité et Transcendance*, J. -L. Marion 主编, Paris, coll. « Épiméthée », 2000, 页 143 – 163)。仍然有待考虑《胡塞尔全集》第二十三卷《表象、图像、想象》(*Vorstellung, Bild, Phantasie*, 前揭), 以及作为意向对象的记忆(souvenir)和作为时间统握的记忆(mémoire)之间的区分。当前的讨论仅仅关注后者。

考虑到这个困惑,我们放弃《内时间意识现象学讲座》的阅读,转向在这里专属于我们的问题域,即个体记忆和集体记忆之间的关系的问题域。① 通过一个跳跃,我们来到现象学的另一面,其位于先验意识理论和主体间性理论的转角处。当胡塞尔尝试从孤独的自我(ego)转到一个能够反过来成为一个我们的他人时,这就到《笛卡尔沉思》的第五沉思了。②

《内时间意识现象学讲座》不可能提前尝试一条在其尽头,时间体验有可能成为一种共享体验的道路。现象学在这个阶段仍然与"心理主义"——然而它却与作为心理领域客观化的心理主义作斗争——共同分享一门关于孤独意识的科学的问题域。从先验观念论到主体间性的扩展是否有可能为一门关于共同记忆的现象学开辟道路的问题于是被提出来了。著名的第五沉思的最后几节,实际上在其意义的每一个层次上都提出了经验的"共同体化"的主题,从物理自然的共同性基础(§55)到著名的"更高阶段的主体间性共同体"的构造(也被称为"更高次序的位格性"[§58]),这个构造来自于一个"社会的共同体化"过程。我们当然不会在这个从先验现象学放大过来的语境里看见"共同记忆"这个词,但是它还是会和在"具体的生活世界,其中,那些相对地或者绝对地被划分的共同体既主动又被动地生存着"(同上)意义上被理解的"文化世界"的概念完美地协调在一起。

---

① 《时间与叙事》第三卷(*Temps et Récit*, t. III,前揭)给予另一个问题域以优先性,即时间意识在面对其不可见性时其直观性的问题域,康德的先验美学似乎要求这种直观性。

② Edmund Husserl,《笛卡尔沉思与巴黎演讲》(*Cartesianische Meditationen und Pariser Vorträge*,《胡塞尔全集》第一卷, La Haye, Nijhoff, 1963)。第一个法译本由佩费(G. Peiffer)和列维纳斯共同翻译(Armand Colin, 1931; Vrin, 1947);新的译本由德洛奈(M. de Launay)译介并注释(Paris, 1991)。在《论现象学学派》(*À l'école de la phenomenology*, Paris, Vrin, 1986)中,我对整体的《笛卡尔沉思》以及《笛卡尔沉思》的第五沉思分别进行过分析。

必须衡量一下现象学向共享的生命领域的这样一种扩展所付出的代价。首先需要将先验观念论极端化,直至唯我论作为一个合理的异议被接受下来;"从先验经验向本己领域的还原"(§44)在这方面体现了经验内在化的端点。时间体验,完全被描述为四十年以前,潜在地被指定给这个本己领域。它的河流及视域的无限开放性,甚至从第 46 节的标题——《特征性作为体验之流的现时性与潜在性领域》——开始就被明确地强调了。必然要经过本己的领域对接下去的解释来说是至关重要的:他人作为陌生人,其构造并不表示削弱,而是强化了在自我学中达致顶点的胡塞尔先验主义。实际上正是在本己领域"之内",他者作为陌生人的经验才被构造起来,以我在其他地方阐述过的诸悖论为代价。① 在胡塞尔用术语"结对"(Paarung,§51)表示的现象的两种阅读之间上演着一场残酷的竞争。一方面恰恰是作为陌生人,也就是说作为非我,他者才被构造起来,但是他是被构造在我"之内"的。一种不稳定的平衡通过诉诸被视为一种类比独特方式的"共现"(apprésentation)概念而被引入到这两种阅读方式之间。② 在这方面,可以说向本己领域的还原以及随之而来的类比的统觉理论为后来的一门有关经验"共同体化"的现象学搭建了两个必备的基本点。这门现象学在《笛卡尔沉思》第五沉思的结尾处被勾勒出了轮廓。本己领域、结对、共同体化,于是组成了一条严丝合缝的概念链条,将我们带到了可以称其为现象学社会学的一门学科的门槛。我大胆地将它和韦伯在鸿篇巨制《经济与社会》的开篇在一门解释性理解的社会学之名义下使用

---

① 参阅 Ricoeur,《笛卡尔第五沉思》(«La cinquième Méditation cartésienne», 同上,页 197-225)。

② 这样就可以谈论类比的"统觉"。在那些用于讨论主体间性且长期未发表的,并由耿宁(Iso Kern)整理出版的手稿中,数百页的篇幅用于讨论这个难得的类比的统觉。

的诸关键概念联结起来。

我不会继续停留在和先验观念论和主体间性理论的接合有关的诸原则性困难上面。我更希望提出一个我视之为先决条件的问题：为了触及到共同经验的概念，一定要从本己的观念开始，经过他人的经验，最后进行第三个所谓主体经验共同体化的操作吗？这种接续性真的是不可逆的吗？难道不正是先验观念论的思辨前提而不是现象学描述固有的限制强加了这种不可逆性吗？不过一门纯粹的，也就是说没有任何前提的现象学，它是可构思的并且可行的吗？我依旧很困惑。我没有忘记黑格尔在《哲学全书》，以及早些时候在《精神现象学》的核心，《精神》一章（第六章）的开篇，从主观精神理论转到客观精神理论时已经不得不做出的区分和必须承认的跳跃。存在一个时刻，必须从我转到我们。但是这个时刻难道不是最初的吗，像一个新的出发点？

且不考虑这些困难如何，如果继续驻足于《笛卡尔沉思》第五沉思的视角下，集体意识的社会学概念就只会产生自主体间交流之客观化的一个次级进程。我们于是只要忘记使这些实体得以诞生的构造进程就足以把它们看作与我们首先归于个体意识的那些谓述相似的诸谓述内在于其中的主体。我们因此可以将胡塞尔归于每一个他我相对于本己自我而言的类比特征推广为主体间交流之客观化的产物。借助这种类比移情，我们有理由以复数的形式使用第一人称并将记忆的所有特性——属我性、连续性、未来-过去之极性——归于一个我们，不论其可能是谁。在这个使主体间性承受集体实体之构造的全部重量的假说中，重要的仅仅是永远不要忘记，只有通过类比，并且和个体意识及其记忆联系在一起，我们才会将集体记忆视为影响了相关群体历史进程的诸事件留下的诸痕迹的一个汇集，并且在节日、仪式、公共庆典活动的场合下，我们才会从中发现导演这些共同记忆的力量。一旦承认类比的移情,那么就没什么能阻止将这些更高阶段的主体间性共同体视为其记忆内在于其中的主体,没什么能阻止谈论其时间性或历史性,简言之,没什么能阻止将记忆的属我性类比地推广到我们拥有我们的集体记忆的观念。这就足以为被书写的历史在群体的现象学生存中提供一个支撑点。对于现象学来说,"心态"史、"文化"史,不是对它要求太少,而是还不够多。

第二节 外观:莫里斯·哈布瓦赫

在《集体记忆》出版之后的数十年间,哈布瓦赫①的思想引起意料不到的反响。② 这种加冕不可能让我们对此漠不关心,因为只有通过多种多样的集体记忆,历史才可能试图去支持、修

---

① Maurice Halbwachs,《集体记忆》(*La Mémoire collective*, Paris, PUF, 1950);这里引用的是评论版,由纳梅尔(Gérard Namer)和雅森(Maria Jaisson)合作完成,Paris, Albin Michel, 1997。

② 参阅 Patrick H. Hutton,《研究集体记忆的历史学家莫里斯·哈布瓦赫》(《Maurice Halbwachs as historian of collective memory》,见 *History as an Art of Memory*, University of Verment, 1993,页 73 以下)。在一组人物中,除了华兹华斯(Wordsworth)和弗洛伊德,还有埃里耶斯(Philippe Ariès)和福柯(Michel Foucault),作者把哈布瓦赫放在了极具荣耀的位置上。就其而言,玛丽·道格拉斯(Mary Douglas)是英译本《集体记忆》的一篇重要的导论的作者(《Introduction: Maurice Halbwachs [1877 – 1941]》,见 Halbwachs, *The Collective Memory*, New York, Harper and Row, 1980),其中,道格拉斯比较了哈布瓦赫和伊文思-普理查德(Edward Evans-Pritchard)两人的贡献。她自己的研究,《制度如何思考》(*How institutions Think*, Syracuse University Press, 1986)在哈布瓦赫那里找到了支持其有关"结构的遗忘症"研究的内容,在关于遗忘的那一章中,我们会回到这个问题。很多法国历史学家都在哈布瓦赫的作品中看到另一些东西,不是涂尔干(Émile Durkheim)社会学的注脚,而是真正地引入集体记忆和历史的对质。就此说来,我们在这一章中仅仅研究《集体记忆》的第二章《个体记忆和集体记忆》(《集体记忆》,前揭,页 51 – 96)。为了一个只有在历史的批判哲学的框架内才会找到其位置的讨论,我们暂且将关键的一章《集体记忆和历史记忆》(页 97 – 142)放在一边。集体记忆和历史记忆之间的区分因此将获得和在我们论证的这个阶段只是对我们来说至关重要的区分,即个体记忆和集体记忆的区分同等分量的重视。

正、批判,甚至涵盖记忆。集体记忆构成了历史恰如其分的对应物。

将记忆直接地归于一个被取名为群体或社会的集体实体,这个着实勇敢的思想决定可以归功于哈布瓦赫。当然他在《集体记忆》之前就已经形成"记忆的社会框架"①概念了。作为严格的社会学家,且跟随在涂尔干之后,他当时以第三人称的方式使用记忆并将它指定给能够客观观察的结构。《集体记忆》跨出的一步在于使对集体记忆的指涉脱离正在进行回忆往事工作的个人记忆。以《个体记忆和集体记忆》为标题,带有一种准自传的风格,第二章自始至终都是以单数第一人称的方式书写的。文章本质上说的是,为了记得,我们需要他者。他进一步补充说:不仅我们拥有的记忆无论如何都不派生自单数第一人称,而且派生的次序是相反的。我们的批判阅读就以检验这个极端结论作为目的。但首先必须要说的是,从个体从属于一个群体的经验的一种细致分析出发,并且在从他者那里接受来的教育之基础上,个体记忆才拥有其自身。考虑到这是一个策略上的选择,那么诉诸他者的证词构成开放的主题就不令人感到惊讶了。本质上是在回忆和识认——我们的记忆类型学的两个主要记忆现象——的道路上,我们遇到他者的记忆。在这个语境中,证词并不被看作某个人为了一个他者能继承它而大声说出来的,而是被看作我从一个他者那里接受的关于过去的信息。在这方面,在这条道路上首先遇到的那些记忆是共享的记忆,共有的记忆(凯西将其放在"提醒"之名下)。它们使我们可以断定:"我们实际上从来都不是孤独的。"唯我论的命题,即使是作为思想假说,以此方式立刻就被丢弃了。在这些记忆中最值得注意的是共同参观的诸场所的记忆。它们为在思想上重回

---

① Halbwachs,《记忆的社会框架》(*Les Cadres sociaux de la mémoire*, Pairs, Alcan, 1925; rééd., Albin Michel, 1994)。

这个或那个群体提供了良机。我们于是就从他者的证词在记忆之回忆中所起到的作用逐步地来到我们作为一个群体之成员而拥有的记忆。它们要求一个我们完全能够做到的视角的转变。我们以此方式就得到了异于我们的他者为我们重建的诸事件。他者于是通过其在一个整体中的位置而得到规定。学校的教室在这方面是记忆视角转变的一个优势场所。一般说来,每一个群体都指定了位置;我们保存或形成其记忆。稍早一些的时候,旅行的记忆已经是转变的根源了。①

通过抨击在当时以布隆代尔(Charles Blondel)为代表的可以称之为心理学化的命题——根据这类命题,个体记忆是记忆之回想和认知的一个充分必要条件——文章进入到其批判性环节。柏格森的阴影,以及在此周围,与历史学家为争取正值全面扩张时期的人文科学领域之优势而展开的竞争,映衬在背景之上。战斗于是投入到记忆现象的中心领地上。否定论证:当在记忆(mémoire)——某个记忆(souvenir)保存于其中——中我们不再是群体的一部分时,我们的本己记忆会因缺少外在的支撑而变得羸弱。肯定论证:"一个人只有在此条件下才能记得,即置身于一个或多个群体的视角下,并回到一个或多个思潮中"(《集体记忆》,页63)。② 换句话说,没有人独自地记得。哈布瓦赫在这里正面抨击记忆起源的感觉主义命题,即记忆在一个感性直观中如其所是地被保存起来,并被同一地回忆起来。这样的记忆不仅是无处寻觅的,而且是难以设想的。童年的记忆在这方面成为一个极好的参照。它们发生在一些带有社会性标记的场所中:花园、房屋、地下室等所有巴什拉(Bachelard)极其珍视的场所:"图像

---

① 我们在下文将会有机会提到哈布瓦赫建立起的时空关系。这是《集体记忆》某一章的标题:《集体记忆和空间》(前揭,页193-236)。

② 可以突出对位置(place)和位移(déplacement)概念的执着使用。

转到家庭的框架内，因为自一开始图像就包含于其中且从未离开过"（前揭，页69）。此外，"对儿童来说，世界从来都没有缺少过人，从来都没有缺少过善的或恶的影响"（前揭，页73）。我们甚至因此理解了，为了成为回忆工作的一个内在维度，社会框架的概念不再是一个单纯的客观概念。成年的记忆在这方面无异于童年的记忆。它们使我们在时空上，从一个群体到另一个群体，从一个框架到另一个框架游历。在一幅画像上认出一位朋友，这是回到我们曾经见到他时的环境。显得无处寻觅而又难以设想的，是一个"内在连续"的观念，其中，任何"主体的，或者内在的联系"（前揭，页82-83）只会干扰对记忆重现的解释；简言之，必须予以放弃的是对狄尔泰（哈布瓦赫似乎并不熟悉狄尔泰）来说极为重要的记忆内聚性，以及"记忆融贯性正是以意识的内在统一为基础"（前揭，页83）的观念。我们当然认为在我们身上观察到这样的统一，"然而在这里，我们是一个相当自然的幻象的牺牲者"（同上）。它可以通过以下特征得到解释，社会环境的影响已经变得难以察觉了。我们在关于遗忘的那一章中将有机会提到这种社会行动的遗忘症。哈布瓦赫注意到，只有当敌对的影响在我们身上相互冲突的时候，我们才会注意到它们。而且甚至是我们感受到的印象或思想的独创性，这也不能通过我们自然的自发性得到解释，而是"通过在我们之外有着客观现实性的潮流在我们身上的交汇"。

这一章的要点于是就在于当我们想要成为记忆的原始所有者时揭露记忆向我们自身的幻象归因。

但是哈布瓦赫在这里难道没有跨过一条不可见的线，一条将命题"没有人独自地记得"和命题"我们不是一个记忆归因的真正主体"分开的线吗？"回到"一个群体，从一个群体到一个群体的"转变"，以及更一般地说，采取一个群体的"视角"，这个行为本身难道不是需要一种能够建立连续性的自发性吗？如果不是的话，那么社会将没有任何社会角色。① 总而言之,如果一个个体主体的回忆自发性观念能够被揭露为一个幻象,这是因为"我们对外部世界的知觉按照事实和物质现象的接续次序相继而来。自然的次序于是深入我们的心灵,规定心灵的状态起伏。既然我们的表象只不过是事物的反映,那么怎么可能还有其他情况呢?'反映不能通过先前的一个反映得到解释,而是通过其即刻再现的事物'"(前揭,页85)。于是就只有两种接续原则:"事实和物质现象"原则和集体记忆原则。而前者只有在当下才能被反映在意识中:"感性直观总是在当下"(前揭,页84)。由此可知,就意识而言,如果不能诉诸"以此方式被联系在一起的意识状态之间的自发且交互的吸引"(前揭,页85),那么就只有"实在表现出的划分"(同上)才能规定感觉的次序。一句话,"反映不能通过先前的一个反映得到解释,而是通过其即刻再现的事物"(同上)。因此为了解释支配着世界知觉的融贯逻辑,必须转向集体表象这一边。以令人意想不到的方式,我们发现了一种针对社会结构进行的康德式论证。我们回到概念框架的古老用法:在集体思想的框架内,我们找到了谈论客体连续一贯的方法。集体思想单独地能够发挥这个作用。

仍然有待解释对我(moi)之统一性的感觉是如何派生自这个集体思想的。通过我们在每一时刻都拥有的同时分属于不同社会环境的意识;但是这种意识只存在于当下。作者做出的唯一让步是赋予每一个意识以置身于群体的视角,甚至从一个群体转到另一个群体的能力。但是让步很快就被收回去了:这种终极归因仍是一个幻象,

---

① 我们在第二部分中会就社会关系的构造问题请教一些历史学家。他们将恢复社会角色的这种主动性,不论他们在许多"城市"中是身处对生命历程的辩护境地也好,还是抗争也罢。但是哈布瓦赫没考虑他本人引起的异议,即置身(se placer)、回到(se replacer)、位移(se déplacer)的运动,就是我们知道,我们能够做到的自发运动。自相矛盾的是,哈布瓦赫对记忆的感觉主义理论提出的反驳,是基于与感觉主义理论(关于原始印象和感觉直观)的深层一致之上的。

它来自对社会压力的一种习惯;社会压力迫使我们相信,我们就是"我们相信"的作者:"我们经常性服从的大部分社会势力仍然未被我们察觉"(前揭,页90)。未被察觉是幻象的主要根源。当一些社会势力相互对立而这个对立本身又未被察觉时,我们就设想我们的行为是不依赖所有这些势力的,因为它排他地独立于任何一个:"我们没有看到,它实际上产生自它们全体并且始终受因果关系法则的支配"(前揭,页95)。

这项在其他方面如此出色的研究难道就这样僵化地结束于一个令人惊讶的独断论? 我不这样认为。全部分析的出发点不能因其结论而被放弃:在个人的回忆行为里,我们开始寻找并找到了社会标记。而这个回忆行为每一次都是我们的行为。相信它,证实它,不能被揭露为一个彻底的幻象。哈布瓦赫本人相信,当他批判它、否定它的时候,他可以置身社会关系的视角下。说起来,甚至在哈布瓦赫的文本里面就可以发现转而反对他本人的一种批判性资源。这关系到"视角"、"角度"观念的准莱布尼茨式的使用。作者说:"而且,即使集体记忆从其以之为基础的人类整体中得到其力量和延续,不过仍然是个体作为群体之成员在记得。我们很乐意说,每个个体记忆都是集体记忆上的一个视角,这个视角根据我占据的位置而变化,而这个位置又根据我与其他社会环境保持的联系而变化"(前揭,页94－95)。哈布瓦赫对"位置"和"位置变化"概念的使用,战胜了单方面地强加于每一个意识的框架观念的一种准康德式使用。①

---

① 最终削弱哈布瓦赫地位的,是其依靠一种感性直观的感觉主义理论。这样一种依靠在语言学转向之后,尤其在历史认识论采取的语用学转向之后将变得更加困难。但是在记忆的层面上可能已经采取这双重转向了。我们说过,记得就是做某件事:就是宣告见过、做过、得到过这个或那个。这种"产生记忆"位于世界的实践探索、身体和精神的主动性的网络内,它们使我们成为行动着的主体。因此在一个比感性直观的当下更为丰富的当下中,在一个主动性的当下中,记忆出现了。前面一章用于讨论记忆的训练,它允许我们在历史活动被放回到一种行动理论的领域之前,在一个语用学的视角上对记忆现象进行重新阅读。

第三节　记忆归因的三个主体：我，集体，亲者

152　　前面两组讨论均暗示同一个否定性结论：集体记忆的社会学和个体记忆的现象学任何一方都不比另一方更加成功地从其各自采取的强势立场中——一方面，个体的我的诸意识状态之内聚，另一方面，保存和回忆共有记忆的集体实体——派生出相反命题的明确的合理性。此外，派生的尝试是不对称的；这就是为什么在集体记忆的现象学派生和个体记忆的社会学派生之间表面上没有任何重叠区域。

　　在对记忆问题域的主要疑难进行研究行将结束之际，我打算开发两个敌对的研究角度具有的互补性资源，一边是胡塞尔现象学（至少在已出版的著作中）的观念论预设，另一边是尚处在青春荣耀期的社会学的实证主义预设所共同掩埋的资源。我将首先力争识别两种话语可能被交叉在一起的语言领地。

　　借助话语的语义学和语用学工具而得到润饰的日常语言，在这里用将心理活动归因于某人的归因概念提供了宝贵援助。"我的"(mon, le mien)以及余下的无论是单数还是复数在语法所有格层面上的用法，位列我们在分析一开始就注意到的那些特点中间。在这方面，记忆归本己所有的主张在语言实践中为所有心理现象提供了一个属我性的模范。为忏悔的修辞格所鼓励的占有(ap-

153　propriation)的这些线索遍布在《忏悔录》的文本中。不过是洛克，在引入表达式"归于"(appropriate)以及一系列围绕着采取代词或动词形式的语词 own 而展开的语义学游戏的同时，借助英语的灵活性，开始使活动理论化。洛克在这里注意到司法语言借助其外在特征在被占有的占有物和占有者之间插进了些许距离。而这个表达式还可以和占有者的一种复数性（我本人[my own self]，等等)，甚至和名词化的自身(the self)联系在一起。此外，在"归于"

的表达之上,结合了"归罪的"(impute)、"负有责任的"(accountable)(承担自己的责任、有责任的或承担一个他者的负责)的表达。事实上,一种"归属"(ascription)的司法理论正是建立在这个基础之上的,它有助于澄清归罪和责任的概念。① 但是术语"占有"在司法语境下的用法不应该因此缩减其语义学跨度。我在《作为他者的自身》中借讨论行动及其行动者的关系之机尝试恢复过占有的一部分意义。② 我在这里把这种开放性进一步向前推进,进而扩展到记忆,不论是在记忆向心灵显现的被动形式下的,还是在寻找记忆的主动形式下的。在包涵情感和实践的语词宽泛意义上讲,这些活动都是归因、占有、归罪、负责任的对象,简而言之,归属的对象。建立在心理领域之总体上的一个一般命题使得占有观念从一种行动理论扩展到一种记忆理论成为可能。在斯特劳森(Strawson)的著作《个体》③中,我得到了关于这个命题的启发。在斯特劳森展开的关于作为殊相的实践谓项和作为共相的心理谓项之间的一般关系的命题中,有一个直接和我们有关:一旦这些谓项被归因于自身,那么它们就能够被归因于一个不同于自身的他人。归因的这种机动性涉及三个不同的命题:1)归因可以被悬置,可以被进行,2)在两个不同的归因情境下,这些谓项保持相同的含义,3)这个多重归因保留了归属自身(self-ascribable)和归属

---

① H. L. Hart,《责任和权利的归属》(The ascription of responsibility and rights,见 *Proceedings of the Aristotelian Society*, n°49, 1948,页 171 - 194)。为了专门表示将某事归因于某人的归因,名词"归属"(ascription)和动词"归属于"(to ascribe),被构建在"描述"(décrire)和"规定"(prescrire)的中间。

② Ricoeur,《作为他者的自身》(*Soi-même comme un autre*,前揭,第四研究)。

③ P. F. Strawson,《个体》(*Individuals*, Londres, Methuen and Co, 1959;法译本 *Les Individus*, Paris, Éd. du Seuil, 1973)。在《作为他者的自身》(前揭,页 39 - 54)的第一研究中,我在"同化指称"(通过什么认出一个个体不是另一个个体?)的一般理论框架内研究了一般命题。我在第四研究,《归属的疑难》(同上,页 118)中将其应用到行动理论的层面上,使其更为明确。为将其应用于记忆现象,我在这里重新开始对后者的分析。

他人(other-ascribable)之间的不对称。

根据第一个前提,归因可以说补偿了把向某个人归因悬置起来的这个相反活动,其唯一的目的在于给予被保留给归因的诸心理谓项一个固定的描述成分。当我们在前面两章将记忆视为某一种图像,将回忆视为一项认知保证其成功与否的寻找的事业时,我们实际上就是这样做的,尽管未曾说出来。柏拉图讨论 eikōn,他没有考虑记忆"发生"在谁身上。亚里士多德研究回忆活动,他没有探问寻找的发动者。我们自己的现象学研究,涉及回忆起、记忆化和纪念之间的关系,是在回避了归因的情况下进行的。记忆在这方面既是特称情况,又是单称情况。说其是特称的,因为记忆现象也是心理现象:我们谈论它们就像谈论情感和行动;正是在这个意义上,它们被归因于任何一个人,每一个人,而且它们的含义可以在没有任何明确归因的情况下得到理解。在这个形式下,它们同样属于文学有时以小说的他或她的第三人称,有时以自传的第一人称("有很长一段时间,我早早就上床了"),有时甚至以祈祷或祷告的第二人称("主啊,请你记得我们")探索的心理意义的词典。归因的同一个悬置构成了心理现象归因于虚构人物的条件。心理谓项在所有明确的归因均被悬置的情况下因其自身而得到理解的这个能力构成了人们称之为"心理",英语称之为"心灵"(Mind)的东西:心理,心灵在一个给定的文化中是可供使用的心理谓项的汇集。① 不过,记忆现象的情况在不止一种意义上是单称的。首先,归因是如此紧密地依附着由记忆的在场所构成的情感以及心灵为重获记忆而展开的行动,这就让归因的悬置显得格外的抽象。记忆的代动词形式证实

---

① 在我和让-皮埃尔·尚热(Jean-Pierre Changeux)的讨论《什么使我们思考:本性和规范》(*Ce qui nous fait penser. La nature et la règle*, Paris, Odile Jacob, 1998,页 141 - 150)中,我检验了这个归因理论。

了这种依附,记得某件事(se souvenir de quelque chose)就是记得自身(se souvenir de soi)。这就是为什么以动词"记得"(se souvenir)和名词"记忆"(souvenir)的差异为标志的内在距离化能够依然不为人察觉,以致无人去注意它。归因对记忆现象的确认和指认的这种依附或许解释了为何内观传统的思想家们能轻而易举地将记忆直接指定给自身领域。① 在这个意义上可以将内观学派的特征概括为对距离化的一种拒绝,借助这个距离化,可以借用胡塞尔的术语区分出来意向相关项(noème),即被记得的"什么"(quoi),以及意向行为(noèse),即在其"谁"(qui)中被反思的记得行为。正是通过这种方式,属我性才得以被确定为个人记忆的首个区别性特征。"谁"这样顽固地依附着"什么"使得记忆从一个意识迁移到另一个意识格外地困难。② 然而正是使得多重归因现象成为可能的归因的悬置构成了斯特劳森强调的第二个前提:如果一个现象是自身归属的(self-ascribable),那么它同样也应该是他人归属的(other-ascribable)。我们正是以此方式在日常语言中并在更高的反思层次上表达自己。向他人的归因因此不是外加的,而是与向自身的归因同外延的。两者缺少任何一个,另一个都无法进行。胡塞尔在讨论他人知觉的著作中命名为结对(Paarung, appariement)的东西是无声的活动,其在前谓述的水平上使语言语义学称为"归属他人的"成为可能。在其他语境下被称为移情(Einfühlung),这样一种情感联想的东西,将我们投到他人的生活中,并不是与在知觉层面上的结对,也不是与在语言层

---

① 这里提出的将记忆行为归因于自身的归因概念在包括证人的自指行为在内的语言行为分析中找到宝贵的支持,证人证明其本人参与到见证行为中(参见下文,第二部分,第一章)。

② 归因在记忆的情况下的这种固定性解释了胡塞尔那里意向性用语的转变,向外的(ad extra)意向性,正如在知觉中的,变成向内的(ad intra)意向性,纵意向性,记忆沿着时间轴的形迹固有的。这个纵意向性就是内时间意识。

面上的他者归属有所不同的活动。

　　还剩下第三个前提:向自身归因和向他者归因在多重归因中间的不对称。这个不对称涉及归因的充实(remplissment)——或者说肯定(confirmation)——的诸方式。在陌生人的情况中,肯定——这是它的名称——仍然是揣测的;它取决于在他人行为的层面上对话语和非话语表达的理解和诠释。这些间接的活动属于金兹堡(Carlo Ginzburg)在下文将会称为"征象法"(méthode indiciaire)①的范围;其是受情感联想——移情——引导的,后者以胡塞尔所谓"共现"的方式将我们带到他人的活的经验周围,并且不能等同于实际的"再生"。在向自身归因的情况下,"充实"——这是它的名称——是直接的、即刻的、确定的;它将一种拥有,一种无距离的属我性的标志烙印在我的行为之上;一种前专题、前话语、前谓述的依附构成归因判断的基础,自身与其记忆之间的距离因而不是显而易见的了,内观学派的诸命题也因而有了依据。归因判断实际上只有当其在反思层面上回应了记忆现象向自身的自发归因的悬置时才会变为清晰的。而这个抽象不是随意的;正如日常语言的实践推动着的那样,它是由记忆的语言学环节构成的,正是它使我们有可能以清楚的方式如其所是地命名和描述"心灵"(Mind)。而且正是这个微妙的距离化为属于意义的一般理论范围内的术语"充实"的使用提供了合理性。根据这些特点,"向自身归因"之意义的"充实"有别于"向他人归因"之意义特有的"共现"。它不是揣测的、间接的,而是确定的、直接的。在有关他人的揣测中的一个错误可以事后被注意到,在自身指定中的一个错觉也是如此。取自这

---

① Carlo Ginzburg,《痕迹:一种征象范式的根本》(« Traces. Racines d'un paradigm indiciaire », 见 *Mythes, Emblèmes, Traces. Morphologie et histoire*, Paris, Flammarion, coll. « Nouvelle Bibliothèque scientifique », 1989,页 139 – 180)(原版:*Miti, Emblemi, Spie*, Turin, Einaudi, 1986)。

个意义上的错误和错觉属于纠错程序的范围,它们和归因判断的诸模式一样都是不对称的,对一种不对称检验的期待在每一情况下给予归因一个不同的含义:一方面,自身归属的,另一方面,他人归属的。关于这一点,胡塞尔在《第五沉思》中关于在充实中的不对称的思考与属于心理谓项的多重归因理论范围内的思考完美地叠合在一起。

说起来,在记忆现象归因于某个人的归因中间认出这个不对称似乎将我们抛回到茫茫大海中。个体记忆和集体记忆之间无法调和的幽灵难道不是在我们认为已经抵达安全港口时又浮出水面了吗?这倒不是说我们没有将第三个前提和前面两个分开:不对称是多重归因能力的一个补充特征,其已经预设了归因的悬置,后者使我们有可能像所有其他心理现象一样在没有归因于任何人的情况下描述记忆现象。两种记忆的问题依旧存在着。它被圈起来了。将自身归因辨别出来的,是以属我性、我的自有(my own)为标志的占有。自指,(autodésignation),是描述这一点恰当的语言形式,在涉及到行动时,它具有特定的归罪形式。但是我们已经在洛克那里看到了,我们只能在存在自身和意识的地方谈论归罪。在这个扩大了的基础上,我们将占有视为归因的自身归属方式。这个将自身自指为自己记忆拥有者的能力,通过结对、移情、他人归属,或者通过比如我们将要说的方式,使相同的记忆现象如同归因于我那样归因于他人。

正是在这些涉及到全称的心理现象和特称的记忆现象归因于某个人的归因概念的连续前提之基础上,我们可以尝试让现象学的论题和社会学的论题相互靠近一下。

一门较少地受我大胆地称其为观念论预设支配的记忆现象学,可以从记忆的社会学与之展开的竞争中得到一点激励,激励其沿着一门被应用于社会现实的直接现象学的方向展开,能够把自身自指为在反思意识的不同阶段其行为作者的诸主体参与到社会现实中。带有他者标记的记忆的训练具有的特点进一步鼓励了这些展开。在其陈述阶段，记忆进入了话语领地：被言说的、被讲述的记忆已经是主体和自己进行的一种话语。而这个话语是在共同语言，最常的是在母语中讲述出来的。必须说，母语是他者的语言。不过从记忆到言语，这样的提升不是一蹴而就的。现在是回想一下上文曾以被压抑的记忆为题提到的那些创伤经验的地方了。一个第三者的介入，尤其是精神分析学家，有助于清除使记忆成为一项工作的回忆遇到的诸障碍。对此可以说，根据巴尔马里（Marie Balmary）的表达，他"允许"病人去记得。这个允许，洛克称之为"司法的"（forensic），它和病人——最好取名为精神分析对象——记忆的工作连接起来，后者努力地使症状、幻觉和梦等等在语言中表达出来，目的是重建一条为自己接受和理解的记忆链。以此方式在口语中表述出来，回忆同样形成为其公共结构显而易见的叙事。沿着这条展开线，我们将在第二部分一开始就遇到在一个第三者面前被讲述的，为其所接受的并最终被存进档案里的证词程序。

　　记忆进入到公共的领域，以及我们在"被压抑的记忆"的邻近标题下，即在"被操控的记忆"的标题下遇到过的认同现象，更是值得我们关注。与他人相比较在我们当时看来是个人不安全的一个主要根源。甚至在考虑与和他人相照面联系在一起的脆弱性的诸原因之前，我们就必须对给予每一个来到世界的人一个名字的举动予以其应得的注意。我们每一个人都有一个名字，它不是自身给予的，而是从一个他者那里接受过来的：在我们的文化中，姓，在亲属关系上确定了我的位置；名，把我和兄弟姐妹区分开。他人的这种话语沉积在整个一生当中，以人们知道的困难和冲突为代价，为所有围绕着记忆内核转动的个人占有活动提供了一个语言的载体，一个果决的自指转向。

但是在把自己直接地构建为社会现实的现象学同时,现象学已经能够进入到社会学的封闭领域内了。在胡塞尔的最后一部伟大著作《欧洲科学的危机》中,这些展开得到了有力的支援,在这本书中,"生活世界"的前谓述方面吸引了注意力,其完全不能等同于一种孤独的状态,甚至较少是唯我论的,而是一开始就具有一种共同体的形式。从现象学到社会领域的这种拓展,催生了一部引人瞩目的著作,阿尔弗雷德·舒茨(Alfred Schutz)的著作。① 后者并没有以《第五沉思》的方式驻足于他人知觉的艰难阶段。在他看来,他人经验是一种和自身经验一样原初的被给予。它在认知明证性中的直接性要弱于它在实践信仰中的直接性。我们相信他人的存在,因为我们和他共事,影响他并受他的行动的影响。社会世界的现象学正是通过这种方式直接进入到共同生活的秩序当中,在这里,行动着的和遭受着的主体一开始就是一个集体或者一个共同体的成员。一门归属的现象学可以给予自身以自己的概念体系,不必顾及从自我学一极的派生。这门现象学很自然地与一门理解的社会学,比如韦伯的社会学结合在一起。在这门社会学看来,"以他人为取向"是社会行动的一个原初结构。② 随后,它又与一门政治哲学,比如阿伦特的政治哲学结合在一起。在这门政治哲学看来,复数性是实践哲学的一个原初被给予。这门社会现实的现象学的诸展开之一直接关系到在社会现实层面上的记忆现象学:这和跨代(transgénération)现象有关,其位于我们将要作为

---

① 参见 Schutz,《社会世界的意义结构》(*Der sinnhafte Aufbau der sozialen Welt*, Vienne, Springer, 1932, 1960);英译本《社会世界现象学》(*The Phenomenology of the Social World*, Evanston, Northwestern University Press, 1967)。也可以参见同一位作者,《作品集》第三卷(*Collected Papers*, 3 vol., La Haye, Nijhoff, 1962–1966);以及《生活世界的结构》(*The Structure of the Life-World*, Londres, Heinemann, 1974)。

② Max Weber,《经济与社会》(*Wirtschaft und Gesellschaft*, Tübingen, Mohr;法译本 *Économie et Société. Concepts fondamentaux de la théorie sociologique*, Paris, Plon, 1971);参见第1节和第2节。

结论讨论到的中间地带。① 舒茨对同代、前代和后代共同组成的传承接续进行了一项重要的研究。② 同代构成中枢:它表达了"他者的自身意识与我的自身意识的同时性或准同时性";从其亲身经历的角度讲,使两个不断展开的绵延保持协同关系的"一起变老"现象是它的标志。一个时间流从始到终,历久年长地陪伴着另一个时间流。共同分享的世界经验建立在一个时空共同体之上。这门关于共享记忆的现象学其独创性主要在于,在一个真正的"我们"(nous)和"人们"(on)、"其他人"(eux autres)各极之间人称化的,以及与之相反的匿名化的阶段分级。前代和后代的世界在过去和未来、记忆和期待的两个方向上铺陈开来,这些共同生活的显著特征首先是在同时代性的现象中被发现的。

· 我们刚刚说到的,从现象学到社会领域的这种拓展已经使其接近社会学一边了。而社会学在其当代的某些取向上也进行了一个朝向现象学的运动,其平行于现象学朝向社会学的那个运动。鉴于这些变化在历史编纂学的领域内产生了对我们极为重要的影响,我在这里将仅限于做出一些简短的评论。三点评论可以作为下文的敲门砖。首先,在行动理论的领域内,我在本书的第二部分所应和的那些发展是最值得注意的。和勒珀蒂(Bernard Lepetit)③一起,我强调在相互作用的交往框架内社会关系的建立,以及在这个基础上的身份的建立。主动和受动在这里展开它们各自的辩证

---

① 在《时间与叙事》第三卷(*Temps et Récit*, t. III,前揭,页198–211),我在连接者(connecteur)的框架内探讨了"代的接续",连接者保证了现象学的时间和历史学的第三方时间、有死的时间和公共的时间之间的过渡。代的单纯"更替"是属于人类生物学范围的一个现象。相反,狄尔泰和曼海姆的理解社会学指出了"代的联系"的接续(Folge)现象的定性特征。

② 《社会世界现象学》(*The Phenomenology of the Social World*, 前揭),第四章,页139–214。

③ Bernard Lepetit,《经验的诸种形式:另一种社会史》(*Les Formes de l'expérience. Une autre histoire sociale*, Paris, Albin Michel, coll.«L'Évolution de l'histoire», 1995)。

法。我们通过这种方式将与一门以知觉现象和一般而言认知现象为标志的极其狭隘的现象学保持距离。表象现象——其中的记忆现象——在这里有规律地与社会实践联系在一起。其次,历史学家在涉及到社会现象的时间维度时重新提出了集体记忆的社会学提出的问题:在布罗代尔(F. Braudel)和年鉴学派的历史学家那里,长时段、中时段和短时段的分层,以及关于结构、局势和事件之间关系的思考,均属于历史学家重述社会学家在集体记忆的层次上遇到过的问题。最后,历史学家对"尺度游戏"(jeux d'échelles)的思考为在微观史和宏观史的尺度之间重新分配记忆现象提供了机会。① 在这方面,历史学将提供个体记忆和集体记忆的两个极之间的中介图式。

我希望以一个提示来结束这一章以及这第一部分。在个体记忆和集体记忆的两个极之间,难道不存在一个指称的中间层面吗,个体的人的活的记忆和我们归属的共同体的公共的记忆之间的交换在这里具体地发生着?这是和亲者(proche)的关系的层面,我们有权将一个不同种类的记忆归于他们。亲者,这些人对我们很重要,我们对他们也很重要,其位于自身和他者之间的关系距离变化范围之内。距离的变化,同样还有亲疏远近的相互作用的主动和被动方式的变化,使亲近(proximité)成为一个不停保持着运动的动态关系:变得亲近了,觉得亲近了。亲近因此就是友谊,就是古代人在孤独的个体和根据他对波里德亚(politeia)②、对生命、对城邦活动的贡献而确定的公民中间称颂的 *philia*。亲者以相同的

---

① Jacques Revel 主编,《尺度游戏:经验的微观分析》(*Jeux d'échelles. La microanalyse à l'expérience*, Paris, EHESS-Gallimard-Seuil, 1996)。
② 此处借鉴吴寿彭先生在亚里士多德《政治学》中的译法。在亚里士多德那里,politeia 并没有涵盖所有的政体形式,从利科在这里的行文来看,"政体"、"政制"、"政府"的译法均不太妥当。——译注

方式位于自身(soi)和人们(on)的中间,舒茨描述的同时代性关系正是从这个"人们"派生出来的。亲者是邻近的他者,是有优势的他人。

在记忆的归因道路上,亲者位于何处? 和亲者的纽带横向地并且选择性地穿过血亲关系、夫妻关系以及根据归属的多重形式①或者各自的经济地位②而分散开来的社会关系。从共享记忆的视角来看,他们在什么意义上对我来说很重要?他们在"一起成长"的同时代性上面添加了一个特殊的注脚,其关系到两个划定人生界限的"事件":出生和死亡。我没有前者的记忆,后者阻拦我的计划。只是以户籍的名义并且在世代更替的人口统计学的视角下,社会才会对两者感兴趣。但是它们对我的亲人来说曾经或者将来都是非常重要的。有些人会为我的死亡感到悲痛。但是在此之前有些人为我的出生欢呼雀跃,并在这个时候赞美诞生的奇迹③和名字的赠与,在以后的整个人生里,我将用它来指称自己。在岁月长河中,我的亲者是那些在尊重的相互性和平等性中既支持我存在(exister),我也支持他们存在的人。相互的支持表现了每个人使其能力或者无能力成为断言的共享,我在《作为他者的自身》中称之为证实(attestation)。我从我的亲者那里期待的,就是他们会支持我证实的:我能够说、我能够行动、我能够叙述、我能够将我行动的责任归于自己。在这里,奥古斯丁又一次成为导师。我在《忏悔录》第十卷读到:"我期待着兄弟灵魂(ani-

---

① Jean-Marc Ferry,《经验的力量:论当代人的认同》第二卷《承认的秩序》(Les Puissances et l'expérience. Essai sur l'identité contemporaine, t. II, Les Ordres de la reconnaissance, Paris, Éd. du Cerf, 1991)。

② Luc Boltanski 和 Laurent Thévenot,《论辩护》(De la justification. Les économies de la Grandeur, Paris, Gallimard, 1991)。

③ Hannah Arendt,《人的条件》(The Human Condition, Chicago, The University of Chicago Press, 1958;法译本 Condition de l'homme modern, Paul Ricoeur 作序,Paris, Calmann-Lévy, 1961, 1983,页278)。

mus…fraternus),而非外邦人的指引,也不是'口出诳语,手行不义的化外人',但兄弟之灵魂,如果支持我(qui cum approbat me),则为我欣喜,如果不支持我,则为我忧伤;无论为喜为忧,她都爱着我。我要向他们袒露心扉(indicabo me)"(《忏悔录》,卷十,四,5-6)。就我而言,那些不支持我的行动,但支持我的存在的人,我将他们看作我的亲者。

因此不是和个体记忆以及集体记忆的唯一的两极性假说一起进入到历史领域,而是和记忆的一个三重归因假说:归因于自身,归因于亲者,归因于他者。

第二部分
历史认识论

在这里发表出来的,乃是哈里卡尔纳索斯人希罗多德的研究成果,他所以要把这些研究成果发表出来,是为了保存人类的功业,使之不致由于年深日久而被人们遗忘,为了使希腊人和异邦人的那些值得赞叹的丰功伟绩不致失去它们的光彩,特别是为了把他们发生纷争的原因给记载下来。根据有学识的波斯人的说法,最初引起争端的是腓尼基人……①

本书的第二部分讨论历史认知的认识论。我将在这里介绍一下这一阶段的讨论在整个研究中所处的位置及它的主要环节。

一方面,就进入个体和集体记忆的历史知识能够将各种文化变化的留存物以记忆的方式引入对自身的理解而言,我认为可以说记忆的现象学已经终结。而在下文中将得到考察的是那些可以被称作记忆的超历史特征的东西与记忆在历史过程中的各种表达

---

① Hérodote,《历史》(*Histoires*), 见 *L'Histoire d'Homère à Augustin:Préfaces des historiens et textes sur l'histoire*, François Hartog 编辑和评论, Michel Casewitz 翻译, Paris, Éd. du Seuil,1999,页45。希罗多德(Hérodote):是西塞罗所说的"历史之父"还是普鲁塔克所说的"谎言之父"?(中译部分参考了王以铸的《历史》译本,北京:商务印书馆,1997,页1。——译注)

间的一个微妙结合。这将是历史条件的诠释学的主题之一(第三部分,第二章)。根据历史在此之前应该已然达到它作为人文科学的自主高度,这也正是本书第二部分的思路导向。在那里一个始终隐而不显的哲学计划的内在限度问题将在一种二阶反思层次上被提出,这一哲学计划指的不仅是历史科学的一种认识论上的自主性的追求,指的也是一种对于历史的自我知识的自足性——这个表述支配着德国历史学派的诞生及自我辩护——的追求。正是在对历史的批判哲学的界限这一反思框架内,历史的真理(vérité)追求[①]和真实性(véracité)追求——或者人们更愿意说的记忆的忠实性(fidélité de la mémoire,第三部分,第一章)——的对峙才会真正终结。但在此之前,只要人们注意到记忆在认知和实践这两个层面上的种种疑难(apories)——主要是表现一个在过去发生但现在已不存在的事物的疑难以及使用和滥用作为实践和被实施的行动的记忆的疑难——又再度出现,那么从记忆角度而言的历史的地位就是不确定的。但是一再地回到这些处于历史认知核心处的疑难并不能替代对历史的认知和实践同鲜活记忆之经验间关系问题的解答,即使这一解答表现了不确定性的一些根本特征,甚至这些特征将会长久地占据对于限度问题的整个思考。

总之,就历史作为一门科学的和人文的学科而言,与记忆现象相对的历史认知的自主性就构成了一种融贯的历史认识论的主要前提。至少它是本书第二部分的前提。

我想使用历史活动(opération historique)或更好的表达即历史

[①] 多斯在其著作《历史》(L'Histoires, Paris, A. Colin, 2000)中提出了可以表明历史之历史的六段行程。第一段行程名为"历史学家,真理的导师"(页8-29)。真理问题与其说开始于第一位历史学家(histōr)希罗多德,不如说开始于修昔底德和他的"对于真实的尊崇"(culte du vrai,页13)。这个问题在博学(érudition)的诞生与失败中传递着,并在方法论学派和瑟诺博斯(C. Seignobos)处达到顶峰。在此之后,布罗代尔(F. Braudel)给这一问题强加了一个结构性形式,而在多斯著作的第二段进程的结尾处,这一结构性形式将在"因果论之危机"的标题下受到拷问。(参见下文,页234,注释4)

第二部分 历史认识论　　　　　　　　　　　　175

编撰活动(opération historiographique)这个术语来定义接下来认识论的分析将要考察的领域。这个术语首先是由塞尔托(Michel de Certeau)在他为《制造历史》(*Faire de l'histoire*)①这部由诺拉(Pierre Nora)和勒高夫(Jacques Le Goff)主编的巨著所写的论文中提出的,我借用了这个术语。除此之外,我还大体上采用了塞尔托论文中的三段论结构,尽管在一些重要的环节上我赋予了这个结构不同的内容。我曾接受国际哲学学院(l'Institut international de philosophie)的邀稿而撰写了一部阶段性著作,在这部著作中我尝试使用这种清晰明了又具表现力的三分结构。② 在精神上获得这双重庇护③的同时,我用文献环节这个名称来表示从目击证人的声明到档案建立的环节以及为了认知的目的而建立文献证据的环节(第一章)。然后我用解释/理解环节(phase explicative/compréhensive)这个名称来表示这样一个环节,它与回答例如"事情为什么是这样发生的而不是那样发生的?"的这种"为什么?"问题的连接词"因为"的多种用法相关。解释/理解,这样一个由两个词构成的统一名称充分表达了对将解释与理解对立起来的做法的拒斥,这种对立太经常地阻碍了人们用各种丰富而复杂的方式来处理历史中的"为什么"问题(第二章)。最后我将把历史读者们所熟悉的话语形诸文学或文字(scripturaire)的阶段称为表象环节

---

① 在由勒高夫(Jacques Le Goff)和诺拉(Pierre Nora)主编的《制造历史》(*Faire de l'histoire*, Paris, Gallimard, coll. «Bibliothèque des histoires», 1974)的第一版缩减本中,塞尔托(Michel de Certeau)提出了术语"历史活动"(opération historique)。而在《历史书写》(*l'Ecriture de l'histoire*, Paris: Gallimard, coll. «Bibliothèque des histoires», 1975)的完整版中,他最终采用了历史编撰活动(opération historiographique)这一术语。

② P. Ricoeur,《历史的批判哲学:研究,解释,书写》(Philosophies critiques de l'histoire: recherche, explication, écriture),见 Guttorm Fløstad 主编, *Philosophical Problems Today*,卷一,Dordrecht-Boston-Londres: Kluwer Academic Publishers, Institut international de philosophie, 1994,页 139–201。

③ 这一双重庇护指的是利科使用由塞尔托首先提出的历史活动或历史编纂活动这个术语以及利科采用塞尔托论文中的三段论结构。——译注

(phase représentative)。如果说认识论的一些主要的关键问题是在解释/理解环节展开的,但这并不是说这些问题在那里就能被穷尽,因为只有在文字表现环节,历史学家的意图才能得到充分的施展,这个意图是就像它在过去发生的那样表现过去,无论这个"就像(tel que)"所指为何。正是在这第三环节,记忆的主要难题又会重新进入人们的视野,这个难题就是如何表现在过去发生现在已然不存在的事物的难题以及主动地回想(rappel)过去这种被历史列为重构活动的实践的难题(第三章)。

在第二部分每一章的开头,我都会就每一章的内容做个总体介绍。而在这里我只想说明这三章间的关系。

我使用"环节"(phase)这个词来描述历史编纂活动的三个组成部分。在这里,这应该不会产生术语用法上的歧义。这个术语指的不是时间上各个不同阶段(stade),而是相互间紧密联系的方法论环节。进一步说,就是没有人会不带着解释的计划和理解的假设去查看档案,也没有人在力图解释事件进程的时候会不想把他的解释以叙述的、修辞的或想象的方式形诸文字。所有关于时间相续的想法都必须从"活动环节"(phase opératoire)这个术语的使用中剔除。只有当这里的讨论涉及到历史编纂活动的进程的时候,环节变成了阶段,变成了一条直的路线上前后相继的若干站点。如果讲到层次(niveau)这个概念,人们压根不会想到相继性(succession),通过这个术语人们更可能想到叠放(superposition)、堆放(empilement)。不过还是面临着另一种歧义的威胁,即被马克思主义圣经(不要将马克思的主要著作与马克思主义圣经相混淆)所使用和滥用的物质基础与上层建筑间的关系所产生的歧义。历史编纂活动的每一个环节都是其他两个环节的基础,因为它们轮流做着其余两个的参照物。"环节"这个词不具有相继的时间顺序这层含义,它强调历史学家意图真实地重构过去这一活动的展开,就此而言,我最终决定使用"环节"这一术语。事实上,只有在第三环节当中,真实地表现过去的意图才真正地得到公开的表露——就像我在前面第一次提到这点时所说的那样。正是通过这一意图,职业历史学家们所书写的历史的认识的和实践的计划才能在与记忆的比较中得到定义。在这本书中我较爱使用的第三个术语是规划(programme),用它来描述每个环节所内在具有的计划的特殊性是相当合适的。就此而言,它与另两个术语相比就拥有一种分析上的优势。这也就是为什么我每次想要强调各个层次上所展开的活动的性质时都会使用这个术语。

在这个总论的最后我要谈谈"历史编纂"(historiographie)这个术语。直到最近的时代,人们还是喜欢用这个术语来指称一种就像我们在这里用三环节的方式所展开的那样的认识论研究。和塞尔托一样,我使用了这个术语并用它来指称在作品中所体现的历史认知活动。如果将这个名称保留给书写的环节,就像"历史编纂"或历史书写这个词语本身的构成所揭示的那样,那么这一用语上的选择所具有的主要优点就无法体现出来。为了保存历史编纂这一术语在用法上的丰富性,我将第三环节命名为文学或文字的环节(phase littéraire ou scripturaire),而不称之为历史的书写(écriture de l'histoire),因为它既与表达的方式,即表现的环节相关,也与体现在那些环节的统一体中的历史学家意图——表现发生在过去,但现在已然不存在的事物——的表现(exposition)、展露(monstration)、展现(exhibition)相关。事实上,在离开记忆并历经形成档案、解释和表现三个环节的过程中,文字书写(écriture)始终是历史认知已然跨越的语言门槛。历史从头到尾就是文字书写。就此而言,档案就是历史在以文字的书面形式的书写完成自身之前所要面对的第一种文字书写。解释/理解就被夹在两种文字书写——一种是上一个环节的文字书写,一种则是下一个环节的文字书写——之间,它将第一种文字书写中的能量收集起来并为下一环节文字书写的能量做着预备。

172　　但正是在由档案的文字书写环节进入到对历史学家的认知付诸于文字的环节时，信任（confiance）问题，即如何最终认清历史和记忆间关系的问题才会被提出，尽管从历史认知的认识论内部可能无法回答这个问题。历史的批判哲学即使无法解答信任问题，但至少也在试图阐明和论证它。但正是通过进入历史认知的书写环节，信任问题才得以以源初的方式被提了出来。它就像是整个考察的一个不言自明的前提而高悬在那里。而对于知道之后的内容以及这本书第三部分将要处理的内容的我们而言，这个不言自明的前提最好就以一种方法论的 epokhē 的方式暂作保留，悬搁不表。

为了对这一保留表示出最明显的疑问和怀疑，我决定在序论中模仿柏拉图《斐德罗》篇中有关文字发明的神话。事实上，文字的馈赠在这则神话中被视为记忆的解毒剂，并通过历史的真理宣称而对记忆的可靠性（fiabilité）提出了挑战，就此而言，这一神话可被视为是所有想要用历史代替记忆的梦想的范式，就像我们在第三部分开头将要再度提及的。因此，为了突出这一不可逆的文化选择，即历史书写的重要性，我想要以我自己的方式重新解释——如果说不是重写——柏拉图《斐德罗》篇中讲述文字发明的神话。如果借用《斐德罗》篇神话中的话，那么，历史书写（histoire-écriture）之药（pharmakon）到底是良药还是毒药的问题将继续默默伴随我们的认识论探索，直到它在历史批判哲学的反思层面上全面显露出来。

为什么在一个高度理性的认识论分析文本之外还要诉诸神话？这是为了要应对这样一种疑难的处境，在其中，所有关于诞生（naissance）、开端（commencement）、历史认知的种种开始（debuts）的提问都迷失了方向。这些提问不仅完全合理，而且对于这些问题,我们的研究明显不足,①这些历史性的问题建立在一种述行矛盾(contradiction performative)的基础上,也就是说,对于开端的书写预设了自身已然存在在那里,这样它才能在其诞生状态中思考自身。因而必须区分起源(l'origine)和开端。我们可以在经过编年区分的历史时间中为一个开端标定日期。就如康德在《纯粹理性批判》的先验辨证论中提出的二律背反所指出的,这一开端也可能是找不到的。我们当然可以指定某个事物作为对各种证据进行批判处理的开始,但这并不是历史思考方式意义上的开端,如果这里所说的历史思考方式意义上的开端指的是对一种无法还原为记忆经验,甚至是集体记忆经验的共同经验的时间化。这一不可指定的在先性是一种铭印(l'inscription)的在先性,正如德里达在《论文字学》(De la grammatologie)中有力地表明的,它无论在何种形式中都始终与口口相传性(l'oralité)相伴随。② 人们空间化了他们的符号,同时——如果这具有某种意义的话——又在文字流的

---

① François Châtelet,《历史的诞生》(La Naissance de l'histoire, Paris, Éd. de Minuit, 1962;再版 Paris, Éd. du Seuil, coll. «Points Essais», 1996)。参阅 A. Momigliano,《史学研究》(Studies in Historiography, Londres, 1969),尤其是《希罗多德在史学史中的地位》(The place of Herodotus in the history of historiography),页 127 – 142。François Hartog 在《希罗多德的镜子:他他者的表象》(Le Miroir d'Hérodote: Essai sur la representation de l'autre, Paris, Gallimard, coll. «Bibliothèque des histoires», 1980;新版, 1991)中注意到,在希罗多德导言的用语中,他用 histōr 取代了游吟诗人(页 iii – viii, 275 – 285)。在那里,荷马援引了他同缪斯的特殊关系("请为我叙说,缪斯,那位机敏的英雄……",《奥德赛》I,1),希罗多德以第三人称言说自己和自己的所在地:"在这里发表出来的,乃是哈里卡尔纳索斯人希罗多德的研究成果。"在他之后,修昔底德说他"用文字记录下"了伯罗奔尼撒人和雅典人之间的战争叙事。就此而言,希腊人和野蛮人的名声(kleos),一旦"表现出来",然后"被记录下来",就会被"永恒地占有(ktēma)"。然而,我们无法在游吟诗人和历史学家之间,或者在下面将会谈到的口述和文字书写之间作出一个清晰而确定的区分。面对历史的暴力,反抗遗忘的斗争及赞美文化在悲剧的背景之上调动起了所有说话的能量。至于同神话的决裂,这作为一起思想事件仍然要从神话的角度才能被谈论,就像谈到文字的诞生,也需要从文字的角度来谈一样。

② Jacques Derrida,《论文字学》(De la grammatologie, Paris, Éd. de Minuit, coll. «Critique», 1967)。

174 时间相续中将这些符号连接起来。这就是为什么历史书写的开端是找不到的。给历史认知指定一个历史开端所具有的循环性要求我们在诞生(naissance)这个含糊概念的核心处对开端和起源作出区分。开端是由一系列标有日期的事件构成的,历史学家将这些事件放置于历史过程的开头,这样这一历史过程就会成为历史的历史。为了接近这一开端或这些开端,研究历史诞生的历史学家会通过一个回溯的行为进行回顾,而这一回溯行为是在一个已然由历史认知所构成的环境中产生的。但起源是另一回事:它表示有一种拉开距离的动作出现了,而这一举动不仅使整个事情可能,也使得处于时间中的事情的开端可能。这一出现不仅存在于当下,而且在此之后也总是存在着。历史在拉开距离的动作中不停诞生着,而这种拉开距离的动作则需要依靠档案线索的外在性。这就是为什么我们会在无数笔迹和铭文中发现档案线索的痕迹,而这些笔迹和铭文不仅先于历史认知的开始,也先于历史学家这一职业的开始。因此,起源不是开端。诞生的概念恰恰隐藏在开端和起源这两个范畴的含混差别下。

正是诞生问题这一难题使得使用柏拉图的神话具有了合理性:开端是历史的,而起源是神话的。当然,它涉及到重新使用一种话语,这种话语适合于所有以自身为前提的开端的历史,例如创世,制度的诞生或者先知的预言。而当哲学家重新使用神话时,神话就作为辩证法的入门和补充。

序论
历史:良药还是毒药?

我将以柏拉图的《斐德罗篇》的方式来讲述历史书写的神话诞生。如果由于重写,文字起源的神话听起来能够像是历史起源的神话,那么我可以说,就这则神话主要讨论记忆的命运而言,对文字起源神话的这一拓展是由神话本身赋予的,尽管像吕西亚斯(Lysias)这位演说家的"形诸文字的话语"(discours écrits)在神话中遭到了直接的讽刺。此外,在神话中,与文字的发明相对照的是其他一些精妙的发明:计算、几何,还有跳棋和骰子。这样的话,写作并出版了对话集的柏拉图是不是也间接攻击了自己的文字呢?然而,文字的发明以及所有与文字相似的药(drogues)的发明都将真实可靠的记忆当作一种威胁而加以反对。那么至此之后,记忆与历史间的争论如何才能不受到这则神话的影响?

简言之,和德里达①一样让我感兴趣的是神给予国王的药(pharmakon)本身所具有的不可克服的歧义性。我的问题是:难道我们不应该自问,历史书写本身到底是良药还是毒药?这个问题同历史中所使用的诞生概念的歧义性一样需要受到重视,而且

---

① 参阅德里达的著名论文《柏拉图的药》(La Pharmacie de Platon),见《播撒》(La Dissémination, Paris, Éd. du Seuil, coll. « Tel Quel », 1972,页 69 – 197)。

它又重新出现在尼采《第二个不合时宜的考察：历史对于人生的利弊》第三部分开头的序论中。

现在让我们进入这则神话："修斯说：'哦,大王,这种学问能使埃及人获得更多的知识,具有更多的智慧和记忆（mnēmonikōterous）。使人智慧和拥有更多记忆（mnēmēs）的药（pharmakon）已经找到了!'"（274e）①在被修斯称为"文字之父"的人所提供的各种药中,只有文字（grammata）脱颖而出,受到关注。历史编纂在某种意义上不正是记忆之术（ars memoriae）——我们在最前面谈到被认为是某种成就的记忆化（mémorisation）的时候提到过这一人为的记忆——的传人吗? 这则神话叙事所讨论的难道不是记忆化——指的是对过去事件的精确记忆（souvenir）——而非回忆起（remémoration）吗?② 国王主动将发明技艺的殊荣给予神,但他自己则保留了评判这些技艺是"有害的"还是"有益的"的权利——就像尼采在《第二个不合时宜的考察：历史对于人生的利弊》中讨论历史时所做的那样。那么面对各种被发明的技艺,国王是如何回答的呢? "其实,这门技艺会将遗忘引入学会了这门技艺的人的灵魂,因为他们不再使用他们的记忆（mnēmēs）,反而相信写下的东西（graphēs）。而正是由于来自于外在而非内在,依借外来的印记（tupōn）而非自身,回想（anamimnēskomenous）行为才成就了自身。因而你找到的药（pharmakon）不是记忆而是回想（hupomnēseōs）。"（275a）③与记忆

---

① 我采用的是布列松（Luc Brisson）的译本：Platon,《斐德罗篇》（*Phèdre*）,Paris, Flammarion, coll. «GF», 1989, 1997。

② 关于历史编纂学和记忆之术（ars memoriae）间连续性的问题,请参阅 Patrick H. Hutton,《历史作为一种记忆术》（*History as an Art of Memory*）,前揭。

③ 出于概念的融贯性和上下文的考虑,我在这里要离开布列松,因为他将 hupomnēsis 译为"回忆起"（remémoration）,而我更愿意将 hupomnēsis 译为"记忆化"（mémorisation）或"帮助记忆的提示"（aide-mémoire）。在《泰阿泰德篇》（*Théétète*, 142c2 - 143a5）中,M. Narcy 是这样翻译的："我将记忆的内容形诸文字",还写了一个有趣的注释（前揭,页306）："hupomnēmata：字面的意思是,记忆的载体"。Léon Robin 将这个词译为"备忘录"（notes）。

相关的动词和名词都很重要,但也各自不同:神所馈赠的是一种共有的能力,即"有能力回忆起(remémorer)"。而国王反对的所谓的药是回忆(réminiscence[ana-])。他在药的特性中看到的不是记忆,而是 hupomnēsis,默认的记忆(mémoire par défaut),这是一种可以给那些天真地相信"写下的话语(logous gegrammenous)对于知道所写内容的人而言,不只是一种提醒(hupomnēsai)手段"(275c-d)的人提供确定(saphes)可靠东西的技能。这里所说的仍是默认的记忆(我建议称之为 mémorisation)。

让我们随着这则神话的叙述继续看下去。很快,文字被拿来与会让人产生它是"活生生的(hōs zōnta)"感觉的"图画(zōgraphia)"进行对比。我们不必讶异于这一对比,它的必要性在对蜡印问题的讨论过程中会显现出来。① 事实上,我们已经从关于蜡印的隐喻,来到了文字(graphisme)——铭印的另一种变形——的隐喻。因此,这里所讨论的就是一般意义上的铭印(inscription)。然而,文字同图画的这种相似性被认为是令人担忧的(deinon,"可怕的",275d)。当我们从历史编纂的文学层面上来比较图画和文字叙述的时候,我们将更多地提到这一点。通过罗兰·巴特(Roland Barthes)所说的"真实的效果"(effet de réel),图画让人相信实在。而且,它迫使一切批评沉默。"形诸文字的话语"也是这样:"如果有人向它们提问,它们就会摆出一副庄严的姿态,一动不动,并且沉默不语。"这种无思状态使"它们满足于总是用相同的东西来回答你。"(同上)不过,明白地表现在其无问题状态中的这种重复性如果不存在于被人熟记于心的文字中,它又能在哪呢?但是情况变得更让人难以忍受的是:话语一旦形诸文字,就会寻找对话者,无论是谁——没人知道和他说话的是谁。被

---

① 这里我想起了我关于痕迹(trace)的多义性的假定:作为物质印记的痕迹,作为情感印记以及作为文献印记的痕迹。而且这些印记都表现为一种外在性。

写下并被发表的历史叙述也会遭遇相同的情况：它不知被抛向哪，就像伽达默尔谈到文字性（Schriftlichkeit）时所说的，它向所有能够阅读的人说话。它还有另一个缺陷：如果受到质疑，"它既不能为自己辩护，也无力保卫自己"（275e）。而这正是历史书籍和一切书籍的命运：它们切断了与作者的联系。之前我称这种现象为文本的语义学的自主性（l'autonomie sémantique du texte），但在这里这种自主性被表现为一种困境。对于文本的语义学自主性的疗治只能来自永不停歇的语境化（contextualisation）和再语境化的工作，也即是阅读的工作。

但是否还存在另一种话语呢？它"是前者的兄弟，并且自出生就有着合法性"（276a），它是真实记忆（la vraie mémoire）的话语，"它传递知识，并将自身写在学习者的灵魂上，它不仅能依靠自身为自己辩护，而且它还知道在什么人面前它该说话，在什么人面前它该保持沉默"（同上）。这一话语会在适宜的人面前为自己辩护，这是真实而快乐的记忆——这一记忆是"关于时间的"（du temps），而且可以被分享——的话语。但是这一真实记忆的话语与书面文字并不是全然对立的。这两种话语具有兄弟间的亲缘关系，尽管它们拥有合法性上的差异；尤其是两者既是书写，也是铭印。只不过真实的话语是被铭刻在灵魂上的。① 正是由于这种深层次的亲缘关系，我们才能说"形诸文字的话语在某种意义上只是个图像"（eidōlon, 276a），它是存在于鲜活记忆中的"活生生的"、"被赋予给灵魂"，并充满"活力"（276a）的话语的图像。上文中所说的生命隐喻以及有生命之物的图画此时就可以被转移到懂得播种、耕种和采收的经验丰富的农夫的土地上。对真实的记

---

① 通过灵魂的痕迹，原初印象的持存以及情感（pathos）概念——而同事件的遭遇正是基于这些概念，我在这里再次使用铭印（inscription）概念而没有诉诸柏拉图的回忆说就有了理由。

忆而言，铭印（l'inscription）就是播种，它的真实的言语就是"种子"（spermata）。因此，只有在提到这一灵魂的文字和"这些文字花园"（276d）的时候，我们才能讨论"活的"文字。这就是活生生的记忆和僵死的沉淀物的差别，尽管两者具有某种亲缘关系。活的记忆核心处的这一文字书写（écriture）的遗留使我们可以将文字书写当作一场冒险："每当他（农夫）写作，他就是在为自己健忘的老年和同样渐入健忘的老年的其他人收集备忘录，通过这样做他就能怡然自得地看着他的那些幼嫩的作物生长"（276d）。遗忘在这里第二次被提到，之前在讨论文字馈赠的时候也提到过遗忘，而现在，遗忘成了年老的某种恶果。不过农夫写作是把写作当作一种消遣活动。正是同遗忘的斗争保留了"不合法的兄弟同合法兄弟"的亲缘关系。面对遗忘的这场战斗不就是一场游戏吗？尼采在《第二个不合时宜的考察：历史对于人生的利弊》中抨击的那些老人热衷于这种游戏。但这个游戏又是多么严肃啊！它使那些使用辩证法来追寻正义目的的话语富于活力。在这个游戏中，人们不仅自娱，而且为自己作为一个人感到快乐：事实上，正义的人在此游戏中也会带上美的桂冠！（277a）

由遗忘和游戏达成的这一过渡非常重要，对话由此上升到另一个层次，即辩证法的层次，在这个新层次上，活的记忆和死的留存物的对立变得不再重要。我们已经离开夸张的神话暴力而进入了哲学（278a）。话语当然是"写在灵魂中"的，但它能帮助这一作为备忘录的文字记忆。

从对话的一开始，吕西亚斯就是苏格拉底的攻击对象，因此在这里吕西亚斯的例子可以作为试金石：对吕西亚斯的批评所针对的不是他将话语写下来的事实，而是他的话语与一门技艺相悖。这门吕西亚斯所缺乏的技艺就是对和一个多彩的灵魂一样多样的话语进行定义、区分和组织的技艺。只要你不知道"你所说所写的一切问题的真理"（277b），你就无法在其丰富性中掌握包括政治类写作在内的"演说类型(to logōn genos)"(277c)。就这里所探讨的是真实(le vrai)问题而言,这里所讨论的是认识论问题,但就这里同样试图理解"在什么情况下可以说写下话语是高贵或卑鄙的(aiskhron)"(277d)而言,这里所讨论的也是伦理学和美学问题。为什么写下的东西无法拥有神话中认为好的记忆所具有的"可靠性"和"清晰性"(同上)呢?法律不就是这样吗?指责所指向的不是写下的东西本身,而是话语同正义与非正义,善与恶的关系。正是基于这一标准,"被写入灵魂中"的话语才能凌驾于其他话语之上,而且拒绝其他类型的话语(278a)……

对于神话中的药(pharmakon),我们是否要一并拒绝呢?这个问题没有被提及。我们不知道哲学话语是否能够避免药的双义性,而对于这种药,我们永远无法知道它到底是良药还是毒药。

对于我们将《斐德罗篇》中的神话放到活的记忆和被书写的历史的关系的层面上的尝试而言,什么才是这一不确定状况的等同物呢?在我们看来,《斐德罗篇》在结尾处不仅想为文字恢复名誉,还想让合法兄弟与不合法兄弟家庭团聚,而与这种努力相对应的是这样一个阶段,受到历史编纂学指导和启发的记忆和博学的历史——能够让已经堕落的记忆重现活力,并由此,按照科林伍德(Collingwood)的愿望,可以使过去"重新现实化"(réactualiser)和"重生"(réeffectuer)——在这一阶段完美重合。科林伍德的这个愿望是否注定无法实现?要实现这个愿望,就必须驱除这样一种疑虑,即历史对于记忆而言是有害的,就像神话中的药所表明的,而关于这个药,我们到最后都不知道它到底是良药还是毒药,或者同时是这两者。在下文的讨论中,我们还将多次提到这一摆脱不掉的疑虑。

第一章 文献环节:被做成档案的记忆

导　论

根据上文提出的任务的三个部分,第二部分第一章讨论历史编纂活动的文献环节。我想提请注意的是,这里所用的"环节"(phase)一词指的不是某一事件的不同时间阶段(stade),而是通过认识论专家拉开距离的考察所区分出的规划(programme)的各层次。单独来看,这个环节将自身展现为一段有意义的旅程,其中的每一段都会受到审慎的分析。terminus a quo 指的仍是在其宣告阶段中被把握的记忆,而 terminus adquem 则拥有一个名称,即文献证据(preuve documentaire)。在这两端之间铺展开一大片中间区域,我将以下述方式对其作出区分。我们首先要指出,在时空的形式层面上,记忆是如何转变为历史的。我们将在历史编纂学层次上寻找经验的先验形式——就像康德的先验感性论所规定的那样的先验形式——的等同物:鉴于历史时间和地理空间这两个概念总是被放在一起讨论,当我们提到它们的时候,我们指的是什么呢?(第一节,"居住空间",以及第二节,"历史时间")。

通过从形式到内容,从历史时空到对过去的言语陈述这一运动,宣告的记忆(mémoire déclarative)在证言(témoignage)中外化了自身。我们将着重关注见证者在其证言中的承诺(第三节,"见证")。我们将在写下另一个人的见证(témoignage)的环节稍作停留:在这个环节中,言语陈述从口述的领域进入到文字的领域,历史至此之后就没有再离开过这一个领域;而这同样也是档案通过收集、保存和查阅而诞生的环节。见证通过档案的大门进入到批判的领域,在那里,各种相互竞争的见证残酷地对质,它还会被纳入一大堆文献当中,而组成这堆文献的,除了证言还有其他资料(第四节,"档案")。于是,文献证据的有效性(validité)问题就会进入我们的视野,而这一问题恰恰构成了历史证据的第一要素(第五节,"文献证据")。

鉴于《斐德罗篇》中的神话,所有这些环节都让我们有充分的理由相信,历史编纂学不仅能够扩展、修正、批判记忆,而且还能弥补记忆在认识和实用上的不足。在第三部分的开头,我们将会遭遇这样一种观念,这种观念认为,记忆一旦进入历史的领域,成为历史的研究对象和研究领域,记忆就会失去它作为历史之母体的功能。这种观念毫无疑问会在那些整天与档案打交道的"埋头苦干"的历史学家的自信中找到最有利的支持。即便是为了使否定重大罪行的否定主义者缴械投降,这种档案工作也是好的,因为这些否定主义者无法在档案中找到他们想要的材料。但在历史编撰活动的后续阶段当中,则会出现强有力的质疑的理由让我们无法庆祝档案工作所代表的对于任意性的胜利。

然而不要忘记,一切都从见证而不是从档案开始的。尽管见证往往缺乏可靠性,但在最后的分析中,除了见证我们没有其他东西能更好地帮助我们确定过去的事实以及证明某人亲眼目睹了过去的某一事件。除了其他种类的文献,各种见证间的对质是帮助我们确定过去事实的主要依据,如果不说是唯一依据的话。

第一节　居住空间

通过重提《斐德罗篇》中的神话,本节的研究主要思考铭印(inscription)概念。这一概念远比确切意义上的文字(écriture)概念——使话语的口头表达固化在其物质载体中——要丰富。其中的主导观念是作为代替记忆的载体而被采用的外在记号的观念。为了保留铭印(inscription)概念的丰富性,我们将首先考察铭印(inscription)的各种形式条件,即影响活的记忆的时间性和空间性的变动,无论这个记忆是集体记忆还是个体记忆。如果历史编撰学首先是将记忆做成档案,如果历史知识的认识论所包含的在档案化之后的所有认识活动都源于档案化这第一步的工作,那么历史学家对记忆进行的时空上的变动就可以被看作是使档案化行为可能的形式条件。

在这里可以看到一种与康德的将时间和空间联系起来的"先验感性论"中的处境相似的处境:通过从记忆变成历史编撰,历史叙事的主人公们在其中活动的空间和被叙述的事件在其中展开的时间共同改变了它们的符号。见证者清楚明白的宣告(déclaration)——我将在后面谈到这种宣告——说的是:"我曾在那儿(j'y étais)。"这一宣告中的未完成过去时表明了时间,而其中的副词则代表空间。感知和行动空间中的这里和那里以及记忆时间中的之前(l'auparavant)都被框定在一个地点和日期的系统中,在其中,没有活生生的经验的绝对的此时此地的位置。地理——受到绘制地图技艺的推动(我特别想在这里提一提梵蒂冈博物馆中壮观的地图画廊!)——和历史编纂学这两门学科的相似构成确认了这样一个事实,即时空上的这一双重变动同文字相对于口述的地位有关。

在康德的"先验感性论"之后,我打算从空间的角度来讨论空间/时间这对概念。所有"外在记号"——根据《斐德罗篇》的神话,这就是文字的特征——所共同具有的外在性环节就这样一上来便得到了强调。而且,在这种外在性中可以更容易地看到体现出历史学家所从事的两种先验形式的变动工作的连续性与非连续性的交替。

一开始,我们就拥有在记忆(souvenir)之唤起中所固有的身体的空间性和环境的空间性。为了思考这一空间性,我们已将记忆的世界性(mondanéité)同其反身性(reflexivité)对立了起来。① 在某座城市的某个房间居住过的记忆或在世界的某个地区旅游过的记忆是特别动人和珍贵的,这些记忆既是个人的私密记忆,也是可以和亲朋分享的记忆。在这些记忆类型中,身体空间马上同环境空间联系了起来,而后者是可居住的土地的一部分,它不仅具有或多或少可通行的道路,也有可以以各种方式跨越的障碍。中世纪的思想家曾说过,我们同空间——在其中,我们既可实践也可感知——的关系是"艰困的"。

从可分享的记忆,我们逐步来到了集体记忆以及与被传统神圣化的处所(lieu)联系在一起的对集体记忆的纪念。正是为了纪念这些活生生的经验,记忆所系之处(lieu de mémoire)这一概念才会先于那些成就它的表述和固定用语而被首次引入。

地理学放置在空间性的道路上的与历史之时间性形成对比的第一个路标是由一种"位置"(place)现象学或"处所"(lieu)现象学提出的。就第一种"位置"现象学而言,我必须要感谢凯西(E. Casey),因为我从他那里借用了许多他关于记忆现象的世界性问题的思想。②

───────────

① 参见上文,第一部分,第一章。
② Eward S. Casey,《回到位置:对于位置-世界的新理解》(*Getting back into Place: Toward a Renewed Understanding of the Place-World*, Indiana University Press,1993)。这部著作是一个三卷本的第三卷,其余两卷分别是《回忆:一种现象学研究》(*Remembering*)和《想象:一种现象学研究》(*Imagining*)。关于我在《回忆:一种现象学研究》一书中所借用的思想,参见上文,第一部分,页44-48和页52。E. Casey 提到,"如果想象将我们抛出自身之外,而记忆又将我们带回到我们身后,那么支撑并围绕着我们的位置就在我们之下及在我们周围"(前言,页 XVII)。

如果"位置现象学"这一名称暗示出一种想要"让事物回归原位"的乡愁，那么这也是一个像尤利西斯这样的有血有肉的存在者的冒险旅程，而他的位置就是他旅途中所到之地和他最终返回的伊萨卡。航海者的漂泊既要求它的权利，也要求固定的居所。当然，我的位置就在那里，在我的身体所在的地方。处于某个位置和从一个位置移动到另一个位置的活动使位置成为某种需要被找寻的东西。完全找不到位置是非常可怕的。我们将会自我毁灭。与不在其位及不在家的感觉相连的这一令人不安的陌生感——无家可归(Unheimlichkeit)——一直萦绕着我们，虚空(vide)成了主宰。但是这里有一个关于位置的问题，因为空间不是满的，它没有被填满。事实上，移动位置不仅总是可能的，而且很为紧迫，即便移动位置的风险是成为游客、远足者、闲逛之人、流浪汉和漂泊者，分裂的当代文化既让他们动，也让他们无法动弹。

对于"位置"所意谓的东西的研究通常可以在日常语言中找到支持，如在诸如定位(emplacement)和位移(déplacement)这样的表述中，而这些表述往往以对子(paire)的方式出现。这些表述说的是身体本身的生命体验，这些体验想要在一种先于欧几里得的、笛卡尔的、牛顿的以及梅洛庞蒂在《知觉现象学》中强调的空间的话语中表达自身。身体，这个绝对的这里(ici)，是那里(là-bas)的参照点，无论是近的那里还是远的那里，它也是内与外、上和下、左和右、前和后的参照点，而这些非对称的维度勾勒出了一种身体类型学，后者总是伴随着某种至少是隐蔽的伦理价值判断，例如对于上和右的价值判断。我们可以在这些身体维度上增加一些基本姿态(站着和躺着)、重量(轻和重)、前、后、侧面等方向以及所有具有相反价值的规定，如站立着的行动者，躺着的生病的恋人；令人精神提振的快乐和令人精神沉郁的悲伤与忧郁，等等。正是在这些动静的交替中居住的行为被引入了进来，而居住行为本身也具有其相反的两极：定居和迁移，栖身在屋檐下和跨过门槛走出去。

这里我们想到了巴什拉(G. Bachelard)在《空间的诗学》中对于房屋从地下室到屋顶阁楼的研究。

事实上,如果不以——至少是以暗示的方式——点、线、面、体积、距离为参照,身体的移动和静止既不能被讲述,也不能被思考,甚至在终极意义上还不能被感受到,而点、线、面、体积、距离则属于一个与身体所固有的这里和那里的参照不同的空间。几何空间就处在身体和环境的存在空间和公共空间之间。对几何空间而言,不存在具有优先地位的处所(lieu),只有任意场所(localité)。居住行为处于存在空间和几何空间的交界处。不过,只有通过建造行为,居住行为才能得到安置。正是建筑术让几何空间和身体条件所展开的空间共同组成的无与伦比的合成物得见天日。于是,居住和建造间的关系就在一个第三(tiers)空间——如果我们想采用一个与我在讨论历史时间的时候提出的第三时间概念相应的概念,就像空间场所对应于历法中的日期一般——中发生了。这个第三空间既可以被解释成是一种对于存在空间的几何分区,区分成许多"位置"(place),也可被解释成是将"位置"放置在任意场所的区格上。

作为一种与众不同的活动,建造行为在同通过情节构造活动对时间进行塑形的建构行为相同的层次上强调了一种可理解性(intelligibilité)。① "被叙述的"时间和"被建造的"空间之间既存

---

① 在《建筑与叙事性》(Architecture et narrativité,见 Catalogue de la Mostra "Identità e Differenze", Triennale de Milan, 1994)中,我已试图从建筑学的角度来考察与我在《时间与叙事》(Temps et Récit)第一卷(前揭)中提出的三重模仿——预塑形(préconfiguration)、塑形(configuration)、再塑形(reconfiguration)——相关的范畴。我想在居住行为中表现一种对于建筑行为的预塑形,因为想要寻求庇护所和想要来往交通(circulation)的需求描绘了住所的内部空间和来往交通途经的各种路径距离。而建造(construire)行为就是通过情节构造活动所完成的叙事塑形的空间对应项。从叙事到建筑物,寓于叙事者和建造者的智识能力(intelligence)中的正是对于内在融贯性的相同追求。最后,居住行为(l'habiter)作为建造行为的结果,被认为是在叙事中,经由阅读所产生的"再塑形"活动的对应项。而居住者就像读者一样,他既满怀期待地迎接建造行为,同时对它也充满着反抗和质疑。我以对漫游(itinérance)的赞美结束了这篇论文。

在许多相似性,又相互影响。它们既不能被还原为普遍时间的各部分,也不能被还原为几何空间的各部分。但它们也不与普遍时间和几何空间相对立。在统觉(appréhension)的两个层次的断裂和接合处,塑形(configuration)行为都出现并发挥了作用:建造空间也是可度量、可计算的几何空间,就像叙述时间将宇宙时间和现象学时间编织在了一起,建造空间作为生活场所的特质也以相同的方式和它的各种几何属性交叠纠缠在一起。建造空间无论是作为用于居住的固定空间,还是作为通行空间,它都是由与生活的主要活动相关的一个地点(site)系统构成的。叙事和建筑代表同一种铭印(inscription),只不过一个写在时间绵延(durée)上,一个是写在物质绵延上。被写入城市空间的每个新建筑就像是被写入文本间性(intertextualité)领域的叙事。建筑行为是由它同一个既有传统的关系决定的,而且创新和重复会在这一行为中交替出现,就此而言,叙述性更直接地渗透到了建筑行为之中。正是在城市规划的尺度上我们才能更好地看到时间是如何在空间中运作的。一座城市在同一个空间中会遭遇不同的时代,我们可以在这座城市中看到一段沉淀在趣味和文化形态中的历史。这既是一座可以被观看的城市,也是一座可以被阅读的城市。叙述时间和居住空间在城市中的关系比在孤立的建筑物中的关系更为紧密。同样,与一栋房屋相比,一座城市所能引发的情感也更为复杂,因为城市既提供了迁移的空间,也提供了彼此靠近和远离的空间。我们可能在城市中感到迷失、无家可归和失落,但与此同时,人们也会在城市的公共空间和那些有名的场所举办纪念活动和仪式化的集会。

正是在这一点上,凯西的最后思考是值得注意的。① 被建造

---

① 凯西并没有忽略建筑术所提出的问题。但在名为"Building, sites and cultivating places"(Casey,《回到位置》[*Getting Back into Place*,前揭],页 146 - 181)的章节中,重点更多地被放在强调自然世界对"由边缘(marge)构筑起来的位置(place)"经验的渗透。建筑物的封闭性是在同其周边环境的对照关系中形成的;纪念性建(转下页注)

物与非建造物、建筑术与自然间的对立所强化的野生(sauvage)自然的魅力显露了出来。自然是无法被边缘化的。文明的所有美好都无法抹杀那些野生地区的首要性。随着城市人在城市中越来越感到无家可归,而乡野及乡野风景又无法抚慰这种不安的情绪,充满着背井离乡和悲伤这两种创伤体验的第一批美洲殖民者的已成为传奇的经历便重又进入了人们的视野。通过保留野生的乡野和美国哲人梭罗在《瓦尔登湖》中所说的亲切美好的景色这样一些可以让人逃离无家可归状态(Unheimlichkeit)的出路,像凯西这样向往房屋的舒适和家的稳定的人才能无罪责地走入野生的土地。而在法国,我们还有杜贝莱(Du Bellay)和他的《小里雷》(petit Liré)……

上述这些附带的评论不应该遮蔽《奥德赛》的永恒教诲。它是一篇将各种事件和位置(place)编织在一起的叙事,也是一篇既赞颂了奥德赛在归途中的各种片段和他所经过的每一站,也赞颂了这一被无限延迟的归程本身——这一返回伊萨卡的归程被认为是"让事物回归原位"(凯西回忆说,这一表述是乔伊斯写在他给《尤利西斯》的准备性研究《地方史:位置记忆事件》[Topical History: Places Remember Events]中的)①——的史诗。

为了给历史时间提供一个人文科学层次上的空间对应物,我们必须让这个空间对应物提升进入对于处所(lieu)的理性化层次。我们必须从建筑学的建造空间进入到地理科学的被居住的陆

(接上页注)筑物是在边界(bornage)的背景下得到突显的。场所(site)和建筑物(édifice)继续着它们之间的竞争。这种研究方法可以给花园和被耕作的空间一个公正的评价,而对于城堡和那些不那么有名的建筑物的关注却倾向于掩盖这种公正的评价。由此,在一种更多地关注位置和空间的对立关系而非其相互关联——我则是依据宇宙时间和现象学时间的关联模型对位置和空间的相互关联进行了解释——的研究方法中,建造术所提出的那些特定问题是无法得到回答的。

① 《回忆》(Remembering),页277。

地(terre habitée)。

在人文科学中,地理学是历史学确切意义上的担保人,这一点至今仍鲜少被人提起。在法国,地理学是从预见到历史学的某些方法论的转变开始的,而对于这些历史学方法论的改变,我们将在后面予以讨论。① 事实上在马托纳(Martonne)之前,维达尔(Vidal de La Blache)是第一个反对唯历史至上的历史实证主义,并强调"环境"(milieu)、"生活方式"(genre de vie)、"日常性"(quotidienneté)概念的人。他的地理学的研究对象首先是那些"处所"(lieu)、"景观"(paysage)及"各种自然和人文现象在地球表面的痕迹"(F. Dosse,《碎片化的历史》,前揭,页 24)。空间体验的几何维度被形象地表现在制图(cartographie)当中,在后面讨论尺度问题(jeux d'échelles)的时候,制图会被再次提及。② 而人的维度则体现在生物学起源、细胞、组织和有机体的概念中。

年鉴学派的历史受到了两方面的影响,首先是对体现在各种景观的稳定结构中的恒久性(permanence)的强调,其次是对体现在形形色色的地方志中的各种描述的偏爱。当这种对于地理空间,主要是乡村景观的兴趣以及对于恒久性的偏好被上升成为一门真正的地缘政治学——在其中,景观的稳定性与长时段的准不动性(quasi-immobilité)结合在了一起——时,它们在年鉴学派那里得到了充分的回应。布罗代尔说,空间使时间(durée)变慢了。这些空间依次是区域空间和海洋空间:布罗代尔在其有关地中海的巨著中这样说道:"我极其热爱地中海",在这部著作中,地中海

---

① 这部分后面的内容我借鉴了多斯(François Dosse)的《碎片化的历史:从〈年鉴〉到"新史学"》(*L'Histoire en miettes : Des « Annales » à la nouvelle histoire*, Paris, La Découverte,1987,再版,Pocket,coll. Agora,1997),我所使用的是 1997 年的新版,以及为 1997 年新版所写的前言。关于地理学的影响,参见这个最新版本,页 23–24,72–77,128–138。

② 参见后文,页 267–277。

既是地点(site)也是英雄。就像费弗尔(L. Febvre)在写给布罗代尔的信中所说的,"菲利普和地中海这两个主角所占的分量不是均等的"(引自《碎片化的历史》,前揭,页129)。对开启了我们前面的讨论的那个问题,即生命体验——存在于身体及其周围环境的范围之内——的空间是如何转变为地理学家和历史学家的空间的,我们不应该只强调两者间的断裂关系。我们在前面提到过一种模式,即属于存在层次的各种规定会经历彼此之间关系的断裂,然后相互结合,最后又在更高的层次上恢复自身的过程,而且这个过程会循环往复。地理不是几何,因为被海洋包围着的陆地是被居住的陆地。这就是为什么维达尔派的地理学家们说起它的时候,称它是一种环境(milieu)。处于争论(Auseinandersetzung)一端的是康吉扬(Canguilhem)所说的环境(milieu),处于另一端的是有生命的存在者(le vivant)。① 就此而言可以说,维达尔的可能主义(possibilisme)预示了某个乌克斯库尔(von Uexküll)②和某个戈德斯坦(Kurt Goldstein)③的辩证法。如果在布罗代尔的历史地理学中,空间和环境(milieu)被当作同义词,那么环境就是生活和文明的环境:我们在《菲利普二世时代的地中海和地中海世界》中读到,"文明在本质上是人类和历史在其中劳作的空间",④还有"何为文明?文明就是对某种人性活动在某个空间上的古老定位"(引自《碎片化的历史》,前揭,页131),历史地理学就是气候和文

---

① G. Canguilhem,《存在者及其环境》(Le vivant et son milieu),见 La Connaissance de la vie,前揭,页129–154。

② 乌克斯库尔(Jakob von Uexküll,1864–1944),德国生物学家。他提出了两个重要概念:Umwelt(周围世界)和 Innenwelt(内在世界)。——译注

③ 戈德斯坦(Kurt Goldstein,1878–1965),德国精神病学家和神经病学家。他提出了以整体论为核心的机体论心理学,也是人本主义心理学的先驱。——译注

④ Fernand Braudel,《菲利普二世时代的地中海和地中海世界》(La Méditerranée et le Monde méditerranéen à l'époque de Philippe II,Paris,Armand Colin,1949)。这部著作经过两次重大修改,才有了1979年的第四版。

化的这一混合,根据我在后面章节中将要讨论的关联模式,历史地理学决定了文明的其他层次。地缘政治学的视角也许会被认为"与其说是时间的,不如说是空间的"(《碎片化的历史》,前揭,页132);但会这样说,是由于同制度层次和事件层次相比较的结果,制度层次和事件层次是建立在地理学的土壤之上的,而且受到时间结构的制约。在我尝试为布罗代尔的这部伟大著作重新编织一种叙事,并将这种新叙事读作是地中海的伟大情节时,我发现,以空间为主题的第一部分是一个满是人的空间。地中海是一个内海,四周都是陆地,无论这些陆地是有人居住的,还是不可居住的,是好客的还是不好客的。空间是这样一种环境(milieu),它记录了历史所经历的最为漫长的变迁。①

类似的思考也出现在布罗代尔的另一部巨著《15至18世纪的物质文明、经济和资本主义》②中:在时间中相继出现的,是被记录在空间中的各种"经济世界"(économies-monde),它们由人类活动的特定处所连结而成,并被划分为各种同心圆,这些同心圆的圆心随着时代的不同而有所变化。在这一"差别地理学"(géographie différentielle,《碎片化的历史》,前揭,页151)中,空间总是和各种

---

① 我引用一段我在《时间与叙事》第一卷中对于《菲利普二世时代的地中海和地中海世界》第一卷的论述:"在第一卷中,人出现在各处,与人一同出现的还有许多征兆性(symptomatique)事件:在那里,山成了自由人的庇护和藏身之所。至于说到沿海的平原,则必然会提到殖民、采集活动、土地改良、人口扩散及各种形式的迁移活动,如季节性移动放牧,游牧生活,侵略。现在我们来看海洋、其海岸线和岛屿,正是从人及人的航海的角度,它们才能进入历史地理学。它们存在在那里就是为了被人类发现、探索和航行。即使在历史地理学这第一层次上,我们在谈论它们的时候也不可能不提到经济政治上的统治关系(威尼斯、热那亚等)。西班牙和土耳其这两个帝国间的巨大冲突已经给海洋景观投下了阴影,并且随着武力的介入,它们的冲突已经指出了将要发生的各种事件。因此,第一个层次不仅暗含了第二个层次,也预示了第二个层次:历史地理学慢慢变成了地缘政治学。"(P. Ricoeur,《时间与叙事》,卷一,前揭,页367 – 368)

② Fernand Braudel,《15至18世纪的物质文明、经济和资本主义》(*Civilisation matérielle, Economie et Capitalisme, XVe – XVIIIe siècle*, 3vol. Paris, Armand Colin, 1979)。

交换活动联系在一起的,这些交换活动在将经济与地理联系起来的同时,也使地理区别于简单的几何。

从被有血有肉的存在者占据、离开、失去、重新找回的"位置"(place)的现象学——经过建筑术所具有的可理解性——到描述居住空间的地理学,空间的话语为自己开辟了一条道路,在这条道路上,亲历空间(espace vécu)首先被几何空间所取代,然后又在居住空间(oikoumenē)的超几何学(hyper-géométrique)层次上重建了自身。①

第二节 历史时间

与亲历空间、几何空间以及居住空间的辩证法相对应的是一个有关亲历的时间、宇宙时间和历史时间的类似的辩证法。与对属于空间阵营的定位(localisation)的批判相对应的是对属于时间阵营的定期(datation)的批判。

我在这里不会重提我在《时间与叙事》中对历法时间所做的分析。② 我想说些不同的东西,因为对我而言,重要的不是时间的现象学视角和宇宙论视角的和解相容,而是活的记忆成为"外在的"(extrinsèque)历史知识这一转变过程。于是,作为历史编纂活动之可能性的形式条件之一的第三时间(tiers temps)概念就进入了我们的视野。

---

① 我们可以用一种与"历史性(historicité)"之存在论——我们将在本书第三部分中讨论这一问题——属于同一层次的"处所"(lieu)之存在论来理解存在的空间、被建造的空间、被走过的空间以及被居住的空间的这段奥德赛之旅。参见 Pascal Amphoux 等人的论文集《处所的意义》(*Le Sens du lieu*,Paris,Ousia,1996)及 A. Berque 和 P. Nys 主编的《处所的逻辑和人的作品》(*Logique du lieu et Œuvre humaine*,Paris,Ousia,1997)。

② 参见 P. Ricoeur,《时间与叙事》(*Temps et Récit*,卷三,前揭),页190-198(所引页码出自1991年版)。

我在这里首先给出本维尼斯特(Benveniste)对于"编年时间"(temps chronique)——为了论证的需要,我将之称为第三时间——的定义:1)所有事件都以一个定义了时间轴的基础事件为参照系;2)根据相对于时间原点的之前(antériorité)和之后(postériorité)这两个相反的方向来经历时间跨度的可能性;3)一个用于指称那些反复出现的时间间隔,如日、月、年等等的单位目录的建立。

现在,重要的正是要将这一单位目录的建立工作同历史学家对于记忆时间的变动工作联系起来。从某种意义上来说,确定日期作为一种记录铭印(inscription)的现象,是与一种确定日期的能力,一种内在于生命体验,尤其是内在于对过去的远离感和对时间深度的评估中的源初的日期确定性(databilité)相关的。在《论记忆与回忆》(De memoria et reminiscentia)中,亚里士多德认为同时性和相继性根本性地构成了被回忆起的事件(événements remémorés)间的关联特征;如果不是这样,那么在回忆(rappel)活动中就不会有为重新建构事件间的关联而选择出发点的问题。时间间隔感的这一基本特征来自时间同运动的关系:如果时间是"运动的某物(quelque chose du mouvement)",那么就必须有一个灵魂来区分两个时刻(instant),将这两个时刻以先后关系联系起来,评估两者的不同并测量两者间的距离,通过这些活动,时间才能被定义为"就先后而言的运动的数目"(《物理学》[Physique],卷四,11–219b)。至于奥古斯丁,尽管他反对让时间隶属于物理运动,但他却赞赏修辞学家的灵魂所具有的能力,即能在灵魂中测量时间长度,并由此能比较朗诵时的长短音节。对于康德而言,时间广延(extension temporelle)概念并不会构成难题。这一概念并不是通过和空间广延概念的也许并不合理的二次比较得到的,时间广延不仅先于空间广延,而且使后者得以可能。胡塞尔认为,时间和绵延(durée)的关系是先验地与对时间的内在体验中的"统

192

觉"(apprehension)密切相关的。最后,甚至是提出绵延概念的思想家柏格森也认为在纯粹的记忆(souvenir)当中,事件是同日期一起被回想起来的。对于这些思想家而言,广延(extension)是一个源初事实,就像在诸如"什么时候?"(quand?),"从什么时候开始的?"(depuis combien de temps?),"持续了多长时间?(pendant combien de temps?)"这些问题中所表明的,这些问题与宣告式记忆及见证的话语属于同一个语义层次;于是,"这发生'在……之前'(avant),这发生'在……期间'(pendant),这发生'在……之后'(après),这是'从……开始的'(depuis)、这'持续了那么长时间'(durant tant de temps)"这样的断言就被附加在了"我曾在这里"(j'y étais)的宣告之上。

  这就是说,构成历法时间的是铭印(inscription)的一种时间模式,即一种外在于事件的日期系统。就像以身体和环境的绝对的这里为参照系的处所(lieux)在地理空间中变成了普通的场所(endroit),并成为制图术所绘制的地图中的诸地点(site)之一,同样,在被一部分人类所接受的这样或那样的历法系统中,以绝对的当下(maintenant)为参照的现在(présent)也变成了可以在历法中被精确计算的众多普通日期之一。尤其就记忆时间而言,被忆起的过去的"从前"(autrefois)至此之后就会存在于"在……之前"(avant que)中;相应地,期待的"之后"(plus tard)则变成为"到那时"(alors que),这表示,一个被期待的事件同表示将来的日期表发生了对应。而所有这些值得注意的对应最终都要诉诸于编年时间中社会事件与天体形态的宇宙结构间的对应。在前面讨论记忆术(ars memoriae)的时候,我们已经考察了精妙的精神为达成掌控人类命运的疯狂想法而对这些计算(calcul)的不可思议的运用。[1]这种以博闻强记为功绩的时代早已不是我们的时代,但是我们的

---

[1] 参见上文,第一部分,第二章。

生活仍然在许多方面受控于对日期集合体的这种计算。短期、中期、长期、周期、阶段等等这些经济学家、社会学家、政治学家,更不用说历史学家所熟悉的区分——我们将在后面讨论这些区分——都属于同一个历法时间系统,在其中,具有确定日期的事件间的时间间隔可以被度量。人的生命的短暂性在编年时间的无限性的背景下凸显了出来。

历法时间在时间表象——根据现象学,它们不能被还原为亲历的时间(temps vécu)——的分段序列上显现了自身。波米扬(Krzysztof Pomian)在《时间的秩序》(*L'Ordre du temps*)①中区分了"四种表现时间,将时间翻译成符号的方式"(前言,页 IX):时间计量学(chronométrie)、编年学(chronologie)、时间编纂学(chronographie)、时间智慧学(chronosophie)。这一时间的秩序本质上属于一种超出可知之物的可思之物(我在这里使用了康德对于 Denken 和 Erkennen 的区分),历史学家们所撰写的历史就谨慎地处身在这可知之物的领域之内。作为可思之物,这四个环节既不区分神话和理性、哲学和神学,也不区分思辨和象征性想象。《时间的秩序》前言中的思考对我们的研究意义重大:不应该认为历史认知的对象只是集体记忆。历史认知同样需要在一个恶、爱与死的问题在其中展开的思辨领域中取得它的描述和解释空间。于是,作者在书中考察的最接近历史学家实践的那些范畴——事件、重复、时代、结构——就在时间秩序的四重架构的背景上突显了出来。在时间计量学和编年学中,人们还能认出历法时间或编年时间。时间计量学表示时间或长或短的圆周循环:日、周、月、年;而编年学表示长阶段的线性时间:世纪、千年等,这些时段的划分则是通过创始事件和创始者以各种不同的方式得到强调的;

---

① Krzysztof Pomian,《时间的秩序》(*L'Ordre du temps*, Paris, Gallimard, coll. «Bibiothèque des histoires»,1984)。

这其中也包括若干年一次的循环,如古希腊人的奥林匹亚运动会。这两类时间是用时钟和历法来测量的,而且编年学中的时间,如时代(ère)既具有质的意义,也具有量的意义。与历史学家的意图较为接近的编年学根据日期和名称的次序对各种事件进行排序,它也对各个时代及其亚类进行排序。但编年学并不区分自然和历史,它既能讲述宇宙史、地球史,也能讲述人类历史只是其一部分的生命史。时间编纂学则让我们进入与历法系统不同的各种符号系统。被记载下来的各个片段通过彼此之间的位置关系——一些独特事件的相续关系,无论这些事件是好是坏,是令人高兴还是令人痛苦——得到规定。这一时间既不是循环的,也不是线性的,它没有特定的形态:从叙述者的立场出发写成的编年史所叙述的正是这一时间,而在此之后,叙事便使被叙述的历史同其作者分离了。至于时间智慧学,我们将会用相当的篇幅来讨论它,但就目前来说,它的内容已经超出了我们的理性历史的计划。时间智慧学受到多种思想流派的滋养,这些思想流派根据将静止的时间和可逆的时间——它既可能是循环的,也可能是线性的——对立起来的内容丰富的形态学来处理时间。关于这些重要表象的历史相当于是"历史的历史",每当涉及到要给这些问题(连续性 vs 非连续性,循环 vs 线性,根据时期来划分,还是根据时代来划分)确定意义的时候,职业历史学家也许永远无法摆脱这些表象。历史在这里所面对的不是亲历时间(temps vécu)的现象学和大众或学者的叙述实践,而是无视限界之意义的一个可思物的秩序。然而,属于这一秩序的诸范畴已不再建构"我们文明"的时间"建筑"(前揭,页 XIII)。就此而言,历史时间的展开既要通过对于这个可思之物的巨大秩序的限制,也要通过对于存在秩序的超越。

正是在有关时间之思辨的这些伟大的时间智慧学的基础上,

第二部分 历史认识论

历史时间才得以产生,尽管其代价是对自身进行严格的自我限制。在波米扬内容丰富的分析中,我只保留下他对于"事件"(événements)、"重复"(répétitions)、"时代"(époques)以及"结构"(structures)(这正是《时间的秩序》最初四章的题目)这四个重要范畴的分析,在解释/理解环节和对过去的表现环节中,这些重要范畴将会给历史话语提供秩序。而在我们的认识论研究过程中,我们也将会反复遭遇这些范畴。在这些范畴可以面对与记忆的忠实性(fidélité)诉求相对的历史的真理诉求之前,知道这些范畴是从可思之物的何种过度(excès)中产生的,将有助于我们的讨论。波米扬所说的时间智慧学指的是像伊斯兰教和基督教的历史分期(体现在但以理和圣奥古斯丁的思想中)那样的大的历史分期以及这些历史分期想要同编年学对应起来所做的各种尝试。各种宗教时间智慧学同各种政治时间智慧学在这一领域内发生了碰撞。在文艺复兴时期,出现了一种依据艺术"时代"(époche)进行历史分期的方式,而到了18世纪,则是根据"世纪"(siècle)对历史进行分期。

我们很自然地认为,上述四个概念中,事件概念是最少思辨性、最自明的概念。米什莱(Michelet)、马比荣(Mabillon)、德罗伊森(Droysen)和狄尔泰(Dilthey)都强调被个别地规定的事实的首要性。如果回到可见性的领域,那么事件之进入感知(perception)就无法得到说明。由过去本身所构成的这一不可见性(invisibilité)的光晕包围着事件,并将事件交托给一些中介,这些中介不是感知的对象,而是研究的对象。随同不可见之物,思辨上了场,并提出一种"时间智慧学的历史类型学"(前揭,页26)。在基督教的西方,连续性和非连续性间的关系主要建立在历史神学层次上的俗史和圣史间的对立的基础上。当我们从布罗代尔对于非事件史的辩护,经过在政治的回归之后出现的"事件的回归",最后达到将事件和结构结合起来的最为复杂的模型时,我们不应该忘记这一思辨的历史。①

如果没有某种时间智慧学的类型学所首先提供的一种方向和意义的观念,"重复"概念又如何可能形成呢? 这种类型学提供给我们的还有静止的时间和不可重复的时间之间的对立,这些时间或是循环的或是线性的,就不可重复的时间而言,它既可能是进步的也可能是倒退的。正是从这些大的定向中,现在(le présent) 在历史整体中取得了一个有意义的位置。我们也可以这样来说时代、世纪、时期、阶段、纪元。和事件概念一样,历史时间的概念也产生于历史总体时间的解体,而从这一解体当中,还产生了各种局部时间之间的关系问题。但我们不是已经不再谈论伯纳德·德·夏尔特(Bernard de Chartres) 有关是巨人"伟大"还是坐在巨人肩上的侏儒目光"敏锐"的言论了吗? 我们不是已经不再将重生的时代与黑暗的时代对立起来,不再留意以循环的现象为标志的变化,不再注意前进与倒退,不再宣扬要回到源头,不再保护历史的累积性成果免受趣味和风俗之堕落所造成的影响了吗? 我们不是已经不再发起古人与今人间的论战了吗?② 我们难道还没阅读和理解维科(Vico) 和杜尔哥(Turgot) 吗? 进步的时间智慧学对倒退的哲学之幽灵发起的"进步的时间智慧学之战"很可能还未离开我们的视野:我们在后文中将要提到的对现代性的辩护或反对一直使用着这一论证工具。我们并不乐意承认职业历史学家们所熟悉的积累的、不可逆的线性时间观念在时间智慧学中的地位。但19 世纪末 20 世纪初的循环时间的时间智慧学却足以让我们想起它。而那些自从有关价格和经济波动的历史取得长足发展——由

---

① 关于这个主题,可参见 Paul Veyne,《差异清单:法兰西学院就职讲课稿》(*L'Inventaire des différences : leçon inaugurale du Collège de France*, Paris, Éd. du Seuil, 1976),以及 Pierre Nora,《事件的回归》(*Le retour de l'événement*),见 Jacques Le Goff 和 Pierre Nora 主编的《制造历史》(*Faire de l'histoire*,卷一,前揭)。

② 参见第三部分,第一章,"'我们'的现代性",页 400 – 413。

于拉布鲁斯（Ernest Labrousse）和其他历史学家的努力——之后便受到经济学家青睐的周期（cycle）不也是指向了一种循环时间和线性时间的综合吗？即使是布罗代尔的时段间的层叠以及用结构、局势和事件来命名三个时段的尝试都无法掩盖隐藏在科学外表下的时间智慧学的残余。就此而言，对于那种为了某种与时间之方向有关的方法论上的不可知论而想要摆脱所有的时间智慧学来说，它的这一意图是无法完成的。如果历史应该是有趣的，也就是说，如果历史应该继续谈论希望、乡愁和不安的话，那么企图摆脱所有时间智慧学也许并不是值得追求的。①

时代（époques）概念（前揭，第三章）也许是最麻烦的，因为它是为了将编年学划分成一些大的时期而加给编年学的。这样，在西方人们才能在古代、中世纪、现代、当代世界之间对历史教学活动和研究工作进行分工。让我们回想一下本维尼斯特（Benveniste）在历史时间的计算中赋予时间零点的角色。它就相当于是耶稣基督的诞生之于基督教的西方，圣迁（Hérige）②之于伊斯兰教。历史分期本身拥有一段丰富的历史，这段历史可以追溯到希伯来圣经中但以理的梦，然后是奥古斯丁的四王政论（théorie des quatre monarchies）；然后我们发现一连串建立在对立的历史分期基础上的古今之争。也有人将历史比作生命的各个阶段，也有人对此提出质疑：历史会经历一个无死的老年吗？事实上，时期（périodes）概念只适用于具有循环观念或线性惯性，静止观念或倒退观念的历史。就这方面而言，黑格尔的《历史哲学》对多种历史分期做出了一个令人印象深刻的综合。而

---

① 波米扬大胆直言，积累的、不可逆的线性时间概念是通过以下三个主要现象而获得部分的确认的：人口的增长，可用力量的增长，存储在集体记忆中的信息量的增长（《时间的秩序》，前揭，页92-99）。

② 圣迁（Hérige）指的是穆罕默德与伊斯兰教团体为逃避迫害，由麦加移居麦地那的公元622年的大迁徙，这一年也就成为了伊斯兰教历纪元。——译注

在黑格尔之后(尽管我想"抛弃黑格尔"),一切时间智慧学的残余是否已经从经济史——循环论和线性论在其中相综合——所采用的诸如"阶段"(stages)这样的术语的使用中消失的问题又被重新提了出来。问题的关键恰恰在于一种既无方向也不具连续性的历史的可能性。波米扬认为,正是在这里,结构接替了时期。①

但是,我们能够在处理历史的时候不对历史进行分期吗?我的意思是,不仅在教授历史的时候,还在写作历史的时候?列维-斯特劳斯(Claud Lèvi-Strauss)认为,应该"将各种文明形态展示在空间当中,尽管我们倾向于认为这些文明形态是在时间中分期展开的。"我们不是已经成功地将所有期待视域(horizon d'attente)这个由科泽勒克(Koselleck)首先提出,并在本书中被经常提及的概念从历史中剔除出去了吗?但甚至对列维-斯特劳斯而言,历史都无法退守到一种无期待视域的广延空间的观念之中,因为"历史仅仅在有些时候才是累积的,这就是说,为了要形成一个有利的组合,点数才会被加起来"。

要在波米扬所提出的时间秩序的第四个环节,即"结构"的

---

① 这方面的关键性文本是列维-斯特劳斯(Claud Lèvi-Strauss)的《种族与历史》(*Race et Histoire*,UNESCO,1952;再版,Paris,1987)。波米扬从其中摘引了相当重要的一段话:"史前知识和考古学知识的发展往往是将各种文明形态展示在空间当中,尽管我们倾向于认为这些文明形态是在时间中分期展开的(échelonnée)。这意味着两件事:首先,'进步'(如果这个术语仍然适用于来指称一种实在,这种实在完全不同于人们首先将这个术语应用于其上的那种实在)既不是必然的,也不是连续的;其次,它的发展是通过各种跳跃(saut)、跃进(bond),或像生物学家所说的突变。这些跳跃和跃进不在于总是在同一个方面上走出更远,它们不断变换方向,其方式有点像国际象棋当中的马,它总是前进那么几步,但永远不在同一个方向上。进步的人性并不像是一个在攀登梯子的人,通过他的每一步运动,他就在他原先踏过的梯格上又增加了一格;不如说,它像是一个玩游戏的人,他把他的运气分配在若干个骰子上,每次当他扔出这些骰子,看它们散落在地毯上,他就能得到各种不同点数。在一次投骰中赢了的,常可能在另一次投骰中失去,而且历史仅仅在有些时候才是累积的,这就是说,为了要形成一个有利的组合,点数才会被加起来。"(引自《时间的秩序》,前揭,页149)

层次上辨认出有关过去的各种伟大的时间智慧学的痕迹并不容易。我将表明结构作为历史编纂活动的环节的作用,在此环节中,结构观念同局势和事件观念一起会接受各种变化组合。但在即将结束关于总体历史之运动的伟大思辨之际,重提结构之诞生的问题似乎是必要的。人文科学和社会科学无疑为它提供了一种可操作的维度。但它的思辨起源的痕迹仍可以在"[这两门科学]各自分裂——除开一些罕见的例外——为理论和历史(前揭,页165)"中找到。理论相对于实验的自主性首先是在生物学、语言学和人类学中取得的。结构就是这些新的对象,理论的对象,它们被赋予了一种实在性(réalité)或一种可证明的存在,就像人们证明一个数学对象的存在一般。在人文科学的领域内,是索绪尔的语言学将理论和历史一分为二,并使"理论和对象结构(objet-structure)同时进入人文科学和社会科学的领域"(前揭,页168)。理论只知道非时间的实体,而将开始、发展和谱系树(arbre généalogique)的问题留给了历史。对象结构在这里指的是不同于言语(parole)的语言(language)。我们在后面会用较多的篇幅来讨论将这一语言学领域移置到历史编纂活动中,即历史编纂活动使用这一语言学模型以及索绪尔之后的那些语言学模型所造成的好的和不好的结果:尤其是历时性和共时性观念为了要在一个结构系统中取得其位置,而失去了它们的现象学关联。就像我们在雅各布森(R. Jakobson)的思想中所看到的,与任意性相对的系统同由分散的事件所构成的历史间的和解本身成了思辨的对象(参见《时间的秩序》,页174)。历史学作为一门学科,不仅与语言学被重新纳入理论空间间接相关,也与文学研究,尤其是诗学研究在这同一空间中的恢复间接相关。但在20世纪的最后30年中,历史理论不得不面对的是在过程与系统相互关联的名义下意图将历史消解在逻辑或代数的某种组合规则中的主张,这就像是结构主义在历史编纂学的脸颊上印上了一枚危险的死亡之吻。① 我们对出自行动理论的某些模型的使用代表了对于结构主义模型的霸权的一种反抗,尽管我们仍然保留了结构主义模型对历史理论的某些影响;因此,乔姆斯基(Noam Chomsky)提出的与语言能力(compétence)和语言行为(performance)概念同等重要的转换(transition)概念会依据行动者(agent)、能动性(查尔斯·泰勒所说的 agency)和行动结构——如制约、规范、体制——三者间的关系而被重构。而那些前结构主义的语言哲学,如洪堡(von Humboldt)的语言哲学也将会被重新发现并重新受到重视,因为它们使人的精神动力和生产性活动具有了渐变的形态:"洪堡称,对精神而言,存在即行动。"历史就寓于这一生成维度之中。但那些对洪堡感兴趣的职业历史学家并不能忽略波米扬的下述话语中所蕴含的高度理论性的维度:"就其本质而言,语言持续地并且在每一时刻都处于一种前瞻的(anticipatrice)变化中[……]语言不是一个已经完成的作品(ergon),它是一种进行中的活动(energeia)。它的真正的定义只可能是发生的(génétique)②"(引自《时间的秩序》,页 209)。

---

① 我必须要指出波米扬和 René Thom 为解决历史有可能会消解在系统中的这一危险所提出的问题而作出的巨大努力,尽管其代价是构建了一个"有关形态发生的一般理论,而这理论本身就是一个结构主义理论"(Pomian,同上,页 197)。关于 René Thom,参见 Pomian,同上,页 196 - 202。

② Pomian,《结构史》(L'histoire des structures),见 J. Le Goff, R. Chartier, J. Revel 主编,*La Nouvelle Histoire*,Paris,Retz CEPL,1978,页 528 - 553;这本书还有一个部分再修订版,Bruxelles,Éd. Complexes,1988。作者强调了在存在论层次上发生的从实体到关系的转变。而从这一转变中产生了《时间的秩序》中的结构概念的定义:"一组相互依存的理性关系之总体,这一关系总体的实在性是可以得到论证的,而且对它的描述是由一个理论(换言之,该理论建构了一个可论证的对象)给出的。是一个可重构的可见对象或一个可观察对象——其稳定性及可理解性是由一个理论决定的——赋予了这一关系总体以实在性"(波米扬,前揭,页 215)。对波米扬而言,作为理论对象的结构是书中占据主导地位的那些对子——可见的/不可见的、被给予的/建构的(donné/construit)、被展现的/可论证的(montré/démontrable)——的延伸。理论的/历史的这个二元组合只是其中的一个方面。

对于我们的历史时间观念的高度理论化的及思辨的过去的这一冗长的说明只有一个目的,即提请历史学家们注意几个问题:

——历史编纂活动来源于一种双重的还原,对于记忆的鲜活经验的还原及对于有关时间秩序的数千年之思辨的还原。

——数代历史学家心醉神迷的结构主义属于一种理论观点,从其思辨的角度来看,这一理论观点是那些伟大的神学和哲学的时间智慧学的某种延续,它就像是一种科学的,甚至是唯科学主义的时间智慧学。

——只要历史认知还谈论循环的或线性的时间、静止的时间、衰退或进步,那么历史认知就必须面对历史时间的这些维度。受到历史教化的记忆(mémoire)的任务不正是保存长达数个世纪之久的这一思辨历史的痕迹,并将它纳入记忆的符号王国吗?这将是记忆(mémoire)在历史之后,而非之前的最高目标。我们在奥古斯丁的《忏悔录》中读到的记忆(mémoire)的宫殿中不仅有对于事件的记忆(souvenir),各种语法规则以及修辞学的各种示例,还保存了各种理论,其中甚至包括那些以拥抱记忆(mémoire)为借口而在实际上却可能让记忆(mémoire)死亡的理论。

第三节 见 证

见证引导我们从对"过去的事物"(praeterita)的形式条件跃入其内容,从历史编纂活动的可能性条件跳转进入其实际进程。伴随着见证所出现的是一个认识论过程,这一过程从宣告的记忆(mémoire déclarée)开始,经过档案和文献环节,终结于文献证据环节。

我将首先讨论见证本身,而不先谈被做成档案的记忆。为什么会有这一停留?出于以下几个原因。首先,见证有各种用途:除了日常生活中对于见证的使用,以及法庭判决所认可的司法用途之外,做成档案以备历史学家查考之用也是见证的诸多用途之一。此外,甚至在历史领域内,见证也不仅仅只是用来建构档案,它还在认识论过程的终点重新出现,作为表现在叙事、修辞技巧和图像中的关于过去的表象。而且,在由20世纪大众暴行所导致的证言的某些当代形式中,见证不仅拒绝解释和表现,甚至还拒绝被留作档案,以至于这些见证故意游离在历史编纂学之外,并对历史编纂学的真实意图表示怀疑。这就是说,我们在这一部分所要讨论的是见证的诸命运之一,即被密封成为档案,并被认可为文献资料的命运。而从其中就产生了在尊重见证具有多种可能用途的同时对见证本身进行本质分析的兴趣和重要性。当我们想要从这些用途中借取一二时,我会尽量将那些为大多数用途所共有的特征抽取出来。①

见证在司法和历史学上的用途所共有的核心可以很容易地在见证的日常使用中看出来。这一用途立刻就面对这样一个关键性的问题:见证在何种程度上是值得信任的? 这个问题直接将信任和怀疑放到了天平的两端。于是,只有通过将怀疑形成的条件揭示出来,我们才有机会接近见证的意义核心。事实上,怀疑是在一系列活动当中展开自身的,这一系列活动开始于对一个亲历场景的感知,然后是对记忆的保存,最后汇集到旨在重建事件诸特征的宣告的或叙述的环节。在作为实验学科的司法心理学的框架内,

---

① 我在这里参考了迪隆(Renaud Dulong)的著作《目击证人:个人证明的社会条件》(*Le Témoin oculaire : Les conditions sociales de l'attestation personnelle*, Paris, EHESS, 1998)。这使我改进了之前所作的分析,尽管我并不同意他认为"历史见证"和历史编纂学是自相矛盾的最终结论,而之所以会得出这一结论,是由于他几乎只关注二战老兵,尤其是大屠杀幸存者的见证。事实上,正是这些见证拒绝接受历史编纂学的解释和表现。这首先表现在它们拒绝被做成档案。于是,在历史编纂活动——它在每一个环节上都会遭遇其界限,直到进入对自身最为严格的反思(参见下文,第三部分,第一章)——的道路上,这些处于极端状况的见证的意义问题就被提了出来。不过,迪隆的著作一开始就对不拒绝被做成档案的见证做了本质的描述,尽管他并没有将它发展成一种理论。

对目击者的不信任已经被赋予了一种科学的形式。基础测试之一就是让一群受试者对一段被拍摄的场景进行口头上的复述。这个测试被认为可以测试人的精神在上述活动中所表现出来的可靠性,无论是在感知的时刻,记忆保存的环节,还是在最后言语复述的时候。这个测试中值得注意的关键之处在于,规定测试条件,并确认被见证事实的实在性地位的都是受试者本人,这一实在性地位在实验中是给定的。因此,需要考察和测试的就是受试者的见证同这一实在的差距。这里预设了摄像机镜头的无可争议的可靠性。实验的结果当然是不容忽视的:它涉及的是受试者的见证与给定的实在之间明显的歪曲。对我们而言,问题不在于就这些研究结果让一般意义上的见证失去可靠性而去批判这些结果,而是讨论迪隆(Dulong)所说的摄像机的"录像范式"以及"不介入的旁观者"观念,受试者会产生自己是"不介入的旁观者"的预设。

　　对司法心理学的"调控模型"的这一批判将我们重新带回到见证在日常对话中的使用。这一研究路径不仅符合将在历史编纂活动的解释环节和表象环节中出现的行动理论,而且符合在建构社会关系和社会身份方面,表象问题相对于行动的首要性。① 鉴于见证活动同叙述(raconter)活动明显的亲缘关系,应用于司法和历史编纂的见证活动展现了同叙述活动一样的丰富性,而在这两种活动之外还应该加上承诺行为,它同见证行为的亲缘关系是更为隐蔽的。历史档案被用来作为文献证据,而司法上的法庭证词则被用来作为法庭判决的依据。见证行为在日常对话中的使用最好地保存了它的本质特性,就像迪隆在下述定义中总结的:"一个以自传的方式得到确认的关于过去事件的叙述,无论这一叙述是在正式的环境中作出的还是在非正式的环境中作出的。"(《目击证人:个人证明的社会条件》,页43)

---

① 参见下文第二章和第三章的导论。

下面我们将展开分析这一活动的本质组成部分：

1. 首先要区分出两个相关联的方面：一方面是对所述事件的事实层面上的实在性的肯定，另一方面是基于作者的经验来证明这一讲述的真实性，即讲述的被假定的可靠性。第一方面可以在对亲历场景的描述，在一种叙述中找到它的言语上的表达，如果这一叙述不提到叙述中所隐含的叙述者，只限于传达一条简单的信息，那么根据本维尼斯特（Benveniste）提出的叙事（récit）和话语（discours）的区分，可以说场景在这里叙述着自身。但还存在一个重要的差别：这一信息应该被认为是重要的，而被证实的事实应该是有意义的，这就使得话语和叙事间太过判然有别的区分变成有问题的。无论如何，被证实的事实性被认为在实在和虚构之间划出了一道清晰的界限。记忆现象学让我们很早就遭遇了这一限界的总是成问题的性质。而实在与虚构间的关系也将不停地纠缠我们，直到到达历史学家表现过去的阶段。这就是说，见证的这个第一组成要素有其重要性。而怀疑已经在这一环节中扎根。

2. 见证的特殊性是由这样一个事实构成的，即在对实在的断言中总是伴随着见证者的自我指称。① 从此关联中产生了见证所独有的表述：我曾在那儿（j'y était）。这既表明了过去之事的实在性，也表明了叙述者身处事发地。是见证者自己首先表明了其见证者的身份。他命名了自身。一个由三个部分组成的指示表述表明了这一自我指称：单数第一人称、动词的过去时态以及对与这里相对的那里的提及。这一自我指涉的特征有时会在诸如"前言"这样的导言中得到强调。这类断言将局限于某一情况的见证同生命的整个历史联系了起来。同时，自我指称将已经"卷入各种历

---

① 语言行为——见证者通过语言行为表明他的个人承诺——进一步肯定了之前（第一部分，第三章）对记忆的自我归属所做的分析：这已经是一种前谓语的（antéprédicatif）自我指称。

史事实"的个人历史的无法摆脱的晦暗性显露了出来。这就是为什么事件打在见证者身上的情感烙印并不必然与听取见证的人赋予见证的重要性相一致。

3. 自我指称存在于一种建立了对话处境的交流之中。见证者是向某人证明某一场景的实在性,说他参与了这一场景,或是作为行动者,或是作为受害者,而在做见证的时候,他则是相对于所有行动当事人的第三方。① 见证的这一对话结构事实上立刻将信用维度突显了出来:见证者要求被信任。他不仅想说:"我曾在那儿",他还想说:"请相信我"。于是,见证的证实只有得到那些听取见证并接受见证的人的回应之后才是完整的;从那时起,见证不仅是得到证实的,而且是被信任的。正是这一要使别人相信的行为(accréditation)——作为一种正在进行的过程——打开了相信和怀疑这两种可能性。也许有人会提出各种怀疑的理由,而前面提到的司法心理学为这些理由提供了充足的理由。这些论据可能涉及一些最常出现的情况,如感知不清、保存不利、重建不佳。在这些情况中,还必须考虑时间间隔这一促成弗洛伊德在《释梦》中提出的"二次加工"(élaboration secondaire)的因素。它也可能麻烦地涉及被人习惯性相信的见证者的个人资格——正如在前面的类似情况中表明的——以及见证者的名声。在这种情况下,希望别人相信的行为就等同于对见证者个人的认证。由此产生了见证者的可靠性,而对其可靠性的评价则被等同于可比较的内含量的秩序。

4. 怀疑的可能性打开了一个论辩的空间,在此空间中,各种见证及见证者相互对质。在交流的某些一般条件下,这一空间可

---

① 在《印欧政制语汇》(*Le Vocabulaire des institutions indo-européenes*, Paris, Éd. de Minuit, 1969)中,本维尼斯特(E. Benveniste)提到,在罗马法中,源自 tertius 的 testis 表示的是负责见证一个口头的约定并有权证明这一交换的第三方(引自迪隆,《目击证人:个人证明的社会条件》,前揭,页43)。

以被称为公共空间。正是在这一背景的基础上,出现了对于见证的批判。通过在他的宣告中加入第三个句子,见证者以某种方式预示了这一状况:他说,"我曾在那儿",然后加上"相信我",他可能带着点挑衅的意味说,"如果你不相信我,那去问问其他人"。于是,见证者成了这样一个人,他接受传唤,并乐意回答可能是对立的申诉。

5. 于是,一种旨在强化见证的可信度和可靠性的道德命令的补充性维度加入了进来,即见证者可以重申他的见证。可信任的见证者可以坚持他在过去所作的见证。这一坚持使见证类似于一种承诺,更确切地说,类似于一种先于所有承诺的承诺,即兑现承诺、不食言的承诺。于是,在表明了与单纯的相同性(mêmeté)——它是性状的相同性,或者更合适的说法是基因型的相同性,它从个体的出生到死亡都是不变的,它是个体身份的生物学基础——不同的自身性(ipséité)的话语行为中,见证与承诺结合了起来。① 见证者在任何要求他对他说过的话负责的人面前,都必须要有能力这样做。

6. 见证行为的这一稳定结构使见证成了社会关系的建构性关联总体中的一个确定性要素;大部分社会行为主体的可信赖性对于总体确定性的这一贡献使见证成为一种制度(institution)。② 我们可以在这里称之为一种自然制度(institution naturelle),尽管这一表述显得像是一个逆喻(oxymore)。它有利于将叙述在日常

---

① 关于自身性与同一性的区分,参见《作为他者的自身》(前揭,1996年的再版,页167-180)。关于承诺,可以阅读 Henrik von Wright,《论承诺》(On promises),见 Philosophical Papers I,1983,页83-99:"肯定"这样的事情已经发生,确证这一事实,这就等同于一个"关于过去的承诺"。

② 我在这里完全同意迪隆将目击者视为一种"自然制度"(institution naturelle)的做法(迪隆,《目击证人:个人证明的社会条件》,前揭,页41-69)。作者指出,他的分析同舒尔茨(Alfred Schutz)在《社会世界的现象学》(前揭)中的现象学社会学分析以及阿伦特(Hannah Arendt)的公共空间理论相似。

交流中的这一共同保证同对它的技术的、"人为的"使用区分开，而后者一方面表现为在既定的制度框架内被做成档案，另一方面表现为受法庭的诉讼程序控制的证词。我曾使用过一个类似的表述来区分回忆起（remémoration）的日常使用和表现在记忆术（ars memoriae）中的受到训练的记忆化（mémorisation）技能——这样我们就将自然记忆与人工记忆对立起来了。构成制度的，首先是随时准备被重申的见证的稳定性，然后是每一个见证的可信任性对于社会关系的确定性的贡献，只要社会关系是建立在相信他人的言语的基础上的。① 这一信用关系逐渐扩展到所有交换关系、契约和协定中，并构成了对他人言语的赞同这一社会关系的本原，以致发展成为共同体的习惯（habitus），甚至是一种审慎的规则，即先相信他人的言语，然后在有充足理由的情况下再怀疑它。用我的话说，这涉及的是有能力的人（l'homme capable）的一种能力：对他人言语的信任使社会世界成为一个可以在主体间共享的世界。这一共享就是我们所谓的"常识"（sens commun）的主要组成部分。而当一个腐朽的政治制度制造出相互监视、告密的氛围，其中的种种谎言又侵蚀着语言中的信任基础的时候，受到严重影响的正是这一常识。我们在这里又发现了之前讨论过的被操控的记忆的问题，只不过在这里这个问题被放大到了整体社会的交流结构当中。② 对他人言语的信任所强调的不仅是人与人之间的相互依存关系，还有共同体成员的人性上的相似性。信任的交换说明了相似的存在者之间的关系。这一点有必要在最后提一下，以便平衡一下在有关建立社会关系的诸多当代理论中对于差异的过分强调。相互性纠正了行动者的不可替代性。相互的交换强化了在他

---

① Von Wright 在《论承诺》（On promises）中用"制度"（institution）一词来指称这种用法。它类似于维特根斯坦的语言游戏和"生活形式"概念。

② 参见上文，第一部分，页97-105。

人当中(inter homines esse)的存在感——正如阿伦特爱说的。这一在两者之间(entre-deux)既打开了共识(consensus)的领域,也打开了分歧(dissensus)的领域。在从见证到档案的道路上,可能不同的各种见证将要引入的正是这种分歧。结论是,一个社会的语言的安全性(sécurité)的平均水平最终依赖于每一个见证者的可信任性以及由此取得的生平证明。"历史见证者们"的孤独正是在这一被假定的信任的背景上突显了出来,因为他们的不同寻常的经历超出了普通的、平均的理解能力。还有些见证者从未遇到能够聆听并听懂他们的听众。①

---

① 当说的是一个共同感知的世界的时候,提出一个共同世界的预设相对而言就比较容易。Melvin Pollner 在副标题为"事件与共同世界"(Événement et monde commun)的论文《真正发生了什么?》(Que s'est-il réellement passé?, 见 L'Événement en perspective, Paris, EHESS, coll. « Raisons pratiques », 1991, 页 75-96)中就是以这一简化了的处境为前提的。在这篇论文中,常识(sens commun)是通过预设一个可以被共享的世界来定义的:"我们将这一假定及这一假定所允许的推论活动所构成的整体称为普通理性"(Pollner,同上,页 76)。事实上,正是这一"不可更正的"、不可证伪的预设指出了各种不一致,也将这些不一致视为是一些不可能通过某些聪明的方法而被简化的难题(puzzles)。如果涉及到一个文化世界,那么一致的标准就更加难以建立了。而认为不一致就是歪曲的这种看法则更成问题得多。如果我们单纯地采纳前面说过的两种记录模式,即摄像机模式和旁观者的不介入模式,情况就可能是这样。一个可以被共享的世界的假定于是就成了和谐(concorde)而非一致(concordance)的理想。而这个理想就是在一个独一无二的感知世界中的一种可以被共享的生活的预设。历史学家感兴趣的是那些被认为是重要的和有意义的受到见证的事件,但这些事件超出了感知的范围,进入了意见的领域。所谓的常识(sens commun)是一个十分脆弱的意见世界,在其中,不仅产生了分歧和不合等各种不一致,由此还进一步产生了争论。事件主人公的言辞的真实性问题就在这一情况下被提了出来。而这就需要仰赖历史学家和法官的论辩逻辑了。但是在倾听大屠杀集中营的那些幸存者的见证上所遇到的困难也许构成了对所谓的共同感知世界的令人放心的融贯性的一种最令人担忧的质疑。因为这里涉及的是一些"不同寻常的"见证,它们超出了"普通的"理解能力,也即 Pollner 所说的普通理性(mundane reason)。在这方面,Primo Levi 在《如果这是一个人:回忆》(Si c'est un homme: Souvenirs,第一版;Turin, Einaudi, 1947;法译本, Martine Schruoffeneger 译, Paris, Julliard, 1987;再版,1994)和《遇难者与幸存者》(Les Naufragés et les Rescapés,第一版,Turin, Einaudi, 1986;法译本, André Maugé 译, Paris, Gallimard, 1989)中的令人沮丧的讨论值得我们思考。

第四节　档　案

　　档案环节就意味着我们进入了历史编纂活动的文字的环节。见证最初是口头的；它被聆听，被听取。而档案是文字；它被阅读，被查考。职业历史学家是档案的读者。

　　在档案可以被查考、被组建之前，先要做成档案。① 但后者使一条连续的道路出现了断裂。我们说过，见证使宣告的记忆具有了叙述的顺序。但它属于那种可以脱离开叙述者的叙事，正如对结构主义略知一二的某种文学批评所强调的。但现象学家并没有举步不前：在所有陈述的已说（le dit）和所说（le dire）之间出现了微小的差距，这一差距使陈述（énoncé）和所说之话（dit des choses dites）走上了一条严格意义上的文学道路。此外，为被叙述的故事编织情节的工作加强了文本的语义自主性，作品则使这一故事具

------

① 见证被做成档案这个环节在历史编纂史中得到突显，是由于 histōr——其代表就是希罗多德、修昔底德以及其他古希腊历史学家和之后的拉丁历史学家——这一形象的出现。在 François Hartog 之后，我在上文（导论，页173，注5）中也提到了游吟诗人和 histōr 间的差别。François Hartog 从这个角度明确指出了见证者和 histōr 间的关系。而在他之前，本维尼斯特（E. Benveniste）已经强调了解决纠纷的法官和目击证人间的连续性："对我们而言，法官不是见证者。这一意义上的变化妨碍了对于两者间的连续性的分析。但恰恰由于 histōr 就是见证者，是唯一能够结束争论的人，因此 histōr 就被赋予了这样的意义，即 histōr 是'在诚实（bonne foi）问题上作出最终判决的人'"（《印欧政制语汇》，前揭，卷二，引自 F. Hartog，《希罗多德的镜子》，前揭，页IX）。"对于这一已成为判决人的见证者，也许在这里需要对提供见证的人和听取见证的人作出区分。通过在单纯的看见和研究的"展示"（exposition）之间插入一连串"话语标志"（marques d'énonciation）——我看见了，我听见了，我说，我写——，Hartog 拉开了 histōr 和目击证人间的距离（同上，页298）。于是，这个话语游戏就在眼睛和耳朵（同上，页274）、说和写（同上，页270-316）之间进行着，但其中任何一方都无法说它的话语就是真理（同上，页 XIII）。就此而言，文字成了关键性的标志：所有那些具有"使人相信的效果的叙事能力"的叙述策略都会被引入到文字中（同上，页302）。在后面讨论历史学家的表象概念时，我们还将回到这一主题（参见下文，页302-369）。

有了文字的可见性。①

除了同叙事一样具有文字性的特点,见证还具有与给出见证和接受见证的人之间的交流结构有关的一些特点:鉴于见证具有可重复性的特征——正是基于这一特征,见证才成其为制度——,见证便可以在叙事中得到记录和保存。证词(deposition)是一些特定机构的可能性条件,这些机构旨在收集、保存和分类各种文献资料,以备那些专业人士查考之用。档案于是成了这样一类痕迹(trace)的有形庇护所,这类痕迹既非大脑的痕迹,也非情感的痕迹,而是文献的痕迹。但档案不仅仅是一个空间的有形场所,它也是一个社会场所。塞尔托(Michel de Certeau)在他所说的——在我之前——历史编纂活动的三部分的第一部分中,就是从这第二个角度来讨论档案的。② 他说,将产品(produit)与场所(lieu)联系起来构成了历史知识认识论的第一个任务:"将历史设想为一种活动,就是在一种必须受到限制的模式中将它理解为位置(招募、身份、职业)、分析步骤(一门学科)和文本的构建(文献)间的关系"(《历史书写》,页64)。作品的社会场所这一观念包含了对实证主义的批判,和塞尔托一样,阿隆(R. Aron)在写作《历史哲学导论:论历史客观性的限度》(*Introduction à la philosophie de l'histoire : essai sur les limites de l'objectivité historique*,1938)时,也提出了对实证主义的批判。与强调"对象的解体"的阿隆不同,塞尔托更强调历史作为知识的制度这一社会身份背后的隐言(non-dit),而非作者的主观性及个人的决断。就此而言,他也与韦伯(Max Weber)不

---

① P. Ricoeur,《从文本到行动:诠释学论文集 2》(*Du texte à l'action : essais d'herméneutique* 2,Paris,Éd. du Seuil,coll.《Esprit》,1986)。

② "将观念同场所联系起来的举动是[……]历史学家的举动。对他而言,理解就是从可定位的生产的角度来分析每种分析方法首先根据自身的相关性标准所确立的材料。"(《历史编纂活动》[L'opération historiographique],见《历史书写》,前揭,页 63;这篇论文的部分内容另刊于《历史活动》[L'opération historique],见 J. Le. Goff 和 P. Nora 主编,《制造历史》,前揭,卷一,页 3 - 41)

同,后者在《学术与政治》(Le Savant et le Politique)中指出,学者的权利应该"避免"受到政治社会的制约。同对社会——它产生了"场所"(lieu)背后的隐言,而历史学家正是从"场所"开始言说的——关系的这种压抑相反,塞尔托——就像哈贝马斯为人文科学的"重新政治化"辩护一样——指出,一个被认为"掌握"历史话语的复数主语将语言占为己有了:"由此表明历史话语对于每一部历史编纂作品都具有优先性,也表明了这一话语同社会制度的关系。"(《场所的生产》[Production du lieu],见《历史书写》,前揭,页 71-72)。

如果要说明构建一个明确的认识论对象的过程,用塞尔托的话说,就是"从收集文献到写书"(前揭,页 75)的过程,那么只是将历史学家放回到社会中是不够的。由档案组成的这些社会单位的多层建筑要求对做成档案的行为,即档案化作出分析,而这一档案化行为可以被置于一系列证实活动当中,并且这一系列活动的暂时终点是文献证据的建立。① 在解释——在对"为什么……?"的问题给出"因为……"的回答的确切意义上而言——之前,先要建立原始资料,塞尔托认为,建立原始资料相当于"重新分配空间",而福柯意义上的"稀缺性"(raretés)的收集者早已对此空间进行了划分。塞尔托认为,"场所"(lieu)就是对确切意义上的认知活动在其中发挥作用的这类或那类话语表示"允许和阻止的东西"(前揭,页 78)。

搁置、集中、收集的举动成了一门与众不同的学科,即档案学的目标,就对使档案不同于口头见证的道听途说的那些特点的描述而言,历史活动的认识论在很多方面受惠于档案学。当然,如果

---

① 塞尔托在历史编纂活动的第二部分"一种实践"下属第二小节"原始资料的建立或空间的重新分配"中讨论了"文献"的建立(Certeau,《历史书写》,前揭,页 84-89)。"历史中的一切开始于保留、收集以其他方式分配的对象,并将之转变成'文献'的举动。这一新的文化分配是第一步工作"(同上,页 84)。

文字材料是档案的主要组成部分,并且在文字材料当中,过去的人的见证是其核心,那么所有类型的痕迹都应该被做成档案。就此而言,档案概念恢复了书写行为在《斐德罗篇》的神话中被赋予的整个丰富性。与此同时,对于档案的所有辩护都将是存疑的,因为我们不知道,也许我们永远都不知道从口头见证到文字见证,到档案文献的转变对于活生生的记忆而言到底是有利还是不利,到底是毒药还是良药(pharmakon)……

在记忆和历史间关系的这一辩证法框架内,我想引入我在《时间与叙事》中对档案概念所作的分析。① 在这里,重点将被放在使档案不同于口头见证的道听途说的那些特点上。首先引起我们注意的是意图保存其行为痕迹的某个自然人或法人的主动行为,正是这一行为开启了写作历史的行动。然后是对被搁置一边的材料进行或多或少的系统整理。这种整理由两个部分组成,首先是各种物理的保存措施,其次是由于档案学的某种技术上的需要才应运而生的关于分类的逻辑操作。所有这些程序都是为了第三个环节,即在允许查考资料的各项规则限制的范围内查考资料。②

如果我们有所保留——关于这些保留的部分,我在后面将会讨论——地认为,文本是档案的主要组成部分,如果我们想要关注这些由能够获取材料的同时代人留下的见证所组成的文本档案,

---

① P. Ricoeur,《时间与叙事》(*Temps et Récit*),卷三,前揭。
② Françoise Hildesheimer,《法兰西档案:历史的记忆》(*Les Archive de France*: *Mémoire de l'histoire*, Paris, Honoré Champion, 1997)。Jean Favier 和 Danièle Neirinck,《档案》(Les Archives),见 François Bedarida, *L'Histoire et le Métier d'historien en France 1945 - 1995*, Paris, Éd. de la Maison des sciences de l'homme, 1995, 页 89 - 110。后两位作者所采纳的"档案"的定义是 1979 年法国新出台的法律当中给出的较为宽泛的一个定义:"档案是被所有自然人或法人以及所有公共或私人机构或组织在其行动中生产或接受的文献总体,不论这些文献的日期、形式和物质载体是什么。"(引自 Jean Favier 和 Danièle Neirinck,《档案》[Les Archives],见 François Bedarida, *L'Histoire et le Métier d'historien en France 1945 - 1995*, 前揭,页 93)

那么我们就需要考察口述见证到被建构的档案的这一变化过程，也就是历史学家对于活生生的记忆的第一步变动。由此，我们就能够用《斐德罗篇》中讲述"被写下的话语"的话来说明文字见证："另外：一件事情一旦被写下来，它就会到处流传，传到能看懂它的人手里，也传到与它无关的人手里；此外它也不知道该向谁说，不该向谁说。如果出现对它的曲解和不公平的指责，它总是需要向它的父亲求助，因为它既无法保护自己，也无法靠自己的力量摆脱麻烦"（275d,e）。从某种意义上讲，这是件好事：和所有文字一样，档案文献对任何识字的人都是开放的，与口头见证有一个明确的对话者不同，它没有明确的听众；此外，档案中的文献不仅是沉默不语，而且还是孤儿。文献所包含的见证内容已经脱离了"生育"它的作者，是那些有能力查考、保护和帮助它的人在照顾它。在我们的历史文化中，档案对于查阅档案的人具有某种权威性；我们可以称之为文献革命，就像我们在后面将会讨论的。在今天看来已经过时的一段历史研究时期中，档案工作被认为可以确立起历史学家认知的客观性，以避免其主观性。从档案查阅的较为主动的观念来看，符号的改变，即从孤儿文本变成具有权威性的文本是与见证同证据的考据学的结合有关的。在法庭证词和职业历史学家收集的见证材料中都有这种结合。见证被要求证明自身。因此是见证帮助了那些援引它的发言人或历史学家。就历史而言，见证升格成为文献证据标志着文字书写同这一"用作提示的记忆"（mémoire par béquille），这一 hupomnēmē，尤其是人工记忆——在《斐德罗篇》的神话中，这种记忆只具有次要的地位——的辅助关系的一个反转时刻。无论文献历史——实证主义的或不是实证主义的——的变化曲折是怎样的，对于文献的狂热却占据了那个时代。在目前讨论的后续阶段（第三部分，第二章）中，我们将提到耶鲁沙利米（Yerushalmi）面对大量档案的恐惧以及诺拉（Pierre Nora）的感叹："请做成档案吧，这样就能留下些东西！"摆脱卑微渐显傲慢,档案化的文献之药是否已经不再是良药而成了毒药呢?

让我们跟随历史学家进入档案。我们将在布洛赫(Marc Bloch)的陪伴下走入档案的领域,而后者可能是最明确地将见证与建构历史事实联系起来的历史学家。① 历史求助于见证这一点并不是偶然的。它植根于历史对象的定义之中,历史的对象既不是过去,也不是时间,而是"时间中的人"。为什么历史的对象不是时间? 首先,因为时间是一种介质,"各种现象浸泡在这种原生质中,并且在时间中变得清晰可懂"(Bloch,《为历史学辩护或历史学家的技艺》,页52)。(换言之,正如我在前面指出的,时间本身构成了历史有效性的形式条件之一)。其次,因为时间就像事物的节奏和事物间的变量,布罗代尔的社会时间问题就表明了这一点;此外,物理自然也在时间中发展着,在这个宽泛的意义上,物理自然也有历史。最后,因为起源的魅力——这一"起源的偶像"——取决于对时间的排他的、直接的主题化;这就是为什么历史对象的定义会指向人。但它说的是"时间中的人",其中暗含了现在与过去间的一种本质关系。正是由于这一辩证法——"通过过去来理解现在"以及相应地"通过现在来理解过去"——见证范畴才能作为存在于现在中的过去的痕迹出现。就此而言,布洛赫将见证放在了痕迹(trace)概念下面。痕迹成了一种"间接"知识的代表。

布洛赫从两个方面考察了历史同见证的关系。

第一个方面是在"历史观察"(第二章)标题下展开的,第二个方面则是在"历史批判"(第三章)标题下展开的。

---

① Marc Bloch,《为历史学辩护或历史学家的技艺》(*Apologie pour l'histoire ou Métier d'historien*, Paris, Masson, Armand Collin, 1993 – 1997,由 Jacques Le Goff 作序;第一版,Paris, Armand Collin, 1974,由 Georges Duby 作序)。这部著作是在没有文献资料可以查阅的孤独中撰写的,但随着这位伟大的历史学家被捕以及被纳粹处以死刑,写作也因此中断了。

第二部分 历史认识论

　　如果我们能够谈论历史观察,这是因为痕迹之于历史认知就像直接或仪器的观察之于自然科学。见证成了历史观察这一章其中一节内容的标题;这部分内容一上来就区分了见证在历史中的使用和见证在日常交流中的使用——口述内容居多。历史学家在档案文献中遇到的见证都是书写痕迹。在日常交流中,见证以及对见证的接收都是在同时代人中进行的,但在历史中,见证则处在过去和现在的关系以及过去与现在的理解运动中。由此可见,文字是一门本质上回溯性的科学,一种"反向"思想的中介。

　　不过还有一些不是"文字见证"但同样属于历史观察的痕迹,即考古学最钟爱的"过去的遗迹(前揭,页70)":陶瓮、工具、硬币、画像或篆刻出来的图像、家具、丧葬物品、残存的住宅等。我们可以在广义上称它们为"非文字的见证",尽管这可能会和口述见证——我们将在后面对它进行探讨——发生混淆。① 此外,我们还将看到,见证被划分为了后世子孙的主动见证,以及让历史学家感到好奇和兴趣的那些见证者无意中留下的见证。② 这一连串定义——时间中的人的科学、有关痕迹的知识、文字的和非文字的见证、主动的和被动的见证——保证了历史作为一门职业以及历史学家作为工匠的地位。最后,"历史研究在其发展过程中逐渐认为那些见证者无意中留下的见证才是更可信的"(前揭,页75)。事实上,除了忏悔、自传和日记,绝大多数契据、司法部的密件和军部的机密报告、档案文献都是见证者无意中留下的。在档案中充斥着各种不同类型的材料。而要把握这些材料,则需要各种技能,为了收集研究必需的文献甚至需要掌握特定的辅助学科及查考各种指南。职业历史学家是时时将下述问题铭记在心的人:"我如何能知道我

---

　　① 通过将非文字的见证同金兹堡(Carlo Ginzburg)所提出的征象(indice)及征象知识概念联系起来,我将在后面进一步强化文字的和非文字的见证间的区分。
　　② "好的历史学家就像传说中的食人怪。只要在哪里闻到人肉的味道,他就知道他的猎物在哪里。"(Bloch,《为历史学辩护或历史学家的技艺》,前揭,页51)

将要对你说的是什么?(前揭,页 82)"①这种精神倾向定义了作为"研究"——根据这个词的古希腊语词源而言——的历史。

在历史观察的核心处,同"同时期的见证"(前揭,页 69)的这一关系——这些保存在档案中的"他人的言论"——足以引出两条相对的思想脉络:一条是行进在历史和社会学间的脉络,另一条是由两种对立的方法论态度构成的历史的脉络。涂尔干意义上的社会学对时间是漠不关心的,这种社会学往往在变化中看到的只是残渣,社会学把这些残渣施舍给了历史学家。就此而言,对历史的辩护将必须是对事件——我们在后面将会讨论这一见证的重要对象——的辩护(正是沿着布洛赫的思想脉络才会出现诺拉为"事件的回归"所做的辩护)。历史学和社会学间的斗争不仅是严肃的,有时还将是残酷的,尽管布洛赫承认从社会学家那里学到了"严密思考"。第二条脉络将一种明显重构的方法——鉴于它同痕迹的主动关系——同被布洛赫斥为"实证主义"的方法——这是他的老师瑟诺博斯(Seignobos)和朗格卢瓦(Langlois)的方法,布洛赫嘲讽了这种方法所表现出的精神上的懒惰②——对立了起来。

探讨历史同文字和非文字见证的关系的第二部分名为"历史批判"(la critique)。这一名称表明历史是一门科学。当然,在司法程序和历史批判过程之外的人群中也会发生各种争论和对质。但只有对文字见证和遗迹这样的其他痕迹的检验才会产生名副其实的批判。事实上,在批判这个词被康德赋予考察认识能力之限

---

① 此外,是否应该说一下档案文献在物质上的脆弱性、自然和历史灾难、人类的各种大小灾难呢?当我们谈到遗忘——作为对痕迹,尤其是对文献痕迹的抹除——的时候,将会回来讨论上述问题。(参见,第三部分,页 543-545)

② 瑟诺博斯(Charles Seignobos)真的说过:"向自己提出问题是很有用的,但要回答这些问题则是十分危险的"这样的话吗?布洛赫虽然引用了这句话,但他对此表示怀疑,他接着说道:"夸口之人是肯定不会讲这些话的。但是如果物理学家们未曾表现出更多的职业勇气,今天的物理学又将会是什么样呢?"(Bloch,《为历史学辩护或历史学家的技艺》,前揭,页 45)

度的先验作用之前,这个词在历史领域内出现时的意思就是确证他人的言论。历史批判在自发的轻信和对于原则的皮浪式的怀疑主义间开辟出了一条艰难的道路。这条道路也超出了单纯的常识。我们可以将历史批判的诞生追溯到瓦拉(Lorenzo Valla)的《君士坦丁的馈赠》(*La Donation de Constantin*)。① 而它的黄金时

---

① Lorenzo Valla,《君士坦丁的馈赠》(*La Donation de Constantin*,这本书的全名是 *Sur la « Donation de Constantin »*, *à lui faussement attribuée et mensongère*,写于 1440 年左右,法译本,Jean-Baptiste Giard 译,Paris,Les Belles Lettres,1993,由金兹堡作序)。这部有关历史批判的奠基性文本提出了阅读和解释问题,因为"修辞学和语义学,虚构的对话和对文献证据的细致讨论在这部著作中同时存在"(Ginzburg,前揭,页 XV)。要找到一种修辞学,对它而言,用来"说服人的"和"或然性的"证据(ta tekmēria,1354a)都属于修辞学的理性范畴,就必须回到亚里士多德的《修辞学》。当然,亚里士多德所关注的是修辞学的法庭形式,在"人的行为"(ta prattonta,1357a)当中,这种形式的修辞学与针对未来行为的最高贵的议政修辞学以及赞美或谴责现在行为的典礼修辞学不同,它涉及的是过去的行为(1358b)。意大利文艺复兴时期的学者是通过昆体良的著作来了解亚里士多德的修辞学的,昆体良在《演说术原理》(*Institutio oratoria*)第五卷中详细讨论了各种证据,其中包括文献(tabulae),如遗嘱和公文,瓦拉显然深谙昆体良的著作。金兹堡指出:"君士坦丁的敕令就属于后一种文献"(Ginzburg,前揭,页 XVI)。基于这一背景,瓦拉的书中出现不同的文体就不奇怪了。瓦拉的书由两个部分组成。在第一部分,瓦拉认为说君士坦丁大帝发布敕令将罗马帝国大部分土地赠送给主教西尔维西特一世是毫无根据的;这部分是以君士坦丁大帝和主教西尔维西特之间的虚构对话形式展开的。在第二部分,为了证明馈赠所从出的这份文献(就是所谓的"君士坦丁敕令")是假的,瓦拉利用了很多逻辑的、文体的以及"古文物学者"的证据来进行证明。针对"作为论战者和修辞学者的瓦拉和作为现代历史批判开创者的瓦拉间的鸿沟似乎是不可跨越的(Ginzburg,前揭,页 XI)"的说法,金兹堡向他的同时代人发起了论战,后者继尼采之后将修辞学当作一种怀疑论的武器来反对历史学家们根深蒂固的实证主义。为了弥合这一鸿沟并重新找到一种适合于历史编纂学的证据概念的用法,金兹堡循着亚里士多德和昆体良的修辞学,回到了修辞学和证据还未分离的珍贵时刻。修辞学有其自身的理性,而历史证据则像金兹堡关于"征象范式"(paradigme indiciaire)——我会在后面讨论它——的重要论文指出的那样,它并不遵循伽利略的模式,而实证主义的或方法论的文献证据概念就源于这一模式。这就是为什么后来的一些历史学家都受到了瓦拉的影响:圣莫尔(Saint-Maur)教团的本笃会式的博学和马比荣创立古文书学都直接源于瓦拉(参见,Blandine Barret-Kriegel,《古典时代的历史》[*L'Histoire à l'âge classique*],Paris,PUF,1988)。在 20 世纪出现的莫诺(Monot)、朗格卢瓦、瑟诺博斯、拉维斯(Lavisse)、库朗热(Fustel de Coulanges)的方法学派所提出的对于材料的内外考证的方法规则中同样能够发现对文献真实性的这一寻求。

期则是同三个伟大的名字联系在一起的:耶稣会士帕普布洛艾克(Papebroeck),他是《圣人传》的续编者之一,也是科学的《圣徒传》的创立者;来自圣莫尔(Saint-Maur)教团的本笃会修士马比荣(Mabillon),他是古文书学的创立者;奥拉托利会会友西蒙(Richard Simon),他标志着批判的解经学的开端。在这三个名字之外还要加上斯宾诺莎的名字和他的《神学政治论》(Traité théologico-politique)以及对许多问题提出怀疑的贝尔(Bayle)。除此之外,是否还应该加上笛卡尔呢?如果强调的是《谈谈方法》中的数学论证,那么应该加上笛卡尔;如果是将历史学家的怀疑同笛卡尔式的方法论怀疑联系起来,那就不该加上笛卡尔。① 自此之后,布洛赫所说的"同文献的斗争"便有了基础。这一斗争的主要策略是查考文献来源,以便区分文献真伪以及让那些可能自我欺骗或撒谎的见证者"说话",这样做,不是要让他们难堪,而是"为了理解他们"(前揭,页94)。

对于这种批判,我们还需要一种关于"坏见证"(同上)的地图学或类型学,如果比较这种地图学或类型学和边沁的《审判证据原理》(Traité des preuves judiciaires)②——布洛赫可能知道此书——的效果,那么不论怎样,历史学家的批判工作要远优于后者。

布洛赫的批判方法就具有代表性。他从有意的欺骗这样的作伪事实出发,继而揭示说谎、欺骗和作伪的原因,这些原因可能是出于个人的创作欲、私利或者其所处的时代本身就是一个偏爱弄

---

① 之前在讨论记忆术(l'ars memoriae)在布鲁诺(Giordano Bruno)之后开始衰落和死亡的时候,我们就已经首次遭遇了笛卡尔:参见,第一部分,第二章,页81-82。

② 法语原版由 Etienne Dumont 编辑,Paris,Bossange;英译本,Londres,Baldwin,1825。关于边沁的这篇论文,可参见 R. Dulong(《目击证人:个人证明的社会条件》,前揭,页139-162)和 Catherine Audard,《功利主义的历史与批判文集Ⅰ:边沁与他的先驱们(1711-1832)》(Anthologie historique et critique de l'utilitarisme, t. I: Bentham et ses precurseurs [1711-1832],书中的论文由 Catherine Audard 编选,Paris,PUF,1999)。

虚作假的时代。然后他讨论了最阴险的欺骗形式：狡猾的篡改以及巧妙地添加内容。之后他分析了那些无意的错误和属于见证心理学的病理上的不精确（有趣的是，相比于考察人类命运的隐秘原因，人们更容易在观察偶然事件上犯错误）。布洛赫利用他在20世纪两次世界大战中作为抵抗运动斗士的亲身经历，比较了他身为历史学家，主要是研究中世纪的历史学家的经历以及那些参战公民的经历，主要关注宣传和审查所扮演的角色以及谣言的有害作用。

正是在这一类型学的基础上，布洛赫引入了"批判方法的逻辑"（前揭，页107－123）；它开辟出了一块巨大的空间，布洛赫之后有许多人在上面耕耘。而其核心工作就是比较及确定相似与差异；通常的争议在这里会以典型的技术形式出现。除了禁止基本的形式矛盾，如一个事件不可能同时既存在又不存在，论证从分析如何揭露抄袭者的笨拙及指出明显不可能的事讨论到概率的逻辑。① 在这一点上，布洛赫并没有错误地将事件发生的概率——在掷骰子游戏中，骰子的六面在机会理论上是均等的，那就历史而言，情况如何呢？"就历史批判而言，几乎所有骰子都是被做过手脚的"（前揭，页116）——同档案阅读者作出真实性判断的概率混淆起来。在肯定与否定之间，怀疑成了衡量所选组合的或然性程度的认知工具。应该谈论的与其说是或然性，也许不如说是可信性（plausibilité）。在争论中，只有可信的论据才值得辩护。

我们在前面提到，在证据有效性的确认程序及内外连贯性的标准方面，还有许多工作有待去做，也的确有许多人正在从事相关方面的工作。对我而言，现在正是时候来比较一下布洛赫这一批

---

① "在这里，历史研究同其他许多思想学科一样，同概率论发生了交集。"（Bloch,《为历史学辩护或历史学家的技艺》，前揭，页115）

判方法的逻辑和金兹堡的"征象范式"(paradigme indiciaire)。①事实上,布洛赫的分析并没有详细讨论遗迹(vestige)概念,只是在说到考古学的时候提了一下,并很快将它划归为非文字的见证。然而在确定见证方面,遗迹所起的作用却是不容忽视的。警察的鉴定工作以及对口头或文字见证的解释工作都表明了这一点。金兹堡在这里提出征象(indice)和征象范式,是要大胆地反对伽利略的科学范式。

于是出现了两个问题:这一可以汇聚在一个唯一范畴下的征象的作用是什么②? 征象与见证的关系是什么?

对第一个问题的回答是由金兹堡的文本构建出来的。文本开头提到了一位能干的艺术爱好者,有名的莫雷利(Morelli)——弗洛伊德在他《米开朗基罗的摩西》的研究论文中引述了他——,他通过对表面上被人忽视的细节(耳垂的形状)的考察来甄别画作的真伪。福尔摩斯和他之后的所有侦探小说的作者都喜欢使用这种征象法(méthode indiciaire)。弗洛伊德在这种方法中看到了精神分析的源头之一,即"能够从被低估或被人忽视的特征和一般人不屑的细节中猜出某种秘密和被掩藏的东西(《米开朗基罗的摩西》)"。当精神控制一旦松懈,当一些不合适的言语在不经意间泄露出来的时候,口误不正是上述意义上的征象吗? 整个医学症候学将随着症状概念逐渐被归入征象范畴。征象范畴的背景是从前的猎人所具有的一种能够从无声的痕迹中辨认出猎物的知识。之后进入征象范畴的是文字,金兹堡认为文字"也像占卜,通过一个事物来指示另一个事物"(《神话,象征,痕迹:形态学和历史》,页150)。由此可见,整个符号学都具有征象的特征。那么,

---

① Carlo Ginzburg,《痕迹:一种征象范式的根本》(Traces: Racines d'un paradigm indiciaire),见 *Mythes, Emblème, Traces: Morphologie et histoire*,前揭,页139–180。

② 作者知识之广博、分析之精细通过对比表露无遗:在一篇四十多页的论文中出现了137个注释。

是什么使这些学科形成为一个范式的？出于以下几个特征：所要辨识的事物的个别性，辨识工作的间接性及猜测性（这个词来自占卜）。① 然后他谈到了历史，"所有这一切都解释了为什么历史永远不可能成为一门伽利略意义上的科学。[……]和医学知识一样，历史知识是征象性的，间接的和猜测的"（前揭，页154）。使口述传统消失的文字和文本不改变任何东西，因为历史学家所要处理的都是个别事例。金兹堡认为，历史知识的或然性特征就存在于同个别性的关系之中。

征象范式开辟出的领域十分广大："如果实在是晦暗不明的，那么还存在一些重要区域——痕迹、征象——可以让我们认清实在。这一观念，不仅构成了范式或符号学的核心，而且在知识的各个领域都能看到它的痕迹，它还深刻地塑造了人文科学"（前揭，页177－178）。

现在处理第二个问题，即金兹堡的征象范式同布洛赫及其后继者对见证的批判工作的关系问题。我不认为需要在这两种分析间作出选择。通过将历史知识划归到征象范式名下，金兹堡弱化了征象概念，因为征象概念一般都是同文字见证概念相对的。相反，布洛赫将遗迹看作非文字见证的做法却损害了见证作为记忆之宣告和叙述表达的特性。征象是被发现和被辨识的，见证则需要立证和考证。当然，这两种活动需要相同的洞察力，只不过运用的方式不同。征象符号学所破译的符号不是语言，而是指纹、照片档案以及今天的DNA样本——这一生者的生物学标记——这些沉默的"见证"，因而它的作用是补充、检查和确证口述或文字见证。这些符号的话语不仅彼此之间互不相同，也与耳垂的见证方

---

① 这最后一个特征使这种快速、灵敏的辨识征象的智识能力接近于M. Détienne 和 J.-P. Vernant 在《智慧的狡黠：希腊人的 mētis》（*Les Ruses de l'intelligence : la mētis des Grecs*, Paris, 1974）中所分析的古希腊人的 mētis。

式不同。

金兹堡的研究的好处在于,在痕迹观念内部建立了一种征象和见证的辩证法,并由此使文献概念获得了它的整个的丰富性。与此同时,见证和征象间的互补关系也存在于组织文献证据的内外连贯性的循环中。

一方面,痕迹概念实际上可以被当作见证和征象的共同基础。就此而言,痕迹概念的狩猎来源就很重要:动物经过那里,并在那里留下它的痕迹。这是一个征象(indice)。但是征象在广义上也可以被当作是一种文字(écriture),因为印记(empreinte)的类比最初让人想起打字,更不用说我们在记忆的现象学开头提到的 eikōn、字迹(graphie)和图画间的本源上的相似性。① 此外,文字本身就是一种这样的字迹,在此意义上,它就是一种征象。笔迹学就是通过各种征象来研究文字和文字的笔法(ductus)的。在这些类比中,征象完全可以被称为布洛赫意义上的非文字见证。不过征象和见证间的这些相似并不能掩盖它们在用法上的差异。总而言之,这些活动的受益者将是由征象和见证所构成的文献概念,它最终涵盖的内容的广度可与痕迹概念的源初辖域相提并论。②

还有某些根本上是口头见证的极端情况,尽管这些见证在痛苦中被写了下来,但要将它们做成档案却颇成问题,甚至引发了一场真正的见证危机。这主要指的是那些大屠杀(Shoah)——在盎格鲁-萨克逊的圈子里,称之为 Holocauste——集中营幸存者的

---

① 参见上文,第一部分,第一章。
② 将结合了征象和见证概念的文献概念同遗迹(monument)概念联系起来讨论会更精确。勒高夫在其论文《文献/遗迹》(Documento/monumento)——收录在《艾奥蒂百科全书》(*Enciclopedia Einaudi*, Turin, Einaudi, 卷五, 页 38-48)及意大利文版的论文集《历史与记忆》中——中,描述了这两个概念的复杂关系:由于文献能够更为充分地表现英雄的荣耀,所以从一开始,文献就比用于赞美的遗迹具有优势。不过对于一种意识形态的批判而言,文献和遗迹一样充满了对事实的歪曲。因此才有了对于文献-遗迹(document-monument)这个组合概念的辩护。参见《时间与叙事》,卷三,前揭,页 214-215。

见证。在这之前已有第一次世界大战幸存者的见证,但是这些见证对我们将要讨论的问题只是略微提及而已。迪隆在其书《目击证人》的批判环节"从证词的生命内部来作证"当中讨论了这些问题,在这部分受到讨论的还有莱维(Primo Levi)的著作《遇难者与幸存者》。① 为什么这类见证对历史编纂过程而言是一种例外呢? 因为它提出了一个接受的问题,做成档案没法回答这个问题,而且对这类见证而言,做成档案不仅是不合适的,甚至有时是格格不入的。这类见证涉及的是些极端经验,确切地说,是一些非同寻常的经验,这些经验很难被有限的普通接受能力和只具有通常理解力的听众接受和理解。听众的通常理解是建立在处境、情感、思想、行为的人性的相似感上的。但是要被传达的这些经验却是与普通人的经验毫无共同之处的非人经验。正是在此意义上,我们说它是极端经验。由此,历史学家的表象及其界限问题便在这里提前出现了,②尽管这个问题只有在历史编纂活动整个历程的尾声才会得到充分的阐述。在考察解释和理解的界限之前,必须首先考察记录和做成档案的界限。这就是为什么可以将它称为见证的危机。一个见证要能被接受,它必须是适宜的,这就是说,必须尽可能地剔除那些会产生恐惧感的极端怪异之处。幸存者的见证是难以满足这一严苛的条件的。③ 难以交流的

---

① Primo Levi,《遇难者与幸存者》(Les Naufragés et les Rescapés,前揭)。这本书是作者去世前一年写的,是对作者早年的一部著作《如果这是一个人》(Si c'est un homme)的一个长篇思考。请尤其关注《遇难者与幸存者》中名为"Communiquer"的这一章内容。

② 这正是 Saul Friedlander 主编的著作的书名:《论表象之界限:纳粹和大屠杀》(Probing the limits of Representation: Nazism and the «Final Solution», Cambridge, Mass., et Londres, Harvard University, 1992)。参见下文,第三章。

③ Primo Levi 就此说道:"在我们每个人身上都存在着一种来自'混沌',来自空无和荒寂的宇宙的焦虑,在这个宇宙中,有上帝的精神,却没有人的精神——也许还没有诞生,或者已经泯灭。"(《遇难者与幸存者》,1994 年再版的第 83-84 页;引自 R. Dulong,《目击证人》,前揭,页 95)

另一个原因在于见证者本身同事件之间没有距离,他们都是事件的参与者,没有"旁观者";即使不是采取行动的人,他们也是受害者。莱维问道,如何"讲述他们自己的死亡呢?"羞耻感则是阻碍交流的另一个障碍。因此,被期待的理解就其本身而言必须是一种审判,一种即刻的、无仲裁的审判,一种绝对的谴责。最终造成这一见证危机的,是这种见证的入侵与瓦拉在《君士坦丁的馈赠》中所开始的那种征服间的冲突。因为在后者那里,是同轻信和欺骗作斗争,而现在的斗争对象则是怀疑和想要遗忘的意志。是问题发生了改变吗?

然而,莱维写下了他的见证。在他之前,安泰尔姆(Robert Antelme)写下了《人》(*L'Espèce humaine*)①一书。而在安泰尔姆之前,阿梅利(Jean Améry)写下了《超越罪与罚》(*Par-delà le crime et le châtiment*)②。人们甚至还就他们的著作撰写各种文字。我在这里所说的是交流的不可能性以及他们所证明的见证的不可能性。而通过当代历史学家的工作以及对于重大罪行的公开——对于这些罪行的审判已慢慢进入到集体记忆中,尽管存在巨大分歧——,这些直接的见证逐渐找到了自身的定位,尽管并没有被完全理解和接受。③ 这就是为什么在谈到"直接的叙事"时,我没有像迪隆那样"对历史编纂学感到厌恶"(《目击证人》,页219)。"对于所有解释的厌恶"(前揭,页220)必然会引起一种见证环节——处于历史编纂活动的开端——和体现在文字表达中的表述环节间的短路,当中跳过了档案化、解释,甚至理解的阶段。但是奥斯维辛之后的见证危机仍然发生在历史编纂学这一公共空间之中。

---

① R. Antelme,《人》(*L'Espèce humaine*, Paris, Gallimard, 1957)。

② J. Améry,《超越罪与罚:为超越不可超越的》(*Par-delà le crime et le châtiment: Essai pour surmonter l'insurmontable*, Paris, Actes Sud, 1995)。

③ 参见下文,第三部分,第一章。

第五节 文献证据

现在我们让历史学家接触档案。他是档案的接收者,这些档案被某一机构保存,旨在让那些有能力使用它们的人查阅,同时机构也制定了各种规则,包括进入查阅的权限以及不同类型的文献的借阅时限。

在这一阶段出现的是文献证据概念,它指的是历史编纂活动在当前阶段所表现的历史真理。这里出现了两个问题:对于一个文献或一组文献而言,什么是证据?由此被证明的是什么?

对于第一个问题的回答同文献环节和解释、理解环节以及表述的文学环节的关系有关。如果被查阅的文献可以被作为证据,那是因为历史学家是带着问题来查阅文献的。因此,探讨文献证据概念首先就要讨论提问和问题表(questionnaire)概念。历史学家查考档案的时候都是带着问题的。与那些被布洛赫称为实证主义者,而我们更愿意称之为方法论者的人——如朗格卢瓦和瑟诺博斯①——相反,布洛赫是最早对他认为的认识论的幼稚表示警惕的人之一,认识论的幼稚指的是这样一种观念,即认为存在第一阶段,在这一阶段中,历史学家收集文献,阅读这些文献并衡量它们的可靠性和真实性,之后是第二阶段,即运用文献的阶段。在拉贡布(Paul Lacombe)之后,普洛斯特(Antoine Prost)在《关于历史的十二堂课》(*Douze Leçons sur l'histoire*,页 79)②中强调说:没有不

---

① 对于朗格卢瓦和瑟诺博斯的较为公允的讨论,可参见《历史研究导论》(*L'Introduction aux études historiques*, Paris, Hachette, 1898)以及 Antoine Prost,《再论瑟诺博斯》(Seignobos revisité),见 *Vingtième Siècle, revue d'histoire*,第 43 期,1994 年 7 - 9 月,页 100 - 118。

② Antoine Prost,《关于历史的十二堂课》(*Douze Leçons sur l'histoire*, Pairs, Éd. du Seuil, coll. «Points Histoire», 1996)。Paul Lacombe,《论作为科学的历史》(*De l'histoire considérée comme science*, Paris, Hachette, 1994)。

包含假设的观察,没有不包含问题的事实。如果当我们要文献证实假设,也就是说表明这样的假设是真的时,文献才说话。由此可见,事实、文献和问题之间是相互依存的,普洛斯特写道:"通过使历史对象一开始就从可能的事实和文献的无边宇宙中脱离出来,可以说,正是问题构建了历史对象"(《关于历史的十二堂课》,页79)。就此而言,普洛斯特和韦纳(Paul Veyne)一样,认为当前的历史学家工作的特点在于"延长了问题列表"。不过引起这种延长的,是关于提问现象在解释和理解这两者间的关系中所处位置的假设的形成。普洛斯特还说,历史学家的问题"并不是一个赤裸裸的问题,而是带着关于文献来源和研究的可能方法的某种观念的问题"(前揭,页80)。因此,痕迹、文献和问题构成了历史知识的三脚基座。问题的突然闯入让我们有机会再来谈谈在上文中我们从见证概念出来讨论过的文献概念。从问题的角度讨论文献,那么文献就在不断地远离见证。尽管所有过去的残留物都可能是某种潜在的痕迹,但文献并不等同于过去的残留物。对于历史学家而言,文献并不是像遗留的痕迹那样的那种单纯的所予物。文献需要被寻找和发现。而且,它受到提问的制约,并由此被提问塑造。对一位历史学家而言,任何东西都可能成为文献,考古挖掘发现的碎片及其他遗迹毫无疑问都能成为文献,但令人惊讶的是,还有多种信息,如食物价目表、价格曲线图、教区登记簿、遗嘱、数据库等等也能成为文献。于是,文献就是历史学家为了找到有关过去的信息所查阅的所有东西。在文献中,有许多从此以后便不再是见证了。我们在下一章中将要谈到的那些同类事项甚至不再能归给布洛赫所说的无意的见证者。在有一类非文字见证,即在微观史学和当代史学中被大量运用的被记录下来的口述见证中,文献的这一查阅特征表现得尤为明显。在幸存者的记忆和已经写下的历史的冲突当中,这类见证扮演了重要角色。但这些口述见证一旦被记录下来,它们就成了文献;于是,它们离开口述的范围进入文字的领域,并由此而逐渐远离了见证在日常对话中的作用。这样,我们就能说记忆被做成了档案和文献。而被做成档案和文献的记忆的目标就不再是原本意义上的记忆了,即被留存在意识的某个当下的连续性和占有性的关系之中。

第二个问题是:在历史编纂活动的这一阶段,什么被证明了?答案非常清楚,得到证明的是在分散的单称命题中被断言的一个或一组事实,这些事实往往包含了时间、地点、专名及表现动作或状态的动词。在这里,必须警惕对于确定的事实和过去的事件的混淆。一种审慎的认识论想在这里提请注意一种认识上的幻觉,这种幻觉认为,人们所说的不仅与实际发生的相一致,甚至与目击证人的记忆相一致,好像事实只是沉睡在文献当中,直到历史学将它们从文献中提取出来。马鲁(Henri Marrou)在《论历史认知》(De la connaissance historique)①中反对的这种幻觉始终相信,历史事实同自然的实验科学中的经验事实在根本上没有区别。就像在后面讨论解释和表述问题的时候,必须要警惕将历史还原为叙事,将叙事还原为虚构的某种难以察觉的文学结构的诱惑一样,必须从一开始就严格区分历史事实和被回想起的真实事件。事实不是事件,后者对见证者的意识生活而言是被给予的,而陈述的内容则旨在表述这一事件。就此而言,我们应该总是这样写:事实是,某件事发生了。按照这种理解就可以说,事实是通过将事实从一系列文献中提取出来的程序建构而成的,而关于这些文献,我们又可以说,是这些文献建立了事实。构建(construction,通过对于文献的复杂处理程序)和建立(établissement,以文献为基础)间的这种相互性显示了历史事实的特殊认识论地位。决定历史事实之真假的正是历史事实的这一命题特征(即事实是⋯⋯)。在这一层次

---

① Henri-Iréné Marrou,《论历史认知》(De la connaissance historique, Paris, Éd. du Seuil,1954;再版,coll.《Points》,1975)。

上,完全可以用波普尔的可证伪的及可证实的来理解真/假这对概念。犹太人、波兰人和茨冈人死在了奥斯维辛集中营的毒气室中,这一事实或是真的或是假的。对否定大屠杀的言论的驳斥就是在这一层次上进行的。这就是为什么对这一层次作出正确的限定非常重要。事实上,对于"文献证据"真理性的这一规定在解释和表述的层次上将不会出现,因为波普尔所说的真理的特征在解释和表述的层次上将变得越来越难以应用。

有人可能会在这里反对历史学家们对于事件概念的用法,他们或是反对历史学家由于事件本身短暂易逝,甚至由于事件概念同社会生活的政治层次具有突出的联系而将事件概念驱逐到边缘的位置,或是反对历史学家欢迎事件的回归。在事件概念在历史话语中缺席了这么长时间之后,无论对它的回归表示怀疑还是欢迎,它能出现在历史话语中,是因为它是最终的指涉对象(référent)。事件概念所要回答的问题是:当人们说有事发生的时候,他们说的是什么?我不仅不会否认事件概念作为终极指涉对象的地位,而且我会在整本书中为事件概念辩护。为了保留历史话语对象的这一地位,我区分了作为"所说之事"(la chose dite),作为历史话语内容的事实和作为"所论之事"(la chose dont on parle),作为历史话语对象的事件。就此而言,对一个历史事实的断言就代表了所言(所说之事)和本维尼斯特所说的参照目标——它使话语转向世界——间的距离。在历史学中,世界指的是过去的人们的生活。这就是历史的全部内容。而人们关于历史首先说的就是,某件事发生了。事实是像他们说的那样吗?这是全部问题之所在。而这个问题将伴随我们直到表述阶段的最后,在那里,它将找到,如果说不上是对它的解答的话,那在 représentance 这一节中至少可以找到对它的准确表述。① 而现在,我们不得不让事

---

① 参见下文,第三章,第四节,页 359-369。

实和事件间的真正关系这一问题停留在不确定性之中,并容忍那些最出色的历史学家们不加区分地使用事实和事件这两个概念。①

至于我,我则想通过将事件视为见证——作为被做成档案的记忆的第一个范畴——的真正对象来突显事件。无论之后是要将事件概念主要放在同结构和局势(conjoncture)概念的关系中来说明,还是让它相对于其他相关概念处于第三方的位置上,事件就其源初意义而言,就是指一个人的见证。它是所有过去事物(praeterita)的象征。但是见证的话语所说的内容是一个事实,事实是……(le fait que…)。更确切的表述是,加在这个事实断言之后

---

① 在诺拉(P. Nora)的论文《事件的回归》(Le retour de l'événement,见 J. Le Goff 和 P. Nora 主编,Faire de l'histoire,前揭,卷一,页 210-228)中,诺拉说道,我们所处的时代——在其中,我们所经历的每一个当下都"好像已经承载着'历史的'意义"(Nora,页210)——的根本问题是当代史的地位问题以及所讲述的过去与历史之当下的关系问题。由于当下(présent)对于"创造历史"(faire l'histoire)的这种影响,所以才能说:"时事(l'actualité),历史感知的这种普遍传播在一种新现象中达到了顶峰,这种新现象就是事件"(页221)。事件的出现可以追溯到19世纪的最后30年。它指的是"这一历史的当下的快速到来"(同上)。人们指责"实证主义者们",认为他们让过去变成了与活生生的现在无关的死物,让过去成了历史认知的封闭领域。"事件"不是过去发生的事,这一点在以下这个简单的事实当中就能得到确认,即我们可以谈论"事件的生产"(页212)和"事件的种种变形"(页216);这里所说的是被大众媒体捕捉到的各种事实。在谈到像毛泽东逝世这样的重大事件时,诺拉写道:"它们已经发生的事实只是让它们成为历史的。而要成为事件,必须为人所知"(页212)。于是,历史就需要和媒体、电影院、通俗文学及所有交流媒介竞争。在此处,呼喊着"我在这里"的直接见证又回来了。诺拉说道:"现代性产生事件,而传统社会则倾向于减少事件的发生"(页220)。在我的用语中,事件就是诺拉所说的历史的,已经发生的事。而诺拉所说的事件——它同"它的思想意义"的内在联系使我们"逐渐接近历史创作的雏形"(Nora,页216)——则被我放到了事实这一边。诺拉感叹道:"事件是民主社会最令人赞叹的东西"(页217)。而与此同时,他又揭示了"事件的悖论"(页222):同事件的出现一同浮出水面的是深藏在其中的那些非事件性因素。"事件的优点在于它能将分散的意义集中起来"(页225)。"为了从事件的自明性回到对于系统的强调,需要依靠历史学家弄清这些意义。因为单一性要成为可理解的,总是要以新事物的出现所导致的系列的存在为前提"(同上)。因此,事件——"当代事件"——无奈地落入了由事件的敌人结构主义者们所指出的辩证法中。

的 que 保留了一种意向指向,这一意向指向在认识论旅程的终点将被放在 représentance 这一节中作为主题加以讨论。只有某种与历史话语并不适合的符号学会为了能指(叙事、修辞、想象)和所指(对于事实的陈述)这个排他性的对子而否认指涉对象。相对于这两个承自索绪尔语言学并且可能已经变样了的关于符号的概念,我提出能指、所指和指涉对象这组三位一体的概念。我在别处借用了本维尼斯特的一个表述,根据这一表述,话语就是某人依据某种规则就某事对某人说某话。① 在这一结构中,指涉对象就是说话者,即历史学家,及在历史学家之前亲历其见证的见证者的对象。

在投向《斐德罗篇》中关于文字发明的神话的光影中,我想对这章的起点——见证——和这章的终点——文献证据间的关系——做最后的审视。如果说痕迹和见证这两个概念保证了记忆到历史的过渡的连续性,那么之前谈到的与间隔(distanciation)作用相连的非连续性则会导致一种普遍的危机处境,在这一处境中会发生与集中营幸存者的不合时宜的见证有关的特殊危机。这一普遍化危机使占据这部分研究始终的药(pharmakon)的问题明确了起来。在文献证据的层次上,历史批判所质疑的是主动见证的信用特征,即相信所听到的言论,相信另一个人的话的这种自然倾向。由此将会产生一场真正的危机。这场信任危机使历史认知成了一个怀疑学派。在这里需要警惕的不仅是轻信,还有初次听到见证就认为它是可靠的这种观念。见证的危机:这是文献史治愈记忆以及将自己同追忆和悼念活动联系起来的一种粗暴方式。但是我们能够怀疑一切吗?难道我们不是因为相信了这个见证所以才能去怀疑另一个见证的吗?见证的普遍危机是可以忍受,甚至

---

① E. Benveniste,《普通语言学问题》(*Problème de linguistique générale*,Paris,Gallimard,coll.«Diogène»,1966)。

是可以想象的吗？历史能切断同所有宣告记忆的联系吗？历史学家可能会回答说，总之，历史是通过对于见证的批判来加强见证的，也就是说通过比较不同的见证来建立最可能，也最可信的叙述。但问题仍然存在：对于见证的这种构成上的不足，文献证据到底是良药还是毒药呢？通过加强证明及展开适度的争辩，解释和表述也许能使这一混乱局面得到某种程度的改善。①

---

① 就像 Arlette Farges 在《档案的趣味》(*Le Goût de l'archive*, Paris, Éd. du seuil, 1989)中所指出的，只有历史学家能够在档案中找到已逝之声的回音。同"展现了一个四分五裂的世界"的司法档案不同，历史学家的档案听到了"对于微不足道之事的这些不值一提的控告"的回声，"在这些不值一提的控告中，有人为了一件被偷的工具争吵不休，有人则为了衣服上被泼到脏水而争执不下。这些最小程度的混乱迹象已经留下了痕迹，因为它们产生了报告和讯问。这些几乎什么都没说，然而又透露出如此多信息的私人事实正是调查和研究的对象"(页97)。这些痕迹就是"被捕捉到的话语"(同上)。因此，历史学家并不强迫古人说话，而是任他们说话。由此，文献将我们带回到痕迹(trace)，而痕迹将我们带回到事件。

第二章 解释/理解

导　论

231　　相对于记忆而言,历史在认识论上的自主性是在解释/理解(Explication/compréhension)的层次上得到最有力的确认的。事实上,历史编纂活动的这一新环节是同前面的环节密切相关的,因为没有不带着问题的文献,也没有不需要解释的问题。正是通过解释,文献成为了证据。但与对历史事实的文献化处理相比,解释/理解带来的新东西则与文献化事实间的连接模式有关。一般而言,解释就是通过连接词"因为"的不同用法来回答"为什么"的问题。① 在这方面,就像所有这些用法都应该是开放的一样,历史编纂活动也应该留在所有科学学科所共有的方法——其特征在于以各种方式使用经过验证的模型化步骤——的附近。因此,模型和文献证据是联系在一起的。就像科林伍德、韦伯和阿隆在谈论单一归因(imputation causale singulière)时所强调的,建立模型是一种科学想象活动。② 这一

---

① G. E. M. Anscombe,《意向》(*Intention*, Oxford, Basic Blackwell, 1957, 1979)。

② Paul Ricoeur,《时间与叙事》(*Temps et Récits*, 卷一, 前揭)。参阅该书1991年再版的第322到339页(第二部分,第三章)。

想象活动使精神远离私人回忆(remémoration)和公共回忆的领域而进入可能性的王国。如果精神应该留在历史的领域,而不是滑入虚构领域的话,那么这一想象活动就必须要服从一种特定的规范,即对其指涉对象进行合理的划分。

这一划分是由两个限制性原则决定的。根据第一个原则,历史学家在其实践中所使用的各种解释模型具有一个共同的特征,即它们是同作为社会事实的人类现实发生关联的。就此而言,社会史不是和其他史学分支并列的一个历史研究领域,它是历史学选择作为社会科学阵营中的一分子的立足点和出发点。同当代某些历史学派一样,通过重点考察社会关系构成的种种实践模式及与之相关的身份问题——就像我们在下文中将要做的,我们将会缩短20世纪上半叶所形成的历史和行动现象学之间的距离,尽管我们不会取消两者间的这一距离。只有通过一种方法上的客观化,人类互动或一般而言的存在于人类行为的施动者和受动者之间的间性(l'inter-esse)模式——正如阿伦特爱说的那样——才会进入某种模型化过程,而正是通过这些过程,历史学才成为一种社会科学,而上述那种方法上的客观化的价值则在于,它从认识论的角度将历史学同记忆及一般叙事做出了区分。就此而言,历史和行动现象学(phénoménologie de l'action)都想要保持两者之间的差异以便在最大程度上促进两者之间的对话。

第二个限制性原则同历史学在社会科学领域中的位置有关。历史学通过强调变化及与变化相关的差异或间距(écart)而区别于其他社会科学,尤其是社会学。这一特征是历史的所有组成部分所共有的特征,这些组成部分包括经济现实、狭义上的社会现象以及各种实践和表象。在全部社会科学所共有的指涉对象内部,这一共同特征在有限程度上定义了历史话语的指涉对象。不过,变化及变化中的差异或间距具有一种明显的时间内涵。正因为这样,我们才会谈到长时段、短期、瞬时事件(événement quasi ponctuel)。历史话语由此而再次同记忆的现象学接近了。不过建构了不同时间段理论的历史学家,如拉布鲁斯(Labrousse)和布罗代尔,或在他们之后试图消解这一理论的历史学家的用语不同于本书第一部分所表明的以对于时间段的活生生的体验为依据的现象学家的用语。这些时间段是被建构的。即便历史学家在想方设法地模糊这些时间段之间的优先性次序,尤其表现在反对堆放得过分齐整的僵化的时间段结构方面,但历史学家还是通过多重时间段来调整时间经验。尽管记忆(mémoire)证明时间具有可变的深度,并对各种特定的记忆(souvenir)进行了排序,而且从中总结出了记忆的某种等级秩序,但记忆仍然无法自发地形成关于多重时间段(durées multiples)的观念。这一观念专属于哈布瓦赫所说的"历史记忆",在适当的时候我们将会谈到"历史记忆"这个概念。历史学家对于这一多重时间段的使用是由以下三个因素之间的相互关系决定的:被考察的变化在经济、制度、政治、文化或其他方面的特性,尺度(échelle)——被考察的变化就是在这一尺度下被理解、描述和解释的,最后是与这一尺度相符的时间节律(rythme)。因此,拉布鲁斯和布罗代尔以及其后的年鉴学派的历史学家们赋予经济或地理现象以重要性的必然结果就是对于宏观经济尺度及长时段这一时间节律的选择。三者之间的这一相互关系是历史学在处理社会行动的时间维度时最为显著的认识论特征。而作为指涉对象的社会现象的特性和重要文献类型之间的补充关联又进一步加强了上述相互关系。长时段时间结构首先是一系列可重复的事实,而不是以独特方式被回想起的特殊事件;就此而言,这些事实是可以被定性和被数学化地处理的。通过系列史学(l'histoire sérielle)和计量史学(l'histoire quantitative),[1]我们尽可能地远离了

---

① Pierre Chaunu,《计量史学与系列史学》(*Histoire quantitative*,*Histoire sérielle*,Paris,Armand Colin,coll.«Cahiers des Annales»,1978)。

柏格森和巴什拉所说的绵延概念。我们处身在一个被建构起来的时间之中,这一时间则是由结构化和量化的时段(durée)组成。正是由于20世纪中叶具有代表性的这些大胆的结构化活动,最近的实践和表象史学才能对时段做更为量化的处理,并似乎由此重新将史学导向了行动现象学以及与之相连的时段现象学。但这种史学并不否认它与年鉴学派最主要的工作所共享的客观化倾向。

就此而言,要讨论历史解释,那么就要以最精确的方式来描述解释活动的性质。我们已经提到过用来引出对于"为什么……?"问题的回答的连接词"因为"的各种可能的用法。这里我想强调的是历史解释类型的多样性。① 就这方面而言,我可以公正地说,不存在历史解释的优先模式。② 就历史话语的次终极指涉对象是能够产生社会关系的种种互动而言,不存在解释的优先模式这一点正是历史学和行动理论共享的一个特征。因而说历史学展现了使人理解人类种种互动的各种解释模式就不足为奇了。一方面,计量史学中的一系列可重复的事实被用来进行因果分析及建立规则,这些规则使功效(efficience)意义上的原因观念成为一种建立在"如果……,那么……"关系模式上的法则观念。另一方面,社会行动主体(agent social)的行为——这些行为通过商谈、辩护或揭发等手段回应了社会规范所施加的压力——则从理由解释(explicaiton par des raisons)观念中引出了原因观念。③ 这都是些极端

---

① 在《历史》(前揭)中,多斯将其历史之旅的第二部分命名为"归因"(imputation causale,页30-64)。这个新问题开始于波利贝(Polybe)和对"因果性的寻觅",后经过发明"或然性秩序"的博丹及启蒙时代,至布罗代尔及年鉴学派处达到顶峰。而在此之后,随着对于叙述的研究,发生了"诠释学转向",这一转向将通向第三个问题,即叙述问题。

② Paul Veyne,《人如何书写历史》(Comment on écrit l'histoire, Paris, Éd. du Seuil, 1971)。Antoine Prost,《关于历史的十二堂课》(Douze Leçons sur l'histoire,前揭)。

③ 在《时间与叙事》中,我分析的重点之一就是因果解释(explication causale)和理由解释(explicaiton par des raisons)的差别。参见,P. Ricoeur,《时间与叙事》,卷一,前揭,第二部分,第二章,页217以下。

状况。历史学的大部分工作主要是在这两极间的中间领域展开的,在其中,各种不同的解释模式任意地组合和变化。为了考察历史解释的这种多样性,我将这部分取名为"解释/理解"。就此而言,我们可以说已经超越了发生在 20 世纪初的围绕着解释和理解这两个当时被视为对立的术语的论战。韦伯在构思其社会理论的指导概念的时候,从一开始就将解释和理解结合起来,从中可以显露出他非凡的洞察力。① 最近,赖特(H. von Wright)在《解释与理解》(*Explanation and Understanding*)中为历史学建构了一种混合的解释模式,在其中,因果论(法则意义上的)和目的论(可以被合理化的动机意义上的)交替出现。② 就此而言,前面提到过的具有决定性作用的社会事实的类型、描述和解读的尺度、时间节律这三者间的相互关系也许可以对研究与理解相关的不同解释模式提供良好的指导。读者也许会感到惊讶的是,在这里并没有出现诠释(interprétation)概念。在那个发生理解-诠释(Versthen-erklären)之争的伟大时代中诠释不是与理解比肩而立吗?对狄尔泰而言,诠释不是与文字以及与一般意义上的铭印(inscription)现象有关的一种特殊的理解形式吗?我不但不会否认诠释概念的重要性,而且同狄尔泰相比,我还会给予它广大得多的应用空间:在我这里,历史话语具有三层诠释,分别是文献层次上的诠释,解释/理解层次上的诠释以及对于过去的文学表述层次上的诠释。因此,诠释成了经历三个层次的历史真理探索之旅的特征:诠释是整个历史编纂活动的真理诉求的一个组成部分。在本书第三部分,我们

---

　　① Max Weber,《经济与社会》(*Économie et Société*,前揭);参阅,第一部分,第一章,第一到第三节。

　　② 在《时间与叙事》(卷一,前揭,页 235 – 255)中,我已较为详细地介绍了赖特的这一准因果模式。自那时起,我就力图在多篇论文中平息解释/理解之争。两者间的这种对立在那个时期出现是有其合理性的,因为当时,处于孔德实证主义压力之下的人文科学被自然科学的现行模式深深吸引。狄尔泰则提出精神科学来抵抗人文科学被自然科学吞并的危险。历史学的有效实践需要一种更为审慎和辩证的态度。

还将谈到诠释概念。

在这章的开头对一些语汇和语义问题我再说上两句。也许相比于在解释/理解的讨论框架中对诠释主题的沉默，读者更为讶异的是对历史话语的叙事维度的沉默。这是为了将对它的分析延至历史编纂活动的第三个环节，即对过去的文学表述环节当中展开，而对我们而言，此环节是同历史编纂活动的前两个环节一样重要的。这就是说，我不会否认《时间与叙事》三卷本中的讨论所取得的成果。但通过以我之后将要说到的方式对叙事性作出的重新的定位，我将终结由叙事主义学派的信奉者所提出并被其批评者所接受的某种误解，这种误解认为，作为情节编织之特征的塑形行为（l'acte configurant）①是唯一可以替代以因果解释为主导的解释行为的选择。在我看来，这一令人不快的替代选择的出现破坏了明克（Louis O. Mink）的令人尊敬的论述。如果与历史话语的对于过去的表述环节联系起来看的话，叙事性的认识功能就能得到更好的表现。这将是一个理解情节编织的塑形行为为了表现过去是如何同各种解释/理解模式联系起来的问题。就表现（représentation）不是复制，不是被动的模仿（mimēsis）而言，叙事性（narrativité）不会因其同历史编纂活动的文学环节的联系而遭受任何权利上的减损（diminutio capitis）。

本章内容是建立在一个特殊的研究假设的基础上的。我用历史编纂活动的一类对象，即表象（représentation）来检验解释/理解的可理解类型（le type d'intelligibilité）。因此，本章内容将一种方法和一个对象联系了起来。而这样做是出于以下原因：表象概念和它的各种含义贯穿这部著作的始终。从古希腊有关 eikōn 的问题开始，表象概念就已经成为记忆现象学的最大困惑之一；而它还

---

① 这里，我借用了 Louis O. Mink 在《历史理解》(*Historical Understanding*, Cornell University Press, 1987) 中的用语。

将在历史编纂活动的后面章节中作为关于过去的文字表述（狭义上的历史书写）再次出现。因此，表象概念在本书的认识论部分会二度现身：一次是作为解释/理解的重要对象，一次是作为历史编纂活动。我将在本章的结尾部分比较此处构成表象概念的这两种用法。

在本章的以下部分，表象-对象（représentation-objet）同经济现象、社会现象和政治现象相比成了我们的主要指涉对象；这一对象会在作为历史话语之总体对象的社会变化这一广大场域中显现出来。以上便是这章的要点。

而在进入这个阶段的讨论之前，先要经过这样一些阶段。

在第一节中，我们会快速地浏览法国的历史编纂学在20世纪最初70年中经历的一些重要阶段，直到被观察家们——无论他们是否是历史学家——称为危机的时期。在这一年代框架——主要由年鉴学派的伟大尝试所构成，并由布罗代尔这一主要人物所决定——中，我们将直接面对方法问题以及在这里受到关注的对象——这个对象一直以来的名称是"心态"（mentalités），而心态这个术语则是由布留尔（Lucien Lévy-Bruhl）通过"原始心态"（mentalité primitive）这个词引入社会学的——的地位提升的问题（第一节："心态史地位的提升"）。

之后，我们则会随着这一双重研究进入到方法危机以及与之相伴随的心态史危机。由于在"原始心态"社会学中备受争议的起源，一直以来，心态史都颇受质疑。

然后我们将中断这一双重研究，转而谈谈三位我认为"严密的大师"——福柯、塞尔托、埃利亚斯（Elias），我求助于这三位大师是为了以一种全新的方式将心态史展现为既是一种研究现象总体的新方法，也是历史编纂学的新对象。而在介绍他们著作的同时，我将使读者习惯于把心态概念同表象概念联系起来，以便为表象概念利用它同行动及行动主体概念的结合最终取代心态概念做准备(第二节:"论三位严密的大师:福柯、塞尔托、埃利亚斯")。

但在这一替代发生之前,会有一长段准备期来讨论尺度概念(l'échelle):如果人们在微观史学中看不到相同的事物,那么意大利微观史学所表现出的这种历史多样性使我们能够根据"尺度游戏"(jeux d'échelles)来变换研究心态及表象的方法。宏观史学有多关注结构性的限制对于长时段的影响,微观史学就有多关注历史行动者在不确定的处境中进行协商的主动性和能力。

由此,在尺度变化概念的影响下,以及在一种新的研究社会史的总体性方法——由勒珀蒂(Bernard Lepetit)在《经验的诸种形式:另一种社会史》中提出——的框架内,我们从心态观念来到了表象观念。勒珀蒂在书中主要讨论各种社会实践及其表象,这些表象在书中被作为社会关系及其核心的身份的构成中的象征要素。我们将尤其关注表象的作用同应用于社会现象的不同种类的尺度——效用和强制的尺度、公共意见的权威性尺度、互相套嵌的时间段尺度——间的关联(第三节:尺度的变化)。

我们将以一个注解来结束本章。在这一注解中,我们将通过"表象"一词的多义性来为下一章中所出现的表象-对象和表象-活动(représentation-opération)的这一分裂作出辩护。马兰(Louis Marin)会在本章的最后部分第一次出现,在那里,解释/理解之旅将表现为从心态史变为表象史的过程(第四节:从心态概念到表象概念)。

第一节 心态史地位的提升

在大量有关历史解释的文献中,我选择了与被先后称作或交替性地称作文化史、心态史、表象史(histoire des représentations)的东西的出现、确立和更新有关的文献。我在后面将会解释,在经过一番深思熟虑之后,为什么我会最终采纳表象史这个名称。而在这一节当中,我将在还无法指出其合理性的情况下来阐述我的上述选择。事实上,心态(mentalité)概念特别容易受到攻击,因为它缺乏清晰性和区分,或者说得委婉点,因为它是由多个因素决定的。不过,使心态概念对历史学家显得必要的理由其实更值得关注。

在我看来,这些理由如下所述:

首先,站在尽量靠近职业历史学家的角度,我所感兴趣的是新近史学非常重视的这些新"对象"之一的地位在逐步的提升,甚至上升成为我前面说过的直接关联对象,或对所有与它相关的话语而言的指涉对象。这一提升自然就会引起重要度(valeurs d'importance)①和关联程度(degrés de pertinence)上的重新分配,进而影响经济、社会、政治现象在重要性尺度以及最终在宏观或微观史学尺度上的位置。指涉对象,关联对象方面的变化自然也会带来方法和解释模式上的变化。不仅(个体或事件的)独特性概念、可重复性概念、连续性概念将受到考察,集体性制约概念以及与之相连的社会行动主体的被动或非被动接受的概念也将受到检视。因此在这一番考察的最后,我们将会看到诸如占有(appropriation)和商谈(négociation)这样的新概念的出现。

站在离历史学家的工作稍远的地方来看,我想检视这样一种观点,这一观点认为历史学作为一种社会科学并没有违背它要同活生生的经验,同集体记忆的经验保持距离的原则,尽管它宣称要远离20世纪初瑟诺博斯和朗格卢瓦的实证主义——新近看来这种称呼是错误的——或唯历史的史学——这一称谓是更为确切的。我们可以想到,由于这个"新对象",史学变得——无论史学自身是否知道这一状况——非常接近于现象学,尤其是行动现象

---

① 我在本书第三部分第一章第四节(页436-448)讨论真理和历史诠释的关系的部分对这一表述做出了说明。

学,或按照我的说法,行动并受苦的人的现象学。尽管两者彼此接近,但心态史或/和表象史仍然处于认识论鸿沟的另一端,这一鸿沟将它同上述现象学区分开,而就记忆构成了我所说的有能力的人(l'homme capable)的诸种能力之一而言,这种现象学主要出现在本书讨论记忆,尤其是集体记忆的部分。在历史客观性所允许的限度内,表象史的最新发展正在接近与能力(pouvoir)相关的一些概念——能做、能说、能叙述、能够为自己的行为负责。由于历史认知的不可见的门槛还未被跨越,因而表象史和行为诠释学间的对话将变得更为密切。

就我对心态史和表象史的兴趣而言,还有一个更为微妙的理由,这一考察的整个最后部分都会用来讨论这个理由。我承认在本章的最后部分,由于我们在后面将要阐述的原因,当表象概念而非心态概念更受到我们青睐的时候,这个理由最终也将会被接受。而在表象概念而非心态概念更受青睐的情况下,进入我们视野的将不再是心态概念混乱或不加区分的状况,而是表象概念由多个因素决定的状况。我们发现,"表象"一词在本书中出现在三种不同的语境当中,我们将表明这既不是一种语义学上的偶然,也不是词汇的贫乏或精简导致的令人遗憾的同音异义。它首先指的是与古希腊的 eikōn 问题及其同源对偶词 phantasma 或 phantasia 有关的记忆的巨大难题。正如我们之前说过并不止一次重申过的,记忆现象就是在思想中呈现现在已不存在,但曾经存在过的事物。无论是作为在场(présence),以及在此名义下作为情感(pathos)被单纯地想起,亦或是在回想(rappel)活动中被积极地寻找直到被认出,记忆(souvenir)就是表象、再现(re-présentation)。表象范畴的再次出现是在历史理论的框架内,作为历史编纂活动的第三个环节,即历史学家始于档案的工作进入供人阅读的书籍或文章的出版的环节。此时,历史的书写成了文学书写。于是,一个令人困惑的问题占据了思想的空间:历史活动在目前这一阶段如何才能保持,甚至满足寻求真理的要求——正是通过这一要求,历史才区别于记忆,并且才可能与记忆的忠实性(fidélité)形成对照?更明确地说,就是:历史在其文学书写中如何才能真正地区别于虚构?提出这个问题,就是在问,历史依靠什么才是或不如说才成为了对过去的表象,而虚构并不是对于过去的表象,至少就其意图而言,即使它表象了过去,那也是额外的。因此,历史编纂学在其最终环节重申了记忆在其最初环节所提出的那个难题。通过我们对《斐德罗篇》中有关文字起源神话的讨论,历史编纂学重申并丰富了这一难题。于是,问题变成了去知道对于过去的历史表象是否已经解决了与对于过去的记忆表象有关的难题,还是仅仅转移了这一难题。就其概念内容而言,历史学家对于"表象"概念的使用处在上述这两种主要表象之间。在我们的考察一开始就谈到的记忆表象及位于历史编纂活动终点的文学表象之间,表象将自身表现为某种历史学家话语的对象、指涉对象(référent)。历史学家的表象-对象(représentation-objet)是否有可能既不带有对于过去的记忆表象的初始难题的标记,也不会预示出对于过去的历史表象的终点难题?

在之后的部分,我们将对心态史自法国年鉴学派的创立到被观察家们——无论他们是否是历史学家——称为危机的时期的一些重要阶段做一个简短的回顾。然后,我们将果断地结束这一快速的回顾,转而面对三项重要研究——如果它们无法被纳入心态和表象史的严格界限内的话——,它们向整个人文科学提出了一项严格的要求,我们将不得不问之后的历史学是否满足了这一要求,甚至,更一般地说,表象史是否能够做到这一点。

首先是年鉴学派的第一代,即年鉴学派的创始人费弗尔和布洛赫。他们之所以值得研究,不仅因为他们在1929年创办了《经济和社会史年鉴》,而且因为心态概念(mentalité)在这两位创始人的著作中具有重要地位,而我们只有在年鉴学派的第二代中,即在拉布鲁斯(Ernest Labrousse)和布罗代尔所代表的第一代向第二代转变的过渡期中才能看到与这两位创始人相同的对于心态概念的重视和强调。随着《经济和社会史年鉴》(Annales d'histoire économique et sociale)——这是这份杂志最初的名字——的兴趣由政治转向经济,并强烈拒斥瑟诺博斯和朗格卢瓦意义上的史学——被不合适地称为实证主义,这样称呼有与孔德的实证主义相混淆的危险,而较为确切的叫法应是唯历史的史学(l'histoire historisante),因为这种史学依赖于兰克(Leopold Ranke)学派——,这一特点就显得愈加明显了。在这里,事件和个体的独特性、以叙述为特征的编年学以及作为主要理解对象的政治通通受到拒斥。人们以一种近乎地理学——在维达尔(Vidal de La Blache)处达到顶峰——和伯纳德(Claude Bernard)的实验医学的方式来寻找规则性(régularité)、不变性(fixité)、永恒性(permanence);人们还将历史学家面对一大堆事实时表现出的所谓被动性同历史学家面对档案文献时的主动介入对立起来。① 如果说费弗尔从布留尔那里借用了心态(mentalité)这个概念,那也是为了给他的隶属于历史传记的个案史(histoire de cas)提供一种背景——他称之为"心态工具"(outillage mental)。② 通过以这样的方式将心态概念拓展到"原始心态"之外,费弗尔可谓一石二鸟:

---

① 1903 年开始的第一波批评是由 F. Simiand 在其著名论文《历史方法与社会科学》(Méthode historique et science sociale, 见 synthèse historique, 1903;另收录于 1960 年的《年鉴》杂志)中提出的,其攻击对象是瑟诺博斯的著作《用于社会科学的历史方法》(La Méthode historique appliqué aux sciences sociales, 1901)。在《历史杂志》(Revue historique)——《年鉴》杂志与其具有竞争关系——的创始人莫诺(Gabriel Monod)看来,对于遭到讽刺的唯历史的史学,更合适的叫法应该是方法学派(école méthodique)。正如之前说过的,可以在 Antoine Prost 的文章《再论瑟诺博斯》(Seignobos revisité,参见上文,页 225,注 58)中读到一个较为公允的评价。

② L. Febvre,《为史学而战》(Combats pour l'histoire, Paris, Armand Colin, 1953)。

他将历史研究的领域扩展到经济,尤其是政治以外,同时他又通过一种植根于社会存在的历史驳斥了哲学家和大多数科学史家所撰写的观念史(histoire des idées)。至此之后,心态史就在经济史和去历史化的观念史之间划出了一条长长的鸿沟。①

1929 年,费弗尔已经出版了他的《一种命运:马丁·路德》(1928),之后他还将写作《十六世纪的不信教问题:拉伯雷的宗教》和《玛格丽特·德·纳瓦尔》(*Marguerite de Navarre*)。② 在传记的外表下,这三本著作提出了一个问题,当历史学在考察自己表象过去的能力的时候,表象的界限问题就会以另一种形式重新出现。③ 面对 16 世纪的不信教问题,费弗尔以一种令人信服的方式表明,一个时代所提供的信念(这一表述并不出自费弗尔),时代的"心态工具"既不允许公开主张,甚至也不允许形成一种完全无神论的世界观。心态史所能够展现的,是一个既定时代当中的人可以将世界设想成什么样子以及不可以将世界设想成什么样子,即使它无法明确回答是谁通过这一"心态工具"在设想的问题。集体概念(le collectif)是否也同心态工具概念一样是不加区分的呢? 在这里,历史学家对布隆代尔(C. Blondel)的心理学和布留尔及涂尔干的社会学表示了信任。

布洛赫在《国王的神迹》(*Les Rois thaumaturges*)及之后的《封建社会》(*La Société féodale*)中,遇到了类似的问题:如果不是依靠对于王权准宗教式的虔敬,关于国王能够治愈瘰疬的谣言、假消息

---

① A. Burguière,《一种史学的历史:〈年鉴〉的诞生》(Histoire d'une histoire: la naissance des Annales); J. Revel,《历史和社会:〈年鉴〉的范式》(Histoire et sociale: les paradigmes des Annales),见 *Annales*,第 11 期,1979,« Les Annales, 1929 – 1979 »,页 1344 以下。

② L. Febvre,《一种命运:马丁·路德》(*Un destin*: *M. Luther*, Paris, 1928;再版, PUF,1968);《十六世纪的不信教问题:拉伯雷的宗教》(*Le Problème de l'incroyance au XVIe siècle: la religion de Rabelais*, Paris, Albin Michel, 1942)。

③ 参见下文,第二部分,第三章。

是如何被传播和接受的？而要避免一切时代混乱造成的错误，就必须要假定存在一种特定的心态结构，即"封建心态"（mentalité féodale）。为了对抗没有社会根基的观念史，史学必须给一种针对"感觉和思考方式"的历史研究让路。对布洛赫而言，重要的是不同社会群体的集体象征活动和未被察觉的心态表象，它们是如此之重要以至于费弗尔担心个体会在布洛赫的研究思路中被彻底抹除。

　　年鉴学派的两位创始人并不是以相同的标准来看待被埃利亚斯（Nobert Elias）称之为文明的这种社会与个体间的互动活动的。涂尔干对布洛赫的影响颇深，费弗尔则更关注文艺复兴时期的人对于个体性的追求。① 然而有两点将他们两人联系了起来，首先他们都认为，文明的各种事实是在社会历史的基础上展开的；其次，他们都关注一个社会不同活动领域间的相互依存关系，这样他们就能避免陷入马克思主义所说的下层基础和上层结构间关系的死胡同。总之，他们完全相信，历史应该和其他社会科学——社会学、人种学、心理学、文学研究、语言学——联合起来发挥作用。多斯所说的"《年鉴》所论的一般人"②不是不朽之人，而是一个社会人，一个人类中心主义的有历史时间的人，一个受到作为启蒙运动遗产的人本主义影响的人，也是一个将受到福柯严厉抨击的人。但是，无论我们怎样反对这种世界观——它是对历史真理的解释，③就目前我们的探讨所及，我们完全有理由提问，什么是这些演变中的心态结构的内在构成，尤其要问的是，这些心态结构施加

---

　　① 我们将在下文中比较费弗尔笔下的拉伯雷和巴赫金（Bakhtine）笔下的拉伯雷。
　　② François Dosse,《碎片化的历史学：从〈年鉴〉到"新史学"》（*L'Histoire en miettes: Des « Annales » à la nouvelle histoire*，前揭）。此书1997年的新版序言中探讨了历史学家Bernard Lepetit之后的历史学的发展，而这也是本章之后的部分将要讨论的。
　　③ 参见下文，第三部分，第一章。

给社会行动者的社会压力是如何被主动接受或被动承受的。在年鉴学派占主导地位的时期,社会或心理决定论都将不会受到有效的质疑,直到历史反躬自省,它才会从权力运作的角度来讨论社会的上层和基础间的辩证法的问题。

一战之后,年鉴学派(和它的杂志,此时已更名为《经济·社会·文明》)由于将经济作为主要的关注对象而享誉盛名。与这一主要关注相配套,一些量化的方法被应用于那些可重复的事实和系列,历史学家在计算机的帮助下对它们进行统计学上的处理。由于对经济和社会力量的重视,人本主义在年鉴学派第一代那里似乎有所抑制。列维-斯特劳斯的结构主义在这方面既支持年鉴学派,同时又是年鉴学派的劲敌。① 因此,必须用历史的,也就是变化的结构来反对占主导地位的社会学的那些不变的因素。而著名的长时段概念就能满足这一要求,布罗代尔将长时段放在时段的倒置金字塔结构的最上层,这一结构图式让我们想起拉布鲁斯的三分结构"结构、局势(conjoncture)、事件"。受到如此关注的时间由此就同地理空间结合了起来,而地理空间的永恒性有助于减缓各时间段的速度。布罗代尔对于事件的反感是人尽皆知的,因而我在这里就不用对此再做强调了。② 与古尔维奇(Georges Gurvitch)对社会时间的多样性的细致重构不同,在一种断然摆脱了抽象思辨的经验主义的多元论看来,这些堆积层叠而非辩证的时

---

① Claude Lévi-Strauss,《历史与人种学》(Histoire et ethnologie),见 *Revue de métaphysique et de morale*,1949;另刊于 *Anthropologie structurale*,Paris,Plon,1973。布罗代尔在《历史与社会科学:长时段》(Histoire et science sociale: La longue durée,见 *Annales*,1958 年 12 月 10 日,页 725–753;另刊于 *Écrits sur l'histoire*,Paris,Flammarion,1969,页 70)一文中对列维-斯特劳斯的上述论文作出了回应。

② 我在《时间与叙事》(*Temps et Récit*,卷一,前揭,页 182–190)中详细阐述了布罗代尔的名著《菲利普二世时期的地中海与地中海世界》(*La Méditerranée et le Monde méditerranéen à l'époque de Philippe II*,前揭)中所使用的认识论。我在那里对这部著作进行了一种今天可以称之为叙述主义的重构,即将地中海看作是一场宏大的地缘政治故事情节中的一个准人物(quasi-personnage)。

间性间的关系仍然是成问题的。直到历史学家眼中的尺度变化所提出的问题受到关注的时候,历史学家才开始真正面对布罗代尔模型中的这一概念缺陷。就这方面而言,对于总体史——由年鉴学派创始人提出,并被其后继者反复强调——的参照只提供了一种审慎的忠告,即承认各时间段间存在种种相互依存关系,尽管其他人,马克思主义者首当其冲,在其中所看到的是社会关系构成因素间的一种横向或纵向的线性依赖关系。这些相互依存关系只有在之后的反思阶段才能问题化自身,即当对于长时段的偏爱可以被清楚地归结为一种基于经济关系模型的宏观历史学选择的时候,尽管到那时,对于这一选择的理由并没有给出具体的说明。

　　长时段与宏观史学间的这一联盟决定了年鉴学派第二代对于心态史的贡献。在此处需要被提及的是与时间段的有等级的三分结构不同的另一个三分结构:经济、社会和文化。不过,这个三节火箭——这个有趣的名称来自肖努(Pierre Chaunu),他是系列史学和计量史学的倡导者——的第三节和其他两节一样都遵循与长时段的选择相关的方法规则。赋予可重复的、系列的、可定量的事实以首要性,这对于心态而言,就如同对于经济存在和社会存在而言一样有效。经济力量的不可避免的压力和人们活动于其中的地理空间的永恒性所引起和确定的这一相同命运同样会引起一种对人的看法,即人受制于比自身更为强大的某些力量,正如我们在布罗代尔的另一部巨著《15-18世纪的物质文明、经济与资本主义》(1979)中所看到的。我们已经远离了韦伯的铁笼了吗?就像布罗代尔对于韦伯关于新教伦理和资本主义的论著的保留态度所暗示的,经济主义难道没有阻碍上述所说的火箭的第三节,即文化的展开吗?历史同其他邻近社会科学结合成为一种受到结构主义威胁的人类学的梦想难道是不能实现的吗,尽管这种人类学试图将结构主义历史化?至少,布罗代尔终生都在坚持总体史,反对任何分解总体史的威胁。

在《年鉴》杂志于 1979 年为其创办 50 周年所撰写的综述中①，杂志编辑们回忆道，以这本杂志为中心所形成的思想家团体最初只想提出"一个计划，而非理论"，但后来他们意识到他们的研究对象非常多样，而且对于每一对象的研究往往相当的专业化和技术化，这样就很有可能"再次出现一种累积式的史学，对这种史学而言，已取得的成果比问题更重要"。在上面引述过的比尔吉埃尔（A. Burguière）的论文之后，雷维尔（Jacques Revel）在他的一篇名为《历史和社会：〈年鉴〉的范式》（Histoire et sociale: les paradigmes des Annales, 页 1360–1377）的论文中提出了这一问题。他问道，"一场持续了半个世纪之久的思想运动的统一性在哪？""最初的统一计划和最近表现出来的研究方向上显而易见的多样化之间的共同点是什么？"雷维尔更愿意谈论各种特殊的范式，这些范式相继出现，而不是相互淘汰。由于年鉴学派拒斥抽象，反对简化概括，追求具体，因而他们难以总结出这些范式。在创办《年鉴》杂志之初，占据主导地位的首先是经济和社会方面的研究，而且社会从来不是"一种内部紧密关联的系统性概念化对象"，"不如说，它是构成现象间相互关系基础的各种对应、联系的一个开放的场所"。人们更容易看到的是想要将包括社会学和心理学在内的社会科学同历史结合起来的企图以及对"有时令人感到恐惧的反历史主义"——由对列维-斯特劳斯的《忧郁的热带》（Tristes Tropiques, 1955）和《结构人类学》（Anthropologie structurale, 1958）的阅读所挑起的——的拒斥，而不是这种企图和拒斥背后的观念结构。这就是为什么连续性和非连续性的关键都难以确定。我们无法确切地知道哪些"知识组合在过去的二十年间在我们眼皮底下解体了"。如果可以说的话，人是否是"科学话语的一种特定安

---

① 《〈年鉴〉1929–1979》（Les Annales, 1927–1979），见 Annales, 1979, 页 1344–1375。

排"的共同主题,就像我们可以将之后研究领域的碎片化归之于对这一暂时对象的抹除?雷维尔一定知道有关史学的分裂的说法,甚至可能知道多斯谈论的"碎片化的历史"。面对总体史或整体史的诉求,雷维尔有拒绝也有坚持。他拒绝分隔,坚持融贯和集中。但他还是难掩忧虑:"发生的一切似乎是总体史计划仅仅给各种特殊史的增加提供了一个中性的框架,而这种安排似乎也没有什么问题。"由此提出的问题是:"到底是要这样一种分裂的史学还是要建构中的史学?"雷维尔并没有对此作出自己的选择。

在这团概念迷雾中,心态史——在这份总结报告中并没有为之命名(史学之树的其他主要分支也没有为之命名)——变成了什么?

面对这些问题和疑惑,有一些历史学家能够在心态史领域把握住理解的方向,尽管他们给予了心态史不同的理解。芒德鲁(Robert Mandrou)就是这样的历史学家,他的所有著作都是一种"历史心理学"研究。① 芒德鲁在《法语综合百科全书》(*Encyclopaedia Universalis*)中为心态史做了辩护和说明。② 他是这样定义心态史的:"[心态史]的目的是重构那些表现了有关世界的观念和集体感受的行为、表达和沉默;而为所有群体和社会整体所承认或接受的那些表象和形象、神话和价值不仅构成了集体心理学的内容,也为心态史研究提供了基本要素。"(在这个定义中,我们可以看到,法语作者们所说的心态等同于德国人所说的世界观[Anschauung],我们的心态概念就是对 Anschauung 的翻译)。就方法

---

① Robert Mandrou,《近代法国引论:历史心理学》(*Introduction à la France moderne : Essai de psychologie historique*,1961,再版,Paris, Albin Michel,1998);《17、18 世纪的法国市民文化:特鲁瓦的〈蓝色丛书〉》(*De la culture populaire en France aux XVIIe et XVIIIe siècles : La Bibliothèque bleue de Troyes*,1964,再版,Paris, Imago,1999);《17 世纪法国的法官与巫师:一种历史心理学分析》(*Magistrats et Sorciers en France au XVIIe siècle : Une analyse de psychologie historique*,Paris, Éd du Seuil,1989)。

② 《综合百科全书》(*Encyclopaedia Universalis*,1968),卷八,页 436-438。

而言,芒德鲁所使用的"历史心理学"方法依赖于一些受到严格定义的操作概念,如世界观、结构和局势(conjonctures)。一方面,世界观就其自身而言都有融贯性;另一方面,某种结构上的连续性能够使这些世界观具有明显的稳定性。最后,长期和短期的规律性变化和波动表现了各种局势。因此,芒德鲁认为自己是研究集体心态的历史学家,他充分相信依靠一组与拉布鲁斯的概念系统(结构、局势、事件)相类似的概念系统,心态史能够为人所理解,他不相信对于集体心理学的一种精神分析学的重写,尽管塞尔托相信这一点。

在年鉴学派之外,韦尔南(Jean-Pierre Vernant)于1965年发表了他后来被多次重印和再版的著作《希腊人的神话和思想:历史心理学研究》①,这部著作是对心理学家梅耶松(Ignace Meyerson,这部著作就是献给他的)和另一位古希腊学者热尔内(Louis Gernet)所开辟的研究道路的延续。它"研究希腊人的内在历史,研究他们的心态结构,研究从公元前8世纪到公元前4世纪,影响希腊人所有心理活动和心理机能——时空框架、记忆、想象、人格、意志、象征活动和符号运用、推理模式、思维范式——的那些变化"(《希腊人的神话和思想:历史心理学研究》,页5)。在这部著作出版二十年后,韦尔南承认,他在这部著作中进行的是一种结构分析。有一些学者就将这种结构分析运用来分析其他神话或所有希腊神话,比如德蒂亚那(Marcel Détienne)和他的著作《智慧的狡黠:希腊人的 mētis》(*Les Ruses de l'intelligence*: *la mētis des Grecs*, Flammarion, 1974)。而韦尔南与维达尔-纳凯(Pierre Vidal-Naquet)合著的《古希腊神话与悲剧》

---

① J.-P. Vernant,《希腊人的神话和思想:历史心理学研究》(*Mythe et Pensée chez les Grecs*: *études de psychologie historique*), Paris, Maspero, 1965;再版, Paris, La Découverte, 1985。

(*Mythe et Tragédie en Grèce ancienne*, Maspero, 1972)则无疑带有相同的烙印。值得注意的是,韦尔南并没有丢弃年鉴学派第一代所倡导的人本主义。最终而言,对韦尔南来说重要的是从神话走向理性的曲折道路。就像在《古希腊神话与悲剧》中,它试图表明"是其行为的主人,能为其行为负责,并具有意志,尽管仍然犹疑不定的主体人(homme-agent)是如何在公元前5世纪的古典悲剧当中第一次出现的"(《希腊人的神话和思想:历史心理学研究》,页7)。作者强调说:"从神话到理性:希腊思想的命运就徘徊在这两端之间,在本书的最后会对此作出全面的论述"(同上),与此同时这种思想形式的特殊性,甚至怪异性并没有被忽视,就像对"这种由所有种类的狡诈、机巧、诡计所构成的典型的希腊式的狡黠的智慧形式",即"不完全属于神话,又不全然由理性构成"(同上)的希腊人的 mētis 的研究所表明的。

然而,自拉布鲁斯和布罗代尔为代表的年鉴学派第二代历史学家开始以及在所谓的"新史学"时期,心态史的主要任务不得不转向为自身的存在作出某种更为不确定的辩护。一方面,心态史丧失了自身的坐标,于是出现了分裂的历史,甚至碎片化的历史,另一方面,也由于这种四分五裂的局面,心态史获得了暂时的平静。因此,在由勒高夫和诺拉合编的著作《制造历史》(*Faire de l'histoire*)的第三卷中,心态史作为整体出现在了"新史学"的"新对象"中。在总体史计划式微的时刻,心态史从其中挣脱出来,与"新问题"(第一卷)和"新方法"(第二卷)并列而置。过去的经济史研究所遗留的对于长时段和计量研究的迷恋在一些人当中仍然存在,尽管其代价是对被布洛赫和费弗尔所倡导的人本主义的人的形象的抹杀。气候史尤其为这种"无人的史学"提供了方法和策略。[①]对于系列史

---

① Emmanuel Leroy-Ladurie,《公元1000年以来的气候史》(*Histoire du climat depuis l'an mil*,Paris,Flammarion,1967)。

的偏好使得接受过这一史学训练的历史学家看到了心态观念相较而言在概念上的含混不清。就此而言,勒高夫对于"心态"这个"新对象"的阐述①相对于前面杜比(Duby)和芒德鲁的总结报告而言,在那些严谨的头脑看来是更令人失望的。topos 这个概念也曾盛极一时,但这阻挡不了它最终的消失,普鲁斯特表示了类似的担忧:"我喜欢'心态'。有许多像心态这样的新词突然间开始被人使用,但总没法长久。"认为如果一个表述表达了一种科学实在,那么它就会具有概念上的融贯性,这种看法是有问题的。但是批评者更愿意相信,心态概念的不精确是"超越历史(指的是经济和社会史)"所需要的。因而可以说,心态史通过将"那些受到经济和社会史,尤其是庸俗马克思主义毒害的内容"放到心态"这个异国他乡"中,而为它们提供了一次"背井离乡"的机会。这样就满足了米什莱(Michelet)想要给那些"复活的活死人(morts-vivants)"(《制造历史》)以脸孔的期望。与此同时,我们同布洛赫和费弗尔又再度建立起了联系;我们像人种学家和社会学家一样,根据时代和环境调整观念。如果我们谈起考古学,那么它所指的不是福柯意义上的考古学,而是地层学这个通常意义。就心态的活动模式而言,它是在其持有者不自知的情况下自发运作的;与其说它是已经形成和被说出的思想,不如说它是共同的场所、或多或少陈旧了的遗产、被记录在所谓集体无意识中的世界观。如果心态史曾一度被列入"新对象"中,那是由于文献范围的扩大,它一方面包括了所有能够成为一个时代的集体见证的痕迹,另一方面也包括了所有有关偏离于共同心态的行为的文献。通过表现了当代人之缺乏当代性的种种不一致,在共同(le commun)和边缘(le marginal)之间的这种概念摇摆也许已经能够证明使用心态范

---

① Jacques Le Goff,《心态:一段含糊不清的历史》(Les mentalités: une histoire ambiguë),见 Faire de l'histoire,卷三:新对象,前揭,页 76 – 94。

畴——尽管这个范畴在语义上仍然是含混不清的——的合理性了。但是由此而被当作一个新对象的不是如此这般的心态史,而是集中在《制造历史》第三卷中的各个主题:从气候、书籍、身体①到节日,以及那些未被命名的,私人生活的重要情感②,还有年轻女孩和死亡③。

由于前面所说的文献范围的扩大,心态观念成为了历史"新对象"之一,但这一情况无法持久。心态概念遭到拒斥的深层原因不能被简化为对其语义上的含混不清的反对,而是由于一种更严重的混乱,即将心态观念既当作一种研究对象,又将之看成是一种不同于政治和经济关系的社会关系维度,还将之视为一种解释模式所带来的不确定性。这一混乱可以说是布留尔及其"原始心态"观念的遗产。布留尔通过原始心态概念解释了在讲求逻辑的科学理性眼中的非理性信念。不过,观察者的这种偏见已被克服,因为布留尔在1949年发表的《笔记》(Carnets)中就已开始对这种偏见进行批判,其方式是用心态概念来解释那些相当特殊的群体或社会整体所特有的思维过程或信念体系,这样心态观念就成为了一种同时具有描述性和解释性的特征。作为特征,重要的不是话语的内容,而是一种隐含的注解,一种隐藏的信念系统。不过,心态观念既被当作一种描述特征,又被用作一种解释原则

---

① Jean Delumeau,《西方的恐惧》(*La Peur en Occident*, Paris, Fayard, 1978;再版, coll. «Pluriel», 1979)。Michel Vovelle,《十八世纪普罗旺斯的巴洛克式虔诚与去基督教化:从遗嘱的条款看面对死亡的态度》(*Piété baroque et Déchristianisation en Provence au XVIIIe siècle: Les attitudes devant la mort d'après les clauses des testaments*, Paris, Plon, 1973)。

② P. Ariès 和 G. Duby 主编,《私人生活史》(*Histoire de la vie privée*, Paris, Éd. du Seuil, 1987;再版, 1999, coll. «Points»)。

③ Philippe. Ariès,《面对死亡的人》(*L'Homme devant la mort*, Paris, Éd. du Seuil, 1977)。也可参阅 Alain Corbin 的著作,如《瘴气与黄水仙:18-19世纪的嗅觉与社会想象》(*Le Miasme et la Jonquille: L'odorat et l'imaginaire social, XVIIIe - XIXe siècle*, Paris, Flammarion, 1982)。

的做法并没有真正离开始于 20 世纪初的社会学的原始心态概念的范围。

罗伊德(Geoffrey E. R. Lloyd)在一篇为突显其破坏效果而命名为《揭开心态的神秘面纱》(*Demystifying Mentalities*)①的论文中,试图毫不留情地解构这一混合。罗伊德的论证简单而直接:心态概念是无用而有害的。在描述上无用,在解释上有害。布留尔利用心态概念来描述那些神秘的、前逻辑的特征,如被认为"原始的"互渗(participation)观念。而当代的历史学家则利用心态概念来描述和解释一个时代各种不同或不一致的信念模式,现在的观察者在其中则发现不了他们所持有的对世界的各种观念:对于一个讲求逻辑和融贯的科学观察者而言,这些过去的,甚或现在的信念充满谜团和矛盾,如果不说它们是完全荒谬的话;所有前科学和准科学的残留物都会落入这样的描述。观察者将自身的一种建构(construction)投射在了行动者(acteur)的世界观上。② 于是,心态概念由描述转向解释,从无用变成了有害,因为它不再需要重构那些"我们在描述——价值判断在其中占据重要地位——时通常使用的明确范畴:科学、神话、巫术、字面和隐喻的对立"(《揭开心态的神秘面纱》,页 21)的语境和环境。在书的余下部分,罗伊德都在重构理性和科学的观察者所具有的各种范畴出现的语境和环境,主要是古希腊时期,也包括中国。他严密地分析了前科学(巫术和神话)和科学间的区分,主要关注在论战语境中,言语在公共使用时的政治环境和修辞资源。我们在那里可以看到与韦尔南、纳凯

---

① Geoffrey E. R. Lloyd,《揭开心态的神秘面纱》(*Demystifying Mentalities*, Cambridge University Press,1990),法译本,F. Regnot 译,*Pour en finir avec les mentalités*,Paris, La Découverte/Poche,coll.« Sciences humaines et sociales »,1996。

② "必须要注意的主要区分是社会人类学所建立的行动者(acteur)和观察者(observateur)之间的区分。我指出,在对那些明显成问题的或完全自相矛盾的论述作出评价的时候,存在一个关键问题,就是要表明是否存在属于语言学范畴或其他范畴的明确(explicite)概念"(Lloyd,同上,页 21)。

和德蒂亚那相似的对于各种问题的抨击①。心态概念以不加区分的及总体化的方式主题化了的所谓隐言(non-dit)或隐含之物被消解成了一张由得到详细说明的逐步获得物所构成的复杂网络。

那么,罗伊德已经终结心态概念了吗? 如果这里只是要得到一种偷懒的解释模式,那么毫无疑问,是的。如果这里所谈的是在一个信念系统中,可以用来理解那些不能被归为话语内容的东西的某个启发性概念,那么回答就必须更为谨慎;其证明就是,在重构古希腊的理性模式的过程中,罗伊德坚持使用"提问风格"(style d'enquête)这一概念②。这里所涉及的远不是"表面上看来(也就是说,对观察者而言)奇特、怪异、不合常理、前后不一或充满矛盾的陈述或信念(前揭,页34)",而是一个时代所能提供的信念。当然,信念是被定义的这件事是相对于观察者而言的,信念的持有者和使用者则是行动者。正是在此意义上,费弗尔才能肯定,纯粹的无神论并不是一个生活在16世纪的人可以持有的信仰观念。这里所要指出的并不是信仰的前科学、前逻辑的非理性特征,而是被罗伊德精确命名的"提问风格"层面上的区分性特征。于是,心态概念重新成为了处于经济、社会和政治问题空间中的历史学家话语的"新对象"。它是一个有待被解释的术语(explican-

---

① Jean-Pierre Vernant,《希腊思想的起源》(*Les Origines de la pensée grecque*, Paris, PUF, 1962;再版,1990);《希腊人的神话和思想》(*Mythe et Pensée chez les Grecs*,卷一,前揭)。M. Détienne 和 J.-P. Vernant,《智慧的狡黠:希腊人的 mētis》(*Les Ruses de l'intelligence : la mētis des Grecs*,前揭)。P. Vidal-Naquet,《希腊理性与城邦》(*La raison grecque et la cité*),见 *Le Chasseur noir : Formes de pensée et formes de société dans le monde grecque*, Paris, Maspero, 1967, 1981, 1991。

② 在论及古希腊时期对字面与隐喻的区分时,作者说道:"必须在其中看到一场激烈论战的因素和产物,在这场论战中,新的提问风格试图使自身区别与其对手,但又不只是针对于智慧的传统追求"(Lloyd,《揭开心态的神秘面纱》,前揭,页 63)。之后,在论及希腊哲学和希腊科学的发展同政治生活的关系时,作者想知道这个假设是否能够"让我们更加理解古希腊人所发展出的提问方式的特点"(同上,页 65)。关于这两个反复出现的术语"提问风格"、"思想风格",参见页 66,208,211,212,215,217,218。

dum),而不是一种偷懒的解释原则。如果我们认为,"原始心态"这个并不合适的概念的遗产就是心态概念的原罪,那么实际上,最好抛弃它,用表象概念来取代它。

我打算以一种困难的方式来取得进行这一语义替代的权利。首先,我将讨论几位严密的大师(第二节),然后我将转而讨论一个过渡概念,即尺度和"尺度变化"概念(第三节)。

第二节 三位严密的大师:福柯、塞尔托、埃利亚斯

在没有让人们听到这三个声音之前,我不想让拉布鲁斯和布罗代尔式的心态和表象史接受最近的历史编纂学的批判,尽管其中的两个声音来自严格意义上的历史编纂学之外,但他们却将在整个人文科学中正在进行的讨论推向了一个前所未有的激进化程度。这一方面表现在,福柯为一门科学辩护,他史无前例地想将这门科学命名为知识考古学,另一方面表现在,埃利亚斯为一门社会形成学辩护,这门社会形成学自认为是史学的敌人,却急迫地在全然历史的模式中展开自身。而在他们之间的是塞尔托,他是历史编纂学内部的局外人。

为了严格考察那些叛离了在年鉴学派中流行的模型化的职业历史学家的话语,我们有必要将福柯和埃利亚斯放在一起来加以讨论。

在档案学让位于考古学的时刻,我们就已停止了对于《知识考古学》①的批判考察。福柯将这一转折描述为一种思路的颠倒:在倒退的分析将话语形成带回到赤裸裸的陈述之后,就出现了返回到应用的可能领域的环节,而这完全不是对于出发点的重复。

---

① Michel Foucault,《知识考古学》(*L'Archéologie du savoir*, Paris, Gallimard, coll. «Bibliothèque des sciences humaines», 1969).

考古学首先是通过和观念史的对比来为自己开辟道路的。不过,与考古学的艰苦探索相对立的是一门无法找到其自身道路的学科。事实上,观念史有时"讲述邻近的和边缘的历史(《知识考古学》,页179)"(炼金术史和其他动物智能史,天文历法史和其他变化中的语言的历史),有时它又在"重建线性历史的种种发展"(前揭,页180)。否定再次大量出现:不是对连续性的解释和重构,不是以心理学、社会学或人类学的方式关注作品的意义;一言以蔽之,考古学并不试图重建过去,并不试图重复已然存在之物。那么,考古学想做什么?它又能做什么呢?"它不是任何其他东西,它仅仅是一种重写,也就是说,一种外在性形式,一种对已经写下的东西的刻意转换"(前揭,页183)。好吧,但这是什么意思呢?考古学的描述能力表现在四个方面:新事物,矛盾,比较,转换。就第一个方面而言,考古学要在创新(不是起源,而是同已经说过的话的断裂点)和常规(不是非异常,而是许多已经说过的话)之间作出裁决。话语实践的常规性表现在保证陈述同质性的相似性及为这些话语提供结构并帮助建立派生树的等级结构上,就像我们在普罗普(Propp)的语言学及利内(Linné)的自然史中看到的。就第二个方面而言,考古学非常信任观念史的融贯性,以至于将后者视为"一种具有启发性的规则,一种程序责任,几乎可以说是一种研究的道德约束"(前揭,页195)。当然,这种融贯性是研究的结果,而不是其前提;但它被当作一种最佳方案,即"以最简单的方法解决最大数量的矛盾"(前揭,页196)。不过尽管如此,矛盾对其自身而言仍是被描述的对象,而在矛盾中可以发现话语的间距、冲突及表面的凹凸不平。就第三个方面而言,考古学使自己处于各种话语之间,但又不致使自身沦为各种世界观间的一种对峙;就此而言,《词与物》中普通语法、自然史和财富分析间的竞争显示了一种正在进行的比较,而表达、反映和影响这样的观念在这一比较中是被避开的。没有对于意图和动机的诠释学,只有对于各种特定的话语形式的清查。只有在第四方面,即变化和转换中,考古学才展现了它的命运。福柯既没有受到静止的思想的准共时性——爱利亚学派之火——的吸引,也不青睐事件的线性相续性——历史主义之火。非连续性这一主题分裂为断层、断裂、裂缝、突然的再分配,福柯将它们同"历史学家的习惯"(前揭,页221)对立起来,因为历史学家关心连续性、过渡、提前、预先的构想。考古学的关键在于,如果存在一种考古学悖论,那么它不是增加了差异,而是不让差异减少,它由此颠倒了通常的价值。"对观念史而言,如其显现般的差异是错误或陷阱;分析的洞察力不应在差异面前止步不前,而应努力分解差异。[……]相反,考古学把人们习惯视为障碍的东西作为自己描述的对象:它的目标不在于克服这些差异,而是分析差异,准确地说出它们是由什么构成的,并对它们作出区分"(前揭,页222-223)。事实上,必须要抛弃明显带有动力(force vive)观念烙印的变化(changement)观念,这样才能突显对于流动的隐喻完全中立的转换(transformation)观念。我们应该指责福柯用不连续性的思想替代了连续性的思想吗?但他又光明正大地恭维连续性。① 这正是我要记取的一课,而这个悖论也是我试图在后面探讨的。

  正如我在讨论福柯的档案问题时所说的,考古学在面对我那时称之为理智上的禁欲主义的活动时也遭遇了相同的困惑。根据

---

① "对那些试图指责考古学的分析偏重非连续性的人们,对所有那些患有时间和历史恐惧症的人们,对那些将断裂和非理性混为一谈的人们,我的回答是:'正是你们用你们的方法贬低了连续性,你们把它当作支撑物,其他一切都要参照它;你们把它当作首要法则及一切话语实践的重心;你们要人们分析这一惰性场中的每一个变化,就像人们分析万有引力场中的每一个运动一样。但你们只是在将其中性化,并在时间的外在界限处将其推向一种起始的被动性时才赋予它这一地位。考古学意在颠倒这种安排,或者不如说(因为这不是要让非连续性承担连续性一直以来被赋予的作用),意在将连续性和非连续性对立起来:即指出,连续性是如何根据同分散一样的条件和规则形成的;它又是如何同差别、发明、新事物或派生物一样进入话语实践的领域的。'"(福柯,同上,页227-228)

对于档案的两种重要观念,即档案作为话语形成和考古学的记录,以及档案作为对话语间相互转换的描述,福柯划定出一个彻底中性的,或者不如说千方百计使其中立化的一个领域,即一个不包含陈述者的陈述的领域。谁能置身于这一领域之外?如何才能继续思考表象与实践间关系的形成和转换,而不是思考被如此中立化的话语的形成和转换?从讨论档案到讨论考古学,福柯想要"将思路颠倒一下","进入应用的可能领域"(前揭,页177)。而在福柯之后,需要在陈述的纯净领域的中立性场域中继续进行的正是这一计划。对于一种将社会关系作为其话语的所指对象,将对于表象和社会实践间关系的考察作为其相关规则的历史编纂学而言,其任务是离开单纯陈述的中立领域,以便能够触及严格意义上的陈述理论所说的话语形成和非话语形成——在其中,语言抵抗任何想将其还原为陈述的尝试——间的关系。事实上,福柯并没有忽视由"制度、政治事件、经济实践和经济过程(前揭,页212)"所提出的问题。而且,当他在"比较事实"的框架内提到这些取自"非话语领域"的例子时,他将"确定连接的各种特定形式"(同上)视为考古学的一项任务。但是,如果没有刚才所说的离开和转移,他还能这样做吗?① 依赖和自主这两个概念在这里不再发挥作用,"连接"(articulation)这个词仍然在很大程度上是纲领性的。重要的是让它具有可操作性,即便其代价是对福柯式的转移进行再转移(déplacement)。

在离开福柯之前,我想再一次提到塞尔托,因为他的思想和知

---

① 就是在《临床医学的诞生》中被讨论,又在《知识考古学》中被再次提及的古典医学的例子。考古学将考察如何处理它同医学和非医学实践,其中还包括政治实践的关系呢?我们看到有些现象是被回避的:表达、反映、象征化、通过说话主体的意识进行传递的因果关系。但是什么才是同非话语实践的积极关系呢?福柯将考古学的任务规定为,指出"政治实践"是如何以及以何种名义成为例如,医学话语"出现、进入、运作的条件(前揭,页213)"的组成部分的。但这并不是说,"政治实践"决定后者的意义和形式。

识考古学形成了某种对比。① 在解释/理解的层次上,也存在一个"塞尔托环节"。它主要对应于"地点"、"程序分析"、"文本建构"(《历史书写》②,页 64)这三者中的第二点。这是由"实践"(前揭,页 79‐101)这一术语指出的重要环节,除此之外,还必须要加上《历史的缺席者》③(见第 171 页下引用部分)一书的结论,同时又不能忘记在这同一本书中对福柯的讨论:"语言的黑太阳"(前揭,页 115‐132)。

　　历史编纂实践首先是作为一种研究,作为文献的生产而进入其批判阶段的,文献不同于某种有效的人类实践,也就是说,它们不是以福柯所说的档案形式出现的各种"稀罕之物"的集合(《历史书写》,页 185)。通过将这一处于开端的活动描述为空间的再分配——它使研究成为"地点生产"的一种模式——,塞尔托在这一初始活动上留下了自己的烙印。而福柯的烙印则出现在对偏差(écart)概念的强调之中,偏差概念与模型(modèle)概念直接相关:正是相对于模型而言,相关的差异才表现为偏差。于是,在隶属于塞尔托所从事的宗教史的表象史的领域内,"巫术、疯子、节日、大众文学、被遗忘的农民的世界、奥克地区等一切沉寂的地带(前揭,页 92)"都展现了偏差。每一次,相关的行动都是"凸显与作为分析立足点的条件或统一性相关的差异"(同上)。很明显,"界限的研究"所反对的就是之前史学的那种总体化诉求(同上)。但这里所说的是哪种模型? 不是福柯的考古学中的陈述系统,而是取自其他科学,即被视为是同类科学的计量经济学、城市规划和生物学的模型。福柯将这些模型放在《知识考古学》一开头就提

---

　　① 塞尔托已经两度"被提及"(参见,页 169 和页 211)。他还将出现在我们的讨论的每一个新的阶段。
　　② Michel de Certeau,《历史书写》(*L'Écriture de l'histoire*,前揭)。
　　③ Michel de Certeau,《历史的缺席者》(*L'Absent de l'histoire*, Paris, Mame, coll. « Repères sciences humaines et sociales », 1973)。

到的各种"话语的形成"中。不过,对这些借用的模型的使用足以证明一种大胆的推论,这一推论使塞尔托说道,历史之殊相位于"可思之物的界限"处,这个位置本身要求一种特殊的修辞,这一修辞的雏形则会出现在下一个阶段,即表象和文学书写阶段之中,而对于表象和文学书写的探讨可说是塞尔托对于历史编纂活动这一问题作出的主要贡献。

不过在此之前,需要先谈谈《历史的缺席者》在将偏差概念和缺席者概念联系起来之后,是通过何种方式扩大了偏差概念——我们将会在讨论历史真理的章节中进一步分析这一概念,在塞尔托看来,这一概念构成了过去本身的特征——的意义空间的。在此意义上的历史不仅是一种巨大的"异质性"(《历史的缺席者》,页173),也是一条由各种"他者的痕迹"构成的道路。可是,想从一开始就将有关缺席者的话语同图像(icône)联系起来,这难道不是记忆的夙愿(这一表述出现在《历史的缺席者》最后一页中)吗(前揭,页180)?尽管我们可以对将记忆和历史还原为仅仅是对不在场(l'absence)的纪念持保留态度,但我们不再能以福柯式的强硬态度将历史话语所表现出的非连续性同记忆话语所谓的连续性对立起来了。也许正是因为这样,塞尔托才开始表明自己同福柯的不同。在一篇名为《语言的黑太阳:米歇尔·福柯》(前揭,页115-132)的短小但尖锐的论文中,塞尔托从寻找自身的差异开始,依次讲述了他的晕眩、他的反抗、他的暗暗的赞同、他的最终的保留态度。相比于知识考古学,他谈到的更多的是《古典时代疯狂史》《临床医学的诞生》和《词与物》。塞尔托完全接受每一种认识型(epistēmē)的"认识论基石"间的更替和相继出现的认识型间的断裂,但他想知道更多:在这一更替背后隐藏着什么"黑太阳"?它难道不是福柯自己所说的死亡吗?但福柯最终躲在了融贯和事件交替出现的"叙事"背后。不过,正是在叙事的下面,理性才能真正"被它的历史所质疑"(前揭,页125)。这样的话,考古学就无法避免由此隐言所导致的"歧义性"。但正是由于这一怀疑,塞尔托与福柯之间有了距离:"能够知人所不知,这样的人是谁呢?"(前揭,页161)在福柯的作品中,"谁在发言? 他来自哪里?"(同上)1968年五月风暴的问题又再次出现。一支更为锋利的箭矢脱弓而出:"就作为所有语言基础的死亡而言,它从未被真正面对过,也许正是由于对死亡的逃避,才有了这一话语。"(前揭,页132)我担心,塞尔托在这里有点言过其实了,而且我也无法保证他比福柯更好地回避了历史话语同死亡的关系在其思想核心处所提出的问题。就读者而言,当《知识考古学》和《历史书写》这两本书摊开在他面前时,他是从另一个角度,即从生产的角度,更明确地说,是从地点生产的角度来寻找福柯和塞尔托间的真正差异的。用塞尔托的话说,知识考古学没有说出其生产的地点。塞尔托走出了有关话语的绝对中立性,并开始将这一话语同其他有意义的实践联系起来——这正是表象史的任务所在——,由此,他逐渐远离了福柯。也由此,塞尔托将地点生产问题所指出的困难推迟到这样一个初始时刻,即在这一刻,制造历史(faire de l'histoire)的行为同人们创造历史(faire l'histoire)的实践间开始出现差异。这将是历史真理的环节,而在这一环节,我们将最后一次遭遇塞尔托。塞尔托与福柯间的差异的真正原因在于,塞尔托的研究植根于一种哲学人类学,而在这种人类学中,对于心理学的参照不仅是基础的,而且是奠基性的。讨论"历史编纂活动"——这是我在这本书中试图讨论的——的论文和放在"弗洛伊德的著述"名下的另外两篇论文——它们讨论的是精神分析和书写,更准确地说,是与历史学家的历史书写相对而言的精神分析的书写——一同时出现在《历史书写》一书中,并非是编辑上的巧合。这两篇论文中的第一篇论文《弗洛伊德是如何对待历史的》(Ce que Freud fait de l'histoire)最先出现在《年鉴》杂志(1970)上。它所讨论的问题是,弗洛伊德作为一名精神分析学家是如何对待历史的。然而，如果说精神分析对人们是有教益的，那么不是当人们在使用弗洛伊德的那些著名"概念"，如父之名、俄狄浦斯情节、移情"刺穿历史的幽暗地带"（《历史书写》，页 292）的时候，简言之，不是在人们使用精神分析的时候，而是当人们面对一个像同魔鬼达成的所属契约一样的独特状况而重做精神分析学家的工作将（用来阅读的）"传说"变成"历史"的时候。① 在这里就弗洛伊德而言，结论是，不是当他对别人所讲述的历史，首当其冲的是历史学家所叙述的历史做了些什么的时候，而是当他以自己的方式来研究历史的时候，他是富有教益的。塞尔托的大部分工作就源自研究历史的多种方式间的这种交流，而且这种交流还表明了在历史知识的认识论中使用精神分析的合理性。第二篇论文名为《〈摩西和一神论〉的书写》，其副标题为"历史虚构"。在这个富有争议的文本中，弗洛伊德试图理解的，不是人种学意义上的真理，而是这个文本的"建构"，也就是弗洛伊德所说的"小说"、"理论虚构"同寓言（fable），即在一种传统中产生的"传说"的关系；于是，一种与历史学家的书写相类似的书写以一种不适宜的方式出现在了史学领域当中。在历史学家的书写的旁边出现了历史小说。我们在下一章中将会遭遇的历史与文学这两者在文学类型上的不确定性不仅使问题变得更为困难，而且事实上这种不确定性本身就构成了难题。而此刻对我们而言重要的是知道，相对于哪种书写类型，历史学家的书写才能得到定位。正是在研究历史的各种方式中对于历史话语的这个"位置"的寻找表明了从一种认识论的角度来思考精神分析的合理性，而与研究历史的其他方式相比，这种认识论从历史话语的内部走向了外部。历史领域及其理解/解释模式由此得到

---

① 《鲁登的着魔》(*La Possession de Loudun*, Paris, Gallimard, coll.«Archives», 1980) 除了对从尺度的选择角度而言的法国微观史学有所贡献外，它还就历史写作提出了一个类似问题。

了扩展。而这一小心获得的拓展仍然要归功于塞尔托的严格（rigueur）。

不同于福柯式的严密，埃利亚斯的代表作，为历史学家的思考提供了另一种类型的严密：不再是一种有关实践领域之外的话语活动的话语的严密，而是有关中世纪末到 18 世纪的政治权力发展的实际历史中被使用的概念系统的话语的严密。如果这部著作有什么值得批判的地方，那么它并不在于其概念上的融贯性，而是其所选择的宏观历史尺度，而在遭遇到另一个不同的选择之前——就像我们在下一节中将看到的，这一历史尺度的选择将是不成问题的。还必须要说的是，在离开了我们刚才穿越的混乱和语义模糊的区域之后，埃利亚斯的著作并不是经不起之后的解读的。

我将《西方的动力学》（La Dynamique de l'Occident）的第二部分，即《文明论纲》作为我的阅读指南。① 埃利亚斯所说的"文明的进程"与我们关于建立一种表现史学的思考直接相关。正如夏蒂埃（Roger Chartier）为《宫廷社会》②所写的序言的标题所指出的，这里讨论的是一个正在进行的过程，它将一种显著的社会形态，旧制度君主统治时期的中央权力、国家同人们在感知和行为上的改变，即人们所说的文明，或更确切地说，文明的进程结合了起

---

① 《西方的动力学》（La Dynamique de l'Occident, Pierre Kamnitzer 译, Paris, Calmann-Lévy,1975）是《文明的进程》（Über den Prozess der Zivilisation, 第一版, 1939; 第二版, 1969）的第二卷。埃利亚斯将他在《宫廷社会》中取得的最重要的一些研究成果整合进了该书之中。而《宫廷社会》一书的命运也颇为独特: 埃利亚斯于 1933 年写完此书, 当时他是法兰克福大学教授曼海姆的助手, 不过这本书直到 1969 年才正式出版, 出版的时候还有一篇名为《社会学和历史》（Sociologie et histoire）的前言。

② Nobert Elias,《宫廷社会》（Die höfischer Gesellschaft, Neuwied et Berlin, Hermann Luchterhand Verlag, 1969; 法译本, Pierre Kamnitzer 和 Jeanne Etoré 译, La Société de cour, Paris, Calmann-Lévy, 1974; 再版, Paris, Flammarion, coll. « Champs », 1985）; 夏蒂埃写的序言:《社会形成和精神结构: 文明进程中的宫廷社会》（Formation sociale et économie psychique: la société de cour dans le process de civilisation, 页 I – XXVIII）。

来。同之后的明确处于社会行动主体层次上的微观史学相比，埃利亚斯的社会学是由一种宏观史学构成的，这种宏观史学与年鉴学派的宏观史学相类似。这样说有双重含义：一方面，文明的进程同从社会组织到国家的诸多现象有关，如军队、税收及其他收入上的垄断；另一方面，这一进程又被描述为是一个逐渐内化的强制系统，直到这一系统变成为埃利亚斯所说的习性（habitus），即一种永久的自我强制现象为止。文明的关键是自身，是我们在制度化的强制下，使自身文明化。对社会等级自上而下的分析路径在分析宫廷社会时表现得尤其有效，在其中，社会模型从一个核心，即宫廷出发，在并列及下属的层次中扩散开来。于是，人们很自然地想到了拉布鲁斯所说的结构和局势间的关系，或是布罗代尔提出的由各时段所组成的等级阶梯。问题其实更为复杂，习性这个范畴集合了所有使历史秩序的动态现象区别于物理秩序的机械现象的特征。值得注意的是，埃利亚斯没有提到决定论——尽管他讨论强制——，他讨论的是政治组织的改变同人的感知和行为上的改变间的相互依存关系。

在这点上，应该要特别重视埃利亚斯所提出的那些用法被严格划定的核心概念：用来表示像宫廷社会这样的社会组织现象的"构成"（formation）或"结构"（configuration）概念；用来表示社会动力学的动力，如在宫廷社会占据主导地位的武士的宫廷化以及将会导致宫廷社会分裂的贵族和在宫廷供职的市民阶层间的竞争的"张力的平衡"概念①；用来表示同时涉及政治权力的内部分配和转移以及决定冲动、感觉和表象之分配的精神结构的有序转变的

---

① 关于历史和社会学的关系，1969版的前言并不是结论性的，因为在其中受到批判的是兰克式的历史，即推崇个体、决策者的意志、掌权者的合理欲望的历史。但像宫廷这样的社会结构的历史特征则使这些社会结构不可能成为摆脱一切变化的不变项。不管怎样，社会变化概念还是让埃利亚斯跻身进了历史学家的行列。夏蒂埃的序言就这方面做出了清楚的说明。

"形态演化"概念。如果非要用一个词来表示埃利亚斯所使用的描述和分析工具的话,那就是相互依存(interdépendance),它敞开了通向在一个更关注社会行动主体的反应的研究路径中被称为占为己有(appropriation)的出口。埃利亚斯当然还未跨过这个门槛——以及不确定性这一必然结果——,但是可以进行跨越的地点已经被清楚地标示出来了:就在《文明论纲》所要突出的从社会强制到自我强制的道路上。这样的结果是,习性范畴将成为一个问题。埃利亚斯只是从一个方向走过了这条道路;还有待从另一个方向经过这条道路。在埃利亚斯看来,重要的是,首先,文明的进程不是理性的,也就是说,不是由个体主动的意愿和商讨决定的:理性化是自我强制的结果;其次,日益增长的竞争压力所导致的社会区分引起了进一步的区分以及行为和表象上更为紧密、规则、更可控的联系,精神结构(économie psychique)——习性这一术语的同义词——这一表述很好地概括了这一点。当然,这里说的是强制,但是一种自我强制,它包含了可以在张力的平衡层次上得到表现的各种反应的留存物。埃利亚斯文本中所有为人所知的术语,如区分、稳定、永恒、控制、可预见性都可以被辩证地加以使用。所有被描述的有关自我强制的现象构成了对文明的进程所力图消解的各种极端化差异的表达:习性就是极端差异间的平衡所许可的一种调节和规范化。① 就此看来,自我强制的扩散现象是十分有趣的:它在引入社会阶层(首先是武士/廷臣,然后是贵族/市民阶层)概念的同时,也引入了与精神分析理论的心理区分(超我、自我、本我)相近的精神层次概念,尽管埃利亚斯对他眼中的弗洛伊德理论的反历史主义表示怀疑。通过使我们变得"文明"的反

---

① "事实上,文明的个体化进程的结果很少处在离散曲线的两极,很少是完全正面或完全负面的。大部分'文明人'处在两极中间。从社会角度而言的有利或不利的特点,从个人角度而言的令人满意或不令人满意的习性会以不同的比例混合交融"(《西方的动力学》,前揭,页201—202)。

差缩小现象,从一个层次到另一个层次(社会的和精神的)的这一扩散现象产生了各种分散和再集中现象。

在埃利亚斯的研究中,《西方的动力学》对于心态和表象史最为显著的贡献在于,找到了自我强制的两种主要模式,即理性化和羞耻感。受到拉布吕耶尔(La Bruyère)和圣西门的启发,埃利亚斯将深思熟虑、对情绪的调节、对人心和社交圈的认知这些可以被概括为理性化的内容定位在充满争吵和阴谋的宫廷生活的框架内。就这方面而言,一直到莫泊桑和普鲁斯特这里也还能看到宫廷遗产的痕迹。此处涉及的是一种比思想史所说的理性更为宽泛的现象。在这里,"历史的社会心理学"(《西方的动力学》,页 251)所认为的在精神结构的整体性中表现出的习性就是人的社会群居性。思想史只想知道内容、"观念"、"思想"、关于意识形态知识的社会学,甚至上层结构,以及对脱离开社会历史的各种竞争环节间的冲突的精神分析。理性化是内在于每一个人,并随同人与人之间的相互关系共同演化的一种关系。文明的进程就是精神结构的变化和社会结构的变化间的这一相互关系。习性(habitus)就是这两种过程的交会。① 第二个"西方人的习性"是羞耻感。羞耻感是对面临内在危险——在一套礼仪规范下,内在危险已经取代了暴力的外在威胁——时所产生的恐惧的调节。害怕显露自己的弱小低下,这不仅是面对他人的优越性所产生的脆弱感的核心,② 也是作为精神结构的基础的冲突的重要组成部分。在这里,"我们无法在谈到羞耻感的同时而不考虑它的社会起源"(前揭,页265)。当然,关于羞耻感(埃利亚斯将其与"难堪"联系起来)的描述还有很多可说的。要点则在于,和属于精神序列的理性化相对

---

① 对于一场强调微观史学所说的不确定性以及埃利亚斯所说的作为冲动调控的理性化的讨论而言,理性化将是一个值得关注的术语。

② 这里所讨论的与其说是在席美尔和舍勒的传统中被拿来与罪恶感相对立的某种东西,不如说是德语中所说的 Schamangst,即带有焦虑的羞耻感。

应的属于情感序列的恐惧的内在化过程的性质。

我们已经讨论了很多要点,在其中,埃利亚斯辩证地分析了以自上而下这种单向度的方式对社会阶层进行的描述过程。① 我们将在后面考察化为己有(appropriation)这一主题是以何种方式同强制这一主题相协调的。埃利亚斯在一段文字中,展示了类似的辩证分析,在强调了习惯形成的非理性特征——在上面说过的意义上——之后,埃利亚斯指出:"但对我们而言,并不能排除这样一种可能性,即从这种'文明'中可以产生某种更'合理',更适合我们的需求和目的的东西。因为正是通过文明的进程,相互依存机制的盲目活动才能扩大有意识地干预相互依存网络和精神习性的可能性。而使得这些干预活动可能的,则是我们对于决定这些干预活动的内在法则的认知"(前揭,页185)。②

---

① 我在这里重新回到夏蒂埃为《宫廷社会》写的序言。"通过描述以相互依存关系——个体在其相互关联——的特定网络为基础的所有社会构成或社会结构,埃利亚斯得以理解不同群体间的关系的动力学和相互性,并由此避免对于社会统治或文化传播的简化的、单义的、固化的表述"(序言,页XXV)。

② 埃利亚斯对于心态和表象史的贡献在布尔迪厄(Pierre Bourdieu)的社会学研究中得到了部分的延伸。通过重拾习性(habitus)概念——在布尔迪厄看来,习性概念"表明了这样一个事实,即社会行动主体既不是由外部原因决定的物质微粒,也不是完全由内因引导的微小单子,执行着一项全然理性的行动计划"(P. Bourdieu 和 Loïc J.-D. Wacquant, *Réponses*, Paris, Éd. du Seuil, coll. « Libre examen », 1992, 页110)——,布尔迪厄使自己重又置身于埃利亚斯所建立的自我建构及制度强制的辩证法中。

通过赋予习性概念以丰富的意涵:"习性既是组织实践及实践感知的有建构功能的结构(structure structurante),也是被建构的结构(structure structurée),即用来组织对社会世界的感知的逻辑分类原则本身就是社会分类内化后的产物(Pierre Bourdieu, *La Distinction: critique sociale du jugement*, Paris, Éd. de Minuit, 1979, 页191)",布尔迪厄重演了埃利亚斯所描绘的从社会强制到自我强制的道路,并对之进行了补充。因此,习性一方面可以将表象和行为联系起来,另一方面也可以将这些表象和行为同布尔迪厄所说的"社会空间结构"联系起来,这样就能把握"所有那些要点,一般行为主体(其中包括在其一般行为中的社会学家或读者自身)是根据这些要点来看待社会世界的"(同上,页189)。

习性使得在个体中出现了一种"分类系统",它"持续地将必然性转变为策略,将强制转变为偏好,并以非机械决定的方式产生了已被分类的和具有分类功能(转下页注)

第三节　尺度的变化

> "多样性。一座城市，一个乡村，从远处看，那就是一座城市，一个乡村；但随着越走越近，这就是房屋、树木、瓦片、树叶、蚂蚁、蚂蚁腿以至无穷。所有这些都包含在乡村这个名称之下。"
>
> ——帕斯卡尔，《沉思录》

在前面的分析中，有一个问题还未被提及，就是尺度问题，更确切地说，就是历史学家所采用的观察尺度的选择问题。当然，拉布鲁斯和布罗代尔以及大部分年鉴学派的历史学家提出并使用的具有启发性的模式明显属于宏观历史的研究方式，这一方式从历

（接上页注）的生活方式（styles de vie）的所有构成性'选择'，而这些生活方式则根据它们在相互关联及对立的系统中所处的位置来获得它们的意义和价值"（Bourdieu，同上，页195）。由此，从"社会空间结构"（和从"场域"[champ]，在布尔迪厄看来，"场域"突出了"社会空间结构"的特征）到行动主体的表象和行为间的来回运动就在其复杂性中得到了把握。每一个"场域"都有其自身的逻辑，这一逻辑使产生了"被建构的产品"（opus operatum）——它是行动主体的作品或行为——的"具有建构功能的结构"（modus operandi）被迫接受"重译"（同上，页192）。

通过研究趣味，布尔迪厄在社会阶层和精神层次间建立起了对应关系——埃利亚斯描绘了这一对应关系的雏形——，并说道："同现实与虚构发生关系的不同方式，相信虚构或虚构所再现的现实的不同方式……完全寓于不同阶层和阶层内部不同派别所特有的习性（habitus）系统之中。趣味具有分类功能，并对分类者进行分类……"（同上，页VI）。他由此指出，如何解释表象不仅对把握这一对应关系，这一"习性系统"的复杂性是必不可少的，而且要以对行动主体同"社会空间结构"的历史关系的理解为前提："眼睛是教育再生产的历史产物"（同上，页III），布尔迪厄在有关趣味研究的论著中如此写道。

因此，通过给予"被建构的产品"比合理性更多的东西，如上所述的习性（habitus）概念不仅可以把握"再生产出生产法则的一般法则，即具有建构功能的结构"（前揭，页193，注4），而且可以重建"实践的统一"（同上）。习性概念及布尔迪厄对这一概念的方法论运用对解释/理解环节的启发性价值由此得到了证明。

史的经济和地理基础扩展到社会和制度层次,再延伸至所谓"第三类"现象——主导心态的最稳定形式就属于这一现象。但是这一宏观历史视角并不是深思熟虑后的选择,因此它并没有得到另一种视角的喜爱和认可,这种视角被认为是宏观历史视角之外的另一种选择。无论是拉布鲁斯的"结构、局势、事件"序列,还是布罗代尔的时间段思想都间接地以尺度游戏为基础;但是,正如布罗代尔《菲利普二世时代的地中海和地中海世界》——仍是同类著作的典范——的三部分结构所表明的,对于时间段序列自上而下的阅读偏好并没有被主题化到这样一种程度,以至于人们可以认为,改变尺度及对尺度的选择,连同这一选择所带来的一切自由和制约都是历史学家可以自由支配的。而历史学家视角的这种可变性的获得构成了20世纪最后30年史学界的一个重要成果。雷维尔(Jacques Revel)直接用"尺度游戏"(jeu d'échelles)①来称呼这一方法论上的自由选择,我们则将这一自由选择归到隐含在寻找历史真理过程中的解释的部分。②

某些意大利历史学家所使用的微观史学方法就属于这一尺度游戏。③ 通过将村庄、家庭群落、社会组织中的个人重新作为观察的尺度,微观史学的倡导者们不仅使人们承认了他们的研究工作在其中展开的微观史学层次的合理性,而且还引发了人们对于尺度变化的原则的讨论。④ 我们现在并不是要介绍如此这般的微观

---

① Jacques Revel 编,《尺度游戏:对经验的微观分析》(*Jeux d'échelles : La microanalyse à l'expérience*,前揭)。

② 参见下文,第三部分,第一章。

③ 雷维尔在他和 B. Lepetit(《论历史的尺度》[De l'échelle en histoire])周围集合了一批最为积极的微观史学派的历史学家,其中包括:Alban Bensa, Mauricio Grimaudi, Simona Cerutti, Giovanni Levi, Sabina Loriga, Edoardo Grandi。除了这些名字之外,还有我们将经常提及的金兹堡(Carlo Ginzburg)。

④ "我们立刻注意到,'微观'维度在这方面并不具有丝毫的特出性。重要的是变化原则,而不是对于一种特殊尺度的选择"(Jacques Revel,《微观分析与社会建构》[*Microanalyse et construction du social*],见 *Jeux d'échelles*,前揭,页 19)。

史学并为之辩护,而是要考察尺度变化观念,以便就这一源初问题对于心态及表象史的贡献作出评价,尽管尺度变化观念就内部而言陷入了困局(第一小节),就外部而言,它的那些模糊概念也无法满足各种严格的要求(第二小节)。

尺度变化观念的核心在于,当我们改变尺度的时候,我们所看到的将不再是相同的联系,而是在宏观尺度上无法察觉的那些关联。这正是马兰(Louis Marin)——这个名字将会在后面的讨论中出现——喜爱引用的帕斯卡尔《沉思录》中的那些名言的意义所在。①

尺度变化的观念取自绘图术、建筑学和光学。② 在绘制地图的时候,有一个外在的参照对象,即地图所要代表的领域;此外,不同尺度的地图所测度的距离依照位似关系是可公度的,这样我们就能依据给定的尺度,对一块场地进行收缩。在从一个尺度向另一个尺度的转换过程中,我们观察到一种建立在组织层次基础上的信息层次的变化。让我们想想公路网:从大尺度上看,我们看到一些交通主干道,从较小的尺度上看,则会看到住宅的分布。从一

---

① 我们可以在这里引述帕斯卡尔的另一段话:"一个在无限当中的人是怎样的呢? 不过,为了向他展现另一幅同样令人惊讶的奇景,让他在他所认知的事物中寻找最精微的事物吧。让我们给他一条蛆虫,它极小的身体是由小得不能再小的各个部分组成的,它的由关节连接起来的腿,它的腿中的血管,它的血管中的血液,这些血液中的体液,这些体液中的水滴,这些水滴中的蒸汽;让他对最后这些东西继续加以分割,他会在这些概念上尽其所能,而他最后达到的那个东西就是我们现在讨论的对象;他也许会认为,这就是自然界最微小的东西了吧"(片段185,éd. Michel Le Guern,页154;片段84,éd.《La Pléiade》;片段71,éd. Brunschvicg, liasse XV, Lafuma 版中复本9203 的第9页)。还可阅读 Louis Marin,《从远处看一座城市、一个乡村……:帕斯卡尔的风景画》(Une ville, une campagne de loin...: paysage pascalien,见 Littérature,1986年2月,第161期,页10),Bernard Lepetit 在其论文《论历史的尺度》(De l'échelle en histoire,见 J. Revel 主编,Jeux d'échelles,前揭,页93)中引用了 Louis Marin 的这篇论文。

② Bernard Lepetit,《论历史的尺度》(De l'échelle en histoire,见 J. Revel 主编,Jeux d'échelles,前揭),页 71‑94;Maurizio Grimaudi,《尺度,相关性,结构》(Echelles, pertinence, configuration,见 J. Revel 主编,Jeux d'échelles,前揭),页 113‑139。

张地图到另一张地图,空间是连续的,领域是同一块,因此,尺度的微小变化显示的是同一块场地;这是比例上的简单改变的积极方面:不会发生尺度间的对立和冲突。但与此同时,在尺度变大的过程中,细节、复杂性,以及由此在信息方面就会有所缺失。这一双重特点——尺度上的合比例以及信息上的差异性——必然会影响相当依赖绘图术的地理学。① 正如对于布罗代尔的《菲利普二世时代的地中海和地中海世界》第一部分的重读所清楚表明的,在这同一种地缘政治学内部,随着尺度的改变,出现了不同的地貌。"地中海"一词将研究对象定位在帕斯卡尔所说的乡村的层次上:在阅读进行到最后的时候,我们会说,地中海一词说出了一切!

尺度观念在建筑学和城市规划中的作用也与我们的讨论有关;在这两门学科中也存在与绘图术中的比例关系相似的比例关系问题以及依据所选的尺度来比较信息得失的问题。但与地图和它所代表的领域间的关系不同,建筑师或城市设计师的规划是以有待建造的一栋建筑物、一座城市为对象的;而且,建筑物、城市同自然、风景、交通网络、城市的已建部分等等这些不同层次的环境的关系是变化的。就历史编纂活动在某种意义上就是一种建筑活动而言,建筑学和城市规划中的尺度概念的这些特点就是与历史学家相关的。② 历史话语有待被建构成一部作品;而每一部作品又会被放入已然存在的环境之中;对过去的重读就相当于重建,尽管代价是拆毁大量的旧建筑:历史学家的日常工作就是建筑、拆毁、重建。

正是通过对建筑学和城市规划的借鉴,历史才开始参考光学

---

① 之前对处所(lieu)概念的讨论为当前的考察做了准备,参见第二部分,第一章。

② 可以证明这一点的除了将会在第三部分序论中被提及的尼采的纪念的历史概念,还有被数度提及的,总是与文献概念相伴出现的遗迹(monument)概念在我们关于历史的讨论中的位置。

隐喻。与视线调整有关的行为常被忽略,因为在眼前展开的自然,甚至美景容易让人遗忘光学仪器的对焦过程。历史的作用有时就像是一面放大镜,甚至是显微镜或望远镜。

历史学家所使用的尺度概念包含着的是尺度的不可公度性。在改变尺度的过程中,我们所看到的不是更大或更小,以大写字母或小写字母出现的同一个事物——就如柏拉图在《理想国》中描述的灵魂和城邦间的关系。我们看到的是不同的事物。我们不再能说缩小尺度。它们在结构和因果性上具有不同的关联。信息得失间的比较被用来对具有启发性的虚构物的不同形式进行各种模型化的操作。在这一点上,就宏观史学没有注意到它对尺度选择的依赖而言,我们对宏观史学提出的批评在于,它在不知情的情况下采用了一种更接近绘图术而非历史的宏观视角模型。因此,我们看到了布罗代尔在运用时间段理论时的某种犹疑:一方面,通过将所有时间段纳入到一个独特的按照恒星的运转秩序计算的历法时间当中,布罗代尔假定了线性同质的各时间段之间具有一种嵌套关系,尽管他对事件史滥用年代学这一项表示了某种程度的怀疑;另一方面,我们发现,这些时间段之间只是简单地上下堆叠,彼此之间并不具有辩证关系。就大众心态被认为属于长时段,而丝毫不考虑这些心态扩散到其他尺度上的情况而言,心态史无疑已经受到这一与尺度变化有关的方法论上的不足的困扰。甚至在埃利亚斯这个运用概念的大师那里,自我强制现象被认为是廷臣、长袍贵族、市民等等这些明确的社会阶层所共有的;但在考察行为和感觉模式从一个社会阶层向另一个社会阶层扩散时所隐含的尺度的改变却没有被察觉到。就心态史只是单纯地将经济史的宏观历史模式扩展到社会史和"第三类"现象而言,心态史一般会将同社会行为主体的信息接受有关的社会压力概念处理为一种以不可察觉的方式运作的不可抗力。这种对社会等级进行自上而下的解读的相关预设尤其影响了对精英文化和平民文化间关系的处理;而属于类似的二元系统的其他对子同样也通过上述预设得到了确定,这些对子包括强大 vs 弱小、权威 vs 反抗以及一般而言,统治 vs 服从——依据韦伯对统治(Herrschaft)的解释。①

我注意到意大利微观史学派的两部已被翻成法语的代表作。金兹堡(Carlo Ginzburg)②在一篇简短而语词尖锐的序言中说道,正是由于一个偶然,即"缺少过去关于下层人的行为和态度的证据材料",他才有可能叙述"弗雷利(Frioul)地区的一个名叫多莫尼克·斯堪德拉(Domenico Scandella),当地人习惯称之为麦诺齐奥(Menocchio)的磨坊主的故事,在默默无闻中度过其一生之后,此人被圣公所(Saint-Office)下令烧死在了火刑柱上"(《奶酪与蛆虫:一个 16 世纪磨坊主的精神世界》,页 7)。"他的思想和感情,他的梦想和渴望的丰富图景"(前揭,页 8)是建立在关于他的两场审判的材料基础上的,此外还有与他作为手艺人的生活、他的家庭以及他的知识相关的其他文献。所有这些材料都是关于我们所谓的"下层普通人的文化或平民文化"。金兹堡不说尺度,而说文化等级(niveau cuturel),在他看来,文化等级的存在是自我定义的学科的前提。可以在其他不属于意大利微观史学派的历史学家中看

---

① 在阅读论述微观史学方法的文本时,我惊讶地发现,莱维(Giovanni Levi)和其他一些思想家批评著名人类学家格尔兹(Clifford Geertz)通过一种强加给接受者的模型来描述他所认为的不同地域的文化间所共享的种种信念(《格尔兹主义的危险》[I pericoli del Geertzismo],见 *Quaderni storici*,引自 J. Revel 主编,*Jeux d'échelles*,前揭,页 26,注 22 和页 33,注 27)。与此相反,有一位斯堪的纳维亚的作者为了要在他的有关人种身份的田野调查中同社会行为主体进行对话而将格尔兹的理论作为参考依据(*Ethnic Groups and Boundaries*,Londres,Georges Allen,1969)。也可参阅《巴思选集第一卷:社会生活的过程与形式》(*Selected Essays of Frederick Barth*,t. I,*Process and Form in Social Life*,Londres,Routledge and Kegan Paul,1981)。在 *Jeux d'échelles* 中,有一篇介绍 Fredrik Barth 的研究工作的论文:Paul André Rosental,《以"微观"建构"宏观":巴思与微观史学》(Construire le « macro » par le « micro »:Fredrik Barth et la microstoria,前揭),页 141-159。

② Carlo Ginzburg,《奶酪与蛆虫:一个 16 世纪磨坊主的精神世界》(*Le Fromage et Les Vers*:*L'univers d'un meunier du XVIe siècle*,法译本,Paris,Aubier-Flammarion,coll. « Histoire »,1980)。

到在社会史中使用的这一对于有关社会和职业群体——如有产者——的自我指涉的,甚至同义反复的定义的论证,我将在后面谈到这些历史学家。在与庸俗的马克思主义或反殖民主义有关的意识形态争论中所隐含的文化术语——平民文化和精英文化——及其所包含的统治阶层和下层这样的术语被再度使用。在一个大部分是口述的文化中,文字材料的缺乏可以被当作一种理由。甚至芒德鲁——我在前面提到过他在心态史中的地位——都没有逃脱这样的指责,即他偏爱处理那些强加给平民阶层的文化(在后面讨论塞尔托的《鲁登的着魔》的时候还会回来谈这个问题),并将这一文化视为成功的文化适应的结果。① 如果指定给民众的文学不应该掩盖民众自己创造的文学的话,那么民众自己创造的文学就应该存在并且是可接近的。这就是麦诺齐奥的信念所面临的情况,由于其独特性,它无法满足系列史和计量史的要求,因为对这两种史学而言,只有数字和无名物才是有意义的。

但是我们如何才能不重新落入奇闻异事和事件史的套路呢?首先的回答是,我们所反对的对象主要是政治史。另一个更有说服力的回答是,历史学家所试图阐明和建构成话语的正是那些可

---

① "仅仅通过《蓝色丛书》中的箴言、戒律和故事就将'平民阶层创造的文化'和'强加给平民大众的文化'等同起来并从中指出平民文化的特点,这是荒谬的。芒德鲁为避开与重建一种口述文化相关的困难而指出的捷径将我们重又带回了起点"(Ginzburg,《奶酪与蛆虫》,前揭,页10)。Geneviève Bolleme 对有关书籍贩卖方面的文献的使用遭到了同样的批评。相反,巴赫金(Bakhtine)则通过他讨论拉伯雷同其时代——其核心就是狂欢节和平民文化中的种种狂欢主题——的平民文化间关系的里程碑式的著作避开了这一批评。尽管如此,书中的主人公们主要还是透过拉伯雷的文字而说话的。勒华拉杜里(Emmanuel Le Roy-Ladurie)对"罗芒狂欢节"(carnaval de Romans)的分析尽管建立在一些并不利于分析的材料的基础上,但在金兹堡看来,勒华拉杜里的分析还是颇为出色的。而福柯对驱逐、禁止——我们的文化正是通过这两者才得以建立起来——的强调则有可能导致这样一个结果,即只有通过"消除大众文化的举动",大众文化才能存在,就像在《疯狂史》中所表明的那样。如果疯狂只有通过驱逐它的理性语言才能言说自身,那么,主人公们就只能保持沉默。

以获得的历史语言的散失的和潜在的财产,而这恰恰是电脑所无视的。金兹堡所要讲述的,是一位勇敢的磨坊主以其独特的方式重新解读了历法书、诗歌、虔敬书、圣人传及各种小册子。通过离开计量史学,人们就不会落入非交流的状态中。而且,这些重述所要表现的不仅仅是一个普通平民重新解读的能力,还让人们看到,传统以及在某种生存处境中会以某种方式重新出现的沉睡的异端思想重又浮出了表面。对于我们的心态史问题而言,其结果是,我们必须摒弃心态这一概念,因为这种历史,一方面强调"一个既定世界观当中的停滞的、模糊的、无意识的因素"(《奶酪与蛆虫:一个16世纪磨坊主的精神世界》,页19),另一方面,又保留了一般文化的"各阶层间"(interclasses)的涵义——这是费弗尔在谈到"16世纪的人"时也无法避免的偏见。不过,这位伟大的法国历史学家还是对与"集体心态"这个社会学概念的不幸遗产密不可分的种种偏见进行了反抗。就麦诺齐奥而言,他并不是文盲,因为在他生活的年代,印刷术已被发明,宗教改革也已发生,他应该阅读过宗教改革的书籍,也为宗教改革的问题进行过辩论。①

另一本引起我注意的书是莱维(Giovanni Levi)的《村庄中的权力:16世纪皮埃蒙特地区一个驱魔者的历史》(*Le Pouvoir au village:Histoire d'un exorciste dans le Piémont du XVIe siècle*)②,雷维尔

---

① 金兹堡在序言的最后作出了一个大胆的、前瞻性的判断:瓦尔特·本雅明(Walter Benjamin)在《论历史》中描绘了一条道路,麦诺齐奥是这条道路的先行者,在《论历史》中,本雅明这样写道:"任何发生过的事情都不应该被视为历史的弃物……但只有获得救赎的人才有权保有一份完整的过去。""获得救赎的,也就是获得自由的",金兹堡加了这么一句解释,以此表明自己的看法。

② 意大利原版书名:Giovanni Levi, *L'eredità Immateriale: Carriera di un esorcista nel Piemonte del seicento*,Turin,Einaudi,1985。这里引用的是此书的法文版:*Le Pouvoir au village:Histoire d'un exorciste dans le Piémont du XVIe siècle*,Paris,Gallimard,coll.«Bibliothèque des histoires»,1989(Jacques Revel 作序)。

(Jacques Revel)为该书撰写了序言《紧贴地面的历史》(L'histoire au ras du sol)。在这里,我们站在了埃利亚斯曾耕耘过的土地上。只不过这次尺度缩小了,研究一个村庄。村庄指的既不是很多人,也不是一个个体。它不涉及那些先被命名然后被计量的量化指数——价格或收入、财富水平和职业的分布,也与一个沉重的甚至停滞的历史及规范习俗的规律无关。被考察现象的出现和对它的叙述是尺度改变的结果。这不是长时段积累的结果,而是有待解析的各种关联的麇集。不过,不必期待社会行动主体曾经的经历可以被再次还原,就好像历史不再是历史,而重新转向了集体记忆现象学。尊重这一微妙的界限对我们的讨论很重要,我们的讨论从不否认将历史同记忆,尤其是集体记忆区分开来的认识论差异。这往往是些被重新收集和被重新建构起来的相互关系。[①] 重构(reconstruction)这个关键词被提了出来,在后面,这个词将在微观史学的那些被严格限定的案例之外重新引发对心态史,最好称之为表象史的讨论。但在进行这一或多或少受限的推论之前,必须先指出一种选择了微观史尺度的历史的关键。我们已说过,在较小的,甚至极小的尺度上,人们能看到在较大尺度上看不到的东西。但是必须说,人们看不到以及不应该期待会看到主人公们的亲身经历。人们看到的是社会相互关系:精微的相互关系,但已具有微观结构。尽管带着某些迟疑,但我还是会说,莱维的重构尝试仅仅部分地符合金兹堡在他的著名论文《痕迹:一种征象范式的根本》(Traces: Racines d'un paradigm indiciaire)[②]中

[①] "我曾试图通过重构桑特那(Santena)村所有那些在文献中曾留下一丝文字线索的居民的生平事件来研究有关16世纪皮埃蒙特地区的一份微不足道的材料"(引自 J. Revel,《序言》,见《村庄中的权力:16世纪皮埃蒙特地区一个驱魔者的历史》,页XIII)。

[②] Carlo Ginzburg,《痕迹:一种征象范式的根本》(Traces: Racines d'un paradigm indiciaire,见 *Mythes, Emblèmes, Traces: Morphologie et histoire*,前揭)。

提出的"征象范式"。莱维所进行的微观分析既不似动物的嗅觉、侦探、鉴定赝画的专家,也与任何种类的精神病症学不同。为了更接近切分、连接、证据对比这些更为传统的操作——正是这些操作使莱维可以谈论"实验史学"——,莱维的这种对于真实的重构活动既远离了亲历的经验,也远离了征象(l'indiciaire)。那么,实验对象是什么？ 就是在微观史学尺度上所看到一个村庄的权力运作。在这个尺度上,人们看到的是在中心和周边的交换活动中家庭和个体在面对种种经济现实和等级关系,简言之,村庄中的种种相互关系时表现出的各种策略。同策略这个概念一同出现的是理性(rationalité)这一概念,我们在后面将会用不确定性一词来评价理性概念本身的丰富性,不确定性与固定性、永恒、安全,即确定性相对立,而前述这些表现确定性的词则与宏观尺度下社会规范的运作及长时段心态史中那些几乎不变的因素相关。策略名义下的各种行为是否将减少不确定性或仅仅与之和平相处作为它们或隐秘或公开的目的,这将是一个值得讨论的问题。①

"这本书的真正主题是社会和政治的大游戏"(Revel,《序言》,见《村庄中的权力》,页 XXV),而这也是埃利亚斯在《西方的动力学》中试图重建的主题,不过,是在帕斯卡尔所说的"所有这一切都包含在乡村这一名称之下"的意义上而言。尽管如此,但我们是否能说,那些在某种程度上表现了乡村的细节根据某些确定的规则重构了乡村呢？

---

① 雷维尔引用莱维的话:"和其他所有社会一样,这个社会是由这样一些个体组成,他们意识到他们处在一个充满不可预见性的环境中,在其中,他们必须自己组织他们的行为;不确定性不仅来自他们无法预见未来,还在于他们知道,他们对他们所处的社会环境中的正在运作的各种力量的信息的掌握是有限的。这不是一个由于缺乏安全感而瘫痪的社会,敌视一切危险,消极被动,固执于那些自我保护的不变价值。为提高安全感而提高可预见性是产生技术、心理和社会革新的强大动力"(J. Revel,《序言》,见《村庄中的权力:16 世纪皮埃蒙特地区一个驱魔者的历史》,前揭,页 XXIII,XX-IV)。

这是一个从微观历史向宏观历史过渡的问题。① 如果我们可以指责宏观历史依据不成文的规定从长时段行进到中时段和短时段，那么微观历史是否就有理由说，它可以重新承担起总体史的计划，只不过是从下面开始？具体而言，这个问题其实是想问，村庄是否是一个有利于找出权力的中间形式的地方，通过这些中间形式，村庄中的权力同国家权力联系了起来，就像国家权力在这一时期、这一地区实际运作的那样：正是不确定性影响了对于正在发挥作用的各种力量的评价。以自下而上的角度来考察这些关系正是莱维这本书的任务。如果用历史知识的认识论的语言来表达这一问题，它就变成了如何表现村庄的历史以及村庄中的各种关系的问题。主人公的不确定是否同样意味着分析者的不确定？这种不确定是否也会影响案例史所保留的普遍化能力？莱维的研究是否可以普遍化到同埃利亚斯有关宫廷社会及其他类似社会的研究相对立的地步？② 简言之，就

---

① 微观史学和宏观史学间的这一相关性和关系问题指出了存在于人文科学中的材料整合这一基础性的认识论问题。我们是否可以无差别地从"微观"尺度转向"宏观"尺度并将在微观尺度上获得的结论直接移植应用到宏观尺度上？

对这个问题，经济学和社会学给出的回答都是否定的。

E. Malinvaud 的经济学研究的结论就认为，在微观经济学领域（建立在从某些假定出发的对个体行为的分析上）和宏观经济学领域（分析组织性的、整体性的行为）之间"没有桥梁"，也不存在一种数学上的过渡。

社会科学中的材料整合会产生一些相反的或全新的结果，这些结果阻碍了从个体层面向集体层面的转移。孔多塞就这样指出过，他认为，我们不能从个人的理性偏好出发来建构集体的理性偏好（这就是说，尊重选择的传递性）。布东（R. Boudon）在其著作《反效果和社会秩序》(*Effets pervers et Ordre social*) 中就将这种整合效果定义为这样一种效果，"它是由一个系统中所有行动主体的相互依存的处境导致的，但这些行动主体并没有明确地追求这一效果"。对一个个体有效的结论同样不能被扩展到集体当中。

社会科学的这一看法让我们得出了这样的结论，即微观史学和宏观史学具有不同的对象，从其中一种史学向另一种史学的过渡的问题是认识论的核心问题，尽管这个问题至今仍未得到最终的解答。

② 雷维尔表示了他的怀疑："从微观层面看，一个地方的历史很可能同所有其他地方的历史都不同"（J. Revel,《序言》, 见《村庄中的权力：16 世纪皮埃蒙特地区一个驱魔者的历史》, 前揭, 页 XXX）。

是"该如何表现这一受到如此规定的对象？而这个对象又能够教给我们什么可以被普遍化的东西呢？"(Revel,《序言》,页 XXX)格兰迪(Edoardo Grendi)曾提出过一种被雷维尔称为优雅的逆喻的表述,即"正常的例外"(exceptionnel normal)。这个表述的价值更多的是由它所回避的东西——依据计量史和系列史的模式,用统计学的语言来解释典型性(exemplarité)概念——体现的。也许它只是单纯要我们比较不同尺度上所看到的世界,尽管不能将这些所见总体化。对各种尺度游戏的这一概览出自何种高等的把握能力？而存在一个可以进行这种概览的地方是值得怀疑的。帕斯卡尔的两个片段不是最先被命名为"多样性",然后又被命名为"无限性"吗？

第四节 从心态概念到表象概念

现在,我必须要讨论一种概念上的转变,这样才能进入之后的内容。

在第一节的最后,我们将心态概念留在一种巨大的混乱状态中,这一状态建立在总体史观念的背景之上,而心态观念是总体史观念的组成部分。我们提出了两种要求:一种要求来自彼此不同的三种话语,但各自以其方式要求一种概念上的严格性,只有这种概念上的严格性才能让四分五裂的历史集合在一起;另一种则是一种新的历史编纂学的要求,它与一种选择有关,这种选择和在年鉴学派的黄金时期占统治地位的历史编纂学中所隐含的选择明显相反,这种选择就是微观史学尺度的选择。该是对历史领域进行谨慎而适度的合并的时候了,在这些领域中,心态史在承担着表象和实践史的名称和作用的情况下,发挥着联合的作用。

为了要走出历史在20世纪最后30年所面临的四分五裂的处

境，我想采用一种整体化的研究方式，这种研究方式在很大程度上能够满足被三度要求的概念上的严格性，因为这种研究方式将尺度变化的观念发展到了极致。我试图表明，用表象概念——这一概念不仅表述得更好，也更辩证——来代替心态这一含混概念的做法——往往是不加解释地——和我们对尺度变化概念的使用是一致的。

我所使用的这种整体化的研究方式最为清楚地表现在勒珀蒂（Bernard Lepetit）所编的论文集《经验的诸种形式：另一种社会史》（*Les Formes de l'expérience : Une autre histoire sociale*）①中。为此书撰文的历史学家们将他们所研究的社会中的社会关系和身份形态的建立作为他们最直接的关注对象——我称之为历史话语的相关对象。主导的研究角度是一种实践的角度，即主要强调社会实践和同这些实践相关的表象。② 这种研究思路完全可以被称为一种实践理性批判，它与一种行动诠释学有重合的部分，但不会与它相混淆，这种行动诠释学源自对胡塞尔和梅洛-庞蒂的现象学的丰富和发展——经符号学和对语言（或话语）问题的大量研究。这一实践理性批判所具有的历史面向表现在如下的事实当中，即社会关系及影响这一社会关系的各种变化被视为是历史话语的相关对象。无论是拉布鲁斯还是布罗代尔所说的认识论差异并没有遭到拒斥；将"身份和社会关系问题作为首要问题③"的这一新的研究计划主动接受了这一认识论差异。

同年鉴学派的研究的连续性表现在这篇导论中所提出的三个问题——最相关的变化类型（经济变化、社会变化、政治变化、文化变化等等）问题、描述的尺度问题以及时间模式问题——之中，

---

① 前揭。
② Bernard Lepetit,《实践的历史，历史的实践》（Histoire des pratiques, pratique de l'histoire），同上，页 12–16。
③ Bernard Lepetit,同上，页 13。

这三个问题不仅构成一个整体,而且相互依赖。①

这些作者对于实践理性批判的强调首先使他们更关注往往更有疑问的社会关系建立的特性;这就是为什么之后当提到可以将社会整合起来的制度规范、习俗和法律规定的时候,我们会更愿意谈论构造(stucturation)而不是结构。其次,这些作者主动称他们的研究是一种实践理性批判,这使他们更加关注表象——我们完全可以将其视为一种理论实践或更确切地说,象征实践②——和严格意义上的实践间的关系。最后,诉诸实践理性批判可以说明常常以非反思的方式进行的从心态方面的用语到表象方面的用语的转变。现在,我们就要着手开始用表象方面的用语来取代心态方面的用语了。

人们所指责的心态概念的语义混乱状况同现象——人们会自然地想到时代环境,甚至黑格尔所说的民族精神——的众多及无区分的特点密不可分。之所以会这样,是由于单纯将心态同构成社会整体的其他组成部分并列起来无法表现出它们内在的辩证关系。能够更为确切地表达实践或社会实践的表象观念将能展现心态概念所无法展现的辩证关系。我将表明,尺度游戏概念的扩展③将有助于展现表象概念和社会实践概念中间隐含的辩证关系。

---

① 我们注意到,《年鉴》杂志的编辑们越来越多地关注和阅读杂志中的两篇重要论文:《历史和社会科学:关键的转折?》(Histoire et science sociale: Un tournant critique?),Annales ESC,1988,页 291 – 293;《让我们试着去体验》(Tentons l'expérience),Annales ESC,1989,页 1317 – 1323。

② 在这里,我必须再次感谢格尔兹(Clifford Geertz)的社会学,我的以符号为中介的行为概念就来自于他的社会学(参见《从文本到行动》,前揭,以及《意识形态与乌托邦》,前揭)。这就是为什么为《历史笔记》(Quaderni)杂志写稿的那些微观历史学家们对格尔茨的反对在我看来有些不公正(参见下文,页 271,注 57)。

③ "在这里,重要的不是任何一种尺度,而是各种尺度间的变化"(J. Revel,《序言》,见《村庄中的权力:16 世纪皮埃蒙特地区一个驱魔者的历史》,前揭,页 XXX/XXXIII)。

事实上，在尺度游戏中重要的不是它所享有的尺度选择的权利，而是在上一节开头出现的帕斯卡尔引文中所体现的尺度变化的原则。尺度上的变化可以导致效果上的多样性。围绕身份和社会关系的主题，我总结了三种尺度变化的方式。它们以各自不同的方式致力于使20世纪最后30年的历史编纂学重获统一。尺度变化的操作可以取道三条汇合的路径：第一条路径是和社会规范的各种不同程度的强制和效用；第二条路径是不同从属领域——社会关系分布其间——中的各种合理化程度；第三条路径是各社会时间等级的非量化方面，它会将社会变化概念再次引入我们的讨论，而这一概念会在有关历史的解释/理解的整个考察中占据重要地位。循着这三条路径，我们将回忆起帕斯卡尔的话，即我们在每一种尺度上看到的是在其他尺度上看不到的东西，每一种视角都有其合理性。在这三重考察结束的时候，我们将面对一种辩证结构，这一结构将使我们选择表象概念，而放弃心态概念。

1. 效用或强制的尺度

正如微观史学已经表明了的，尺度变化的第一个好处就是能够强调个体、家庭或群体的各种策略，这些策略对这样一种看法提出了质疑，即处于最底端的社会行动者只能被动地屈从于一切类型的社会压力，其中主要屈从于那些在象征层次上发挥作用的社会压力。事实上，这一看法与宏观历史的尺度选择不无关系。具有等级和嵌套结构的不仅是这一选择派生出的模式当中的各时间段，还有支配着行为和实践的表象。就社会行动者屈从于社会压力这一看法与宏观历史的选择有关而言，微观历史的选择则会引起一种相反的期待，即期待各种随机的，表现出不确定性的策略，在其中首推冲突和商谈。

如果把目光扩展到微观历史的范围之外，我们可以看到在微观历史未曾考察的社会中主导行为模式所产生的压力和对信息的接受——更好的说法是,占有(appropriation)——之间存在相当复杂的关系。同时,所有那些将精英文化和平民文化对立起来的二元系统以及与之相关的对子(强大/弱小、权威/反抗)都是不稳固的。而与这些相对的是流通(circulation)、商谈、占有(appropriation)。这就是需要把握的社会活动的所有复杂性。不过,宏观史学的视角并没有遭到拒斥:我们可以继续阅读埃利亚斯并按照从社会上层到社会下层的顺序来把握各种象征及其强制力。这是因为只有不放弃宏观史学的视角,我们才有理由提出如下问题,即微观组织是如何表现在较大尺度上可见的权力现象的。但是,我们几次在类似的语境中碰到的偏差(écart)概念并不能穷尽在不同尺度上所描绘的图像间所有结合的可能性。从下层出发所考察的仍然是上层系统。① 就此而言,将长时段历史的模式扩展到表象领域在宏观历史视角的限度内是合理的:心态的特点就是它具有长时段性。涂尔干在 20 世纪初提出了"集体表象"问题,在年鉴学派长期使用心态概念之后,"集体表象"概念又以完整的姿态重新进入人们的视野。涂尔干的"基本规范"概念——与未被意识到的约定概念及关于约定模式的约定(accord)概念直接相关——至少还仍然保留了它的问题性和实践性。② 而任务则在于将这些指导概念重新置于同那些和对这些有关约定的约定规则的占有有关的主导概念的辩证关系中。此外,对于对抗破坏力的创造力的

---

① Paul André Rosental,《以"微观"建构"宏观":巴思与微观史学》(Construire le «macro» par le «micro»:Fredrik Barth et la microstria),见 J. Revel 主编,*Jeux d'échelles*,前揭,页 141-160。

② "'基本规范'概念在涂尔干那里实际上满足了三重需要。'基本规范'可以让社会在没有外在的组织原则的情况下凝聚在一起,它不会使社会在任何具体处境中陷入混乱或为了重新凝聚在一起而付出新的代价。它构成了一种特设假设(hypothèse ad hoc)或一种同义反复的命题,后者相当于是一种可以具体化的解释上的迂回"(B. Lepetit,«Histoire des pratiques:Pratique de l'histoire»,见 B. Lepetit 主编,*Les Formes de l'expérience*,前揭,页 17-18)。

必然结构的简单思考也会使类似惯性原则,甚至遗忘原则①的习性(habitus)概念获得某种信任。

正是依照这一精神以及在效用或强制尺度的名义下,遵循不同语境规则的制度及规范问题才能被重新提上议事日程。②

从制度(institution)观念(主要用于司法和政治方面,指以常规的方式运作的组织,与价值、规范、行为和关系模式及角色相关的广义组织)的主要用途中产生了规则观念(régularité)。如果我们讨论的是制度化而非制度的话,那么对于社会关系结构进行动态的研究将能超越制度规则和社会创造性之间的人为对立。③ 就这方面而言,制度沉淀的工作在我看来非常类似于我们在历史编纂活动的文献阶段看到的档案化工作:难道我们不能在类比的意义上谈到一种社会实践的档案化工作吗？因此,制度化过程表现了表象效用的两个面向:一方面表现为鉴别(这是表象的逻辑的分类功能),另一方面表现为强制和制约(这是使行为一致化的实践功能)。在表象化的过程中,制度创造了身份和制约。这就是说,也许不该将制度所特有的强制性同社会经验所具有的颠覆性对立起来。从一种动态的观点看来,制度化过程是在生产新的意义和生产既定的制约间摇摆的。由此就能明确地提出表象的效用尺度概念了。埃利亚斯对于表现为象征力量的各种精神力量间关系的分析,或者还有福柯在《规训与惩罚》中的言论都应该被重新置于被看作为强制尺度的效用尺度上。重要的是,"人们需要制

---

① 可参阅后面讨论遗忘的章节。

② Jacques Revel,《制度与社会》(L'institution et le social),见 B. Lepetit 主编, Les Formes de l'expérience,前揭,页 63 - 85；Simona Cerutti,《规范和实践,或论规范和实践之对立的合法性》(Normes et pratiques, ou de la légitimité de leur opposition),同上,页 127 - 151。

③ 在这方面,有一份重要的参考资料,就是 Luc Boltanski 讨论管理者阶层的著作:《管理层:一个社会群体的形成》(Les Cadres: La formation d'un groupe social, Paris, éd. de Minuit,1982),这本著作出色地展现了一种在其形成过程中被把握的特定历史组织。

度,这就是说,人们在多大程度上使用了制度,人们也就在多大程度上服务了制度"(J. Revel,《制度和社会》,页81)。

在其他情况下,我更喜欢采用规范(norm)概念来作为概念坐标。这一概念强调的是一种评价过程,它指明了哪些是允许的,哪些是禁止的,或者也可以说,这一概念强调的是由惩罚所保证的各种义务感。无论是作为鉴别和对行为的定性,还是作为强制程度,在道德和法律领域中活动的规范概念表现了效用尺度的变化。正是基于这一尺度,我们才能对赞同或反对这两种相反的态度进行合理化或揭露。在后面讨论规范概念在各种行为互动关系中的多样化运用的时候,我将会谈到更多。现在,我们已经可以从中看到一种一般的辩证结构:公正与不公正被视为相反评价的基础坐标;公正规定了哪些是所谓的或被接受的合法性模式,不公正则规定了哪些是被揭露的非法性模式。从过程的动态观点看来,在这种基本的两极对立之外,还要再加上社会行动主体协商解决冲突的基本能力。这一能力既可以表现在对受到质疑的或被认可的行为进行定性方面,也可以表现在被接受或被拒斥的强制的各层次上。① 在辩护和揭露的中间,存在着一个有趣的概念,即"调整"概念,"适当"行为概念。②

2. 合理化程度的尺度

尺度变化的主题在第二条道路上得到了有益的扩展,这条道路就是社会行动主体在公共意见领域所诉诸的权威性(grandeur)程度。但是一个人是否具有权威性是有条件的。如果一个人在一

---

① 对揭露行为的研究,参阅 Luc Boltanski,《作为能力的爱与正义:三论行动社会学》(*L'Amour et la Justice comme compétence: Trois essais de sociologie de l'action*, Paris, Métaillé,1990)的第一部分,« ce dont les gens sont capables »。

② Laurent Thévenot,《适当行为》(*L'action qui convient*),见 Patrick Pharo 和 Louis Quéré 主编,*Les Formes d'action*, Paris, EHESS, coll. « Raisons pratiques »,1990,页 39-69。

种充满分歧的环境中感到自己的行为方式是可辩护的,那么他就会被认为是有权威的。因此,权威性(grandeur)和辩护(justification)是连在一起的。辩护概念给制度和规范概念增加了一层新的智性维度;不合、冲突、争执、差异则构成了相关的语境。当我们将社会关系的建立及与之相关的身份的确立视为进行历史领域合并的一般原则的时候,我们就已经为建立权威和辩护这对二元组合(couple)做好了准备。正是在有分歧的处境中,社会行动主体才会提出辩护的要求;不公感不仅出现在各种揭露(dénonciation)行为中,它也同样出现在种种合理化策略中;问题是:在主要通过妥协而不诉诸暴力的情况下,如何才能为和谐(accord)进行辩护并协调各种分歧(désaccord)? 正是在此处出现了对权威性(grandeur)的思考,它体现的不是一种分类的需求,而是一种将在资格测试(épreuves qualifiantes)——我们会在其他文本中遇到这一概念,比如在英雄传说中——中所使用的评价尺度作为其标志的承认的需求。鉴于冲突类型的多样性所导致的辩护方式的多样性,博尔坦斯基(Luc Boltanski)和泰弗诺(Laurent Thévenot)在权威性的构成因素中又增加了可理解性(intelligibilité)这一补充性的构成因素。在商人领域中被认为具有权威性并不见得会在政治、公共声望或美学创造领域中同样被认为具有权威性。因此,"权威性的结构"(économies de la grandeur)①成了主要概念。就目前的

---

① Luc Boltanski 和 Laurent Thévenot,《论辩护:权威性之结构》(*De la justification: les économies de la grandeur*,前揭)。我在《论公正》(*Le Juste*, Paris, Esprit, coll. « Essais », 1995,页 121 – 142)中讨论了这本书。在《论公正》的"正义的多元性"(la pluralité des instances de justice)一章中,我比较了《论辩护:权威性之结构》和 Michael Walzer 的著作《正义诸领域:为多元主义与平等一辩》(*Spheres of Justice: In Defense of Pluralism and Equality*, New York, Basic Books, 1982;法译本, Pascal Engel 译,*Sphères de justice: une défense du pluralisme et de l'égalité*, Paris, Éd. du Seuil, 1997)。与 Walzer 相比, Boltanski 和 Thévenot 主要关注的不是一个行为领域统治另一个行为领域的问题以及由此所导致的公平问题,而是冲突的解决的问题以及为了共同利益而采取妥协的问题。

考察而言，重要的是将作为尺度概念的变种的权威性（grandeur）的等级概念同社会关系之多样化的横向观念结合起来。这两个问题的结合有助于帮助我们摆脱共同心态概念，这一概念太容易和无区分的共同利益（bien commun）概念相混淆。"城邦成员的共同人性"（Boltanski 和 Thévenot，《论辩护：权威性之结构》，页 96）概念当然不该被拒斥。它使每个人作为人类成员具有平等的地位，尤其排斥对下等人的奴役或调教。但是由于没有对共同人性这一关系作出区分，因而它仍是非政治的；在共同人性原则之外还须加入差异原则；正是这一原则启动了资格测试并引入了辩护程序；而辩护程序又会导致符合"协调的人性"（humanité ordonnée，前揭，页 99）模式的妥协的出现。企业是充满变数的，在此意义上它是不确定的，因为"不存在这样一个外在于并凌驾于每一个世界之上的突出位置，人们可以从这一制高点出发去考察正义的多样性，就像面对一系列具有相同可能性的选择一般"（前揭，页 285）。①因而，正是在不同的城邦以及各种世界之中，辩护的种种尝试才具有意义。② 书中提出了一个困难的问题，即在这些城邦中进行有效辩护的标准问题。这一标准与行为的不同领域的确立标准有关。

于是，有两个与我们的讨论——关于尺度游戏概念对表象史而言的丰富性问题的讨论——直接相关的问题必须得到考察。第一个问题是关于从初级辩护到二次辩护到终极辩护这一相逆过程的有限性问题；各城邦或世界间的区分与以这种方式得到辩护的

---

① 也许可以在这里比较正义的多样性概念和阿伦特在其著作中一直强调的人的多样性概念。

② 作者区分了"城邦"（cité）和"世界"（monde）：城邦指的是每一个辩护系统根据居住行为的模式划分出的各个社会空间；世界概念则让我们认识到，每个城邦的建构性关系都是在资格测试中得到确认的，这些资格测试以设备（dispositif）、对象、事物为依托，并且导致了一种与其物质和社会两方面相适应的社会学。

各行动领域内部的协调一致性有关。再次强调,问题不在于如何进行分类,而是评价等级的问题;就像在亚里士多德的体系中所表明的那样,我们必须要承认在某处停止的必要性;对各个城邦的列举——信仰者城邦、侍者城邦、商人城邦、意见者城邦、公民城邦、实业家城邦——是以有限的终极辩护的假定为前提的。这一困难直接导致了另一个困难,即什么话语能够证明这一终极辩护属于这一城邦?我们是靠什么来确定终极论据(argumentaire)是属于这一城邦或这一世界的?作者在这里采用了一种独特且颇费心思的做法:为了要辨识出存在于日常讨论中的这些论据,作者将其发展为更具逻辑性,更强有力的话语,在其中,辩护过程会被带到反思性的顶点。这些话语就体现在哲学家、神学家、政治家、作家的各种著作以及给公司管理人员和工会负责人的手册中。亚当·斯密、奥古斯汀、卢梭、霍布斯、圣西蒙、博絮埃(Bossuet)就是这样为日常争论中所使用的话语提供基础话语的。于是,问题变成了基础话语和被辩护的话语间是否适合的问题。人们可以高兴地看到,哲学作为一种论辩传统被重新引入到社会科学之中,这对哲学而言构成了一种间接辩护,而对我们的两位作者——他们一位是社会学家,一位是经济学家——而言,则构成了一种承认,即承认他们属于一种意义史。但人们可能会反过来询问我们的社会学家们所阅读的文本和社会行动主体所使用的话语间的关系的真正本质,因为这些重要文本并不是为社会行动主体的话语所作的,另外,社会行动主体或他们在公共讨论中的代言人一般而言并不知道这些文本。就社会空间让位于另一种尺度而言,针对我们两位作者的整个研究所提出的这一异议并非是不能回答的,而这后一种尺度指的就是原型文本(texte archétype)和论据薄弱的话语间的分级阅读的尺度。作为文字书写,原型文本和论据薄弱的话语早已被一系列不同的读者阅读过;总之,16世纪意大利弗雷利地区的这位磨坊主从他的偶然阅读中已经为他的狡黠言论找到了各种辩护理由。是的,阅读也有各种尺度,这些尺度同书写的种种尺度纠缠在一起;就此而言,用来阐明和解释普通辩论者的次级文本的那些重要文本处在两类文本中间,一类是当历史学家将原型文本同上述城邦中隐含的话语结合起来时所撰写的文本,一类是社会行动主体有时就自身所撰写的文本。这一系列书写和阅读保证了两种表象概念间的连续性,一种是作为历史对象的表象概念,一种是作为历史工具的表象观念。① 在作为历史对象的表象概念中,表象概念仍然属于解释/理解的问题域;而在作为历史工具的表象概念中,表象概念则落入了历史书写的问题域中。

3. 社会时间的非量化面的尺度

我想通过将尺度变化概念扩展到社会变化的时间成分的非量化方面来结束对这一概念的各种运用的这番粗略的考察。布罗代尔的读者所熟悉的长时段、中时段和短时段间的嵌套关系首先是建立在三种可度量的时间跨度的量化关系上,即用世纪作为时间衡量单位的长时段,用十年作为时间衡量单位的局势,和用日和小时作为时间衡量单位的标明了日期的事件。一般的年表根据历法时间标出日期和时间间隔。就此而言,各种可度量的时间段与那些可重复和可量化的方面有关,而对被记录下的事实进行统计学处理所针对的正是上述两个方面。但是,即使在可度量的规定范围内,上述的时间段仍然展现了它的常常伪装成外延量的内涵面,如上述时间变化的速度或加速度。就对社会行动主体的真实能力的留存给时间的即时性维度增添了一个潜在性维度而言,除了速度和加速度两个仅仅从表面上看起来是可度量的概念之外,还可

---

① 一种阅读社会学在此处加强了我们的论证。参阅 Roger Chartier,《悬崖边:游走在确定性和不安之间的历史》(*Au bord de la falaise*: *L'histoire entre certitude et inquiétude*),Paris, Albin Michel,1998。

以再加上像节律、积累性、循环、持续（rémanence）以及甚至遗忘这样的内涵值。这样，我们就可以谈论社会行动主体的能力的可用性（disponibilité）尺度了。①

这就是说，我们可以将尺度和尺度变化概念运用于这些历史时间的内涵模态。没有任何理由放弃年鉴学派所开启的对时间段尺度的研究。还存在一种心态特征的长时段。这不仅适用于整体社会，也适用于其多样性组建了社会空间的那些城邦和世界。就此而言，不仅要学会将行动世界的多样性同效用的各个尺度结合起来，正如我在前文中所做的，还要学会将行动世界的多样性同各种时间尺度结合起来，正如我试图去做的。在这里，强调的仍然是尺度之变化，而不是一种尺度相对于另一种尺度的优先性。

如果从内涵量而非外延量的角度来看，涂尔干赋予成功的约定（accord réussi）概念的时间段值得重审。勒珀蒂认为："恰恰因为它是成功的，通过对这一约定的有规律的模仿性的重复，成功的约定才成为了规范"（《经验的诸种形式：另一种社会史》，页19）。规律性（régularité）概念不再是不言而喻的了。被与重复（réitération）概念放在一起，规律性概念就需要另一些与属于行动者能力的占有（appropriation）行为相对的概念。时间性尺度因此就向各种相对的路径开放。与自上而下缓慢的线性运动相对的是对时间段用法的不断调整。对历史编纂学所使用的时间概念的这一重审应该被推广到更大的范围。不应放过那些在与对几乎静止的结构的过分强调——在结构主义，甚至马克思主义的影响下——相反的方向上得到强调的概念。跳跃、间隔、断裂、危机、革命这样一些20世纪最后30年的史学文化所独有的范畴都需要被重新思考。而对它们的辩护当然不是漫无目的的：通过强调间隔

---

① 这些可用性模式的类型学与我们对于记忆的使用和滥用——根据记忆被压抑、被操控以及被命令而言——的讨论是一致的（参见上文，第一部分，第二章）。

而非结构,历史学家难道不是想在保留了稳定性的各种特点的社会学面前强调关注不稳定性的种种特征的历史学吗?这是毫无疑问的。但在我看来,使刚才所列举的范畴具有某种极端性的稳定性和不稳定性、连续性和非连续性以及其他那些明显对立的范畴都必须要在与社会变化概念相关的两极框架内得到处理。① 社会变化这一上位范畴(hypercatégorie)和刚才所列举的那些对立范畴处在不同的概念层次上。它具有历史知识的基本指涉对象——作为社会现象的过去——的相关特征。社会关系的构建,连同其身份、可读性(lisibilité)、可理解性(intelligibilité)的各种动态面向都属于这一层次。与社会变化这个元范畴相比,连续性和非连续性、稳定性和不稳定性这些范畴则需要被看作为一个单一光谱的对立两极。就此而言,没有任何理由将稳定性问题留给社会学家,在我看来,稳定性问题、连续性及非连续性问题在很大程度上都需要被重新考察,而后者借助福柯的知识考古学的影响已经占据了讨论的前沿。在那些属于时间段的非度量面向的范畴中,稳定性范畴是其中最为有趣的范畴之一。它是一种旨在驻留(demeurer)的持存(durer)方式。累积、重复、持存是和这一主要特性相近的一些特征。这些有关稳定性的特点可以用来评价那些之前谈论的制度和规范的效用程度。它们可以被纳入到与制约和效用程度之尺度平行的时间性模式的尺度中。需要被重新放在这一尺度上的还有布尔迪厄的习性(habitus)范畴,这一范畴的背后隐藏着很长一段历史——从亚里士多德的 hexis 开始,经过中世纪对这个词语的重新解释,到被潘诺夫斯基(Panofsky)②以及尤其是被埃利亚斯重新

---

① 下面的思考是由阅读 André Burguière 的文章《社会变化》(Le changement social)和 Bernard Lepetit 的文章《历史的现在》(Le present de l'histoire)引发的,见 Bernard Lepetit,《经验的诸种形式》,前揭,分别引自页 253 以下和页 273 以下。

② 潘诺夫斯基(Erwin Panofsky,1892 - 1968),美国德裔犹太学者,著名艺术史家。在图像学领域贡献突出,影响广泛。——译注

提起。习性史是一段缓慢发展的过程。之后,我将在对记忆/遗忘的辩证分析的框架内指出习性这一范畴的丰富性。但就目前而言,我们可以说,通过与埃利亚斯在《宫廷社会》中所使用的那些高度反历史的范畴所具有的时间面向的结合,这一范畴得到了扩展和丰富。

稳定性作为一种社会变化的模态,应该同隶属于政治层面的安全性放在一起。事实上,在时间模式的尺度上,它们是两个相邻的范畴。无论是从社会关系的真实性角度还是从其权威性角度来考虑,它们都与社会关系的延续性和持存性有关。观念的力量具有多种时间化模式。

如果被重新放到一个两极化的动态场域中,这些范畴就需要另一些与规范领域的价值占有(approriation)相对的范畴。这些范畴可能出自偶然、不信任、怀疑、背叛和揭露所组成的序列。微观史学所推崇的不确定性范畴也在这一序列中。不确定性涉及的是表象在其稳定化过程中的信用面向。它是最富争议的范畴,摇摆在社会关系的破裂和建构之间。旨在减少不确定性的种种策略已经有力地证明了不确定性不会成为一个非辩证的范畴,就像不变(invariant)范畴可能已经成为的那样。①《村庄中的权力》的作者说道:"久而久之,所有个人和家庭的策略都会弱化,进而达到一个相对平衡的共同结果"(引自 J. Revel,《序言》,见《村庄中的权力》,页 XIII)。行动者对"社会规则的策略性使用"包含了一种值得注意的对因果关系的使用,即对行动过程的最优化倾向。就社会游戏涉及中心和边陲、首都和地方的整个关系网,简言之,权力关系的等级结构是不可超越的而言,这一倾向既表现在共存这条横轴上,也表现在效用和时间化尺

---

① 参见 J. Revel 为 Giovanni Levi 的《村庄中的权力:16 世纪皮埃蒙特地区一个驱魔者的历史》(前揭)所写的《序言》的结尾处关于这一点的讨论。

度这条纵轴上①。这一策略逻辑最终会被重新纳入占有(appropriation)的各种尺度之中,这是表象史所能得到的最重要结论。这种对平衡的寻找甚至可以被归之于勒珀蒂(B. Lepetit)所指出的一种精确的时间范畴,即社会行动者的现在②。所谓历史的现在,指的不是相互嵌套的时间段等级结构中的时段,而是一种平衡状态:"背叛,或怀疑和普遍的伪造所造成的种种破坏都是通过习俗的存在而包含在其中的,习俗在先地划定了可能领域的范围,保证了在这个框架内的意见和行为的多样性,并让它们能够和谐共存"(B. Lepetit,《经验的诸种形式》,页277)。我们可以说:"对个人意志和集体规范,计划的目标和当下处境的各种特点间的调整是在现在中发生的"(前揭,页279)③。当然,并不是所有历史的存在都会被置于冲突或揭发(dénonciation)的处境中。它们也同样不会都处在通过创造新规则、建立新习俗或更新旧习俗的方式来恢复信任的处境中。这些处境仅仅表明了对过去的成功占有

---

① Giovanni Levi 想要我们在 Santena 读到的是"大历史在局部发生的变化"(Revel,同上,页 XXI - XXII)。因此,我们是否可以说,这本书的中心角色是不确定性(同上,页 XXIII)? Revel 写道:"Santena 人是通过不确定性这个主要形象来理解他们的时间的。他们不得不与不确定性和平共处,并且尽可能地减少不确定性"(同上),通过这样写,Revel 再一次将辩证法运用到不确定性这一范畴上。G. Levi 自己提出了这样的问题:"这不是一个由于缺乏安全感而瘫痪的社会,敌视一切危险,消极被动,固执于那些自我保护的不变价值。为提高安全感而提高可预见性是产生技术、心理和社会革新的强大动力"(同上,页 XXIV)。我们注意到,作者将不确定性的减少和安全感联系在了一起。策略观念的逻辑本身就包含了这一点,因为它会引出对得失的计算。我们完全可以认为,这是对一种自上而下的权力运作的单向视角的拒斥:事实上,这不是对权力集中的趋势规律——这是对一个已然消失的村庄中的个人和家庭之策略的仔细分析所指出的——的简单反转;只有通过旨在减少不确定性的策略逻辑,一个官职卑微的地方官从主人公之间的平衡当中所获得的"无形"权力和资本才能得到理解。

② Bernard Lepetit,《历史的现在》(Le present de l'histoire),见《经验的诸种形式》,前揭,页 273-298。Boltanski 和 Thévenot 使用了同一组时间模式,这些时间模式都围绕着与现在场景的一致这一主题(引自 B. Lepetit,同上,页 274)。

③ 作者在这里参阅了 L. Thévenot,《适当行为》(L'action qui convient),见 *Les Formes d'action*,前揭。

(appropriation)。与适当行为相反的不适合(inadaptation)也属于历史的现在,即历史行动者的现在。相关的占有和否认则是为了证明,历史的现在同样包含了一个辩证的结构。因此,强调说有关时间段各尺度的研究只能结束于对历史的现在的思考并不是毫无用处的①。

第五节　表象的辩证法

"心态"概念在历史领域内的冒险之旅已进入尾声,只有在此刻,我们才有可能来说明——甚至为之辩护——在20世纪最后30年的历史编纂学的用语中,"心态"概念是如何缓慢滑向"表象"概念的。

我们在前文中对尺度——不仅仅是观察和分析的尺度——变化概念所进行的三重拓展已使我们处于表象之辩证法的道路上了。从效用和强制的变化的角度来看,心态这个旧概念事实上是单向的,缺少来自社会信息接收方的反馈;从在各个城邦和世界中所进行的辩护过程的变化的角度来看,心态概念是不加区分的,缺少对多种社会空间的描述;最后,从同样影响了社会节奏的最不可量化的时间化模式的多样性的角度来看,心态概念的表现方式稍显笨拙,即通过几乎静止不动的长时段结构,或周期性出现的局势及被简化为断裂功能的事件。与单向的、不加区分的、笨拙的心态概念相反,表象概念能更好地表现社会现象的多义性、区分性和多

---

① 勒珀蒂对"历史的现在"的解释与我的现在(présent)概念,即为"实践的"自主性(initiative),而非"理论的"在场(présence)(《从文本到行动》,前揭)是完全一致的。就自主性范畴本身而言,它指向一种更为包罗万象的辩证法,科泽勒克在《已逝的未来》(Le Future passé)中就是通过这样一种辩证法来描述历史的时间化的。那么,在这一更为宽泛的概念框架内,作为自主性的现在(présent)就必须被理解为期待的视域和经验空间之间的交换中介。我将在本书第三部分详细分析科泽勒克提出的各种范畴。

种时间化。

在这方面,政治领域提供了一个有利于对属于表象范畴的各种现象进行规范研究的场所。这些现象被命名和定义为表象或意见,有时也被命名和定义为意识形态,同时对这些现象的某一部分有时也可使用量化的方法。雷蒙(René Rémond)的著作《法国的右翼》①甚至为我们提供了一个很好的结合了结构、局势和事件的系统解释范例。它是对有关表象概念的非概念性和非科学性的大量指责的一次澄清。②

---

① René Rémond,《法国的右翼》(Les Droites en France, Paris, Aubier, 1982)。

② 这部著作的要点有两方面:一方面是自法国大革命以来,形成了政见在左右两派分布的两元格局,另一方面是在右翼内部政见分化为三派(正统主义[légitimisme]、奥尔良主义[orléanisme]、波拿巴主义[bonapartisme])。作者预设了他所说的"系统"的结构特征,并将之表述为一种"理解法国政治生活的尝试"(《法国的右翼》,前揭,页15)。这些表明当代法国政治史之发展速度的对象的计算和定义都不是可以通过观察直接获得的;尽管在现实中可以找到它们存在的痕迹,但它们属于分析者所构建的"命题"、"公理":"人们所看到的一切社会现实都是模糊的、不定形的;只有思想能在其中划出分割线并对无穷的存在和状况进行分类"(同上,页18)。另一方面,雷蒙认为,这一思想的建构也能得到"现实"——由对政治行动的种种评价所构成——的检验,而且它还具有和天文学一样的解释和预测的功能。就此而言,我们可以说"区分是完全实在的(同上,页29)":"被认为是真实的观念会实现在现实中,成为现实的真实,就好像它最开始就是如此这般的一样,这种情况在政治领域表现得尤甚"(同上)。这里,主要预设了一种与归属标准的主题上的变化性(自由、国家、主权)相容的政治观念的自主性。"关联命题系统"(同上,页31)正是在此基础上得到了突显,而这一系统的组合保证了整体的连贯统一:两种名称间的相对性;两极对立以及与之类似的分裂为二的这种结构面向——更确切地说——拓扑面向;根据局势的不同,区分左右两党的标准会发生或多或少的变化,但不会产生极端的变化;自1789年国民制宪议会成立以来,左右两党的分野在对各种事件上反应得尤为明显。我们在这里不是又看到了运用于表象的三位一体组合"结构、局势、事件"了吗? 二元结构被给予的优先性("政党围绕着一个固定轴旋转,就像舞者们为了表现芭蕾舞中的形象而互相搂抱在一起不分开")源于一种大胆的假设,即思想和政治行动都偏爱二元对立:一方面是横轴(axe horizontal),另一发面是实践上的两难。作者完全可以将这些"原型"(archétype,同上,页39)同韦伯的理想型(l'ideal-type)联系起来。尽管如此,法国左右两党这种二元对立结构所具有的优先性仍旧有其局限性。首先,左派的全面右转,尽管能够给系统带来活力,但仍旧显得"神秘"、"奇特"、"反常"(同上,页35),(转下页注)

为了表现社会现象的多义性、区分性和多种时间化,表象概念会在自身中发展出一种独特的多义性,这种多义性有可能会威胁表象概念本身的语义确切性。事实上,我们可以让表象概念承担分类的功能——表象概念包含了各种社会实践,这些社会实践决定了我们同地点、领土、社会空间各部分以及各种所属团体的关系——和规范功能——表象概念是评价和判断各种社会模式和社会价值的标准,同时表象概念也标出各种断裂线,这些断裂线表现了社会行动主体的各种效忠关系的脆弱性。这样,表象概念就会有表示太多东西的风险:它表现了个人对个人、个人对整体的多种承认路径;这样,它就会成为第二个"世界观"(visions du monde)概念——心态概念的前身之一。①

正是由于表象概念的意义有受到损失的威胁,所以在我看来,在本书的语境当中将作为历史话语之对象的表象概念同它的另外两种用法联系起来是合适的。在下一章中,我们将面对作为历史编纂活动最终环节的表象概念;它不仅与人们常说的历史的书写——历史彻头彻尾地就是书写,从各种档案到历史书籍——有关,它还指出了我们将从解释/理解环节进入到文字、文学和提供给公众阅读的书籍的环节。如果这一环节——它并不构成系列活

(接上页注)而这一转向几乎使"右翼"这个名称名声扫地。尽管如此,"进入政治,在实践中学习,对运作规则的逐步接受还是导致了同政权的逐步结合"(同上,页36)。这是出于实用的需要吗?作者的解释与我们有关社会行动的实用主义(pragmatique)和"适当"行为之条件的思考不谋而合,只是不需要像在微观历史中那样对处于各种不确定的环境中的人的自发行动和应对之策加以理论化。其次,在对二元对立做了精彩的辩护之后,对右翼内部的三派的论证——构成此书中心议题之一——就成为了难题。从某种意义上说,这种三分的适当性的证据是更偏历史的,因为它不太具有系统性;在这种情况下,证据就是能在一段足够长的时期内发现这三派,并由此能发现"三派中的每一派在世代交替中的连续性"(同上,页10)。在这里,产生意义的是"细节":对于帮助读者在政治空间中找到自身的定位,这本500页的著作的确是必需的。

① Jacques Le Goff,《心态:一段含糊不清的历史》,见 Faire de l'histoire,前揭,卷三,页83。

动的一个阶段,它只是由于教学需要而被放在论述的最后——可以被命名为表象环节,那是因为,在这一文学表达的环节中,历史学家的话语表达了自身想要真实地(en vérité)表现过去的雄心、诉求和抱负。我将在后面详细讨论这一求真追求的构成要素。于是,历史学家们发现自己不得不首先面对"表象"概念的令人遗憾的歧义性,根据不同的语境,它既可以表示历史学家话语中的表象-对象(représentation-objet)——作为对心态概念的一种反叛式的继承结果,也可以表示表象-活动(représentation-opération)——作为历史编纂活动的环节。

在这方面,阅读史描述了表象如何被接受的历史。正如夏蒂埃(Roger Chartier)在其有关阅读及阅读者的历史的著作中充分表明的,公共的和私人的阅读方式会影响对于文本的理解;因此,在文本的"电子表象"——复印技术的革命和文本介质的革命——时代,新的文本传播方式引起了一场阅读上的革命,甚至进而引发了书写革命。① 就此,这些表象间构成了一个闭合的连锁反应之环。

这样就会让人想到这样一种假设:历史学家作为研究历史的人,不就是以创造性的方式,即用学术话语表现历史的方式模仿了某种解释行为——那些创造历史的人正是通过这种解释行为来尝试理解自身和他们的世界的——吗?这种假设在一种不区分表象和实践——通过实践,社会行动主体建立了社会关系,并赋予这一社会关系各种身份——并以实践为取向的历史编纂学中显得尤为合理。如果是这样的话,那么在作为研究历史之活动的表象-活动和作为创造历史之活动的表象-对象之间就的确存在一种模仿关系。

此外,历史学家们并不习惯于将历史话语看作是对记忆的

---

① Roger Chartier,《法国旧制度时期的阅读和读者》(*Lectures et Lecteurs dans la France de l'Ancien Régime*),Paris,Éd. du Seuil,1987;Roger Chartier 主编,《阅读史:一份研究小结》(*Histoire de la lecture: Un bilan de recherches*),IMEC Édition et Éd. de la Maison des sciences de l'homme,1995。

一种批判性的延续，无论这里说的记忆是个人记忆还是集体记忆，他们也不会将刚才说过的"表象"概念的两种用法同它的另一种更源初的用法联系起来，这种源初性指的即使不是一种主题思考顺序上的源初性，至少也是一种时间关系构成顺序上的源初性，也即记忆（faire mémoire）行为的源初性，而就记忆行为本身而言，它也有其雄心、追求和抱负，即忠实地（en fidélité）表现过去。自柏拉图和亚里士多德的时代以来，记忆现象学已经提供了一把解释记忆现象的钥匙，即记忆是一种表现曾经存在而现在已不存在的事物的能力。在场（présence）、不在场（absence）、在先性（antériorité）、表现（représentation）于是便构成为记忆话语的一系列初始概念。这样看来，记忆的忠实性追求就是先于历史的真实性追求的，而有关它们的理论仍有待被构建。

在深入表象-活动的秘密之前，这把诠释学的钥匙是否能够打开表象-对象的秘密呢①？

有一些历史学家试图在表象史的框架内理解表象-对象。对他们而言，重要的是现实化社会行动者在其自我理解和理解世界的尝试中的各种反思性资源。这正是格尔茨（Clifford Geertz）在其《文化的解释》（*The Interpretation of Cultures*）一书中所推崇和实践的做法②，他对一种文化所内在具有的自我理解的大致样态进行了概念化的描述。历史学家也可以这样做。但如若不具备这种主

---

① 如果再要对表象概念多说点什么的话，那么就必须要提到表象概念的政治维度：构成这一维度的那些最为重要的因素通过我们在后面将会遇到的委托（délégation）概念、替代概念和可见的塑形（figuration）概念而同记忆的和历史编纂学的表象联系在一起。事实上，历史学家所重视的表象-对象中一直都存在这一政治维度。在之前提到的表象概念的分类和象征的双重功能之外，还需要加上"制度化和对象化的形式，通过这些形式，'代表们（représentants）'（集体机构或单独个人）以可见的和永恒的方式表明了组织、社团和阶层之存在。"（Roger Chartier,《作为表象的世界》[Le monde comme représentation], 见 *Au bord de la falaise*, 前揭, 页78）

② 参见 Paul Ricoeur,《意识形态与乌托邦》, 前揭, 页335 - 351。

动的自我理解所缺少的分析工具,历史学家还能这样做吗?答案只能是否定的。但是如果将这种方式应用于表象概念,那么它无非就是历史学家对历史编纂活动各环节——从对档案的阅读,经过解释/理解和赋予文学的形式,最后到达书籍的写作——的概念化描述。因此,将一些取自非历史的其他话语领域的分析和定义引入关于表象-对象的话语就是顺理成章的了,而马兰(Louis Marin)、金兹堡和夏蒂埃就是这么做的。

夏蒂埃在查阅弗勒蒂埃(Furetière,1727)的《通用辞典》(*Dictionnaire universel*)时发现,一般意义上的表象概念在这本辞典中具有一种类似两极的结构,即一方面,表象就是通过某种替代物使人想起某种不在场的事物,替代物代表了这一不在场事物;另一方面,表象是对一种眼睛可见的存在的展现,是试图掩盖某种替代活动——它是对不在场事物的真正代替——的在场事物的可见性。在这一概念的分析中,令人惊讶的是它同古希腊人对记忆现象,对eikōn的分析的一致性。但就这种分析只在图像(image)的领域内活动而言,它忽略了时间维度,忽略了对过往(l'auparavant)的参考,而过往恰恰构成了记忆定义的核心。相反,这种分析朝着一种符号的一般理论无限扩展。正是在这个方向上出现了马兰这位《波尔·罗亚尔逻辑》(*Logique de Port-Royal*)的杰出诠释者。① 在这本书中,作者不仅对表象关系进行了区分,还找出了可以避免错误和误解的智性条件,就像施莱尔马赫之后在他的符号诠释学中所做的那样。只有通过这种批判的反思,我们才能理解由图像(image)——作为对不在场事物的间接指代——的可见性所具有的优先性所导致的各种使用和滥用。就这一点而言,概念分析有助于揭

---

① Louis Marin,《话语批判:对〈波尔·罗亚尔逻辑〉与帕斯卡尔〈思想录〉的研究》(*La Critique du discours: Études sur la « Logique de Port-Royal » et les « Pensées » de Pascal*),Paris,Éd. de Minuit,coll.« Le sens commun »,1975。

露幻象,正如蒙田、帕斯卡尔和斯宾诺莎所言,幻象产生于虚弱的信念和强大的图像(image)的结合。为了研究权力表象的社会力量,历史学家们从上述三位思想家的思想中汲取养分,这样,他们就能批判地看待埃利亚斯的权力社会学。表象的辩证法为上面说过的效用尺度所代表的现象增添了一个新的维度。当有形暴力的不在场(l'absence de la violence physique)这一概念既代表符号暴力(violence symbolique)又被符号暴力所取代的时候,一种用于有形暴力的不在场概念的智性尺度将会有助于对效用尺度现象的理解。

金兹堡在他的论文《表象:词语、概念和事物》(Représentation: le mot, l'idée, la chose)①中回应了夏蒂埃,并通过对他收集的大量例证的展示充实了弗勒蒂埃所指出的替代(substitution)和可见性间的辩证法。这篇论文主要讨论与权力的运作和展示有关的一些仪式化活动,如在英格兰的皇室葬礼上使用皇室成员的假人像,在法国使用空棺材。从对这些象征性物件的使用中,金兹堡既看到了对一个不在场的存在者——死者——的替代,也看到了在场的存在者——人像——的可见性。金兹堡徜徉在时空的长廊之中,他提到在罗马的葬礼仪式中会火化一些小的蜡像;并由此谈到了同死亡——尤其是不在场(l'absence)——及死者——这些不在场的存在者或是要回来,或是不停地在人像、木乃伊、"巨像"(colosse)及其他塑像中寻找他们的最终归宿——的关系模式。② 作为历史学家,金兹堡无法为"一个既定社会的各种图像(image)的变化着的

---

① 《年鉴》(Annales,1991),页 1219-1234。值得注意的是,金兹堡的文章在这一期的《年鉴》中是被放在"表象的实践"(Pratique de la représentation)这个标题下的。

② 在这里,金兹堡提到了贡布里希(Gombrich)和他的巨著《艺术与错觉》(Art and Illusion, Princeton-Bollinger Series XXXV. s, Princeton-Bollinger Paperbacks,第一版,1960;第二版,1961;第三版,1969;法译本,G. Durand 译,Art and Illusion: Psychologie de la représentation picturale, Paris, Gallimard,1979)及《木马沉思录:艺术理论文集》(Meditations on a Hobby Horse and Other Essays on the Theory of Art, Londres, Phaidon,第四版,1994)对他的启发和影响。

且往往十分不确定的性质"(引自《年鉴》,1991,页1221)问题提供一个总体的解释,因此他更喜欢尊重事例的多样性,即便这样会使他的文章结束于一个没有被回答的,有关其研究计划的性质的问题:"它讨论的是符号或图像(image)的普遍性(如果存在这样一种普遍性的话)呢?还是一个特定的文化领域?如果是后者,那么是哪个领域?"(引自《年鉴》,1991,页1225)在本节的最后,我们就来谈谈金兹堡在图像问题上所表现出来的这份犹疑。

金兹堡的明智表现在很多方面,其中之一就是他承认了一个麻烦的事实:"古希腊人和我们之间在图像(image)的性质问题上存在深刻的认知差异,我将分析这一差异。"(引自《年鉴》,1991,页1226)这一差异来自基督教的胜利,它在古希腊人、各个古罗马皇帝和我们之间插入了对殉教者遗物的崇拜。我们当然可以用一般的方式来谈论图像同彼岸间的紧密联系;但在那些被禁止崇拜的对象——在基督教争论中所提及的各种古老的神和神人形象——和供信众崇拜的遗物之间仍然存在深刻的对立。因此,有必要将中世纪基督教有关图像(image)崇拜的遗产纳入我们的考察范围,同时,经由一种肖像学(iconographie)的树形历史,我们还需要特别关注有关圣餐(l'Eucharistie)的实践和神学,因为在其中,在场(présence)这一表象之要素除了具有纪念某一独特的献祭事件的功能,还代表着一个不在场者(absent),即历史上的耶稣以及死去又复活的基督之肉身的圣体存在(présence réelle)。金兹堡没有在这段复杂的历史上多做停留,他对圣餐问题的讨论终止于13世纪的前30年。不过,在文章的最后,金兹堡在对国王肖像的解释和对圣事中基督的圣体存在的解释之间架起了一座窄小的桥梁。① 马

---

① "正是基于基督在圣事中真实的、具体的及肉身的在场,在13世纪末到14世纪初的这段时期当中才会出现我所讨论的这一特殊事物,这一国家之抽象的具体象征,即被称为表象(représentation)的国王肖像。"(Ginzburg,《表象:词语、概念和事物》,引自 Annales,1991,页1230)

兰的研究正是从这里出发。① 他是一位不可替代的诠释者,他在一个基督教团体内部的某种符号理论中看到了一种他所谓的圣餐的神学模型。波尔·罗亚尔修道院(Port-Royal)是神选之地,在其中,形成了一套独特的符号学,陈述("这是我的身体")的逻辑同圣体存在的形而上学在这套符号学中被有机地结合了起来。② 马兰在有关图像的诸多问题上建树颇多,我打算在下一章中以更为完整的方式来介绍他的这些研究成果,因为同社会行动者对其自身的表象实践的自我理解相比,马兰的分析以更为清晰的方式阐明了表象在历史编纂学话语中是如何被使用的。

我们可以在马兰的最后一部著作《图像的力量》(*Des pouvoirs de l'image*)③之前的著作中发现,他徘徊在表象的一般理论的两种用法之间。他提出的表象概念的双重定义同样适合于表象-对象理论和表象-活动理论。这一定义——一方面,表象是"对不在场者或死者的在场化",另一方面,表象是"在情感和意义中建立了看的对象的自我表象"(《图像的力量》,页18)——让人想起了弗勒蒂埃的表象定义。马兰的表象定义也适合于我们将在下文讨论的历史编纂学的文学表达以及我们之前放在心态史标题下讨论的社会现象。首先,我们可以说,历史学家试图向自己表现过去的方式同社会行动者向自己表现社会关系及他们为这一关系的付出的方式是相同的,通过这样做,他们使自己成为了他们的社会存在和社会行为的读者,并在此意义上成为了他们自身之当下(le temps

---

① 和夏蒂埃一样,我承认,我的历史认识论从马兰(Louis Marin)的著作(参见 « Pouvoirs et limites de la représentation: Marin, le discours et l'image », 见 *Au bord de la falaise*, 前揭,页 173 – 190)中吸取了很多养分。

② 马兰评论道:"神学的身体就是这样成为符号功能本身的,而且,对于1683年的波尔·罗亚尔修道院而言,有关圣体存在的天主教教义和能指之表象的符号理论之间是完全一致的"(出自 Chartier 的引文,同上,页177)。

③ Louis Marin,《图像的力量》(*Des pouvoirs de l'image*, Paris, Éd. du Seuil, coll. « L'ordre philosophique », 1993)。

présent)的历史学家。不过,在《图像的力量》中讨论得更多的是图像(image)的社会效用:"图像既是力量(force)的工具,强力(puissance)的手段,也是权力(pouvoir)的体现。"(同上)通过将权力问题和图像问题联系起来——作者在《国王的肖像》①一书的讨论中就已经试图这么做了,作者明显将表象理论的重点放在了对表象的社会效用的考察上。现在我们置身在一片埃利亚斯曾以另一种方式访问过的领域之中,这片领域就是象征符号的斗争领域,在其中,对符号力量的信仰已经取代了殊死搏斗中的力量的外在展露。帕斯卡尔也许可以被重新提及,但不是在有关圣餐和圣体存在的符号学的讨论中,而是由于他对强权者所使用的"工具"的揭露。就此而言,《思想录》中的想象理论已然就是一种象征符号统治论的雏形了。正是在这里,一种文字信息的接受理论——包括其中有关反叛的和颠覆性的阅读的篇章——使得在《图像的力量》中得到强调的象征符号暴力论同之前我们对于社会行动者面对各种权力机构施加给他们的命令压力所作出的多种反应的考察产生了交集。就此而言,像暴力被图像的力量——它以一种借代的方式(métonymiquement)与前者发生关系——所取代这样的遗忘难道不正是这一"图像的力量"无法避免的结果吗?马兰的最后一部著作则另辟蹊径,将文本和图像间的关系作为考察的重点。表象理论再次转向了历史编纂活动的文学表现的这一边。

我想通过表达我的一个困惑来暂停——而非结束——这一部分的讨论,即表象史是否能通过自身达到某种令人满意的智性程度,而不需要首先将表象作为历史编纂活动的环节来研究呢?我们已经看到了金兹堡在表象的一般定义和表象的例证——唤回不在场的事物和表现在场事物这两者间的竞争在这些例证中得到了

---

① Louis Marin,《国王肖像》(Le Portrait du roi, Paris, Éd. de Minuit, coll. « Le sens commun », 1981)。

体现——的多样性间的徘徊困惑。如果真如我们在此处所设想的那样,社会行动者对自身及对"作为表象的世界"的理解是在历史学家对历史编纂活动的表象环节的实际反思中得到清楚表达的,那么用这种看法来理解表象-对象就是最合适不过的了。

第三章 历史学家的表象

导　论

我们现在开始进入历史编纂活动的第三个环节,即历史学家的表象。称这个环节为历史书写或历史编纂学是错误的。这本书有一个一以贯之的主题,即历史从头到尾都是书写:从档案到历史学家撰写、出版、供人阅读的文本。书写的印章在历史编纂活动的三个环节间传递,并在每一个环节都留下了烙印。文献有其读者,即"埋头苦干的"历史学家。历史著作有其读者,即所有能够识字阅读的人,也就是那些受过教育的公众。在以"研究历史"著称的历史著作以这种方式进入公共空间的同时,它就重新将读者置于"创造历史"的中心。档案使历史学家离开了行动世界,而通过让他们的文本进入读者的世界,历史学家又使自己重新回到了行动世界;就此而言,历史著作本身成了文献,它可以被一次次重写,而在重写的过程中,历史知识则被不断修正。

为了强调历史编纂活动的这一环节对书籍的物质载体的依赖,我们可以同塞尔托(Michel de Certeau)一样将这一环节称为

"文字表象"(représentation scripturaire)①。或者,为了表明这一环节是文学性的符号与科学性的标准的结合,我们可以将这一环节称为"文学表象"(représentation littéraire)。事实上,正是借助这一最终的书写,历史才能表明自己属于文学领域。这一归属关系实际上从文献环节开始就已隐含着了,而当历史文本出现的时候,这一归属关系就变得显而易见了。请不要忘记,这里说的不是一种用对形式美的偏好来取代认识论上的严格要求的转变:必须提请注意,历史编纂活动的三个环节(phrase)并不是前后相续的三个阶段(stade),而是一些相互关联的层次,仅仅出于教学的考虑,才有了论述上的先后顺序。

对在本章中出现的术语以及语义上的选择还需要再说上两句。有人可能会问,为什么我不把这第三个层次命名为诠释(interprétation)?这样做不是很合理吗?对过去的表象难道不是由对得到确认的事实的诠释构成的吗?当然,这是毫无疑问的。但与此同时,当我们仅仅从历史活动的表象层面上来理解诠释概念的时候,诠释概念并没有受到公正的对待。我将在讨论历史真理问题的下一章中指出,诠释概念和真理概念一样,都具有丰富的内涵;诠释概念恰恰代表了历史求真问题中的一个重要维度。就此而言,诠释存在于历史编纂活动的各个层面上,比如,在文献层面上,进行材料选择的过程之中;在解释-理解的层面上,诠释存在于在几种相互竞争的解释模式中进行选择的过程中,而在更为思辨的意义上来说,尺度变化的过程中也存在诠释。但这不会影响

---

① 塞尔托将历史编纂活动的第三个环节称为"一种书写"(Une écriture),前揭。我在本书中采用了相同的三环节的划分方式。塞尔托在这部分还谈到了"文学的表象"(同上,页101),也即他所说的"历史学家的书写"(同上,页103)。对塞尔托而言,书写是"实践的颠倒的镜像",也就是说,书写是一种建构;"它创造有关过去的叙述,这些叙述就相当于是城中墓地;它驱除死亡,承认死者在生者中的存在"(同上)。我们会在这一章的最后回来讨论这一主题。

我们谈论作为诠释的表象环节。

至于为什么会选择"表象"这个名词,则是出于以下几个理由。首先,它指出了从解释环节到书写或文学环节是同一个问题的延续。在上一章中,表象(La représentation)概念作为解释/理解的重要对象出现在有关社会关系和身份的形成的讨论中;并且,我们认为,社会行动者自我理解的方式类似于历史学家向自己表现表象-对象和社会行动间关系的方式;我们甚至还指出,对不在场(l'absence)的回指和在场(présence)之可见性间的辩证法已出现在表象-对象中,并在表象-活动中得到了清晰的表达。从更根本的意义上说,"表象"这一术语指出了一种深刻的联系,这一联系指的不仅仅是历史编纂活动两个环节间的联系,也是历史和记忆间的联系。正是通过表象这一术语,记忆现象学才能在柏拉图和亚里士多德之后描述记忆现象,因为记忆(souvenir)就是对以前的所见、所闻、所感、所学、所得的一种图像(image);同样还是通过表象这一术语,我们才能说记忆的对象是过去。这个在我们的旅程最初就被提出的过去之图像(icône)的问题又出现在了这段旅程的最后。在我们的讨论中,我们首先分析了记忆表象,然后谈到历史表象。这才是选择"表象"这个术语来表示我们的认识论之旅的最后一个环节的深层原因。历史和记忆间的这种根本性联系决定了一种关键性的术语变化:文学或书写表象在分析的最后将变为représentance,术语上的这一变化不仅强调了历史活动的主动性特征,也强调了这样一种意图,即要使历史成为记忆及其根本难题的一位博学的继承人。因此,下述事实需要得到着力的强调,即历史表象并不只是给话语——在变成文学之前,这一话语已经具有完整的逻辑结构——套上一件文字的外衣,它本身还是一种能够表现历史话语的指涉对象的活动。

而这就是这一章的目标。但只有到这章的分析进行到最后阶段,这一目标才会达成。在此之前,我们先要展开表象的各个特殊维度。首先,我们将讨论表象的叙述形式(第一节,"表象和叙述")。① 我们在前面已经解释了为什么我们要将对叙述的考察推迟到历史话语的形成环节才进行。历史-叙述(histoire-récit)的反对者和支持者将讨论带向了死胡同,而我们则想将讨论带出死胡同。对于历史-叙述的支持者,也就是我们所说的叙述主义者而言,叙述是因果解释之外的另一种解释模式;而对于历史-叙述的反对者而言,历史-问题(histoire-problème)已经取代了历史-叙述。不过两者都认为,叙述就是解释。通过使叙述性成为叙述活动的第三阶段,我们不仅使它摆脱了一种不适当的要求,也使叙述性中的表现力得以释放。② 我们不会停留在对表象-叙述问题的讨论中。而叙述的严格意义上的修辞的方面则要另辟出来单独讨论(第二节,"表象和修辞")。在情节——在叙事结构中对于各种可能的材料的使用——的选择中对于风格和思想的挑选,作家对于是否能够通过说服而使读者信服的担忧,这些都是叙事的修辞环节需要面对的问题。读者在文本接受过程中所展现出的各种特定姿态正是对叙述者通过修辞手段所制造的这些效果的回应。③ 通过讨论历史话语与虚构的关系,本章最后所要探讨的问题将获得决定性的进展(第三节,"历史学家的表象和图像的幻象")。在文

---

① 多斯的著作《历史》(前揭)的第三部分的标题就是"叙事"(页65-93)。叙事之路在分化为不同的"回归"叙事的道路并被塞尔托整合成为一个完整的历史编纂活动之前,它是从李维(Tite-Live)和塔西陀(Tacite)开始的,经过弗鲁瓦萨尔(Froissart)和科米纳(Commynes),在米什莱(J. Michelet)处达到其顶点。

② 目前的研究同《时间与叙事》相比,有一个进步,因为在《时间与叙事》中,还没有对表象-解释和叙述这两者作出区分,这一方面是由于当时我只关注叙述性和时间性的直接关系问题,而没有注意到两者间其实是由记忆联系起来的,另一方面则是由于没有对解释/理解这一环节作出任何详细的分析。不过,归根究底,无论是在这部著作中,还是在《时间与叙事》中,情节和情节构造概念都是至关重要的。

③ 在这一点上,目前的研究同样和《时间与叙事》不同,在《时间与叙事》中,修辞的部分没有同叙述性的部分区分开来。现在这种想要将修辞的部分同叙事的专属于符号学的部分区分开的努力将会在对海登·怀特的论文的讨论中找到一个绝佳的机会来检验我们的阅读假设。

学形式方面,历史叙事和虚构叙事间的对峙是众所周知的。而不那么为人所知的,则是马兰——第三节主要就是对其思想的讨论和延伸——所说的"图像的力量"(pouvoirs de l'image)——勾勒出了一个辽阔的非现实王国的轮廓——的广度。这一现在(temps présent)的不在场,即已经发生的过去如何才能不被不在场(l'absence)这一天使之翼所触及？但是,将记忆(souvenir)同图像(image)区别开来的困难不正是记忆现象学的痛苦所在吗？和将过去发生之事制作成图像这一问题一起出现的,还有一种至今仍未受注意的有关表象活动的区分,即除了要寻求叙述的可读性,还要关注其可见性。叙述的逻辑连贯性保证了它的可读性；而让被唤起的过去成像就可以看见它。这就是图像(image)对于不在场事物的回指和图像在自身的可见性中的自我确证这两者之间所具有的关系,这一关系最初是从表象-对象的角度得到考察的,而从现在开始,它将在表象-活动的层面上得到清晰的展现。

对本章主要关节点的这一快速浏览表明,从这些区分中可以期待获得两方面的效果。一方面,这些区分涉及的是一项纯粹分析的工作,它旨在对处于文字和文学环节的历史表象概念的诸多方面进行区分；并按照这些区分,对表象的丰富内容进行全面的分析和展现。另一方面,这些区分在每一步上都预示了这一章的最终目标,即指出历史话语表象过去的能力,也就是我们名之为représentance 的能力(第四节, La représentance)。Représentance 指的就是被嫁接到记忆知识的意向性——记忆是关于过去的——上的历史知识的意向性。对表象与叙述、表象与修辞、表象与虚构的关系的具体分析不仅标示出了在对历史知识的意向性的承认方面的进展,也标示出了在拒斥这种承认方面的进展。因此,作为叙述的表象并不是简单地指向已经发生的事物；这种叙述形式会将自身的复杂性和不透明性(opacité)赋予给我所谓的历史叙事的指涉冲动；叙述结构倾向于自我封闭,它排斥文本之外的东西、语言之外的不合法的预设以及叙述的指涉对象。对表象在指涉上的非相关性(non-pertinence)的这一相同怀疑在比喻学和修辞学中获得了新的形式。难道比喻学和修辞学没有在话语和那些被认为已经发生的事情之间制造屏障？它们难道没有将话语的能量困陷在话语和思想的技巧之网中吗？这种怀疑难道不是通过表象和虚构间的亲缘关系而被推向顶点的吗？就记忆表现为一种图像(image)而言，在我们看来困扰记忆的那个难题在这一阶段又再次出现。如何保持住作为非真实之物的不在场事物的图像和作为在先者的不在场事物的图像间的原则差别？历史表象同文学虚构间错综复杂的关系在最后只是再次重申了困扰记忆现象学的那个难题。

因此，这一章内容上的推进是以逐步戏剧化的方式展开的。争议将始终伴随对于历史意向性的证明；这一证明也将带着反抗一切怀疑的不可磨灭的印记，并且这一反抗被表达为："尽管如此，但是……"(Et pourtant...)。

第一节　表象和叙述

支配以下分析的一个基本假设与叙述性在历史知识大厦中的位置有关。这个问题包含两个方面。一方面，叙述性显然并不构成解释/理解之外的另一种解答，尽管某种被我称为"叙述主义的"主张的反对者和支持者们都奇怪地一致认为叙述性是解释/理解之外的另一种解答。另一方面，情节构造活动(la mise en intrigue)成了历史编纂活动的真实组成部分，不过是在不同于解释/理解的另一层面上，在这一层面上，情节构造活动同"因为"(parce que)在因果的甚或目的论意义上的种种用法并不构成竞争关系。简言之，叙述塑形(configuration)活动出现在解释/理解的所有模式之中，但这并不是对叙述性的降级，将叙述性降格到一个较低等级上的问题。就此而言,在其叙述面向中的以及在我将说到的其他面向中的表象并没有从外面给文献环节和解释环节增加了些什么,相反,它伴随并支持着这两个环节。

因此,我将首先谈一谈我们不应该期待从叙述性那里获得的东西,即认为它填补了解释/理解的某些空白。用法语写作的历史学家和用英语写作的作者们在这条我试图超越的战线上奇怪地相遇了,前者将他们的不满概括为历史-叙事和历史-问题间的暂时对立,①后者则将叙述的这一塑形行为提升为在因果性解释和目的论解释之外的另一种解释。这样,叙述性就被塑造成了解释之外的另一种明显的存在,进而使得叙述性有时成为解释的阻碍,有时成为解释的替代。

在布罗代尔和他的那些年鉴学派的拥趸那里,当重点在于强人的决定的时候,那么一切都要根据"事件、叙事、政治的优先性"的序列展开。当然,没有人会忽略这样一个事实,即在成为历史知识的对象之前,事件是叙述的对象。尤其是那些同时代人遗留下来的叙述更是在我们的文献资料中占据了主要的位置。在这方面,布洛赫的教诲永远不会被遗忘。但问题在于,从对一阶叙述的批判中所获得历史知识在其学术形式中是否仍然具有那些展现了叙述之技艺的叙事所具有的特征。否定的回答可以从两个方面得到解释。一方面,由于这样一个受限的事件概念,被认为是事件的传达工具的叙述就会被当成是历史知识的次要的,甚至是边缘性的组成部分;对于叙事的批评于是就成了对于事件的批评。另一方面,叙述学在语言学和符号学的领域内发展茁壮之前,叙述被认为是话语的一种源初形式,常常被同传统、传说、民间故事以及神

---

① François Furet,《从历史-叙事到历史-问题》(De l'histoire-récit à l'histoire-problème),见 *Diogène*,第 89 期,1975,另收录于 *L'Atelier de l'histoire*,Paris,Flammarion,1982。

话联系在一起,而很少被推敲加工,以便使它能够通过各种考验,这些考验标志着传统史学和现代史学之间的认识论差异。事实上,这两个概念是结对出现的:一个贫乏的事件概念对应一个贫乏的叙述概念;因此,如果已经对事件概念提出了批评,那么再对叙述概念提出批评就会显得多余。事实上,很早之前就有人对事件史提出过批评。波米扬(Pomian)提到了马比荣(Mabillon)和伏尔泰对于历史的批判,他们认为,历史仅仅教授那些只能填满记忆(mémoire)的事件,它不将自己提升为因果关系和原则,因此也就无法认知人性的深层。如果说事件史的成熟写作不得不等到20世纪中叶,那是因为在这之前,政治史占据了历史舞台的中心,这种政治史推崇克罗齐所说的"由个体决定的"事实。兰克和米什莱至今仍然是这类史学的不可超越的大师,在这种史学中,事件被认为是独特的,并且不可被重复。而对于政治史的这种强调以及对于独特的、不可重复的事件的这种偏好正是年鉴学派正面攻击的对象。除了不可重复的独特性这一特征,布罗代尔还加上了短暂性这一特征,正是后者使他能够将"长时段"同事件史对立起来;在布罗代尔看来,事件的这种短暂性正是个体行为,尤其是那些政治决策者的个体行为的特征,而正是这些个体行为才使事件发生。最终,事件的独特性和短暂性这两个特征同对事件史的主要预设联系在了一起,即个体是历史变化的终极载体。至于叙事史,它被认为是事件史的单纯同义词。就此而言,历史的叙述地位就没有成为一个单独的讨论主题。至于对瞬时意义上的事件之优先性(primat)的拒绝,则是历史研究的主轴由政治史转向社会史的直接结果。事实上,正是在政治史、军事史、外交史及教会史中,才会认为是个体——国家元首、将军、大臣、主教——创造了历史。在这些历史中,占据主导地位的是类似爆炸一般的短暂事件。对战争史和事件史的批判揭露于是就和对人类总体现象的历史——尤其强调这些现象的经济和社会条件——的辩护成为了同一件事的一体两面。正是在这一语境中诞生了与事件概念——被理解为短时段,我在前面已经对这一概念有过讨论——相对立的长时段概念。正如我们已经说过的,主导的直观感受是,瞬时(l'instant)同"漫长展开的时间"在社会实在的核心处是尖锐对立的。将这一对立推至接近悖论,布罗代尔甚至说:"社会科学畏惧事件。"随着经济学中的量化操作——扩展进入到人口史、社会学、文化史甚至思想史中——被大量引入历史学,对"事件、叙事、政治的优先性"序列的这一正面攻击得到了强化。随着这一发展,关于历史事件的性质的主要预设——事件是独一无二的,不会重复发生——受到了质疑。事实上,计量史从根本上说是一种"系列史"(histoire sérielle)。①

如果根据年鉴学派历史学家的看法,作为瞬时事件之集合以及作为文化传递之传统形式的叙事阻碍了问题史,那么在美国的叙述主义学派看来,叙事是能够同人文科学以及自然科学所共享的解释模式形成竞争的。叙事不是历史的科学性的障碍,它成了历史之科学性的替代物。正是为了应对历史知识的法律模式所体现的极端要求,②这一思想学派才开始重新评价叙事的各种智性资源。这一学派同叙述学以及叙述学想要在其深层结构的基础上重构叙事表层的活动没什么关系。叙述主义学派的工作是对日常语言、日常语言的语法和逻辑以及这些语法和逻辑是如何在自然语言中运作的研究的延续。由此,叙述的塑形特征成了被首要关

---

① 在前面的章节中,我已经简略地描述了结构概念逐渐占据支配地位,历史学家们是在静态和动态这双重意义上来理解这种支配地位的,前者指的是一个给定的整体的关系性结构意义上的静态,后者指的是可持续的稳定性意义上的动态,尽管这一可持续的稳定性是以牺牲瞬时的事件概念为代价的,与此同时,局势概念指的则是与长时段的结构概念相对的中时段(《时间与叙事》,第一卷,前揭);就此而言,事件在结构和局势之后被移至第三的位置;于是事件被波米扬定义为"就像一个模型中的可见的非连续性"(参见 K. Pomian,《时间的秩序》,前揭)。

② 参见 P. Ricoeur,《时间与叙事》(*Temps et Récit*,卷一,前揭),页 200-217。

注的对象,而其片段性(épisodique)特征——年鉴学派的历史学家只考察了这一特征——则成了配角。相对于将理解和解释(expliquer)对立起来的做法,叙述主义的诠释(interprétation)则否认这一区分的确切性,因为理解一个叙事就是解释被纳入叙事中的事件以及叙事所要报告的各种事实。因此,之后的问题便是去了解叙述主义的诠释是从哪里出发来思考存在于人们所讲述的故事以及建立在文献痕迹基础上的历史之间的认识论差异的。

在《时间与叙事》中,我阐述了叙述主义学派先后提出过的一些主张和理论。① 在这里必须特别提到明克(Louis. O. Mink)的研究,他的研究成果被集结成一本在他身后出版的著作《历史理解》(Historical Understanding),而在此之前,这些研究则长期散落在各种不同的文章当中。这个书名很好地概括了明克各种不同研究的核心主题,但我们不应该被它所误导;它完全不是要将理解和解释对立起来,像在狄尔泰那里一样;相反,它将作为"聚合"(prendre ensemble)活动的历史解释描述为一种概要的、综合的塑形行为,这一行为具有和康德的《判断力批判》中的判断力相同的理智地位。这里所要强调的不是理解(verstehen)的主体间性特征,而是与被讲述的零散事件相对的作为整体的叙事所具有的"连接"(colligaton)功能。叙述形式本身就是一种"认识工具"的观念会出现在一系列越来越深入的考察的最后,而与其一同出现的则是对与历史知识有关的难题的发现,而且这些难题只有通过叙述主义的诠释才能够被发现。由于隔着一段时间,我们今天已然能够承认明克在总结这些难题时所表现出的严谨和诚实。对历史的任何一种文献哲学而言,这个问题的提出都将会是一种折磨,即如果历史和虚构都是叙述,那么是什么差别使历史不同于虚构呢?叙述形式具有一种认识功能的观念中似乎并不包含历史仅仅

---

① 参见 P. Ricoeur,同上,页 255 - 311。

描述真实发生的事的这一经典回答。历史学家们常常围绕相同的事件构建不同的和对立的叙事这一事实使我们所说的历史真理的难题变得显著起来。是否应该说，一些人会忽略另一些人所关注的事件和想法，相反，另一些人也会忽略这些人所关注的事件和想法呢？如果我们可以让相互对立的叙述版本相互补充，即使叙述会受到适当的修改，那么历史真理的难题也许就能得到解决。我们是否会说，是被认为具有历史形式的生活将真理的力量给予了作为一个整体的叙事？但生活并不是历史，只有当我们将历史的形式赋予生活的时候，生活才具有了这一形式。那么往后我们如何能够继续宣称我们在生活——我们的生活，扩展而言，其他人的生活、制度生活、群体生活、社会生活、国家生活——中发现了这一形式呢？然而，这种宣称却牢牢地扎根在各种书写历史的计划之中。这使得我们无法继续停留在"作为亲历的普遍史"（histoire universelle en tant que vécu）的观念当中。在这一被认为是独一无二的、被决定的作为亲历的普遍史王国同我们所建构的种种故事（les histoires）之间到底存在怎样的关系呢，既然我们所建构的每一个故事都具有自己的开始、中间和结束，而我们又只能通过它们的内在结构来理解它们？这一问题不仅触及叙事的塑形层面，也影响到了事件概念。我们除了可以质疑术语的使用规则（文艺复兴是一个事件吗？），我们还可以自问说两个历史学家对相同的事件给出不同的叙述是否有意义。如果事件是叙事的片段，它就会遵循叙事的命运，并不存在一个外在于叙述的基础事件。但我们不能抛弃"相同事件"这一概念，否则我们就无法比较同一主题的两种叙述版本。一个被清除了所有叙述关联的事件是一个怎样的事件？是否应该将它等同于一个偶然事件（occurrence）——就这个词的物理意义而言？但是这样的话，在事件和叙事之间就出现了一条新的鸿沟，这条鸿沟可以与历史编纂和真实发生的历史之间的那条鸿沟相提并论。如果明克仍然保留这一常识信念，即历史通过它的真理追求而不同于虚构,这似乎是因为他并没有放弃历史知识这一概念。就这一点而言,明克在他生前出版的最后一篇论文《作为认识工具的叙述形式》(*Narrative Form as a Cognitive Instrument*)中概述了他的困惑,而这一困惑一直持续到了他的死亡最终中断了他的工作的时候。最后一次处理历史和虚构间的差别问题,明克认为常识将不再坚不可摧的这种可能性是灾难性的;如果历史和虚构间的对立消失,那么它们就将失去它们各自的特征,也就是说,历史将失去它对于真理的追求,而虚构将失去它对于"怀疑的主动悬隔"。但明克并没有说明如何才能保持历史与虚构间的这种区分。明克没有解决这个两难的问题,他更愿意将这一问题作为历史本身的一部分而加以保留。

与其让那些认为叙述是一种塑形行为的人和那些认为叙述不是一种塑形行为的人在那里争论不休,对我而言考察通过何种方式可以让叙述的可理解性(intelligibilité)及解释的可理解性这两者联系起来似乎是更为有用的。①

说到叙述的可理解性,就有必要将叙述主义学派的仍然太过直觉化的思考同叙述学在话语的符号学层面上的更为分析性的工作结合起来。其结果就是产生了"叙述的融贯性"(cohérence narrative)这个复杂概念,一方面,这个概念必须要同狄尔泰所说的"生命的凝聚力"(cohésion d'une vie)概念——我们可以在这一概念中看到各种前叙述的特征——区别开,另一方面,这个概念必须要同出自于解释/理解的"因果或目的论关联(或关联性)"概念区别开。叙述的融贯性概念植根于"生命的凝聚力"概念,并与"因果或目的论关联(或关联性)"概念有关。叙述的融贯性概念所包含的就是我所谓的对于异质因素的综合,指的是将不同事件,或是

---

① Lawrence Stone,《叙事的复兴:对一段旧史的思考》(Retour au récit: réflexions sur une vieille histoire),见 *Le Débat*,第四期,1980,页 116 – 142。

各种原因、意图以及偶然事件协调进入一个相同的意义整体。情节就是这一协调行为的文学形式,就是通过某种依据规则的转化,即通过叙述学框架内的一种适当表达将一个复杂行为从其初始情境引入其终端情境。可以用亚里士多德在《诗学》中所说的可能性(probable)或似真性(vraisemblable)来描述这一转化的逻辑内涵。似真性构成一张脸孔,而可能性将这张脸孔转向读者,以便说服他们,也就是说,引导读者确信被讲述的历史的叙述融贯性。①

我想先讨论叙述的融贯性概念的两层含义。

首先是事件的严格意义上的叙述性定义,这个定义之后将同那些从解释的层面上被给出的定义联系起来。从叙述的角度看来,突然发生的事件推动了行动的展开,它是情节的一个变量。那些引起意想不到的——"不同于任何期待"(para doxan),亚里士多德说这个词的时候想到的是"剧情的突变"(peripeteiai)和"激烈的情绪反应"(pathē)②——事件被说成是突发的。一般而言,一切打破行动的一致性(concordance)的不一致性(discordance)就是事件。情节-事件(intrigue-événement)的这一结合在历史编纂学的层面上会发生明显的变化;而这远远超出了事件史的范畴,事件史只保留了叙述性事件所具有的多种可能性之一,即它的短暂性与突发性。但根据被讲述的历史的广度和深度,还存在着长时段事件——如果我们能够这么说的话,比如文艺复兴、宗教改革、法国大革命就是这样一些其情节会延续数个世纪的事件。

第二层含义:鉴于叙事中的人物和被讲述的历史被同时编织

---

① 亚里士多德在《诗学》中将宣泄(catharsis)同观众对于这种融贯性的把握明确地联系在了一起。就此而言,对于恐惧和怜悯之情的"净化"就是对于情节的理智上的理解的结果(《时间与叙事》,卷一,前揭,页66-105)。

② Anagnōrisis 这一范畴指的是这样一个叙述的环节,它用一致性来弥补由于事件在情节中的突然出现而引起的不一致性,这一范畴本身同样隶属于一种关于情节的一般理论。

进入情节之中,与叙述的融贯性概念相关的叙述的识别(identification narrative)概念同样会在历史学的层面上发生明显的变化。人物概念和事件概念一样都是叙述的要素;人物是被讲述的行动的实施者和承受者。因此,布罗代尔在书中所谈论的地中海就可以被视为是关于菲利普二世时代"我们的海洋"的盛衰之准情节(quasi-intrigue)中的准人物(quasi-personnage)。就此而言,根据围绕地中海所展开的情节来看,菲利普二世之死就不是一个事件。①

还有第三层含义,这层含义来自亚里士多德《诗学》的启发,它涉及对于人物的道德评价,在悲剧中,对于其中的人物的道德评价往往要高于我们,而在喜剧中,对于其中的人物的道德评价则往往低于我们或与我们相同。我想将这一内容放在下一章,在关于历史学家和法官间关系的更大范围的思考框架内来加以讨论。但在后面考察用于情节的修辞范畴时,我们将遭遇那些被认为是可怕的,甚至在道德上无法接受的事件所提出的表象的限度问题,这时,我们会不得不将上述讨论提前。②

现在,我想提出将与上面提到的两种可理解性相对应的"叙述

---

① 鉴于传统叙事和虚构叙事所表现出的对于范畴史的拓展,我在《时间与叙事》中,给情节概念、事件概念以及人物概念增加了限制词"准(quasi)"。在那里,我说的是传统叙事和虚构对于历史的二次衍生。今天,我将去掉"准"这个限制词,而将上述所讨论的叙述范畴当作完整意义上的历史编纂学对象,因为本书中所设定的历史和实践领域——社会行为在其中展开——间的关系允许将亚里士多德意义上的"施动者"(agissant)范畴直接应用于历史领域。在这种情况下,所提出的问题就不再是针对叙述的其他一些不太学术的用法的转换和拓展问题,而是叙述的融贯性和解释的关联性的结合问题。

② 我暂且不讨论情节的一个构成成分,即场景(opsis),尽管亚里士多德认为场景是次要的,但它却包含在 muthos、故事、情节"各部分"的范围之内(《诗学》,57 和 62 a15)。尽管它对意义并没有什么贡献,但也不能把它排除在分析的范围之外。它代表的是情节的可读性之外的可见性的方面。这里所涉及的问题是去了解将文字形式搬上舞台以及让人看见到底有多重要。在这里,有趣性的诱惑增加了可能性所产生的说服力。我将特别联系"图像的幻象"来阐述表象的修辞成分。

的融贯性"和"因果性或目的性关联"联系起来的两个范例。对于明克的困惑的回答以及在更一般的意义上而言,我们在这一章后面的部分将要探讨的难题都部分地取决于这一分析的可能性。想要寻找叙述形式和真实发生的事件之间的直接联系是徒劳无益的;上述两者间的联系只能是一种通过解释以及文献环节——这一环节指向的是见证以及对于他人之言的相信——的间接的联系。

"尺度游戏"(jeu d'échelles)概念在上一章中的使用提示出了第一个范例。在情节构造活动所进行的对于异质成分的所有类型的综合中,我们难道不能够考察一下尺度变化的叙述化道路?事实上,无论是微观史学还是宏观史学都使用了不止一种尺度。当然,微观史学更关注一个村庄、由若干个体和家庭所构成的某个群体尺度上的活动;在这一尺度上,不仅有各种协商和冲突的展开,还会发现这种微观史学特别强调的不确定处境。此外,微观史学也能够自下而上地解读在另一个尺度上运行的权力关系。对于这些在最低层次上展开的地方史所具有的示例性(exemplarité)的讨论预设了小历史同大历史间错综复杂的关系;就此而言,当这种微观史学展开自身的时候,它就已然处在尺度变化的叙述化道路上了。我们也可以这样来说宏观史学。宏观史学通过某些形式而使自身始终处在一个既定的层次上:历史分期活动就是这种情况,这些历史分期活动将历史时间划分成一些以大叙事为标志的大的时间段;我在这里要提出一个重要的叙述概念,我们在之前已经遇到过这个概念,它就是安克施密特(F. R. Ankersmit)在讨论叙述逻辑——这一叙述逻辑涉及表象和représentance 间的关系,相关内容我将在后文中作出分析——的时候所深入阐发的"效程"(portée)概念。① 一个事件的效程指的

---

① Franklin R. Ankersmit,《叙事的逻辑:对历史学家语言的语义学分析》(*Narrative logic: a Semantic Analysis of the Historian's Language*, La Haye, Nijhoff, 1983)。

是事件发生以后,这一事件的后效的持续性。事件的效程与叙事的效程有关,叙事的意义的统一性是持存的。如果我们停留在"时期"(période)这个同质化的层次上,那么就会注意到叙述化的一些重要方面,其中就包括以对于专名(或准专名)——文艺复兴、法国大革命、冷战等等——的使用为标志的个性化(personnalisation)。这些专名同那些构成其谓述的描述间的关系提出了同这些高阶专名——安克施密特称之为 narratio——相应的叙述逻辑的问题。但是,宏观史学的叙述并没有使自己局限在同一个层次上。埃利亚斯的著作表明,一个像宫廷这样的权力系统的作用会以自上而下的方式展开自身,直到成为个体精神层次上的自控行为。就此而言,习性(habitus)概念也许可以被视为一个叙述性的过渡概念,凭借对隐藏在作用背后的原因的遗忘,这个概念以自上而下的方式展开自身,即从意义之生产的上层行进至具体实现的下层。

  第二个范例与事件概念有关。我们在前面提到过事件作为所述行为的变化发起者(opérateur)的叙述功能。但在从解释角度对事件概念进行定义的所有尝试中,强调的重点被放在了两个方面,即一方面要调整好事件同结构和局势间的关系,另一方面要将事件概念同偏差(écart)和差异联系起来。难道没有可能跨越上述两种事件定义之间的逻辑鸿沟吗?可以提出这样一种假设:如果我们将情节概念进行最大程度的扩展,将它作为对于包括意图、原因和偶然事件在内的异质成分的综合,那么叙事难道不能对结构、局势和事件——这是一种认识论上的区分——这三个环节进行一种叙述性的整合?刚才说过的尺度游戏的叙述化概念对于这一点略有暗示,因为上述三个环节无论从效用等级的角度,还是从时间节律的角度看来,都属于不同的尺度。我在科泽勒克(R. Koselleck)的论文《表象,事件,结构》(Représentation, événement, structure)——收录在名为《已逝的未来:对历史时间的语义学研究》①的文集中——中找到了对于这一假设的有力支持。作者首先指出,结构属于描述,事件属于叙事,它们就像是两个可以被单独识别的时间层,然后作者建议,让结构和事件间的动态关系叙述化,也就是使叙事成为结构和事件间的交流中介。叙述形式的这一整合功能源于它同像我来、我见、我征服(veni, vidi, vici)这样的单纯的时间上的先后顺序间的差别。作为意义统一体,情节可以将结构和事件整合进入同一个塑形过程;因此,提出一种主导结构的工作就可以被纳入到对于一个事件,如一场战斗的叙述当中。作为长时段现象的结构通过叙事成为了事件的可能性条件。我们在这里可以谈论事件中的结构,这一结构的意义只有在事件发生之后才能被把握到。就此而言,在叙述过程中对结构的描述有助于将事件解释和阐明为独立于事件时间发展顺序的原因。结构和事件间的这种关系有时也会反过来;由于某些事件被作为一些长时段社会现象的征象(indice),而且这些事件又被后者所决定,因而它们被认为是具有标志性的:比如关于劳动权利的诉讼就能够戏剧性地展现长时段的社会、司法或经济现象。②就此看来,结构和事件间的这种叙述性整合只是重复了对时段和效用尺度上的现象所进行的叙述性整合。我们当然不能抹杀描述与叙述间的差别,但是如果说描述保留了分层,那么叙述就是将这

---

① R. Koselleck,《表象,事件,结构》(Darstellung, Ereignis und Struktur),见 *Vergangene Zukunft: Zur Semantik geschichtlicher Zeiten*, Francfort, Suhrkamp, 1979;法译文,«Représentation, événement et structure»,见 *Le Futur passé: contribution à la sémantique des temps historiques*, Paris, EHESS, 1990,页 133－144。这篇论文应当被放在旨在"定义什么是历史时间"(前言)——对此,作者说:"在历史学所提出的所有问题当中,这个问题是最难解答的问题之一"(同上)——的探讨框架内。我将在下一章中联系历史真理概念对科泽勒克在这本文集以及在《历史经验》(*L'Expérience de l'histoire*, Paris, Gallimard-Seuil-EHESS,1997)中的主要论题进行讨论。因而,我在这里是离开其背景来阐述科泽勒克的这篇论文的。

② 我们在这里再次看到了金兹堡的"征象"范式。参见上文,页 215 和页 219－221。

些被分开的层次交织起来。这两个概念间的认识论关系就是一种差异中的秩序;通过叙述的塑形活动,这两个概念可以在对彼此的参照中发现一种解释上的互补关系。在这里,结构和事件间的关系就像是处于不同层次的时间段间的关系。就此而言,所有分层都能以叙述作为联系的中介。①

历史编纂活动所使用的解释模式的这两个叙述化范例可以让我们获得两方面的认知。一方面,这两个范例显示了历史编纂活动的书写形式是如何同解释形式联系起来的。另一方面,它们显示了叙述的意向性如何超越自身的封闭性以解释为中介指向被确证的实在的。现在我们就来讨论在通向这条道路时会遇到的各种阻碍。

事实上,在离开对于叙述性以及它在历史编纂活动第三环节中的作用问题的讨论之前,我还想再谈谈情节构造活动的某些方面,当它们同历史的文字表述的其他环节的类似作用结合起来的时候,这些方面就会悖论性地使得历史叙事想要表现过去的这一意图所提出的问题更难得到解答。在由表象通往représentance的道路上,叙事树立了一些障碍,这些障碍恰恰与塑形活动的结构有关。

关于文本的内在结构和文本外的实在间的分离问题的争论正是来自于文学理论。鉴于虚构叙事和历史叙事具有相同的叙述结构,因而结构主义的教义对于外部指涉性维度的拒斥被扩展到了一切文学文本当中。这种拒斥是由索绪尔的模型从孤立的符

---

① "事实上,只有通过用结构来解释事件以及用事件来解释结构,现代史的过程特征才能得到把握和理解"(Koselleck,《已逝的未来:对历史时间的语义学研究》,前揭,页138)。科泽勒克反对将结构和事件混为一谈。时间层之间永远不会完全融合在一起;时间之绵延会给意料之外的事件的突然发生留出空间。这两个概念间的认识论关系其实是一种间距(écart)关系,这一关系并不会由于叙述在它们之间建立起来的对话关系而被消除。概念性和单一性彼此之间仍然是异质的。

号——就像它们被收集排列在词汇系统中那样——到句子再到文本的这种扩展引发的。根据索绪尔的模型,能指(signifiant)和所指(signifié)的关系产生了一种具有两面性的存在,即狭义上的符号,对于符号的把握和理解使得它同外部指涉对象(référent)的关系成为例外。这个例外是一种理论观看的结果,这种理论观看将符号确立为语言科学的同类主题。能指-所指(signifiant-signifié)的这一排除了外部指涉对象的两极模型已经扩展到了能够接受符号学处理的所有语言领域当中。因此,一种索绪尔式的叙述学就可以将这一模型所必需的对于外部指涉对象的排除应用于文本了。虚构叙事的作用越显得是可以被人讨论的和不会令人不快的——我在《活的隐喻》(La Métaphore vive)中对虚构叙事的作用进行了探讨——,对于历史叙事而言,它就越是毁灭性的。历史叙事同虚构叙事的差别就建立在前者的指涉性(visée référentielle)的基础上,而这种指涉性正是表象的意义之所在。于是,我尝试根据本维尼斯特(E. Benveniste)和雅各布森(R. Jakobson)的分析,从句子——作为话语的最基本单位——的层面开始来重新取得指涉性的维度。在我看来,句子就是某人根据某种符码的等级秩序(音位学的、词汇的、句法的、文体学的)就某事向某人说出某些东西。就某事说出某些东西在我看来构成了话语的核心,引申而言也构成了由一系列句子所组成的文本的核心。① 历史话语自身的指涉性问题在我看来有必要特别提出来,因为情节构造行为所内在具有的封闭性倾向对于那些超语言学的、超文本的冲动,也就是说,对于所有指涉性的冲动——表象正是通过这种指涉性的冲动

---

① 我试图为隐喻话语重新找到它连接"看起来像"(voir comme)和"就像"(être comme)的关联模式。这种特殊类型的关联模式在我看来可以被移置到与虚构叙事有关的叙述层面上。此外,在我看来,通过读者——他是带着由他自身的在世方式所构成的期待而接近文本的,而虚构叙事所重塑的正是这些在世方式——这个中介,虚构叙事被赋予了一种重塑的能力。

成为了 représentance——都是一种阻碍。① 但在讨论证明/声明（attestation/protestation）——它构成了我所说的对于过去的 représentance 的灵魂——之前,② 必须首先对历史编纂活动的文学

① 在本书中引用过的 François Hartog 的著作《希罗多德的镜子:论他者的表象》(Le Miroir d'Hérodote: Essai sur la représentation de l'autre) 对于历史表象问题的讨论提出了一个有趣的看法。正如此书副标题所指出的,它事关"对于他者的表征",而在希波战争的叙事中,这个他者指的就是在其中负责演出的野蛮人（le Barbare）。作者将"斯奇提亚人的逻各斯（logos scythe）"（前揭,页 23-30 及其他各处）从整个大的叙述背景中抽离出来。作者在意的并不是以斯奇提亚人为对象的所谓陈述真理;为了突显一个在作者看来被整个"叙述限制"（前揭,页 54-59）——这些限制就像水彩画家的网格（前揭,页 325）一般过滤着游牧民族的所有相关特征:"对于雅典人这个想象的当地群落而言,必须要有一个同样想象的游牧民族,而这个游牧民族自然成了斯奇提亚人"（前揭,页 30）——所界定的叙述片段,在它的整个历史广度中被把握的对于希波战争的论述同样被搁置一边,悬而不论。就此而言,希罗多德的《历史》这一文本应该作为一面"镜子",它不仅是面临文字考验的 histōr 的镜子,它同样也是野蛮人和希腊人的镜子,对前者而言,这面镜子反映出了他们的他者性（altérité）,而对后者而言,他们则在这面镜子中认出了自己的身份。一个问题隐然而现:怎样才能成为一个游牧者? 但是这个问题无法找到任何外在的指涉对象:就此而言,我们并没有"离开"文本;我们所遭遇的仅仅只是同一个上下文中的所有陈述（其他野蛮人,希腊人）;"对于他者的表征"属于唯一的"有关他者性的修辞学"（前揭,页 225）。尽管如此,如果阅读使我们离开了文本,那不是朝着希波战争背景中所发生的各种事件方向上的离开,而是希腊人对于公元前 5 世纪的想象的文本内部层次上的离开:"离开的行动发生在想象的层面上,它通过语言并在语言中得以实现"（前揭,页 326）。所谓"希罗多德的镜子",这面用来看世界的镜子指的就是"叙事的效果"（前揭,页 329）。

　　就这部著作言明了自身的界限及范围而言（什么是希波战争?）,它是完全合理的。它只是使得言说历史真理的问题变得更为困难重重:研究如何使人相信（faire - croire）的工作不断推迟着对于历史真理问题的研究,甚至冒着掩盖后者的危险。叙述媒介的悖论由此得到了有力的展现:叙事既是指向外部指涉对象（référent）的指南,它又阻隔了外部指涉对象。尽管如此,"评价希罗多德的《历史》对于希腊人的想象所产生的影响和效果"（前揭,页 359）这一话语本身难道不是以另一种方式重新提出了外部指涉对象的问题吗——文本达到了它的影响和效果了吗? 将公元前 5 世纪的希腊人阅读希罗多德的著作作为指涉对象的某种阅读史在这里似乎显得很有必要。而相较于萨拉米斯战役,我们对于这一问题会有更好的认知吗?

② P. Ricoeur,《时间与叙事》(Temps et Récit, 卷三,前揭）:"对于历史之建构及其对立物间的关系,即对于一种已被消除同时又被保留在其行迹中的过去,我们将称之为替代（représentance 或 lieutenance）"。

环节的其他构成成分进行深入的探讨。这些构成成分和叙述塑形一样都否认历史话语的指涉性冲动。①

第二节 表象和修辞

有必要单独辟出一节来讨论历史话语的修辞维度,尽管这一领域的有些修辞方式是同叙述结构纠缠在一起的。我们在这里触及到了一种传统,这一传统可追溯到维科以及他留下的双重遗产:首先是对思想和话语形式的描述方面的遗产,即转义(trope)——主要指的是隐喻(métaphore)、换喻(métonymie)、提喻(synecdoque)和反讽(ironie);其次是对于各种论证模式的辩护方面的遗产,修辞学以之来对抗逻辑的霸权诉求。

我们的考察在这一新的阶段的主旨不仅在于扩展文字表现的方式,还要考察叙述塑形和修辞塑形对于指涉冲动——它使叙事指向过去——的种种反抗。也许我们会看到某种批判现实主义对于一种追求形式美的诱惑的反抗,而叙述修辞学的倡导者们则有屈从于这种诱惑的危险。这些正是这场讨论的主角们在 20 世纪最后几十年中遭遇事件——由于这些事件的畸形和极端恐怖,就使得"表现的界限"问题突显了出来——的塑形(figuration)问题时所面临的处境。这场讨论有一部分发生在法国,但上述提及的争论和交锋却是在美国发生的。

法国思想界对于这场争论的贡献可以追溯至结构主义的黄金时代。法国学派在索绪尔之后所宣称的方法论革命旨在揭示叙述符号在某些方面和不同于言语(parole)的语言(langue)所具有的一般结构特性有着密切的亲缘关系。其基本预设是,叙事结构和

---

① 关于塑形和再塑形间的一般关系问题,参阅 P. Ricoeur,《时间与叙事》(Temps et Récit,卷一,前揭),"La triple mimēsis",页 105 – 169。

语言的基本单位的结构是相同的。① 由此导致了语言学向叙述符号学的扩展。而叙事理论从中受到的影响主要表现为对所有取自文学史的因素的排除，并且为了进行逻辑化和去时序化（déchronologisation）——我在《叙事与时间》第二卷中已勾勒了它们的各个阶段②——而从话语实践的历时性中抽取出结构的非历时性。鉴于这种叙事符号学在普罗普（Vladimir Propp）之后仍然活动在虚构领域内，历史领域内的种种意义就有可能永远无法得到揭示。对此，人们唯一感到遗憾的就是卓越感的丧失，如果考虑到这种情感同20世纪的历史必然会激起的那种更为可怕的情感是同一个母体中所产生的两个对立的结果，那么卓越感的丧失就是不容忽视的。然而，在对索绪尔的一般符号学模型的选择中却包含着对于历史的指涉性要求的某种威胁；我在前面已经指出过将符号的二元结构能指-所指所要求的外部指涉对象（référent）排除出历史话语的种种情况。为了要让结构主义触及历史，结构主义的倡导者们所具有的可以称之为科学的关注就必须要同那些内容更具争议、更为意识形态的针对表象实践整体的所谓人文主义关注结合起来。于是，历史叙事发现自己坐在了被告席上，源于19世纪欧洲的现实主义小说也曾坐上过这同一张被告席。让人感到怀疑又奇怪的是，历史叙事被指控的罪名是它制造了一种与权力体系相适应的主体，而且权力体系让这一主体具有了他是自

---

① Roland Barthes，《叙事结构分析之导引》（Introduction à l'analyse structural des récits），见 Communications，第 8 期，1966，Les Niveaux de sens du récit，此文另收录于 Poétique du récit, Paris, Éd. du Seuil, 1977。我们在这篇文章中读到这样两句话："叙事是一个长句子，就像所有表述句（phrase constative）在某种意义上都是一个小叙事的雏形"；"我们在这里所说的同构性不是只具有启发性的价值：它暗示了语言和文学间的同一性"（前揭，页12）。

② P. Rioeur，《时间与叙事 II：虚构叙事中时间的塑形》（Temps et Récit II: La Configuration dans le récit de fiction, Paris, Éd. du Seuil, coll. « L'ordre philosophique », 1984, 再版, coll. « Points Essais », 1991），第二章，"叙述性的符号学约束"（Les contraintes sémiotiques de la narrativité）。所引页见该书再版本。

身、自然以及历史的主人的幻觉。① 对罗兰·巴特而言,"历史话语"构成了这种怀疑式批判的主要对象。鉴于外部指涉对象已被排除出了语言学领域,罗兰·巴特以之为根据指责历史叙事将外部指涉的幻觉带进了历史编纂学的核心。这一幻觉建立在以牺牲所指(signifié),即历史学家赋予给他所讲述的事实的意义为代价将被假定为根本性的外部指涉对象,即历史(res gestae)时间,实体化的基础之上。于是,在外部指涉对象和所指之间产生了短路,"只负责表达实在的话语相信自己不需要那个用来指称各种想象结构的基础术语,即所指"。外部指涉对象和所指的这种融合有利于前者,并且这一融合产生了一种真实的效果,根据这一效果,已偷偷转变为一种令人困扰的所指的外部指涉对象被赋予了"这是已经发生的"的种种特权。历史由此才会产生这样的幻觉,即能够找到历史所要再现的实在。事实上,历史话语只是"一种虚假的施为(performatif)话语,在其中,(表面的)表述(constatif)和描述实际上仅仅是作为权力行为的言语行为的能指"。在论文的最后,罗兰·巴特为叙述史的衰落和结构史的兴盛鼓掌喝彩。在他看来,这与其说是一种学派的变化,不如说是一场真正的思想转型:"历史叙述已死,因为从今往后,历史的符号不再是真实性(le réel),而是可理解性(l'intelligible)"。对所指——受到所谓的外部指涉对象的驱赶——的这种排斥的机理还有待进一步的阐释。而这正是他的第二篇论文《真实的效果》(L'effet de réel)的意图所在。回答这一问题的关键需要从同一时期的现实主义小说和历史

---

① Roland Barthes,《历史的话语》(Le discours de l'histoire),见 *Informations sur les sciences sociales*,1967,页153-166,此文另收录于 *Le Bruissement de la langue*,Paris,Éd. du Seuil,1984。《真实的效果》,见 *Communications*,1968,此文另收录于 *Le Bruissement de la langue*,前揭,页153-174。关于这一点,我还将提到新小说派的理论家们(尤其是 Ricardou 在《新小说》[*Le Nouveau Roman*] 中)针对在现实主义小说中出现的"指涉性幻觉"所作的批判。

中的符号系统（notation）所发挥的作用上去寻找，也就是说，需要从那些对于叙事结构以及这一结构的意义指向无所作为的"多余的"细节中去寻找；同叙事过程中必须有的意义相比，这是一片"无意义的浅滩"。而要阐明真实的效果，我们则必须从这片"无意义的浅滩"开始。在现实主义小说出现之前，符号系统是为一种只具美学性而不具指涉性的似真性（vraisemblance）服务的；指涉性幻觉在于将符号系统对于"意义的反抗"转变为对于"一个假定实在"的反抗；而在这一转变过程中，就出现了古代的似真之物（le vraisemblable）同现代的现实主义之间的断裂。同样在这一转变过程中诞生了一种新的似真之物，即现实主义（réalisme），这里所说的现实主义指的是"接受外部指涉对象作为陈述的唯一真实性来源的一切话语"。这同样适用于历史，在历史中，"已经发生的事足以成为言语的原则"。这句话就相当于是将19世纪现实主义小说的一个显著特征转移到了历史叙事之中。

　　正是在这里，我们可以自问，怀疑是否并不全然是由并不适合于历史话语的语言学模型产生的，也许通过一些其他的模式，历史话语可以得到更好的理解，对于这些模型而言，无论外部指涉对象是什么，它构成了某人向另一个人就某事所说的话语的一个不可缺少的维度。历史编纂学的指涉性特征还有待考察。我的论文不会仅仅只停留在历史话语所具有的修辞功能方面，我的论文必须经过文献证据、因果/目的解释以及文学表现三个环节。这一三重架构一直都是历史知识的秘密。①

---

　　① 关于"符号系统"（notations）对于形成"真实的效果"所起到的作用问题，一场更为技术性的讨论是必不可少的。毫无疑问，符号系统构成了将某些小说描述为是现实主义小说的一个好的标准。但符号系统在历史叙事中也是以同样的方式发挥作用的吗？并不尽然。我认为，符号系统具有历史话语的文学结构的可见性和可读性这两个维度。符号系统不仅可见，而且是被相信的。但是尽管如此，这些符号无法离开被驱赶到页面底部的"注释"——现实主义或自然主义小说没有注释，这些注释指明了文献出处，而关于一些独立事实的确切陈述就是建立在文献出处的基础上的。"注释"以这种方式成为历史话语的一阶文献参考的文学表达。

在挖掘历史表象的严格意义上的修辞学资源方面作出主要贡献的当属海登·怀特（Hayden White）。① 之所以这样说，不仅在于他的研究所引发的争论，还由于这位思想家的分析扩展了读者的意识领域。他所引发的关于大屠杀（le Shoah）文学的争论使他的观点具有了某种戏剧的维度，而这一维度却是法国结构主义者的思考所未曾涉及的。它与历史知识的认识论方面的贡献无关，它与一种以想象，更确切地说，历史想象为主题的诗学有关。就这一想象是在话语的结构中得到理解和把握的而言，它不仅忠实于时间精神，也忠实于所谓的语言学转向。于是，问题就成了关于言语表述的问题。对于问题的这一精确化并不会缩小我们的研究范围。事实上，它排除了两个障碍。第一个障碍同历史与虚构的关系有关。从语言想象的角度来看，历史叙事和虚构叙事属于同一个类别，即"言语虚构"（fictions verbales）。对与历史话语的指涉性维度相关的所有问题的探讨都将建立在这一重新分类的基础上。第二个障碍同专业的历史编纂学与历史哲学间的差异有关，至少同有着宏大的世界史叙事形式的这部分历史哲学的差异有关。于是，米什莱、兰克、托克维尔、布克哈特、黑格尔、马克思、尼采、克罗齐就被放在了同一个框架之内。他们共同面对的问题就是依据一种修辞学的形式，或者更准确地说，就是依据一种比喻的修辞学的方式将历史想象构造成话语。历史想象的这一言语形式就是情节构造（emplotment）。

---

① Hayden White，《元史学：十九世纪欧洲的历史想象》（*Metahistory: The Historical Imagination in XIXth Century Europe*, Baltimore et Londres, The Johns Hopkins University Press, 1973）；《叙事的回归线》（*Tropics of Discourse*, Baltimore et Londres, The Johns Hopkins University Press, 1978）；《形式的内容》（*The Content of the Form*, 1987）。关于这些著作，参阅《时间与叙事》，卷一，前揭，页 286 - 301；卷三，前揭，页 273 - 282。此外还可参阅 R. Chartier，《修辞格与历史表述》（Figures rhétoriques et représentation historique），见 *Au bord de la falaise*，前揭，页 108 - 125。

在《元史学》中，作者想要通过一系列结构严密的类型学来重新把握情节构造活动。但千万不要忽略这样一个事实，即这一分类学针对的是想象的深层结构。深层结构和表层显性结构间的这一对立并没有为符号学家和精神分析学家所忽略。在言语虚构的具体处境中，可以对各种类型学进行等级化的排序，而不是将它们铺展开来或并置起来。就此而言，我们将要讲述的这四种类型学以及它们的组合就应该被视为是实际历史想象的所有可能组合的基本模型(matrice)。

这一计划的实施是有条不紊的。表明海登·怀特步了维科后尘的有关情节的类型学是一个由三种类型学所组成的等级序列。其中第一种类型学属于美学感知的领域，即情节的故事维度。海登·怀特以一种与明克相类似的方式指出，对被讲述的历史所进行的组织活动不仅超越了在编年史中仍然占据主导地位的单纯的编年学，而且它还要依据初始动机、过渡动机或终结动机对故事线索进行编排。重要的是，海登·怀特同上面已经提到的叙述主义的支持者们一样，都认为故事借助自身独有的结构安排而具有"某种解释效果"。修辞学在这里第一次同历史知识的认识论形成了竞争。而这两者间的冲突由于两方面的思考而被加剧了：关于形式，正如海登·怀特在最近的一部著作中强调的，我们必须说，相比于被讲述的事件的独特意义，情节构造更注重历史的轮廓形式，因为重点在于辨认出这种情节所属的塑形(configuration)类型。至于是否有某物先于塑形活动而存在，修辞学家们没有找到任何先于叙述化雏形的东西，除了一些无组织的基材——未被加工的历史记录。事实所予(données factuelles)相对于对被讲述的历史所进行的一切源初塑形活动的地位问题的讨论仍在继续。

第二种类型学更多地与叙事的认识论方面有关。但在修辞学家眼中，论证(argument)这一概念要从其说服能力方面得到理解，而不是从它严格意义上的证明能力方面来理解。① 尽管形式论的论证、有机论的论证、机械论的论证、情境论的论证的区分是从历史学以外的其他领域借鉴而来的,但认为历史和叙述话语具有一种特有的论证方式,而且这种论证方式属于一种特定的类型学的看法却是独特的。②

第三种类型学,即意识形态蕴含模式,它属于道德和政治立场的模式,因此也就属于对于当前实践的参与。并且在此意义上,它属于勒贝蒂所说的历史的现在。我们将在后面,即在事件的主人公卷入某些事件——我们无法将对这些事件的道德评价同这些事件区分开——时谈到这种类型学所提出的问题。

然后是情节构造,海登·怀特认为情节构造是一种解释模式;他从诺斯罗普·弗莱(Northrop Frye)的《剖析批评》(*Anatomie de la critique*)那里为他的情节构造类型学借取了四个术语,即浪漫的、悲剧的、喜剧的、讽刺的,由此,这一类型学就与维科的修辞学有了交集。

如果非要用一个特定的术语来描述海登·怀特的工作,那么可以像作者自己总结的那样,称其为一种风格理论。来自各个类型学的要素间的每一种组合决定了一部作品的风格,而我们则可以通过其主要类型来描述这些风格。③

---

① 有关论证的修辞学理论对于当代的讨论而言并不陌生。参见 Wayne C. Booth,《小说修辞学》(*Rhetoric of Fiction*, Chicago, The University of Chicago Press, 1961)。进一步讨论修辞学和逻辑学间关系的,可参见 Stephen E. Toulmin,《论证的用途》(*The Uses of Argument*, Cambridge University Press, 1958;法译本 *Les Usages de l'argumentation*, Paris, PUF, 1993)。

② 总之,就情节构造活动具有某种或然性而言,这一观念对于亚里士多德的《诗学》而言并不陌生。此外,隐喻既属于作为有关或然性话语理论的修辞学,又属于作为话语生产理论的诗学。

③ 需要将海登·怀特的风格概念同 G. G. Granger(*Essai d'une philosophie du style*, Paris, Armand Colin, 1968)的风格概念进行比较。海登·怀特的风格概念指的不是对于一种与某一独特处境相应的独特反应的深思熟虑的生产,而是对支配着想象之深层结构的那些限制的明确表达。

问题不在于否认海登·怀特的这部开拓性作品的重要性。我们甚至可以同夏蒂埃(R. Chartier)一起为海登·怀特、韦纳(Paul Veyne)以及福柯——后两人在70年代是海登·怀特的同时代人——三人间"错过的相见"而备感遗憾。想象的深层结构所具有的无可争议的丰富性与它在创造性和规范性间建立的联系密不可分。这一动态的结构主义是完全可以接受的。脱离开想象之物,这些范式就只是一种多少有些精细的分类学的一些死气沉沉的类别。这些范式是用来产生无数表面显性结构的基本范式。就此而言,有一种批评,即批评海登·怀特没有在决定论和自由选择之间作出选择,在我看来很容易被驳斥:正是这些基本的形式范式开辟出了一个有限选择的空间。由此,我们可以谈到一种通过规则调节的生产活动,这个概念让人想起了康德的图型论这一"用来产生图型的方法"。但其结果却是,要么指责这一研究的分类过于僵化,要么又认为它游荡在由各种想象的变量构成的空间之中,对这一研究的独特性反而视而不见,尽管这一研究在具体展开过程中存在犹疑和软肋。鉴于以下的看法是通过揣测海登·怀特的意图而作出的批评,因而这种认为海登·怀特在可能的无限混乱面前由于恐惧而退缩了的看法在我看来既不合适也不公正。①

---

① Hans Kellner,《语言和历史表现:歪曲故事》(*Language and Historical Representation: Getting the Story Crooked*, The University of Wisconsin Press, 1989)。这本书有两个攻击对象:一方面是这样一种信念,即相信在被要求叙述的历史之外还存在某些东西,另一方面是这样一种看法,即认为通过一位诚实或勤勉的历史学家运用"正确的"方法,历史可以被"忠实地叙述"。只有第二项指责与海登·怀特有关。在施加秩序的过程中总存在某种主动的,最终却是压抑的东西——就像我们在福柯那里读到的那样。对于非连续性的相反辩护是从讨论作为档案的文献开始的。不仅有关过去的那些碎片是四散的,连对这一过去的那些证词也都是四散的;文献学又将自身选择性破坏的作用加诸于使所谓的"文献证据"残缺不全的所有信息遗失模式。因此,修辞学并不是某种加诸于文献之上的东西,它从最开始就已进入文献。于是,人们想要通过叙事来减弱由文献证据的缺漏所引起的焦虑。但叙事本身又产生了与其他非连续性相关的焦虑。正是在这里出现了同海登·怀特的比喻学(tropologie)之间的争论。如果(转下页注)

328 秩序的基石(bedrock of order)这一有些过分戏剧化的表述并不能转移对于符码化(encodage)概念所提出的问题的关注,而这种符码化既是一种限制,也是一个创造的空间。于是接下去就需要对风格实践在文学传统的历史发展过程中所呈现的各种形态进行考察。形式主义与历史性之间的联系还有待建立:应该由一个规则——这些规则既是被发现的,也是被创造的——系统来表现超越了形式主义和历史性这两种选择的传统性的各种特征。而风格就是这样的规则系统。但是,让我感到遗憾的是海登·怀特在将情节构造活动当作解释模式时陷入了一种自我困境,所谓将情节构造活动当作解释模式,往好了说,就是认为这些作为解释模式的情节构造活动可以无视历史知识的科学程序,往坏了说,就是认为它们可以取代历史知识的科学程序。这里存在着一个真正的范畴错误,它会使人产生一种合理的怀疑,即这一修辞理论是否有能力在历史叙事和虚构叙事之间划出一道判然有别的界线。将想象的深层结构视为小说的情节创作和历史学家的情节创作所共享的基本模型——正如这两种创作在19世纪的历史中的交织出现所证明的那样——的做法越合理,指明可以使历史区别于虚构的指涉环节就变得愈加急迫。但是如果我们仍然滞留在文学形式的围城之中,我们就无法对历史和虚构作出区分。通过单纯地诉诸常识以及关于历史真理的那些最为传统的陈述而指出一条绝望的出路,这是毫无用处的。必须耐心地将表象模式同解释/理解模式联系起来,并通过后者而同文献环节及其真理基础,即某些人——这

(接上页注)我们没有在海登·怀特的四种比喻的基础上重新建构新的体系,那么这种比喻学的解读就会变得让人困扰,并且成为新的焦虑的源头。所谓的"秩序的基石"应该被视为一种讽喻的手段,在其中,反讽既是体系内部的主要比喻,又是对于体系的观点。海登·怀特对自己曾在《叙事的回归线》一书的最后被他既同情又焦虑地称之为的"最为荒谬的时刻"面前退缩表示怀疑。Kellner的批判既没有告诉我们应该如何书写历史,也没有告诉我们历史学家这一职业应该如何应付一种非"夸张的",但却是真正方法上的疑问;它仅仅告诉我们如何无法书写历史。

些人宣称他们在那里,而在那里发生了某些事——的证词联系起来。在这样的叙述形式中将永远不会存在寻找指涉性的理由。而这一从历史话语各个操作环节的复杂性的角度来重构历史话语的工作在海登·怀特的思考中是完全缺失的。

正是鉴于同历史话语的指涉性相关的这些难题,用"最终解决"(solution finale)这一表述所指称的所有可怕事件来考验海登·怀特的叙述修辞学的观点就构成了超越所有学院活动的一种具有代表性的挑战。

这一挑战在"表象的界限"这一概念中找到了自身强有力的表达,而它正是弗里德兰德(Saul Friedlander)所编著作《探寻表象的界限》(*Probing the Limits of Representation*)的书名。① "表象的界限"代表两种界限:第一种界限指的是对于被称之为"最终解决"的事件,即使穷尽我们文化中所有可能的表现形式,都无法使它具有可读性和可见性;第二种界限指的是在事件的核心处存在着一种想要被讲述、被表现的要求,于是从话语的这一源头出现了某种修辞学传统,这一传统被认为是在语言学之外的,它被禁止在符号学的领域内活动。第一种界限是内在界限,第二种界限是外在界限。于是,问题就是这两种界限间的确切关联的问题。犹太人大屠杀(La Shoah),既然必须这样称呼它,在我们讨论的当前阶段提出让我们思考的不仅是一种处于经验及话语界限处的现象的独特性,还有一种处境的代表性,即在这一处境中,不仅在其叙述和修辞形式中的表象的界限,就连历史写作这整个事业都有待被发现。

海登·怀特的比喻学不可避免地被卷入了这场风暴之中。②

---

① Saul Friedlander 主编,《探寻表象的界限》(*Probing the Limits of Representation*,前揭)。
② 海登·怀特《形式的内容》(*The Content of the Form*,前揭)中的两篇论文《叙述在表现现实中的价值》(The value of narrativity in the representation of reality)和《历史解释的政治学》(The politics of historical interpretation)成了那些来自职业历史学家阵营,如莫米利亚诺(Momigliano)、金兹堡、斯皮格尔(Spiegel)、雅各比(Jacoby)的批判对象。

而在德国,一场名为历史学家之争(Historikerstreit)的著名大论战在1986年至1988年期间使纳粹时期一些受人尊敬的历史学家同一位重要哲学家哈贝马斯在某些问题上产生了对立,如纳粹主义的特殊性问题,将纳粹主义与斯大林主义相比较是否合适,其中的关键,即阿伦特所说的极权主义概念是否前后一致的问题,以及最后,德意志民族——经历大屠杀灾难以及在这场灾难之后——的连续性问题。①

正是在对国家社会主义以及特别是"奥斯维辛"进行"历史描述(Historiserung)"的可能性问题充满疑问和兴趣的背景下,在美国举行了主题为"历史、事件和话语"的研讨会,与会期间,海登·怀特和金兹堡表达了对于历史真理概念完全相反的看法。就此而言,在其叙述和修辞形式中的表象的界限问题可以作为一种测试,来检验这样一种计划的界限,即向自己描述一件和大屠杀同样级别的事件。历史描述(historisation)和形象表现(figuration),它们既是战斗,也是测试。

弗里德兰德在《探寻表象的界限》一书的导言中提出了一种模式,即要形成表象的内部界限概念,就必须从话语的外部界限开始。因此,他有意跨出了表象的范围。在欧洲的中心发生了一起"极端事件"(《探寻表象的界限》,页3)。这一事件触及了人类团结共存的最深层:"奥斯维辛已经改变了历史中的生活状况的连续性之基础"(同上)。是历史中的生活,而不是关于历史的话语。正是在关于历史的话语这面镜子背后存在着一种真理诉求,后者

---

① 这场论战的主要论文已收录在《历史学家之争》(*Historikerstreit*, Munich, Piper, 1987)一书中发表,此书的法文译本名为 *Devant l'histoire:Les documents de la controverse sur la singularité de l'extermination des Juifs par le régime nazi*, Paris, Éd. du Cerf, 1988。Ernst Nolte 的一篇论文的著名标题"一段不会逝去的过往"(un passé qui ne veut pas passer)在西方具有广泛的影响力。Henry Rousso 则将这一标题稍作修改,变为"一段不曾消逝的过去"(un passé qui ne passe pas),用它来指称法国人对于维希政权的记忆。

又将自身的种种要求加诸于表象,而这些要求则体现了文字表述的内在界限:"表象的界限不应该但又可以很容易地被逾越"(重点号是作者加的,同上)。事件的某些表象可能出了问题(尤其当这种越界不是像否定主义的越界那般粗劣的时候),尽管我们无法明确指出这种越界的问题出在哪。由此,这一越界概念使得一场始于符号学、叙述学、比喻学的平和——如果不说是单纯的话——讨论变得出于意料地激烈起来。极端事件不仅在道德上是"不可接受的"(这个词具有间接肯定的效果),会引起一种"道德反感",它本身也表现得晦暗不明。而正是事件的这种晦暗不明显露和揭示了语言的晦暗不明。然而,在被冠以"后现代主义"之名的理论讨论的某一时刻,这种揭示会具有某种异乎寻常的性质,并且,通过指出话语的自反重复式的多义性(polysémie en abîme)以及语言结构的自我指涉性——这两种情况使得对于任何稳定实在的指认都不可能——,对于朴素的现实主义的批评也会在这一刻达到顶峰。那么,当被指责说它在否定主义的诱惑面前缴械投降时,这一所谓的后现代主义又能给出什么合理的回答呢?①

  面对弗里德兰德的模式,即从极端事件开始,然后向表象活动的内在界限进发的模式,海登·怀特以一种极端诚实的态度从言语表象的修辞学出发在朝向事件的方向上越走越远。然而,历史话语的比喻学是否可能遭遇某种源于事件本身的"要求"(demande),就这个词在英语中的本意而言,某种真理诉求?

  海登·怀特的论文显示出,在其自身的话语中存在某种分裂。

---

  ① "欧洲犹太人大屠杀作为一起群体犯罪的最为极端的案例必然会迫使那些持有历史相对主义思想的理论家们面对各种观点所导致的结果,而在其他情况下,这些结果则会在一个抽象的层面上被过于轻易地打发掉"(《探寻表象的界限》,前揭,页2)。弗里德兰德同意这些批评的看法,即不可能在一种超级历史中将施暴者的观点、受害者的观点以及那些持有不同立场的事件目击者的观点整合起来。因此,这一困难并不是后现代主义的发明;后现代主义只是揭示了"'最终解决'本身"所引起的这一无法摆脱的困境。

一方面，海登·怀特对历史现象的所有表象所具有的"不可克服的相对性"大做文章。这一相对性属于语言本身，因为语言并不是一个透明的媒介（medium），它并不是一面反映了被假定的现实的镜子。情节/比喻这对概念又被重新看作是抵挡任何向朴素的现实主义回归的努力的根据地。另一方面，在论文中，有一种怀疑在不断扩大，即怀疑在事件本身当中存在着某种极为可怕的东西，它使得所有可能的表象模式都无用武之地。在情节的任何已知类别——无论是悲剧、喜剧或其他类别——中都无法找到这个可怕的东西的名字。如果按照海登·怀特的第一种看法，那么他就会在事件的道路上堆积很多路障。海登·怀特认为，要在"事实陈述"（单称存在命题和论证）和叙事间做出区分是不可能的；事实上，叙事总是会将事实列表转变为故事；而故事在自身之中则包含有情节、比喻以及它们各自的类型学。留下的只有相互竞争的各种叙述，没有任何形式论证可以在这些叙述之间作出抉择，也没有任何来自事实陈述的标准可以用作仲裁，既然事实已经就是语言的事实。由此，不仅诠释和事实间的区分遭到了原则性的破坏，而且"真实的"历史和"虚假的"历史，"虚构的"历史和"依据事实的"历史，"用形象表现的"历史和"用文字表现的"历史间的界限也消失了。如果将这些想法运用到以"最终解决"这一表述所指称的那些事件上，那么一种情节构造的不可接受模式（modalité inacceptable）的概念就不可能在叙述的层面上具有意义。没有任何一种已知的情节构造模式是先验地不可接受的；也没有任何一种已知的情节构造模式是先验地合适的。① 可接受的和不可接受的

----

① 为什么不能是带着讽刺口吻的喜剧方式，就像 Art Spiegleman 的《毛斯：幸存者的故事》（*Maus：Survival's Tale*）所表现的那样？在 A. Hillgruber 的两篇论文——收录在《两次覆灭：德意志帝国的崩溃和欧洲犹太人的毁灭》（*Zweierlei Untergang：die Zerschlagung des Deutschen Reiches und das Ende des Europäischen Judentums*，Berlin，Siedler Verlag，1986；英译本名为 *Two Kinds of Ruin：the Shattering of the German Reich and the*（转下页注）

这两者间的区分不属于比喻学,它来自于我们的接受能力中不曾受到叙述文化影响的另一个领域。如果我们和斯坦纳(George Steiner)一样,说"奥斯维辛的世界存在于话语之外,就像它在理性之外一般"(海登·怀特引述自 Saul Friedlander 主编,《探寻表象的界限》,页 43),那么,那不可言说和不可表现之物的意义又来自哪里呢?通过禁止除文字编年史以外的所有模式并不能解决上述难题,而这种禁止就等于是要求不要对目标事件进行叙述。那么就只有一种令人失望的方式可以使对于事件的文字表现不具有任何形象的添加物:之所以说这一解决方法是令人失望的,因为它又重新落入到朴素的现实主义所拥有的幻觉之中,而这一幻觉则是 19 世纪的主流小说同历史编纂学的实证主义学派所共有的。这一幻觉就是相信事实陈述能够符合不可表象之物,就好像事实可以通过对它们的文字表述(présentation)而与它们作为事件在一个故事中的表象(représentation)区分开;事件、故事、情节都属于形象化(figuration)的方面。海登·怀特将他的论证推展到质疑对于现实的现实主义表现——奥尔巴赫(Erich Auerbach)正是使用这个词来描述东方文化的——的整个事业。① 在论文的

(接上页注)*European Jewry*)——中,也不存在任何来自文学类型史的决定性理由可以对悲剧的表现方式作出判断。完全可以将人物英雄化,就像悲剧模式所必需的那样。弗里德兰德书中的另一位论文作者 Peter Anderson 考察了与 Hillgruber 所倡导和实践的古代修辞学中的报告(collatio)方式相近的一种文学样式,其方式就是将两种叙述——杀害犹太人的叙述和有关德国人被从原来的东部领土上驱逐的叙述——并置在一起;并置并不等于比较。但我们是否能够避免由于移情作用而证明其中一方是无罪的呢?

① 奥尔巴赫的巨著名为《摹仿论:西方文学中所描绘的现实》(*Mimesis: Dargestellte Wirklichkeit in der abendländischen Literatur*, Berne, Francke, 1946);法译本, Cornelius Heim 译,*Mimēsis: la représentation de la réalité dans la literature occidentale*, Paris, Gallimard, 1968。我在《时间与叙事》第二卷(前揭,页 157,注释 2)中提到过这本书。在这本书的第一章中,作者强调了像亚伯拉罕、使徒保罗这样的圣经人物在背景方面的深度和丰富性,这与荷马史诗中那些毫无深度的人物截然不同。奥尔巴赫在这一深度中看到了现实的痕迹。

最后,海登·怀特试图给出一个大胆的结论,他指出,某些后现代主义——他坚持称之为现代主义——的写作模式也许同事件的晦暗性具有某种一致性;因此,"不及物的"(intransitif)——一个取自罗兰·巴特的概念——写作就成了一个类似于古希腊语语法中的"中间语态"的概念;海登·怀特认为,他在德里达对于"延异"(différance)概念的某些描述中发现了这种"不及物的"写作。但是,如果这种"中间语态性"(middle voicedness)已经同现实主义彻底决裂了,那么什么保证了它同"新的现实性"的一致?事实上,集权主义不是现代主义的(moderniste)吗?为了使得语言能够接近那个晦暗以及"最终解决"的不可接受性,与现实主义表象的决裂是否足够?在论文的最后,由于不断嘲笑同一种无法找到的现实主义的各种和解尝试,对于朴素的现实主义的不停批判悖论式地强化了一种来自话语之外的真理诉求。

面对海登·怀特,金兹堡并没有为现实主义进行有力的辩护,他从见证(témoinage)的角度为历史实在性本身进行了辩护。他引用了《申命记》(19:15)中的话(他的引文为拉丁文):"人无论犯什么罪,作什么恶,不可凭一个人的口作见证"(non stabit testis unus contra aliquem),并且将它同《查士丁尼法典》中的规定"一个人的见证,就是没有见证"(testis unus, testis nullus)相比较。因此,标题"只有一个证人"中透露出一种绝望的语气,就好像积累的文献总是无法提供出二人见证或多人见证,除非在说反话的意义上将情节产生可接受的融贯话语的能力视为见证过多的表现。① 金兹堡对于过去的历史实在性的辩护同维达尔-纳凯(Vidal-Naquet)在《犹太人、记忆和现在》(*Les Juifs, la Mémoire et le*

---

① 金兹堡试图通过揭示海登·怀特的论证在意大利思想家克罗齐和金梯利(Gentile)的相对主义和唯心论中的可疑来源而指出其不足。他追踪这方面的线索一直追到怀特1987年发表的著作《形式的内容》(*The Content of the Form*)中。

Présent）和《记忆的杀手》（*Les Assassins de la mémoire*，La Découverte，1981，1991，1995）中的辩护相类似，它既是一种无可争辩的证明，又是一份道德声明，正是这一双重面向才使得像莱维（Primo Levi）这样的大屠杀幸存者对于为大屠杀做见证始终抱持着强烈的冲动。① 而就记录犹太人大屠杀的文献而言，我们必须在这一证明与声明共存的双重基础上进行思考。如果我们不接受这一双重立场，我们将无法理解表象为何以及如何必须将事件的"不可接受的"维度纳入到自身的表达之中。但是一旦我们接受这一混合立场，事件所需要的就是公民和历史学家。历史学家之于事件的必要性体现在他参与集体记忆的层面上，历史学家的任务就是记述集体记忆。但是如果不依靠属于职业历史学家能力范围内的各种考据和批判的方法，历史学家是无法做好上述工作的。面对"极端"事件，历史学家的任务不再只限于通常的追踪和揭露虚假的东西——自从《君士坦丁的馈赠》事件以来，这一任务已成为学院史学的一大分支，它扩展到根据证词的来源对各种见证进行区分：哪些是幸存者的证词，哪些是施暴者的证词，②哪些是以不同名义和不同程度被卷入各种大众暴行中的旁观者的证词；由此，历史学的考据和批判工作就能解释为什么我们无法写出一部包罗万象的历史，其中不存在视角之间不可克服的差异。这些考据和批判方面的工作尤其可以消除一些无用的争论，如将德国人的日常生活

---

① 就是因为这样，弗里德兰德才接受了金兹堡的论文："尽管对于怀特立场的批判……选择了一条认识论的径路，但金兹堡对于历史客观性和历史真理的激烈辩护中既有分析的成分，也包含深层次的伦理立场"（Friedlander 主编，《探寻表象的界限》，前揭，页8）。

② 在 C. R. Browning 的一篇名为《德国人的记忆、法庭审讯和历史重构：根据战后证词书写犯罪史》（German memory, judicial interrogation and historical reconstruction: writing perpetrator history from postwar testimony）的论文——这篇论文收录在弗里德兰德主编的论文集中——中，他对一支在一个波兰村庄中作战的德国后备部队的档案进行了研究。

史同经济、社会、文化、意识形态方面的强制史以及国家最高层的决策史对立起来的争论:在这里谈论"功能主义"的诠释和"意向性的"诠释间的对峙并无意义,相反,在这里提起尺度、尺度选择以及尺度变化概念才是有用的;正如我在其他地方所说的,事实概念和诠释概念依据尺度的不同而发生相应的变化。研究犹太人大屠杀的历史学家不必在这样一个预设面前惊慌失措,即解释就是辩护,理解就是宽恕。与历史评判纠缠在一起的道德评判属于历史意义的另一个层面,而不是描述和解释的层面;因此,不应该恫吓历史学家,以致到让他们进行自我审查的地步。

是否有可能进一步明确到底通过什么方式,弗里德兰德针对事件的各种塑形所提出的道德评判——表现为"不可接受的"这一表述——才能够和我们刚才举例提到的考据和批判的警惕性结合起来? 而这正是阿多诺问出"与过去和解是什么意思?"①时所提出的问题。我们可以通过审慎地使用精神分析学的一些范畴,如创伤、重复、被理解为"修通"(working through)的记忆的作用,以及最重要的移情——不是对人的移情,而是对某些场景的移情,在这些场景中,历史的行动主体已经通过各种方式"将精力投入其中"——概念,来获得某些帮助。而在前面谈到记忆的使用和滥用,尤其是谈到受压抑的记忆的困境时,我们其实已经冒险这么做了。② 在极端事件面前,历史学的工作就是面对一个可比较的场景。在这里,我们有必要再一次从被传证人所在场景的多样性出发,正如之前说过的那样:这不仅涉及各种不同的观点,还涉及各种不同形式的投入。这正是《探寻表象的界限》中拉·卡佩拉(Dominick La Capra)的论文的研究方向:被牵扯入不同的移情场

---

① 引自 Dominick La Capra,《表现大屠杀:对历史学家争论的反思》(Representing the Holocaust:reflections on the historians' debate,同上,页108-127)。

② 见上,页83-87。

景中的旧纳粹、年轻的犹太人或德国人等。于是,问题就在于去了解可接受性的标准是否可以从这样一种方式中获得,正是通过这种方式,对于极具创伤性的事件的各种历史处理的尝试伴随并简化了修通过程。① 就此而言,可接受性的标准与其说是认识论的,不如说是治疗性的。而要良好地把握这一标准则是困难的,因为历史学家通过接触证词而同创伤具有了一种间接的移情关系。历史学家在选择其攻击对象时同样面临同一化(identification)的问题。这一双重移情关系证明了历史学家在面对犹太人大屠杀时所具有的双重立场:他既作为专业学者以第三人称言说,又作为批判的知识分子以第一人称言说;但我们不能固化专家和雷蒙·阿隆所说的介入的旁观者之间的区分。

如果我们现在回头去寻找真理诉求的源头以及遭遇最初创

---

① "我们该如何处理同研究对象的移情关系?"拉·卡佩拉问道(Friedlander 主编,前揭,页 110)。他立刻将他的标准运用于某次论战——这次论战是德国历史学家数次最为激烈的论战中的一次,论战的问题是,应该将犹太人大屠杀(Holocaust,这是作者自己选择的词,而且作者还特别对这一选择作出了解释和说明:前揭,页 357,注释 4)作为一种独一无二的历史现象,还是作为一种可比较的历史现象——中所出现的各种用词身上。这不是我在这里想要关注的问题;但拉·卡佩拉运用其标准的方式却值得关注,我们可以将这种方式称为治疗。他说,有一种看法认为,犹太人大屠杀应该被作为一起独一无二的事件,这不仅由于这一事件所造成的破坏性程度,还因为这一事件可追溯至一个罪犯国所犯下的罪行之中;还有一种看法认为,就唯一性与差异相关,差异与比较相关,而就比较是一个理解问题而言,这一事件是可比较的。但重要的是唯一论和可比较论是如何被使用的:问题在于知道,例如,比较在无差别对待所有情况的同时是否会导致对犹太人大屠杀事件的否认,或者反过来说,对犹太人大屠杀事件的无可比较的唯一性的激烈宣告——通过对这一事件的神圣化以及使这一事件成为永恒的历史记忆——是否不会使这一创伤固化,而这一固化类似于弗洛伊德所说的重复,而后者构成了修通(working through)的主要障碍,并使得无法见诸行动(acting out)。根据我们是要沉潜入德国人的日常生活之中还是试图对最高层的决策进行揭秘,我们也可以这样来说之前讨论过的尺度的选择。因此,问题不再是唯一性的优先性或可比较性的优先性的问题,甚至不再是与边缘相对的中心的问题,问题在于知道对于唯一性和可比较性的这一讨论如何能够有利于更好地处理"同研究对象的移情关系"。但无论是唯一论还是可比较论,都会遭遇修通的困境。

伤的地点,那么我们必须说,这一源头不在表象之中,而在"创造历史"的活生生的经历——就像创造历史的主人公们以不同方式所遭遇的那样——之中。用哈贝马斯的话说,这"触及了人类团结的最深层"①。正是在此意义上,奥斯维辛事件是一起极端事件。它首先是个体记忆和集体记忆中的极端事件,然后才是历史学家话语中的极端事件。正是从这里产生了要历史学家-公民(l'historien-citoyen)对过去承担责任的证明-声明(attestation-protestation)。

我们是否应该继续将表象的修辞学形式的自足性要求的这一界限称为外在的? 如果我们想一想历史同记忆的真正关系,即历史是对记忆的一种批判的重演,这一重演既是内在,又是外在的,那么上述问题的回答就会是否定的。如果我们想一想这种自足性要求的来源,即与修辞学形式的实际使用相比,这一要求更多地来自结构主义文学理论或其他文学理论,这些理论不仅宣称叙述和修辞的塑形(configuration)是自我封闭的,还将语言学的指涉对象排除在外,那么上述问题的回答就是肯定的。也就是说,无论"极端"事件所固有的界限是外在的和/或内在的,这一界限深刻地影响了表象,并引出了表象本身的界限,即即使穷尽所有可用的表现形式,都无法达到产生于真实历史核心处的真理诉求。我们是否应该得出结论说这些形式已经被穷尽? 并且首先得出结论说那些承袭自过往世纪的小说和历史的自然主义及现实主义传统的形式都已被穷尽? 也许是这样。但不必回避这一状况,相反,应该积极探索其他表现模式,如有可能,可以探索同非书籍的其他载体相关的表现方式,如戏剧、电影、造型艺术。我们不应该禁止那些试图

---

① Jürgen Habermas,《一种消除伤害的方式》(*Eine Art Schadensabwicklung*, Francfort, 1987),页163。可以在《面对历史》(*Devant l'histoire*)一书中读到这篇论文的法文版,其名为 Une manière de liquider les dommages: Les tendances apologétiques dans l'historiographie contemporaine allemande(前揭,页47-61)。

填补话语的表现能力和事件本身的要求间差距的努力,但与此同时,也要防止助长那些海登·怀特所说的现代主义的写作方式,这种写作方式是同被海登·怀特揭露出的现实主义传统的幻觉相类似的一种幻觉。

从上述这些思考当中,我们可以得出结论,尝试书写有关"最终解决"的历史并不是一项无望的事业,如果我们没有忘记这项事业的那些基本界限的来源。这不如说是一个契机让我们重新回顾批判所需途经的道路,从表象回溯到解释/理解,然后从解释/理解到文献工作,最后一直回溯到最终见证,而这些见证又区分为刽子手的见证、受害者的见证、幸存者的见证以及那些以不同方式被牵涉其中的旁观者的见证。①

最后也许有人会问,书写奥斯维辛这一"极端"事件所提出的问题对于历史编纂学的一般思考而言在何种意义上是具有代表性的?这些问题之所以具有代表性,因为它们就是它们,它们就是这样存在着,它们是些"极端"问题。在这一路的分析过程中,我们已经遭遇过这种极端问题的一些表现:不可能在尺度游戏中消除证人立场间的不同;不可能在总体史中集合所有由不同的情感投注(investissement affectif)所支撑的重构活动;位于独特性(singularité)概念核心处的单一性(unicité)和不可比较性

---

① 这里丝毫没有提到20世纪下半叶那些重大犯罪案件的审判以及关于这些案件的出版物对于集体记忆的积极影响。这一影响必须要以对于大众犯罪的刑事定性为前提,因此也就必须要以道德审判和法律审判的结合为前提。这样一种刑事定性包含在作为第三方罪行,也就是国家——这个国家理应给生活在其司法领域内的所有人提供安全和庇护——罪行的事件本身之中。对创伤性事件的这一"历史化"方面不仅涉及对于这些事件的表述,还涉及对于它们的法律定性。(参见 Mark Osiel,《大众暴行、集体记忆和法律》[*Mass Atrocity, Collective Memory and the Law*], New Brunswick[É.-U.], New Jersey[É.-U.], Transaction Publ., 1997)在谈到历史学家和法官间关系的时候,我会回过头来再来讨论这一点。但是我们已经可以看到,这样一种法律定性否定了认为奥斯维辛事件从各个方面而言都是不可说的看法。我们不仅可以讲述奥斯维辛,而且应该讲述奥斯维辛。

(incomparabilité)之间不可超越的辩证法。也许每一种独特性——单一性和/或不可比较性——在这一双重意义上都包含着代表性。

第三节 历史学家的表象和对于图像的幻象

初步看来,在这里谈论历史学家的表象的图像(iconique)维度应该不会给我们的分析带来巨大的混乱。事实上,它或是仅涉及两种既有的文学类型——虚构叙事和历史叙事——间的对立,或者只是强调叙述性的某些特征,我曾提到过这些特征,并在情节构造的修辞效果的名义下对之进行了阐发。

我想要表明,有一个难题随着图像(image)概念而重新进入了我们的视野,这个难题的源头就在记忆本身的图像构成之中。

让我们在刚才所说的历史学家的表象的图像维度上驻足片刻。历史叙事/虚构叙事在既有的文学类型中显然是对立的。要么是一本小说,甚至是一本现实主义小说,要么是一本历史书。两者间的差别是由作者和读者间默认的约定的性质决定的。尽管约定是不成文的,但这一约定建立起了读者的不同期待和作者的不同承诺。当读者打开一本小说的时候,他就准备要进入一个非真实的世界,而去询问这个世界中的事物在何时何地发生是不适当的;不仅如此,如果所讲述的故事很有趣,这位读者还会对不相信采取柯尔律治(Coleridge)所说的有意的悬置:读者愿意悬置他的怀疑和不相信,而且他也同意玩这样一个好像的游戏——好像这些被讲述的事情已经发生了。而当读者翻开一本历史书,他在各种档案的引领下期待回到一个各种真实事件在其中已然发生的世界。而且,一旦开始阅读历史书,读者就会严阵以待,带着批判的眼光要求书中的真实话语即使无法达到物理学论文中的话语的精确程度,至少也要是可信的、可以接受的、可能的话语,并且在任何情况下都必须是诚实而真实的话语;读者已经被训练着去寻找那些虚假的内容,他不想同一个骗子打交道。①

只要我们仍以这种方式坚持既定的文学类型,那么上述两种叙事间的混淆至少在原则上是不可接受的。非真实和真实被认为是两种不同的指涉模式;历史的意向性包含这样一层意思,即无论遇到什么困难——我们在本章最后一节中所要讨论的représentance 解决了这些困难——,历史学家的建构活动的目的就在于使他的重构能够或多或少地接近曾经"真实"发生的事。不过,尽管"真实的"过去和"不真实的"虚构之间存在原则上的差异,但由于虚构和真实叙事在"文本世界"——它是阅读理论的关键——层面上的效果相互交织,因而必须以辩证的方式来看待这对基本概念。②

---

① 在《时间与叙事》第三卷中,在分别讨论了历史和虚构——"虚构和关于时间的自由想象之变更"(第二章)和"历史之过去的真实性"(第三章)——之后,我是基于虚构和历史世界间的"对应关系"来处理"历史和虚构间的交织关系"(第五章)的。书中的相关部分直接探讨了叙事和时间之间的关系,而没有考虑记忆;我将"历史时间的消解"作为讨论虚构在过去时间和世界时间的断裂处所产生的自由想象之变更(variation imaginative)游戏之前的那篇导论的题目;于是,虚构叙事从历法时间的限制中被解放出来的过程就被认为是被上启古希腊史诗和悲剧,下至现当代小说的文学史所记录下来的一个文化事实。在《时间与叙事》第二卷(前揭,页 168)中提到 Philippe Lejeune 的著作《自传契约》(*Le Pacte autobiographique*, Paris, Éd. du Seuil, 1975)时,"契约"(pacte)一词曾一度被提及。

② 文本世界:"在这个世界中,我们不仅可以居于其中,还可以展现我们最本己的潜在可能性"(《时间与叙事》,卷三,前揭,页 149)。在《历史与叙事》第一卷中,这一论题是在三重模仿活动这一标题下被引入的,在这部分的讨论中,再塑形活动(refiguration)在塑形活动(configuration)之后构成了形象(figure)运动的第三阶段,而在这两阶段之前的是对于时间的预塑形活动(préconfiguration)(《时间与叙事》,卷一,前揭,Mimēsis III,页 109 – 129)。在《时间与叙事》第三卷第五章中,虚构叙事和历史叙事的交织效果论构成了时间再塑形活动的主要内容。只要我们认为现存的文学类型之间的差异是既定的,那么唯一的问题就是在不考虑记忆这个中介的情况下的"历史和虚构(在对过去时间进行真实的再塑形活动方面)相互交织"的问题。这一相互交织表现为"历史和虚构各自都仅可通过借取另一方的意向性来实现自身的意向性"(前揭,页 265)。一方面,我们可以在下述的意义上谈论对于虚构的历史化,即对于(转下页注)

341   我们曾经说过的"历史话语的虚构化"也许可以重新表述为可读性和可见性在历史学家的表象中的相互交织。于是,我们尝试从前面提到过的修辞效果的角度来寻找进入这个新的想象之物的钥匙。我们不是将那些在历史话语的文学环节中修饰并形构历史话语的表现方式称为比喻了吗?这个提议是好的,但却牵扯出了一些预想不到的东西。事实上,就像检查挂毯的背面那样,有必要展开的恰恰是可读性和可见性表现在文本接受层面上的交织关系。而叙事在实际上就是供人理解和观看的。当描绘(le faire tableau)和叙述(le faire suite)、描述的静止和叙述的推进——它本身受到亚里士多德《诗学》中所说的突转的推动,而突转又尤其同情节的突变和强烈的反应有关——被割裂开来时,要区分可见性和可读性就变

342   得容易起来。历史学家非常了解如何交替地使用描绘和叙述这两

(接上页注)怀疑的这种好意的悬搁是基于对最为缜密的历史叙事、最为自发的日常叙事以及所有会话叙事(récit de conversation)所具有的"现实"特征的淡化和消除。我曾经借由阿伦特的话说过,叙事讲述行动的内容;正是作为现实性模式的行动将叙事带入其自身的领域;就此而言,无论讲述什么,要像它们曾经发生过的那样讲述它们。"就像曾经确实发生过的那样"是我们认为的一切叙事所具有的意义当中应该包含的;就此说来,内在的意义是无法脱离开一个被断定为真的或被否认的或被悬隔的外部指涉对象的;外部指涉同意义的这一关联甚至在虚构当中似乎都是隐含在日常语言中有关过去的言语所具有的立场性中的;曾经发生的某事或被肯定或被否认;其所导致的结果是虚构叙事在"准"(quasi)模式中保留了这一立场性。虚构情节的准事件(quasi-événement)和准人物(quasi-personnage)就是准过去(quasi-passé)。而且,正是通过这一存在上的仿真,虚构才能够考察现实主义叙事无法触及的过去之时间性的诸面向。《事件与叙事》第三卷中所考察的对于时间的自由想象的变更从时间体验的各种深层结构中汲取了考察、发现和揭示的力量;由此产生了似真性(vraisemblance)这一亚里士多德赋予史诗和悲剧的特征。而且,正是依靠这一似真关系,虚构叙事才能在自由想象之变更的模式中去发现历史之过去所未被实现的所有潜在可能性。另一方面,出现了一种"对于历史的虚构化",即想象之物的介入:时间测量工具(从日冕到历法到钟表)以及推定历史时间的所有仪器——这些都是科学想象的产物——的制造;至于文献档案,它们只有在科林伍德所说的历史想象所产生的解释性假设的引领下才是可读的。正是在这里,我们遇到了一个现象,我们当前的分析将会讨论这一现象,而且这一现象不在刚才所列举的那些想象中介物的范围之内,它即是历史想象的表象功能所具有的"描述"(dépeindre)力。

种方式①:历史学家常常通过一组画面来描绘他的叙事的开头所处的那个场景;他也可以用相同的方式为他的著作收尾,除非他选择让事情悬而未决,就像托马斯·曼在《魔山》的结尾处故意让他的英雄从我们的视线中消失:历史学家对于这些叙事收尾的策略并不陌生,而只有借助一种使读者的习惯性期待落空的专业手法,这些策略在有见识的读者眼中才具有意义。但正是通过叙事——无论是日常生活的叙事,虚构叙事还是历史叙事——当中的人物肖像,可见性相对于可读性才明显占据了优势。在这里出现了本书中一直坚持的一个观点,即叙事中的人物是同事件一起被安排进情节当中的,它们共同构成了被叙述的故事。通过与叙事线索截然不同的肖像,可见性和可读性这对概念被明确地区分开了。

不过,类似于虚构叙事和历史叙事间的交换,这对概念也产生了一些值得注意的交换,而这种交换又是意义效果的来源。我们可以说一位艺术爱好者在解读(lire)一幅画作,②也可以说一位叙述者在描绘(dépeindre)一幅战争场景。这种交换是如何可能的呢?是否仅当叙事在表现某个空间、某个景象、一些地点的时候,或当叙事停留在一张脸孔、某个姿势、某个举止,即人物整体处于被观看的状态的时候,这种交换才是可能的?简言之,难道可读性仅存在于同可见性的对立关系——即使将这两者重叠起来也无法取消两者间的差别——中?或者我们是否应该直接说,不管怎样,叙述就是将事物呈现在我们的眼前,让这些事物被看到?而这正是亚里士多德在《修辞学》第三卷中谈论隐喻的时候所提到的。

---

① R. Koselleck,《表现、事件和结构》,见 *Le Futur passé*: contribution à la sémantique des temps historiques,前揭,页133。在有关表现的诸问题中,作者对叙述(erzählen)和描述(beschreiben)进行了区分,结构属于描述这一面,而事件属于叙事这一面。参见上文,页287-292。

② Louis Marin,《画之晦:论十五世纪的表象》(*Opacité de la peinture*: Essais sur la représentation du Quattrocento, Paris, Usher, 1989),页251-266。

343 他在探讨"话语(lexis)的效果"时说,话语的效果就是"将事物呈现在我们的眼前"(第三卷,第十章,1410b 33)。这种将事物呈现在眼前的修辞能力是同另一种更根本的能力有关的,这后一种能力决定了修辞学整体,它就是"在任何情况下都能理性地发现恰当的说服方式的能力"(1356b 25-26 和 1356a 19-20)。说服的方法(pithanon),这是修辞学中反复出现的主题。当然,说服并不是引诱:凭借说服方法同作为或然性(eikos)的可能性间的关系,亚里士多德试图将修辞学定位在逻辑学和诡辩之间。修辞学就是用来说服人的话语技艺(tekhnē),这一定义正是所有那些幻象的源头,而想象则将这些幻象赋予给了语言形象的可见性。①

在古代先哲们所提出的问题的引导下,我们在社会表象史的框架内所开启的有关不在场(absence)和在场(présence)间辩证法的中断了的思考在这里又被重新接上了。我们在那里已经指出,只有当历史学家——他对社会行动主体的表象进行了再现——的话语说明并再一次展现这一辩证法在社会行动主体的表象实践中的运作的时候,这一运作才会真正清晰起来。表象-活动(représentation-opération)——我们之后将在这个层次上进行讨论——将不仅只是历史的表象-对象(représentation-objet)的补充,就表象-活动可以被看作是表象-对象的反思阶段而言,它还是增加的部分。

在这里,我将以马兰(Louis Marin)对于图像之幻象(prestiges

---

① 亚里士多德在隐喻的将事物呈现在眼前的能力和作为修辞学灵魂的说服工作之间建立起了一种更为隐秘的联系,即隐喻的"表示活动事物"的能力(第三卷,第十一章,1411b 24-25)。那么,话语何时最能够表示活动的事物呢? 我们可以在《诗学》,即话语生产之学中找到这一问题的回答,即当 muthos(传说、情节)能够成功地模仿和再现(mimēsis)"行动和活动中的各种人物"(《诗学》,1448a 23)的时候。于是,在话语中的可见性和人类事物的活力之间、活的隐喻和活的存在之间具有了联系。从丰塔尼埃(Fontanier)的修辞学一直到皮尔士(Peirce)的符号学都受到了"将事物呈现在眼前"这一表述的极大影响,参见《活的隐喻》,第五章,第二节"隐喻的形象因素"(Le moment iconique de la métaphore)和第六节"形象和意象"(Icône et image)。

de l'image)的研究著作作为我们的讨论指南。马兰清楚地看到，17世纪的那些伟大作家都在制造对于君权及其代表，即国王之荣耀的幻象。在阅读《国王肖像》(*Le Portrait du roi*，前揭)的过程中，我想知道，对于那些生活在不再会为国王歌功颂德的民主制度下的公民——非民主对他们而言是一种只会发生在遥远且陌生国度中的情况——而言，对于权力的辩护和图像之幻象间关系的讨论是否仍然具有教益。

马兰一上来就将注意力集中在图像的这样一种力量和能力上，即图像可以代替一个不在场的事物。在所谓的"效果论"——我们可以在帕斯卡尔那里找到相同的理论——中得到强调的正是图像的及物维度。"表象的效力(L'effet-pouvoir)就是表象本身"(《国王肖像》，页11)。政治领域成了这一效力的最佳发挥场所，因为在政治领域中，权力有绝对化的欲望。使想象失控，进而使想象变成幻想的正是权力的绝对性：由于缺乏现实的无限性，因此取而代之的是"对于君主的想象的绝对性"。只有在图像(image)——通过图像，国王被认为是真实存在的——中，国王才真正算是国王，算是君主。马兰在这里提出了一个有趣的假设，根据这一假设，"对于专制君主的政治想象和政治象征"重新发现了"圣餐的动机"——马兰在上一部讨论《波尔·罗亚尔逻辑》(*Logique de Port-Royal*)的著作中已经指出了这一动机的主要作用。"这是我的身体"这一陈述包含的不仅有这一谓述命题在逻辑层面上的整个符号学，还有政治权力话语。①

---

① 马兰在Ernst H. Kantorowics的巨著《国王的两个身体：中世纪政治神学研究》(*The King's Two Bodies: A Study in Mediaeval Political Theology*, Princeton, Princeton University Press, 1937；法译本 *Les Deux Corps du roi*, Paris, Gallimard, 1989) 中找到了能够支持他对权力话语的诠释的某种证明。这本巨著分析了有关奥体(corpus mysticum)的天主教神学在有关王权、王位和王权尊荣的理论建构中所具有的法律和政治方面的作用。如果说只有国王的肉体会死亡，他的奥体不死，那是因为根据圣事神学，君主制是建立在"对一个象征和秘密的神圣奥义的重复"(《国王肖像》，前揭，页14)的基础上的。

"朕即国家"这句话是圣餐的祝圣词在政治上的应用。① 这一政治上的祝圣词其实是一种"错觉",和柏拉图在《智者篇》中所说的"幻觉"同义,我们只有通过一种反讽的、批判的外在话语,才能知道这一点,马兰在著名的《思想录》中发现了这种话语的表述,帕斯卡尔通过这一话语无情地揭露了发生在强力话语和正义话语之间的偷换活动。于是,出现了三个层次的话语:活动在社会实践核心处的隐含的表象话语,表现在对于权力的赞颂中的外显的表象话语,揭示作为表象的权力和作为权力的表象的话语。这第三种话语——它使表象和权力间的关系具有了人类学的维度——是否能够在君主制衰弱之后,在有关国王权力的新的投射中开启对于类似关系的考察?而这正是留待我们讨论的问题。

无论体变(transsubstantiation)②神学的这些政治回响是怎样的,也不管这种处理所包含的具有潜在渎神性的这一转变的性质为何,值得注意的是,当我们从历史学家的表象的角度来阐述权力话语的时候,权力话语同时具有两种叙述形式,一种是作为不在场事物的唤起者,另一种是作为现实在场事物的承载者和画像(icône)。然而,不在场事物和在场事物"在有关国王肉身的幻觉中,在被称为专制君主的君王肖像的幻觉中"共同制造了作为权力的表象。"一方面,画像是君主的活生生的现实存在,另一方面,叙述是君主的永久存在的坟墓。"③马兰给出了权力表象的这一双重功能的两个实例。第一个例子是宫廷历史学家佩利松

---

① 马兰在这里谈到了"对圣体的模仿":"耶稣基督的圣体象征"和"君主的政治象征"间"不可逾越的界限"(《国王肖像》,前揭,页18)借助"专制君主在其肖像中幻想式的表象"而被对于权力的绝对性的欲望跨越了(同上)。
② 指圣餐中面包和葡萄变为耶稣的身体和血。——译注
③ 通过考察"凯撒的肖像就是凯撒"这句陈述以及用图片和画像示例性地说明符号的这样一种定义,即符号是那种能够给予符号其所代表事物名称的表象(《思维的艺术》第一章,第四章),波尔·罗亚尔修道院的逻辑学家们在《思维的艺术》第二、第五章中提供了一种用来区分画像和叙述的分析工具(《国王肖像》,前揭,页16)。

(Pellisson-Fontanier)向柯尔贝尔(Colbert)发表的对于《路易十四的历史计划》的评论,①这是叙述的可读性产生了一幅准"肖像"的可见性。第二个例子是将印刻着路易十四头像的"历史像章"作为"国王的圣体",②这是肖像的可见性产生了有关荣耀的一种准宣叙调式的可读性。

《路易十四的历史计划》事实上是一个十分奇特的文本,它把作者撰写这一历史时将会使用的策略袒露在读者的眼前,其意图几乎毫不掩饰,就是让这一文本的最终读者,即国王落入这样一个陷阱,即同意为这一写作计划提供一笔皇家资助。以这种方式得到呈现的历史写作策略就是巧妙地利用各种图像的幻象来赞美国王。不同于有关修辞格的修辞学,这里使用的是另一种修辞学,即源于亚里士多德的关于三类公共演说的修辞学:用于辩护的法庭演说,用于政治决策的议政演说,通过褒扬和谴责而展开的典礼演说(在别处被称为展示性演说),葬礼演说是其代表。这一分类——更多的是按照听众的不同,而不是按照风格的不同作出的划分——充分利用了赞美话语,在君主专政时期,由于议政话语萎缩并沦为国王内室中的秘密,它所留下的巨大空间就被赞美话语所占据。那么,赞美话语在政治权力秩序中所要赞美的对象是什么呢?是伟大以及这一伟大中的光辉,即荣耀。《路易十四的历史计划》所利用的图像之幻象就是为伟大和荣耀服务的。同样为之服务的历史学家的狡黠首先需要预见到渴望专制的权力的思维方式:"专制政治在一种幻觉中,并通过这一幻觉合理化自身,这种幻觉是什么?对于专制主义的想象是什么?历史书写在这一幻觉和这一想象的构成当中扮演了什么角色?它的作用是什么"

---

① 《国王的叙述或如何撰写历史》(Le récit du roi ou comment écrire l'histoire),同上,页49－107。

② 《国王的圣体:历史像章》(L'hostie royale:la médaille historique),同上,页147－168。

（前揭，页59）？谄媚者的下述言论明白指出了他所要设的陷阱——如果可以这么说的话——为何："必须时时处处赞颂国王，但不是用各种称颂的辞藻，而是通过对人们看到的国王的所为、所言和所思的叙述……"如果赞颂者能够"凭借所有这些叙述而从读者的口中听到（对于国王的赞扬和美好的形容）"，那么诡计就成功了。作者并不需要去言说伟大和荣耀，读者会在叙述的巧妙引导下这么做。为了达到赞美的效果而使用的叙述手段中，包括有对战场的描绘、对国王丰功伟绩的简略叙述、代替曲言法的塔西陀式的简洁(brevitas)、对场景和参与者以及所有能够引起阅读快感的幻象的描述。形象化描述(hypotypose narrative)应该享有令人尊敬的地位，这一"打动人的生动描绘"(《罗贝尔词典》)比任何其他修辞方式都更能将事物呈现在眼前，①并且由此更能将人物、事件和场景上升成为具有教育意义的典范："（历史）用一种更为高贵、更为复杂的方式将它所遭遇的所有伟大事物清楚地呈现出来，它将许多内容封闭在很小的空间中，但其中又没有任何废话"，帕斯卡尔在"作用的原因"这一标题下这样写道（《思想录》，第五编，引自《国王肖像》，页100）。在叙述的过程中进行呈现的这种方式在拉辛(Racine)和布瓦洛(Boileau)的《路易十四史颂：关于其1672至1678年间的征服》(*Éloge historique du Roi sur ses conquêtes depuis l'année 1672 jusqu'en 1678*)中得到了特别的强调。马兰从该书中引用了以下这段具有表现力的文字："有些人孜孜以求于这位君主的荣耀，他们一直想要在书房中完成对这位君主的那些伟大行动的描述，正是凭借这本在狭小空间中容纳了如此多奇迹的小书，他们才有机会将他们认为最为重要的活动呈现在

---

① "将事物呈现在眼前"(mettre sous les yeux)这一直接来自亚里士多德的《修辞学》的表述被Fontanier应用于形象化描写(hypotypose)。马兰注意到，形象化描写通过消除这种"呈现在眼前"的虚构性而将自身抬高成为一种叙述风格。

眼前"(前揭,页148)。只要叙述的策略能够成功地将君主表现为丰功伟绩的主角,那么他的伟大自然会在人们的眼前昭然若揭。

简言之,这便是历史学家的狡黠,说它是韦尔南所描述的希腊人的智慧(mētis)也不为过:它隐藏想要赞美的意图,而让读者说出在他这里被压抑的赞美。因此,我们可以用"历史学家的虚伪"(前揭,页191)来称呼"专制君主为了将自身建构成绝对者所需要的"(前揭,页91)这一表象的力量,这一旨在从读者那里骗取到赞美的力量。令人惊讶的是,这一历史计划的作者竟然说出了自己的历史写作计划中所包含的陷阱,这样也就拆穿了这一陷阱——这对当代的历史编纂者而言无疑是极大的幸运。对我们而言的问题则在于,随着旧的君主制走到尽头,最高权力及其象征皆归于人民,历史编纂学是否已经能够将赞美话语完全逐出表象的领域。与此同时,我们还要问,伟大这一范畴以及同荣耀相关的那些范畴是否能够从权力史的领域内消失而不留下丝毫痕迹。我们是否只有通过"关于专制主义的专制历史的专制主义的写作方式"(前揭,页107)——根据《路易十四的历史计划》的作者在结论中所言,这种写作成功地进行了"描绘(peindre),而非叙述,它使想象力看到了纸上的文字想要表达的所有内容"——才能从叙述的可读性中取得叙述描写的可见性?现代民主是否终结了对于国王的颂歌以及为这一颂歌服务的幻想?①

可见性和可读性的关系在刻在像章上的国王肖像当中发生了

---

① 除了下面将会讲到的帕斯卡尔,17世纪并没有将它的自我批判推展到赞美和谄媚这一脆弱的区分之外。就赞美是教会或政治组织允许的而言,赞美与谄媚的差别仅在于它的适度、克制和暗示忽略法(prétérition,"到处赞美国王,但不要使用各种称颂的辞藻")吗?而谄媚之言是否就如拉封丹的寓言故事《乌鸦与狐狸》中的格言所说的只是一种寄生的存在?在这里,我们有必要重读黑格尔的《精神现象学》中谈论谄媚的著名篇章,而这也正是马兰所建议的(L. Marin, « Les tactiques du renard »,见《国王肖像》,前揭,页117-129);我想在这里再加上埃利亚斯在《宫廷社会》中讨论廷臣的相关段落。

颠倒。或者不如这样说,可读性和可见性间的交换从相反的方向展开了,即从可见性中取得可读性。马兰在其所著《国王的圣体:历史像章》的开头这样写道:"在叙事中讲述国王的历史,这就是让这段历史被人看到。在国王的肖像中展现国王的历史,这就是要讲述这段历史"(前揭,页147)。交错配列法(chiasme)在这里出现了,它不仅使得图像叙述,也使叙事显像,这两种表现方式中的每一种都在对方的领域内找到了自身最为特定和专属的效果。因此,我们也可以说,我们阅读一幅画。像章是表现可见性和可读性的最为有效的一种表象方式,因为它通过被看到进行叙述。像章既不同于彩色插图,也不同于挂毯,前者意在表现一段文字,后者往往表现历史的某个瞬间,而像章是一幅肖像,它和形象化的描写(hypotypose)一样提供了一幅缩小的图像。通过在金属铭印上展现国王肖像,像章以其黄金的质地及色泽表现了荣耀的光辉。不仅如此,像章和钱币一样可以被展示、触碰和交换。但最重要的一点是,由于黄金坚硬不易损伤,而且保存时间长,因而像章通过将英雄行为的短暂光辉转化成永恒的荣耀而使记忆获得了永久的存在。同叙事的联系则是通过国王像章背后的铭文达成的;它使印刻在金子上的德行有可能成为具有普遍性的典范。国王的名字在像章中央。通过被印刻在像章上的英雄行为和德行,赞美归于国王的名字。正是因为这样,国王像章才能在它所属的时代被称为纪念章(monument),它就像一个个死者的坟墓一般,警示和告诫着所有那些未曾参与和见证被铭刻在像章上的事件的人。国王的历史像章是当之无愧的"在其表象之无限性中的专制政治权力的纪念性象征"(前揭,页150)。

　　随着专制君主制的瓦解,至少在西方,国王像章的时代是否已经结束? 随之一起消失的是否还有通过讲述国王的事迹而得以表现的对于国王的赞颂? 如果我们强调的是使得国王像章被称为"国王的圣体(hostie)"和"国家权力的圣体"(前揭,页164)的神学内涵，那么上述说法有可能是对的。如果我们赋予伟大这一主题某种超越历史的永恒性，这种永恒性使得伟大这一主题能在专制君主的荣耀逝去之后还继续存在，那么上述说法也许并不对。即使当国王的肖像被缩小到了只有邮票那么大的时候，不是还有一丁点的荣耀和光辉在继续赞美着国王的当代形象吗？而像章也没有完全消失……

我已经指出，表现在历史中的叙述性表象和肖像性描述揭示了社会行动者所采用的表象方式。但是谁揭示了这些表象策略并指出这些源于幻想的策略其实都是假象？谁说出了这些？

马兰在《国王肖像》中的回答值得注意。他说，读者可以在讨论力量和正义问题的帕斯卡尔的《思想录》中看到对于想象力所制造的幻象的剖析。帕斯卡尔并不是从历史编纂活动的层面上，而是在哲学人类学的层次上展开他的分析的，这一层次上的命题是不考虑地理空间和历史时间中的具体定位的，而即使在像观念史这样的高阶话语当中，仍然能够对这种或那种思想进行具体的时空定位。但《思想录》之所以值得一读，并不在于这一点：在这里，它与读者间的契约是面对隐瞒，它要说出真相。① 讨论力量与正义间关系的名著《思想录》所要揭示的，正是体现在那些还未被注意到的旨在使人相信的表述中的想象物的"作用"。就其作为一种有关力量的作用而言，这种"作用"就是一种有关意义的作用。马兰说了两个命题：

---

① 对赞美方式的简单阐述以及帕斯卡尔对于想象的批判这两者间的这一二阶关系在《国王肖像》的导言中被展现为是对波尔·罗亚尔修道院的那些修士们所提出的语言理论——马兰之前的一部名为《话语批判：对〈波尔·罗亚尔逻辑〉与帕斯卡尔〈思想录〉的研究》(*La Critique du discours : Études sur la « Logique de Port-Royal » et les « Pensées » de Pascal*, 前揭) 的著作就是专门讨论这一理论的——的"反例"（前揭，页8）。事实上，圣餐的神学模式在政治领域中的应用被认为是一种滥用，而马兰则在这种应用中看到了圣事神学和命题符号学的结合。

1. "话语是强力(force)的一种想象的存在方式,这个想象物的名字叫权力(pouvoir)"。

2. "当强力被说成是有关正义的话语时,权力就是对强力的想象"(前揭,页23)。

一方面,强力通过掌握正义的话语而成为了权力,另一方面,正义的话语通过使用强力而成为权力。一切都发生在充当……的角色(tenir lieu)和被认为是……(être tenir pour…)所构成的环形关系中。这是使人相信(faire croire)之环。想象物在这里指的不再仅仅只是将叙事当中的人物和事件呈现在眼前的图像的可见性,而是一种话语的力量。

这里的问题不在于对包含"强力"、"正义"、"想象"这三个关键词的文字片断进行这样一种解释,就好像只有一种解释路径是被认可的:有时这三个词被单独分开进行解释,有时两两一组进行解释,但从不将这三个词放在一起进行解释。马兰在《开篇:国王或正当化的强力——帕斯卡尔评注》(Ouverture: Le roi ou la force justifiée. Commentaries pascaliens)中提出了一种值得关注的解释。他从《断篇集》(Fragments)中抽取出某些话语,并对其进行整理,其目的很明确,即要揭穿权力想象的种种策略。"必须要有某种深层的想法并根据这一想法进行判断,但说话的时候却要像个普通人"(Lafuma,片断91)。文中唯一提到的一组概念就是强力/正义(force/justice),这组概念是从下述这段著名文字中得出的:"人们既不能使服从正义成为强力,于是他们就使得服从强力成为了正义;他们既不能强化正义,于是他们就正当化了强力,为的是好使正义与强力二者合在一起,并且能得到成其为至善的和平"(片断81)。强力的正当化可以看作是上述话语中的关键,它将人们所遵循的正义和人们所服从的强力结合了起来,然后是强力和正义间的对称关系的转换:"正义而没有强力就要遭人反对,因为总是会有坏人的;强力而没有正义就要被人指控。"我们可以不必讨论强力和正义间是如何和解的:"因而,必须把正义和强力结合在一起……"对我们的讨论而言唯一重要的是强力的自我辩护。正是在这里才有可能引入有关想象的那些同样有名的片段。① 帕斯卡尔在谈到"错误和虚假的主宰"、"与理性相对立的这股力量"(片断81)时,是否指的就是政治权力的作用,这还有待讨论:哲学人类学所使用的都是一些比较宽泛的概念,如贫困和虚荣。不过,总体而言,片断47、87和828已经可以使我们从这些可能的解读中将想象当作强力的正当化过程的执行者:事实上,想象本身就是一种力量(puissance)——"强大的力量";"它让人相信、怀疑和否定理性";"它给予声誉,它使人、作品、法律和伟人获得敬意和崇拜"。其他作用:"爱或恨会改变正义的面目";还有,"想象支配一切;它创造出美、正义和快乐,它们构成了世界的全部"。除了想象之外,还有其他什么力量能够让法官、医生和布道者具有声望呢?就我目力所及,在《断篇集》中,对想象的最具说服力的分析出自系列31中那些还未被分类整理的纸页,它以极为凝练的方式讨论了"需要的绳索"和"想象的绳索":"维系人们彼此互相尊敬的绳索,一般说来,乃是需要的绳索;因为既然人人都想能统治,而又不能人人都做到,只有某些人才能做到,所以就一定会有各种不同的级别……正是在这里,想象便开始发挥它的作用。迄今为止,一直是权力在做着上述事情;如今则是强力被想

---

① 马兰以讽刺的口吻评论了片断185:"一个人越有权力,他就越强大。勇敢只是表现其强力的一种方式。"他引入了"剩余价值"(plus-value),更确切地说,是意义的剩余价值这一概念。在《意识形态与乌托邦》一书中,我在一个相似的语境当中,即在讨论马克思·韦伯的统治理论以及他的有关统治合法性信念的类型学时使用了这一概念。我将在书中被当作"剩余物"(surplus)的信念同象征领域内的剩余价值观念进行了比较。

象固定在某一方,在法国是贵族,在瑞士则是平民,等等。因而维系对于某某个别人的尊敬的绳索,乃是想象的绳索"(片断828)。就此而言,帕斯卡尔的话语无疑是要指责无正义的强力;它指责了强人政权中的"专横";如果它还指责了权力的虚荣,那么它所针对的远不止政治领域。①

　　历史编纂活动的批判认识论到底能在马兰的《帕斯卡尔评注》所指出的道路上前进多远? 不可能超出其能力范围很远,即使我们将这一范围扩展到社会实践的表象领域。但也可以前进足够远,如果在提出下述问题的时候,必须要在人类学话语的超政治维度上找到某种理由、激励和支持的话,即是否能够对专制君主以外的其他权力人物进行这样一种揭露,即使是间接的揭露,这种揭露依靠的是帕斯卡尔的人类学所引发的对权力表象问题的拓展。

　　在我们的分析过程中,我们已经在通向各种后专制主义政治形态的道路——并没有离开权力表象的领域——上埋下了一些伏笔,图像(image)的其他一些幻象会在这些政治形态中出现,如果这不是新瓶装旧药的话。

　　问题可以用一个词来概括,即"伟大"(grandeur)。事实上,"伟大"既属于政治领域,也属于人类学领域;而且,透过赞美的修辞模式,它还部分地与表象问题有关。让我们最后一次回到帕斯卡尔。一方面,伟大与不幸及虚荣有关,不幸属于人类的对立和差异的那一端,虚荣则将伟大引向不幸:"人的伟大之所以为伟大,就在于他认识到自己是不幸的。一棵树并不知道自己是不幸的。

---

　　① 这就是为什么我们不能将有关想象的讨论同有关习俗和疯狂的讨论分隔开——"尊敬与恐惧"(片断25)中讨论了"脆弱"与"被正当化的强力"间的关系。因此,想象这一主题并没有穷尽强力和意义在政治中的所有作用。法律观念仍然出现在下述言论中:"法律就是法律,再没有更多的了。通过被习俗所接受的这一唯一理性,习俗才能维持公正,而这就是习俗之权威性的神秘基础"(片断108)。

因此,认识到〔自己〕是不幸的乃是不幸的;然而认识到我们是不幸的,也是伟大的"(片断114)。另一方面,伟大触及了政治:"这一切不幸都证明了他的伟大。这是一位伟大君主的不幸,一位被夺了位的国王的不幸"(片断116)。帕斯卡尔强调说:"因为,若不是一个被废黜的国王,有谁会由于自己不是国王就觉得自己不幸呢"(片断117)? 然而,这一被废黜的国王的形象具有某种普遍意义:人皆可被视为一位被废黜的国王。在一则讲给年轻君主听的奇闻中,帕斯卡尔看到这位被废黜的国王"被一场暴风雨带到一个无人知道的小岛上,岛上的居民正苦于找不到他们失踪的国王"。这位被废黜的国王发现自己同那位失踪的国王很相像,于是他"代替了他,并且由于他同那位失踪国王很相像,因此而被全部岛民所承认"。他做了什么呢?"他接受了岛民给予他的尊敬,并且享受国王般的对待。"①正是"肖像的作用",或者说"表象的作用"使他成为了国王。已成为"合法篡位者"的这位"遇难国王"的形象是专门献给君主的,它使书信具有了教育意义。这一形象集合了政治和人类学。与此同时,假象的秘密得到了揭示,而这些假象正是肉体之伟大——国王以及所有那些我们称之为或被称之为大人物的人皆属此列——的基础。

如果说伟大可以以这样的方式既属于人类学范畴("人"),又属于政治范畴("国王"),那是因为伟大在其原则中(在其如同所有原则一样"不仅通过理智,而且通过心灵"〔片断110〕所获知的真理中)包含了一条分散和等级规则。我们都知道帕斯卡尔讲述"伟大的秩序"的那个著名片断:肉体的伟大,精神的伟大,仁慈的伟大(片断308)。每种伟大都有其可见性的程度、都有它的光辉

---

① 根据帕斯卡尔《关于大人物的条件的谈话》的其中一个谈话,大人物就是财富的拥有者,"富人是这样一种人,他的所有决定了他的存在"(《国王肖像》,前揭,页265)。

和荣耀;而在属于"肉体之伟大"的所有类型的人中,国王是富人和首领的综合体。①

以上思考引出了一个问题,我将以这个问题来结束我们对于与历史学家的表象纠缠在一起的图像之幻象的考察。当专制君主的形象消失之后,伟大这一主题在权力叙述中还留下些什么呢?而探问权力这一主题的可能的永恒性也就是在探问赞美的修辞学——通过它所制造的那些幻象,它成了权力在文学上的一种表现——的持存性。伟大是否已经离开了政治领域?历史学家是否应该以及是否能够抛弃赞美话语以及它的各种浮夸的表达?

对于第一个问题,我将粗略地谈谈我的两点看法,因为我担心我无法以一种专家的口吻——这正是我所缺乏的——来处理一个政治哲学问题,它已然超出了历史活动的认识论的能力范围。由于无法获得一种世界政治的观点,民族国家仍然是历史话语通常所要叙述的对象的组织单位,因此,第一个问题无法避免。为了维持这一组织单位,难道不应该继续将民族国家赞颂为伟大的存在?对第一个问题的这一重新表述引出了我的第一点看法。这一看法来自于黑格尔在《法哲学原理》中提出的国家哲学(§275)。黑格尔在书中区分了作为理性整体的法律的三个基本要素:法律的普遍性、审议的过程以及"作为自我规定的最终决策的环节";在这一最终决策的环节中存在着"王权的特殊原则"(同上)。这一环节具体表现在一个个体身上,在君主制度下,这个个体凭借出生就能享有君主的尊荣。这一环节同样具有偶然性,这种偶然性是由世袭法决定的,而世袭法是王权的基本组成要素。也许有人会提出异议说,黑格尔的政治思想并没有超出君主制原则的范围,就此

---

① 马兰对遇难国王的这一"形象"情有独钟,用它来为《国王肖像》结尾,这与此书"开篇"的《思想录》中有关强力和正义的片断在位置上形成对称关系。此外,马兰在《图像的力量》(前揭,gloses VI,"遇难国王的肖像",页 186-195)中也提到了这一"形象"。

而言也没有超出专制政治的空间,尽管黑格尔对自由君主制抱有好感。但黑格尔已然是后革命时期的现代国家——也就是说现代立宪国家,它与贵族制国家相对——的思想家。下述问题正是在这一前提下被提出的,即最终决策的环节在立宪政体中是否能被免除,简言之,立宪政体是否能够完全避免权力的人格化。当代史似乎认可了这一怀疑。韦伊(Éric Weil)在《政治哲学》(*Philosophie politique*)一书中为讨论这一问题提出了一个理性的框架。他明确定义了国家概念:"国家是一种历史共同体组织。共同体成为国家以后,就能做出各种决策"(命题31)。正是循着决策这条道路,在宪法的框架内,配合行政的磋商和执行以及国会的讨论和立法工作,政治权利的运作问题才最终被提了出来,尤其当国家处在其物理存在及道德完整性遭遇危机的悲剧性处境中时。正是在这一时刻,真正的国家人(homme d'État)出现了。通过国家人这一概念,黑格尔所提到的君王——作为"作为自我规定的最终决策环节"的具体体现——问题又重新在立宪体制内出现了。而这一最终决策环节同样也是关于伟大的环节。

是否仍有人会提出异议说我们在国家人这一形象的掩盖下偷偷地将国王肖像重新引入了进来?于是我将提出我的第二点看法,我将在一个更为广阔的社会空间中重新安排这些伟大形象,并且由于其丰富性,我将以类似帕斯卡尔对于伟大的各种秩序的思考方式来对其进行讨论。在20世纪的最后十年,出现了一本副标题为"权威性(grandeur)①的结构"②的书,这本书不是从伟大

---

① "权威性"和"伟大"都是对 grandeur 一词的翻译,之所以没有统一翻译成"伟大"或"权威性",是由于语境的不同或是由于所修饰对象的不同。一般而言,在谈到《论辩护:权威性的结构》及其相关内容时,我会将 grandeur 译作"权威性";而在谈到《国王肖像》、赞美话语以及与之相关的引申内容时,我会将 grandeur 译作"伟大"。——译注

② Luc Boltanski 和 Laurent Thévenot,《论辩护:权威性的结构》(*De la justification: les économies de la grandeur*, 前揭);参见本书前面我的分析,页284-285。

(grandeur)同政治权力的关系的角度,而是从权威性(grandeur)同更为宽泛的辩护(justification)概念,同对于正义的要求的关系这一新的思路来讨论权威性(grandeur)这一概念。在争论的处境中,将对人的评价作为其关键的资格测评会求助于各种论辩策略,这些论辩策略或者用来为他们的行为进行辩护,或者用来支持争论当中所提出的各种批评意见。值得注意的地方不仅在于伟大这一概念回到了行动社会学和表象史学的领域,更在于它是以多样性的形态返回的。存在着有关权威性(grandeur)的各种结构。公共利益的合法形式一旦通过一些典型的理由被正当化之后,它就会在争论的典型处境中被认为是具有权威性的(grandeur)。这些理由是依据哪些政治哲学的经典文本以哪种方式被挑选出来的在这里并不重要:这些理由的不可化约的多样性使得人们依据在五个城邦——信仰者城邦、侍者城邦、意见者城邦、公民城邦或实业家城邦——中所进行的资格测评而在不同的方面表现为是具有权威性的。对我们的讨论而言重要的是,权威性(grandeur)这一概念是作为理解与他人共在(l'être-avec-les-autres)中的共同利益的一种方式而通过实践哲学,并在与辩护概念相关的人文科学领域内被思考的。这仍然涉及"伟大(grandeur)的各种政治形态"(《国王肖像》,页 107 以下),但此处的"政治"一词的词义非常宽泛,而由于各种人群以及他们对于正义的要求已经取代了国王的形象,因而体现在肖像中的国王之幻象被完全驱散了。伟大这一主题的回归由此只会变得更为引人注目。

无论是在探讨国家观念的政治哲学中,还是在一种以辩护行为的社会学为核心的政治哲学中,伟大这一主题都无法被排除出去,这使我们能够提出下面这个问题,以此来结束我们对于在对伟大的赞美中的图像(image)之幻象的探讨。如果伟大这一主题是不可动摇的,那么赞美的修辞学——在专制君主制时代,这种修辞学被发展到了无耻地跨越了赞美与谄媚间微妙界限的地步——是否也同样如此呢？而要回答这个有些唐突的问题,写着兰克和米什莱这两个"伟大"名字的历史著作是绕不开的。当然,为了不对过去的行为作出评断,并由此评价它们伟大与否,兰克要求自己只是"如其真实发生过的那样"对事件进行陈述。这一原则——我们很自然地在其中读到了一种对于忠实性(fidélité)的诉求——首先表现了一种克制,在主观偏好领域面前的退却以及拒绝进行选择性的赞美。但是难道赞美没有隐藏在兰克《遗作集》(*Nachlass*)的话语——"每个时代都在上帝的庇护之下,每个时代的价值都不依赖于之前的时代,它的价值只依赖于其存在本身……人类的所有世代在上帝眼中具有相同的合理性,而历史学家也应该以这种方式来看待一切事物"①——中吗？与历史个体性概念相比,时代和世代概念更为宽泛模糊,但这两个概念却是历史学家的评价所指向的意义单位,而上帝眼中的合理性使得兰克对于赞美的这种审慎成了神学。

　　米什莱表现得更为明显:很少有历史学家如此自由而愉快地赞美过那些创建了法国的伟大人物。法国从未像在《法国史》的序言中所表现的如此值得被称为法兰西。② 从基佐(Guizot)到弗雷(Furet)的这些撰写法国革命史的历史学家们是否已经逃离了赞美的怪圈？不去成为一个公然的谄媚者,这样做是否足以避免

---

　　① L. Ranke,《论新史学的时代》(*Über die Epochen der neueren Geschichte*, M. Herrfeld 编),页 30;引自 Léonard Krieger,《历史的意义》(*The Meaning of History*, The University of Chicago Press, Chicago and London, 1977),页 6。在《英国史》(*English History*)中,兰克试图"使自己消失……以便让事情自身去言说,让那些在数个世纪的过程中崛起的强国表现自身"(同上,页 5)。
　　② 米什莱在 1869 年的《法国史》(*Histoire de France*)序言中写道:"在这些值得纪念的日子里,出现了一道强光,我瞥见了法兰西……第一次,我看到它具有了灵魂和人格……"

赞美?① 民族国家作为被创造和被叙述的历史的现代转折点,它的隐秘魅力不正是这些克制的赞美——撇开一切狡黠诡计不谈,这些赞美只是重复了《路易十四的历史计划》中所讲述的策略:"必须时时处处赞美国王,但不是用各种称颂的辞藻,而是通过对人们看到的国王的所为、所言和所思的叙述……"——的动力吗?"凭借所有这些叙述而从读者的口中听到(对于国王的赞扬和美好的形容)"这一相同的愿望难道不会继续存在下去?

如果用指责——根据古典的修辞学分类,它是赞美在典礼演说这一类别中的对立面——来代替赞美,那么这个问题就不会显得那么不合适了。将"最终解决"打上无耻的烙印并且引起我们之前对于"表象的界限"问题的思考的不正是在不可接受的(l'inacceptable)这一间接肯定的修辞表述下面所要表达的最为强烈的指责吗? 在我们的讨论当中,曾经提到过的那些"极端"事件不正是那些受到赞美的伟大事件的对立面吗? 事实上,这个对称关系令人困扰,它使道德感加诸于纳粹政治的无条件指责同国王的臣民对于肖像中的国王的无条件赞美相互倚背而靠……

---

① 和米什莱一样,布罗代尔在《法兰西的特性》(*L'Identité de la France*, Paris, Flammarion,1990,再版,2000)一书最开始就写道:"一言以蔽之,我怀着与米什莱同样严格、同样复杂的感情热爱着法兰西,不论是它的美德还是它的缺陷,也不论是我乐于接受的还是我不易接受的东西。但是,这些感情不大会流露于本书的字里行间,我将小心翼翼地不使它见诸笔端。感情可能会给我设下圈套,也可能会对我突然袭击,我要时时对它严加防范"(页9)。诺拉(Pierre Nora)在《记忆的场所》(*Les Lieux de mémoire*)一书中,尤其在此书第三卷《统一多元的法兰西》(*Les France*)中,表达了和米什莱及布罗代尔相同的看法。作为对人们对他的民族主义指控的回应,诺拉用"法兰西的特性"(*francité*)这一准专有名词来称呼这样一个独特的有机体,这一有机体以非宗教的三位一体的形式由共和国(La République)、民族(La Nation)和统一多元的法兰西三部分组成,并且他还假装提问:"你们难道没有发现法国的那些伟大的历史学家们——从16世纪的帕斯基耶(Étienne Pasquier)到米什莱,从米什莱到拉维斯(Lavisse)和布罗代尔——都是以对法国的爱的告白,一种信仰宣言开始或结束他们的著述的吗? 爱、信仰都是我小心翼翼想要避免的一些词语,我会用时代和民族学的观点这两个词来代替爱和信仰"(《无民族主义的国家》[La nation sans nationalisme],见 *Espaces Temps, Les Cahiers*, n°59-60-61,1995,页69)。

第四节　Représentance

在最后一节当中,我想要对"历史学家的表象"这一章的要点做一个简要的概述,与此同时,我还想提出一个问题,这个问题超出了历史编纂学的认识论能力范围,它通向一种历史存在的存在论;而对于这种历史存在的存在论,我则以历史的条件称呼之。

在"représentance"这个词中凝结了与我在其他地方所说的历史学家的意图或意向性相关的所有期待、诉求和疑难。而所谓历史学家的意图或意向性,指的是对于重构了过去的历史认知的建构活动的期待。在前文中,我是在讲述作者和读者间契约的特点时引入这层关系的。一本小说的作者与读者间的契约不同于一个历史文本的作者和读者间的契约,前者建立在一个双重约定的基础上,就是说,不要期待小说能对一个语言之外的实在进行描述,其补偿就是留住了读者的阅读兴趣,而历史文本的作者和读者则约定,历史文本将要处理的是过去真实存在过的场景、事件、联系和人物,也就是说,在这些因素构建出一段叙事之前,读者的兴趣或乐趣只是一个额外的部分。现在的问题是历史学家是否、如何以及在何种程度上满足了这一契约所规定的期待和承诺。

我想强调两个具有互补关系的回答。第一个回答:认为承诺既没有也不可能被满足的怀疑在表象的环节达到顶点,自相矛盾的是,表象环节同时也是历史学家能够最大程度地实现表现过去这一意图的环节;这一意图难道不是所有那些被放在历史学家的表象名义之下的活动的灵魂吗?第二个回答是,对于这种无法履行承诺的怀疑的反驳不仅存在于文学表象的环节,还存在于与文学表象环节相关的解释/理解及文献档案这两个之前的环节当中,如果我们往更前面回溯,那么它还存在于历史和记忆的关系当中。

就历史编纂学在历史学家的表象环节遵守同读者的约定的能

力而言,期待似乎到达了顶点。表象想要成为对于……的表象。如果解释/理解环节的所有建构活动都是为了重构过去,那么这一目的是在表象环节被言说和展现的:历史话语难道不是通过叙述、通过使叙事具有各种不同的风格以及最终通过让事物呈现在眼前而使自身为人所认可或相信——再次借用夏蒂埃的一个表述——的吗?① 可以这么说。我在《时间与叙事》中所说的作为历史学家工作的动力来源的"坚信"(conviction robuste)是通过文字写作而呈现在读者眼前的,文字写作通过叙述、修辞和想象这三种方式填写并签署了同读者的契约。凭借这些写作模式——不仅只是给某种对于过去的理解套上一件语言的外衣,而这种理解在被赋予某种文学形式之前,就已经存在那里并全副武装了——,历史意向性怎么可能不达到其顶点?事实上,如果历史编纂学的书写形式与其认识价值无关,如果解释/理解在通过写作而被传达给读者之前就已完整,那么事情就会简单得多。但是,既然我们不认为表述是加在完整意义上的一件透明的中性外衣,就像胡塞尔在《逻辑研究》(Recherches logiques)所已经表明的,既然我们习惯于将思想和语言视为是不可分离的,那么我们就要准备去聆听那些与认为思想在语言之外的看法截然相反的说法,就历史书写而言,这种说法认为,叙述性将它的各种可理解性(intelligibilité)模式加诸给各种解释/理解模式;于是,风格的各种形态成了思想的各种形态,这些形态可以使叙事的可读性本身获得展现的维度。简言之,将解释/理解带向文学表象的运动以及将可读性带向可见性的这一内在于表象的运动显然都是为历史学家的表象的表现能力服务的。是的,历史学家的表象应该证明了历史学家能够遵守同读者的约定。

然而……

---

① R. Chartier,《在叙事和知识间的历史》(L'histoire entre récit et connaissance),见 *Au bord de la falaise*,前揭,页93。

然而我们看到了阻力,它与在文本之外的存在的外在化相对立,并且它和现实主义的冲动以相同的速度生长着。叙述形式通过给予叙事情节一个结尾而产生了终结的效果,甚至当叙述者使读者的期待落空,试图通过各种无结尾的策略来欺骗读者时也会产生终结的效果。由此,叙述行为本身就同被放在引号中的这一"现实"分离开来了。不同的风格形态也会产生使虚构和现实间的界线模糊不清的效果,因为这些风格形态被认为是所有话语形式所共有的。在这些想要使事物呈现在眼前的策略出现的同时,矛盾也到达了顶点。因为这些策略一方面要维持似真性(vraisemblance),另一方面又能支持罗兰·巴特对"真实的效果"所提出的批评。于是就微观史学而言,我们首先会为"与人贴近的"叙事的这种接近性所产生的可信性感到高兴,然后经过反思,我们会惊讶于这些描述所产生的疏离效果,如果将这些描述进一步精确化具体化,那么它们就会显得奇特,甚至陌生。读者感到自己身处在和滑铁卢战役中的法布里斯(Fabrice)相同的处境之中,他既无法形成任何战争的观念,他更无法给这场战役一个名字,而那些想要将"细节"呈现在画——这幅画的可见性会模糊人的视线,直到看不见的地步——上的人则会用这个名字来纪念这场战役。用雷维尔(J. Revel)的话说,就是"如果靠得太近观看地毯,那么要看出上面的图像也并不容易"。① 这是另一种使事物呈现在眼前的方式,

---

① Jacques Revel,《微观历史与社会建构》(Microhistoire et construction du social),见 Jeux d'échelles,前揭,页15以下:"随着这些微观历史学家……,对于形式的研究不再从根本上属于一种审美选择(即使它发挥着一定的作用)。在我看来,对于形式的研究出于启发的目的,它表现为两种方式;首先,它邀请读者参与建构一个研究对象,其次,它将读者同对某种诠释的建立联系在了一起"(前揭,页32-33)。类似的,普鲁斯特、穆齐尔(Musil)或者乔伊斯之后的小说也引起了一种超越19世纪现实主义小说的既定框架的反思:"叙述形式和认知内容间的关系已成为一个明确的研究对象"(同上,页34)。作者提到了与主导话语的诠释模式相对的混乱效果:法布里斯在滑铁卢"只看到了混乱"(同上,页35)。

362　其结果就是远离事物到驱逐它的地步。描绘各个历史时代的这种大尺度上的写作创造了一种视觉效果,即一种宏观效果。视野的广度是由它的视线范围决定的,就像我们提到望远镜时所说的那样。于是,这一用粗线条勾勒的历史就引出了一些与之前所说的问题相反的问题。出现了一种新的结尾方式,即宏观叙事的结尾方式,它意图将北欧传说(saga)同起源传说结合起来。一种新的逻辑已悄然成形,安克施密特力图使这一逻辑能够自圆其说:①这一逻辑就是能够覆盖大跨度历史的叙述(narratios)逻辑。对于专名——法国大革命、"最终解决"等等——的使用是这一逻辑的特点之一,通过这一逻辑,专名就像是所有谓述的逻辑主语,而这些谓述则用事件、结构、人物、制度来展开这一主语。安克施密特告诉我们,这些叙述(narratios)是自我指涉的,专名的意义就是由这些谓述提供的。这样所导致的结果是,一方面,处理相同主题的叙述之间具有不可公度性,另一方面,相互竞争的历史间的公开争论转移到了这些宏大叙事的作者身上。我们不是会说米什莱的法国大革命史、马迪厄(Mathiez)的法国大革命史、弗雷(Furet)的法国大革命史吗?于是,认识论的讨论发现自己被带到了在下一章中将会讨论的诠释的领域,它的其中一个意思就是强调历史学家的主观性的介入:的确只有一个米什莱,一个弗雷面对着独一无二的法国大革命。②

---

　　① F. R. Ankersmit,《叙事的逻辑:对历史学家语言的语义学分析》(*Narrative Logic*: *a Semantic Analysis of the Historian's Language*,前揭)。
　　② 在《历史的批判哲学:研究,解释,书写》(Philosophies critiques de l'histoire: recherche, explication, écriture,见 *Philosophical Problems Today*,前揭)中,我用较长的篇幅分析了《叙述逻辑:历史学家语言的语义分析》一书。我在这篇论文中反复强调,我反对在叙述和某个人们无法指明的存在间的一切形式的真理符合论,这其中就包括反对认为叙述形式和已经发生的事实之间是完全不同的两种存在;反对认为叙述的核心和表明其意义的叙述效果间的关系就像是莱布尼兹在"实体"(substance)和"谓语"(prédicat)——这些"谓语"被认为是内在于"实体"的——间所建立的关系(转下页注)

就这样，对于小叙事的结尾的怀疑同对于大跨度叙事的结尾的怀疑以一种意想不到的方式重合了。这一怀疑一方面在所指/能指同指涉对象之间树立起了无形的藩篱，另一方面，它在所谓的实在(le réel)和由准人格化的主语和修饰它的事件的伴随物所形成的结构之间建立起了一道逻辑鸿沟。因此，被认为用来说服读者相信它所描写的实在、局势、结构和事件的文学形式被怀疑通过取消说服(persuader)和使人相信(faire croire)①间的界限而滥用了读者的信任。于是，这一侮辱引发了一种激烈的反应，即将诚实的历史学家赋予一部认真完成的作品的那种自发的证明(attestation)转变成了一种声明(protestation)。这一声明与兰克想要"如其真实发生的那样"来讲述事件的这一平和的宣言不谋而合。

但是，如何才能使这一声明不显得幼稚天真呢？

在我看来，回答就在下述看法中：赋予历史意向性以文学形式的那些表现模式一旦受到质疑，那么使对于实在(réalité)的证明胜过对于非相关性(non-pertinence)的怀疑的唯一负责的方式就是使书写环节重新回到与它的两个先决环节，即理解的解释环节和文献证据环节相对的位置上。换言之，要使历史话语的真理诉求取信于人，只有通过书写性、理解的解释和文

(接上页注)那样；最后，反对对宏观叙事的叙事跨度采取最大化的标准，尽管它弱化了作者所表露的唯心主义立场。在我看来，始终不变的是"实在"(réalité)问题，在这一问题上，各种不同的叙述会相互对抗，我们可以说，就好像是其中的一个叙述重新书写了之前的一个处理相同主题的叙述。当人们说"过去本身并没有规定自己应该以何种方式被表现出来"的时候，过去指的是什么呢？撇开属于文献处理和短时间段解释的各种局部性陈述，这里的错误难道不在于想要直接赋予大跨度叙述一个真实性系数吗？

① Persuader 和 faire croire 都有"使……相信"的意思，但差别在于 persuader 是让人相信真实的东西，而 faire croire 通常是让人相信不准确的或假的东西。在这里，作者指的是文学形式模糊了真实与虚构间的界限。——译注

献证据三者所构成的整体。① 只有让书写的技艺不断地回到"研究的技巧"和"批判的方法",声明才能成为一种经过批判的证明。

当我们提起海登·怀特在《形式的内容》中所引用的罗兰·巴特的下述话语:"事实只不过是一种语言学的存在"时,我们难道没有再次开始怀疑? 当我在谈论历史事实的时候,难道我没有将命题"事实是……"同事件本身区分开?② 这里所公开主张的批判现实主义不得不在事实命题的范围内多走一步,援引文献档案作为证据。事实上,在文献证据中所展现的正是见证的力量。我不认为我们能够超越证人的三重宣言:1)我曾在这里;2)相信我;3)如果你不相信我,那么去问问其他人。我们会取笑见证的这种朴素的实在主义吗? 我们可以这么做。但这就意味着我们忘记了这样一个事实,即批判的萌芽就植根于活生生的见证之中,③对于见证的批判会逐步延伸到文献证据的整个领域,直到遭遇名为"痕迹"(trace)——作为其产生原因的符号结果(l'effet-signe)——的终极难题。我曾经说过,只有记忆(mémoire)才最能

---

① 在对海登·怀特作品的讨论的最后,夏蒂埃提出了历史话语的真理诉求问题。海登·怀特认为,符号学的研究方法是不可超越的,它不仅使对于事件的见证的可靠性受到质疑,并且以此让人们有理由"忽略文本的诚实性和客观性问题"(《形式的内容》,前揭,页192,引自 *Au bord de la falaise*,前揭,页123)。夏蒂埃反驳说:"研究历史,难道不就是理解在每一个已有的历史文本中,历史学家是如何运用研究的技巧和批判的方法——它们以不同的方式使历史文本具有这种'诚实性'和'客观性'——的吗"(同上,页123)? 在别的地方,夏蒂埃这样说过:"毫无疑问,历史的书写属于一种叙述,但这并不意味着历史书写的真理——被理解为是对于已经发生的事情的一种恰当的表现——诉求就是虚幻的"(《哲学和历史:一场对话》[Philosophie et histoire:un dialogue],见 F. Bedarida, *L'Histoire et le Métier d'historien en France*, 1945 – 1995,前揭,页163)。

② 参见上文,页226 - 229。

③ 我永远不会过分强调围绕着《君士坦丁的馈赠》所展开的那场著名争论对历史编纂学而言所表现出来的批判性转折;参见 Carlo Ginzburg 为 Lorenzo Valla 的《君士坦丁的馈赠》(*La Donation de Constantin*,前揭,页 IX - XXI)所写的序言。

保证我们的记忆(souvenir)的实在性(réalité)。而现在我们要说：只有通过见证以及对于见证的批判，才能在最大程度上保证历史学家对于过去的表现是可靠的。

一直到现在我都极少说出"真理"(vérité)一词，更没有对所谓历史真理作出任何肯定的断言。尽管我在本书的开头就承诺会对有关过去的历史表象的真理同记忆(mnémonique)表象的忠实性(fidélité)进行比较。

将"真理"一词加诸于"représentance"意谓着什么？这是一个冒险的提法，它使历史话语不仅处在同记忆的关系之中——在下一章中我们就试图这么做——，还使它同其他科学，同人文科学和自然科学发生关系。正是在同其他这些科学的真理诉求的关系中，历史的真理诉求的意义才会突显出来。于是，历史的真理诉求的评判标准问题就被提上了议事日程。很明显，过去本身就是这一诉求的指涉对象。除了相符、一致以外，是否有可能用其他语汇来形容这一指涉对象呢？是否有可能将与表象内容相符的东西称为"实在"(réel)呢？似乎不行，否则就有抛弃真理问题的危险。我在《时间与叙事》中借用了霍伊西(K. Heussi)的一个表述，①根据这一表述，我们可以说，表象具有一个对象(Gegenüber, vis-à-vis)。为了要明确指出 représentance 所特有的真理模式，我还冒险提出替代(lieutenance)一词，并且将它视为 représentance 的同义词。② 但相对于"相符"(correspondance)一词在其他知识领域内的用法，我们看得更清楚的是这一概念的哪些意义是要被排除在外的，而不是这一概念到底有哪些具体含义。上述的画像论(picture theory)显然被排除在外，

---

① K. Heussi,《历史主义的危机》(*Die Krisis des Historismus*, Tübingen, Mohr, 1932)，参见《时间与叙事》(*Temps et Récit*, 卷三，前揭)，页253。

② 我在替代(Vertretung)和表象(Vorstellung)这两个德语词的区别中找到了某种支持，我用 lieutenance 来翻译 Vertretung(《时间与叙事》，卷三，前揭，页253)。

它将相符关系简化为一种模仿复制(imitation-copie)关系。必须说,我们永远无法完全摆脱这个幽灵,因为相似(ressemblance)观念看起来很难完全消除:当柏拉图区分了图像模仿(mimétique iconique)和幻象模仿(mimétique fantasmatique)时,他不就是将有关 eikōn 的讨论导入到模仿技艺的内在区分的道路上了吗?但是,模仿要能包括幻象,它就必须要区别于表现为复制(copie)的对于同一事物的重复;如果模仿所要涵盖的范围如此之广,那么它就必须要包含最低限度的异质性。不管怎样,叙事不会同它所叙述的事件相似;那些最具说服力的叙述主义者已经充分说明了这一点。亚里士多德在《诗学》中对于模仿(mimēsis)一词的使用满足了这一最低限度的异质性。在亚里士多德之后,我曾试图根据三重模仿(预塑形、塑形、再塑形)来调整叙述话语的模仿方式。在其中的再塑形阶段,模仿(mimēsis)和模仿复制(imitation-copie)间的差距是最大的。而再塑形模仿的一致性(adéquation)问题仍然是个难题。我必须承认,对象(vis-à-vis)和替代(lieutenance)这两个概念更多的是一种问题的名称,而不是解答的名称。在《时间与叙事》第三卷当中,我针对由替代所产生的一致性难题提出了一种"概念性关联"(articulation conceptuelle)。① 通过这一高度元史学的尝试,我试图指出兰克的

---

① 这一概念性关联建立在一种辩证法的基础上,这一辩证法来自柏拉图在最后几篇对话中所谈论的"通种"(grands genres)的辩证法。我特别关注"相同、相异、相似"这三个范畴。我将科林伍德所说的对于过去的重演(reenactment)概念放在"相同"这一范畴之下。而在"相异"这一范畴下面的则是对于差异和不在场的辩护,在这里分别指的是韦纳和他的《差异清单:法兰西学院就职讲课稿》(L'Inventaire des différences: leçon inaugurale du Collège de France)以及塞尔托和他将过去视为"历史的不在场"的这种坚持。而在"相似"范畴下面的则是海登·怀特的比喻学研究。于是,我将考对兰克所说的"就像它真实发生的那样"中的"就像……一样"(tel que)的分析同对于出现在《活的隐喻》——在此书中,我将语义学层次上的"看起来像"(voir-comme)和存在论层次上的"好像"(être-comme)联系在了一起——最后一章中的"好像"(comme)的分析结合在了一起。只有这样才有可能谈到通过历史对过去进行"隐喻式的重新描述"。

表述——根据这一表述,历史的任务不是"评判过去",而是"就像它真实发生的那样"来表现事件——的真正含义。兰克表述当中的"就像……一样"(tel que)事实上指的就是我所说的替代(lieutenance)的功能。就此而言,"真实"发生与"就像真实发生的一样"是密不可分的。

对于替代(représentance-lieutenance)概念的这一解释直至今日我仍认为没有任何需要修改的地方。我更希望能够深入到另一个难题当中,在我看来,这一难题就存在于历史学家的表象和过去的被假定的一致关系中。让我们回头看看亚里士多德,在他的记忆理论中,他通过在先(proteron)这一标志区分了记忆(mnēmē)和一般意义上的图像(eikōn)。那么,我们可以问,当构成图像的在场和不在场的辩证法在历史领域内被运用于与叙述过去的叙事相对的过去本身的在先性时,这一辩证法会发生怎样的变化。

我们可以这样说:历史学家的表象是对不在场事物的一种在场的呈象;而不在场的事物则分裂为过去的消逝和过去的存在。过去的事物已经消逝,但没人能说它们不曾存在。许多语言通过动词时态和时间副词间的微妙游戏所要表达的正是过去的这一双重状态。在法语中我们说某事物不再存在,但它曾经存在过。以下说法是完全可以接受的,即"曾经存在过"(avoir été)通过"不再存在"(n'être plus)成为了最终的指涉对象。正是在此意义上可以说,在先意味着实在(réalité),但是过去的实在。在此处,历史认识论真正接近了在世(l'être-au-monde)存在论。我将作为"不再存在"和"曾经存在过"的过去的这种存在方式称为历史的条件。作为représentance的历史学家的表象中所表现出来的强烈的断言语气所凭借的正是通过"不再存在"的否定性所指向的"曾经存在过"的肯定性。在这里必须承认,当历史编纂活动的认识论走向历史存在之存在论的时候,它也触及了

自身的内在界限。①

① 反复阅读之下,整个第二部分最成问题的概念显然就是 représentance,我在《时间与叙事》中第一次尝试提出了这一概念。représentance 是否只是一个被当成解答的问题的名称呢? 或者更糟的是,这一概念是否只是一个权宜之计呢? 不管怎么说,这个概念并非临时编就的结果。在历史编纂学之前,它在词汇学和语义学中已有一段很长的历史:

a) 这一概念最早可追溯到古罗马概念 repraesentatio,后者表示"被代表的"权威的那些可见的"代表们"所履行的合法的替代。替代者行使他的权力,但依据被代表人的意思。在接触基督教的道成肉身概念之后,这一概念又增加了一层新的意思,即代表上帝,它在礼拜仪式和宗教剧中多有运用。

b) 这个词通过 Vertretung 这一 repraesentatio 的同源对偶词(doublet)而由拉丁语进入德语。(伽达默尔的《真理与方法》[Vérité et Méthode, Paris, éd. du Seuil, 1996]的法译本译者用 représentation-suppléance 来翻译 Vertretung 和 repraesentatio [页146]。我们也可以将之翻译成 représentation vicaire。我们还可以保留 repraesentatio 这个拉丁词)。在艺术作品的诠释学的语境当中,表示主观的再现和思想中的表象(或更确切地说是思想中的出现)的 Vertretung 已经从表象(Vorstellung)的监管下解放了出来,就像在康德哲学和先验哲学传统中所表现出来的那样。在这里,"现象"(phénomène)仍与从不出现的"事物自身"相对立。伽达默尔通过恢复 Vertretung 的"存在论价值"而充分发展了这一概念(页139)。于是,représentance 同表现(Darstellung)——法语用 représentation 来翻译这个词,表示对一个隐藏的存在的展示、展现、呈现——的更为广大的问题域联系在了一起。而伽达默尔的艺术作品诠释学所研究的正是这一主题。因此,Darstellung/Vertretung 这一组合从礼拜仪式的领域进入到围绕图像(Bild)这一核心概念的审美领域。但这两个概念并不是美学概念,至少对体验(Erlebnis)进行反省这一狭义上而言不是。相反,正是在图像名义下的整个美学领域通过作为其核心的"艺术作品的真正存在"而使 Darstellung/Vertretung 重新获得了它的存在论尊严(页87以下)。事实上,在伽达默尔看来,图像不只是摹本(Abbild),它代表对于某种"原型"(Ur-bild)的再现,这里的"原型"是个广义概念,指的是在世存在的所有方式,可以是情感、虚构或真实人物、行动、情节等等。在这一"存在论过程"(Geschehen)中重要的是,图像依赖于其原型,而图像反过来又使原型获得了"存在的增加"(surcroît[Zuwachs] d'être):"正是通过这唯一的图像,原型才成为图像,尽管图像仅仅只是表现了原型"(页147)。

c) 在这一背景下,我们就可以将 représentation-suppléance 以及 Darstellung/Vertretung 的整个问题域从美学领域移置到历史编纂学领域。在这一方向上迈出的第一步是记忆(souvenir)构成中的图像要素。在伽达默尔看来,图像毫无疑问属于符号和意义的问题领域(页158):记忆(souvenir)代表过去;但记忆(souvenir)是通过表象过去而代表过去的。这不就是古希腊语中的 eikōn 所要传达的前提? 我们难道没有同柏格森一样谈到图像记忆(souvenir-image)? 我们难道没有将使情节的可读性具有可见性的这种能力赋予叙事和对叙事的呈象(mise en image)? 这样就有可能将 représentation-suppléance 的问题域扩展至图像记忆,并将首先应用于艺术作品的"存在的增加"概念归功于图像记忆;通过记忆(souvenir),"被表现的对象达成了自身的存在:它的存在获得了增长"(页158)。通过图像化的表现(représentation figurée)所增加的正是事件属于过去这一事实。

(转下页注)

第二部分　历史认识论　　　　　　　　　　　　　　　385

(接上页注)
　　d) 让我们继续完成剩下的旅程:从记忆(souvenir)到历史学家的表象。这里的论题是历史学家的表象属于文学,进而属于书写领域的事实并没有阻碍 représentation-suppléance 的问题域的扩展。从语言性(Sprachlichkeit)到文字性(Schriftlichkeit),表现(Darstellung)的存在论结构始终在伸张着它的权利。由此,整个文本诠释学就被纳入到应用于艺术作品的存在的增加这一主题之下。就此而言,我们必须要抛弃乍看之下十分诱人的观点,即可以通过解释(exegèse)还原最初的思想,在伽达默尔看来这个观点正是施莱尔马赫思想默认的前提(页172)。相反,黑格尔则充分意识到了一切还原活动的无能为力。我们只需要回想《精神现象学》(*Phénoménologie de l'esprit*, Hyppolite 译,卷二,页261)中有关古代生活及其"艺术宗教"的衰弱的著名片段就可以了:"缪斯的作品……从今往后就是我们所看见的那样——是已经从树上摘下的美丽果实;一种友好的命运将它们赐给了我们,就像是一个少女将这些果实呈献给我们一样;而在这些果实中已没有了真实的生命……"没有任何还原能够弥补这一缺失:通过将作品重新放回到它的历史背景当中,我们所建立的不是同生命的关系,而是和单纯的表象(Vorstellung)的关系。思维着的精神的真正任务是一些别的东西:精神要在一个更高的层次上表象自身。回忆(Erinnerung)——内在化——开始着手来完成这一任务。伽达默尔总结说,"在这里,黑格尔超出了施莱尔马赫提出理解问题的整个框架"(《真理与方法》,前揭,页173)。
　　e) 这就是我在我所提出的历史替代(représentance en histoire)概念背后所看到的有关 représentation-suppléance 的一段漫长的历史。尽管 représentation-suppléance 是 représentance 的前身,但为什么 reprsentation-suppléance 仍然是成问题的呢? 这一困惑的第一个理由在于以下事实,即 reprsentation-suppléance 处在从认识论到存在论的交接点上。然而我在第三部分将要讨论的历史条件之存在论可能会被那些致力于消除回到"历史哲学"的一切可能性的历史实践者们说成是"形而上学"对人文科学领域的入侵。在我看来,在适当的时刻拒绝思考与历史条件之诠释学有关的问题会使在历史知识之认识论的边界处所提出的"批判现实主义"(réalisme critique)显得晦暗不明,而为了阐明这一"批判现实主义",我愿意承担这一风险。除了方法上的争论,更深层次的理由则与对于过去的历史表象问题的本质有关。如果不是因为在历史领域不存在一个类似于使记忆(mémoire)同过去的关系区别于其他一切关系的识认(reconnaissance)现象的话,那么为什么表象(représentation)概念仍然显得晦暗不明呢? 当 représentation-suppléance 从艺术作品领域扩展到记忆(souvenir)和历史书写领域的时候,上述这一不可化约的差别有被忽略的危险。不过,我们之后对于记忆(mémoire)和历史间关系的思考会继续深入挖掘这一差别。最终而言,过去之谜是一种无识认的知识(connaissance sans reconnaissance)之谜。这是否就是说,与我在本书结语(épilogue)部分的最后所说的记忆(mémoire)的小小奇迹相比,历史学家的表象仅仅只是一种错误? 之所以会有这种看法,是因为遗忘了 représentation-suppléance 的肯定性的一面,即 représentation-suppléance 使它所表现的对象获得了存在的增加。甚至在我看来,正是通过历史学家的表象并且恰恰由于其中没有直观的因素,这一意义的增加才是充分而完全的。这一意义的增加是整个历史编纂活动的结果。因此它也服务于历史的批判维度。就此而言,représentance 概念成了向重构活动——它是获取历史真理唯一可用的一种方式——致敬的最不坏的一种方式。

第三部分
历史的条件

总　　论

对历史编纂活动的认识论层面上的考察已经结束；考察经过了三个环节，分别是档案环节、解释/理解环节和历史表象环节。现在我们要开始对于这一话语的可能性条件的二阶反思。这一反思将以关于历史——世界史和理性史双重意义上的历史——的思辨哲学的面目出现。与这一反思相关的所有思考将被称为一种诠释学，诠释学在这里指的是最一般意义上的诠释学，即对于以客观性为目的的知识中的理解模式的考察。什么是以历史的方式进行理解？正是这一最为笼统的问题开启了这新一轮的分析。

这个问题引出了两种考察；后者又分成两个方面，批判的方面和存在论的方面。

在批判的方面，反思的任务在于指出一切有关历史知识的完备性要求的限度；反思所针对的是某种思辨的傲慢，它们将历史关于自身的话语上升为自我认知的历史本身（l'Histoire en soi）的话语；就此而言，这一批判考察相当于肯定了支配着历史书写的对象化活动（属于认识论）的有效性（第一章）。

在存在论方面，诠释学的任务是考察实际的历史编纂学知识和前述的批判话语的生存论前提。这些前提之所以是生存论前提，是由于它们构建了我们每一个人在世和生存的方式。最重要的是,这些前提关系到我们每一个人不可超越的历史条件。我们可以象征性地使用历史性(historicité)一词来描述这一历史条件。但是尽管如此,我们不建议使用历史性一词,这是由于它的不短的历史所导致的它本身的多义性——我将试图澄清这些意义。但更根本的理由则是,我更喜欢"历史的条件"这一表述。条件一词在我这里有两层含义,一层含义是指一种处境,每一个人发现自己每时每刻都与这一处境相关,如果借用帕斯卡尔的话说,就是都"封闭在"这一处境之中;另一层含义指的是一种条件性,即不同于那些批判诠释学范畴的存在论层次上的,或如我们刚才所说的,生存论层次上的可能性条件。我们创造历史和书写历史,因为我们本身就是历史的(第二章)。

这一考察的融贯性于是就建立在两次过渡的必然性的基础之上了,这两次过渡分别是从历史知识过渡到批判诠释学,再从批判诠释学过渡到存在论的诠释学。这一必然性并不是一种先验的必然性;这种必然性仅仅来自于它的实现,而它的实现即是对它的检验。一直到最后,上述的过渡关系仍将是一种研究假设。

我打算用对遗忘现象的考察来结束第三部分。遗忘一词在这本书的书名当中同记忆和历史这两个词拥有同样的分量。事实上,遗忘现象和同过去有关的两大类现象一样重要:在记忆和历史这双重维度中的过去是在遗忘中被遗失的;一份档案、一座博物馆、一个村庄——这些过去历史的见证——的毁坏就相当于是遗忘。只要留下过痕迹的地方就会有遗忘。但遗忘并不只是记忆和历史的敌人。在我最想要说明的一系列论题中,有一个论题就是还存在着一种有保留的遗忘(oubli de réserve),无论就记忆而言,还是就历史而言,它都是一笔财富,尽管已经不可能对记忆和历史间的这场巨人和神之间的战争做出清算了。只有当遗忘的整个问题域处在历史的条件——它是我们同时间的整个关系的基础——的层次上时,遗忘的这一两重性才能被理解。遗忘是历史条件之脆弱性的象征。这一看法很好地解释了为什么有关遗忘的章节在本书的诠释学部分出现在存在论诠释学之后。第二章最后一节中对于记忆和历史间关系的重审已经为问题域的转换做好了准备。于是,对书名中的三个概念,即记忆、历史和遗忘的讨论就这样在对遗忘的考察中结束了。

然而还遗漏了与这番考察密切相关的一个主题,即宽恕(pardon)。从某种意义上来说,宽恕与遗忘密不可分:宽恕难道不是一种愉快的遗忘?更根本地说,宽恕难道不是一种和解了的记忆吗?当然是。不过尽管如此,仍有两个原因促使我在正文之外以结语的形式继续对宽恕进行考察。

第一个原因是,宽恕涉及罪责(culpabilité)与惩罚;而我们的整个分析都回避了这些问题。有关过去的问题根本上是对于过去的忠实性(fidélité)的问题;而对辨识有关过去的各种图像(image)而言,犯罪只是一种附加成分。于是似乎只需要将它放在一边,就像过去我在写作《意志哲学》(Philosophie de la volonté)时所犯的错误一样。相同的情况也发生在历史问题身上:历史问题的核心是在它同记忆之忠实性的批判关系中的真理问题;当然,我们一定会想到20世纪那些深重的罪行;但是将它们定性为罪行的不是历史学家:加诸于它们的谴责,即让人们认为它们是不可接受的——多好的曲言法!——的那些谴责来自于公民,尽管毫无疑问,历史学家一直都是公民。但困难恰恰在于,如何在道德谴责的氛围中做出不偏不倚的历史判断。至于对历史条件的考察,它同样触及了罪责现象和宽恕现象;但通过形成债责(être en dette)概念——撇开一切指责不谈,这一概念指的是对某种流传下来的遗产的依赖——,它强制自己不去跨越这条界线。

第二个原因是:如果一方面,罪责对于债责概念具有影响,另一方面,宽恕又将自己表现为是与记忆、历史和遗忘相关的所有问题的末世论视域,那么,这一源初的异质性并不排除这种可能,即宽恕将自身的标记烙印在了过去的所有环节上:正是在此意义上,才能说宽恕是这些环节共同的完成性视域。但这一准末世论并不能为我们的整个考察带来一个愉快的结局:这就是为什么问题将只是关于一种艰难的宽恕(结语)。

序论
历史的重负和非历史

　　我想在历史的认识论和存在论之外单独讨论尼采对于我们所要讨论的问题的贡献。1872年,时任巴塞尔大学古典语言学教授的尼采出版了他的《第二个不合时宜的考察》,这本书中既没有对历史编纂学进行批判性考察,也没有谈到任何前黑格尔或后黑格尔的历史哲学。它的不合时宜表现在,面对一个具有沉重历史负担的文化的种种负累,它只是提供了一条离开历史的出路,这条出路有一个令人困惑的名字,叫非历史(le non-historique)。在这艘小船的旗帜上,我们可以看到它的纲领性标志:"历史对于人生的利弊"。① 我对于《第二个不合时宜的考察:历史对于人生的利弊》的解读是以这篇论文本身的风格——这篇论文的笔调是过度的(excessif),而这一笔调是与一个有关过量,即历史的过量(excès)的主题相一致的——为基础的。因此,我们可以在第三部分的开头将我的这一解读同在第二部分的序言中讨论的《斐德罗篇》中的神话相对照。这样,我们就可以如此说:就我对于柏拉图

---

① Giorgio Colli 和 Mazzino Montinari 整理,Pierre Pusch 译,*Seconde Considération intempestive:De l'utilité et des inconvénients de l'histoire pour la vie*,Paris,Gallmard,1990。如果这个翻译在这里被用来作为引文,那么我认为,标题中的"intempestive"翻译成"inactuelle"会更好。

神话的解读明确地将历史编纂学归入神话中的文字（grammata）所属的那一边而言，我的这种解读已经构成为一种过量。现在我对尼采这个文本的自由诠释有可能会使历史文化的过量被归入到受到责难的文字这一边，而让对于非历史的辩护被看作是代表了某种后历史编纂学和后历史主义，它们认为，对非历史的辩护属于柏拉图对于形诸文字前的记忆的赞颂这一边。甚至连尼采对于"历史疾病"的痊愈的犹豫也同药（pharmakon）一词的歧义性——在《斐德罗篇》中，它在毒药和良药这两个意义间徘徊不定——相呼应。读者将会同意给予我"游戏"（jeu）的许可，柏拉图为他的寓言和十分严肃的辩证法——它标志着通过哲学话语的大门走出神话——所要求的正是这种许可。

在进入到对尼采文本的诠释的核心内容之前，还有两点需要说明。一方面，我们不要忽略这样一个事实，即柏拉图所反对的滥用是表现在整个修辞学领域中的对于书写话语的滥用。在尼采的这篇论文中，现代人的历史文化占据着一个与体现在书写中的古代人的修辞文化差不多的位置。这两者的背景毫无疑问存在巨大的差异，因此将受到文字（grammata）嘲讽的记忆（anamnēsis）和尼采想要使之免于历史文化之侵害的生命的塑造力等同起来的做法就会显得十分荒谬。就此而言，我的诠释就包含了类比式解读通常会具有的一些局限。另一方面，尼采的攻击对象不是历史的批判方法，或者严格说来，尼采批判的并不是历史编纂学，而是历史文化。这一文化用利弊这两个词所针对的不是记忆，而是生命。这就是不要将类比和等同混为一谈的第二个理由。

引出尼采的不合时宜的感觉的问题很简单，即如何从一种高歌凯旋的历史文化中幸存下来？尼采的论文并没有给出一个非常明确的回答。柏拉图在《斐德罗篇》中也没有说记忆（anamnēsis）该如何走出书写修辞学的危机，尽管他说过什么是论说辩证法。

第三部分 历史的条件

就此而言,对于非历史和超历史的辩护和《斐德罗篇》结尾处所说的辩证法在它们各自的文本中就具有了相同的作用。这两个文本的力量主要表现为一种揭露的力量;在尼采那里,揭露的基调从论文的题目中就一览无遗:这一考察被称为是不合时宜的,它正好与用来将德国文化从其历史病中拯救出来的非历史(Unhistorisches)和超历史(Suprahistorisches)相匹配。① 此外,"损害"(dommage)早在前言中就已出现。② 而治疗德国文化的良药同样也是不合时宜的,因为从一开始它就要诉诸古典语言学。③

对于尼采在这篇论文最开始就提出的对于"以非历史的方式"(《第二个不合时宜的考察:历史对于人生的利弊》,页95)生活的牲口的遗忘和一切行动都需要的"遗忘力"(同上,页97)——它为具有记忆和历史的人"治愈创伤,弥补损失,恢复已经破碎的形式"(同上,页96)——的具有挑衅意味的比较我将放到后面进行讨论。在这里,我更想强调贯穿尼采这篇论文始终的历史文化同现代性这两者间的联系。这一联系——我们在前面讨论过的科泽勒克的一篇论文就特别强调了这一联系——是如此之强有力,以至于从这一不合时宜的思考中产生了一番既反历史又反现代的言论。尼采的这篇论文无论其主题还是笔调毫无疑问也是反历史、反现代的。从这篇论文的第一段开始,就出现了悬念和两面性:"对于一个个体、一个民族、一个文明的健康而言,历史的

---

① "这些思想是不合时宜的,因为我正试图将有理由让我们这个时代引以为荣的东西——其历史文化——描绘为我们时代的错误、损害和缺陷。因为我认为,我们正遭受历史狂热病的折磨,我们至少应该认识到这一事实"(同上,页94)。

② 有必要建立一个关于生命这一主题的医学词汇表:厌倦、恶心、憎恶、堕落、过重的负担、重负、伤害、损失、破裂、死亡。另一方面则是治愈、拯救、治疗。

③ "作为古典语言学者,我的职业使我能够说出上述这些话:因为我不知道除了对我们这个时代发挥不合时宜——也就是说,逆时代而行——的影响,古典语言学在今天还有什么意义。让我们希望它的这一作用能够有益于将要到来的时代"(同上,页94)。

因素和非历史的因素是同样不可或缺的"(同上,页98)。强调的重点当然是非历史的因素(non-historique)①:"过多的历史会让人窒息","这种彻头彻尾的非历史和反历史的状况不仅产生了不公正的行为,它也是所有公正行为的摇篮"(同上,页99)。这个"非"(le non)被反复一再强调:在这一点上,正如我们之前所说的,尼采的这篇论文就是过量的。尼采知道并承认这一点:"如果我们已经使人们了解,过量的历史知识会伤害生活,那么人们同样有必要了解,生活需要历史为之服务"(同上,页103)。

我想通过考察论文开头对于"三种历史"——它被评注者们反复研究——的讨论来指出这种减弱了攻击力度的两面性,并且透过毒药和良药的角度来进行这一考察。事实上,我会依次对纪念的历史、怀古的历史和批判的历史做出简要的分析。首先,重要的是先明确这三种历史是什么反思层次上的范畴:同我们在第二部分所讨论的范畴——文献证据、解释、表象——不同,它们不再是认识论范畴。但它们也不属于一种强调过程概念的整全性反思,而过程概念正是那些对于历史主义幻象的批评最常攻击的目标:"历史的人"——尼采这样来称呼他们——"相信,生存的意义将会在过程中逐步展开。他们回首过去,只是为了通过已经走过的道路来理解现在,并学会更加勇敢地渴望未来。尽管他们有许多历史知识,但他们不知道,他们的思考方式和行为方式有多么非历史;他们也不知道,他们的历史研究活动在多大程度上服务于生活本身,而不是服务于纯粹知识"(前揭,页101)。对于三种历史的研究很明确是实用主义的,因为在其中根本上想要表达的是历史同生活的关系,而不是历史同知识的关系:衡量对于生活的用途

---

① 在这里我想提出一点对于翻译的看法:不应该用 non-historicité(同上,页99)来翻译 Unhistorisches,否则就有可能侵入到另一个完全不同的问题领域,这个问题领域就是关于历史性(Geschichtlichkeit)的问题域,它源于另一种不同的哲学视域,并且构成了走出历史主义危机的一种全然不同的尝试。我们会在后面对它做出讨论。

的标尺正是"拥有行动和力量的人"（前揭，页103）。

鉴于植根于这篇论文核心处的两面性，于是就有必要关注尼采对这三种历史中的每一种所做的区分工作。

因此，纪念的历史首先并没有被定义为是一种过量，而是被定义为那些用来"仿效和超越的榜样"（前揭，页104）的作用；通过这种历史，"伟大可以永驻"（前揭，页105）。然而，历史疾病使这种伟大变得不再重要。过量恰恰体现在纪念的历史的这种作用上：类比的滥用导致了"整个过去都被遗忘，被轻视，并像连绵的灰色潮水般流走，只有其中某些受到强调的部分才像孤岛般显露出来"（前揭，页107）。纪念的历史就是这样破坏了过去。但它同样破坏了现在：对于过去的伟大事物和权威的无限崇拜会成为一种伪装，其下却隐藏着对于现在的伟大事物和权威的憎恨。

怀古的历史同样具有其两面性；保留和推崇习俗及传统对生活有利：没有根，也就不会有花和果实；但是再一次，过去变得僵化静止，过去的一切都被看成是尊贵的，"那些正在诞生的新事物就会受到攻击和拒绝"。怀古的历史只知保存，不知生产和创造。

至于批判的历史，它不同于历史主义的幻觉。就"所有过去都应该受到判决"（前揭，页113）而言，构成批判的历史的就只有一个环节，即审判的环节；就此而言，批判的历史代表了一种正当的遗忘（l'oubli mérité）。在这里，这种历史之于生活的危险同它对于生活的用处相互重合。

总存在着一种对于历史的需求，无论这种历史是纪念的历史、怀古的历史，还是批判的历史。同《斐德罗篇》中药的两面性相类似的上述这种持久存在的两面性源于这样一个事实，即在这三种历史当中都包含着某种适度（non-excès），简言之，这三种历史对于生活都有无可争议的用处，无论这用处是对伟大的效仿、对过去传统的尊崇,还是批判过去。事实上在这篇论文中,尼采并没有真正清算和总结历史对于生活的利弊,因为过量就存在于历史本身之中。这种清算本身就是有问题的:"就历史服务于生活而言,历史服务于一种非历史的力量。由于它的这一从属地位,历史永远不可能也不应该变成像数学一样的纯科学。至于生活在多大程度上需要历史的服务,这是一个关系到个体、民族和文明的健康的最为重要的问题。因为,过量的历史会使生活退化堕落,而这种退化最终也会导致历史本身的危机"(前揭,页103)。那么,这篇论文的题目所要求的对于历史之于生活的利弊的这份清算单还能被建立起来吗? 这是一个在论文最后仍然被提出的问题。

尼采对于现代性的攻击是由这样一种观察引起的,即他发现,有一颗"明亮而高贵的星星",即"想要将历史变成科学的意志"(前揭,页115)出现在了历史和生活之间。这一意志是"现代人"(同上)特有的。它表现为一种类似于洪水和侵略的对于记忆的暴力。而它所导致的病症首先就表现为"没有与其相对应的外在性的内在性和没有与其相对应的内在性的外在性间的深刻对立,而在古人那里并不存在这种对立"(前揭,页116)。我们离《斐德罗篇》中对于"外在记号"——作为记忆的异化形式——的批评已经不远了。但就内在与外在这两个范畴的区分为现代人所特有,其中首当其冲的就是德国人:"我们难道不是以注重内在性而闻名于世吗"(前揭,页119)? 然而,我们只是一些"会走路的百科全书";在上述每一本"会走路的百科全书"的封皮上都应该印上这样的题词:"供外部野蛮人使用的内部文化手册"(前揭,页117)。

随着行文的推进,尼采的具体攻击对象逐渐显露了出来(第五节开头尼采所说的五点!):本能的丧失、面具下的伪装、头发花白的老人的喋喋不休(《斐德罗篇》不是同样将文字的味道留给老人去品尝吗?),为了表现"客观性"①的那种冷漠的善意,于是出现了"无能者所持有的中性态度,批判通过自身无限度的繁衍,正义追求的丧失"②,在"事物的进程"面前懒惰的退却,在"伤感的漠不关心"之中的逃避③。于是,出现了这篇论文的主要观点("你只能用现在最强有力的东西来解释过去"[同上,页134])以及最终预言(只有那些创造未来的人才有权利去裁判过去[同上])。之后,尼采又谈到了"历史的公正"观念,这一观念的判断"总是意味着破坏"(前揭,页136)。而为了恢复创造的本能,以便将宗教虔诚和对艺术的礼赞从纯粹科学知识的桎梏中解放出来,"历史的公正"就是需要付出的代价(前揭,页136-137)。尼采大胆地说出了他对幻觉的赞美,尽管这与黑格尔宏大的历史哲学中所说的理念的自我实现截然相反(前揭,页136–137)。④ 柏拉图在《理想国》第三卷(404b 以下)中为"强大而必要的谎言"(前揭,164)进行了辩护,尽管这会损害所谓的必要的真理。因此,矛盾就存在于现代性观念的核心处:现代性观念所诉诸于的新时代被历史文化认为是历史的老年阶段。

在这番无节制的批判的最后,已经很难说清楚什么是非历史,什么是超历史了。然而,青年这个主题将这些有限的概念联系了

---

① "这些幼稚的历史学家认为,用现在的普遍观念来衡量过去的观念和行为就是'客观性'。他们在其中发现了一切真理的准则;他们的工作就是改变过去,让过去适应现在的一切琐碎事物"(同上,页130)。而在后面,尼采还写道:"因此,人们描绘过去并掌控着过去;于是,他的艺术家本能——而不是他对于真理和正义的本能——得到了表现。客观性与正义的精神是两种完全不同的东西"(同上,页131)。
② "对于真理的追求经常受到不加思考的赞扬,但只有当追求真理的人同样拥有无条件的正义意志时,这种真理追求才有其伟大之处"(同上,页128)。
③ "分工! 列队!"这样的战斗口号难道没有在诺拉(Pierre Nora)清醒的宣言"请做成档案吧,这样就能留下些东西!"中听到某种回声吗?
④ 尼采夸张地讽刺黑格尔已经将他柏林时期的整个存在同历史的"普遍进程"合而为一了(同上,页147);而之后将发生的只是"这一普遍历史的回旋曲的尾音,或者更确切的说法是一种多余的重复"(同上)。当然,尼采承认,黑格尔"并没有说过这些话"(同上);但黑格尔已经让人们相信他会这么说的。

起来,并为生活本身辩护。这一主题在论文的最后反复出现,就像出生(natalité)这个主题在阿伦特的《人的条件》一书的最后被反复提及一样。尼采的欢呼——"在这里,我想到了青年,于是我高呼'陆地!陆地!'"(前揭,页161)——有点像是献媚:它只有在青年/老年的框架内才有意义,而这个框架不仅隐秘地将整篇论文联系了起来,而且还有助于对年老问题——对历史条件的考察无法回避这一问题——的一般思考。青年并不是生命的某个时期,它是对生命之可塑力的一种隐喻。

在谈了青年之后,历史疾病这个反复出现的字眼也在论文的末尾出现了,由于它同进行判决的公正的秘密结合,历史的疾病需要治疗,需要药,尽管我们最终都不知道这种药是否同样不也是一种毒药。事实上,一切都集中到了论文的最后几页,直到这里,这篇论文已经拖得够久的了:"毫不奇怪,它们被称为毒药——历史的解药是那些'非历史'和'超历史'的力量"(前揭,页166)。坦率地说,在区分什么是"非历史"的东西和什么是"超历史"的东西方面,尼采着墨不多。"非历史"同"艺术和遗忘力"以及"局限在一个有限的视域当中"相关(同上)。这就与论文开头对于两种遗忘——牲口的遗忘和历史的人的遗忘——的思考联系了起来。现在我们知道了,这种遗忘不是历史的,而是非历史的。至于"超历史",它将目光从演变之进程(devenir)上面转移到了赋予存在以永恒性的艺术和宗教的上面。而在这里说起毒药的是科学,它有多厌恶艺术和宗教,它就有多憎恨遗忘,因为科学在遗忘中只看到了知识的死亡。① 对

---

① Colli 和 Montinari 给出了这一页内容的较早的一个版本:"科学将这两者看成是毒药;但这仅仅是由于科学的某种缺陷才导致它只将这两者看成毒药,而非良药。缺少一种科学的分支,一种高级疗法,它专门研究科学之于生活的作用,并确定一个民族或一个文明中的科学的比重占多少才能保证这个民族或这个文明的健康。药方:非历史的力量教人遗忘,它将人限定在一个特定的时空并创造出某种氛围和视域;而超历史的力量则让人对历史的种种诱惑表现得更为无动于衷,它让人平静并让人的目光转向。自然,哲学,艺术,同情"(同上,页113-114)。

于历史对于生活的侵略,非历史和超历史构成了它的天然解药。"这种解药也许会让我们这些身患历史疾病的人感到有些痛苦。但这并不能证明我们采用的治疗方法是错误的"(前揭,页167)。

年轻人将是这种治疗法的第一批接受者,因为"他们既受疾病之苦,又受解药之苦"(同上)。

年轻人面对白发苍苍的追随者:"这一比喻适合于我们中的任何一个"(前揭,页169)。

第一章　批判的历史哲学

导　论

我们的诠释学之旅将从批判的历史哲学开始。如下的看法是错误的，即认为如果没有一种思辨的历史哲学，那就不会有历史编纂活动的认识论的存在空间。属于批判哲学——类似于康德的判断力批判的批判哲学——的那些元史学概念仍有其意义空间，这一空间可以被称为"对历史判断的批判"。我将之作为诠释学的第一个分支，它探讨贯穿历史编纂活动三个环节的理解的性质。这第一种诠释学是从批判的角度来展开一种二阶反思的，这里的批判一方面指的是一种有关历史的自我知识想要上升为绝对知识的企图是不合理的，另一方面指的是对于追求客观性的历史知识的辩护。

在探讨编年学所区分的各种编年模式的时候，我们第二部分的认识论已经开始要求这样的一种反思。但还缺少一种对于可被称为历史时间的时间范畴的可能性条件的单独考察。模式化的用语——年鉴学派提出的几种著名的历史"时间模式"（modèles temporels）——并不适合于这一批判哲学。我必须要感谢科泽勒克，正是通过他，我才能将历史编纂活动中所使用的模式同历史的时间范畴对应起来。在科泽勒克的这部研究那些支配着对于时间的历史划分的范畴以及对整个实践领域的相关知识的普遍"历史化"的著作中,有很大一部分都是探讨"概念史"(Begriffsgeschichte)。下一章内容将表明,科泽勒克的研究指向一种有关历史条件的存在论诠释学,因为这种历史化属于一种经验(就这个词的本意来说),一种"历史经验"(这个词取自科泽勒克的一本文集的题目)。而本章将主要批判这样一种企图,即历史的自我知识想要成为绝对知识和整体反思的企图。

我将依次探讨上面说到的批判的两层主要含义。在本章的前两节中将主要探讨批判的否定性的方面;而本章的最后两节则会探讨历史的自我知识的内在和外在辩证法,这两种辩证法以一种肯定的方式证明了这种知识的自我限度。

我们首先将考察罗马哲学和后罗马的德国哲学赋予历史的自我知识的最高企图。我将通过探讨科泽勒克的长文《历史》来进行这项考察,这篇论文指出,历史的构成就像是一个被集合起来的单一性,它将各种特殊史都联系在了一起。历史概念的语义学将向我们表明体现在"历史本身"(Geschichte selber)——相关作者所提出的——这一表述中的自足性迷梦。这个迷梦发展到最后,它的"一切皆历史"(tout histoire)这个武器将会反过来攻击自己(第一节)。

在批判了历史的自我知识的这种最极端、最表露无遗的野心之后,批判将指向在表面上与之前的那种野心截然相反的一种诉求,即不仅想要将当前时代看成是不同的,而且认为它比其他任何时代都好。这种自我褒奖同自我指涉一起构成为对现代性的辩护的特征。在我看来,"我们的"现代性这一表述同"历史本身"这一表述包含有相似的难题。首先是从文艺复兴开始,经过启蒙运动,直到我们的时代一再出现对于现代性的辩护,正是这种"历史的循环"撒播了混乱的种子。但显而易见的是,动摇一个时代对于自身的自我偏好的正是各种相互竞争的混合了编年学和价值判断的辩护,如孔多塞和波德莱尔的辩护。于是问题就在于,一种纯粹建立在价值判断基础上的论证是否能够避免这样一种话语的歧义性,即它既是具有普遍性的话语,同时又立足于历史之当下的处境之中。而另一个问题则是,后现代话语是否能够避免这种内在矛盾。不管怎样,自我反思的历史的特殊性会引出一个同在绝对意义上自我认知的历史整体相似的难题(第二节)。

批判的诠释学不仅指出了历史的自我知识想要达到整体反思的这种企图的各种或公开或隐蔽的形式,它还关注张力和辩证法,正是通过这两者,历史的自我知识才直面了自身的限度问题。

司法判决和历史判断的对立是这些有名的辩证法中的一个,而且它指出了历史所具有的一种外在限制:这两种判断所共有的想要不偏不倚的愿望在实际操作中却遭遇相反的限制。通过比较审判和档案这两种判断的产生途径,很明显可以看出,要处在第三方的位置上是不可能的;我们在哪儿都是这样使用见证和证据的。无论在哪儿,我们都是如此这般地使用各种见证和证据的;无论在哪儿,我们都是通过最后的宣判获得最终结果的。但重点在于,司法判决集中关注个体责任,而历史判断则要考虑集体行为的最为广泛的背景。对历史学家和法官这两个职业的思考是为了引出对于20世纪重大罪行的考察,因为后者依次牵涉到重大审判的刑事正义问题和历史学家的判断问题。比较的一个理论关键点同这些世纪罪行在历史和道德上的特殊地位有关。从实践的层面上来看,司法判决和历史判断在公共领域内的实践突出了"公民分歧"(dissensus civique)——它是通过人们在公共讨论空间中针对历史对于集体记忆的影响所展开的争论而引发的——的治疗和教育作用。因此,公民本身成了法官和历史学家之间的第三方(第三节)。

最后一个对立所要强调的是历史的自我知识的内在限度。这一对立不再是历史同一个他者,如司法判决之间的对立;这一对立就存在于历史编纂活动之中,并表现为历史编纂活动的真理追求和诠释要素之间的相互关系。它更涉及在历史客观性的形成过程中历史学家的主观介入的问题,也就是贯穿历史编纂活动所有环节——从档案环节到历史学家的表现环节——的历史学家的选择问题。诠释问题由此被表明同真理问题具有相同的广度和重要性。在这一章反思之旅的最后,这一思考证明了诠释的地位(第四节)。

第一节 "历史本身"(Die Geschichte selber)

我们将随同科泽勒克一起来考察历史的自我知识想要进入总体性反思并成为绝对知识的这一宏大野心的源头。我们必须感谢科泽勒克,因为他区分了历史编纂活动所使用的时间模式和历史本身的时间范畴。

当然,我在《时间与叙事》第三卷中已经讨论了收录在《已逝的未来》(Le Futur passé)中的这篇名作《经验的场域和期待的视域:两种历史范畴》(Champs d'expérience et horizon d'attente: deux categories historiques);但我并没有在这篇论文和对比历史编撰活动的认识论高一个层次的那种话语的研究间找到任何联系。[1] 所

---

[1] 在《时间与叙事》第三卷(前揭,页375-391)中,在讨论了黑格尔的历史哲学之后("抛弃黑格尔",页349-374),我马上引入了对于科泽勒克的分析,我试图将这一分析称为历史认知的诠释学,这一诠释学的主要范畴是同过去有关的存在范畴,而在这一点上我必须感谢伽达默尔对我的影响。科泽勒克因此就处在了被我抛弃的黑格尔和我所赞同的伽达默尔之间。在这种观点中缺少对于元史学范畴的先验维度的认知。只有在对历史编纂活动的一番耐心的重构——摆脱了占统治地位的叙述学的限制——的最后,这种认知才是可能的。科泽勒克所考察的这些范畴规定了历史编纂活动所有模式的元史学地位。但我并没有抛弃《时间与叙事》第三卷中的诠释学思路:科泽勒克本身就是《诗学与诠释学》(Poetik und Hermeneutik)这套丛书的作者之一,他的名字出现在书名的下方,在 Harald Weinrich 和 Karl Heinz Stierle 的旁边。《已逝的未来》一书中的两篇论文《历史、故事和时间的形式结构》(Histoire, histoires et structures temporelles formelles)和《表象、事件和结构》(Représentation, événement et structure)发表在了这套丛书的第五卷《历史、事件与叙事》(Geschichte, Ereignis und Erzählung)上。

谓经验场域和期待视域,指的就是"能够建立一种历史的可能性的知识范畴"(《已逝的未来》,页208)。更彻底地说,这些范畴关系到对于"历史时间"的定义。科泽勒克在前言中坦言,这个任务"是历史学所提出的所有问题中最难解答的问题之一"。事实上,就历史内容而言,一个可靠的日期记录系统就已足够;而历史话语范围内的一切内容的时间节律则突显在一种"历史时间"的背景之上,这种历史时间纯粹只是想要给历史添加上时间的句读。

科泽勒克完全有理由将这些范畴描述为是元史学的。科泽勒克的历史时间范畴同奥古斯丁在《忏悔录》中的内在时间范畴具有结构上的相似性,这种相似性肯定了科泽勒克对于这些范畴的地位的上述判断。科泽勒克的期待视域和经验空间同奥古斯丁的将来的现在和过去的现在之间具有惊人的相似性。这两组概念属于同一话语层次。而且,它们相互支持:历史时间的结构不仅扩展了记忆时间的结构,它还开辟了一个批判空间,历史在其中可以发挥它纠正记忆的功能;同样,奥古斯丁有关三种现在的辩证法在行动的现在和预期的将来的基础上重新打开了历史的过去,而在适当的时刻,我们将会在历史学家的工作中发现前两者的痕迹。科泽勒克可以说"奥古斯丁和海德格尔都没有将他们的研究引向关于历史时间的研究"(前揭,页328),不过正如我在《时间与叙事》第三卷中已经指出的,这种说法并不怎么适合于伽达默尔。科泽勒克的分析的贡献在于,他将这些范畴看成是辨别历史时间的相关变化,尤其是辨别现代人对于历史变化的看法的区别性特征的条件。① 就现代性将现代理解为是新时代而言,现代性本身——我将在后面讨论这个问题——就是一个总体史现象;只有当我们逐渐远离对时至今日的所有经验的期待的

---

① 书名《已逝的未来》可以被理解为是不再存在的未来,已经过去的未来,这种理解是一个反思历史的时代的典型理解。

时候,对现代性的这种理解才能形成。历史中的基督徒的末世论期待与上述情况不同,由于这种末世论的期待是超越世俗的,因而它无法与一种独一无二的历史过程中的一般经验相协调。"进步"一词所指出的期待视域的开启是等同于新时代的现代概念——至少在德语中,这构成了现代性的一种同义反复的定义——的先决条件。就此而言,我们就可以说到作为持续而不断增长的完善化过程的"历史经验的时间化"。各种各样的经验既可以在期待的视域中被列举,也可以作为被回忆起的经验而被列举;不同的进步亦可以被区分出来;但一种总体性的新现象却扩大了经验场域和期待视域间的距离。① 加速度(accélération)概念和历史的可支配性(caractère disponible)概念也属于元史学概念。加速度是一个可靠的指标,只有通过不断地被修改,差距才能维持自身;加速度是时间节律的元史学概念,它将改善同间距的缩小联了起来;它使速度概念具有了历史的色彩;它使我们可以同时谈论意义相反的下述概念:延迟,提前,停滞不前,倒退。就历史的可支配性、可制造性(caractère faisable)②而言,它指的是一种能力,它既是历史行动者的能力,也是历史学家的能

---

① 如果说康德没有撰写原该成为《判断力批判》第三部分的历史判断批判,那么他确实将这部分内容的草稿放到了《学科之争》中。因此,我们可以在《学科之争》第二部分第五节中读到:"在人类中,必然会出现某种经验,它作为事件指示出在人类身上存在着一种作为朝向更好的方向进步的原因和(既然这种进步应该是一个自由存在者的行为)肇始者的倾向和能力;但是要从一种给定的原因预言作为其结果的事件,那就只能在一道参与这种作用的各种条件出现的时候"。这种"预言的人类历史"依靠的是现实历史中所给出的通向人类的世界公民目的地的某些征象。对康德而言,法国大革命就是这样的一种征象,因此他说:"人类历史的这样一种现象不再会被遗忘"(《学科之争》,第二部分,第七节)。

② caractère faisable 和下文的 faisabilité 同义,在这里有两层含义,一层含义是指历史的可创造性(就是历史行动者在现实中实实在在地创造了历史,即 faire l'histoire),第二层含义是指历史的可表象性(就是人们撰写、解释、研究历史的一系列活动,即 faire de l'histoire),所以综合上述两层含义,我选择了一个较为中性的词来翻译 caractère faisable,即"可制造性"。——译注

力,历史学家通过书写历史而使历史为他所用。① 某人创造了历史,这是一个在 18 世纪末以前难以想象的现代表述,但它经由法国大革命和拿破仑而得到了认可。这一概念的元史学层次表现在它面对进步信念的冲击可以丝毫不受影响而继续存在,这在德语世界之外,②通过塞尔托的大胆宣言——勒高夫和诺拉正是借由这一宣言而于 70 年代将法国历史学家们聚集到了一起③——而得到了证明。如果说历史的可制造性(faisabilité)观念是根深蒂固的,那可能是因为这一观念想要使我们和历史的双重关系——创造历史(faire l'histoire)和制造历史(faire de l'histoire)——同"有能力的人"(homme capable)在实践领域的建构能力对应起来。

历史的可制造性概念同作为集合的单一性的历史概念所构成的元范畴(métacatégorie)间的紧密关系最鲜明地突出了前者的单向性。历史时间只有在这一主要范畴的基础上才能得到思考。只有在存在一个单一历史的前提下,才可能谈论历史时间。而这正是科泽勒克在《德国政治-社会语言中的历史词汇》(*Lexique historique de la langue politico-sociale en Allemagne*)其中一篇名为

---

① 科泽勒克对可支配性(disponibilité)概念做过单独的分析(《已逝的未来》,前揭,页 233 以下)。

② 科泽勒克所转述的 Treitschke 的这段话经常为人所引用:"如果历史是一门精确科学,那么我们就应该能够指出国家的未来。但我们却没法这么做,因为历史科学到处碰到个性的谜题。创造历史的是像路德、腓特烈大帝、俾斯麦这样的个人。这个伟大的英雄真相将永远是对的;但这些人似乎总能在他们该出现的时间出现,这对我们这些凡人而言将永远是个谜。时代培育了天才,但时代并不创造天才"(引自科泽勒克,同上,页 245)。

③ 在《书写历史》这本论文集的导论中,这本书的新颖之处得到了强调:"一部集体合作而成的包含多样性的著作,这部著作想要展现和推进一种新历史。""新"表现在三个方面,"新问题"、"新概念"、"新对象",它是对同时代历史领域的碎片化状况的一个回应。就此而言,这种创新是同历史概念的统一化——稍后将会讨论这一问题——相一致的。

《历史》的论文中所要考察的主要论题。① 就此而言,认为嚷嚷着摒弃了黑格尔的历史哲学以及轻易而高傲地将斯宾格勒或汤因比,甚至新近出现的那些具有总体史野心的竞争者们拒之门外,就可以让历史学家们不用面对这样一个任务,即解释为什么"历史"这同一个词可以毫无歧义地既表示一系列事件的集合单一性(le singulier collectif),又表示与这一集合单一性相关的话语整体,这完全是一种幻觉。这个问题属于一种历史的批判话语的先验层次。科泽勒克使用了概念语义学作为他的分析工具,这种语义学类似于某种从历史学的基础词库中择取一些词进行考察的词典编纂学。但词典编纂活动对于概念的考察,是为了让这些概念以备查考之用,而概念语义学所要揭示的这些元范畴则是一些类似于康德的先验范畴那样的范畴,它们是一种特定经验的可能性条件。因此,这本小词典是建立在主导概念、语言功能和经验这三者间的一种三角关系基础上的。这些主导概念的应用领域是由作者所说的"历史经验"②构成的,后者不仅仅只是一块认识论领地,它是同世界的一种本真关系,物理经验就建立在这一关系的基础之上。但这种历史经验是专属于现代的。作者谈到了一种"经验的新空间"。对现代性——我们将在后面大篇幅地分析这一论题——的这一指涉从一开始就指出了概念语义学的时代特征。这一时代标志不可避免地会使概念语义学被贴上历史主义的标签,尽管这个结果并不是它所追求的,但它的过程却导向了这个结果。

在这一历史之初就出现了一种朴素的期待,它所包含的不

---

① 《历史》(Geschichte)一文,见《历史的基本概念》(*Geschichtliche Grundbegriffe*, Stuttgart, Klett-Cotta, 1975)。Michael Werner 为这篇论文所写的序言被放在了论文集《历史经验》(*L'expérience de l'histoire*,前揭)的开头。

② 《历史概念》这篇论文所在的论文集用的就是这个名字:R. Koselleck,《历史经验》,前揭。

断增长的复杂性将在之后的过程中逐步得到展现。科泽勒克将这种期待同两个长时段事件联系在了一起,这"两个长时段事件最终合流了,并由此开辟出了一个经验空间,在此之前,这一经验空间还无法得到表述"(《历史》,页10)。这两个事件分别指的是作为集合的单一性的历史概念——将特殊史集合在一个共同的概念之下——的产生,以及作为事件集合的历史(Geschichte)概念和作为知识、叙事和历史科学的历史(Histoire)概念间的"相互影响",以致到最后第二个历史概念被第一个历史概念吸收掉。这两个概念事件到最后变成了一个概念事件,即"如此这般的历史"概念、"历史本身"(Geschichte selber)概念的产生。

作为集合的单一性的历史概念——整个特殊史都被集合到这一概念之下——的产生代表着单一历史和无数个体记忆以及霍尔巴赫所强调的集体记忆的多样性之间这种人们所能想见的最大差距被克服了。这一差距之所以能被克服,是由于历史本身变成了自己的主体(sujet)。如果存在新的经验,那也是被称为历史的这个新主体的自我指称的经验。

并不难理解,科泽勒克所指出的第二起"事件"——即Geschichte 将 Histoire 吸纳到了自身之中——会同作为集合的单一性的历史概念的形成这一事件发生混淆。作为自身主体的历史的自主性最终决定着如何表现历史。历史在生产自身的过程中叙说着自己的话语。尽管存在像尼布尔(Niebuhr)这样的热衷于追求方法论上的精确性的一些零星的反抗,但 Geschichte 对于 Histoire 的吸纳还是发生了。关于历史的古老定义可以追溯至西塞罗("历史是对过去发生之事的真实叙述")以及在古代的时候赋予给历史的教育功能(历史是生活的老师),但这种古老定义被历史的新经验所占据,这种新经验会在发生的同时就自我反思。从这种历史的反思性中就产生了一个特定的历史时间概念,一种历史的时间化。①

在这一可被称为朴素或天真的阶段,历史一词所展现的是一种现实主义的内容,它肯定了如此这般的历史的真理诉求。②

在继续接下来的讨论之前,我们有必要考察一下"历史经验"这一表述,这一表述是科泽勒克的一本著作的书名,我们正在讨论的论文就出自这本书。科泽勒克说,"一个新的经验空间"已经敞开,"从此以后,历史学派就能沉浸其中汲取养料了"(引自页51)。而这一经验空间是同现代性相重合的。因此,我们可以简称之为现代历史经验。就此而言,从《已逝的未来》——在此书中,经验空间是与期待视域相对立的——开始,读者就将会在科泽勒克的用语中看到一个重要的变化(参见《时间与叙事》卷三,前揭,页375 - 391)。而由此开始被应用于如此这般的历史,并被现代性所规定的经验概念就拥有了三个时间环节。它将已经发生的过去、被期待的将来以及生存并行动着的现在联系了起来。所谓现代性,指的就是历史的这一将过去、现在和将来都包含在自身之中的全时间(omnitemporel)特征。历史概念除了具有这一全新的时间意义,它还拥有了新的人类学意义:历史是人类历史,并且在世界史的意义上,历史就是人类的世界史。人成了作为集合的单一性的历史的总体对象和唯一主体。

以下诸观念的出现:伏尔泰的"历史哲学"观念、康德的"就一种世界公民(cosmopolitique)观点而言的普遍史观念"、赫尔德的"人类历史哲学"观念以及被席勒升格为"世界法庭"的"世界历史"(Weltgeschichte)观念都必须被放回到这一前提的背景之上。随同"世界历史"被升格为"世界法庭"而一起出现的,除了历史叙

---

① "从历史概念中提取出历史时间,这是同现代经验相吻合的"(同上,页21)。
② "这一经验世界对于真理具有一种内在的诉求"(同上,页22)。后面又说道:"夸张点说,历史(Geschichte)就是一种与历史的可能性条件相关的先验范畴"(同上,页27)。德罗伊森(Droysen)会说,"历史就是它自身的知识"(出处同上)。

述领域的扩展,还有对于历史意义本身的普遍道德化反思。①

唯一缺少的就是诺瓦利斯所说的"历史自身生产自身"(引自《历史》,页48)的这一思辨维度。黑格尔的《历史中的理性》一书无疑是这一概念史诗的顶峰。现实和理性间的契约是通过客观精神的辩证法达成的,黑格尔认为,这一契约表现了哲学的最高理念。② 而历史本身就是这样一种联系,在其中,现实和理性达到了统一。于是,这种历史就与被指责为只在死人堆里转来转去的通常的历史学科拉开了距离。就此而言,我们必须要感谢黑格尔对世界这一抽象概念进行的批判,因为它已不再是精神赋予当下的生命力量。某种东西在这里昭示了自身的存在,而我们则不仅会在尼采对于生命的礼赞中找到对它的强烈表达,也会在海德格尔所说的本真过去之曾在和我们无法把握的已逝之过去的对立中发现它的痕迹。但我们不能以黑格尔哲学(启蒙运动的反神学倾向的继承人,而不是浪漫主义的继承人)为借口而对建立在历史和理性之统一基础上的一种世俗宗教的诞生不闻不问。历史就是精神在人类中的展开。如果科泽勒克能够谈论历史经验,那也是在历史概念填补了之前由宗教所占据的空间的前提之下。正是通过

---

① 在科泽勒克旁征博引的论文中,我们会读到不少重要思想家的思想,如克拉登尼乌斯(Chladenius)、维兰德(Wieland)、洪堡、施莱格尔、席勒、诺瓦利斯,尤其是赫尔德,更不用说德国历史学派那些重要人物了,如兰克、德罗伊森、尼布尔、布克哈特。

② "但哲学所提供的唯一理念就是理性这一单纯理念。理性主宰着世界,因此,普遍历史也理性地展开着自身。这种信念,这种观念相对于历史本身而言只是一种假设。但对哲学而言,不存在假设。在哲学中,思辨知识已经证明了理性——在这里,用理性这个词对于我们而言就足够了,不用再强调同上帝的关系——就是实体,就是所有自然生活或精神生活的无限力量和无限质料,也是其自身内容之实现的无限形式……这一理念就是真实、永恒和绝对的力量。它将自身展现在世界之中,世界所表现的只是这一理念以及它的崇高和伟大。而这就是哲学所展现的,也是我在这里想要展现的"(Kostas Papaioannou 的法译本,Paris,10/18,《哲学和论文》丛书,页47 - 48)。参见《时间与叙事》,卷三,前揭,"抛弃黑格尔",页349 - 374。《历史中的理性》的确是黑格尔最为单薄的一部作品,而与《哲学全书》和《大逻辑》这两座有待攀爬和征服的喜马拉雅山相比,它也的确显得有些无足轻重。

这一取代、这一相似性,唯心主义的历史哲学才能够超出简单的因果分析,整合多种时间性,朝向未来,或者更确切地说是,开辟一个全新的未来,并由此重新解释了历史是生活的老师这一古老说法,使它非常接近于法国大革命——一切断裂(rupture)之母——对于未来人类的救赎承诺。

但"断裂"一词指出了一条裂缝,后者从内部分裂了被认为是无所不包的、总体性的世界史概念。

我们可以看一看这条裂缝的种种越来越强烈的破坏效果。

对于一个历史(histoire une)和一个人类(humanité une)的观念的最小程度的背离来自我们广义上所说的——借用阿伦特的说法——人的多样性的各种反抗。这一多样性从作为集合的单一性的历史概念的内部开始分裂的工作。普遍史或世界史纳入自身之中的常常是各种特殊史。而这些特殊史则依据不同的标准而各不相同,这些标准可能是地理分布,可能是历史分期,也可能是主题划分(政治和外交史、经济和社会史、文化和心灵史)。人的多样性的这些不同面向不能被简化为历史学家这一职业内部的一种专业化的结果。这些不同面向与一个基本事实相关,即人类现象的碎片化,甚至散布。有一个人类,但有不同的民族(因此,很多19世纪的哲学家都谈到了"民族精神"),也就是说,有不同的语言、习俗、文化、宗教以及在政治层面上的不同的民族国家。民族这个参照系非常强大,以至于著名的德国历史学派的那些代表人物们从未停止从德意志民族的角度出发来书写历史。同样的情况也出现在法国,尤其表现在米什莱的作品当中。这其中存在着巨大的悖论:爱国的历史学家们宣称历史是世界史。于是,是否能够从一种世界公民的观点出发来书写历史便成了一个需要讨论的问题。

特殊史对于这种统合为一(globalisation)的反抗并不是最具威胁性的:我们可以认为,这或是与历史学家这一职业本身的能力限度有关,历史批判的方法需要一种在研究上越来越精确的专业化,或是与历史学家的身份特征有关,历史学家既是一名学者,也是一个公民,作为学者,他通过书写历史而制造历史,作为公民,他在政治舞台上和其他行动者一起创造历史。尽管如此,这一反抗仍然无法避免世界史或普遍史观念在认识论层面上的不确定性。世界史或普遍史观念是否是一种康德意义上的调节性(régulatrice)理念,它在理论层面上要求对各种知识进行统一,而在实践和政治的层面上则提出了一个可说是世界性的任务,即想要在各个民族国家之间建立和平并使民主理念在世界范围内得到传播?① 还是说,世界史或普遍史观念是像黑格尔所说的理念——理性和现实在这一理念中相互统一——那样的构成性的规定性(détermnante)理念? 如果它是康德意义上的调节性理念,那么历史应该是普遍的、世界性的;而如果它是构成性的规定性理念,那么历史事实上就是世界性的、普遍的,它在自我生产的过程中就变成为世界性的和普遍的。在这两种情况下,人的多样性的反抗就成了一种悖论,并且最终甚至会成为一桩丑闻。如果我们能改变莱布尼兹的充足理性原则——就这一原则而言,现象的多样性和复杂性都是整体观念的受欢迎的构成元素——,那么集合的单一性概念才能真正得到确立。在我看来,这一处于调节性理念和构成性理念之间的居中解释并没有超出一种有关历史的辩证概念的范围。

在我看来,普遍史或世界史观念在历史进程的时间化方面受到了更为彻底的检验。现代性使得历时性这一全新特点出现了,后者赋予奥古斯丁对于过去、现在、将来的古老划分以及尤其是与"灵魂的延伸"(distension de l'âme)有关的观念一种崭新的面

---

① 在这一审慎的表述的限度内,被认为是指导型科学的世界史观念在康德眼中是如此的不确定,以至于在他看来,这种世界史不仅还未完成,而且还没有找到它的开普勒或牛顿。

貌。在《已逝的未来》中,科泽勒克已经指出了进步说对历史时间的表象方面的种种影响。但进步观念并不仅限于指出将来——或更确切地说,即将到来的事物——相对于已经过去的事物而言,具有一种先验的优先性。与现代概念直接相关的新(nouveauté)这一概念(现代概念在德语中就被称为"新时代"[neuen Zeiten, Neuzeit])往少了说,包含了对于被打上过时烙印的之前时代的贬低,往多了说,则是一种相当于断裂的对于之前时代的否定。我们已经提到过19世纪欧洲知识界指出的法国大革命的断裂作用。在此之前,理性的启蒙使中世纪显得一片黑暗;之后,革命的冲动又使过去的时代变得一片死寂。世界史或普遍史观念的悖论是可怕的:打破历史统一性的力量同时也能创造历史的统一性?① 要超越这一悖论,那么新(nouveauté)的能量所释放的整合力量就必须大过来自于被认为是新时代奠基性事件的破坏力量。但新近历史的发展却远不能满足这一要求。多元文化主义的滋长是这一巨大困惑的来源。

对于过去的这一贬低现象产生了一些值得注意的结果。我们首先注意到一种不断增长的距离感,这种距离感是在数个世代的跨度内建立起来的,它逐渐消除了当代人对于前人的债责感(le sentiment de la dette)——借用舒兹(Alfred Schutz)的用语;更糟的是,当代人本身就属于这样一些世代,他们在活着的时候就感受到了一种当代的非当代性。其次,我们注意到一种历史的加速感,科泽勒克将之解释为一种期待和经验间丧失联系的结果,大量现象被感觉是在同一时间段中发生的重大变化。

历史统一性在时间化方面的这些深刻变化可以说就是奥古斯

---

① 科泽勒克引述了鲁格(Ruge)1843年写给马克思的一封信的内容:"除了完全与我们的过去一刀两断,我们无法延续我们的过去"(《历史经验》,前揭,页85)。在《德意志意识形态》中,马克思认为,只有将之前的历史降格为史前史阶段,共产主义的到来才会将当前的历史纳入世界史。

丁所说的灵魂的延伸的胜利,尽管它们使历史过程的目的统一性遭遇了威胁。而对记忆而言,一直存在一种可以求助的手段,就是在现在中识认出被回想起的过去这一重复模式。如果即将到来的新时代要求历史重建已经死亡的过去,但又没有给我们留下将这一过去认作是我们的过去的希望,那么历史能够提供出什么和记忆的这种识认(reconnaissance)具有相同功能的东西呢?这里出现了一个只有到下一章结尾处才会成型的主题,即历史的"令人不安的陌生感"(inquiétante étrangeté)。

如果对于过去的贬低缺少了这样一种更具摧毁性的力量,即对所有人类经验的历史化,那么这一贬低并不足以从内部破坏对于作为自足的整体的历史概念的肯定。如果对将来的重视没有附带对于被认为是永恒不变的信念内容的相对化的话,那么这种重视仍将是确定性的来源。就第二种作用——相对化——有助于从根基上破坏第一种作用——历史化(尽管到那时,历史化仍对自身抱有一种确定的期待)而言,也许这两种作用是潜在对立的。正是在这一点上,历史的概念史引出了一种在历史主义的危机中得到突显的两面性,这种两面性就像是科泽勒克所说的时间的历史化的一种反向效果。

这种两面性的破坏效果在进步说的神学版本,即基督教末世论的救赎史观念中表现得尤为明显。事实上,进步说的形成首先受惠于一种建立在"上帝的许诺"及其"实现"这一模型基础上的神学,而这一模型构成了哥廷根学派自18世纪以来的救赎史的雏形。而后这一模型继续滋养着历史神学,直至20世纪中叶。历史相对性对于救赎史的冲击是巨大的。如果启示是逐步展现的,那么同样的,上帝之国的到来就是一种历史的发展过程,而基督教的末世论也变成了一种过程。永恒的救赎观念丧失了它不变的指涉对象。因此,救赎史概念——首先被提出作为历史化之外的另一种选择,尽管它仅仅被当成是世俗的进步概念的神学对应物——反过来成为了整个历史化的一个组成部分。

事实上,所有经验领域相继受到了历史相对性的影响。观点概念和视角概念的胜利证明了这一点。有多少观察者,就有多少观点。我们当然可以将这一看法归之于莱布尼兹,但其代价是放弃由各种观点组成的集合这一强大的参照系。一旦撇开所有特出的看法,观点的多样性观念就成了一种典型的反教条观念。但问题在于,认为一切观点都具有相对性的这一观点是否不会通过自我指涉而自我摧毁。"所有主张和评断都相对于说出它时的历史条件"这一以怀疑主义赋予它的极端方式表述出来的看法很有可能会被指责为犯了一种阿佩尔(Karl Otto Apel)所说的"述行矛盾"(contradiction performative)的错误,阿佩尔认为,怀疑主义的支持者们在面对有效性这一伦理-法律概念时就犯了"述行矛盾"的问题。① 我们可以扪心自问,真理概念以及善好和正义概念是否可以在被完全历史化的情况下而不消失。历史的时间化所导致的相对性可以使对立的一方在一段特定的时间内向另一方发出意识形态上的责难——通过这样一个不容置疑的问题,"您是站在什么立场说的?"——,但它最终会回转过来反对说出它的人,并内在化为一种无力的怀疑。②

---

① 所谓述行矛盾指的是,这一矛盾并不是关于陈述的语义学内容的,而是关于说出它的这一行为——自认为是真实、无关联的——的。

② 根据科泽勒克的说法,J. M. Chladenius 自 18 世纪中叶以来已经察觉到了观点概念的反作用(《历史经验》,前揭,页 75)。科泽勒克说道:"Chladenius 建立了一个直到今天也没有被超越的理论框架"(同上,页 76)。施莱格尔在《论新史学:讲课稿 1810-1811》(Über die neuere Geschichte. Vorlesungen 1810-1811)中非常清晰地阐述了他对黑格尔的反对意见:"疑难表现在追求真理的事实及其历史相对性之间"(页 79 和页 279)。更重要的是,施莱格尔看到了存在于黑格尔思想中的致命矛盾,即想要综合"所有观点"(我们可以在黑格尔的《历史中的理性》一书中找到这一表述)的野心以及哲学家对于自由、理性和权利的辩护间的矛盾。在总体化和采取立场之间,在思辨理性和富有争议的判断之间存在着难以察觉的矛盾。

在这篇名为《历史》的论文的最后,科泽勒克阐明了他的观点。在陈述了兰克对于历史学家在当时的争论中企图悬隔一切立场的做法的顾虑之后,科泽勒克说道:"同这些与这场从前的争论相关的立场一样(也许更多),'历史本身'这一表述的两面性具有这样一个特点,即它可以同时释放出所有可能反对自己的意见"(引自页80)。侵蚀"历史本身"这一概念的所有这些矛盾都表明了绝对知识的这种企图以及激发这种企图的傲慢是靠不住的。科泽勒克所说的"历史经验"是否没有超出我所说的批判诠释学层次的概念史的范围以及是否没有使用属于存在论诠释学的存在论范畴,这将是另一个问题。以上就是对于历史一词的双重含义——作为已经发生的事件的总体以及作为这些事件的关系总体——的思考所试图让我们理解的东西。

第二节 "我们的"现代性

我们已经说过,对于历史的批判哲学的主要任务就是反思一种想要成为绝对知识的历史的自我知识试图跨越的各种界限。作为集合的单一性的历史跃升成为自身的主体,即历史(l'Histoire),这最为鲜明地表达了这一知识想要成为绝对知识的诉求。但这种尝试不是唯一的。这一诉求的第二种更为隐蔽的形式与第一种形式正相反:它想要将历史之当下(le présent historique)上升为绝对,而这一历史之当下不仅被作为观察的立足点,甚至还被当作在此之前的所有形态,尤其是文化形态的法庭。这一企图隐藏在一个概念的种种迷惑人的特征之下,这个概念乍看起来,似乎完全没有丝毫越界的迹象,这个概念就是现代性。只有当我们恢复了它完整而精确的表述,即"我们的"现代性之后,这一概念所包含的不可能的诉求才会赤裸裸地显露出来。"我们的"现代性指的是这样一种观念,即"我们的时代是由以下特征构成的,即与过去相比,它既是不同的也是'新'的"。① "我们的"、"我们的"年代、"我们的"时代、"我们的"现在,这些都是现代性概念的同等表述。这里的问题是:"我们的"时代如何才能绝对地反思自身? 这个问题与我们之前讨论过的一个问题是极其相似的,这个问题就是作为集合的单一性的历史想要在绝对的意义上成为自身的主体,即历史本身。在放弃这种站不住脚的观点之后,绝对反思的诉求不得已而选择这一集合的单一性的反面,即独特的历史时刻,历史的当下。如果说,人们已经放弃了追求历史本身,那么相反,在今天仍有很多人坚持历史的当下的绝对地位。也许这一诉求本身是不可避免的,就像尽管存在种种批判,但总体史——历史学家们划定的历史领域正是在此基础上突显了出来——仍以世界史或普遍史的名义被不断地提及。针对现代性概念采取严格的不可知论也许是不可行的。如何在事实上不用去说我们生活在什么时代? 如何不用去说我们所生活的时代与其他所有时代的不同和新意? 我们从批判中所能得到的唯一答案就是承认所有关于"我们的"现代性的"真正"含义的讨论都是富有争议和没有结论的。

我将首先论述姚斯(H. R. Jauss)所说的现代性一词的"历史循环",它与"我们的"时代试图成为这一循环的例外并绝对地反思自身的诉求是直接对立的。② 历史编纂活动的表象理论——正如它在本书第二部分所表现的那样——表明了这一"历史的循

---

① H. R. Jauss,《在文学传统和当代意识中的"现代性"》(La " Modernité" dans la tradition littéraire et la conscience d'aujourd'hui),见 *Pour une esthétique de la réception*, C. Maillard 的法译本,Paris,1978,页158 – 209。

② 姚斯在其论文的开头就指出,现代性一词"表现了这样一种悖论,即现代性一词的反复出现显然已经否定了现代性本身的诉求"(同上,页158)。与打击了"历史本身"想要绝对地自我反思的企图的相对性相类似的一种相对性也会直接影响"我们的"现代性想要与之前所有的现代性完全区别开的企图。我们将会简略地提及折磨现代性话语的不可避免的争论,将它看作是伴随当下的意识无法从整体上进行自我反思这一状况而出现的现象。

环"。"现代性"这一表象与其他表象存在一个巨大的差别,即它不是诸表象之一,它是这一表象活动自我产生的表象,在其中,表象-对象和表象-活动是重合的。撇开这一差别不论,"现代性"这一自我表象声称它表征了将其自身的话语包含在内的整个时代。然而,有不少时代被描述为是现代的。而从这种重复中产生了与"我们的时代"相关的悖论。

我们可以跟随这样一种历史学家的叙述,它讨论了属于同一语义学领域的那些术语的先后出现并且再次阐述了那些术语选择,这些选择将我们带向了"我们的"现代性以及作为当下历史的行动主体的我们。我们会遭遇这样一个时刻,在其中,对于现代性的或明或暗的抬高使这一表述具有了一种规范意义。

勒高夫在《历史与记忆》中的论述就是这样一种讨论。① 他通过下述方式将这些区分联系了起来。首先,在形式层面上被提出的是之前(l'avant)与之后(l'après)这组区分,它包含在与同时性和相继性有关的概念中。过去与现在之间的对立就建立在这一区分的基础之上,而这一对立又决定了历史学家在"社会历史意识"(《历史与记忆》,页33)层面上作出的种种区分。通向现代性概念的关键性区分是由"古代"(antique)与"现代"(moderne)间的对立构成的。② 勒高夫认为,这一对立"是在一个复杂而含混不清的背景下发展起来的"(前揭,页59)。事实上,"现代的"一词的对应词已几经改变(古代的[antique]、古老的[ancien]、传统的[traditionnel]),与此同时,它又和不同的同义词(最近的[récent]、新[nouveau])有着千丝万缕的关系。此外,这些成对出现的词语中

---

① Jacques Le Goff,《历史与记忆》(*Histoire et Mémoire*, Paris, Gallimard, 1996)。作者(页33-58)先后考察了心理学家(皮亚杰、弗雷斯)、语言学家(维因里希、本维尼斯特)、人类学家(列维-斯特劳斯、霍布斯鲍姆)和历史学家(夏特莱、杜普龙、布洛赫)眼中的历史概念。

② 同上,页59-103。

的每一个都还有贬义、褒义或中性的含义。"现代"(副词 modo 表示最近)和"古代"(表示过去的东西)第一次出现在中古拉丁语(bas latin)中时,它们的含义都是中性的。之后,当"古代"代表基督教取得胜利之前的希腊-罗马世界,并且至此之后"古代"一词就将专指希腊-罗马世界时,它的意义就不那么中性了。① 当从 16 世纪开始,"新的"这个褒义的定语同"现代"一词连接在一起时,当依照古代、中世纪、现代(德语中是新时代)这种历史划分,现代不仅与古代相对,还与中世纪相对时,现代一词的意义就不再是中性的了。当古代——在历史上已经成为过去——在 16 世纪文艺复兴时期重新成为榜样和典范时,这种暧昧性又被进一步加剧了。②

于是,历史叙述就和或褒或贬的评价交织在了一起,而这些评价又叠加在了以波米扬所考察的时间智慧学(chronosophie)的方式所出现的时期的各种变型结构(统治期、时代、纪元、时期,甚至世纪,就像在大世纪、路易十四世纪以及启蒙世纪这些表述中所体现的那样)上。历史学家见证了这种使得"我们的时代"的优越性成为争论话题的意义的增加。当"新"这一概念将传统概念——从对流传物的传承这个意义转变为反抗新观念和新风俗的同义词——作为其对立面时,上述情况又发生了改变。文艺复兴这一

---

① 我参考了库尔提乌斯(E. R. Curtius)博学的巨著《欧洲文学与中世纪拉丁语》(*La Littérature européenne et le Moyen Âge latin*, Berne, 1948; Jean Bréjoux 的法译本,两卷, Paris, Pocket, coll. « Agora », 1986)。库尔提乌斯指出,他在中世纪所使用的概念中只看到了对来自于古代的原型的重复("现代性"[La Modernité],引自页 159),姚斯却完全与之相反,他强调了中世纪概念的原创性。尤其是对于类型学的使用构成了一种原创的关联模式。"类型学的泛滥"这一观念甚至成了包含在下述赞美——Jean de Salisbury 认为这一赞美来自于伯德·德·夏尔特(Bernard de Chartres)——中的广为人知的模糊性的关键:"我们是站在巨人肩膀上的侏儒。"哪一个更值得推崇,是巨人的坚实稳靠还是侏儒敏锐的眼光?

② 关于文艺复兴时代,参见姚斯,《接受美学》(*Pour une esthétique de la réception*,前揭),页 170–175。

循环论概念却使事情变得复杂起来,文艺复兴是对一个被重新发现的过去——异教的希腊-罗马时期——的赞美,它超越了由新事物的出现所产生的断裂效果。模仿概念——本身就来自古希腊语中的 mimēsis 一词——正是出现在线性论和循环论交汇的这个十字路口上:模仿到底是复制意义上的重复还是复活意义上的重复呢? 17 世纪在英语和法语世界所爆发的著名的古今之争就是围绕着对于古代模式的典范性的这些相对立的评价展开的。① 最终胜出的是以进步观念——可以看作是一个处所(topos),因为在这一"共同的处所"(lieu commun)中,与传统之古旧相对的现代和新的联合得到了确立——为代表的线性论。

在下面我们即将讨论的两篇重量级论文——杜尔戈(Turgot)的《对人类精神进步史的思考》(*Réflexions sur l'histoire des progrès de l'esprit humain*, 1749)和孔多塞(Condorcet)的《人类精神进步史表纲要》(*l'Esquisse d'un tableau des progrès de l'esprit humain*, 1794)——中,"现代"、"新"、"进步"这一组概念是作为同一个意群(syntagme)来使用的。作为整个人类指南的史表就是对西方精神成果的一个总结。就元史学的层面而言,对于现代的赞美使历史对于自身的总体反思以及对于重要的历史时刻的反思重合在了一起。重要的是,从此以后,对于将来的展望和对于过去的回顾就相互联系在一起了。自此以后,就可以从将来的角度来看世纪。正是在此意义上,不同于我们的现代性的各个世代的未来就成了已逝的未来——根据科泽勒克《已逝的未来》(*Die vergangene Zukunft*)一书的书名——,即已不复存在的将来,也就是已不再是我们的将来。但现代性的概念史在欧洲启蒙运动之外继续发展着,而且用语上

---

① 关于古今之争,参见姚斯,同上,页 175 - 180。姚斯指出,这一"争论"可以追溯到法国启蒙世纪的开端(前揭,页 175)(就像狄德罗和达朗贝尔在《百科全书》中兴奋地宣称的那样),它的争论点就是古代模式的所谓的典范性。

的不确定性也在增加。"古代的"(antique)对于"古老的"(ancien)的替代已经表明了现代和古代之间的历史距离。伴随"古典的"(classique)——意为不可消除的、典范的甚至是完美的——对于"古老的"的代替的是"浪漫主义的"(romantique)对于"现代的"的代替。通过浪漫主义,现代重新发现了它的"哥特的"(gothique)和"古代的"双重过去,而且孟德斯鸠提出的每个时代每个民族都有其特质的观点也减弱了我们的时代优越性。在这段历史中最令人惊讶的也许是"小说"和"浪漫主义"这两个词的命运了①:正如在骑士小说——这些用民间语言写就的诗歌——中,虚构充斥在关于世界的意象当中,而除了一切优美的风景,生活的诗篇被怪诞的东西所占据;亚里士多德在著名的《诗学》中就提出,在真理的序列中,史诗和悲剧高于单纯的历史。于是,在现代性观念中占据主导的不再是与时间观念的和谐一致,而是对现代的不满和冲突。现代性正在通向通过自我反对来定义自身的道路上。而在这条道路上,德国和法国占据了截然不同的位置,法国大革命的巨大断裂一直延伸到习俗和品味的层面上。为了赋予现在的唯一现实性一种无与伦比的地位,司汤达——没有他,波德莱尔将是不可理解的——不再用古代作为对照。②

在这里,我们有关现代性的讨论将突然改变方向。我们不再

---

① 姚斯,《接受美学》(前揭),页187-197。姚斯引述了1798年的《法兰西学院词典》(*Dictionnaire de l'Académie*)对于 romantique 的解释:"通常指能够让人联想到某些描述、诗歌和小说的地点和风景"。之前我们已经讨论了 E. Casey 所指出的风景在我们对居住空间的认识中所发挥的作用。而在德语世界中,是赫尔德及其后的德国浪漫主义将哥特式艺术提升到了诗歌真理的行列。

② 姚斯指出,在司汤达看来,"浪漫主义不再是超越了当下之存在的诱惑,不再是日常现实和遥远过去的两极对立;浪漫主义就是今天的现实和美好,当它变成昨天的现实和美好的时候,就会不可避免地丧失鲜活的吸引力,并且只能成为一种历史的兴趣"。浪漫主义是"向人们提供文学作品的艺术,在人们当前所具有的习惯和信念的条件下,这些作品能给人们带来最大程度的愉悦感。而古典主义所提供的则是能给他们的曾祖父们带来最大愉悦感的文学作品"(同上,页196)。

讨论以一种表象史方式展开的有关"现代"一词的过去的用法史,讨论将转向"我们的"现代性的各种意义以及今天谈论着现代性的我们。于是,我们试图将"我们的"现代性同"其他"现代性,同在我们之前被称为现代的时代区分开。由此使现代性概念从今往后在我们的话语中从一个重复性概念变成为一种与我们身体的此时和此地一样的独一无二性的指标。换言之,主有形容词"我们的"是对于整个时代的一个指示词:谈论的是"我们的"时代。它不同于其他时代,就像亲身经历的"此时"和"此地"不同于"那时"和"那里"一样。绝对存在——无关联意义上的——是自我确立和自我指示的。德贡布(Vincent Descombes)是在下述话语中开始他讨论"现代"一词的当代用法的论文的①:"在其他时代,像'当代'(temps présent)、'现代世界'、'现代性'这些词已经代表了种种革新和断裂的现象。""在其他时代"?这一表述已不再属于一种客观的表象史了,它表示不再是我们的时代的那些时代。论文继续写道:"在过去的二十年间(从写作这篇论文的此刻算起),现代和现在这些主题使哲学家们有机会转向他们的过去。所谓的现代似乎在我们之后"(《一个编年学问题》[Une question de chronologie],见 Penser au présent,页43)。我们不再作为过去种种表象的单纯观察者和编年史作者来谈论这些表象。我们是以继承者的身份来谈论这些表象的。事实上,我们所谈论的正是启蒙运动的遗产。争论的口吻很快出现了:"其预设是只存在唯一一种启蒙运动的遗产"(前揭,页44)。这个预设是谁提出的?这些人没有被具体地指名道姓出来,论文作者让这些人以第二人称称呼我们:"你们不能分裂这一遗产"(同上)。思考的基调从回顾转向了论战。与此同时,思考变得更为集中于某

---

① Vincent Descombes,《一个编年学问题》(Une question de chronologie),见 Jacques Poulain, Penser au présent, Paris, L'Harmattan,1998,页43-79。

一部分:"对我们而言,法国启蒙运动与法国大革命及其历史后果是不可分离的。我们对于启蒙哲学的反思既不同于那种将美国革命作为坐标的反思,也不同于那种认为启蒙就是一种没有直接的政治学翻译的 Aufklärung"(前揭,页 44–45)的反思。这就是为什么我们甚至不知道如何将英语词 modernity 翻成法语,比如列奥·施特劳斯(Leo Strauss)就在其讨论卢梭的著作《现代性的第一次危机》(The first crisis of modernity)中使用了 modernity 这个词,他的现代性概念既建立在编年学的基础上,又以一种将极端论和反动论对立起来的话语为基础。事实上,不再属于我们的现代性处在这样一种编年学当中,它对于它所给予秩序的内容不再是中立的和不偏不倚的了:"但这不再是哲学家们(过去的二十年中的哲学家们)所接受的那种不偏不倚的编年学了,它成了这样一种编年学,其中的思想和事实的时期是与它们的意义相对应的,而不是与日历相对应"(前揭,页 48)。就启蒙思想家们传播了这样一种历史哲学——可以被称作波米扬所研究的关于过去的时间智慧学(chronosophie)——的优先性主张而言,这种编年学,这种"哲学编年学"(前揭,页 50)本身就成了争议对象。前面以一种客观的历史编纂学的口吻提到的孔多塞的史表中的各个"时代"也遇到了同样的状况。这些"时代"符合这里所说的哲学编年学概念:现代在这里指的不仅是当下的这个时代,还代表理性胜利的时代。这种历史分期是哲学的。我们还能称之为一种编年学吗?事实上,现代性不仅自己抬高自己的价值,还自我指称。通过指出自身是当下的,并在此意义上是独一无二的,它将自身描述成一个优越于其他时代的时代。与此同时,德贡布还指出,"现代性"一词的其他用法对孔多塞而言仍是陌生的,比如将抽象和实践间的差距以及与之相伴的传统与偏见纳入考虑的范围,再比如,"现代性"一词还有一种用法,它重新指出了人类模式的历史相对性,因此我们在古代的杰作中看到的不是失败,而是另一个时代的杰作。① 历史学家所欢迎的相对性是否一下子就成为了今天的现代性? 不管怎样,至少对孔多塞而言,现代(le moderne)不再是我们的。

为什么现代不再是我们的? 因为波德莱尔,他使得"现代性"一词在进入法语时得到强调的不是"现代"(moderne)一词——就"现代"这个词仍是一种抽象理性的规范概念而言。"现代性"现在表示"一种历史的自我意识"。"不存在现代性,存在的是我们的现代性"(前揭,页62)。在规定了现代和古代的时间位置差异的纯粹时间表征的根基处,存在着一种提取行为,即从现在中提取出值得被留下,值得成为古代文明的东西,即生命、个体性和世界的多样性——根据我们可以在《现代生活的画家》(Le peintre de la vie moderne)中读到的表述,即"生活之美"。画家正是在习俗,更确切地说,是在街道和沙龙所构成的这一新的社会空间中获取其绘画形象的。以习俗为参照的这样一种做法——通过司汤达,甚至可能还通过赫尔德(对他而言,所有文化都应该被同等地看待)而与孟德斯鸠遥相呼应——使波德莱尔承认说:"所有时代和所有民族都有他们的美,我们不可避免地也有我们自己的美"(德贡布引述,前揭,页68),"有多少种追求幸福的习惯方式,就有多少种美"(前揭,页69)。我们可以在一种非编年学——德贡布强调,这里所说的编年学指的是一种从根据古今之分进行安排的内容中提取出来的编年学——的意义上谈到"世纪道德"(morale du siècle)。一段时期和一个时代都意味着"一种理解道德、爱、宗教及其他等等内容的方式"(前揭,页72)。我们看到,就所有习俗不仅具有合理性,甚至还有体现了"习俗之理性"(前揭,页73)——它和语言具有相同的多样性——的自身逻辑性而言,可以从中引

---

① "孔多塞绝不会认为精神发展存在一些无法比较的阶段或存在一些无法类比的参照模式。一切相对性的观念对他而言都是陌生的"(同上,页61)。

出某种世界主义。但我们在波德莱尔讨论世界主义的文章《1855年世界博览会》中读到的波德莱尔自己所说的一种"难以言喻的超越存在"(前揭,页 74)指的又是什么呢?致力于"对各民族及其文明成果进行比较"的波德莱尔承认,"在那个无法定义的存在(CELUI)看来,它们用途相当"(同上)。可以在不诉诸一种无法定义的存在的情况下赞美多样性吗?

在这段分析的最后,我们可以看到为什么波德莱尔的现代性已不再是启蒙运动的现代了。① 但波德莱尔的现代性还是我们的现代性吗?还是说我们的现代性也已经同波德莱尔的现代性拉开了距离?

如果说,对表象史而言,现代性概念是一个重复性的概念,那么我们所说的"我们的时代"就与其他人的时代及其他时代区别了开来,这样我们就能对我们的现代性和之前的现代性作出区分。于是,根据它指的是在表象史中重复出现的现象还是对于我们的不同的自我理解,在"现代性"一词的这两种用法间产生了竞争,而对我们而言,这两种用法都受到指示词"我们"——从此以后便与描述词"他们"(eux)拉开了距离——的支配。

当现代性话语无视存在于想要通过同其他时代的差异来描述我们时代的这一主张中的悖论而去讨论我们的时代所维护和表现的价值时,现代性话语再一次发生了转变。由于事先缺少一种对于这种评价的各种条件的反思,因而赞美和指责注定会在一场无休止的争论中交替出现。我们甚至不必像德贡布那样在由内容规定的编年学和由日期规定的编年学之间作出区分。对我

---

① 德贡布的论文并没有超出这个结论:"我已经尝试为以下观点辩护:从一个法语写作者的角度来看,现代性观念表达了一种(困难取得的)同意,即同意只能够表现人类的一部分。而说到我们的现代性,就是指同意不立刻将人类最崇高的愿望表现在我们的语言、制度和杰作中"(同上,页 77)。如果想要继续这一思考,可以阅读德贡布的《大时代哲学》(*Philosophie par gros temps*, Paris, Éd. de Minuit, 1989)。

们而言,以下事实是不言而喻的,即完全有可能根据和其他时代相较而言的差异来合理地规定我们的时代。在这种比较中,可以直接看到我们时代的优缺点。如果这一讨论顺利展开——在我看来,查尔斯·泰勒(Charles Taylor)的那本名为《现代性之隐忧》(*Le Malaise de la modernité*)①的小册子中的情况就是这样——,那么通过明智地将现代和当代等同起来就能避免关于"我们的"现代性的话语的奇特性。查尔斯·泰勒的上述著作是这样开篇的:"我在这里想就现代性的某些隐忧展开论述。所谓隐忧,指的是我们当代文化和社会的特点,尽管我们的文明在'发展'着,但人们仍视这些特点为一种失败或衰弱"(《现代性之隐忧》,页9)。如果习俗、观念、实践和感受的发展不是不可逆的,那么争论就可能不会发生。正是通过无视这种不可逆性,标志着我们时代的前进或倒退、改进或衰落的问题才会被提出。需要被讨论的是一些"特点",它们不是被其时间位置——今天——所规定,而是由它们在道德等级上的位置所规定。弱化整个编年学的工作很快展开了。如果"某些人认为,17世纪以来的整个现代都处在一段长时间的衰落期"(同上),那么重要的不是这一编年学,而是"围绕着几个主旋律发生的变奏"(同上)。而这涉及的正是"衰落的主题"(同上)。那么是谁作出这种评价的呢?在整本书中被称为"人们"的人。争论没有明确的辩护人,这没有什么可惊讶的。但是与此同时,争论离开了对当前时代——构成了历史的现在——之意义的整个考察的各种界限的反思领域。事实上,泰勒讨论的三个主题都属于一种道德评价,它们从一开始就没有特定的时间规定,但却始终伴随时代特点。泰勒所考察的三个"隐忧"便是如此。第一个隐忧是个人主义这个"现代性最美丽的成果"(前揭,

---

① Charles Taylor,《现代性之隐忧》(*Le Malaise de la modernité*, Paris, Éd. du Cerf, 1994)。

页10)。讨论的核心内容是全然道德的:第一个隐忧是"关于我们可以称作意义的丧失、道德视野的消失的东西"(前揭,页18)。第二个隐忧是由技术统治所造成的,它指的是工具理性的统治所导致的对我们的自由所造成的威胁。第三个隐忧则涉及一种"柔性的"(doux)专制——借用托克维尔的表述,它是现代国家施加于其受到控制和监管的公民的。对这三种隐忧的考察让现代性的批评者和现代性的维护者正面对峙。但对峙双方现在的观点却不是书中所要讨论的内容。因此,只被略作阐论的第一个隐忧引出了关于"真实性理想的道德力量"(前揭,页25)的讨论。泰勒的立场的有趣之处在于,它试图通过"一种回到源头的工作——通过它,这一理想可以帮助我们恢复我们的实践"(前揭,页31)来避免在厌恶和辩护间徘徊,也避免妥协折中。而对于"真实性源头"(前揭,页33以下)的讨论却始终在历史和非历史的思考间摇摆。"真实性伦理是一个相对新近出现的东西,它是现代文化独有的"(前揭,页33),这一事实从一开始就得到了确认。就此而言,这一伦理是有明确的时间定位的:它的"源头"在浪漫主义那里;"源头"一词在这里指的是一种历史起源;但它也有"基础"的意思;此外,强调的重点逐渐从起源问题转向了一种"重要问题的视野"(前揭,页48),如"承认的需要"(前揭,页51)。对于自我实现这一个人主义理想的这番长篇讨论是对其他两个隐忧进行探讨的范本。在这些讨论中丝毫没有提及讨论的主要参与者们现在的观点。如果这些没说的内容应该被说出来,那也需要依靠对于普遍和现在这两者间关系的澄清。一方面,对于某些现代性主题的辩护和阐述假定了一种伦理-政治的普遍。另一方面,发表这番言论的辩护者们会在社会巨变中认出自己。如果历史的现在可以认为它是自我反思的,那它也只能作为普遍和历史的结点。关于"现代性"的好处和坏处的理性讨论就应该在这个方向上进行。

随着"后现代"一词——英语作者经常将它作为现代主义的同义词来使用——的出现,现代性讨论进入了第四个阶段。后现代否定性地包含了对于现代及现代性的一切可接受的意义的否认。在对于现代性概念的最近用法中,仍包含着对于其差异和对其自身的自我偏好的某种程度的合法化,就此而言,对任何规范性论述的拒斥就会不可避免地使那些自称为后现代主义的观点失去所有可接受的和可能的辩护。

利奥塔(Jean-François Lyotard)在《后现代状况》(*La Condition postmoderne*)①一书中就对这一状况进行了明确的假定和分析:"我们的研究假设是,随着社会进入后工业时代以及文化进入后现代,知识的地位也发生了改变"(页11)。那么说出这一假设的话语本身又具有什么样的地位呢?后工业时代有其自身的社会学标记,并且可以精确地列举出它的特征:"这些都是明显的证明,而且类似的例子不胜枚举"(前揭,页12)。信息学霸权以及它所强加的逻辑成了一种可确定的标准,而它们所导致的知识的商品化和社会的信息化亦复如是。

在利奥塔看来,合法化话语已然失败,无论这一话语是以实证主义话语——我们已经在年鉴学派之前的方法论学派身上看到了它在史学中的体现——的面目出现,还是以伽达默尔以及他在德国和法国的信奉者的诠释学的面目出现。于是,利奥塔提出,要在这些合法化话语中找到投注在这些"宏大叙事"中的修辞力量,比如以基督教神学的世俗化形式出现的修辞力量,它尤其表现在20世纪的马克思主义当中。这些宏大叙事已不再可信。无论愿不愿意,我们已然处在一种去合法化(délégitimation)的话语当中。② 与

---

① Jean-François Lyotard,《后现代状况》(*La Condition postmoderne*, Paris, Éd. de Minuit,1979)。

② "宏大叙事已不再可信,无论它是以思辨叙事的形态出现,还是以解放叙事的形态出现"(同上,页63)。

哈贝马斯——对他而言,现代性是一项未完成的事业①——相反,利奥塔不仅敏锐地洞察到话语之间是不可调和的,而且他还指出,想要在争论的最后达成共识的愿望是无力的。② 在这些差异和不一致中,唯一可见的亮点就是由小叙事支持的,以共识的局部形态为依托的,由无法克服的分歧构成的一种正义实践。

如果共识的标准(critère d'accord)这一概念本身就是富有争议的,那么,如何才能结束一场论战,比如,利奥塔和哈贝马斯间的论战呢?更重要的是,我们如何才能直接进入一场论战,而这场论战规避了对我们生活于其中的时代进行描述的可能性这一先决问题?对"我们的"现代性的诉求和对我们的时代,或至少对像后现代这样的当代潮流的自我指称都面临这一难题。后现代这一概念——如果它是一个概念的话——必然极富争议,并带有一种无可争议的揭露的修辞力量。但之前提到的述行矛盾(contradiction performative)的一种隐蔽形式也许使这一概念不得不称自己是未被思考的和不可思考的。③

---

① Jürgen Habermas,《现代性:一项未完成的事业》(La modernité, un projet inachevé, Gérard Raulet 翻译,见 Critique, 1981 年 10 月,页 950 – 967,这是哈贝马斯于 1960 年 9 月 11 日在法兰克福接受阿多诺奖时发表的演讲)。作者指出了后现代话语的审美倾向以及与放弃自由主义政治的伟大事业有关的保守主义和机会主义的危险。

② "共识只是讨论的一个阶段,而不是它的终点"(《后现代状况》,前揭,页 106)。

③ 事实上,利奥塔最重要的著作是《异争》(Le Différend, Paris, Éd. de Minuit, 1983)。在一段措辞强硬的开场白之后("与争论[litige]不同,异争是两方[至少]之间的一种冲突状况,而且由于缺少适用于冲突双方的论说的判断标准,因此,这种冲突是不可能被公正地化解的"[页9]),是对"义务"(obligation)概念(页 159 – 186)进行的列维纳斯式的讨论("通过自由,因果关系给出迹象,但永远不会给出任何明确的结果或结果链"[页186]),著作的最后对叙述进行了探讨,这一探讨构成了著作的最后一章"历史的迹象"(«Le signe d'histoire», 页 218 – 260)。这本著作令人迷惑的结尾难道没有将我们从异争带回到争论吗?争论不就是在这里进行的话语类型分析所具有的话语状态吗?作者将这一反对指向了自身。"当你宣布存在争论的时候,你就已经是从一个'普遍'的观点,即话语类型分析的观点出发来进行判断了。这种观点对叙述并不感兴趣。你还会对它们造成伤害……"(同上,页 227) (转下页注)

第三节　历史学家和法官

也许将历史学家的工作和法官的工作做一番比较是很有必要的。为什么要在这里，在对历史知识的界限的批判性反思的框架内来进行这一比较？那是因为由历史学家的真理诉求和法官的正义诉求所决定的他们各自的角色使其可以在公共空间中相对于那些社会行动主体而言占据第三方的位置。而这个第三方的位置是同公正不偏(impartialité)的要求联系在一起的。也许相比于之前提到的真理诉求和正义诉求而言，这一要求显得相对温和。而由像历史学家和法官这样不同的两个角色来承担这一要求的事实已经表明了这个共同要求的内在界限。此外，历史学家和法官之外的其他角色也可以承担这个公正不偏的位置：在民主国家传播知识和价值的教育工作者，处于仲裁地位的国家及其行政机关，最后以及尤其是那些处在类似卢梭的《社会契约论》中的处境以及类似罗尔斯在《正义论》中所描述的"无知之幕"处境中的公民。就真理诉求和正义诉求在合法性界限的边界处是一个受到关注和审视的对象而言，体现在上述这些角色中的第三方位置所具有的公正无偏的要求属于一种历史批判哲学。就此而言，这一要求就必须要被放在绝对第三方的不可能性这一标题之下来考察。

现在来谈谈所有那些想要成为第三方的角色都要具备的作为思想和道德德性的公正无偏。内格尔(Thomas Nagel)在《平等与偏爱》(*Égalité et Partialité*)①中对这一德性进行了出色的分析。在"两

（接上页注）

我在下面讨论法官和历史学家的部分特别提到了分歧(dissensus)——与利奥塔所说的争论(litige)相近——的治疗和教育功用。我们同样将会在讨论艰难的宽恕的结语部分遭遇相互纠缠的(inextricable)和不可补救的(irréparable)这两个相似概念。

① Thomas Nagel,《平等与偏爱》(*Égalité et Partialité*[1991], Claire Beauvillard 译, Paris, PUF, 1994)。

种观点"这一章中,作者用下述这段话定义了一个公正无偏的判断的一般条件:"我们对于这个世界的经验以及几乎我们所有的欲望都属于我们的个人观点:可以这么说,我们是从这里出发来看待一切事物的。我们同样可以从我们在这个世界当中的特定位置,从我们自身出发来抽象地思考世界。比从自身的偶然性出发的抽象极端得多的抽象是可能发生的……我们每个人都是从自身的忧虑、欲望和兴趣开始的,而且我们每个人也都会承认其他人也都如此。于是,我们可以在思想中离开我们在这个世界中所占据的特定位置,并思考所有人,而没有单选出我(I)作为我们的代表"(《平等与偏爱》,页9)。我们可以将这种无观点的观点称为无人称的(impersonal)。它既是认识的又是道德的。我们也可以称其为一种思想德性。既然其他观点就是其他人的观点,那么认识方面指的就是观点内部的这种两分,而道德方面则是指对各种观点在价值上的平等和尊严的隐含的肯定:"在第一阶段,从无人称的观点中产生的基本洞见是每个人的生活都是重要的,没有一个人比其他任何人更重要"(前揭,页10)。还有,"事实上,我们应该这样活着,就像我们是在一个公正无偏的仁慈的世界旁观者的指引下生活一般,而在这个世界中,我们只是几十亿分之一"(前揭,页14)。《平等与偏爱》的余下部分就是在讨论公正无偏观念通过平等观念对一种正义理论的贡献。我们对法官和历史学家各自所诉求的公正无偏的美德的考察是对内格尔的这部著作的一个回应。法官和历史学家分享相同的职业伦理,这一伦理被总结为下述名言,即不喜,不怒(nec studio, nec ira)。不要奉承讨好,也不要有报复的想法。

历史学家和法官如何以及在何种意义上满足了铭刻在其职业伦理中的这一公正无偏的原则?他们又是依靠哪种个人或集体的社会政治力量做到这一点的?这些问题是那些历史(l'Histoire)想要置身于所有观点之外的要求所提出的问题的延续,也与现时代想要对现代性的所有过往形式作出评判的问题相关联。历史学家角色和法官角色之间的对比在许多方面构成了一个经典议题(locus classicus)。除了在历史学和法学这两门学科的那些著名发言人中取得普遍共识的那些思考之外,我想展现由发生在20世纪末的那些极端暴力、残酷和不公的惨剧闯入历史而引发的一些富有争议的思考。这些事件已经在上述所说的两种职业的领域内引发了强烈的不安,并且这种不安在公共意见领域内留下了一些可以充实和更新某种讨论的文献资料,而对这一讨论而言,要在专家间取得良好共识将不再可能。

就法官和历史学家这两种职业所受到的最一般和最稳定的制约——至少在西方地缘政治的范围内以及在被历史学家命名为"现代"和"当代"的时代中,即在"现时代的历史"中——而言,其比较的起点显而易见,即一种结构差异,这种差异区分了在法庭中进行的审判和在各种档案中开始的历史编纂学批判。在这两种处境中,参与其中的语言结构是相同的,即我们在前文中讨论过的见证(témoignage)的结构,它首先扎根在宣告的记忆(mémoire déclarative)之中,然后经过其口述阶段,直到被记载进入大量文献当中,这些文献被保存和编码成为档案,由此而使某个机构得以保存那些过往的证言以备将来查考之用。在这一考察中,我们已经讨论了证言从其在日常对话中的使用到其在历史和司法中的使用。在强调指出使证言在法庭中的使用不同于它在档案资料中的使用的最明显的对立之前,让我们先谈谈这两种使用所共同具有的两个共生共存的特点,即对证据的关心以及对证人的可信性的检验。金兹堡在他的一篇名为《法官和历史学家》(*Le Juge et l'Histoire*)①的短文中引用了费拉吉奥利(Luigi Ferajioli)的下述话

---

① Carlo Ginzburg,《法官和历史学家》(法译本由一群人合作译出,作者为此法译本写了一篇后记,Paris,Verdier,1997,此书意大利原文书名为 *Il giudice e lo storico*,Turin,Einaudi,1991)。

语:"可以这样说,审判是'历史编纂学实验'的唯一实例,各种证据出现在庭审现场,不仅因为这些证据是在庭审现场被直接提供出来的,而且由于这些证据相互之间可以比较参照以期重现——就像在一出心理剧中那样——受审案件。"①事实上,当在某些司法系统中,主审和预审分开的时候,法律证据的使用这一示例性就只有在预审阶段才能充分表现出来。证据问题以及真实性问题正是在这一有限范围内,并且主要是在供词的可信性,尤其是其真实性并非不可否认的情况下提出的。毫无疑问,对相符(concordance)准则的应用以及对供词的独立核实的依赖充分展现了金兹堡这位历史撰述者就"征象范式"所提出的各个议题②,其中包括证言的口述性和经过专家严格鉴定的征象(indice)的物质性间的互补;作为虚假性之可能标志的"小错"的相关性;提问以及在可能性中的想象游戏被赋予的优先地位;用来揭露矛盾、不融贯、不真实的洞察力;对沉默,对有意或无意的省略的关注;对表现为错误、谎言、自我欺骗、错觉的语言造假方式的熟悉。就此而言,法官和历史学家都曾经是揭露虚假的能手,并且在此意义上,也是玩弄怀疑的大师。③

现在无疑是个让我们随同金兹堡一起回想这样一个事实的好

---

① Carlo Ginzburg,同上,页24。这篇论文的写作背景对我们的讨论而言并不是无关紧要的。金兹堡在此书中进行的严密论证是为了他的一个朋友,这位朋友由于发生在18年前,即1969年炎热秋天的恐怖主义行为而被判重刑入狱。这项判决主要建立在另一位"悔改的"被告所提供的供词的基础之上。这篇论文的矛盾之处在于,在这里驳斥法官的正是历史学家,尽管还是在原则上相信法官和历史学家具有公正使用证据的能力。

② 参见上文,页219-221和页275。

③ 在引述了"费弗尔在法兰西学院的开讲课"(Leçon d'ouverture de Lucien Febvre au Collège de France)并强调了其中关于假设的作用的言论之后,金兹堡特别提到了布洛赫(Marc Bloch)的代表作《国王的神迹》(Les Rois thaumaturges),这部著作揭示了信念的运作机制,而国王正是依靠这一运作机制才被认为具有通过触碰瘰疬患者而治愈其疾病的能力。在这里我们发现,金兹堡非常熟悉巫术诉讼,在诉讼过程中,我们可以看到审讯官使被告承认了自己的邪恶行径。

时机,即 historia 一词同时出现在医学语言、司法的修辞辩论以及在法庭前的说服艺术当中。历史学家难道不是常常表现得就像是一起诉讼案的律师吗?就像在年鉴学派之前讨论法国大革命的那些法国历史学家们,他们不是轮番抨击或为丹东(Danton)、吉伦特派或雅各宾派辩护吗?但首要的是,金兹堡对法官和历史学家所使用的证据的几乎偏执的强调是同他所发起的同对历史学家职业的某种怀疑的斗争联系在一起的,这种怀疑是被像海登·怀特这样的作者引入的,而且这些作者往往非常注意历史学家话语中的修辞因素。金兹堡强调说:"对我以及其他许多人而言,证据和真理概念反而是历史学家职业不可缺少的组成部分……对各种表述的分析不能不考虑实在(réalité)原则"(《法官和历史学家》,页23)。"这两种职业(历史学家和法官)都建立在按照既定的规则可以证实 X 做了 Y 的基础之上;X 无差别地代表一起历史事件的主角——可能是无名的——或一起刑事诉讼的涉案人;而 Y 则代表任意一种行为"(同上)。

然而,认为诉讼会当场展示让历史学家和法官可以作出判断的证据的论点在其本身立论的层面,即调查的侦讯(inquisitoire)层面上有其局限性。在罗马信理部(Congrégation romaine du Saint-Office)强制法官要求证据和"客观的证明"之前,主导巫术诉讼的最荒诞的假定不是长期以来都是不可推翻的吗?在某些针对叛国、阴谋、恐怖主义的现代诉讼中难道没有在过去的宗教裁判所的审判中到处可见的恶意吗?但是,而且尤其是我们之前对于历史学家表象之复杂性的思考可以让我们警惕太过突然的诉诸"实在原则"。

因此,重要的在于重新考察诉讼模式,从其开始阶段,到其初审阶段,然后经过其核心部分的庭辩阶段,直到其尾声,即宣判。

请不要忘记,诉讼建立在关系网的基础之上,这些关系以不同方式连接成为诉讼的场景类型,在其中,各种利益、权利和有争议的符号资产相互对峙。就此而言,有关叛国、颠覆、阴谋和恐怖主义的诉讼并不具有典型性,因为它们直接涉及作为共同生存的首要条件的安全问题。私人财产分配上的争议对我们目前的讨论而言是更富教益的:犯罪,无论是轻罪还是重罪,都表现了某些可比较的、可公度的诉求,这与后文将要提到的那些重大刑事诉讼的情况不同。犯罪其实是一种互动,当然毫无疑问是一种暴力的互动,但却涉及多人。

诉讼开始于对被指控的行为的呈现,以便在其发生之后再现它并让人们看到某个作案人的确触犯了假定所有人都知道的法律条文,而他犯罪的代价就是受害人有权要求他的起诉受到调查并且他认为的自身遭受的损失要得到弥补和赔偿。① 于是,过去的行为只会根据严格意义上的诉讼开始之前所做出的犯罪定性来得到再现。这些行为是在现在(présent)中得到再现的,同时又要考虑到结束案件的判决在未来的社会影响。在这里,同时间的关系尤其值得注意:在现在中的再现是由一种表演(mise en scène)、一种戏剧化(théâtralisation)构成的,这种表演和戏剧化既招致了帕斯卡尔和莫里哀的讽刺,也引发了有意识地合法化其二阶可操作性的某种话语;对仅在话语中被重演的犯罪现场的这一逼真呈现属于我们之前讨论过的在对过去的文字表现中与言语表述性(dicibilité)相关的可见性。② 这种呈现是通过刑事诉讼程序所规定的社会仪式而被正式化的,旨在给予司法审判一种公开的结构和高度。事实上,这是对罪行所留下的各种物质的、情感的、社会的痕迹会随着时间的流逝而逐渐消磨的现象的回应。加拉蓬(Antoine Garapon)谈到了阿梅利(Jean Améry)关于"时间的道德逆转过程"(processus d'inversion morale du temps)的思考,在下文论述遗

---

① 之后的观察和评论受到了加拉蓬(Antoine Garapon)的《正义和时间的道德逆转》(La justice et l'inversion morale du temps,见 *Pourquoi se souvenir?*, Paris, Grasset, «Académie universelle des cultures»,记忆和历史国际论坛,1999)一文的启发。

② 参见上文,第二部分,第三章,尤其是页339–358。

忘的相关章节中我们将会直接讨论这一准生物学的时间。加拉蓬这位哲学家法官同样引述了列维纳斯(Emmanuel Levinas)关于"在正义第三方面前的共在"(coprésence devant un tiers de justice)的表述。除了附加的道德判定以及同这一道德判定的直接关系以外,对于行为的再现也就是对对立的涉案方的再现,就是让主角们对质,让所有涉案方到庭,这与档案阅读者——只有历史学家才能打破其沉默——的孤单状态形成对比。诉讼呈现了一段被重构的过去,在这段过去中所发生的目标行为本身就已经构成了对记忆的考验:除了加诸于由其本身的历史所定义的存在者的人身伤害,毁约、财产和职权分配上的争讼以及所有其他种类的犯罪都构成了对于记忆的创伤,这些创伤需要一种与哀悼活动密不可分的记忆活动,旨在使所有罪行的涉及方无视其本质上的陌生性而重新熟悉这些罪行。可以这么说,这是从创伤场景进入到象征场景。正是在这一背景下我们有必要在下文中重审20世纪下半叶的那些重大审判以及它们沿着陌生的分歧(dissensus)之路的演进。

上述就是法庭审判的场景,它有两个特点可资与历史编纂研究相比较。第一个特点涉及审判的审议阶段,第二个特点涉及审判的结论阶段。在审判的审议阶段,审判主要是由多个主角参与其中的语言仪式构成的;它建立在一场论战的基础上,在这场论战中,持对立看法的各方具有相同的发言机会;这个被组织起来的论战想要凭借它的规则成为一种讨论模式,在其中,点燃冲突的各种激情被转移到语言的角斗场上。这一系列彼此交锋的话语将包含实践三段论的论证环节同解释的环节——既涉及对被指控行为的叙述的融贯性,也涉及用来为这些行为进行刑事定性的法律条文的适宜性——结合了起来。① 判决就出现在这两条解释线路的交

---

① Paul Ricoeur,《审判行为》(L'acte de juger)和《解释及/或论证》(Interprétation et/ou argumentation),见 Le Juste,前揭。

汇点上；就此而言，刑罚的惩罚面向并不会遮蔽判决的主要功能，即在一个规定的场合宣说法律；因此，判决的惩罚功能应该被视为是从属于判决对于公共秩序和正义赋予给受害人的尊严的恢复功能的。

总之，判决以其终结性表现了对于相同事件的司法处理方式和历史编纂学处理方式间的明显不同：公众舆论可以质疑审判结果，但案件不能重审（non bis idem）；至于复审，它是"只能发一枪的武器"（A. Garapon）。另一方面，审理或结束一起诉讼需要花很长时间这一点会加剧犯罪所造成的伤害。而不审理诉讼则给予这一伤害最后致命的一击，它不仅无视被害者所遭受的伤害，还放任之。在审判之后，罪犯开始了一个新阶段，一种新的期待视域，在其中会出现我们在下文讨论遗忘和宽恕时所思考的各种选择。如果情况的确如此，那是因为作为审判过程之终结的判决——对法律、公共秩序以及受害人的自尊具有积极的作用——给罪犯，尤其是处于监禁中的罪犯留下了一段无法平复、无法消除的记忆并使他不得不被动地接受可能的新的暴力。

那么，什么是对法官的工作和历史学家工作的比较呢？正如我们刚才所看到的，法庭中所进行的审判状况在法官和历史学家面对错误和不正义时所组成的共同阵线上洞开了一个缺口。法官必须要进行判决，这是法官的职责。他必须结束和了结案件。依照一种强制性的二元拓扑学，法官必须要和罪犯和被害人保持适当的距离。所有这些，历史学家不仅不会做，而且他也不能做和不想做；如果历史学家承担着他会成为历史的唯一审判官的风险而尝试做这些，那么其代价就是要承认这一审判的不稳靠性、偏颇性，甚至攻击性。但他的大胆审判会受到历史学家共同体以及有教养的公众的批判，他的作品也会经历一个无止境的修改过程，由此而使历史写作成为一种永恒的重写。对于重写的这种开放性标示出了暂时的历史审判和终结性的司法审判的差别。公正无偏的骑士们所组成的联合阵线上的这一缺口在审判终结之后仍然在继续扩大。受个体犯罪原则指导的刑事审判本质上只承认有名有姓的被告人,并且在诉讼一开始他们就被要求说出自己的身份。

这是一些特定的行为,或者至少是让一起集体行动的涉案人进行自我区分和身份确认的行为——这在多人联合犯罪的案件中也是如此——,这些行为无论就其叙述方面还是在其规范方面都受到法官的检审;法官在假定的叙述真相和被告所要担负的刑责间建立起来的一致性——在这种一致性中,说明和解释会在宣判时刻结合起来——只在事先选择的被起诉的行为和被起诉人的范围内有效。至于表演(mise en scène)这一操作——它不仅使所有主要当事人都到庭,而且正是通过它,我们才能谈论诉讼的公开性这一特点——,它使对行为和人物的这种限定具有了可见性。司法的舞台原则上是有限的。当然,法庭并不会禁止在时间、空间上扩大对被指控行为的调查,甚至将调查扩展到被告的生平范围之外。行为的犯罪情状包括影响、压力、强迫以及作为其背景的社会的巨大动荡——犯罪行为是其诸多征兆之一。总之,写作这本《卷入麻烦事中》(*Empêtré dans des histoires*)的是一位法官。发生的一切就好像是被认为宣告预审结束的公开审判重又开启了预审。但不论愿不愿意,对犯罪情状及其无限开放的同心圆的纵容所具有的脱罪作用最终将被对审判规则——就是对这个人和这个人所应责的行为进行审判——的适时提醒所消除,即使允许在审判时考虑可以减轻罪刑的情状,后者对于最终判决的影响力也有可能受到法官的阻遏,如果它有影响力的话。判决无情地重新关闭了潜在无限的解释圈,判决最终只能是定罪或宣告无罪。于是,我们就能感到正义之声的不容置辩了。

这些被法官在小心翼翼打开之后又重新闭合的解释圈这次被历史学又一次开启了。个体犯罪人所应负责的行为圈只能被放入事件史的领域中,正如我们之前讨论过的,事件史是各种时间段和各种因果性的层叠结构中的某一层次。被告事件作为诸事件之一,于是就同局势和结构站在了一起,共同组成一种序列。即使历史编纂学在年鉴学派的辉煌时期之后更多地关注历史行动主体的各种介入行动,并且如果历史编纂学重视与个人和集体行动——社会关系就源于这些行动——有关的表象,那么这些被有条理地放回其效力尺度上的表象仍会引起历史学家的兴趣,但仅仅是作为集体现象而受到关注。而在微观史的层面上情况也是一样,我们完全可以将微观史同上面所说的在法庭上进行的人身调查相比照。只有个体活动在最微观社会中留下的痕迹才具有某种历史意义。

因此,在审判最后阶段明显表现出来的历史审判和司法审判间的不一致在这一阶段之后被进一步扩大了;这种不一致影响到司法活动和历史编纂活动的每一个环节,以至于我们不禁要问法官和历史学家是否是用同样的耳朵来听取证词这一法官和历史学家都要面对的初始结构的。

如果我们没有聆听那些出于各种理由对独裁或极权政体于20世纪中叶在世界的某些地区犯下的罪行做出审判的人的声音,那么对法官和历史学家这两种职业的对比就可能会沦为一种无聊的学术争论。这些声音属于这样一段过渡时期,它见证了立宪民主政体的重建或建立。这些声音中既有法官的声音,也有历史学家的声音,他们做出的司法审判和历史审判都成了这段立宪民主建设期不可或缺的组成部分。一方面,我会讨论第二次世界大战结束之后在几块大陆上举行的大审判,尤其是犹太人大屠杀之后在欧洲大陆上举行的大审判所发挥的作用,另一方面,我将讨论那些负责任的德国历史学家在处理与这一灾难有关的相同事件时发生的争论。因此,一方面,法庭和法官——无论愿不愿意——在他们做出的判决被印刻入历史的肉身之前就已进入了历史学家的领域,另一方面,历史学家是在道德、司法和政治审判的压力下进行其历史研究的,这一审判同刑事法庭的判决出自同一个裁判庭,由于无法无视这一判决,历史学家会强化、弱化、回避甚至推翻这一判决。

司法和历史对相同事件的处理方式间隐秘的冲突状态即使不能得到解决,但至少需要得到明确的说明。

我选择奥西尔(Mark Osiel)的著作《大众暴行、集体记忆和法律》(*Mass Atrocity, Collective Memory and the Law*)①来阐明我要讨论的第一个方面。令作者感到得意的是,他比较了被人忽视——至少在美国——的两个精神家族,即社会学家和律师,他想要考察20世纪下半叶在纽伦堡、东京、阿根廷、法国举行的大审判中法庭作出的司法追诉和宣判对相关当事人的集体记忆所产生的影响。他用"大众暴行"(或"行政大屠杀")一词来表示他的研究——首先是对法庭的研究,然后是对社会学家-律师的研究——主题,从犹太人大屠杀(Shoah,昂格鲁-撒克逊的作者们则称之为Holocaust)的独特性这个假定来看,"大众暴行"是一个表面上中性的说法,但这一说法却准确地定义了由纳粹政权、日本军国主义政权、阿根廷军人政权、在维希时期和法西斯德国合作的法国人政权所犯下的国家罪行。这部著作的总体思路是:与涂尔干相反,涂尔干在对普通犯罪活动的一致谴责中看到了一种强化社会共识(consensus)的直接——机械的——方式,而奥西尔则关注诉讼的公开审理所产生的分歧(dissensus)以及这一分歧在舆论和集体记忆的层面上——这一分歧就是在此层面上被表达和形成的——所具有的教育功能。相信这样一种辩论文化可以带来益处的想法是同作者对自由社会——在昂格鲁-撒克逊的作者们赋予"自由"一词的政治意义上而言:一个自由社会(以一

---

① M. Osiel,《大众暴行、集体记忆和法律》(*Mass Atrocity, Collective Memory and the Law*,前揭)。

种类似同义反复的方式)是这样一个社会,它从公共讨论以及辩论和辩论之后所遗留下的各种对立看法的公开性中获得其战斗的合法性——的建立条件的道德和政治信条联系在一起的。此外,由于集体记忆同样会面临分歧的考验——正是通过这一考验,一个社会的团结一致才得以建立——,因而这部著作也对记忆进行了考察。①

忠实于其主题,即通过意见的分歧而对集体记忆进行公民教育,作者在书中对法庭想要做出公正而真实,并且就此而言是示范性的宣判的企图提出了一系列的异议,尽管被指控的行为和审理过程都具有异乎寻常性。对于书中所讨论的"六道障碍",我只想考察其中与司法方式和历史编纂学方式间的关系直接相关的那些障碍。② 历史编纂学方式被两度使用:一次是在审判过程中作为控告和辩护的证据材料,一次是在从法庭到公开场合的道路上。事实上,这两个时刻其实只是一个时刻,因为正如我们已经说过的,审判就是让那些在一个公开场合被重演的事件具有可见性。而审判正是通过公共讨论进入到人们的头脑和家庭之中,同时也将自身所本有的分歧移植入其中。从法官想要书写一段公正历史的企图所面对的"阻碍"的角度切入问题,作者必须无限夸大从历史编纂学方式的特性——不可避免地会受到司法论辩的干扰和改变——中得出的各种反对意见。于是,之前以太过抽象的方式被提及,而现在则在一起又一起诉讼的具体变动中得到呈显的不一致就被恶意地扩大了。这两种方式间的紧张关系都源于这样一个

---

① 此书第二章"通过公民分歧达成团结"(Solidarity through civil dissensus)出色地概述了这些论题(同上,页 36-55)。我们将保留这一概括了整个研究的大胆表述"法律叙述性之诗学"(poétique de la narrativité légale,同上,页 3)。

② 第四章"失去方向,扭曲历史"(Losing perspective, distorting history,同上,页 79-141);第八章"制作公共记忆、宣传"(Making public memory, publicity,同上,页 240-292)。

事实,即司法起诉建立在个体犯罪原则的基础上:由此导致的结果是,法官的注意力都集中在少数几个历史主角,即那几个国家最高领导者以及他们对事件进程的作用范围上。历史学家无法接受这种视野的局限;他的研究涉及更多的主要当事人,还有那些次要的参与者以及旁观者——这些构成了沉默的共谋者的或多或少被动的见证者。他将领导者的具体决定及其活动重新放入更为庞大复杂的关系框架中。在刑事审判只想了解个体的主要责任人的地方,历史研究则不停地将人物同人群、潮流和无名的力量联系起来。值得注意的是,无论是从事件间关系的方面,还是从个体发起行为和个体介入行为间关系的方面,重大诉讼的被告方律师都已经系统性地将对调查领域的这一扩大转变为对其当事人有利的情况。

第二重对比:刑事诉讼是一种政治正义行为,它的目的在于确定哪些行为属于犯罪行为以便能够进行最终的判决。当然,法官很清楚,重要的不是对犯罪行为进行惩罚,而是做出公正的判决。但这一判决终结了辩论,让争论"停摆"。这一限制源于刑事诉讼的短期目的:现在的判决就是最终的判决。正是由此,刑事诉讼的判决才能借助它所引发的意见分歧而对公共舆论产生教化作用。通过将论据推展到极致,异见者将会指出像事件的官方版本,甚至事件的正史这样的观念的危险。正是在这里出现了对"歪曲"的指责。令人惊讶的是,这种指责可能来自这样一些讨论的参与者,他们无法在不自相矛盾的情况下提出一种真实的说法以反对所谓受到歪曲的说法。也许只有为支持对被告的判决而提出,甚至强加一种真实叙述的做法才能被看作是一种歪曲。根据这一思路,那么所有记忆作为选择性记忆就已经是一种歪曲了;于是,我们只能用另一种同样脆弱的说法来反对一种片面的说法。但诉讼也从某一方面反常地通过诉讼程序本身而非最后的判决肯定了那些被或多或少类似于海登·怀特的"修辞学家"的批判所影响的历史学家们所说的怀疑主义。① 通过让双方律师拥有相同的发言权利，并且通过这一程序规则而使被告和原告方的陈述和辩论都能被听到，法庭不是在鼓励践行一种历史意义上的"平衡"（balancé）审判——指在法庭中的原告和被告在道德上具有相同的地位，推展到极致就变成为自己脱罪辩解的意思——吗？犯罪人的辩护律师已经在"你也一样"（tu quoque!）这句名言中使用了这一策略。

奥西尔对这类反对意见的处理非常有趣。他致力于将这些反对意见纳入到他对于公共讨论的"自由主义"看法，即他称之为具有教育意义的分歧之中。而要成功做到这一点，他必须要使这种反对意见摆脱怀疑主义的毒害。要做到这一点，他必须要首先表明，最虚伪、最不择手段的律师试图利用来为罪犯进行辩护的这种辩论是对于自由主义价值——审判正是在这种价值的指导下进行的——的伦理至上性的一种行为见证。就此而言，审判表现了这种至上性，而罪犯的辩护律师所拥有的言论自由正是这种至上性的体现之一。奥西尔同样不得不承认，并不是所有叙述都具有相同的价值，有可能至少暂时地提供出一种可接受的和可能的说法，这种说法是被告方的辩护无法不相信的。换言之，在不必考虑某一叙述在过渡期对一个民主社会的价值是否具有教育作用的情况下去相信这一叙述是可能的。

我在这里重又看到了我对历史编纂活动三环节，即文献证据、解释/理解和历史学家的表象的阐述。并不是因为被重构的行为在法庭中得到了表现，所以才必须在历史编纂活动中只保留下其中的"表象"环节——以修辞学所使用的比喻和修辞格为标志。但必须承认，当主人公和被叙述的行为的领域得到扩展，而分析的层次也不断增加的时候，法官就将其话语权力交给了历史学家。指出法官不应该冒充历史学家是明智的；法官必须在他职权的范

---

① 参见上文，第二部分，第三章，页325－333。

围——这一范围是被强制规定的——内进行审判;他必须依凭其灵魂和良心进行审判。因此,奥西尔可以大胆提出像"自由叙述",甚至"自由记忆"(《大众暴行、集体记忆和法律》,页238)这样的表述。但历史学家无法书写一种将施暴者的历史、受害者的历史以及见证者的历史都包括在内的单一历史。这不是说,历史学家不能就部分史——与法官不同,历史学家有可能也有责任不断超越部分史的界限——达成部分的共识。就让每个人扮演好他或她的角色吧!

如果我在这里提到1986年及之后在德国发生的"历史学家之争"(Historikerstreit),①这不是为了要回顾与这一争论相关的所有事实;其他关于遗忘和宽恕方面的内容将会在后文中被讨论。在有关法官和历史学家关系的思考中,问题却是与奥西尔书中提出的问题完全相反的。奥西尔的问题是:我们问,历史编纂学的争论可以在多大程度上合理地推动20世纪那些重大罪犯的刑事判决并由此引发一种具有教育作用的分歧?相反的问题则是:面对从国际国内舆论到司法刑罚方面都已有定论的判决,职业历史学家间的争论在多大程度上会发生?在历史编纂学的层面上,是否为某种不会被视为是脱罪辩解(disculpation)的分歧留下了空间?解释和脱罪辩解——且不说赞美——间的这一关联很少被研究,尽管它一直隐藏在争论之中,在指控有罪和证明无罪的游戏中,一方的怀疑会引起另一方的自我辩解,就像在这样一些处境中,历史学家可以因其历史学家的身份而受到指控。

以这种方式被颠倒过来的不仅是历史学家同法官的关系,在

---

① 《面对历史》(*Devant l'histoire*,前揭)。这是我第二次提到与犹太人大屠杀相关的历史编纂学问题;第一次则是在研究历史表象问题的认识论框架中提到这个问题的;这个问题就是表象的界限问题,它既涉及对事件的语言或其他形式的表现,也涉及表象可及的"实在"范围。同样的事件现在被置于价值判断和历史判断这双重判断的关照之下。

人们的眼光下工作的历史学家审判那个做出宣判的人。在排除了赞美和一般意义上的辩护的同时,同历史编纂学传统的这一关系也将指责排除了出去。

在考察了赞美在国王被废黜之后是否还能继续存在这一问题之后,我们给自己留下了这样一个问题,即指责是否会经历相似的命运。我们已经指出了在表象的界限——弗里德兰德(Saul Friedlander)在面对他所说的"不可接受的存在"时对表象的界限进行了考察——处表现极端恐怖的困难。① 然而现在,在历史批判哲学的框架内这一问题又再度出现。是否有可能对不可接受的存在进行历史编纂学的处理? 主要的困难来自罪行的超乎寻常的严重性。无论从历史编纂学的观点来看这些罪行是独特的还是可比较的——这将最终决定争论的核心——,但从道德伦理上来说,这些罪行的严重性是独一无二且不可比较的,因为这些罪行不仅是由一个国家对一部分理应获得安全和保护的人犯下的,而且是由一个没有良心的政府执行的,被那些领袖精英无明显异议地默许着,并被所有人经受着而无大规模的反抗。这种极端的非人性所对应的正是纳贝尔(Jean Nabert)用"无法辩护的"一词所描述的那种逾越否定性规范的行为。我在别处提到过恐怖,将之视为是优美和崇高的反面,康德则认为,恐怖在数量和强度上都超出了想象的界限。这里所指的正是恶的异乎寻常性。正是在这些"不可能的"情况下,德国历史学家们被赋予了这样的任务,即迈尔(Christian Meier)所说的"谴责和理解"。② 换言之,就是理解,但不为其罪行开脱辩解,不使自己参与逃避和否认罪行。而理解就是在道德以外的意义上使用独特性和可比较性这样的范畴。这些用法如何才能有助于让人们重新接受他们绝对谴责的那些行为? 另一方面,

---

① 参阅第二部分,第三章,页329-339。
② 《面对历史》(前揭,页37以下)。

429 如何用历史理解的通常方式来对待那些异乎寻常的行为？

我有意将诺尔特（E. Nolte）在这场争论中所写的论文《一段不愿逝去的过往》(un passé qui ne veut pas passer) 单独列出来讨论，因为它是最富争议的。这位研究纳粹时期的专家以这样的观察开始了这篇论文："第三帝国结束于 35 年前，但它仍然活着"（《面对历史》，页 7）。然后他又直截了当地说道："如果人们对第三帝国的记忆时至今日仍然是鲜活的，那么，除了一些特殊情况外，这份记忆是带着纯然否定性的涵义的，并且是出于好的理由才保留这份记忆的"（前揭，页 8）。诺尔特的言论并不是要成为否定主义的言论，事实上他的言论也的确不是。大屠杀幸存者的道德谴责预设了这样一种看法，即"否定判断是必需的"（同上）。让诺尔特感到担心的是在研究已成为基本意识形态的某种叙述时所面临的危险，即否定成为了神话和传说。因此，有必要重审第三帝国的历史，但也不是简单的对基本的否定性判断的推翻："关键在于，第三帝国的负面形象不需要重审，也无法成为任何重审的对象"（前揭，页 11）。重审主要是与奥西尔所说的叙述框架有关。诺尔特问，重审将从何处开始？将延伸至何处？将在何处终止？为了最终提及魏兹曼（Chaïm Weizmann）在 1939 年 9 月呼吁全世界犹太人同英国人一起和纳粹战斗的宣言，诺尔特直接追溯至工业革命初期。重审的做法需要这样一种视域的扩展——同时也是极大的省略。出现在重审这段时期内的是一系列灭绝性事件，最近的一起事件就是布尔什维克主义的一长段插曲。"拒绝把在希特勒治下对犹太人的种族灭绝行为放入这一背景中的做法也许是出于值得尊敬的动机，但它篡改了历史"（前揭，页 21）。诺尔特话语中的决定性转变表现为从比较转向了因果关系："所谓的第三帝国对犹太人进行的种族灭绝行动其实是一种回应，一种被歪曲的摹本，而不是一手的或原型"（同上）。就此形成了三步骤：对背景进行时间上的扩展、同当代或之前的类似事实进行比较、摹本同原型的因果关系。所有这些意味着"视角的修正"(révision de perspective,前揭,页23)。从其中所引出的问题是:为什么这段过去没有逝去和消失?为什么它——当然不是作为一种典范,而是作为一种反衬——会变得越来越鲜活、有生命力和活跃?因为在所有批判性的讨论中,人们通过缩小讨论的范围,只关注"最终解决"(solution finale)①而回避了这段过去:"对任何国家的过去都有效的最为简单的规则在这里似乎被取消了"(前揭,页31)。就如之前所说的,正是这些规则要求拓展背景、比较以及寻找因果关系。这些规则可以让我们得出结论说,布尔什维克以国家名义所犯下的罪行已经能够成为纳粹种族大屠杀"逻辑上和事实上的先例"(前揭,页34),并使古拉格群岛成为比奥斯维辛"更源始的"事件。

对比较的大量使用决定了独特性或独一无二性的命运,因为只有通过比较才能指出差异——"毒气排放技术成了唯一的例外"(前揭,页33)。批判性的讨论一旦以这种方式得到扩展,诺尔特希望这段过去能够像任何其他过去一样"过去"并被消化接受。而在最后仍不想过去的,不是纳粹的罪行,而是它的未被提及的源头,即"亚洲"罪行,希特勒和纳粹被认为是这一罪行的潜在的或事实上的受害者。

至于法官和历史学家间的比较,诺尔特认为历史学家和法官是完全相反的,法官是以一种独特的方式来处理各种特殊案件的。② 另一方面,诺尔特则指出了存在于历史编纂学判断和道德、

---

① "最终解决"是纳粹谋杀欧洲所有犹太人以解决犹太人问题的计划的代号。——译注

② 这场争论的另一位主角 M. Stürmer 用影响国家认同的时间连续性的断裂来定义奥斯维辛的独特性;然而这一断裂在德国历史上也有先例:在前希特勒时期,缺乏确实性的记忆造就了"一个没有历史的国家"。那么,在一个没有历史的国家中是否还有一些事情是不可能的?不仅不久之前发生的野蛮暴行是不可能的,而且今日对寻找"遗失的历史"(同上,页27)所表现出来的缄默也是不可能的。由此,作者(转下页注)

司法或政治判断间的危机。而在这里,我们就有必要谈到哲学家哈贝马斯了。① 我将把注意力放在他对历史编纂学判断和道德、司法或政治判断间关系的讨论部分。通过指出"当代德国历史编纂学中的辩护趋势",哈贝马斯对修正和修正主义间的区分提出了质疑。上文提到的三条规则——视域的拓展、比较、因果关系——都是"消除伤害"的借口(前揭,页47)。哈贝马斯的攻击所针对的不是历史编纂活动本身,而是一种与国家保守主义传统相关的新修正主义的隐含的伦理和政治预设;与这一攻击联系在一起的内容有:人类学陷入陈词滥调之中,通过海德格尔的存在论太过轻易地将历史现象的特殊性归之于技术的现代性,"这些让所有猫都变成灰色的深渊"(前揭,页53)。哈贝马斯指出,当纳粹罪行被看作是对来自布尔什维克的灭绝威胁的一种回应时,纳粹罪行的独特性就被消解了,而这种消解会产生某种辩护作用,哈贝马斯的这一看法的确说到了点子上。但我们期待哈贝马斯的论述能够包含一种对犹太人大屠杀的反思,这种反思不仅是在道德和政治判断层面上的,同时也是在历史编纂学判断层面上的。由于缺乏这种讨论,因此只能从道德意涵方面去攻击修正主义者所说的"客观的理解"(compréhension distanciante),而其中最不容易攻破的一个说法是为传统民

(接上页注)向历史学家们提出了这样的任务,即通过重建连续性来走出这一困扰。《两次覆灭:德意志帝国的崩溃和欧洲犹太人的毁灭》(Zweierlei Untergang: die Zerschlagung des Deutschen Reiches und das Ende des Europäischen Judentums)的作者希尔格鲁贝尔(A. Hillgruber)将德国人在德国东部遭遇俄国战线上的溃败时所遭受的痛苦同犹太人面对种族灭绝时遭受的痛苦并列放在一起,而没有对这两组事件,即"德意志帝国的溃败"和"欧洲犹太人的毁灭"间"隐晦的相互作用"做出说明。作者由此制造了一个悬念,他没有给出一个最终的判断,并且也不认为历史学家可以做出这样一个最终判断。

① Jürgen Habermas,《一种消除伤害的方式:当代德国历史编纂学中的辩护趋势》(Une manière de liquider les dommages: Les tendances apologétiques dans l'historiographie contemporaine allemande),见 Devant l'histoire,前揭,页47以下。

族国家——这一"国家认同的传统形式"(前揭,页58),哈贝马斯提出"宪法爱国主义"与其相对立,对后者而言,遵守一国的法律高于对某一族群的归属关系——服务。如果"不幸地,以对普遍的宪法原则的信念为基础的契约只有在奥斯维辛之后并通过奥斯维辛才能在文化上的德意志民族内形成"(前揭,页58)的话,那么我们就能够理解,为什么奥斯维辛的耻辱是绝不能得到任何辩护的。在这一点上,哈贝马斯的说法同奥西尔关于"自由主义"记忆、"自由主义"叙述、"自由主义"讨论的说法不谋而合。但是如果我们想要将奥斯维辛的被假定的独特性同宪法爱国主义的意志论上的普遍性结合起来,那么我们就必须像奥西尔那样面对来自历史编纂学实践的一些相互对立的论说。

以历史学家的身份来谈论"纳粹暴行的独特性"要求对独特性(singularité)概念——或者也可以说是独一无二性(unicité)——进行在先的分析,而这也是历史批判哲学所要求的。

为此,我提出下述三个论点:

论点1

历史独特性不是上述所说的等同于极端非人性的道德独特性;被纳贝尔和弗里德兰德分别称为不可辩护和不可接受的这一独特性——由于其极端恶——当然是与其可辨认的历史特征密不可分的;但它是某种并非固定的道德判断。而要确立属于历史判断的独特性概念,则必须要经过一段历史编纂学历程。

论点2

在最基本、最通常的意义上,关于历史独特性,我们可以说,所有在历史中发生的事件、所有在时空中无法被重复的叙述、所有古诺(Cournot)意义上的偶然的因果系列都是独特的;同道德独特性的可能关联源于将某一行为归咎于个体行动者以及所有被专名指称的准人物和准事件。①

历史判断层面上的独特性概念的这第一层含义部分地与围绕着犹太人大屠杀的历史争论有关,在这场争论中,意向主义学派和功能主义学派相互对立,对前者而言,最重要的是领导者集团的行为,尤其是关于"最终解决"的决策行为,而后者则更关注制度的作用、无名的力量以及全体人的行为表现。这场争论的关键是将犯罪责任归咎于一系列主体:某个人,某个组织,某个民族。② 意向主义学派的支持者对可以归咎于个体行动者的行为的关注显然与法庭的刑事审判方式具有更多的相似性;而在道德司法判断和功能主义的解释——更符合当代史的普遍趋势——之间却存在着更为紧张的关系。也因此,功能主义的解释更容易变成为罪犯开脱罪名的解释。我们已经看到,历史学家将与时间连续性概念联系在一起的独特性概念放在德意志民族的自我理解的核心处:独特性所被赋予的断裂效果也有可能被用作无罪辩护——"犹太人大屠杀事件不属于让我们知道我们是谁的历史"——或被用作进行控诉的论据——"这个民族是如何可能做出如此荒谬绝伦的事的?"于是,出现了不同的道德选择:或者无限哀伤并陷入忧郁的深渊无法自拔,或者转化成为一种公民责任:"为了让这样的事件永不发生,我们该做些什么?"

---

① 事实上,很难做到在一个叙述中没有任何对于人物及其行为的道德评价。亚里士多德在《诗学》中这样评价悲剧人物和喜剧人物,他认为,悲剧人物的德性是"高于我们的",而喜剧人物的德性"和我们一样"或"不如我们"。亚里士多德的确将那些非人性的行为从他的诗学领域中排除了出去。奥西尔对此说道,在所有文学类型中,甚至悲剧都不适合司法叙述,只有道德剧(morality play)适合(《大众暴行、集体记忆和法律》,前揭,页 283 以下)。

② 请参阅我关于将记忆归于不同主体的讨论(参阅第一部分,第三章)。之后,我还将遇到有关死(mort)和死亡(mourir)归属于不同主体的类似问题。

论点 3

独特性（singularité）的第二层含义是不可比较性（incomparabilité），也即独一无二性（unicité）。我们是通过比较属于同一个系列、同一个历史连续性以及同一个传统的事件和行为而从第一层含义进入到第二层含义的；刚才提到的特殊性就在这一过渡意义中突显了出来。当我们比照两个异质的历史整体时，不可比较性成了一个显著的范畴：这不仅表现在比照大众暴行和对过去的抹除行为，如法国大革命的白色恐怖时期时，尤其表现在比照布尔什维克政权和纳粹政权同时期的发展时。而在谈论两者彼此间的因果关系之前，我们必须要先理解这两者在权力结构、区分标准、消除策略、肉体毁灭和道德侮辱操作上的异同。古拉格和奥斯维辛在所有这些方面既有相似，也有不同。关于异同各自所占比重的争论仍是开放的；一旦与摹本相对的原型被赋予所谓的因果关系，这一争论就与德国的历史学家之争有了直接的关联。从相似性滑向开罪辩护的恶性转变之所以可能，是由于这样一种看法，即认为，因为两种罪行是相同的，所以两者间可以相互抵消平衡（我们可以在这里看到奥西尔通过这句名言："你也一样"［tu quoque!］所要表达的相同看法）。这场争论还涉及德国人以外的其他人，因为苏维埃模式已经成为西方共产主义政党以及——从更大的范围看——许多反法西斯运动的标准，而认为苏维埃体制和法西斯体制具有相似性的看法长期遭到反法西斯运动的谴责。无论这两种体系具有多大程度的相似性，是否存在想要仿效的可能的政治意愿以及被仿效的模式所施加的强制力是否大到可以使一种报复性政治——纳粹的罪行就是在这种报复性政治的掩护下进行的——变得不可避免的问题仍然存在。也许我们可以在修正和修正主义的这一尚不明确的界线处轻易地指出对比较研究法的这种偏离常规的使用。但在这些被详述的争论之外，仍存在如何诚实地运用历史编纂学的比较研究法的问题：关键在于阿伦特所使用的集权主义这一范畴。① 完全可以在集权主义之下建构一个类别,这个类别可以通过大众暴行(M. Osiel)概念来定义,或者通过——如我更喜欢的加拉蓬的说法——第三方(即第三方国家,它的首要责任是保证生活在制度规则——赋予这个国家合法性并约束这个国家——所规定的领土内的任何个人的安全)罪行概念来定义。这样就可以在这个框架内列出不同体制的异同表。同样,在一个比较程序的框架内,不可比较性概念在严格意义上只代表相似性的零度。于是,可争议的问题增多了:在何种意义上一种分类构成了一种共同的结构?在被假定的结构和实际的灭绝行动之间存在着怎样的关系?在最高领导层所规划的策略和每个执行层之间存在着怎样的差距?我们可以对这些问题加以讨论。但是,假如犹太人大屠杀具有不可比较性的论点在历史编纂学的层面上是可接受的,那么将道德层面上的绝对特殊性和历史编纂学层面上的不可比较性混为一谈就是错误的。这一混淆经常与这样一种观点联系在一起,即认为布尔什维克的体制和希特勒体制属于同一种极权体制,甚至其中一方仿效了另一方并和另一方具有因果关系。这一混淆也经常与认为纳粹罪行具有绝对独特性的观点联系在一起。相反,我们看不出在何种意义上属于同一种极权体制——甚至其中一方仿效了另一方并和另一方具有因果关系——的观点能够用来替某种特定罪行的罪债的继承人进行辩护开脱。独特性概念的第二种含义——不可比较性并没有抹杀它的第一种含义——不可重复性:共性并不妨碍存在特定的差异,因为对每种被个别看待的罪行的道德判断而言重要的正是这种特定的

---

① Hannah Arendt,《极权主义的起源》(*The Origins of Totalitarism*, New York, Harcourt, Brace&World, 1951, 1958, 1966, 1968;法译本 *Les Origines du totalitarisme*, 3 卷, Paris, Éd. du Seuil, coll. «Points»;卷一, *Sur l'antisémitisme*, Micheline Pouteau 译, 1998;卷二, *L'impérialisme*, Martine Leiris 译, 1998;卷三, *Le Système totalitaire*, Jean-Loup Bourget 译, 1995)。

差异。就此而言,我很乐意替一种道德独特性说上几句,这种道德独特性指的是恐怖横行的绝对的不可比较性,就像罪恶根据好坏的尺度而言属于一种绝对的道德独特性。不存在非人性这一尺度,因为一旦当非人性甚至在否定性的规范之外,那么它就在一切尺度之外了。

那么在独一无二性和不可比较性这两个概念的道德用法和它们的历史编纂学用法之间难道没有任何确定的联系吗?我发现了一种联系,即独特存在之儆戒性(exemplarité du singulier)概念。这一概念既不是道德判断,也不是历史编纂学分类,更不是这两者的叠加——这将导致概念的歧义和混淆。这一概念是在接受历史记忆的道路上形成的。事实上,最终的问题是想知道负责的公民会如何对待历史学家间的争论以及除此以外的法官和历史学家之争。而在这里,我们再次发现了奥西尔提出的具有教育意义的分歧概念。就此而言,历史学家之争中的那些文章被刊印在一份发行量很大的报纸上是一件有意义的事。在公共空间内发生的历史学家之争已经成为具有民主生成作用的分歧的一个阶段。具有儆戒作用的独特性(singularité exemplaire)概念只有通过一种开明的公共舆论才能形成,这种舆论将对罪行的回顾性判断转变为避免让其重蹈覆辙的誓言。通过被放在承诺这一范畴之下,对于罪恶的思考就可以离开无尽的悲戚和感人的忧郁,而且更重要的是,可以脱离控告有罪和开脱辩护的恶性循环。

在这一节中,我们从研究公正无偏但并非不会犯错的第三方开始,结束于在法官和历史学家这对组合之外增加了公民这个第三方。公民就像是出现在时间中的第三方:他的眼光建立在他自身经验的基础之上,而刑事审判和已经出版的历史调查结果又以不同方式影响着他的经验。另一方面,公民的参与永远不会终结,这使他站到了历史学家这一边。但他又在寻求一个确定的判断,这个判断要像法官的判决那样是最终的判断。无论从哪个方面来说,他都是最终的仲裁者。他是宪政民主的"自由主义"价值的坚定拥护者。只有公民的确信才能最终证明在法庭中进行的刑事审判程序的公正性以及历史学家处理档案材料时的思想上的诚实。也正是这一确信可以最终让我们回过头来将非人性命名为"自由主义"价值的绝对的对立面。

第四节 历史诠释

对历史自身的真理计划的思考所遭遇的最后一项内在限制与诠释(interprétation)概念有关,我将在后面对这一概念做出进一步的分析。人们也许会吃惊于这样一个事实,即我们在这本书的后半部分这么晚才提到诠释这个主题:它难道不能出现在讨论表象概念的地方吗? 也就是说,我们难道不能在历史编纂活动的认识论框架内讨论它吗? 我在这里做出了另一种语义学选择,它看起来能更好地表现诠释概念的广度:事实上与其说诠释像表象那样构成了历史编纂活动的一个环节,甚至不是时间先后顺序意义上的环节,不如说,诠释是对整个历史编纂活动的二阶反思;它将历史编纂活动的所有环节集合起来,由此既强调了对历史知识本身进行总体性反思的不可能,也强调了历史真理的计划在其有效空间限度内的有效性。

在通常所说的"历史主观性 vs 历史客观性"①这一被我视为

---

① 正是从这一角度出发,我在写于 1950 年代的各篇论文(集结成《历史与真理》,Paris, Éd. du Seuil, coll. «Esprit», 1955)中首度遭遇了这一问题。在《历史与真理》第一版(1955)的前言中,它是"历史学家的历史的有限真理"(页 10)问题;但它是在一种"哲学的哲学史"的视角内得到讨论的,而这种"哲学的哲学史"在当时正是我的讲课主题。对历史认知的批判和真理的被无限推迟的统一的一种末世论意义间的两极对立保证了这本论文集的张力,它使"认识论的焦虑"和"伦理-文化焦虑"在这本书中交替出现。关键则在于一种元史学的努力,即"勇于研究没有历史哲学的哲学史"(同上,页 11)。事实上,只有第一篇论文(1952)《历史的主观性和客观性》(同上,页 25 - 48)回应了这本书第一部分的野心勃勃的标题"历史认识中的真理"。

是自我反思的弱版本中,诠释概念的广度仍然没有被充分地认识到。并不是因为这条径路缺乏合理性;而是由于它无法使诠释活动处于历史编纂学的每一个环节的核心处,因而它无法应付人们认为它是心理主义和社会学主义的指责。事实上,在这一经典标题"主观性 vs 客观性"下所要强调的,一方面是历史学家对知识过程的个体介入,另一方面则是历史学家的社会性,更确切的说法是,制度性介入。历史学家的这一双重介入是作为关于他者的知识领域的历史知识的主体间性维度的一个单纯结果;更准确地说,过去的人兼具双重他者性(altérité),即作为陌生人的他者性和作为过去的存在者的他者性,狄尔泰在这两种他者性之外补充了另一种他者性,它由铭印(inscription)这种中介构成,而这种铭印指出了作为理解模式之一的诠释的特征:陌生人的他者性、过去的存在的他者性以及铭印的他者性共同确立了精神科学领域内的历史知识。狄尔泰的论述以及马克斯·韦伯和卡尔·雅斯贝斯(Karl Jaspers)的部分论述在像雷蒙·阿隆和马鲁(Henri-Irénée Marrou)这样的职业历史学家中找到了知音。

雷蒙·阿隆的博士论文《历史哲学导论》(*Introduction à la philosophie de l'histoire*)探讨的主要问题反映在它的副标题上,即"论历史客观性的界限"(Essai sur les limites de l'objectivité historique)。① 由于这篇论文中存在某些富有争议的表述,因而人们是抱持着怀疑态度来看待它的。这篇论文讨论理解和意义概念的第一部分结束于"对象的解体"(《历史哲学导论》,页120)。这一表述是对下述较为含蓄的话语的概括:"不存在一个先于科学的历

---

① Raymond Aron,《历史哲学导论》(Paris, Gallimard, 1938)。他写了另一本著作《历史批判哲学:论德国的历史理论》(*La philosophie critique de l'histoire; Essai sur une théorie allemande de l'histoire*, Paris, Vrin, 1938)作为对《历史哲学导论》的补充。我使用的"历史批判哲学"这一表述正是取自雷蒙·阿隆。我们可以阅读《历史批判哲学:论德国的历史理论》的最新版,由 Sylvie Mesure 重新校对并作注,Paris, Gallimard, 1986。

史实在,人们只需要忠实地再现它既可。由于历史实在是人的历史实在,因此它是多义的和无法穷尽的。"如果强调的是历史学家在个体、社会和制度方面对理解的影响,那么"超脱主观性追求客观性的必要努力"(同上)也同样得到了思考:"超脱(détachement)和占有(appropriation)间的这种辩证法体现的与其说是诠释的不确定性,不如说是精神的自由(历史学家参与了对这种精神自由的创造),这一辩证法显示了历史科学的真正目的。可以说,历史科学如同所有其他思考一样,它既是理论的,也是实践的"(前揭,页121)。在第二部分结尾讨论"理解的界限"(前揭,页153)的部分,雷蒙·阿隆努力想要超越雅斯贝斯和韦伯赋予给"理解"一词的含义。他试图在"理解"一词的其他两种相反又互补的意义间寻找平衡。一方面,理解意味着"一种对精神事实的对象化";但"这种对象化牺牲了什么呢"(同上)?另一方面,理解"常常涉及诠释者。诠释者永远不可能成为物理学家,他是学者,同时他仍是一个人。他并不想成为一个纯粹的学者,因为理解的目的除了获得知识外,还想要占有过去"(前揭,页154)。于是,与"意识的交流"的具体条件相关的"不完美的对象化"(同上)成了强调的重点。论文的最后一部分名为"历史与真理",它将关于历史相对论的思考带向了一种历史存在的存在论,而这种存在论会超出既定的框架走向一种关于存在的哲学概念。客观性的界限其实就是科学话语相对于哲学话语的界限:"人是历史的",这是论文最后一直在强调的事实。最后我们将注意力放在作者以自由总是在筹划中为由对历史必然性进行的去宿命化——"历史是自由的,因为它不是在事前写就的,它也不像大自然和命运那样是被决定的,它就像人一样是无法预见的"(前揭,页323)——上,这对下文的讨论而言并不是无关紧要的。最终而言,是裁决人,是公民——无论他是积极参与者还是冷漠的旁观者——说出了这本讨论历史客观性之界限的著作的结论:"人的存在是辩证的,也就是说是悲剧性的,因为人生活在一个缺乏逻辑连贯性的世界中,他将穷其一生参与这个世界中的各种活动,他寻求难以捕捉的真理,但除了一种形式反思的碎片化科学,他找不到任何其他确定的存在"(前揭,页350)。

继雷蒙·阿隆的博士论文之后,在勒华拉杜里的《朗格多克的农民》(Les Paysans de Languedoc)、韦纳的《如何书写历史》(Comment on écrit l'histoire,1972)以及塞尔托(至少在其早期著作中)之前,马鲁(Henri-Irénée Marrou)的著作《论历史认知》(De la connaissance historique)①成了职业历史学家反思历史本身的唯一尝试。马鲁将历史认知定义为"对人的过去的认知"(《论历史认知》,页29),或更准确的说法是"通过科学方法所获得的对过去的认知"(同上),就这种认知将古人的过去和今人的现在联系起来——通过历史学家的工作——而言,它需要将主观性和客观性结合起来。历史学家的参与并不是可有可无的,它是历史认知模式的建构性要素之一。这部著作强烈地反对实证主义,瑟诺博斯(Seignobos)和他的可能被武断地截取出来的话语——"历史就只是对文献的整理"(前揭,页56)——成了它的攻击对象。马鲁反对道,历史学家首先是向文献提问的人。历史学家的技艺最开始是一种诠释学。之后它的工作是去理解,而理解的核心就是对符号的诠释。这门技艺所关注的是"同他者的相遇"、"各种意识间的相互性"。于是,理解他者成了历史学家的工作目的,其代价则是自我在一种对自身的真正遗忘中被悬置(epokhē)了。就此而言,主观性的介入既是历史认知的条件,也是历史认知的限度。与狄尔泰和雷蒙·阿隆相比,马鲁的特点在于他强调友爱(amitié),友爱使我们"同他者分享共同的本性"(前揭,页93)。所有真理都是带着友爱的真理。我们可

---

① 前揭。在这本出版于1950年的著作之前,马鲁已经就相关问题写了十几篇论文,读者可以在此书第23-24页上找到这些论文的列表。

以在这位伟大历史学家的作品中看到奥古斯丁的烙印。历史批判哲学就此通向了一种历史认知的伦理学。①

如果说马鲁在著作中所表达的观点并没有得到普遍的认同("请你们行行好,不要再毫无边际地夸大历史学家的作用了",布罗代尔感叹道),那是因为马鲁虽然对客观性进行了有力的批判,但他对主观性的批判却着墨不多:笼统地谈及对自我的悬置以及对自身的遗忘是不够的,还必须要阐明可以定义我之前说过的用来区分做研究的自我和伤感的自我的"好的主观性"②的那些具体的主观活动。

当代史,或者也可以称为现代史构成了我们考察出现在诠释和寻求历史真理这两者间的困难的一个很好的观察点。困难主要不在于主观性会不可避免地介入历史,而在于事件和叙述事件的叙事间的时间关系。对于这样一种当代史,档案工作还将面对各种生者的证言,而这些生者往往是相关事件的幸存者。雷蒙(René Rémond)在其著作《我们的世纪 1918 - 1988》③的《导论》中所讨论的正是这一特殊状况。他这样说道,最近这段时期的历史与历史上的其他时期相比展现了一种源于其对象之特殊性的双重独特性:第一重独特性表现为其当代性,它来自这样一个事实,即"它不是构成它的任何时刻,我们中的男人和女人生活在这些时刻当中,并是这些时刻的见证者"(《我们的世纪 1918 - 1988》,页7);于是,问题就成了去知道是否有可能"在不混淆回忆录作者和

---

① 在写于 1975 年的一篇附录中,马鲁向塞尔托的《历史书写》表达了敬意并从怀疑学派的角度回应了罗兰·巴特在"真实的效果"这一主题中所表达的怀疑。

② "和所有科学的主观性一样,历史学家的主观性代表了一种好的主观性相对于一种坏的主观性的胜利"(《历史与真理》,前揭,页 36)。"历史学家的职业创造了历史和历史学家"(同上,页 37)。我在《历史与真理》中依次强调了对重要性的判断、历史学家和前人同属一个历史和一个人类整体、转移进入到被当成一种视角的另一种主观性中。

③ René Rémond 与 J. -F. Sirinelli 合著,《我们的世纪 1918 - 1988》(*Notre siècle*, 1918 - 1988),它是《法国史》(Jean Favier 主编, *L'Histoire de France*, Paris, Fayard, 1988)的最后一卷。

历史学家这两个必须要区分开的角色的前提下书写自己时代的历史"(前揭,页8)。第二重独特性在于所研究的时代是还未完成的:不存在这样一个终点,我们可以在此处理解一段时期的终极意义;除了要面对在第一重独特性中所指出的当代人的反驳,还要加上即将到来的各种事件的驳斥。由于缺乏这样一种视角,因此书写一段离我们太近的时期的历史的主要困难就在于难以"建立起一套评价人物和事件的重要性的等级系统"(前揭,页11)。而重要性这一概念就是我们所说的诠释和客观性的交汇点。在形成判断上遭遇的困难是无法形成一个明确的视角的必然结果。为叙述之便,历史学家将会在无意中给他的工作带来一个结果,即他"既不会做出最严厉的判断,也不会给出最高的赞美"(前揭,页12)。我们难道不能就这一"敉平差别"的做法指责历史学家吗(同上)?

研究刚刚发生的历史的历史学家所面临的这种种困难使之前说过的与记忆活动及哀悼活动有关的问题再次浮出了水面。所有这一切似乎都说出了这样一个事实,即过近的历史将会使记忆-再回忆(mémoire-ressouvenir)无法区别于记忆-滞留(mémoire-rétention),使过去无法区别于现在,并且使过去不再能发挥"不再……"(ne…plus)对于"已然存在"(avoir été)的中介作用。如果换一种说法,用在下文中将会出现的表述来说,那么这里所出现的难题就是如何为昨天刚刚故去的死者安排葬礼和墓地。①

---

① Henry Rousso 在其著作《挥之不去的过往》(*La Hantise du passé*,前揭,第二章 «Pour une histoire du temps present»,页49-93)中,既肯定了雷蒙的分析,又对之进行了补充。继布洛赫之后,他再次指出,过去和现在间的辩证法构成了历史学家的基本工作,但"对现在的分析可以让我们反过来理解过去"(同上,页54)。布洛赫不就是在事件的影响下而冒险写下《奇怪的溃败》(*L'Étrange Défaite*)的吗?现时代的历史使政治和事件重又强势回归。认为需要留有必要的时间间隔而对这种缺乏时间间隔的历史的反对往往只是一种随情况而改变的思想借口;为了在生者,在同时代人中间展开一场对话,为了考察过去与现在、档案与见证间尚未确定的界线,这个挑战是值得面对的。过去在集体表象中的余影正是发生在这一界线处;也正是在此处,这一余影有必要被发现和驱除。

442　　将诠释说成是一种活动,就是将它视为是被整合入历史话语的对象化陈述中的一个语言行为——陈述——的复合体。这个复合体由若干个要素构成:首先是一种想要让对话者能够获得一个更好的理解而去澄清、阐明和展开一个被认为是费解的意义整体的焦虑;其次是对这样一个事实的承认,即总是有可能以另一种方式来诠释同一个复合体,因此必须要接受几种相互竞争的诠释之间在一定程度上不可避免的争论、冲突;然后是使诠释具有可以让对方相信且具有很大确实性的论据的要求;最后是承认在诠释的背后始终存在着一个内在于各种个人和文化动机的神秘晦暗且不可穷尽的核心,对它的讨论将永远不会停息。在这个由这些要素构成的复合体中,思考从作为语言行为的陈述进入到了作为诠释行为主体的陈述者身上。正是这一活动复合体构成了与历史认知的客观面向相关的主观面向。

　　我们可以在之前讨论过的历史编纂活动的每一个阶段中发现这种关联。事实上,从档案的查阅阶段,甚至更早,从档案的建立阶段开始,诠释就已经在其中发挥作用了。选择问题伴随着建档过程的始终:正如科林伍德说的,"对无论什么主题而言,世界上的任何事物都是潜在的证据"(引自 Marrou,《论历史认知》,页289)。无论对各种痕迹(trace)——某个机构出于其职责试图保存这些痕迹——的收集和保存工作多么自由,它也无法避免选择问题;并非所有痕迹都能成为档案;一份包罗万象的档案是不可想象的,而且并不是所有见证都能被做成档案。① 如果现在我们从443　档案建立的阶段进入到历史学家档案查阅的阶段,那么新的解释难题就会随之出现:无论进入存放档案的机构中的档案数量多么有限,但乍看之下,这些档案仍然构成了一个无限的世界,如果不说是一团混乱的话。随同引导档案查阅的各种问题一起出现的是

---

① 参阅第二部分,第一章。

第三部分 历史的条件 463

一个新的选择因素。韦纳已经就此谈到了"问题列表的延长";问题列表也不是无限的,而且选择问题的规则也不是完全清楚的。为什么感兴趣的是古希腊史,而不是中世纪史?这个问题在很大程度上没有清晰的回答,甚至没有回答。而对构成文献环节核心的见证的批判则毫无疑问属于之前所说的或然性逻辑;但就相互冲突的见证的可靠性问题而言,一场信任危机可能并不能完全得到避免;对于他人的言语,文献记录下了这些言语的痕迹,我们该如何拿捏相信和怀疑的分寸?对见证的批判所引发的澄清和论证工作不可避免地会遭遇金兹堡用"征象范式"所定义的学科的固有危险。就此而言,我们应该谨慎地使用文献证据这一概念;与历史编纂活动之后的阶段相比,并就或然性逻辑的界限和要求而言,文献证据是在史学中最接近波普尔所说的证实和证伪标准的东西。在专家间已达成普遍共识的情况下,我们可以说,如果对事实的某种诠释在目前现有的文献范围内没有被证伪的话,那么这种诠释就被证实了。就此看来,在对犹太人大屠杀的否定主义观点所引发的讨论中保持文献阶段的相对自主性是十分重要的。被引用的事实当然不是最原初的事实,它更不是事件的翻版;它仍然具有命题的属性:事实是……正是如此,它才能被证实或证伪。

由此,有关文献证据的讨论就很自然地被引导到有关诠释(interprétation)和解释(explication)/理解的关系问题上了。正是在这一层面上,诠释和解释/理解间的这种两分是最具误导性的。诠释是解释的一个构成要素;在我们之前说过的意义上,诠释是解释的"主观"对应项。我们在其中首先看到的是对作为诠释活动之第一要务的澄清(clarification)的关注;澄清活动涉及"因为"这个句子的连接词的各种不同的逻辑用法在日常语言层面上的复杂关系。其中有些用法类似于我们所说的自然科学领域内的因果关联或法则;而其他用法可以被称为是理由解释。对这两种用法的不加区分的并置产生了表现为"或者……或者……"的两种单方面解释：一种解释为逻辑实证主义时代所提出的科学统一原则的信奉者所持有，另一种解释则是那些在狄尔泰之后仍然要求区分精神科学和自然科学的人所坚持的；而马克思·韦伯或赖特（Henrik von Wright）①所提倡的混合模式则表示一种阐明、展开意义上的澄清。人在封闭的动态系统内的行动能力中就包含了对这种混合解释模式的使用。但支配着对这种或那种解释模式的偏好的个人动机仍然是相对不明朗的。就这个方面而言，有关尺度游戏的讨论很能说明问题：为什么更偏爱微观史的研究方式？为什么对需要这种研究方式的历史运动感兴趣？为什么对不确定处境中的协商更感兴趣？为什么更关注冲突处境中的辩护理由？在这里，动机涉及的是历史学家所处的现在和事件发生时的过去之间的隐秘关联。但这一关联就其本身而言并不是完全清晰的。鉴于尺度游戏问题在表象史中所占据的位置，在（主观）诠释和（客观）解释／理解的相互关系中所隐含的正是个人动机和公共论辩间的微妙关系。

既然如此，那么就完全没有必要在文字表象上多做停留了。然而，正是在文字表象阶段，误解主观性和客观性间相互关系的辩证本质的危险却是最大的。"表象"概念和"诠释"概念经常被不加区分地使用的事实就表明了这一点。就我们对叙述、修辞、想象在文字书写方面的作用所说的全部内容而言，上述两个概念间的相互替代并不是毫无理由的。就叙述而言，鉴于一切情节构造活动都具有选择性，因而没有人会否认，我们总是可以用另一种方式进行叙述；我们可以玩转在各种情节类型和修辞策略之

---

① Marx Weber,《经济与社会》(*Économie et Société*,前揭)，§1–3。H. von Wright,《解释与理解》(*Explanation and Understanding*, Londres, Routledge and Kegan Paul, 1971)。赖特提倡一种混合模式，这种模式将包含在人类行动主体的介入活动——无论是社会层面上的介入，还是身体层面上的介入——中的因果关联的部分和目的论的部分结合了起来。

间;我们可以选择去展现而不是去叙述。这些都是众所周知的。之后的不停重写,尤其是对大跨度叙事的重写表明了书写活动——在其中,作家的天分和才华展露无遗——的无限动力。然而,当我们轻率地将诠释和表象等同起来的时候,我们就失去了诠释这个已然在历史编纂活动其他环节中发挥作用的独特分析工具了。此外,将诠释和表象这两个词视为同义词的做法会把分隔历史话语的表象层面和其他层面——在其中,诠释和论证间的辩证法更容易被看出来——的这种应该受到批判的趋向固定下来。历史编纂活动在其所有环节和各个分支中都表现了历史主观性和客观性间的相互关系。如果事实的确如此,那么我们也许应该抛弃这组充满歧义的表述,而直接谈论诠释和历史真理间的相互关系。

诠释隐含在历史编纂活动所有环节中的这一事实最终决定了历史真理的地位。

朗西埃(Jacques Rancière)在《历史之名:论知识的诗学》[1]中系统地阐述了他对历史真理地位问题的思考。他将这一系统性的思考命名为诗学,它处在我所说的批判诠释学和存在论诠释学的连接点上。[2] 就本质而言,这一诗学是对布罗代尔的"新史学"的二阶反思,但它同时也让人想起年鉴学派之前的米什莱及其后的塞尔托。它是这样一种诗学,它要不停地同词语的多义性打交道,如我们一直遭遇到的"历史"一词的同音异义现象,更一般而言,它要一直面对不可能在话语中找到历史的固定位置的问题;历史游弋在科学和文学、详尽的解释和骗人的虚构、历史-科学(histoire-science)和历史-叙述(histoire-récit)之间。历史学不可能达

---

[1] Jacques Rancière,《历史之名:论知识的诗学》(Les Noms de l'histoire: Essai de poétique du savoir, Paris, Éd. du Seuil, coll. « La Librairie du XXᵉ siècle», 1992)。

[2] 我将叙述知识针对时间性难题所作的回答称为"叙事的诗学"。参阅《时间与叙事》,卷三,前揭,第二部分。

到社会科学所自称具有的那种科学性的高度,年鉴学派历史学家的这一看法在这方面而言是具有代表性的。但是如何超越由单纯拒绝两个选项中的任何一个所导致的"既不……也不……"？朗西埃认为,这个问题的回答"属于一种对知识的语言和对象的诗学研究"(《历史之名:论知识的诗学》,页19)。是对象同语言的关系决定了"诗学"这个词:是"历史学家的语言"(同上)"表现出了历史学的特点"(同上)。与表现在档案、解释/理解和表象三个环节中的诠释问题的这种广度相比,朗西埃的诗学似乎只局限在表象环节。事实上,完全不是这样。名称问题可以从表象环节一直回溯到历史编纂活动的最初环节,因为正如在这里已经表明的,历史编纂学从头到尾都是书写;文字证据和所有遗迹/文献(monuments/documents)都与名称这个职业历史学家在命名学和其他问卷调查中遭遇到的问题有关。在档案环节,那些"被收集起来的言语"①就已然要求被传达出去。于是,问题出现了:这将是叙述还是科学？或是介于这两者之间的某种不确定的话语？在朗西埃看来,历史话语处在科学和叙事的不一致以及对这种不一致的消除之间,也在一种要求和这种要求的不可能性之间。② 历史知识的真理模式就存在于这种不确定和对这种不确定的消除的游戏之中。③

　　为了确实地定位他的这一思考,朗西埃引入了契约(pacte)这个有时我也会使用的概念;他提出的不是双重,而是三重契约:首先是科学契约,其关键是法则和结构的隐藏秩序;其次是叙述契

---

① Arlette Farges,《档案的趣味》(*Le Goût de l'archive*,前揭)。

② "我所说的知识的诗学指的是这样一种研究,它研究文学的整个生产程序,通过这些程序,一种话语摆脱了文学,而被赋予了科学的地位,并代表这一地位"(《历史之名:论知识的诗学》,前揭,页21)。"知识"一词强调了反思活动的潜在范围。

③ 我在第二章最后将会谈及的记忆和历史间的不确定性与"不可辨别性原则"(同上,页35)的这一诗学不确定性相类似。

约,它将可读性赋予上述秩序;最后是政治契约,它将秩序的可见性和叙事的可读性同"大众时代各种相反的制约"联系了起来(前揭,页24)。①

朗西埃选择这样一种语言活动作为他的诗学的试金石,布罗代尔通过这种语言活动在其著作《菲利普二世时期的地中海与地中海世界》的最后将对菲利普二世死亡的叙事提升成为对王权的描述中的国王之死的象征。于是,与历史学家的表象相关的所有问题再次出现了,与其一同出现的还有历史学家的表象在那些反对事件之首要性的伟大著作中的地位问题。事件的首要性在同一时间既被推翻又被重建,否则就有看到历史学家的工作消融在实证的科学性中的危险。朗西埃根据本维尼斯特对自我叙述的叙事时态和说话者包含在其中的话语时态的区分对时态的语法用法的考察补充了我对作品中隐藏的叙述结构的分析。本维尼斯特的这一区分可能并不像人们所期望的那样可以完全适用于布罗代尔的文本。国王的职权和死去的国王的名字的结合相反地表明了诗学和政治的相遇;构成这位国王之死背景的国王的合法性之丧失实际上表明了共和政治和对这一诗学的政治体制的公开的或默认的合法化的历史话语的上升。②

历史知识同形象及词语这对组合的结合所引出的形式研究在有关死去的国王和国王合法性的丧失的反思之外继续进行着。历史不仅让那些死者,也让那些沉默的主角们发声。就此而言,为了占有他人的言语,历史允许"词语的过量"(前揭,页53);这就是为什么对比如法国大革命的各种解读间的争论是不会停止的,历

---

① 我在谈论国王肖像和对伟大的赞美话语的时候(第二部分,第三章,页339-358),或在探讨20世纪的重大罪行——这些重大罪行使得作为法官和历史学家间第三方的公民进入了人们的视野——的时候间接地遭遇过这第三层维度。

② 有关"死去的国王"的话语开启了另一个问题域,即历史中的死亡;我将在下一章中回来讨论朗西埃对这一问题的思考。

史注定离不开修正主义。① 在这里,词语不仅仅只是分类的工具:命名的手段。因此,我们不知道"贵族"、"社会问题"、"秩序"、"阶级"这些词是否恰当;回顾的幻觉是行动者的思想所要付出的代价。当涉及到"创始者叙事"(前揭,页89),尤其是为那些在国王时代终结之后出现的事物,如法兰西、祖国、民族这些"人格化的抽象概念"命名的创始者叙事时,这一命名过程会变得尤其麻烦。事件在被再现的时候是和名称一起出现的。那被看到的,就是被说出来的。当涉及到"穷人"这些无名者的时候,这一言语的赋予尤其无法避免,即便有各种苦情和记录的支持。替代话语在本质上是反对模仿的;它不存在,它引出那些隐藏的东西:它说出这些其他人可能会说的东西。于是,在讨论中出现了这样一个问题,即大众是否在他们自己的时代当中找到了一种介于传说和学者话语之间的合适话语。而在这种情况下,历史学家的三重契约又变成了什么?一种"异端史"(前揭,页177)?

---

① 一般的修正主义可以用这样一句话来概括:"它一点也没有像所说的那样发生"(《历史之名:论知识的诗学》,前揭,页78)。在这里,我们说过的替代(représentance)问题受到了考验。

第二章 历史与时间

导　论

上一章被用来讨论诠释学的批判一面，该批判一方面在于指出任何总体化诉求的界限，另一方面在于探索意识到其自身局限性的历史编纂学的有效性条件。以其消极的形式，批判依次反对"历史本身"的绝对知识的十足傲慢陈述，反对傲慢本身的通常未被认出的伪装形式；以其积极的形式，它还考虑到历史的自身知识的某些硕果最丰富的内在对立，比如法官和历史学家共同组成的结对，又或在科学化历史学的层面上，诠释和客观性之间的张力。

接下来的一章标志着从批判诠释学过渡到一门针对历史条件——作为不可逾越的存在样式——的存在论诠释学。① "诠释学"还是取诠释理论之义，就像上一章的最后一节所明确的那样。至于和"诠释学"一词联系在一起的名词化动词"存在"，它依然对

---

①　多斯把《历史》(*L'Histoire*，前揭) 一书的第四段行程放在《时间的撕裂》(页96-136) 的标题下。作者把亚里士多德和奥古斯丁的读者，经过胡塞尔和海德格尔，一直带到本雅明、尼采、埃利亚斯以及福柯这些名字所象征的伟大质疑那里。

词义的多样性保持开放,正如亚里士多德在《形而上学》第六卷第二章说的那句名言:"存在以多种方式被讲述。"我在别的地方从亚里士多德的这个保证出发,探索过在不同词义中,给予存在在哲学人类学层面上作为现实和作为力量的词义以优先性的诠释资源:正因为如此,我在本章中把"能够记住"视作诸多能够之一——能够说话,能够行动,能够叙述,能够以行动的真实作者之名义把自己的这些行动归咎于自己。对于作为存在的存在,已经说得差不多了。然而,我们要把任何尝试将我们向来所是的存在样式描述为对立于和我们不同的存在者的存在样式,且不论这个存在与存在本身的最终关系是什么样的,都视为是有道理的。在以此方式进入问题的同时,我还是来到了靠近海德格尔的地方,对他的阅读将仅限于选择《存在与时间》,20世纪的伟大著作之一。① 如果说我接受这本书开篇的口号:"我们的时代虽然把重新肯定'形而上学'当作自己的进步,但是问题在今天早已被遗忘了",这正是为了,如其所示,让我自己的"研究"与柏拉图和亚里士多德的研究一脉相承,从本书一开始,我其实就是这么做的。这样听从《存在与时间》的卷首劝勉,它要我们"重提存在的意义问题"(页3),并没有阻碍这一章展开一个与海德格尔的辩论,它将给予这个讨论一个基调,其更多的是沟通,而不是对质,截然不同于在接下去关于遗忘的那一章,在柏格森的《物质与记忆》的讨论中贯彻的基调。

现在有几点评述,它们让我更加接近《存在与时间》的分析,同时又让我逐步投身到与这些分析的争论中。

我首先要说起一个尝试,亦即尝试根据在世存在的不同方式,

---

① Martin Heidegger,《存在与时间》(*Sein und Zeit*)。这本书于1927年出版在胡塞尔主编的《哲学与现象学研究年鉴》第八卷上,同时还以单行本面世。我援引马尔蒂诺的最新版(1960)法译本(*Être et Temps*, Paris, Authentica, 1985)。这里引用的页码是标注在马尔蒂诺译本页边上的德语版页码。

区分我们向来所是的存在样式和其他存在样式,还要说起这种存在样式以操心作为总体特征,亦即在其理论、实践和情感的规定性中得到把握的操心。我很自然地接纳这个生存上的特征,因为可以说,在使在不确定的环境中所采取的,仅限于产生社会联系和相关身份的社会行动成为最贴近历史编纂学的指称对象的同时,我已经预设它为前提了。在这方面,接受海德格尔的 Dasein 作为存在论的终极指称概念是有道理的,操心以其不同于被给予的(海德格尔说 vorhanden,"在手")和顺手的(zuhanden,"上手")事物之存在样式的方式构成了 Dasein 的特征。手的隐喻让人想到康德用作前提的一个对立,他说,人是"目的本身",这类存在不应该仅仅当作手段,因为他们就自身来说还是"目的本身"。这样就把道德特征的描述完全提高到存在论的层次上。可以把这样一些范畴称作是生存论上的,根据 Dasein 的分析,它们使隐藏在相应领会样式之下的存在样式明晰起来:生存、决断、良知、自身、共在……我们在这里只是听从亚里士多德在《尼各马可伦理学》中的教导,研究课题的性质决定研究的方法。生存论上的,正是这种描述的样式。之所以这样称呼它们,是因为它们把生存,在严格的意义上,限定为登上世界舞台的方式。在多变的文化环境内以普遍的方式谈论人类之存在是可能的,这是前提条件,举例来说,在阅读塔西佗、莎士比亚和陀思妥耶夫斯基时,我们说我们在他们那里发现了自己。此外,区分生存论上的(existential)和生存上的(existentiel)是可能的,这也是前提条件,生存论上的,比如和康德在《判断力批判》中使之与鉴赏判断的可传达性联系在一起的那种普遍性——然而其缺少认知的客观性——相适的状况;生存上的,比如在理论、实践和情感的秩序内,无论是个人还是共同体的迎接情态。有时候很难坚持这个区分,正如下文关于死和向死存在所讲述的内容将证实的那样。

我要在评述的这个非常一般化的层次上表达第一个保留意

见。海德格尔的关于操心的话语在我看来并没有为肉身、充满活力的身体、我的身体的那种非常特殊化的生存论范畴腾出位子,胡塞尔在其最后的工作中,沿《笛卡尔沉思》第五沉思的方向,已经开始对它进行构思;海德尔格的话语在我看来牵涉对死、对生、对生死区间的这个两者之间的沉思,他把他的历史性观念就建立在这个两者之间上。而肉身的这个范畴意味着以某种方式跨越 Dasein 的诠释学在围绕着操心转动的生存论状况和那些表达了任何被给予的及顺手的事物之存在样式的范畴之间所挖掘出的逻辑鸿沟。Dasein 的分析所具有承认和克服这个困难的能力仍然有待证明。

第二点评述:我采纳《存在与时间》的指导观念,亦即,时间性不仅构成我们向来所是的存在的首要特征,而且比起其他特征,它更加指出这种存在与作为存在的存在之间的关系。我确实有理由接受这个观念,因为我还坚持存在作为现实和作为力量的词义,这样能更好地与一门有能力的人的哲学人类学相一致。此外,存在和力量明显和时间有关,正如黑格尔的《逻辑学》表明的那样,海德格尔在其开场白中提到《逻辑学》。在这个意义上,时间在《存在与时间》中以一个和操心具有相同地位的元范畴的形象出现:操心是时间性的,时间是操心的时间。认识到这个地位顺理成章地让人把许多在问题史上有代表性的话语视作完全是疑难性的。① 而且这正是海德格尔在其对"流俗"时间概念的批判中所做的事情。我绝不会参与到这场论战中,对它,我是非常持保留态度的,我只关心一个问题,和所有其他从哲学传统那里继承来的问题一样,这个问题是有针对性的,亦即,时间性的存在论所具有的,在

---

① 在这方面,我没什么要改变的,只是补充一下我在《时间与叙事》第三卷提出的讨论:一个我现在不再关心的问题,即一门亲历时间的现象学和一门物理时间的宇宙学之间的关系问题决定了这个讨论的范围;历史学因此被放在"叙事的诗学"的保护下,它使得起初让思想无能为力的"时间疑难"成为生产性的。

第三部分 历史的条件

可能性的生存论意义上,使得历史表象过去,以及在历史之前,记忆表象过去成为可能的能力。接下来的一些评述规定了这个提问方式。

第三点评述:海德格尔提出一种关于时间性的分析,这种时间性把将来、过去和当下的三重时间结构连接起来。正如在奥古斯丁那里以及以其特有的方式,在科泽勒克那里那样,过去——过去的过去性——只有与将来的将来性和当下的当下性联系在一起,才能在其有区别的状况中得到理解。这个立场对我们整个事业的一个尚未阐明的前提来说,绝对是决定性的。其实值得注意的是,记忆现象学和历史认识论,不自觉地建立在一种伪明见性的基础上了,这种伪明见性,也就是说,过去性,撇开将来不说,在一种纯粹回溯性的态度中,是清清楚楚的。人们都明白,记忆,不是说最好,而是说唯独和过去有关。我喜欢重提亚里士多德表达的那句话,"记忆是属于过去的",要让它具有意义和效力,不需要提什么将来;的确,当下牵连到不在场者的悖论中,我们已经看到,这个悖论是非实在东西的想象和以前东西的记忆共有的。但是,对这种过去的表达可以说并没有考虑将来。而且当下本身,在指向以前的东西时,也没有如其所是地被专题化。再说,当一个人为寻找一段记忆,专心于记忆的工作,甚至记忆的礼拜时,发生的事不正是如此吗?胡塞尔就这样详尽地发展一种滞留(rétention)和再回忆的理论,并且只是扼要地说了一下前摄(protention),就好像它不过是一个必要的对称而已。记忆力的培养,作为记忆之术,建立在类似的不考虑将来之上。不过尤其是历史学,在方法论上关系到将来的这种失踪。这就是为什么下文的阐述,关于在对历史过去的领会中包含将来性,将全力地逆历史认识的明显回溯性取向而行。为了不这样把历史学还原为回溯,历史学家,作为人们所创造的历史的公民和参与者,让他本人与城市未来的关系成为其作为历史工匠之动机的一部分。是的,我们将适时向历史学家确认这一点。① 他还没加上与他的研究对象,与他从已逝的过去中截下来的主题之间的那层关系;我们在这方面已经注意到,历史过去的研究只涉及三个时位:目标事件的时位、夹在这个时位和历史学家的时位之间的那些事件的时位、历史书写的时刻。于是有三个日期,两个在过去,一个在当下。至于布洛赫提出的历史学定义,亦即"在时间中的人的科学",它不应该掩盖历史学的回溯性视角所具有的这种内在局限:在时间中的人,其实都是从前的人,是在历史学家书写他们之前就早已生活过的人。在不考虑将来的条件下提出记忆和历史的指涉问题,因此有暂时的合理性。能否在这样不考虑将来的时候找到对过去性难题的解答,我们于是将提出这个问题。

为避免这种非专题化的不考虑,其发生在记忆现象学和历史认识学的双重层面上,历史存在的诠释学提出,对照当下的将来性和当下的在场来全面展示过去性。在这个层面上,我们向来所是的存在的时间状况,比起记忆和历史对过去本身的单纯指涉来说,要更加基础。换句话说,时间性构成了记忆和历史对过去指涉的生存论前提。

而海德格尔的进路是尤其引人注意的,因为和奥古斯丁不同,海德格尔主要强调将来,而不是当下。《忏悔录》作者的宣言仍然响彻耳际:有三类当下,过去的当下是记忆,将来的当下是期待,当下的当下是直观(或注意)。这三类当下是时间性的组织原则;这里面表达出了内在的撕裂,奥古斯丁叫它灵魂的延伸(*distentio animi*),它使人类时间成为神圣永恒、那种永恒当下的有瑕疵的复制品。在海德格尔那里,在操心的状态下,"先行"和其"先行决断"

---

① 多斯把《历史》(*L'Histoire*,前揭)的第五段行程留给关于目的(telos)危机的难以回答的问题。《从天命到理性的进步》(页 137-168),道路在命运女神、神圣干预、历史理性、历史唯物主义之间犹豫不决,最后迷失在历史主义的危机中。

的果决内涵一起,成为整个时间性分析的参照点。把和将来的关系视作参照点,按照蕴涵的唯一方式,可以从中归纳出其他时间规定性,这是一个很好的工作假说。历史编纂活动所孤立看待的过去性,一下子就和存在论使之平步青云的将来性有了辨证关系。不过,还是可以抵抗这个提议的,亦即根据向死存在的存在论密度,马上就会看到向死存在是和将来的维度紧密联系起来的,取向将来,比起取向过去和取向当下,是更加基础的,又或如下文所说,是更加本真、更加源始的;相应地,还是可以抵抗把与当下的关系还原为忙碌操劳的倾向:惊奇、痛苦与快乐,还有主动性,是当下的卓尔不凡,行动理论,还有历史理论,必须考虑到它们。

第四点评述:除了以全新的方式整理时间经验的三维度以外,海德格尔还提出诸多时间化样式的一种别出心裁的等级化,它将为哲学和历史认识论之间的对质开辟前所未有的前程。这个内在的等级层次在《存在与时间》中分别有三个称呼:严格地说,时间性,我要说基础时间性,将来的取向把它引进来,而且我们将看到,向死存在规定它的特征;历史性,对"伸张"——或伸展——在生死之间的区间的考虑把它引进来,而且在历史性中,指涉过去可以说是主要的,历史和在历史之前的记忆都优先考虑指涉过去;时间内状态,又或在时间中存在,操劳在这里占主要地位,它让我们在当下依赖所有那些现存和顺手的事物,我们"依于"它们在世生存。我们看到,时间化的三个层次与将来、过去和当下的三个维度依次取得主导地位之间有了相关性。

根据这种相关性可以料到,历史存在的存在论和历史编纂学的认识论之间的对质,集中在第二个层次上,正如被指定给这个层次的语词 *Geschichtlichkeit* 所表明的那样:它是在名词 *Geschichte*,"历史",经过形容词 *Geschichtlich*,"历史的"(我将在适当的时候讨论这几个关键词的翻译)之基础上构成的。不过,预示的对质其实早在基础时间性的层次上就已经能够发生了,我马上就要证实这一点。但是在此之前,我想展开将依次穿过每一个分析层次的讨论。它关系到从一个层次到另一个层次过渡的派生方式的性质。海德格尔通过本真性和源始性的程度来描述这种派生方式,他看到,随着逐渐接近"流俗"时间概念的引力场,本真性和源始性的程度从一个层次到另一个层次在逐渐减少。不过这里叫作本真性的东西,没有任何可理解性的标准:本真的,就是无须解释的,任何一个专注于它的人都如其所是地接受它。在《存在与时间》的话语中,这是一个自我指称的术语。它的不明确,不亚于影响海德格尔字典里其他术语的那种不明确:决断,主要是和"先行"联系在一起的一个术语,没有任何规定性,也没有任何优先关涉具体实现随便什么计划的标志;作为自身向自身召唤的良知,没有任何和善与恶、被允许的与被禁止的、义务与禁戒有关的迹象。畏首畏尾的哲学行为从无中来,消散在黑暗中。本真性饱受其和梅洛-庞蒂所谓的"野性的存在"之间具有的那种亲缘性之苦;这就是为什么本真性产生的话语经常有转变成阿多诺揭露出的"本真性的俗话"的危险。如果给源始性指派另一个功能,不让它去重复本真性的断言,那么本真的和源始的结对在一起就可以使其摆脱这个危险。在我看来,如果历史条件名副其实地指的就是整个这一系列话语的可能性的一个生存论条件的话,这些话语关系到一般的历史、日常生活中的历史、虚构中的历史、历史学中的历史,那么上述情况就确实如此了。"历史"一词的双重用法就这样在生存论上得以证实:一方面,作为已经过去的、当下的和将来的事件(事实)之整体;另一方面,作为和这些事件(事实)有关的话语之整体,这些话语存在于历史学家对过去的见证、叙事、解释和表象中。我们创造历史,我们制造历史,因为我们是历史的。这个"因为"是在生存论上,作为条件性的"因为"。而接下来就要依照这个生存论条件性的概念来规定一个派生的顺序,它不能归结为存在论密度的逐级减小,而是以认识论倾向的逐渐加大作为它的标志。

第三部分 历史的条件

　　这个和从时间性的一个层次派生到另一个层次的方式有关的命题左右了这里提出的历史条件的存在论与历史认识的认识论，并进而通过后者，与记忆的现象学之间的对质风格。接下来的顺序正是在《存在与时间》中，时间性理论建立于其上的顺序：时间性，历史性，内时间状态。每一节又包括两小节：时间的分析和历史编纂学的回应。

　　从深度时间性的层次上就开始展开哲学和历史学的辩论可能显得有些出人意料。众所周知，海德格尔不是仅仅主要强调将来，这不同于历史和记忆的回溯性取向，他还把将来性放在向死存在的标志下，通过这种方式让自然和历史的无限时间服从于死的有限性的残酷法则。我的观点是，历史学家不会对以这种极端的方式进入整个时间性的问题域沉默不语。在海德格尔看来，死，以其不可转让的且不可传达的孤独性影响自身：接受这个命运，就是在以此方式处在死亡阴影内的整体经验上打上本真性的烙印；在"先行"中的决断，是操心在面对 Dasein 最本己能在的终结时所具有的形态。从这个既是本真性又是源始性的层次起，历史学家有什么要说的？他要成为"有人死了"——非本真性的修辞学在这里消耗殆尽——的辩护者吗？然而是这条道路供我们探索。我谦虚地提议对有死性的意义进行一种交替式阅读。参照本己的身体要求经过生物学的迂回，回到自身则要求经过耐心地把整个关于共同死的外在知识占为己有的迂回。这种谦虚的阅读为死亡的多重归因开辟道路：自身，亲人，他人。在所有这些他人中间，过去的死人，历史学的回溯性目光注视着他们。向这些历史的缺席者表示怜悯，进而埋葬他们，不正是历史学的特长吗？作为历史学家的话语对哲学家的话语的一个回应，我们因此将提出书写和埋葬之间的等式（第一节）。

　　存在论和历史编纂学之间的辩论更加集中在 *Geschichtlichkeit* 的主题上。海德格尔对历史性一词的使用属于由黑格尔开创的一段语义史的一部分,其间还经过了狄尔泰及其与约克伯爵的通信。借助对狄尔泰的"生命的整体关联"概念的批判,批判它缺少存在论的根基,海德格尔走进这个辩论中。通过把生死之间的"伸展"现象放在向死存在的更加本真的经验保护下,他表明自己的不同。他从其所在时代的历史编纂学中得到的,只有新康德主义广泛使用的指导概念在存在论上的贫乏而已。通过这种方式开启的讨论是检验海德格尔关于时间化从一个层次向另一个层次派生的观点的机会。我建议考虑一下历史编纂学方法在生存论上得以可能的资源,以此来补偿就存在论贫乏来说的进路。在我看来,海德格尔分析的某些强命题是具有这些资源的:正是在和过去的关系层次上,作为已经逝去的过去和作为已经存在的过去之间的区分,前者摆脱我们的把握,后者以此身份依附在我们作为操心的生存上;世代相传的观念,它给债责抹上一层既是身体的又是制度的颜色;还有"重复",以克尔凯郭尔为代表,借助重复,历史不仅表现为召唤死者,还表现为从前活着的人登场(第二节)。

在时间内状态——在时间中存在——的层次上,Dasein 的存在论遇到了历史学,不再只是在其源始姿态和其认识前提中,而是在其工作的有效性中。这个样式是最不本真的,因为它对时间度量的参照把它放在海德格尔视为"流俗"时间概念的引力场内,他把从亚里士多德到黑格尔的所有时间哲学都归于这个概念,按照这种概念构思,时间被归结为任意一系列离散的时刻。然而,这个样式并不是就缺乏源始性,海德格尔甚至说它与前面的样式是"同样源始的",因为"计时"在任何度量之前就已经得到理解,并且发展了一组显著的范畴,它们使把我们和我们与之打交道的事物联系起来的操劳关系具有了结构。这些范畴——可定时性、公共性、生命的节奏划分——使得同历史学家的实践展开一场新颖的辩论得以可能。这种对历史学家工作的积极把握给我提供了一个机会,对以前分析的整体进行重新阅读,直到历史和记忆交叉在一起。存在是历史的,这种存在的存在论将时间条件环抱在其三重结构组成内——将来、过去、当下,在我看来,它有资格裁决在回顾过往的封闭空间中对抗霸权的诉求。一方面,历史学想把记忆还原为一个在其研究领域内和其他对象没什么不同的对象;另一方面,集体记忆以其纪念的资源,反对在历史学家的距离化目光注视下亲身经历的意义的中立化事业。在历史和记忆共有的回溯性条件下,关于何者优先的争论是解决不了的。在一门构成其认识相关项条件的存在论中,这个不可解决性得到了解释。通过把历史当下与过去——它以前存在过但不再存在——的关系放回到大辩证法的背景上,这个辩证法融合了将来的坚定期待、已经存在的过去的重复、主动性和审慎行动的操劳,历史条件的存在论解释了自第二部分序论起就提到的历史和记忆关系的不可解决性的原因,当时讨论过在柏拉图的《斐德罗篇》中,文字发明的神话(第三节)。

最后一节将留给三位历史学家,他们把生存的和生存论的联系到一起去,并证实以一个疑难为标志的历史的"令人不安的陌生感",这个疑难,一旦得到理解,就不会再让人无所适从(第四节)。

第一节 时间性

1. 向死存在

我们首先要把灵魂被给予时间性的三维性的主题归功于奥古斯丁。奥古斯丁强调两个首要特征,海德格尔将对它们做新的诠释:三个维度的源始离散(diaspora),这导致它们的整合是不可能的,以及,作为前一个命题的推论,三个维度具有同等的源初性。第一个命题——我从前为翻译 *distentio animi*(我们在这里再次发现新柏拉图主义的 *diastasis*[分离])而说起过"*discordance*"

(不整合)①——在《忏悔录》中是以哀叹的口吻讲述的:身处"异地",灵魂发出它的呻吟。第二个命题在奥古斯丁那里具有一个海德格尔后来以决定性的方式与之断裂的形式:三个时间维度的同等源初性围绕一个当下的中心得到安排。当下,在可以说每一次都重复一次的同时,在三个方向上露出头角:"有三类时间:过去,当下,将来"。而"过去的当下是记忆,当下的当下是直观(contuitus,下文是 attentio[注意]),将来的当下是期待"。② 当然,奥古斯丁并不缺少论证:我们只是在浮现于心的 vestigia——印记-图像——的基础上才看到过去;对将发生事情的当下预见也同样如此。因此,正是不在场者的在场问题域(也是难题)要求三次指涉当下;但是,还可以提出异议说,vestigia,痕迹,假使必须假定它们在场,它们也不是如其所是地作为亲历的当下;我们注意到的不是这些痕迹,而是过去事情的过去性和将发生事情的将来性;因此有理由怀疑,正如对"表象"、某种"在场形而上学"的现代和后现代批判所做的那样,这些批判偷偷摸摸地在作为当下之当下的在场下面掠过,这个奇怪的多次重复的当下。③ 我在别的地方为对当下概念进行更加多义的阅读作辩护:无论是感觉意义上的,还是认知意义上的,当下都不可以被还原为可以说视觉的在场;它同样是受苦和享乐的当下,更是主动性的当下,本书的第三部分序论

---

① P. Ricœur,《时间与叙事》第一卷(*Temps et Récit*, t. I, 前揭,页 86-92),第一部分,第二章,第三节,《内在的不整合》。当时,重点放在灵魂的时间和宇宙的时间之间的困难——也许是找不到的——关系上;我提出历法时间作为从一个过渡到另一个的连接者。这里在历史条件的存在论和历史认识的认识论的边界上开启的讨论有所不同。

② 此外:"如果可以这样说,那么我看到(*video*)三类时间;是的,我也承认(*fateorque*),时间有三类。"

③ 给予当下以优先地位,柏拉图主义化的基督教特有的一个理由在于,亲历的当下指涉永恒。永恒被设想为一个 *nunc stans*,换句话说,一个永恒的当下。但是,这个永恒的当下很少帮助构成灵魂的当下,而是更多地充当它的对位和对照:我们的当下,遭受不是永恒的当下之苦;这就是为什么它还需要其他两个维度的辩证法。

提到过的尼采的著名文本在结束的时候对其赞赏有加。

不应该要求奥古斯丁去解决一个不属于他的问题,亦即和历史认识的可能关系问题。一方面,他对时间的反思,从观念史的后续发展来看,把他本人定位在我在上文描述过的内观学派的谱系内,由此产生的同等对待个人记忆和集体记忆的困难始终如影随形。① 另一方面,他用神学来诠释历史时间。因此,可以跟随在马鲁、这位优秀的历史学家之后,向《上帝之城》、向两个城的概念提出,一种历史神学和历史编纂学的可能联系的问题。② 并且,在波米扬的时间智慧学的帮助下,可以尝试对神学和历史编纂学之间的这层关系进行哲学研究。它将超出当前研究的范围。

从奥古斯丁到海德格尔的过渡初看起来是轻而易举的:现在已经众所周知的三段式时间性维度提出这一点:过去,当下,将来。但是,和两位思想家在他们各自语境内的位置有关的两点主要的起始差异,让他们相互间保持一段距离。奥古斯丁出现在基督教的新柏拉图主义的语境内;海德格尔出现在20世纪初的新康德主义蔚为流行的德国哲学的语境内;而对于处在这条哲学脉络上的学派来说,存在一个问题,关系到历史知识的可能性和合法性。在这方面,一切都系于从一门历史的批判哲学——比如上一章主张过的那一个——过渡到一门历史性的存在论,或者按我更喜欢的,过渡到一门历史条件的存在论。正是历史性这个词,表达了历史的批判哲学到历史的存在论哲学的转向运动。接下去的研究要进一步推动阵线的转移。但是一项针对基础时间性的分析,其被视为还要更加源始的,是先于这个批判环节的;乍看起来,历史编纂学好像和这个极端根基性的层次没什么关系。我在下文会说明,

---

① 参见第一部分,第三章。
② H. -I. Marrou,《在圣奥古斯丁那里的历史双重性》(*L'Ambivalence de l'histoire chez saint Augustin*, Paris, Vrin, 1950);《历史神学》(*La Théologie de l'histoire*, Paris, Éd. du Seuil, 1968)。

以何种出人意料的方式,它,甚至在历史性的概念被专题化之前,就已经是一个正当的同伴了。现在,不仅历史性的概念被放在第二级的层次上,而且抵达最根基的层次在《存在与时间》的文本中也无休止地得到推迟。必须预先给予问题得以提出的哲学场所以充实的意义。这个哲学场所就是 Dasein,用来称呼"我们自己向来所是的那个存在者"(《存在与时间》,页 7)。这是人吗? 不是的,如果我们的人指的是一个对它的存在漠不关心的存在者;是的,如果这个存在者摆脱它的漠不关心状态,并且把自己理解为这种存在,为了存在而存在(前揭,页 143)。这就是为什么,和达斯杜尔(Françoise Dastur)一起,我决定不翻译 Dasein 这个词。① 对于我们这些提出历史认识的指称对象问题的人来说,这种进入问题域的方式极其重要:在勒珀蒂看来,这个最终指称对象就是在社会世界中的共同行动。历史学家仔细琢磨并逐一审视的时间尺度正是根据这个最终指称对象来确定的。而行动,同时还有取这个行动的施动者和受动者的经验论意义的人,并没有取得这个地位;这样理解的人及其行动都属于现成存在(Vorhandensein)的范畴,它指的是事物纯粹对象性在场。基础存在论提出从这种对象性在场中退出来,条件是使存在意义的问题——《存在与时间》的第一句话就说它在今天早已被遗忘了——成为终极的问题。这种起点上的断裂,作为不翻译 Dasein 所付出的代价,就操心的元范畴在诠释学现象学——Dasein 构成它的终极指称对象——中占据一个轴心位置来说,②并不排斥人文科学在人类行动、社会行动上所期望的条件性作用的发挥。必须等待以"准备性的 Dasein 基础分析"为

---

① Françoise Dastur,《海德格尔与时间问题》(*Heidegger et la Question du temps*, Paris, PUF, 1990)。

② 在《时间与叙事》第三卷中,我把较长的分析用于一方面关于诠释学现象学(前揭,页 92 - 95),另一方面关于操心在 Dasein 存在论中所占据的轴心位置(前揭,页 95 - 102)的准备性研究。

第三部分　历史的条件

标题的第一篇第六章之后,才能到达操心作为 Dasein 之存在的专题化。值得注意的是,操心得以理解为一种情态,而不是某个理论或实践的实例,也就是说,畏的基础情态,这里说的不是它的情绪上的特征,而是它的与自身相遇的 Dasein 之本己存在所具有的展开能力。基础的是,这种展开是向我们所是的东西的整体性展开,更确切地说,是向这个与它的存在相遇的存在的"结构整体"展开。这个整体性的问题,在接下去的整个反思中将一直陪伴我们。在自己面前逃开的可能性,和畏所固有的展开能力,在这里是同时发生的。可以把第 41 节——"操心作为 Dasein 之存在"——视作这个基础的准备性分析的发源地。这里关系到的正是"Dasein 的结构整体"(前揭,页 191)。先于自身存在的主题已经出现了,它预示将来在源始时间性状况中的优先性。普通心理学,也是历史学家和法官的普通心理学,从这个操心的结构中所把握到的,只不过是它在操劳(为自己)和关心(为他人)的日常性上投下的阴影而已;但"即便是在非本真性中,Dasein 本质性地仍然先于自身,就像 Dasein 在沉沦中在它自己面前逃开,却仍然显示了这个与它的存在有关的存在者的存在状况"(前揭,页 193)。对我们来说,重要的是这句话:"当前从事的基础存在论的研究,既不打算成为无所不包的 Dasein 存在论,更不打算成为一门具体的人类学,而是只消指出这些现象在生存论上植根于操心的方式就足够了"(前揭,页 194)。操心因此是作为 Dasein 的分析的首要范畴提出的,并且具有相同的意义范围。①

---

① 关于 Dasein 作为操心的诠释(围绕第 41 节),参见 F. Dastur,《海德格尔与时间问题》,前揭,页 42－55,以及 Jean Greisch,《存在论与时间性》(*Ontologie et Temporalité. Esquisse d'une interprétation intégrale de « Sein und Zeit »*, Paris, PUF, coll. «Épiméthée», 页 236 以下):"我们可能有这种印象,和操心一起,生存论分析已经抵达安全的港口,然而并非如此。操心与其说是一个终点,不如说是一个起点。在《存在与时间》的第二部分乘风破浪的第二段伟大航行的……必然性就这样宣告出来:操心能够让人隐约看到的 Dasein 与时间性之间的关系分析"(前揭,页 241)。"先行于自身"在这里是宣告的效果。

正如我们接下去的分析将逐步证实的那样,我最关心的是《存在与时间》的诠释学现象学相对于这里被叫作"具体的人类学"的学科来说所具有的奠基能力。改述刚刚引用过的话,"这些现象(历史学家的历史和普通人的记忆)在生存论上植根于操心(和操心的时间性)的方式",将是我们的试金石。坦率地讲,我有些担心,在《存在与时间》中,时间性的诸层次——基础时间性、历史性、时间内状态——就其源始性逐级递减及其非本真性逐级递增来说的等级关系,可能会阻碍我们去勘察从基础性层次到被奠基层次逐渐失去的条件性——并且在合法性的意义上——资源。这将是我在这一章中始终贯彻的,和 Dasein 的分析相对质的指导线索。

特别值得注意的是,第二篇的标题是"Dasein 与时间性"(第45节以下),它开篇于将两个问题域合并在一起的一章:整体性的问题域("Dasein 的可能整体存在",第46节)和有死性的问题域("本真的向死存在的生存论投开",第53节)。一切都取决于能够整体存在的广阔和有死境域的有限之间的这个联结。甚至在开始探测整体生存的诸时间化地层之前,我们就知道,取道将来可以进入时间性维度的辩证法,而且将来性在结构上受死的有限境域的阻拦。向死存在的主题牵涉将来的优先性;它就这样把之前在操心的准备性分析中瞥见到的全部意义浓缩在"先行于自身"这个词下面。从这时起,能够整体存在和有死性之间的紧密联结作为一个顶点得以提出,时间化的派生层次的逐层构造运动在此之后就是从这里出发的。重要的是弄明白一开始就关联在一起的两个词,正如第一章的标题"Dasein 可能的整体存在和向死存在"(前揭,页235)所表达的那样。操心的结构,通过它的展开要求整体性的问题域,并给予它以可能性的、能够存在的形态,*Ganzseinkönnen*(能够整体存在,可能的整体存在)这个表述言简意赅地把它传达出来:整体指的不是封闭的系统,而是完整性,在展开意义上的完整性。不过展开始终都有"亏欠"(或"延缓"[sursis]——*Aus* stand，第48节），进而有未完成的空间。"未完成"这个词非常重要，如果考虑到"向死存在"的"向"似乎意味着有个完成的终点。展开和封闭，不饱和的完整性和就结束来讲的终结，彼此间难道不相冲突吗？在使用矛盾修辞法——尚未完成的完成——的语言中表现出来的几乎难以忍受的张力，不是很奇怪地因向死存在的帮助而有所缓和吗？在海德格尔的文本中，向死存在似乎把能够整体存在的预先主题遮掩起来了。为了恢复后面这个表述的全部活力，不是应该把能够存在的展开就交给能够存在，而不是匆忙地给它添加一个整体吗？这个表面上微不足道的添加实则藏有渐次转变的可能性：整体存在，延缓的亏欠，向终结存在，向死存在；除此之外，反方向上也重新得到规定：向死存在的"向"提出一种可能性的意义，"向一种可能性存在"，它作为一种封闭起来的可能性，向能够存在的被展开的可能性投开。操心的先行得以在它的另一个表述"先行到可能性中"（前揭，页262）那里表现出来。

就这样，死成为"Dasein 的最本己的可能性"（前揭，页263），最本己的，绝对的，不可逾越的，在一种非认识论确定性上确定的，由于无规定性而令人望而生畏的。在这方面，尤其值得强调对终结观念的诉诸，它有众所周知的多义性：等待 Dasein、照看 Dasein、在 Dasein 面前的终结，始终悬临的终结。① 在重读作为结点的这一章结束之际，我不想隐瞒我的困惑：可能存在的展开资源没有因为始终拘泥在死的主题上而阻塞吗？展开和封闭之间的张力没有因为向死存在——其被当作向一种可能性存在——最终起到的支配作用而得到缓和吗？在死的始终悬临的威胁上具有其标志的畏没有掩盖生命冲动的喜悦吗？在这方面，《存在与时间》对诞生现

---

① 格雷西把"本真的可能向死存在的概括定义"，即"先行"放在显要的位置上。在达斯杜尔（Dastur, *La Mort. Essai sur la finitude*, Paris, Hatier, 1994）那里还可以看到，对在面对和《存在与时间》表达的死相近似的死时，采取的一个更加积极的态度所作的辩护。

象的沉默——至少在开始这个阶段——让人有些惊讶。像格雷西(Jean Greisch,《存在论与时间性》,页 283)那样,我喜欢说"诞生性"(Gebürtigkeit),在《人的条件》中,阿伦特认为,诞生性是积极生活(vita activa)范畴——劳动、工作、行动——的基础。难道不应该用它的欢欣雀跃来反对死的问题对形而上学问题的一贯纠缠吗,正如柏拉图在《斐多篇》中(64a)称赞"对死亡的关心"(*meletē tou thanatou*)时所说的那样?如果说死在"常人"层次上的平庸相当于逃避是真的,那么这种扰人的纠缠不正相当于可能存在的展开资源被阻塞起来吗?因此,在向死存在尚未捕获能够存在之前,难道不是应该探索一下能够存在的经验资源吗?因此,难道不是应该听一听斯宾诺莎的话吗:"自由的人绝少想到死,他的智慧,不是死的默念,而是生的沉思"(《伦理学》,第四部分,命题六十七)?我敢说,难道不是一直活到死而不是向死的心愿所引起的欢欣,从反面烘托出面对死亡时,海德格尔式的决断在生存状态上有失偏颇而且注定有失偏颇的一面吗?

在这个困惑的基础上,我建议探索两条道路,它们以各自的方式,为哲学家和历史学家对死的话题展开一场也许有些出人意料的对话做了准备。

首先,为了反对死作为最本己能在的内在可能性的观点,我要对能够死进行交替式的阅读。海德格尔在能够存在和有死性之间施加一个短途,我将以接下来的漫长迂回取而代之。海德格尔的操心分析在我看来其实还缺少一个关系到和本己身体、和肉体关系的主题,全靠这层关系,能够存在具有了欲望的形式,在欲望这个词涵盖范围最广的意义上,它包括斯宾诺莎的努力(conatus)、莱布尼茨的统觉、弗洛伊德的力比多、纳贝尔的存在欲望和生存努力。死是如何出现在和肉体的这层关系中的?漫长的迂回就从这里开始。我知道死是对象身体所命中注定的;为日常经验所证实

第三部分 历史的条件

的生物学把它教给我；生物学告诉我，有死性是一个结对的一半，有性生殖是另一半。因为这类知识的事实性和经验论特征就把它当作和存在论水火不容的？它被打发到现成在手状态（Vorhandenheit）或上手状态（Zuhandenheit）的领域内，成为一个现成在手或上手的事物？肉体打破存在样式的这种区分。只有当死的这种对象和对象化知识还没有被内在化、被占为己有、被铭记在我们所是的这种欲望生命、这种欲望存在的肉体中时，上述区分才有优势。一旦占为己有的环节战胜距离化的环节，死就得以被理解为本己的死、有死的条件。然而代价是什么？生物学教授的，只不过是一个总的、类的"应该"：因为我们是这类生命，我们应该死，对于我们来说，"不得不死"。但是，即便是被内在化、被占为己有，这类知识仍然是和生的欲望、生的意志——操心、"能够整体存在"的肉体形态——异质的。只有在一段自身上的漫长工作结束时，死亡的整个事实必然性，才当然不是转变为能够死，而是转变为接受不得不死。这就关系到一个独一无二的"先行"，关系到智慧的果实。在有限的视野内，就极端的情况来说，比如一位修女按照亚西西的神贫者（poverello d'Assise）的方式，看重死亡，仍是一个礼物，它属于一门经济学，这门经济学甚至无法理解同表面上是斯多亚主义的海德格尔一样独特的生存体验。《新约》把这门经济学放在爱（agapē）这个词下面。如果一定要坚持区分源始的生存论状态和源自不同文化传统或不同个体体验的生存立场多样性，那么，生的意志和不得不死之间的分裂就继续存在于这个源始的层次上。不得不死让死成为最源始的能够存在的一个既是不可避免的又是偶然的中断。① 通过接受死来填补这个分裂仍是一项

---

① 关于这点，可以提一下西蒙娜·韦伊（Simone Weil）对命运和不幸的强有力论述。尽管总是有风云突变的可能，但是不要管它，必须去生活，去爱。Simone Weil,《全集》(*Œuvres*, Pairs, Gallimard, coll.«Quarto», 1989,《不幸与快乐》,页 681 - 784）。

我们所有人都要投身于其中的工作,而且我们多少已经成功地正视它了。① 但是,即便把它接受下来,由于它和我们欲望的极端异质性,以及迎接它所付出的代价,死还是可怕的、让人惴惴不安的。也许,我们在第一条道路——外在性和事实性的道路——上并没有到达敌意的发生地,死就是从这里出发的,而只有沿第二条路线前进,我们才会认出它。

第二条道路提议的迂回不再是外在性和事实性的迂回,而是复数性的迂回。如果考虑一下我们在其他人中间存在的方式,考虑一下海德格尔以共在(Mitsein)的用词所表达的在……之中存在(inter-esse),那么对死还能说些什么?让人惊讶的是,在海德格尔那里,他人的死是一种经历,它不符合向死存在的概念在话语层面上所阐明的植根于畏的要求。非本真性照看他人之死的经验,这一点是毫无疑问的:带走了我们最宝贵亲人的死事实上让我们避开了,对此的默认为一个回避策略开辟了道路,我们期待它同样能让我们避开真正面对本己死的时刻。但是在自己和自己的关系中并不是就没有同样的狡计。重要的不如说是去探测失去爱人的经验所藏有的真实性资源,这些资源被放回到把关于死的知识占为己有的艰难工作展望中。在这条经过他人之死的道路(迂回的另一个形态)上,我们相继学会两件事情:失去和哀伤。关于失去,作为交流中断——死者不再有任何回应——的生死相隔,就和逝者的关系构成本己同一性的一部分而言,造成自身的一种真正截肢。失去他人,在某种程度上就是失去自己,并且在这个名义

---

① 得益于这种智慧,我们来重读一下蒙田《随笔集》的第一卷第二十章:《研究哲学,就是学习死亡》。就像不可能躲避的敌人,"我们要站稳脚跟,不要被它压垮,同它做斗争。为了使失去对我们的强大优势,我们要完全逆着常规行走。我们要熟悉它,习惯面对它,把它当作平常事,要时刻都记着它,想象它的各种情形"。此外,"谁学会了死亡,谁就不会再被奴役。了解死亡让我们无视一切束缚和强制"(*Les Essais*, éd. de Pierre Villey, Paris, Quadrige, PUF, 1992)。

上,构成"先行"道路上的一个阶段。下一个阶段是本书已经多次提到过的哀伤。在永久失去的爱人的内在化运动结束后,与失去的和解得以显露其轮廓,哀伤的工作确切地说就在于这个和解。在这种对他人的哀伤的情境内,我们就不能预见到哀伤还将笼罩在我们自己的生命可预见到的失去上吗?当我们自己离世时,我们的亲人为此感到哀伤,在这条重复的内在化道路上,对此的预见能够帮助我们把我们将来的死作为一种失去接受下来,我们努力地让我们提前与这种失去和解。

我们必须向前迈进一步,去获得那些不是亲人的他人之死的本真性启示吗?我在这里再一次展开自身、亲人和他人的三段式,正如在讨论记忆归因问题时尝试过的那样。① 我希望这种再次展开能为我们打开历史学的死的问题域,这个问题域现在就是我们的目标。在我看来,从本真关系的总和直接转到"常人",这太过于匆忙了。在讨论记忆的被推定责任时提到过的正义观关系到第三方在人际关系中的位置,除此以外,那些他人的死有一个自己和自己的关系,以及和亲人的关系都无法给出的教诲。在"常人"的著名平庸化层次上,失去和哀伤有许多崭新的形式,它们帮助我们对死的最内在学习。这其实是死的一个形式,只有在公共生存的领域内,我们才会遇到其如果敢说纯粹的状态:暴力的死,谋杀。我们不能忽视这个新的迂回,它已经是经过历史的迂回了,同样是经过政治的迂回。众所周知,霍布斯将害怕暴力的死视为一个历史共同体的所有成员为了一个不签订契约的主权者的利益而签订契约的一个必要阶段。而暴力的死不能仓促地归类为被给予的和上手的事物。它指的是某件和一般的死、进而最终和我们的死有关的生存上的事情。我们更喜欢思考的亲人的死,其实是"轻柔的"死,即使临终的恐怖让它变了模样。依生者的隐愿,逝者安详

---

① 参见第一部分,第三章。

地得到解脱,在他的面容上就看得到。暴力的死不会让自己如此轻易地被驯服。同样,自杀,作为转而针对自身的谋杀,在我们面对它时,它重复了谋杀的沉重一课。哪一课? 或许是,任何死都是一种谋杀。在《整体与无限》苍劲有力的几页纸上,列维纳斯探索了这个直觉。① 谋杀——该隐杀死他的兄弟亚伯使它成为创始范式——所揭露出来的,而且亲人的死的单纯消失、离开、生的终止没有说出的,是虚无的标志,它是通过有意的消灭实现的。只有"谋杀的激情"才展现出这个标志。② 这种激情势必引起列维纳斯在伦理学上直接进行回击:消灭的道德上的不可能性从此被写在每一张面孔上。禁止杀人回击一种骇人的可能性,而且它就写在这个可能性本身中。但是,除这个为进入伦理学提供入口的伟大一课以外,谋杀,其本质是让他人受死,反映在我和我自己的死的关系中。悬临感,其先于任何关于死的知识,得以被理解为一个威胁的悬临,它来自未来的某个未知的时刻。列维纳斯反复讲,最后之时,其形隐匿(ultima latet):"在死中,我暴露给绝对的暴力,暴露给黑夜中的谋杀"(《整体与无限》,页210)。他者的令人不安的敌意朝我——针对我——而来:"就好像谋杀,并不是死亡起因中的一个,而是和死的本质分不开一样,就好像死的到来仍然是和他人关系的一种可能性一样"(前揭,页211)。对死之后的可能保持沉默("是虚无还是重新开始? 我不知道"[同上]),列维纳斯明确坚持死的之前,它只能是反对死存在,而不是向死存在。那么生命呢? 在一种"纯粹的威胁并且是从一个绝对他异性那里来的纯粹的威胁"(同上)的境域内,一个延缓的向前投开。恐惧,不是对虚无的恐惧,而是对暴力的恐惧,在这个意义上,"对他者的恐

---

① E. Levinas,《整体与无限》(*Totalité et Infini. Essai sur l'extériorité*, La Haye, Nijhoff, 1961,页208 – 213)。

② "死和虚无的同一,适合在谋杀中他者的死"(同上,页209)。

惧"(前揭,页212)。① 为了反对海德格尔的向死存在,列维纳斯提出一种虽然死(malgré-la-mort)、一种反对死(contre-la-mort),它为"摆脱了利己主义吸引力的善"(前揭,页213)打开了一个脆弱的表现空间。②

除了列维纳斯从这个关于死的暴力的沉思中得出的伦理——同样是政治③——教诲以外,我还想提一下哀伤能够具有的一个形态,它对应"谋杀的激情"让其更加鲜明的失去。这个形态把我们放在接下来关于历史学的死的反思道路上。对暴力的死所意谓的威胁的一个平静、严肃的看法实际上能是什么? 难道不是"有人死了"的被认定的平庸化吗? 这种平庸化不能具有存在论所证实的力量吗? 如果我们能够把我们欲望中断的威胁视作公平的平等化,那么情况就的确是这样:和所有人一样,无论是我之前的还是我之后的,我必然死。特权的时代因为死而结束了。这不正是在列维纳斯所珍视的《托拉》中,祖辈的死的朴素叙事,"与他的父辈躺在一起","归他到父辈那里去了"④所传达的启示吗?

2. 历史学的死

面对哲学家的自说自话,历史学家必须一言不发?

---

① "这种虚无是一个间隔,一个敌对意志潜伏在它之外"(同上,页212)。我们就"暴露给一个陌生意志"(同上)。
② "欲望,受到威胁的意志消融在欲望中,不再坚持意志的力量,而是在意志外有自己的中心,比如善,死不能剥夺它的意义"(同上,页213)。
③ 列维纳斯以此结束了这几页阴沉的文字:"意志在时间中抓住它的反对死存在(être-contre-la-mort)给它的另一个机会:建立制度,意志,超越死,在这里保证一个有意义但非人的世界"(同上)。在《异于存在或超越本质》(*Autrement qu'être ou au-delà de l'essence*, La Haye, Nijhoff, 1974)中,关于正义的讨论让现在这个处在死的阴影内的一门善的政治学的匆匆一笔具有了深度。
④ 《创世记》35:29,49:33。蒙田并没有无视这个智慧。上文曾经听他说起死是必须要习惯的敌人。现在必须听他公平地对待它:"平等是公正的首要成分。既然每一个人都包括在内,那么谁还能抱怨什么呢"(《随笔集》,第一卷,第二十章)?

这一节的观点是,尽管海德格尔说得很清楚,尤其是,尽管基础时间性主题及其远离任何历史编纂学的主题是根基性的,哲学家和历史学家的对话,即使是在海德格尔建立的向死存在的层次上也是可能的。

除了再次展开刚刚提出的交替式阅读所提议的那个主题以外,《存在与时间》的文本还另外打开了对质的共同空间。

第一种打开:跟随在关于向死存在的重要一章之后的,是针对 Gewissen("良知"近似地翻译了它)的思考。而这个概念在海德格尔那里立刻和证实(Bezeugung)的概念联系在一起。证实是真的样式,通过它,能够整体存在的概念和向死存在的概念得以被理解。在这方面,我们可以说对将来的证实,说在操心的"先行"能力中,操心的将来性本身的证实。然而,事实上,证实是完整对应于在其三个时间性绽出中展开的历史条件的。另外,还可以把在回溯的形式下、在日常生活中、在法庭上、在历史学中的见证,我们在本书中已经遇到过它,①视作和能够存在——通过先行得到把握的能够存在——有关的证实在过去的相关项。历史条件的元范畴所具有的可能化条件作用,在对将来的证实和对过去的证实之间的相关性中找到了得以发挥的机会。此外,还必须补充和"我能"——所有行动动词和情感动词的动词式——有关的对当下的证实。在《作为他者的自身》中,这些动词讲述有能力的人:说话、行动、叙述、归咎的能力;这个对当下的确定环绕对将来的证实和对过去的见证。海德格尔的文本力量在于,使证实可以从先行的将来扩散到回溯的过去。

第二种打开:能在-能死的存在论并没有把过去性丢在一个外在性或对立一极的关系中,正如在科泽勒克那里,以及在我们自己的分析中,关系到期待视域和经验空间的概念时的情况那样;此

---

① 参见第二部分,第一章,页 201-208。

外，上文已经注意到，科泽勒克没有忘记强调它的独特性，比如"历史经验"的事实结构。按照《存在与时间》，"先行"必然蕴含过去性。不过是在何种意义上？正是在这里，作者做了一个决定，它的间接后果对历史学来说是巨大的：事过之后，过去被当作"已经存在"，而不是已经逝去的，也不是处在我们的掌控意志力所能及的范围之外的。在这方面，这个单纯从语义学上看，为了表述过去性，比起 Vergangenheit——消逝不见的过去——来说更喜欢 Gewesenheit（已在）的决定，与从历史的批判哲学开始，一直延续到历史条件的存在论的运动是相得益彰的。我们已经多次通过如下语词提前表明"已经存在"对作为已经逝去的过去的这种优先性：我们说，过去的"不再"不能模糊历史学家的目标，他把他的目光对准那些在成为"历史的缺席者"之前尚在的生命。而最重要的是，这种对过去的重新定性，在考虑历史性的主题和历史学的特定问题之前，第一次被引进基础时间性、操心的分析框架内（《存在与时间》，第65节）。保证将来性和过去性之间的联系的，是一个起桥接作用的概念，即"有债责存在"的概念。先行的决断只能是假定债责，债责标志着，就遗产来说，我们对过去的依赖。① 而债责（德语 Schuld）的概念，在良知的那一章中已经被预先拔掉它的控告和罪责的锋芒了，在关系到对许多臭名昭著的罪行——正如在上文尤其在说到德国历史学家的争论时提过的那些——进行历史评价的时候，这样做似乎有害无益。海德格尔是不是过度地使

---

① "先行的决断以 Dasein 本质的有债责存在来理解 Dasein。理解意味着，生存着地接受有债责存在，作为 Dasein 的不性被投的根据存在。但是接受被投存在意味着：如其向来已经是的那样本真地是 Dasein。接受被投性只有这样才是可能的，即将来的 Dasein 能够是它最本己的'如其向来已经是的那样'，亦即，它的'已经存在'。只有当 Dasein 一般地作为'我已经是'存在，它才能在将来这样来到它自己，回到自己。本真地将来的，Dasein 本真地已经存在。朝着最极端和最本己的可能性的先行是理解着地回到最本己的'已经存在'。只要此在是将来的，它就只能本真地已经存在。已经存在以某种方式从将来涌出"（《存在与时间》，前揭，页325-326）。

债责的概念去道德化了？我认为，当历史学家的理解遇上被证实的错误时，在历史评价的一个完全确定的阶段上，过错的观念必须取而代之；对他人犯了错的概念，于是就保存债责的伦理维度、它的有罪维度。我们还将在宽恕的那一章中读到这一点。但是在此之前，使用一个道德中立的债责概念，还是有好处的，它所说出的，正是传承且接受下来的遗产，这并不拒绝任何批判性检查。

这个遗产-债责的概念要被放在 représentance 的概念下，后者作为历史话语的指称要求的守护者，是在历史认识的认识论框架内提出的：历史学家的建构，可以说，力求相切地成为实际发生过的事情的重建，按兰克的话讲，"如其真实发生过的那样"，représentance 的概念说的就是这个。但是就在它得到表达的层面上，我们不能佯作不知它的可疑性。作为一个在历史编纂活动领域内的冒险要求，它仍然像是悬而未决的。有债责存在，在这方面构成 représentance 的生存论上的可能性。représentance 的概念，就它的意义结构来说，仍然依赖历史知识的注定回溯性视角，而有债责存在构成先行的决断的反面。我们在下一节中将会读到，历史学家在历史性的派生层面上——哲学家和历史学家的对话正是在这个层面上形成的——这样把"先行"纳入考虑，能够从中得到什么。

因此在有债责存在的影响下，已经存在，在存在论密度上胜过已经逝去的过去的不再存在。"已经存在"和"已经逝去"之间的一个辩证法被打开了，对历史学家和哲学家的对话来说，而且对哲学家本人的工作来说，这个辩证法都是重要的办法。不过还是必须维护成对术语的每一个的合法性。在这里可以反对海德格尔的分析，在他看来，作为已经逝去的过去的规定性必须被视作时间性的一个非本真形式，来自流俗的时间概念，正在流逝的现在的单纯总和。①

---

① "'将来'，'过去'和'当下'这些概念首先是从时间的非本真理解中生出的"（同上，页326）。

第三部分　历史的条件

在这一点上,形容词"本真的"和"非本真的"的使用,显得并不符合存在论概念性被赋予的可能化条件作用,并且使得哲学家与历史学家的对话,即使不是不可能的,也变得很困难。在这方面,这场对话要求已经逝去的过去的概念得到公正评价,要求"已经存在"和"不再"的辩证法在其整个戏剧性力量中得到重建。当然毫无疑问的是,"单纯的已逝去"的表现是无法挽回的,反过来说,无法挽回的表明无力改变事物;在这个意义上,已经逝去的被引向现成在手的和上手的(vorhanden 和 zuhanden)这边,这些范畴据说并不适合操心的存在论内涵。但是过去的非上手、非在手的特征,在实践领域内,看上去完全符合在表象的认知领域内的不在场。在这里,有债责存在(存在论范畴)和 représentance(认识论范畴)之间的结合是卓有成效的,如果考虑到 représentance 把不在场过去的在场表象的难题提升到历史编纂活动的认识论层面上。我们已经说过,这个难题构成记忆现象的首要难题。但是《存在与时间》无视记忆的问题,而且只是断断续续地论及遗忘的问题。我们将在下文看到这种忽视在历史性以及在与历史编纂学进行辩论的层面上产生的后果。但是自操心的基本分析起,我们就可以为缺少它而感到遗憾了。正是在操心的基本分析的层次上,作者决定让"已经存在"(更加本真的)对立于"已经逝去的"(较少本真的)过去。哲学家和历史学家之间的辩论从重建在场和不在场的辩证法中获益良多,这个辩证法内在于任何过去的表象中,无论是记忆的还是历史的。一旦已经存在意味着已经是当下、有生命的、活的,那么过去被当作已经存在就从这个强化的辩证法中产生出来。

在这个辩证法的背景上,历史学家对关于死的思考作出他的独特贡献。

说起来,怎么能忽视这个简单事实,即在历史学中,人们几乎只关心过往的死者呢?鉴于当代史会传召活着的人来作证,它部分地构成例外情形。然而他们是以证人的身份来作证的,他们是许多事件的生还者,这些事件正在逐渐转变成已经逝去的不在场,而更多的时候是听不见的证人,他们作证的那些非常事件按同代人的通常理解似乎是不可接受的。因此比起任何追溯不到的过去,它们似乎更多地是"已经逝去的"。有时候这些证人死于这种不理解。有人可能反对这样强调历史学的死,说只有在事件史中,它才是妥当的,对事件史来说,重要的是某些杰出人物的决定和激情;有人还说,事件和结构的结合在匿名中抹去逐一加在每一个个体上的有死性特质。然而,首先,即便是在结构压倒事件的历史学视角下,历史叙述也使有死性的特质重现在被当作准人物的实体层次上:地中海,作为16世纪政治史的集体英雄,它的死授予死本身一种和准人物的死成比例的崇高。其次,所有那些只是在历史舞台上一走而过的人的匿名的死,悄无声息地向沉思提出这种匿名的意义问题。上文在暴力的死的残酷性和死的公平性的双重帮助下,尝试过恢复"有人死了"的存在论密度,正是"有人死了"的问题,让命运是公平的。在历史学中,问题就在于这种死。

但是通过何种方式,并且就什么来说的?

有两种方式来回答这个问题。第一种是让和死的关系表现为一个对象-表象,新史学特别喜欢清点这些对象-表象。无论是在西方还是在其他地方,其实都存在一门关于死的历史学,在心态史和表象史的领域内,它是最有吸引力、最值得关注的之一。但是,即便说这个"新对象"似乎不值得引起哲学家的注意,作为在制造历史的行为中牵涉到的死却不是这样。死于是成为一个作为历史编纂活动的表象。死在某种程度上表示历史的不在场者。历史编纂学话语的不在场者。初看起来,过去作为死者的天国,它的表象似乎迫使历史学只为阅读提供一个满是亡灵的剧场,尚处在死的缓期执行阶段的未亡人把它们唤醒。还有一条出路:把历史编纂活动视为下葬、埋葬等社会仪式的书写等价物。

坟墓其实并不只是一处和我们的城市分开的场所,它叫墓地,我们在这里安葬回归尘土的人的遗体。它是一种行为,一种下葬的行为。这个姿态不是局部的;它不限于下葬的那一刻;埋葬继续存在,因为下葬的姿态继续存在;它的旅程就是哀伤的旅程,它把失去的对象的形体上的不在场转变成内在的在场。作为物质场所的坟墓,就这样成为哀伤的持久标志、埋葬姿态的备忘录。

历史编纂学把这种埋葬的姿态转变成书写。从历史学的死到历史学家的埋葬,塞尔托在这方面是这种变形最雄辩的代言人。

首先,《历史的缺席者》把握到的是,死者在历史中是缺席的。在塞尔托和福柯相遇的时候,我们已经提到塞尔托怀疑福柯并没有把"外部思考"、"语言的黑日"看起来要求的东西贯彻到底。① 这是一种关于偏差的话语所产生的严峻后果:"话语得以产生的空间发生变化的条件是,异在同中引入断裂"(《历史的缺席者》,页 8),异只不过表现为"存在过的东西的痕迹"(前揭,页 9)。历史学将是这种围绕一个"缺少的当下"(同上)组织起来的"话语"。还要听活着的人的声音吗?不:"从完全沉默的印记出发,一种文学被制作出来,发生过的事情一去不返,声音永久地消失,是死让痕迹归于沉默"(前揭,页 11)。在针对缺席的思考中,必须这样前进,以便把它的全部力量给予埋葬的主题。② 埋葬实际上

---

① 《米歇尔·福柯》,见《历史的缺席者》,前揭,页 125-132。这种外部思考把意义的整个寻找都指向这个"死游荡着的领域"(福柯在《词与物》中的表述,页 395)。但是,"说起奠定全部语言的死,还不是正视它,也许是回避触及话语本身的死"(前揭,页 132)。参见上文,第二部分,第二章,页 253-266。

② 不能过分强调在塞尔托的著作中神秘主义者的特殊历史学对一般历史理论造成的影响。苏林(Surin)位于通过这些神秘主义者的语言得到领会的灵性历史学的中心(*La Fable mystique*, XVIe, XVIIe siècle, Paris, Gallimard, 1982)。除苏林外,亨利·贝尔蒙(Henri Bremond)的"圣人哲学"也引起过塞尔托的注意,从 1966 年开始,他在《历史的缺席者》中对他进行详实的论述。而这种"圣人哲学"围绕着像"忧伤"、"悲痛"、"空虚"这样一些夜发性情感转动(《亨利·贝尔蒙,沉默的历史学家》,见《历史的缺席者》,前揭,页 73-108)。值得注意的是,对塞尔托来说,过去之于历史话语正如上帝之于神秘主义话语:缺席者。已逝的东西是历史话语的准"神秘主义的"缺席(转下页注)

好像把它的全部效力都用在这样一种行为中,即"使存在于今天的社会行为在语言中成为当下的,并给它一个文化基点"(前揭,页159)。看起来唯有社会当下的自我设定才能补偿使过去退回到它的缺席的行为。缺席因此不再是一种状态,而是历史学工作的结果。它是一架真正的机器,生产偏差,产生异质学、异的逻各斯。安放逝者的墓地的图景因此自然而然地出自笔端。这首先是死者的绝对缺席的强烈图景,是对拒绝死的回应,直到在逼真的虚构中被掩盖起来。

在这个悬而未决的时刻,米什莱的话语仿佛是"死者的文学幻觉(重现,'复活')"(前揭,页179)。总之,痕迹是沉默的,唯一"还在说话的",是历史学的叙述:"当除了话语外没有别的场所的时候,它可以说起缺席的得以可能的意义"(前揭,页170)。墓地的主题因此只是比缺席的主题走得更远一些:"历史学家的书写为缺席提供一个位置,并且把它隐藏起来;它创造有关过去的叙述,这些叙述就相当于城中墓地;它驱除死,承认死在生者中的存在"(前揭,页103)。

变化,在书写和埋葬的等式的影响下,就发生在墓地主题的核心处。《历史书写》的几页优美的文字讲述了这个紧密联系。① 首先,埋葬是通过位置得到讨论的。这个在话语中的位置面对读者的位置,历史书写就是写给读者的。塞尔托称作"研究固有程序的文学转变"(《历史书写》,页118)的东西保证了从场所-坟墓到姿态-埋葬的过渡。在他看来,这种姿态有两个方面。一方面,书

(接上页注)者。塞尔托说得很清楚:"它发生过且不再存在。"这个公式位于论文《历史学和神秘主义》的中心,它在1972年第一次发表在《灵性历史学杂志》上(这篇论文与发表在《制造历史》上的《历史学活动》的写作是同时期的)。在研究结束的时候,在谈到历史学和神秘主义的关系时,他明确地说:"在17世纪的精神文学范围内,历史学的一条路线逐渐形成假说"(《历史的缺席者》,前揭,页167)。

① "死者的位置和读者的位置",见《历史书写》,前揭,页117-120。

写,以一项下葬仪式的方式,"在把死者引进话语的同时,驱除死者";但是,画廊也可以完美地做到这一点;死神之舞的幻景似乎更由此得到证实:"出现在读者眼前的,是一个群体——人物、心态或价值"(前揭,页117)。另一方面,书写发挥一个"象征化的作用",它"在用语言讲述过去的同时,使一个社会得以定位"(前揭,页118)。两个位置,即死者的位置和读者的位置之间,就这样建立起一个动态关系。① 场所-坟墓变成姿态-埋葬:"在研究实现了对可能的当下进行一种批判的地方,书写为死者立起一座陵墓……同样可以说,它为了活人创造死人"(前揭,页119)。这种"书写的皈依"(同上)比起单纯的叙事性要走得更远一些;它发挥一个践言作用:"语言使一种实践可以相较于它的异,即过去得到定位"(同上);不仅单纯的叙事性以此方式被超越,而且同它一起,不在场证明、实在的幻象从"叙述故事"这边得到"创造历史";践言性给读者指定一个位置,一个要去执行的位置,一个"必须-做"(前揭,页119)。

朗西埃在《历史之名》中针对"死去的国王"的分析回应了这些强劲的话语。他首先注意到,历史学的死并不直接是一些无名氏的不加区分的死。它最初是有名有姓的人的死,引起轰动的死。但是这种死已经把专名和职权联系起来了,而且换喻地适用于制度:国王的死,借助"语词的过剩",是诸国王的失势。除了腓力二世的善终以外,"知识的诗学",在诗学和政治学的可以说霍布斯式的交叉点上,还遇到英格兰查理一世的暴力的死,它隐喻地展现每一个人在自然条件下,同样在政治体条件下会遇到的死亡危险。其次,逐步地,还有宗教裁判所的那些受刑者的死:和死的交谈关

---

① "'标识'一段过去,这是为死者提供一个位置,也是重新分配可能的空间,消极地规定要做的事情,进而,利用安葬死者的叙事性,以此为手段,为活着的人确定一个位置"(同上,页119)。

系的两个极端见证就这样相互贴近,弑君和宗教裁判所(《历史之名》,页151);作者注意到,历史学补偿的死,对立于没有补偿的死。他现在有机会把场所——其将表现为坟墓——的问题域和勒华拉杜里的《蒙塔尤》及塞尔托的《神秘主义的诳语》让其讲话的话语的问题域联系起来了。这些话语是不一致的且游移不定的。历史学家以多种方式就这样成为让死者说话的历史学家。为了重现贫民和大众的沉默之声,并且通过他们,重现共同的死,威严的国王形象的民主废黜是必需的。因为国王死了,和别人一样,没有区别。在这一点上,朗西埃遇到塞尔托。在使臣们中间往来于国王寝宫的布罗代尔并不知道,重要的且他本人从未加以关心的是"知识性的历史叙述在民主时代的书写条件,科学、叙事和政治的三重契约的连接条件"(前揭,页47)。从此以后,"内在于历史学知识信仰的死亡冲动"并不来自死去的国王的单一形象,而是来自历史过去的已逝特征所表示的死。在年鉴学派的科学语言之前,浪漫主义历史学家米什莱为大规模的死驱魔。① 这种大量的死在成为历史学的"浪漫主义的-共和国的"范式的同时获得可读性和可见性。历史学的死,要我说,内在于朗西埃称作"奠基叙述"(前揭,页89以下)的东西中。这是在已经逝去的过去的尺度上的死。"死包含在科学中,不是作为残余,而是作为可能性条件……有历史学,因为有已逝的东西,有对已逝的东西的独特激情。有历史学,因为有很多事物在语词中不在场,有被命名的东西在名字中不在场"(前揭,页129)。进而有两个不在场,"不再存在于那里的事物"的不在场,和"从未像它被讲述的那样存在过的"事件的不在场(同上)。我们的整个记忆和历史与过往事情的

---

① 朗西埃引用维亚拉内(Pierre Vialaneix)编辑的米什莱《日记》里的优美文字:"必须听一听那些从未说出的话……而只有死去的人才甘于埋葬"(朗西埃引用,《历史之名》,前揭,页128)。

不在场之间的关系的问题域就这样通过历史学的死的问题得以重现。没有径直来到我所珍视的已经逝去和"已经存在"的区分,朗西埃跟随在米什莱之后,大胆地和"语词的过剩"一起,提到"生命的补充"(前揭,页130),甚至"不在场的补偿"(前揭,页131),这可能是本雅明的一个问题。总之,话语作为说话的场所,它的作用是向过去的死者提供一片土壤和一座坟墓:"土地是名字的碑文,坟墓是声音的通道"(前揭,页135)。我们在这里听到塞尔托给读者和死者指定两个对称位置的声音。对这两个人来说,语言,是"平静下来的死"(前揭,页151)。

在坚持这种话语的同时,历史学家回应了正在和海德格尔的向死存在"争执不下"的哲学家。一方面,历史存在的存在论为这种书写的皈依提供充足的理由,借助皈依,一个当下和一个将来在历史学的回溯性话语之前被打开了。另一方面,历史学家本人通过埋葬来诠释这个活动,会加强哲学家用一种面对死存在、反对死存在的存在论——还把哀伤的工作纳入考虑——来抵抗向死存在的存在论的尝试。哀伤的工作的一个存在论版本和一个历史编纂学版本,于是在一种拥有两个声音的埋葬-话语中,联系在一起。

第二节　历　史　性

时间化的第二个层次来到海德格尔称作 *Geschichtlichkeit* 的派生等级上。正是在这个层次上,哲学家遇到了历史编纂学的认识论要求。同样是在这个层次上,正如在下一个层次上那样,海德格尔要求的诸层次之间的派生方向得到确定。与就源始性和本真性的逐级递减而言的派生相对,我想提出一种就历史认识的生存论可能性而言的派生。而这个不同的派生形式,既可以被诠释为可理解性的增加,也可以被诠释为存在论密度的减少。

一个先决问题被提了出来:怎样用法语来翻译德语*Geschich-*

tlichkeit?《存在与时间》的大多数译者都选择了"历史性"（historicité），目的是强调海德格尔在使用这个借来的语词时的绝对独创性。缺点在于，它掩盖了海德格尔对前人的依赖，并且使读者无法发现同一个词在德语中出现在连续性的语境中这个事实。毕竟，第二级的抽象建立在其之上的语词 Geschichte（根据一种对德国人来讲非常重要的，黑格尔、他的同代人和他的后人频繁利用的术语派生方式，从 Geschichte，经过形容词 geschichtlich，然后到 Geschichtlichkeit①）并不适合这种巧妙的偏离：Geschichte——历史（histoire）——归根结底是唯一可以使用的词，即便有许多要让 Geschichte 对立于 Historie 的尝试，即便还有严格地说哲学家要加以澄清的模糊性。海德格尔也承认这一点，在第73节开篇，他预告："我们的切近目标是，为历史（Geschichte）本质的源始问题，也就是为 Geschichtlichkeit 的生存论建构寻找到一个出发点"（《存在与时间》，页378）。在 Geschichtlichkeit——历史存在的条件——的概念下，涉及的正是历史这个词和概念。这就是为什么在我看来更加可取的是，在法语的翻译中，接受其在德语中所同样具有的模糊性。海德格尔的独创性只能因为来自于它而得到加强。②

1. 语词"Geschichtlichkeit"的轨迹

为了更好地理解海德格尔对语词 Geschichtlichkeit 的使用所标

---

① 且不论好坏，我们同样把对词缀是 -heit 和 -keit 的抽象词的兴趣归于黑格尔。在这方面，Geschichtlichkeit 这个词没有去掉名词化形容词的连字符，这些名词化形容词本身又来自简单名词（Lebendigkeit，Innerlichkeit，Offenbarkeit，别忘记惊人的 Steinigkeit，它指的是石头的石头性）。雷特-芬克在《Geschichtlichkeit：其在黑格尔、海姆、狄尔泰及约克思想中的术语及概念起源》(Geschichtlichkeit. Ihr terminologischer und begrifflicher Ursprung bei Hegel, Haym, Dilthey und Yorck, Göttingen, Vandenhoeck und Ruprecht, 1964，页30–31)中编制了一份简要的清单。

② 只是在引用和这个词有关的翻译和评论时，我才保留"历史性"作为 Geschichtlichkeit 的翻译。

志的断裂,简单地回顾一下从黑格尔开始——他把这一语词播种在哲学的土地上——直到狄尔泰和约克伯爵的通信(1877 – 1897)对于 Geschichtlichkeit 一词的用法轨迹是有帮助的。正是在最后这个阶段上,海德格尔参与进来。①

这个词是 19 世纪的一个产物。实际上是黑格尔赋予它哲学上的含义。② 在《哲学史讲演录》中,它第一次展现其含义的全部力量:这关系到古希腊,"对于有教养的欧洲人(特别是我们德国人)来说,这个名字让人有一种家园之感(heimatlich in seiner Heimat)"。但正是希腊人孕育生长他们的宇宙论、他们的神话、他们有关神和人的历史的那种方式给予希腊人自己以"这种自由和优美的 Geschichtlichkeit 品质"。记忆女神(Mnémosyne)的名字和这种"思想自由的萌芽"联系在一起:正如希腊人"安于家室"一样,哲学能够跟随他们以同样的精神享受"生存上的家园感(heimatlichkeit)"(雷特-芬克引用,《Geschichtlichkeit》,页 21)。

黑格尔在第二个语境下,即在"基督教的无限环节"和"基督成为一个现实的人的知识"(《讲演录》第二版)的语境下使用了这个词。多亏教会的教父们,我们才得以使"精神的真实理念同时在历史性的被规定形式下"(雷特-芬克引用,前揭,页 21)展开。

值得注意的是,正是在古希腊和基督教的双重影响下,历史

---

① 对于 Geschichtlichkeit 的用法简史,我特别感谢雷特-芬克在《Geschichtlichkeit》(前揭)中的工作。我把它和鲍尔(Gerhard Bauer)的伟大专著放在一起:《Geschichtlichkeit:一个概念的道路和歧途》(« Geschichtlichkeit » Wege und Irrwege eines Begriffs,Walter de Gruyter, 1963)。

② 一个仍然有效的对立用法指的是一个报道过的事件的事实性,尤其指的是福音叙事的非传奇性。就此而言,注释者在今天,特别是在大卫·斯特劳斯(David Strauss)开启的论战和施韦泽(Albert Schweitzer)在 20 世纪初推动的《耶稣生平研究史》(Geschichte der Leben-Jesu-Forschung)的发展之后,还在说耶稣的历史性。正是在真实事件的事实性这个意义上,"历史性"在 1872 年作为一个新词出现在《利特雷词典》中。同样,历史的(geschichtlich)基督有时对立于历史学的(historisch)耶稣。

性一词得以进入哲学词典。第一种使用——经过记忆女神——,没有远离《精神现象学》对表现出记忆内在性——希腊人的记忆——的审美宗教性的赞美。至于第二种使用,类似的经过记忆的过渡是基督教最为悠久的传统及其惯例的一部分("你们要做这个作为对我的纪念")。① 总之,黑格尔是参照精神史的这两个关键环节来使用历史性一词的。② 说实话,从赫尔德、歌德和德国浪漫派以后,Geschichte——Geschichtlichkeit 重复了它——就已经具有了历史性一词将有的深度和引力的重点。只是精神史的这两个奠基环节的代表性,才让人回溯性地把一个同样奠基的能力记在黑格尔对历史性一词的使用上。说到底,对黑格尔来说,有意义的历史就是精神史。而他传给他的诠释者和后人的问题,是真理和历史之间的张力问题。哲学家问,精神是如何拥有一段历史的? 由于问题的时代特征,哲学的历史已经脱离了历史学家的历史。事实性失去了任何哲学上的趣味;它被打发到单纯的叙事中。

狄尔泰的庞杂、冗长、未竟的工作在 Geschichtlichkeit 一词的用法史中构成决定性的一环。但是相比生命性(Lebendigkeit), sens de la vie 的大量使用,它反倒鲜有出现。正是和约克的通信让它回到显著的位置上。相反,Geschichte 却无处不在。它处在和自然科学平起平坐的精神科学的奠基计划的核心。③ 精神彻彻底底地是历史的。

---

① Daniel Marguerat 和 Jean Zumstein,《记忆与时间》(La Mémoire et le Temps. Mélanges offerts à Pierre Bonnard, Genève, Le monde de la Bible n°23,1991 年四月号)。
② 施莱尔马赫自居是这两个代表性"环节"的中介,并不让人感到惊讶。
③ 形容词 geschichtlich,从讲述"历史(historich)理性批判"的纲领起,就是和 historich 相对立的。《有关人文科学、社会科学和政治科学的历史之研究》(Sur l'étude de l'histoire des sciences humaines, sociale et politiques),梅叙尔(Sylvie Mesure)译,见 Dilthey,《全集》第一卷,《历史理性批判:精神科学导论》(Œuvres, t. I, Critique de la raison historique. Introduction aux sciences de l'esprit, Paris, Éd. du Cerf, 1992,页 43–142)。

《精神科学导论》①的第一部分——唯一全部完成的一部分，出版于1883年，它主要关心的是捍卫精神科学的独立性、充分的自足性："精神科学：一个与自然科学并列的独立整体"(《导论》，页157)。② 这些科学把它们的独立性归功于在自身反思(Selbstbesinnung)中得到理解的精神本身的统一建构。精神是不可分割的、统一的，这个主张在狄尔泰相继出版的出版物中不断得到加强。不同于一些机械论观点，这些观点与在心理学中盛行一时的联想心理学联系在一起，"心理的结构整体关联(Strukturzusammenhang)"的概念自《建构》③的开篇几页起就被引进来了。这个表述属于一个围绕整体关联(Zusammenhang)这个词聚集起来的丰富的语义学领域，这个词又和生命一词有着密切的联系。④ 没有比这个还更加能肯定以科学为志向的概念直接植根在生命的厚度中了。⑤

不过值得注意的是，无论是"有生命的结构整体"观念还是"心理的结构整体关联"观念，或是其他可能想到的说法，狄尔泰

---

① 梅叙尔译介，同上，页145-361。

② 关于"精神科学"这个词，狄尔泰承认他没有一个适当的名称；没有更好的办法，他选择为了翻译密尔的《逻辑学》中的"道德科学"(moral sciences)这个表达而引入德语的一个词。

③ Dilthey，《精神科学中历史世界的建构》(*L'Édification du monde historique dans les sciences de l'esprit*)，梅叙尔译介，见 Dilthey，《全集》第三卷(*Œuvres*, t. III, Paris, Éd. du Cerf, 1998)。

④ 梅叙尔在《译者前言》中注意到："Zusammenhang，整个狄尔泰的翻译的真正关键所在，最通常的可能是译为 ensemble，但是这个词有时同样表示'结构'、'系统'、'严丝合缝'或'背景'。Bedeutungzusammenhang，'意义整体关联'，指的是一个有意义的整体，既是作为整体性，也是在它的要素中"(《建构》，前揭，页27-28)。在马尔蒂诺的《存在与时间》译本中，他将 Lebenszusammenhang 译为"生命的连续"(enchaînement de la vie)(前揭，页373)。也可以说"生命的连贯"(connexion de la vie)，为了在叙述的层面上保留"叙事的融贯"概念。

⑤ 格雷西在《存在论与时间性》中引用了《建构》的两段重要文字："所有这些生命和历史的范畴是陈述的形式……它们广泛地应用在精神科学的领域内。陈述就从亲身体验而来"(格雷西引用，前揭，页353)。

从未像后来的海德格尔那样把它们和生死之间的区间观念联系起来过。死在他看来不是对自身反思来讲的有限性标志。生就更不是了。精神的有生命统一直接地理解自身,不需要其他概念的中介。一张概念网于是被建立起来,将 Lebendigkeit, Geschichtlichkeit, Freiheit 和 Entwicklung 联系在一起。生命、历史性、自由、发展。而在这个序列中,历史性的环节没有任何特别的优先性,它在1883年的《导论》中没有出现过。在《科学院就职演说》(1887)中,它只出现过一次①,在《七十岁生日讲话》(1903)中又出现过②。如果说,在与约克通信期间,它的再次出现拥有一个远离神学教条主义的宗教性光环,并且延续了黑格尔的基督教三位一体神学的(有意或无意的)理性化和世俗化工作,这并不是偶然的。

正是在这个丰富的反思确定性的背景上,与约克伯爵的通信(1886-1897)③对在生命概念上建立精神科学的独立整体的事业本身投去一束疏远且批判的目光。正是约克在自身反思和历史科学的整个经验论计划之间挖掘出了距离。他在靠近生命性和内在性(看!后缀是-heit 和-keit 的词!)概念的地方明确地要求历史性概念。不过最终更喜欢的词还是 geschichtliche Lebendigkeit(历史的

---

① 梅叙尔译,见 Dilthey,《全集》第一卷,前揭,页19-22:"多亏了历史学派,我们的世纪已经认识到人和所有社会组织的历史性"(页20)。

② 梅叙尔译:"文化首先是诸多有目的系统的相互交织。每一个系统,比如语言、法律、神话和宗教、诗歌、哲学,都有一个内在的立法,立法决定它的结构,结构规定它的发展。这些系统的历史因素因此就包含在内。黑格尔和施莱尔马赫的工作在于,在意识到它们的历史性的同时,深入到它们的抽象系统性中去。既诉诸比较法,又从历史发展的角度来思考。什么样的一群人在这里工作着!"(同上,页33)然而,简短的讲话却以不安的口吻结束:"世界历史观把人的精神从自然科学和哲学尚未打破的最后锁链中解放出来。但是,克服有可能传播开来的信念的无政府主义的方法在哪里?我毕生都在努力解决和我刚刚提到的问题相关的问题。我看到了目标。如果我没有走完这条路,我希望我年轻的同事们,我的学生们,继续走到终点"(同上,页36)。

③ 狄尔泰和约克的通信参见狄尔泰的《哲学和精神科学》第一卷(*Philosohie und Geisteswissenschaft*, Buchreihe, t. I, 1923),第一部分。

生命性)(雷特-芬克,《Geschichtlichkeit》,页113)。而且在揭露经验论历史科学的精神贫乏时,约克总是把他的朋友推进一步。在提到狄尔泰新近出版《描述和分析心理学的观念》的时候,约克揭露出心理学作为人文科学在面对"历史生命"的充实时的贫乏。约克注意到,自身反思作为首要的认识手段所缺乏的,是一种"批判分析",针对那些心理学周围的科学在存在论上的不足,也就是说,本质上,缺乏的是一种走在科学前面并且领导科学的基础逻辑。约克的名句因此出现了:狄尔泰的研究"太少注重存在上的东西(ontique)和历史学上的东西(historisch)之间的发生上的区分"。这个区分对狄尔泰来说是陌生的,它想表达的是存在论的东西和科学要求的东西之间的最大差别。海德格尔必须从这个对立出发。在缺少这个区分的地方,历史编纂学仍然是"纯粹视觉规定"的囚徒。在它被认出的地方,能够强有力地说:"我是历史,正如我是自然。"

约克给出建议的时候,正是他的朋友忙于《施莱尔马赫的生活》第二部分的写作(他最终没有完成这项工作),并且尝试继续1883年《导论》工作(同样没有完成)的时候。还是这个时候,狄尔泰受到他的同事,科学心理学的代表艾宾浩斯(Ebbinghaus)的攻击。约克敦促狄尔泰通过更进一步强调自身反思具有的直接确定性来进行回应。这种确定性直接地与生命的结构整体关联相沟通。生命性(Lebendigkeit)不能没有这种"生命的内聚"。另外,这并不妨碍从一种反教条主义的宗教性这边得出历史性的概念,在语词的一个非编年学意义上,这种宗教性本身被称作"历史的"。狄尔泰的最后一封信(1897年夏天)表现出少有的忏悔:"是的!Geschichtlichkeit这个词是最适合用来描述精神科学的最高任务的,在自身反思中,以'胜利的自发生命性'的名义,它要勇敢地对抗新时代精神性的贫乏";他说,要提高"历史性本身的超感性和超理性的自然意识"(雷特-芬克,《Geschichtlichkeit》,页107)。约克去世于1897年9月12日。关于历史性的讨论就此终结。这个词只在1903年的《七十岁生日讲话》和1911年的《前言》中出现过,正如上文说过的那样。这没什么,只是不再使用一个术语罢了,狄尔泰还在继续讨论"历史世界",并为精神科学要求"精神世界的认识基础,使这个世界本身得以可能的基础"(《序言》,法译《全集》第一卷,页40)。

海德格尔的介入极其准确地插在约克在狄尔泰工作的核心处所开启的这场辩论上。在章末的77节开头,海德格尔承认:"刚刚完成的对历史问题的解释是将狄尔泰的工作占为己有之后产生出来的。约克伯爵散见在他写给狄尔泰的信中的一些论题证实甚至加强了这种占有"(《存在与时间》,页397)。随后的段落是一种奇特的——独一无二的——写作,主要包括一系列引文。海德格尔毫不犹豫地站在约克这边,以至于批判性地认为,"心理学",以理解"生命"为目标,致力于展现"'人'的整体事实"(前揭,页398)。就此而言,人如何能够既是精神科学的对象,又是这些科学的根本呢?问题完全超出有关精神科学和自然科学、理解和解释之间的界限的论战,完全超出心理学作为哲学的参照科学。两位友人均同意,关键在于理解历史性。从约克那里保留下来的,是从狄尔泰在1894年出版的《描述和分析心理学的观念》入手,以及著名的"存在上的东西"和"历史学上的东西"之间的区分。

可以怀疑这样自顾自地援引约克的评论,尤其是援引他的术语——存在上的对立于历史学上的——让"将狄尔泰的工作占为己有"过于简单化了。约克的存在上的,并不是在海德格尔看来存在上的(ontique),后者以独特的方式,和存在论上的(ontologique)组成一对儿。弄清楚这一点只会把事情搅乱,并且远离狄尔泰本人思想的真正核心,也就是生命和历史的联结。

海德格尔本人对历史性的诠释并不是建立在这种模棱两可上

的,而是建立在当关于"死、债责和良知之间的(植根在操心中的)同样源始的联系"(前揭,页 372)的思考结束时所感到的缺失上的。① 缺失的是另一"端",亦即"开端"、"出生",和在这两端之间、海德格尔将之命名为"伸张"(Ausdehnung,前揭,页 373)的区间。而且他承认,这个"之间",Dasein 在这里连续地保持自身,"在整体存在的分析中没有被考察过"(同上)。值得注意的是,海德格尔并不是在"历史性"这个词上和狄尔泰相对质的,虽然它是这一章的标题,而是在"生命的整体关联"这个问题上,我们在上文重建过它的系统语境。但是几句话之后,他就告别了狄尔泰的概念:一方面,它化为"在时间中"展开的诸多前后相继的经历,这让它来到派生的下一个阶段,时间内状态的阶段;另一方面,更严重的是,决定了上述整体关联特征的"存在论预设"把它完全局限在"每一个现在中",局限在"现成在手存在"的存在论领域内,并由此把它放在流俗时间概念的支配下,流俗时间概念把时间性的下行辩证法一直拽到底。海德格尔断定,不可能在这个不完备的基础上对"Dasein 在生死之间的伸张"进行"一种本真的存在论分析"(前揭,页 374)。他的观点是,在出生反过来被诠释为完美地和终结相对称的另一"端"的补充条件下,只有向死存在的思想才能给予区间的观念一个生存论上的根基(狄尔泰从未考虑过这一点);Dasein 因此能被表述为"以出生的方式"生存,正如它被表述为"会死地"生存那样。不过如果不是操心,区间还能是什么?"作为操心,Dasein 就是之间"(前揭,页 374)。

---

① 开启了整个有关历史性-历史学状态(historicité-historialité)分析的第 72 节,开篇于"严肃的考虑"这个表述:"Dasein 的整体就其本真的整体存在而言,事实上能被带入生存论分析的先有中吗? 与 Dasein 的整体性相关的问题提法可能拥有其真正存在论的明确性;另一方面,问题本身完全有可能通过着眼于向终结存在来找到答案。不过,死只是 Dasein 的终结,或者从形式上讲,它只是囊括 Dasein 整体性的两端中的一个而已"(《存在与时间》,前揭,页 372-373)。

也许,有人并没有更加强烈地感受到处处都缺少一种关于肉身的反思,它能够把诞生性当作已经在此存在的条件,而不仅仅是一个出生的事件,死的尚未到来的事件错误地和后者对称起来。

尽管有这些初始的局限性,伸张的概念,或者不如说伸展,富有能够有助于和历史学家进行辩论的和声。三个概念可以充当这种和声:活动性的概念,它说的是生存的质和动态的不稳定性;持久性的概念,它在自身坚持的观念上加上时间性的笔触(前面的分析已经从中认出 Dasein 的"谁"的规定性);最后,"发生"的概念,通过强调依附在伸张观念上的时间化活动,它以生存论的方式重新诠释古老的术语 Geschehen。狄尔泰的生命整体关联的概念在存在论的层面上留下的空位就这样被占据了。"Dasein 的'整体关联'的问题是它的发生的存在论问题。对发生的结构及其时间性-生存论的可能性之条件的阐明意味着获得对历史性的存在论理解"(前揭,页375)。

在狄尔泰得到回应的同时,"历史问题之所在也就决定了"(前揭,页375)。值得注意的是,海德格尔要对质的,绝不是历史学家的职业,而是"'历史'问题的科学-理论的处理方式"(同上)。这主要关系到新康德主义传统在思考历史时的相关尝试,这些尝试,不是按照海德格尔指名道姓的西美尔和李凯尔特的方式,从它的方法在知识建筑学中给予它的地位出发,就是直接从它的对象、历史事实出发。海德格尔视作历史基本现象的东西,也就是生存的历史性,不可挽回地被盛行的新康德主义的那些拥趸们抛弃了。海德格尔问,"历史,如何能够成为历史学的可能对象"?只有"从历史的东西的存在方式及其根植于时间性出发"(同上),这个问题才能得到回答。海德格尔在我们将要前进得更远的方向上几乎没有前进。派生的概念,在本真性逐级递减的意义上来理解,只会让较少本真的东西依赖较多本真的东西。至于历史知识的可能性条件,就只能说,科学的历史学活动在"历史的东西"的存在方式的对象化样式之间。一条依赖的关系链于是可以逆向地来看：历史学的对象-历史的东西-历史性-植根于时间性。海德格尔本质上正是用这个逆退的过程来反对任何在认识理论的框架内思考历史事实的对象性的尝试。

为了开始这个从非本真的东西回到本真的东西的运动，海德格尔并不介意从那些在"流俗历史概念"（前揭，页 376）的影响下进行的研究出发。从这里出发，重要的是"阐明历史性的存在论问题"（同上）。这里说的不是别的，正是"揭示出已经掩盖在时间性的时间化中的东西"（同上）。海德格尔重复道："对历史学作为科学的生存论诠释仅仅致力于表明它在存在论上起源于 Dasein 的历史性"（同上）。换句话说："这个存在者并不是因为它'在历史中'而是'时间性的'，而是相反，它历史地生存并且能够历史地生存，是因为它在其存在的基础上是时间性的"（同上）。

然而必须承认，我们并没有真正接近在本书中被称作历史学的工作的东西，以及海德格尔归于"事实的 Dasein"（同上）的东西；对历史编纂活动的考虑推迟到派生活动的下一个阶段，即时间内状态的阶段。既没有日历又没有钟表，如何确实地和历史打交道？① 这就是说，实际的历史学的命运不是在历史性的层次上，而是在时间内状态的层次上被决定的。在历史性的层次上，讨论只是到达关于认识论反思的第二个阶段而已，我们在上一章中已经把它指定给历史的批判哲学。不得不提前时间化样式的下一个派生阶段，这产生了一句不清楚的评论："不过，时间，作为时间内状态，同样是从 Dasein 的时间性中'发生'的，就此说来，历史性和时间内状态表明自身为同样源始性。从而，对历史的时间性质的流俗解释在它们自己的限度内也不无道理"（前揭，页 377）。派

---

① 这里指的是我在《时间与叙事》第三卷中称之为历史学的第三方时间的东西，即在宇宙学时间和现象学时间之间的、痕迹的、世代的、大连接者的时间。

生——在稍早几行也被称作(加引号的)"演绎"——和同样源始性就这样结成某种竞争关系。①

2. 历史性与历史编纂学

值此悬而不决和犹豫之际，我想再继续在本章第一节结束时开启的，在历史书写作为埋葬的主题上中断的，哲学和历史学进行批判性对话的尝试。我想给历史学家的工作坊里带来哲学家。海德格尔本人在通过反思"历史"一词的一些模棱两可的含义——这个概念的纯粹历史编纂学上的规定还没有出现(第73节)——而开始讨论历史科学的地位时，也有此建议。他一一列举并且依次审视了语词的四个流俗词义：过去作为不再现成的；过去作为继续起作用的；历史作为流传下来的事物之整体；传统的权威。他在这四种方式下面发现了发生(Geschehen), provenir, 不过是被掩盖在正在产生的和流传下来的事件表象之下。这里说出的一些东西在极具建设性的意义上关系到历史学家：已经存在胜过单纯已经逝去，后者指的是在过去意向中它摆脱我们的掌握。我们已经多次触及"已经存在"和"不再存在"的这个辩证法，并且强调它扎根在日常语言和记忆经验中，这种记忆经验先于历史编纂学在它的表象环节对它的精心设计。在批判性地反思遗迹、遗址、古董、博物馆收藏的概念的时候，海德格尔对这个辩证法投去一束敏锐的目光。利用他对存在者的分类，即分类为生存论状态(像操心、畏、自身性……)和"现成在手"或"上手"的存在者(我们说被给

---

① 格雷西在这方面强调"任务的这个规定既谦逊又自命不凡"。他补充说："为了公正地对待这些学科(人文科学)，这就足够了吗？不应该考虑一下更加积极地规定历史性的存在论和历史科学的认识论之间的关系的可能性吗？"(《存在论与时间性》，前揭，页357-358)我接下来就要展开这个建议，延续我在《时间与叙事》第三卷的评论，在那里，我讨论过派生出来的东西进一步"丰富"源始的东西，或者从一个到另一个的"创新的派生"(前揭，页108-109)。

第三部分 历史的条件

予的和顺手的事物），他观察到，我们归类在痕迹观念下面的东西，如果我们不能把这些线索和一个不复存在，然而已经存在的环境重新联系在一起的话，就绝没有任何过去的标志。如果可以说某些事物是从过去来的，这是因为 Dasein 随身有它的发生的痕迹，以债责和遗产作为形式："显然 Dasein 从不可能是过去的，不是因为它是不流逝的，而是它本质上绝不能是现成存在的，毋宁说，如果它存在的话，它是生存着"（前揭，页380）。一场和历史学家的对话能够在这一点上建立起来：哲学家的贡献在这里在于，针对把过去当作工具、用具进行批判。这个批判的局限性来自于在生存的存在方式和被给予或顺手的存在方式之间打开的裂缝，历史编纂活动在记忆行为的基础上重复了这个裂缝。然而，经过已逝过去的不在场，我们已经把历史编纂活动的认识论一直带到已在过去的 représentance 的难题。在 représentance 的难题后面，记忆行为中的过去符号表象的难题显露出来。不过海德格尔既没有为记忆，也没有为它的装饰，即识认行为腾出任何位置。柏格森已经懂得给予识认行为任何它应得的重视，下一章将充分表明这一点。但是可以提出一个建议，即让从古希腊的 eikōn 问题域起就明确提出来的在场和不在场的辩证法与海德格尔对遗迹的分析相对质。海德格尔不是过于匆忙地把已逝过去的不在场特征直接归给顺手事物的不现成性吗？同样，和现在不再存在但是曾经存在过的东西的表象联系在一起的所有困难不是因此被回避了吗？相反，海德格尔诚然提出依附的强观念，即任何世内历史的东西都依附我们作为操心的存在向来所是的源始历史的东西。围绕此在的"历史性"，他甚至进而提到首要的"历史性"和次级的"历史性"，即"世界历史"："用具和活计，比如说书籍，有其命运"，建筑和机构有其历史。但就连自然也是有历史的。当然，它的有历史恰恰不是当我们说起"自然史"时的意思，倒是作为村园、居住区和开采区，是战场，是宗教祭祀的地方。这种世内存在者是这样有历史的,而它的历史并不表示一种"外在"框架,仿佛纯粹伴随"心灵"的"内在"历史一样。我们把这种存在者称为"世界-历史事物"(前揭,页388-389)。

但是一边是生存论的,另一边是上手的,存在方式的区分阻碍派生的运动,使它无法到达认出痕迹现象的全部有效性的地方。在历史层面上的 représentance 的问题域,还有在记忆层面上的符号表象的问题域,在我看来可以在这个存在论的不连续性上架起桥梁。遗迹的概念扩展到痕迹的概念,它因此能为一个讨论提供机会,这个讨论兼顾记忆行为和历史编纂行为的符合维度。缺少这个对质,海德格尔只是通过展示由历史的存在对世界的依赖产生的特征来补偿其固执地坚持历史性对基础时间性的依赖。① 这些特征与已经分析过的遗产和流传的概念是相符的,共同存在的概念又将其补充完整。借助德语 Geschichte, Schicksal(命运), Geschick(气运)之间的某种词根变化,因此就这样说到了命运和气运。在这方面,人们可能关心对具体事物的操心在这里强加的英雄负担。②

我更倾向于在海德格尔的文本中继续寻找一场建设性辩论的出发点。

我找到两个可以提供帮助的词:一个是从狄尔泰那里拿来的代的接续;一个是从克尔凯郭尔那里得到的重复。它们都能够起到将历史存在的存在论和历史编纂活动的认识论连接起来的作用。

对流传甚至遗产这个更加抽象的概念来说,代的概念肯定是那

---

① "这样,对 Dasein 的历史性的诠释归根结底证明自己只不过是更具体地阐明时间性"(《存在与时间》,前揭,页382)。稍后:"本真的向死存在,也就是说,时间性的有限性,是 Dasein 的历史性的隐藏根据"(前揭,页386)。

② 《时间与叙事》第三卷,前揭,页116以下;格雷西,《存在论与时间性》,前揭,页369-374。

些能够最好地让它具有一种具体密度的概念之一。但是,这里还是没有触碰到诞生性概念原本能够保证的肉体。而且在这个基础上能够建立起来的是,血亲关系的整个象征体系和依附在谱系观念上的整个司法机关,通过它,还活着的人被指定为继承人:勒让德(Pierre Legendre)①开门见山地指出,"必须记住,继承人的指定是一个生命现象"(《流传的不可估计的对象》,页9)。为了做到这一点,还必须记住,人类必须被定义为会说话的生物,这使谱系成为一个结构,这个结构不可还原为生殖机能。狄尔泰不会拒绝这样的断言,它与"生命的整体关联"的概念是相符的,即"生命不是过日子,人的一项任务就是指定一个继承人":"产生传承上的联系,这是谱系的工作,它让我们紧握生命线。"不是只有社会学家、法学家和精神分析学家对"西方谱系原则的研究"感兴趣,如果就此说来,即历史学家也像勒珀蒂那样认为,历史学的指称对象是表象和实践相结合,其每一个维度都得到考虑的社会联系的状况,那么历史学家也对它感兴趣。历史学同样是一门关于会说话的生物的科学;规整谱系领域的司法规范性不仅仅是其对象之一,甚至不仅仅是一个"新"对象,它更是依附在其对象设定上的一个前提,进而在这个意义上,是一个生存论前提:历史学只会遇到正在进行传承的开口说话的人。谱系是让生命成为人的生命的传承。在这个意义上,它是构成历史学家意向性的 représentance 的一个组成。

重复的主题,刚才提醒说它来自克尔凯郭尔,反过来就整个历史编纂学事业的存在论根基来说,有巨大的发挥空间:"这种回到自身的,传承给自己的决断,于是成为流传下来的生存可能性的重复"(《存在与时间》,页385)。海德格尔在这里再次强调回到更深的根基:"本真地重复过去的生存可能性,即 Dasein 为自己选择

---

① Pierre Legendre,《流传的不可估计的对象:论西方的谱系原则》(*L'Inestimable Objet de la transmission. Essai sur le principe généalogique en Occident*, Paris, Fayard, 1985)。

它的英雄,在生存论上以先行的决断为基础;因为只有在先行的决断中,我们做出了选择,它使我们得以自由地追随斗争并忠于可重复的东西"(同上)。可以认为,这里概述的思想打开一个比"选择自己的英雄"还更加宽阔的领域,这个惊人的评论,在"身体"哲学得到"历史学的"实现的时代,我们发现其令人不安的"气运"。对我们来说更有无限前途的是这个断言,即重复不是事后恢复,不是重历:它是"重新现实化"。这就关系到一种回忆,一种回应,一种回击,甚至是遗产的一种撤废。重复的创造力完整地体现在这个向未来重新打开过去的能力中。

这样来理解重复,它可以被视为历史编纂行为的存在论上的再奠基,这是通过它的最基础意向性得到把握的。更进一步说,重复能够补充并且丰富上文在历史学中的死的标题下提出的思考。这个思考把我们一直带到埋葬的姿态,通过埋葬,历史学家在给死者提供一个位置的同时,也给活人提供一个位置。关于重复的思考在这样一个观念的保证下能够向前迈进一步,即从前的死者是活过的人,而历史学就是通过某种方式接近这些活过的人。今天的死者是昨天的生者,他们行动着,遭受着。

历史学家如何才能迈出这个在埋葬之外的额外一步,让本人成为回溯过往的人?

在米什莱和科林伍德两个人的帮助下,我们可以尝试进行回答。

米什莱仍将是目光远大的历史学家,他已经意识到了法国,想谱写它的历史;但是法国史是充满生机活力的存在的历史。他说:"在我之前,还没有人把目光放在自然地理事件的有生命统一上过。正是它们才构成有生命统一的。我是第一个,把它当作一个灵魂,一个人格……为了发现历史的生命,必须耐心地在它的每一条道路上跟随它,熟悉它的每一副样子,通晓它的每一个元素。但是同样需要有更强烈的冲动在一个强有力的运动中重建所有这些元素的相互关系、这些生命力量的交互行动,这个运动将重新成为生命本身"。复活的主题在这里出现了:"我的历史问题,作为完整生命的复活,不是在其表面上,而是在其内在和深层的有机体中,仍是更加复杂、更加吓人的。还没有智者考虑过这个问题。幸运的是,我不是"(《法国史》1869 年序言)。

半个世纪以后,科林伍德用一个更加温和的主题响应米什莱,即过去在当下"重演"(reenactment)的主题。① 根据这个概念,历史编纂活动表现为与过往所是的东西去距离化-同一化。但代价是在物理事件之外,抽出可以称之为"思想"的"内在"一面。在发挥历史想象力的重建结束时,历史学家的思想可以被视作重新思考以前被思考过的东西的一种方式。在某种意义上,科林伍德预示了海德格尔:"过去在自然过程中是一个被替代的和死去的过去"(《历史的观念》,页 225)。而在自然中,诸瞬间转瞬即逝,其他瞬间接踵而至。相反,同一个从历史上得到认识的事件"存活在当下"(同上)。它的存活是它在思想中重演的完成。很明显,这个和同一性有关的概念缺少"重复"的观念具有的他异性环节;更加根本地,这个概念是基于事件的发生和事件的意义之间在事件层面上的区分的。而"重复"把握的,正是这种互相的隶属。

通过把从前的人的期待视域的"回忆"放在重复观念的影响下,"复活"的抒情概念和"重演"的"唯心主义"概念能够得到公正的评价。在这方面,历史的回溯性特征不能把自己封闭在规定性中。如果有人认为过去是不再能被改变的,进而仿佛是规定好的,那就是把自己封闭起来了。按照这个观点,只有将来才能被视作是不确定的,是敞开的,并且在这个意义上,是未受规定的。即

---

① Collingwood,《历史的观念》(*The Idea of History*),这本书是诺克斯在作者去世后于 1946 年编辑出版的,书中收录了作者从 1936 年起,在获得哲学和形而上学的教席后,在牛津写的一些文章,直到 1940 年,作者又部分地进行了修改。

便说事实的确是不可磨灭的,即便说做过的事就不再能当作没做过,发生过的事就不是没发生过,但是,发生过的事的意义却不是一劳永逸地固定下来的;除了能别样地讲述和诠释过去的事件外,还能加重,或者减轻与对过去的债责关系联系在一起的道德负担。我们在献给宽恕的结语中还将说得更多。但是从现在开始,通过在罪责的概念之外拓宽和深化债责的概念,像海德格尔提出的那样,"负担"、"重负"、重担的特征属于债责的观念,我们可以在这个方向上取得可观的进步;我们在这里又发现了遗产和流传的主题,不过已经剥去了道德过错的观念。当然,债责观念并不是痕迹观念的一个单纯结果:痕迹需要向前回溯;它纯粹是从过去回到过去;它有所指,它没有义务。因为有义务,债责没有在重担的观念中消耗殆尽:它把受过去影响的存在和转向将来的能够存在联系起来。用科泽勒克的话来说,它把经验空间和期待视域联系起来。

在这个基础上,就在历史学的回溯性视角之内,能够讨论一下将来对过去的反冲。历史学家能够通过想象来回忆过去的随便哪一个时刻,作为已经当下的,再次借用奥古斯丁的表达方式,进而作为从前的人以他们过去的当下和他们将来的当下之名义亲身经历过的已经当下。过去的人和我们一样是主动性的、回溯性的和展望性的主体。这种考虑的认识论上的后果是巨大的。知道过去的人同样表达他们的期望、预见、欲望、畏惧和计划,就是通过回溯性地给历史重新带来偶然性,来打破历史的决定论。

我们于是遇到了雷蒙·阿隆在《历史哲学导论》(1937年)中始终坚持的一个主题,亦即他对"命定性的回溯假象"(页187)的斗争。联系到历史学家诉诸非实在的建构,他引进这个主题,就在这里,他遇到了韦伯的"单一因果归因"的概念。但是他通过反思在历史因果性中偶然性和必然性的关系拓宽了同一个主题:"我们在这里用偶然性指的是,设想不同事件的可能性,和从以前处境的整体中推断出事件的不可能性"(《历史哲学导论》,页223)。

这种对历史因果性的一般考虑，倾向于把反对命定性的回溯假象和一种历史总体观联系起来，这种历史总体观通过"更确切地说，为了回到行动的那一刻，为了担当行动者的同代人，复活的努力"（前揭，页234）而得到定义。

历史学家的历史学因此并不必然就判定给海德格尔宣称"看不到种种可能性"（《存在与时间》，页391）的非本真的历史性，哪怕一种重新封闭在博物馆志态度上的历史编纂学。历史编纂学同样把过去理解为"回到"隐藏起来的种种可能性中去。

根据海德格尔的诸如可能事物的"力量"（前揭，页395）这类语词来理解，"重复"的观念因此是最适合用来表达关于历史性的话语和历史学话语之间的最大程度的融合的。我想在这个观念上结束这一节，通过赋予它海德格尔称之为通过"传承史"的东西给予它的额外意义，亦即，插在当下的表象与"被重复的"过去的已经存在之间的诠释过程的深度。① 在这个重复的主题上，本书的第二部分和第三部分关联在一起。

第三节　在时间中存在

1. 在非本真的道路上

"时间内状态"（intratemporalité）这个词在《存在与时间》（第二

---

① 格雷西（《存在论与时间性》，前揭，页374）恰好把海德格尔在这里称之为"传承史"的东西与伽达默尔命名为"效果历史"（Wirkungsgeschichte）的东西放在一起：伽达默尔评论道，"一个事实不只是关系到历史现象或者传承下来的作品，而且其次地，还关系到它们在历史中的效果，最后还包括它们的研究史"（《真理与方法》，前揭，页322）。《真理与方法》的这个重要段落不应该与在它之前讨论"时间距离"的诠释学意义的那一段（前揭，页312以下）分开考虑：不应该把时间距离理解为一个空白的空间，一个分离，而是应该理解为理解的生产性空间，理解为诠释和诠释所要面对的东西共同建立的诠释学循环所环绕起来的一个之间。以此方式得到理解的时间距离是"效果历史"的条件。

篇,第六章)中指的是第三个时间化样式。历史学家的历史学实际上就是被指定给这个层次的,好像它针对事实地在这里进行。事件确实发生"在"时间"中"。"在之中"自第一篇起就在其全部存在论的合法性中得到承认。"在时间中存在"是在世存在的时间方式。根据这种方式,操心,我们向来所是的存在的那种基础结构,作为操劳被给予。在之中因此意味着依于存在——依于世界的事物。"计时"的方式概括了在这个层次上我们与时间的所有关系,它本质上表达的是在世存在的时间方式。而且在平均化的作用下,在时间中存在,作为供以计数的相继离散瞬间,被拉向流俗时间概念这边。因此重要的是关注与时间的这层关系——它仍然属于历史存在的存在论——具有的一些积极特征。在这方面,日常语言是一个不错的向导;它说出我们计时的多种方式:有时间,花费时间,给出时间,等等。① 在海德格尔看来,诠释学的任务在这里就是揭示这些表达未言明的生存论内涵。它们聚集在操劳周围,操劳把我们放在对事物的依赖中,"依于"这些事物,我们活在活的当下中。操劳就这样把参照当下带回到分析的中心,这与向死存在要求参照将来,历史性要求参照过去的方式是相同的。在这一点上,围绕当下来安排时间的奥古斯丁和胡塞尔的分析,找到了它们的妥当性。操劳认可这种优先性。操劳的话语首先是一个集中在活的当下上的话语。"现在正……"操控语言机器,在这个基础上,所有事件都得以定时。还必须从日期在编年学中的指定中得出可定时性,编年学通过"计算"被度量的时间间隔来表现"计时"活动。反过来讲,可定时性,作为时间能够被计算的能力,让人想到时间的伸展,这是上文称之为伸张的东西的具体形态。最后,还要补充一个特征,它表

---

① 在《作为他者的自身》中,我强调了"计"(compte)的隐喻意义的丰富性,在许多语言中,我们都可以在可归罪性观念的基础上找到它(英语 *accountability*,德语 *Rechnengsfähigkeit*)。

现了在计时方式中共同存在的那部分:这便是公共性——可定时性和伸展的公共化性质。天文学时间和历法时间的计算嫁接在操劳时间的那些节律上。在量化之前,还有着白日和黑夜、休息和睡眠、工作和节日的韵律。这样就可以说起一种"被操劳的时间"(前揭,页414)。最后关系到生存论的分析:某个时间可以说是适当的,另一个是不适当的;某个时间去做或不去做某件事。①"意义全体"(significativité),对在时间中存在的这一系列规定来说,是最恰当的概括性表述。然而,它还是持续地围绕现在转动:说"现在"(前揭,页416),同样不言而喻地,概括了操劳的话语。

这种分析的力量在于,没有把自己封闭在学派的对立中,比如客观的和主观的。世界时间,"比任何可能的客体更客观"并且"比任何可能的主体更主观"(前揭,页419)。

2. 在时间中存在与记忆和历史的辩证法②

在《存在与时间》关于时间内状态的那一章中,唯一一次提

---

① 格雷西提到圣经的《传道书》诗句:"凡事都有它的时间,天下万物都有它时间。生有时,死有时;栽种有时,拔出所栽种的也有时……"(《传道书》3,1–8)。在这一点上(《存在论与时间性》,前揭,页394–402),格雷西开启了一个不能让历史学家无动于衷的讨论:共同时间或公共时间的表达在两种诠释之间提供了一个选择了吗?第一种按照列维纳斯《时间与他者》的方式强调他者的他异性,第二种在我们同时指定"场所"和日期的时候强调与空间外在性的联系。必须在这两种阅读之间进行选择吗?与凯西一致,我们在上文关于记忆的"世界"一面所说的(第一部分,第一章),是在第二个意义上辩护的;另一方面,我们关于记忆的三重归因——归因于自身、亲人和他人——所说的(第一部分,第三章),是在第一个意义上,为时间在整个自己、亲人、他人的归因范围内的重新分配辩护的。

② 多斯有此打算,以历史和记忆的对话(《记忆的一种社会史》,页169–193)结束他的《历史》的伟大探索。作者提出的第六段行程从"国家小说"(页169以下)出发,同柏格森和"两种记忆的区分"一起到达一个最高点,同哈布瓦赫一起走进"历史-记忆分裂"的时代,目的是通向两种回溯过往的重要方法相互提问的多种方式。最后一句话因此说的是将来:"重游幽灵的国度",为了"创造性"而放弃"反刍",简言之同科泽勒克一起将历史和记忆放在"过去的将来"的保护下,这些要求来自期待视域。

到历史是在导论的几行文字中。对海德格尔来说重要的是这种时间样式受到流俗时间概念在它上面施加的平均化作用。据此,全部努力都集中在保持这种时间样式与历史性,除了历史性,还与向死存在的基础时间性的联系上。然而,我还是打算在这个层次上继续哲学家和历史学家的对话。其实在某种意义上,海德格尔一开始就说起"前面的 Dasein 时间性分析之不完备"(前揭,页404),是希望明确地恢复它"对历史学的事实的'存在者层次-时间性'阐释"(同上)的权利。形容词"事实的"(factice),我更喜欢法译"事实的"(factuel),就历史学也像自然科学那样诉诸"时间因素"来说,在这里明确指的是历史学的现实实践。这里关系到的正是历史学家的技艺。在这个时间性质的生存论分析的指导下,我们要来重新反思一下这项技艺。这个时间性质,在"计时"行为尚未沉沦于"计算"的迟疑时刻得到把握。

对操劳的基础参照,可以充当和历史学家的最后一场谈话的出发点。根据我们偏爱的历史编纂学的总体定位,历史学话语的最终指称对象是社会行动,它有能力产生社会联系和身份。在充满不确定性的处境内,在对强制、规范、制度的回应中,有主动能力和定位能力的行动者就这样来到面前。注意尺度现象,巩固了共同行动在行为和表象的双重层面上被赋予的这个优先地位。我们由此能够为前面依次关于历史学的死、历史学的历史性的评论补充人的参照,他们操劳在他们的共同行动上。历史学家面对的不仅是那些他要为之建筑一座书写坟墓的死者;他不仅是专心致志地复活那些不再存在,但是以前存在过的活人,他努力地再现他们的行动和激情。就我而言,我明确地把对这个观点的辩护和范式转变联系在一起,即历史学家表象的最终指称对象是在今天的历史缺席者背后的从前的活人。在八十年代年鉴学派的"批判转折点"上,范式转变推动过能够被称为

"行动者悖论"的东西。① 一旦开始"重视行动者本身",历史学的对象,就不仅是在今天的死者背后的昨天的生者,更是已经逝去的历史的行动者。在这方面,权能和调整的概念,说的正是海德格尔的操劳在历史编纂学上的等价物。

这种总体考虑将作为我的开场白,为倒数第二次重读本书的整体运动做准备,不再只是在 représentance 的观念和重复的观念在上一节结束时相交在一起的地方,而且还是更加宽泛地,在记忆的现象学和历史的认识论缝合起来的地方。我们说过,海德格尔没有对记忆说过一个词,而对遗忘,他有一些精辟的表述,在下一章,我们将公正地讨论遗忘。② 而关于历史学家"事实的"对待时间的最根深蒂固的困惑在于,在历史的当下中,历史的知识和记忆的工作勾连在一起。③ 我想表明,在记忆和历史共有的原则上回溯性的态度中,这两种指向过去的方式之间的优先性是无法确定的。在时间三脚架——过去、当下、将来——中有其时间条件的历史存在的存在论,在抽象当下和将来的条件下,能够证明这个无法确定性。我打算重述一下这个无法确定性的情形,目的是证实在其被认出的范围内,它是有理有据的。

我把两个既相交又对抗的发展并列起来。一方面,借助记忆

---

① 参见 Christian Delacroix,《悬崖与海岸:"批判转折点"的历史学》(« La falaise et le ravage. Histoire du « tournant critique »»,见 *Espaces Temps, Les Cahiers*, n°59 - 60 - 61, 1995,页59 - 61,页86 - 111)。在批判转折点的影响下,作者重走我们在《解释/理解》那一章的前几节中走过的路。他路经许多我同样遇见过的作者:勒珀蒂、微观史的历史学家、博尔坦斯基和泰弗诺的城市社会学,等等。《年鉴》的1990年11 - 12月这一期关于"活动性",它在要求"重视表象,重视行动者建构的理论和实践合法化"(前揭,页1273;德拉克罗瓦引用,页103)的同时,已经承认行动和行动者范式的到来。

② 参见《存在与时间》,前揭,页44,219,292,339,341,342,345,347,354,369,391,407,409,410,424,425(《海德格尔〈存在与时间〉的术语索引》,Tübingen, Niemeyer, 1961)。在下一章中,我将回到《存在与时间》关于遗忘的某些最值得注意的论述。

③ Bernard Lepetit,"历史的当下",《经验的诸种形式》,前揭,页273。"过去的处境发生变化的根源在于当下的价值有了改变"(同上,页290)。

史的发展,它把记忆当作它的优先对象之一,我们要求把记忆的领域融进历史的领域当中;另一方面,借助记忆能够通过多样的文化形态让自己历史化的能力,我们让记忆抵抗这样的吸收。一条走到底的路,和前面的路相反,以集体记忆反抗一个表现为操控记忆狂热的尝试的形式被指出了。

a) 记忆,历史的单纯领地?

记忆史的新近发展鼓励了这种人格减等(diminutio capitis)。其实没什么阻止记忆,和身体、饮食、死亡、性、节日甚至心态一起,位列历史学的"新"对象中。勒高夫以《记忆与历史》为标题的著作在这方面是有代表性的。① 他说,记忆史,是"历史的历史"(法文版序言)的一部分,进而是反思转向的努力的一部分。记忆史是这种重复的历史的第一章,并且在这个意义上,记忆仍被认作"历史的原材料","历史学家获取素材的源泉"(《记忆与历史》,页10)。历史学科"反过来滋养记忆,并且进入到个体和社会共同经历的记忆和遗忘的浩大辩证进程中"(前揭,页10-11)。不过语调仍然满是对过分推崇记忆的不信任:"过多地赋予记忆优先性,这相当于潜入了不可抗拒的时间湍流中"(前揭,页11)。记忆在历史的历史中的地位,与对过去/当下——这是另一个问题——的反思是分不开的,因为这对范畴表现的对立不是中性的,而是为一个价值化系统提供了基础,或是表达了这个系统,例如这些对子中的系统:古代/现代、进步/反动。记忆史特有的,是其传承方式的历史。历史学家的方法在这里接近勒鲁瓦-古朗(Leroy-Gourhan)在《姿态和话语》中的方法。在记忆史的周期划分中,因此可以依次从没有文字的社会来到记忆的飞跃,从口语来到文字,从史前来到古代,然后来到中世纪口语和文字之间的平衡,

---

① 《记忆》这一章是相继发表在埃伊纳乌迪出版社的《百科全书》(Turin, Einaudi, 1986;法文版部分收录,Paris, Gallimard, 1988)上的十篇文章的一篇。

再来到书写记忆从 16 世纪至今的发展,最后在"记忆的当代膨胀"上结束。①

剥夺记忆对于历史的发源地功能的一个诱惑跟随在记忆史之后初具雏形。波米扬在他的标题为《从历史,记忆的部分,到记忆,历史的对象》的论文中完全不向它妥协地承担起这种风险。②标题似乎预示没有回头路。事实上,这里考虑的是一个限定的记忆文化,它源自基督教欧洲的过去,更确切地说,天主教欧洲的过去。按照一个众所周知的叙事方式,这种形态的历史由盛转衰。然而标题预示的单义诠释在行程的终点上就没有任何优势了,这时却在还没有认出记忆和遗忘的那些特征时,承认历史和集体记忆的更加辩证的关系。这些特征仍然对充满记忆的文化史所产生的各式变动无动于衷。

从文章开篇起,记忆被迅速地描述为事件的。过去的不在场和其在当下的表象之间的关系的那些微妙性,和记忆在其陈述阶段的真实性愿望联系在一起的那些困难,在这里什么都没有出现。似乎从一开始,记忆就是在超验的权威网格中被把握到的,可靠性的问题在这里已经得到解决了。在这个初始阶段,集体记忆"仍然在针对超越的表象全体中交错盘旋"(《从历史……》,页 73)。"视古老的过去和超越同一"(同上)的观点就这样起范型的作用,今天已越过的那个阶段的范型。宗教事物把可以对证据提出疑问的资源囚禁在那里。表象向一个超越驱逐想象物,礼拜仪式不断地上演这些表象,它们已经填补证据建立于其上的信用关系出现的缺口。这就是为什么,历史和记忆的关系史,从此以后,只能是

---

① 勒高夫勾勒出从"卡片记忆"——像勒鲁瓦-古朗说的那样——到"穿孔卡片系统"和"电子记忆"的变迁之路(《历史与记忆》,前揭,页 164 - 165)。庞大的目录学文件就这样被创建起来,耶鲁沙利米和诺拉稍远一些的时候将会对此感到不安。

② Krzysztof Pomian,《形而上学和道德杂志》(*Revue de métaphysique et de morale*, n° 1, 1998 年,页 63 - 110)。

历史相对于记忆的独立史,只能是"过去和超越之间的,而且平行地,集体记忆和宗教信仰之间的……裂隙"(前引文,页75)的历史。那些重要的传播事件,比如书写的出现和更具戏剧性的,印刷的出现,还有印刷制品的销售发行,都促进了这种独立化。历史在20世纪获得这种解放的那些标志性时刻是众所周知的:年鉴学派时期,一门不再需要任何回忆的编年学扮演越来越重要的角色,新的修辞学要求得以引进话语,连续性叙事的建立,求助能够理性化的动机的不可见性,反对诉诸天意、命运、运气、偶然。根据书面档案而来的可靠性,从这时起与自上而下得到保证的记忆的信用身份发生断裂。就这样,诠释学强调的事件或作品的独特性和根据系列史,项的重复之间的表面上使上述断裂无效的对立也被取消了。在这两种情况中,历史学谈论的"不是当代人能够把握的对象"(前引文,页102)。两者均诉诸"记忆外的道路"。唯一不同的是它们的对象:一方面,文学和艺术作品,另一方面,可计数的实体,比如在经济学、人口统计学、社会学中看到的那样。通过这些方式,就我们有的词义来说,起源的概念完全摆脱证据的概念。在这种档案的多样化上,还要补充从地质地层学那里借用的遗迹的概念;起源、档案、痕迹这些熟悉的概念得到拓展,以此方式同时表现在时间、空间和主题上,后者还考虑到政治史、经济史、社会史、文化史之间的区别。一个没有人记得的过去就这样建立起来。对这样一种历史来说,它和一个"不束缚在任何自我中心主义上的视角"是相互关联的,历史不再是"记忆的一部分",而记忆成为"历史的一部分"。

一旦把记忆等同于一种在历史上被定时的文化形态,那么波米扬对摆脱了记忆枷锁的历史进行辩护就不缺乏力量,只要接受作者进路的单方面性:"这里将从历史的眼光出发接近记忆和历史的关系"(前引文,页60)。同时,能够在一个较少从文化上加以限定的意义上使用这个词的潜在资源被忽视了。这种忽视在我看来是一个初始假定导致的,即假定记忆和知觉在起因上有一种亲缘性,目击证据的现象看起来保证了这种亲缘性。证人据说已经看到什么。但是不在场者在过去表象中的在场的问题域,还有目击证据本身极高的可信度(我当时就在那儿,相信我,或不要相信我),也从一开始就消失在视野外了。既然关系到记忆的集体特性,那么同样消失在视野外的,还有基本意识,它归属于一个能够以第一人称复数自指的群体,并且以人们熟知的幻觉和暴力为代价塑造其同一性。在论文中贯彻始终的,是对这种地中海记忆发自内心的不信任,勒高夫对它多少有些同情。

然而,如果不通过一系列相继的微调来矫正它的单方面性,论文也不会一直保持这个步伐。许多评论都在为这个观念辩护,即不是历史替代记忆,而是历史和集体记忆之间的关系的持续调整。比如说,"精英记忆的重新分配"(前引文,页83)是人文主义的功劳。作者以相同的方式还说到"文人的集体记忆"(前引文,页85)。还有印刷,印刷多次引起"集体记忆的更新"(前引文,页88),这一次次更新与切近和遥远的过去成为研究对象联系在一起。宗教改革造成的危机说起来同样在基督徒的内心世界引起"记忆之战"(前引文,页92)。在"文学艺术记忆的断裂和司法政治记忆的断裂"(前引文,页94)的双重形式下,甚至还有"历史和记忆的分离"(前引文,页93),它相当于建立起一个"新的记忆"(同上)。最后,关于记忆的认知解放(前引文,页93-97)说起来让"欧洲的集体记忆"(前引文,页103)在时间、空间和主题上得到拓宽。波米扬的论文所勾勒的行程实际产生的,除了标题概括的历史和记忆的关系倒转外,还有一个偏差系统,其中,历史和记忆的差异"在关系到非常遥远的过去、自然过去的地方是最大的,在过去在各个方面都接近历史的地方,被还原为最小的"(前引文,页107)。这种差异游戏证实,成为历史对象的事实,仍然是发生在记忆上的某件事,在我看来,这种记忆的表象上的结构原则上使这些偏差成为可能。在这方面,论文最后几页的语气变得更加说教式的:"历史和记忆之间不存在透不过的围墙"(前引文,页109)。论文提到一种"新的记忆","它补充古老的书面记忆,正如后者补充过更加古老的口头记忆那样"(前引文,页108)。我以下述方式解释为何把论文武装起来的强有力主题变得如此温和:这是考虑要保护历史对公民感,更确切地说对民族感,进而对集体意识投射的身份所起到的基石作用,它抑制从学者的历史和基督教欧洲的宗教所包裹的一种记忆之间的大对立中产生的论战冲动。

b) 记忆,承载历史?

现在让我们来听一听相反的辩护。它允许我们设想一种历史,这种历史充分利用属于记忆和遗忘的文化史的充满想象力的变化来揭示日常生活掩盖的记忆潜在性。我们在这方面能够说"记忆的历史化",不过从中得到的好处记在记忆的账上。

我选择英语文学评论家特迪曼(Richard Terdiman)提出的研究作为这样一种记忆历史化的典型,这项研究针对他称作"记忆的危机"的现象,和他看到在"漫长的19世纪"的文学痛处上发生的现象。① 波德莱尔通过现代性一词描述其特征的时代意识与这种"记忆的危机"之间的一种相关性被提了出来。这种相关性把一个属于历史分期的概念("漫长的19世纪")和记忆活动的特定形态(危机的形态)关联在一起。记忆的历史化就在于这种关联。这个现象非但不认可上文批判过的记忆从属历史并且成为其对象的观点,而且还援助对立的观点,即记忆得以通过历史的运动在其深度中向自身揭示出来。此外,记忆的危机不只是被视作过去和当下关系的一种解体,而且,为这种解体提供一个书面表达的作

---

① Richard Terdiman,《当下与过去:现代性与记忆的危机》(*Present and Past:Modernity and the Memory Crisis*, Ithaca et Londres, Cornell University Press, 1993)。本书讨论了"记忆在文化中的运作"。研究是在作者给斯坦福大学法语系和加利福尼亚大学圣克鲁兹分校讲授的"意识史"的精神指导下,在靠近塞尔托思想的地方进行的。

品,同时让它有了一种与这些文化塑形的界限联系在一起的显著的可理解性。这就是现代性送给现象学的礼物——诠释学在历史现象和记忆现象之间架设了一座过去表象的符号学桥梁。过去在当下的表象的难题,就这样同时得到与其文化规定性相称的深化和澄清。

在选择对缪塞的《一个世纪儿的忏悔》和波德莱尔《恶之花》的《巴黎风光》中的诗歌《天鹅》进行评论的同时,特迪曼把一个文本空间当作他所面对的东西,这个文本空间适合历史的危机和记忆的危机之间的关联性。以下事实让从一个危机到另一个危机有了可能,即一方面,人称19世纪革命的东西,既是实际发生过的事件,又是对这些事件的报道,简言之流传的叙述;另一方面,文学搭建了一个具有可不思议的澄清、辨别甚至理论化力量的语词、修辞学和诗学实验室。被讲述的历史的东西和被体验的记忆的东西在语言中相遇了。

这些正是现代史揭示的记忆现象的特殊文化塑形。而且它们是危机的形态。悖论在于,这些看起来要使关系——过去借助这层关系持存在当下——解体的形态,根据危机的诗学打开的概念化可能性,还是可理解的形态。这种危机的话语的多种说法都可以归结到无处不在的缺失主题上。在这方面,现代性的话语,在一种简单说来二元的类型学中,与整体回忆的话语形成鲜明对照,在《精神现象学》中能够阅读到这种整体回忆的话语,歌德的平静充满活力地响应了它。相反却是:对消失不见的东西的绝望;无力收集记忆和归档记忆;一个不断萦扰当下的过去的在场过度,自相矛盾地,一个永远一去不复返的过去的在场不足;过去的疯狂逃窜和当下的冻结;事隔经年,不能忘记又无力想起。总之,不可磨灭的和一去不复返的重叠在一起。更加微妙的是,在心碎的孤独体验中,一种共享的记忆特有的对话性的中断。面对这些极端微妙的文学文本,必须学会阅读的顺从和曲折辩证法的狡计。

就这样，借助去神学化地违反从奥古斯丁和卢梭那里接受的忏悔的文学主题，借助改变它的治疗计划，一个"世纪儿"能够承认其患上名副其实的"世纪病"，并由此能够在自言自语中吐露属于时代的东西，这种自言自语让忏悔有了新的践言效力。① 这些都不是无关紧要的。

至于诗歌《天鹅》，唯一一个词——天鹅和符号——的同音异义，②从标题起就邀请读者来破解用来意指缺失的表象游戏的招数。在特迪曼称作"剥夺记忆法"的中心，其实到处都是缺失。读者不会忘记把这种对波德莱尔《天鹅》的诠释，其强调重点刻意放在记忆的历史化现象上，与上文提到过的斯塔罗宾斯基的诠释相互对照。③ 借助这种比较，我建议把特迪曼的"剥夺记忆法"与根据斯塔罗宾斯基，能够被称为忧郁记忆法的东西联系在一起。诗歌正是在把哀伤和忧郁分开的细线上指出了记忆的危机。

因对历史的恐惧而催生的记忆的危机的文学最终揭露出来的，是过去在当下持存方式的成问题性；我们早已说过，这个特点是如下事实产生的，即指称不在场构成了记忆的在场方式。在这个意义上，缺失是内在于回忆工作的。然而，如果说在识认的活的体验——愉快的记忆的标志——完成了回忆时，回忆特有的那种在场仍然始终补偿不在场，那么，这种指称不在场就不是困惑的根源。在记忆的危机中造成这个危机的，是表象的直观一面的消失和一个与此相关的威胁，即失去了对发生过的事情的证实，如果没有这个证实，记忆和虚构就分不清楚。世纪病的、忧郁（spleen）的怀旧维度，然而正是源自这个不可或缺的证实抵抗它自己的毁灭。

---

① R. Terdiman,《缪塞的〈忏悔〉的记忆法》(« The Mnemonics of Musset's confession »)，同上，页75-105。

② 天鹅（cygne）和符号（signe）在法语中发音完全相同。——译注

③ 参见第一部分，页93，当时讨论的是斯塔罗宾斯基的著作《镜中的忧郁：关于波德莱尔的三篇阐释》，前揭。

维尼(Vigny)和波德莱尔相继承认这个不可或缺性:维尼说,"为了书写他的生命故事,他就必须以前真正地体验过;从那时起,我写的就不再是我的故事"。"无法挽救的事"的抒情诗人①承认,"我有比活了一千年更多的记忆"。

　　归根结底,是什么能够让人把这种记忆的历史化过程归于记忆而不是历史呢?对于通过研究历史进程看重的充满想象力的变化来补全记忆的遗觉来说,这是必需的。遗觉最终不过到达一种能力而已,一种能够做、能够记住的能力,正如作为被训练的记忆的进路(第一部分,第二章)准许说的那样。在这方面,记忆的潜在性,与《作为他者的自身》在下述主题下考察过的那些潜在性本质是相同的:我能做,我能说话,我能叙述,我能自身坚持道德归咎。所有这些潜在性指的都是我称作有能力的人——自身的另一个名称——拥有的资质。我能记住,同样处在有能力的人能够做的范围内。和其他能力一样,它也是那配得上证实之名的确定性方式,就认知的证据来说,它是无可辩驳的,根据它的信仰特性,它又是受到怀疑的。见证的现象学一直把证实的分析带到和历史打交道的门口。话虽如此,这些潜在性,遗觉想要到达它们不变的核心,就其历史的实现来说仍然是未被规定的。现象学在这里必须提升到诠释学的层次上,诠释学会考虑那些有限的文化形态,这些文化形态以某种方式创建了记忆的历史文本。记忆的陈述特征在起因上让这样经过历史的中介有了可能。而且,中心的记忆现象的成问题性,亦即不在场过去的当下表象的难题,更加迫切地需要这个中介。由此假定产生记忆的能力始终都是在有限的历史文化形态下把握到的,也就变得合情合理了。反过来,就这些文化规定性向来都是有限的来说,它们在概念上是可识别的。"记忆的危

---

　　①　指波德莱尔。《无法挽救的事》(L'irréparable)是《恶之花》中的一首诗。——译注

机"——根据特迪曼作为"剥夺记忆法"——构成了文学史和现象学(其被构思为诠释学)共同斟酌的那些结晶之一。记忆的历史化过程,其显露得益于记忆的一种诠释学现象学,就这样严格地与另一个过程相对称,在这个过程中,历史发挥其对记忆的真理矫正作用,记忆继续发挥其对历史的发源地作用。

历史和记忆相互对抗地想要覆盖过去的表象在当下背后打开的那个整体领域,两者之间不断重启的辩论因此不应该结束在一个让人无能为力的疑难上。诚然,在记忆和历史共有的回溯条件下,冲突始终是无法解决的。但是当过去和历史学家的当下之间的关系被重新放在包罗坚定的期待、过去的重复和当下的操劳的大辩证法背景之上时,我们能明白为什么是这样的。就这样得到框定,记忆史和记忆的历史化能在一个开放的辩证法中相互对峙,这个辩证法防止它们越界,防止傲慢(hubris),这说的是,一方面,历史企图把记忆还原为它的对象之一,另一方面,集体记忆企图通过记忆的那些滥用——政治权力或压力集团强加的记忆能够成为这些滥用——来使历史处于从属地位。

这个开放的辩证法为自第二部分的序论起就提出的讽刺问题提供了一个理性回答,当时我们想知道,历史的发明,仿效文字的发明,它的药(pharmakon)是毒药还是良药。起始的问题,伪装得很朴素,如今通过实践智慧(phronēsis)、审慎的方式得到"重复"。

三位历史学家把这个辩证法写在历史学家技艺的要害处,他们的见证将有助于这种审慎的教导。

第四节 历史的令人不安的陌生感

Unheimlichkeit 是弗洛伊德用来命名在反复出现剌眼、砍头、阉割场景的梦境中体验到的痛苦感觉的。这个词非常恰当地被译为"*inquiétante étrangeté*"("令人不安的陌生感",英译为 uncanny[暗

恐〕)。

我采纳它,此时,我最后一次把见证提高到从生存上权衡理论关键的层次上,这些理论关键相继在"历史学的死"(第一节,2)、"历史性与历史编纂学的辩证法"(第二节,2)和"记忆与历史的辩证法"(第三节,2)的标题下得到讨论。

1. 哈布瓦赫:被历史打碎的记忆

当集体记忆和历史记忆的出人意料的区分被引进来的时候,《集体记忆》的读者也许不是一直都能对这个打断行文的断裂作出衡量。① 作者前面为之战斗的基本分界线不是穿过个体记忆和集体记忆,这"两种记忆"(《集体记忆》,页97)——"记忆组织起来的两种方式"(同上)——之间的吗? 不过差别还是非常明显的:个体记忆和集体记忆的联系是隐秘的、内在的,两种记忆相互渗透。这是著作的主要观点。在历史还没有被指定给将会成为"历史"记忆的东西时,历史却不是这样。作者回到历史初学者的情境中。这种学校的情境是有代表性的。历史首先是通过把日期、事实、术语、显著事件、重要人物、节庆熟记于心来学习的。本质上,这是一个被讲授的叙事,民族(nation)是其参照框架。在发现的这个阶段,历史本身是事后被回忆起来的,主要是初学者感到它是"外在的"和死去的。沉淀在那些被展示的事实上的消极标志是,学生没法成为它们的目击者。这是道听途说和教学课本共同决定的。那些被讲授的事件的历法框架加强了外在感:在这个年龄段,学习阅读历法,就像过去学习阅读钟表那样。② 坚持外在性这个概念的确有一股论战腔调,但它触及一个自柏拉图的《斐

---

① 第三章的标题是《集体记忆和历史记忆》。引文来自《集体记忆》(前揭)颇受欢迎的1997年再版本。

② 这些刻度"外在地规定所有个体记忆,正是因为在任何一个人的记忆里都找不到它们的起源"(《集体记忆》,页101)。"历史钟面上的标记日期"同样如此。

德罗篇》起我们就非常熟悉的困惑。这一章的余下部分用来循序渐进地吸收被讲授的历史和亲身经历的记忆之间的差距,这个差距本身在事后被重建起来。"因此正是在事后,我们能够把民族事件同我们生命的不同时期联系起来"(前揭,页101)。然而,在一开始,有外来的某种暴力施加在记忆上。① 发现将会被称为历史记忆的东西,正是让人真正地适应外在性。② 这种适应,是伴随历史过去的令人不安的陌生感,对不熟悉的东西逐渐熟悉起来。

这种熟悉化包括一条启蒙之路,穿过家庭核心、同窗情谊、友情、亲属的社会关系和最重要的,通过祖先记忆发现历史过去所构成的众多同心圆。跨代联系在这方面构成《集体记忆和历史记忆》这一章的中枢:"嘈杂的喧嚣如历史的湍流一般"(前揭,页111)流过祖先的记忆。就家族的老人对当代的事件不感兴趣来说,他们让下一代对他们当年的童年环境感兴趣。

我想再一次③停留在这个跨代记忆的现象上,它隐蔽地构筑哈布瓦赫的这一章。正是它保证了被教授的历史和鲜活的记忆之间的过渡。在《时间与叙事》中,我在《代的接续》的标题下提到过这个现象,并且把它列入亲历的时间得以嵌入广阔的宇宙学时间的程序内。④ 老实说,这还不是一个像历法时间和档案那样的历史编纂学程序。它关系到一种强烈的体验,通过在过去的方向上把亲人的圆打开,这种体验有助于扩大这个圆。而这个过去同样属于我们那些仍然健在的长辈们,它让我们与不同于我们这一代

---

① "构成群体生活实质的事件和日期,对个体来说,只能是外在的符号而已。只有从自身中走出来,个体才能参照它们"(同上,页102)。

② 当这个词在文本中第一次说出来的时候,作者还谨慎地说到另一种记忆,"另一种记忆,可以称它历史的,其中只能囊括我们还不知道的民族事件"(同上,页105)。

③ 和克尔凯郭尔的"重复"概念——海德格尔重拾起这个概念——联系在一起,我们已经遇到过跨代联系的问题,在当时,我们和勒让德(P. Legendre)一起提到过血亲关系的指定继承人的一面。

④ 《时间与叙事》第三卷,前揭,页198-211。

的那一代的体验有了交流。代的概念在这里是关键之匙,它有两层意思,即"同"一代的同代性,不同年龄段的存在总体属于这一代,和在一代接替另一代的意义上,代的接续。还是孩子的时候,我们学习在这双重关系中确定自己的位置,舒茨提出的表述非常完美地概括了这层关系,即前代、同代和后代的三重领地。① 这个表述指出"我们"的人际联系和匿名关系之间的过渡。既产生缺口又进行缝合的血亲联系证明了这一点。从有性生殖及生者始终如一地替换死者来说,它是一种扎根于生物学的肉体联系,同时,它也是一种社会联系,我们所属的社会特有的亲属制度把它严格地加以系统化了。在生物学的和社会的之间,还有关于领养的情感和司法意识,它把生育的纯然事实提高到血亲关系——在语词最严格的意义上——的象征层次上。② 这个具有多方面因素的肉体联系有在代的接续的概念中消失的倾向。哈布瓦赫,在其以第一人称书写的类自传体文本中,强调从家族的老人们口中听来的故事在扩宽时间视域——历史记忆的概念用于扩宽视域——方面起到的作用。依赖祖先叙述,血亲联系得以嫁接在庞大的族谱树上,而树根早就消失在历史的土壤中了。而且,当反过来祖先叙述归于沉默的时候,代的联系的匿名性就压倒血亲联系尚有的肉体维度。于是就只剩下代的接续的抽象概念:匿名性使鲜活的记忆转变成历史。

然而,不能说哈布瓦赫的见证最终导致对集体记忆的否认。语词本身认可历史相对成功地与被扩宽的个体和集体记忆整合在一起。一方面,学校的历史让日期和事实记在心里,通过思想和经

---

① Alfred Schutz,《社会世界现象学》,前揭。
② 我在别的地方特别强调一点,即人没有生和死的记忆,它们属于那些能够为其中一个感到喜悦,为另一个感到悲伤的亲人的记忆。集体记忆,尤其是历史记忆,在这些"事件"中,只会记住历史的演员们按照角色传承的规则顺序一些替换另一些。在第三位历史学家看来,一代又一代相继被登记在户籍上。

验的流动获得生气,并且成为同一位社会学家从前把它视为"记忆的社会框架"的东西。另一方面,无论是个人记忆还是集体记忆,历史过去都丰富了它,而这个历史过去逐渐成为我们的历史过去。阅读接替对"老年人"话语的聆听,它给予过去痕迹的概念一个既公共又私密的维度。当游历的城市保存它们"昔日的风貌"(前揭,页115)时,发现过去的遗迹,正是发现"过去的孤岛"(同上)的机会。就这样,历史记忆渐渐地和鲜活的记忆融合在一起。在我们自己记忆的那些空白得到填补,它们的晦涩也随之消失不见的同时,让遥远过去的叙事难以理解的神秘性减少了。一种整体记忆的心愿露出头来,它把个体记忆、集体记忆和历史记忆聚集到一块去。这个心愿让哈布瓦赫发出惊呼,与柏格森(和弗洛伊德)是相称的:"什么都不会忘记"(前揭,页126)。

历史最终融进记忆?而且记忆扩展到历史记忆?哈布瓦赫最后的保留在这方面是意味深长的。初看起来,这些保留证实了历史学科边界上的不安定和针对学科划分目标的争论。确实如此。但危机更加深层地触及历史记忆邻近集体记忆的地方。首先,历史记忆的主要参照仍然是民族;而在个体和民族之间,还有其他一些团体,尤其是职业团体。其次,一种隐蔽的不整合,我们其他两位证人将把它扩大,继续存在于集体记忆和历史记忆之间,它让哈布瓦赫说,"一般说来,历史只开始在传统结束的地方"(前揭,页130)。书写的作用对我们来说已经成为历史编纂活动绕之旋转的轴心,作者把它视为历史在其中沉淀的"连续叙事"的距离化原则。在书写中远离因此被用来在时间中远离。在这个意义上,我想强调哈布瓦赫的文本反复使用的副词"昔日"(autrefois),我喜欢把它和记忆的"从前"(auparavant)相比照。① 在这一章的最后

---

① "在阅读这个历史的社会,和昔日目击或参与过相关事件的那些团体之间,有一个连续性上的分离"(《集体记忆》,前揭,页131)。

几页,学者历史的程序和集体记忆的训练之间的对立转向指控,作为一个向和布洛赫、费弗尔非常接近的同事们提出的挑战。

历史的两个区别性特征被视作是不可化约的。历史认识特有的分期化工作造成的不连续性首先对立于鲜活的记忆的连续性;不连续性强调过去的已经逝去、追溯不到的特征:"历史给人这样的印象,一个时期接一个时期,常换常新"(前揭,页132)。正因为如此,历史特别对差异和对立感兴趣。主要在发生剧烈动荡的时候,是集体记忆利用"所有能够从传统中获得的"(前揭,页134)来支持新的社会制度。我们另外两位作者提到的历史意识的危机将再次对之提出疑问的,正是这个愿望,这个期待。第二个区别性特征:有许多集体记忆。与此相反,"历史是唯一的,而且可以说,只有一个历史"(前揭,页135-136)。诚然已经说过,民族仍然是历史记忆的主要参照,并且历史研究会继续区分法国史、德国史、意大利史等等。但是,通过"相继求和"看到的,是一幅整体画面,其中,"无论什么事情都是有意义的,都值得记录下来"(前揭,页134)。就这样,借助这幅画面,"一切的一切……都处在一个平面上"(前揭,页136),内格尔将把它理论化的公平视角被提到了。①历史学家展示的,是"历史精神自然的趋向"(前揭,页136)普遍史,普遍史表现为"人类的普遍记忆"(前揭,页137)。历史的缪斯(muse)难道不是波莉姆妮娅(Polymnie)②吗?但重温这样一种再次成为外在于群体本身的过去,没有问题吗?

哈布瓦赫的文本就这样描绘了一条曲线:从外在于学生记忆的学校历史出发,上升到历史记忆,理想地,这种历史记忆融进集体记忆,历史记忆反过来扩大集体记忆,并最终(in fine)到达普遍

---

① 参见上文关于公平性(不偏不倚),历史学家和法官之共同愿望的评论(第三部分,第一章,页413-423)。

② 波莉姆妮娅是希腊神话中九位缪斯女神之一,头戴花冠,激励诗人和剧作家,也叫圣歌女神。——译注

史,它对时代差异感兴趣,并在一道无所不及的目光下消灭心态差异。通过这种方式得到重新打量的历史,还称得上"历史记忆"吗?① 记忆和历史,不是注定要被迫共居在一起吗?

2. 耶鲁沙利米:"历史编纂中的隐忧"

> 希罗多德是历史之父;不过历史中的意义却是犹太人的发明。
>
> 《Zakhor》,页 24

耶鲁沙利米的书②有其优点,犹太思想家的工作都表现出这样的优点,借助犹太人生存的独特性所构成的例外,它通向一个普遍问题。这是说,犹太的记忆和历史的书写、历史编纂之间的张力贯穿世纪。当突出强调的是构成历史视角相较于集体记忆(尤其是集体记忆)的距离化时,这本书于是就正好来到我自己有关历史的话语中了。在这个意义上,这本书跟随哈布瓦赫——耶鲁沙利米还心怀感激地提到他——提到的走到记忆外的脚步。"历史编纂"已经是有意义的,用来指称历史认识,而在法译者看来,它在法语中更加通常指的是一门反思性学科,即是说,"对以前历史学家的方法和诠释的分析"(《Zakhor》,页 5)。③ 犹太人经历的独特性,是一种完完全全承载其历史的文化对通过历史编纂来对待历史千百年来的漠不关心。这种独特性在我看来揭示了任何记忆

---

① 历史记忆的表述本身多次受到怀疑(《集体记忆》,前揭,页 105,页 113,页 118,页 140)。

② Yerushalmi,《Zakhor:犹太的历史和犹太的记忆》(*Zakhor. Jewish History and Jewish Memory*, University of Washington Press, 1982;维涅[Éric Vigne]译,*Zakhor. Histoire juive et mémoire juive*, Paris, La Découverte, 1984)。

③ 在我看来,我们的作者在语义学上的选择,值得推广到任何文化语境内的历史学家的学科。它意味着书写和阅读,正如上文已经指出的那样,构成历史学家活动的必要条件。

都能以之来对抗这样一种对待的抵抗。在某种意义上,它揭露了作为历史编纂的历史,一般地,在记忆的核心造成的危机:无论是个体记忆还是集体记忆,在定义上都关系到一个过去,多亏一代又一代的传承,它保持鲜活的生命;记忆抵抗其历史编纂对待的根源正在于此。连根拔除的威胁也在于此;哈布瓦赫不是说过"历史开始在传统结束的地方"吗?而根据历史学家的距离化对记忆产生影响的方法,可能是巩固它、纠正它、改变它、怀疑它、中断它、摧毁它,有许多结束传统的方式。距离化的效果图是复杂的。正是在这里,文化特殊性表现出来,而且犹太人的独特性对所有文化来说都是最有教育意义的。① 关键点在于,陈述的记忆,被讲述的记忆,成为叙述的记忆,负责内在于叙述的诠释。在这方面可以说起历史感,它通过对解释历史事件毫不关心的文学体裁得到传达。历史学家的距离化因此正是在口头、话语、文学经验的核心起作用。还是在这里,犹太记忆的情况既是独特的,又是有代表性的。我们实际上不能就此认为,记忆作为和历史编纂不相干的,被还原到口述传统上。"在一个如犹太人这般接受教育进而沉湎阅读的民族那里"(前揭,页14),绝不会这样;犹太文化提供的典范,大体上一直延续到启蒙时代,是一种记忆的典范,这种记忆承载意义,却不是历史编纂上的意义。我们都知道对记住——著名的 Zakhor——的召唤,圣经多次提到过它,②正如上文讨论过的那样;③但是以叙事和律法传承为目标的诫命在这里,经过亲人,是向整个作为群体的以色列民族呼唤的;没有亲疏之别;每一个被召唤的人

---

① "本书的主旨在于尝试理解长久以来在我看来是一个悖论的问题:在犹太民族经历漫长的岁月并且始终强烈地沉浸在历史意义中时,为什么历史编纂在犹太人中间至多扮演了一个女仆的角色,甚至更多时候连一个角色都没有? 在犹太人经历的那些苦难中,过去的记忆始终是最重要的,但为什么历史学家从来不是它的第一个保管人呢?"(《Zakhor》,前揭,页12)。

② 《申命记》6,10 - 12;8,11 - 18。

③ 参见上文关于记忆的责任的讨论(第一部分,第二章,页105 - 111)。

都是亲人。《施玛篇》说:"听着,以色列。"这条诫命使得"甚至在没有要求它的时候,记忆始终都是每个人必须依赖的东西"(前揭,页21)。这条诫命指的绝不是撰写"历史事件的真实汇编"(同上)的义务,这是必须首先承认和理解的。令人惊讶的是,和在希腊人那里历史以概念为主有所不同,"古代以色列,第一个,让历史有了意义"。① "我们列祖的神"这个表述第一次证明圣经启示的"历史"特征。② 如果有谁在这个承认上稍作停留,那么他就会想知道迟来地认出圣经信仰的历史特征,是否已经是寻找前尘往事的历史编纂所产生的一种重建了,更确切地说,是否已经是一片扎根的土壤了,不仅是以前的,更是陌生的。根据这样一种陌生感的效果,我们使用历史这个词,尤其是在我们说起和历史编纂无关的历史感时,就更是如此。③ 诚然,紧扣圣经的记忆用词——其本身包含在约的用词中——进行的一种注释,重大节日的仪式和叙事之间的细致关联工作将其补充完整的注释,④把准确性和忠实性给予这种希伯来意义上的历史重建,而精确性和忠实性又使其靠近科林伍德看重的"重演"。在《托拉》的正典编写中,叙事

---

① "人和神圣的决定性相遇突然地——可以这么说——离开自然的王国,来到历史的平面上,从此以后,它通过神提出挑战和人进行回应来得到思考"(《Zakhor》,前揭,页24)。

② 在这方面,必须感谢耶鲁沙利米没有夸大循环时间和线性时间的对立:如果说历史时间是线性的,那么季节、仪式和节日的重复就是循环的。关于这一点,可以阅读 A. Momigliano,《时间和古代历史编纂学》(《Time and ancient historiography》,见 *Ancient and Modern History*, Middletown, Conn. , 1977,页 179 - 214)。耶鲁沙利米正确地注意到,"时间的感知和历史的领会没有任何相同的内容"(《Zakhor》,前揭,页 122 - 123)。

③ "解释这个表面上的悖论具有的困难是语言的贫乏导致的,它迫使我们使用,没有更好的(faute de mieux),'历史'这个词来同时指称历史学家讨论的过去和犹太传统的过去"(同上,页42)。请注意这个坦白:没有更好的(faute de mieux)。

④ 有的人会特别注意到以信经(credo)为形式的叙事,比如《申命记》6:5 - 9,围绕它,伟大的注释家冯拉德(Von Rad)不久以前讲述了"古代以色列传统的神学":《旧约神学》(*Theologie des Alten Testaments*, Munich, Chr. Kaiser Verlag, 1960)。

和律法并列,甚至在律法之前的位置表现出这种对历史意义的关心。但是,正如一方面是诗和传奇,另一方面是学者的历史,两者间的差异被无视那样,历史意义同样无视历史编纂。既然我们配备历史批判的方法,那么我们想知道这样的叙事是否并没有构成"历史事件的真实汇编"。因此在回溯性目光的引导下,我们能和耶鲁沙利米一起说,"历史中的意义、过去的记忆、历史的书写,它们没有任何等价关系……无论是意义,还是记忆,最终都不依赖历史学"(前揭,页30-31)。对摩西五经的叙事和每周从先知书中抽取的段落在犹太教堂进行公开的阅读宣告正典的完成,它给予圣经——塔木德和米德拉什把它补充完整——神圣书写(Écritures saintes)的权威性。① 拉比们是这个权威性的守护人和保证人,中世纪(之后)的犹太共同体对从历史编纂上对待他们自己的历史和他们自己的苦难表示漠不关心,甚至抵抗,正是这个权威性的结果。还必须补充后来贤哲们的思辨,他们完全不在意仍然内在于圣经时代的叙事和仪式中的历史意义。

我们的目的不是跟随耶鲁沙利米的脚步重建记忆、历史意义和历史编纂之间的这种对质的各阶段。不过,作者最后的反思对我们来说还是至关重要的,既然犹太人的独特性就作者本人称之为"历史编纂中的隐忧"(前揭,页93)的东西来说是有代表性的。构成《Zakhor》一书的四篇演讲中的最后一篇用于讨论这种隐忧。"职业的犹太历史学家"(前揭,页97),耶鲁沙利米自称是这样的历史学家,他特有的隐忧就以下内容来说是典型的,诞生在1820年左右德国的犹太教科学(Wissenschaft des judentums)的方案本身,不仅满足于某种科学方法论的出现,还要求对依附在犹太记忆上的神学内涵进行根本的批判,而且相当于采取历史主义的意识形态,强调一切事物的历史性。神圣计划的活的永恒性和选民的

---

① 神圣:这就是说撇开话语的剩余进而撇开批判的目光。

时间变迁之间的纵向关系,这本是历史的塔木德和圣经意义之所在,让位于因果关系链条和历史使传统的所有坚定信念有效的横向关系。比较其他民族,虔诚的犹太人更多地感到"历史的负担"。①

在这里作为典型的,是历史编纂和世俗化之间的相关性,就是说,对犹太人来说,"在外面同化,在里面坍塌"(前揭,页101)。世俗的犹太历史的概念取代了历史的神意概念,它和其他民族的历史在同一个现实层面上展开。

以犹太民族的命运为榜样,脱离了集体记忆的一种历史编纂和在非历史化传统的集体记忆中继续存在的东西之间的关系问题就这样向每一个人提了出来。现在必须打开上文提到过的各种解答。就在犹太文化中,"群体记忆……从来都不依赖历史学家"(前揭,页110)来说,历史学对任何记忆的反冲的问题被提出来了。耶鲁沙利米在这里为每一个人进行反思,他注意到,历史编纂"并不是尝试去恢复记忆,而是呈现一种全新的记忆"(前揭,页111)。把问题进一步向前推进,耶鲁沙利米想知道,不管怎样,想要保全过去的一切,这究竟是不是一项理性的计划。什么都没有忘记的观念本身不正表示拥有完整记忆的人——博尔赫斯的《虚构集》(*Ficciones*)的著名的"博闻强记的富内斯"——的疯狂吗?悖论地,详尽无遗的妄想只不过是创造历史计划的反面。② 很奇怪,耶鲁沙利米折回尼采在第二篇《不合时宜的沉思》中发出的感叹:"无眠、反刍、历史感都有一个度,一旦超出这个度,生存者就会受到伤害,并最终走向毁灭"(《Zakhor》引用,页147)。作者的困惑仍是巨大的。一方面,他听见胡絮(Rosen-

---

① 这是海登·怀特的一篇文章的标题:《历史的负担》(«The Burden of History»,见 *History and Theory* 5,前揭,页111-134,耶鲁沙利米引用,*Zakhor*,前揭,页144)。

② "事业就这样以靠自己维持而宣告结束了,研究成为浮士德式的了……博闻强记的富内斯的阴影笼罩在我们每一个人头上"(同上,页118-119)。

stock-Huessi)关于历史的治疗功能的乐观主义言论。① 另一方面,他侧耳倾听肖勒姆(G. Scholem)和罗森茨威格(F. Rosenzweig)的反历史主义言论。夹在战火中间——"今天,犹太的世界处在道路的交叉口上"(前揭,页116),耶鲁沙利米坦承他的"隐忧","职业的犹太历史学家"的隐忧。这种隐忧也许还是我们的,我们每一个人的,我们这些犹太记忆和19世纪世俗化的历史编纂学的私生子的。

3. 诺拉:记忆的奇特场所

诺拉是"记忆的场所"的发现者。② 这个概念是诺拉收集整理的那些文章的大型文集的奠基石,这些文章从1984年起在它的保护下相继出版。为了发现它的令人不安的陌生感,必须重走从1984年的文章起,直到1992年——《记忆的场所》第三卷出版的时候——的文章这中间在它上面添砖加瓦的那些文章的完整历程。跟随在标题是第一篇文章《记忆和历史之间:场所的问题》的坚定语气之后的,是对纪念的激情没收这个主题所产生的恼怒,作者能够以民族史的名义起来反抗这种纪念的激情。从第一篇到最后一篇的这个巨大的摇摆运动揭示出来的,也许是概念从一开始就有的奇特内容。

a) 1984年的文章一上来就同时宣告一个断裂、一个失去和一个新现象的出现。断裂发生在记忆和历史之间。失去指的是失去人称"记忆-历史"的东西。新现象指的是"历史控制记忆"的阶

---

① 胡絮写道:"历史学家是记忆的医生。他的荣誉就是治疗创伤,真正的创伤。正如医生必须不顾医学理论有所行动,因为他的病人生病了,历史学家,受到道德的驱使,为了恢复一个民族的记忆,或人类的记忆,同样必须有所行动"(*Out of Revolution*, New York, 1964,页696;耶鲁沙利米引用,*Zakhor*,前揭,页110)。

② Pierre Nora,《记忆的场所》,第一部,《共和国》,前揭,1984,页 XVII – XLII。

段。语气是一位采取关于时间的立场的历史学家的语气,在时间中,他做出这三个宣告。它们和事件无关,而是有关处境。而第一次说起记忆的场所,必须是在这个处境的基础上。让我们从后者开始,暂时不考虑记忆的场所这个主题的诸多零散暗示,进而来重新把握这些要点中的每一个。

历史学家的判断类似哲学家雅斯贝斯对"我们时代的精神处境"的判断。历史学家通过局势接近这个处境,重要的是耐心地辨认局势的症状。耐心证明立场的坚定。一开始说起的记忆并不是现象学所研究的一般能力,而是一种文化塑形,它和特迪曼的作品在上文参考的文化塑形身份是相同的;而且历史也不是认识论所探讨的对象活动,而是第二阶段的反思,在法国,在历史的历史这个意义上的术语"历史编纂"通常用于这种反思。这就是为什么它实际出现在讨论历史条件的一章结束的时候,不过在历史当下的范围内得到领会。

于是,第一个主题:记忆和历史的断裂。对于一种"整体记忆"来说,过去连续性地紧贴当下;这一直是"真正的记忆"。我们的记忆,"不过是历史、痕迹和挑拣而已"(《记忆的场所》,页XVIII),已经失去"记忆和历史的一致"(同上)。"自从有了痕迹、中介,人们就不再生活在真正的记忆中,而是生活在历史中"(前揭,页 XIX)。① 记忆是一个始终现实的现象,与永恒当下的一个真实联系,而"历史是过去的一个表象"(同上)。"记忆是绝对的,而历史只认识相对的"(同上)。"历史在亲历的过去外"(前揭,页 XX)。②

第二个主题:失去记忆-历史。"有那么多记忆从口中说出

---

① 这里有一句关于犹太记忆的评论,即"不关心历史",呼应了耶鲁沙利米。

② 群体记忆(复式而又单纯的,集体、复数而又个人化的记忆)和历史(属于每个人又不属于任何人,拥有普遍使命)(同上,页 XIX)的对立,呼应的是哈布瓦赫。

来,只是因为不再存在什么东西了"(前揭,页 XVII)。连根拔除的、已经逝去的、完成的、彻底死去的过去:这么多描述消失的语词。标志:农民的终结、记忆-社会(教堂、学校、家庭、国家)的终结;把得到规划的未来和一个被回忆起来的过去联系在一起记忆-意识形态的终结;相应地,"历史的历史"(前揭,页 XX)、"历史编纂意识"的出现。它"表现了批判的历史对记忆-历史造成的内部破坏"(前揭,页 XXI),其中,"历史开始创造它自己的历史"(同上)。尤其在法国,"历史编纂是离经叛道和无所顾忌的"(同上)。这是"和记忆的去同一化"(同上)产生的结果。一个相关的主题更加明确起来,在诺拉的下一篇文章中,它将得到展开:失去了对民族、民族国家的参照。这关系到一种共生,第三共和国的精神特质(1876 年创办的《历史评论》在专业层面上是其标志),它牵涉一个已经失去的记忆定义,即记忆本身超越其私密性和内在连续性,已经向民族国家的共同存在打开了。记忆-历史的奇特概念由此而来,文章的第一部分,标题是《记忆-历史的终结》(前揭,页 XVII - XXV),正是围绕这个概念运转的。失去的记忆不是一种个体记忆,也不单纯是一种集体记忆,而已经是一种按照神圣性的榜样进行塑造的记忆:"被祝圣的历史,因为神圣的民族。民族使我们的记忆维持在神圣的事物之上"(前揭,页 XXII)。①"记忆-民族是记忆-历史的最后一个化身"(前揭,页 XXIII)。记忆-历史就这样通过民族,覆盖了和记忆相同的意义空间。

第三个主题:从历史和记忆的断裂、记忆-历史的失去中,一个新的形态露出头来,"历史控制记忆"(前揭,页 XXV)的形态。这个新形态有三个特点。首先是档案至上。这种新的记忆是一种

---

① 这种关于记忆-历史的说法让诺拉离开哈布瓦赫,其在集体记忆和历史记忆之间画了一条鲜明的分界线。

"档案化的"(前揭,页 XXVI)记忆,莱布尼茨会说,一种"纸面记忆"。我们在这种"档案的强迫"(同上)中认出讨论文字发明的《斐德罗篇》神话发挥到极致的巨大变化。书面的东西就在记忆的核心上获得胜利。痕迹的迷信和崇拜:"神圣的事物把自己交给痕迹,而痕迹本是对它的否定"(前揭,页 XXVII)。失去感,就像在柏拉图的神话中那样,成为这种记忆制度化的另一面。"建档是时代的命令"(前揭,页 XXVIII)。多少带些诅咒的语气,诺拉大声说:"你们就尽情地归档吧,总有些别的东西剩下来"(同上)!档案"不再是亲身经历的记忆的多少有意的残余,而是失去的记忆的有目的和有组织的分泌"。"被历史化的记忆的恐怖主义"(同上)。这确实是柏拉图《斐德罗篇》的语气,同样是哈布瓦赫的重新发现的语气,诺拉更是坚定地强调这种从外部来的在此记忆(mémoire-là)的限制性。值得注意的是,和这种记忆物质化联系在一起的,还有对遗产的称颂(1980年:文化遗产年),诺拉接下去的文章将指出它对记忆的场所——作为和历史控制记忆同时代的——这个观念所产生的破坏性效果,和对历史的不反抗。然而,他强调它一直扩张到"不确定性的边界"(前揭,页 XVII)上:"一个国家的文化遗产(的)前人传承的财富"的不确定性。总而言之,"从历史古迹的一个非常限制性的概念,随地点的约定俗成,非常突然地转到一个在理论上能囊括无遗的概念"(前揭,页 XXVIII)。从 1984 年起,诺拉的读者能够理解记忆的场所反向地还原为用于纪念的地形学地点的威胁。第二个特点,第二个症状:诺拉在"记忆向个体心理学的决定性转变"(前揭,页 XXXIX)运动中看到记忆的历史变形所付出的代价。在他看来,这无关乎"真正的记忆"的直接存活,而是关系到一个补偿记忆历史化的文化产物。我们将柏格森、弗洛伊德和普鲁斯特归于这个转变。更重要的是,我们将起先加在每一个人身上的著名的记忆的责任归于它:"当记忆不再是随处可见时,如果没有哪个孤独的决定、哪个个体的意识决心承担起责任的话,那么记忆就彻底找不到了"(前揭,页 XXX)。① 历史控制记忆的变形的最后一个标志,最后一个症状:在档案-记忆和责任-记忆之后,是距离-记忆。老实说,这其实是第一个主题,即历史和记忆的断裂;现在,它又在非连续性的标志下出现了:我们"从一个深深植根于其中的过去来到了一个我们感到其是一个断裂的过去"(前揭,页 XXXI)。在这个主题中或许存在一个对《知识考古学》的福柯的呼应,反对记忆连续性的意识形态。诺拉说:"连续性的崇拜"(同上)。

正是在这个崭新处境的背景上,记忆的场所的概念出现了。现在明白,它不仅甚至都不是主要关系到地形学场所,而是像在柏拉图的《斐德罗篇》中那样,关系到外在的标记,社会行为能够依靠这些标记展开它们的日常事务。就这样,在第一卷中最初提到的那些场所是共和国历法(社会时间的外部框架),国旗(提供给每一个人的民族象征)。我们记忆的符号对象:三色旗、国家档案馆、图书馆、词典、博物馆,还有纪念仪式、节日、先贤祠或凯旋门、拉鲁斯词典和巴黎公社墙。这些记忆的符号对象充当历史工作的基础工具。我会说,记忆的场所是铭印,在我们关于书写和空间的思考中,其被给予宽泛的意义。② 这个概念的开放性必须在一开始就得到强调,因为它一旦压平在领土的所在地上时,借助民族认同的遗产变形,纪念的精神将其加以捕获就有了可能。1992 年的文章会对此感到惋惜。起初,根据概念的外延,它不是为记忆而是为历史效劳的:"存在许多记忆的场所,因为不再有任

---

① 第二次参照犹太记忆:"为了理解这个召唤及其力量,也许需要转向犹太记忆。今天,在如此多去犹化的犹太人那里,犹太记忆新近得到某种复兴。在这个传统中,历史不是别的,就是它自己的记忆,作为一个犹太人存在,就是记住自己的存在。一旦被内在化,这个不容回避的记忆就逐渐勒令他们整体存在。可以说,记忆就是对记忆的记忆。记忆的心理学化使每一个人感到,他的拯救依赖偿清一份不可能偿清的债责"(《记忆的场所》第一部,《共和国》,前揭,页 XXX-XXXI)。

② 参见上文,第二部分,第一章。

何记忆的环境了",如此坦率的宣言欢迎概念的到来(前揭,页 XVII)。诚然,"记忆凝结并躲藏"(同上)在场所中,但是,这不过是一种"破裂的记忆",其破裂程度说真的又不是那么的彻底足以能不需要依靠记忆。连续感在这里不过是"残余的"而已。"记忆的场所,起初是遗址"(前揭,页 XXI)。① 概念后来发生的变化就从这个初始的含混不清而来。场所从已经说过的断裂和失去中获得其功用:"如果我们仍然栖居在我们的记忆中,我们也就不需要把场所用于记忆了"(前揭,页 XIX)。② 然而,在批判历史的影响中,记忆的残余特征让作者说,"一个完整地生存在历史氛围内的社会,最终并没有比一个传统社会更加需要记忆在场所里面扎根"(前揭,页 XX)。因为场所终究是记忆的场所,而不是历史的场所。到历史的场所那时,"符号生活都要开始颤动了"(前揭,页 XXV)。

仍然有待在历史控制记忆的新状态下讨论记忆的场所。"记忆的场所,另一种历史",1984 年文章的第三节(前揭,页 XXXIV - XLII)以坚定的语气宣告这一点。它实际上结束在一个和解上。记忆的场所有了一个显著的功效,产生"另一种历史"的功效。它们从其受到记忆和历史的共同支配那里获得这个能力。一方面,"必须首先有记忆的意志……如果没有这种记忆的意向,那么记忆的场所就是历史的场所"。但是这种记忆是不是

---

① 值得注意的是,已经多次提到纪念的观念,它仍然处在对记忆-历史的怀旧中。它还没有作为记忆对历史统治的回击得到揭露:"如果没有纪念的警觉,历史将迅速地把它们(记忆的场所)吞没"(同上,页 XXIV)。从其躲避功能出发,纪念的记忆重新发起对民族史的攻击。有句话值得引用,有关纪念的时代的最后一篇文章由此出发:"记忆的东西变成了历史的东西。一个容纳过我们祖先的世界,变成了这样一个世界,其中,我们与塑造我们的东西之间的关系不过是偶然的。一个图腾的历史变成了一个批判的历史:这是记忆的场所的时刻。人们不再赞美民族,人们研究对它的赞美"(同上,页 XXV)。

② 在这里可以听见柏拉图对"辅助记忆"(aide-mémoire),*l'hupomnēsis*(参见第一部分,第一章)展开的那些批判的回音。

失去的记忆-历史的那种记忆(其失去让人感到惋惜),或者是不是躲藏在个体心理学的帷幕内并且要求责任的那种记忆,这些都没有得到说明。另一方面,历史必须自告奋勇地成为一种进步的、被纠正的记忆。但是历史的去神圣化计划究竟结果如何,同样没有得到说明。

这个让两个要素相互作用在一起,以致达到"交互多元规定"的能力,建立在记忆的场所的复杂结构上,这些场所把语词的三层意义囊括起来:物质的、符号的和功用的。第一个让记忆的场所扎根在任何在手的和上手的可以说实在中。第二个是想象力的成果,它保证记忆的结晶及其流传。第三个回到仪式,然而历史有废除仪式的倾向,正如在创始事件和表演,在避难所和其他庇护所那里看到的那样。诺拉借此之机提到了一代的概念,后面有篇文章将用于讨论这个概念,其被视为包括三层含义。在说起集体的和个体的、平凡的和神圣的、永恒不变的和瞬息万变的那个螺旋形——还有那些"自身环绕的莫比乌斯环"——时,"意义的最大值"在这里封闭在"符号的最小值"中(前揭,页 XXXV),语气变得几近如抒情诗一般。遗产是被正面地提到的,在它的掩盖下,遗产化的邪恶,在其把记忆的场所还原为地形学地点并且把记忆的崇拜交付纪念的滥用的倾向中,尚未被注意到。

b) 跟随在1984年关于记忆场所的第一篇文章之后的,应该是诺拉还多次参与到其领导的浩大工程的诸多战略要点上。在论文《记忆-民族》(nation-mémoire)中,其发表在四十余篇相继用于讨论民族的文章之后(《记忆的场所》第二部),重组这些零散的观点的指导线索是"民族记忆"的生成。四个类型被提出来,它们在一张大网眼的年表上逐一打上标记:奠基记忆,对应封建君主制与对国家(État)的定义、确认时期;国家记忆,它"被吸收到其自己表象的图像中"(正是马兰在上文将其描述为"国王的肖像"的那个);民族记忆,民族记忆意识到自己是民族,米什莱见证了这一点,它"超越任何记忆的场所,因为它是它们的几何中心和公分母,是这些记忆的场所的灵魂"(《记忆的场所》第二部,页649);最后,公民记忆,阿兰是其"精致的楷模"(前揭,页650)。但是还要说,第五个类型回溯性地让这个相当令人失望的总体概观有了意义:这个类型是我们的,"遗产-记忆"(同上)。记忆场所的观念在诺拉的文本中命运如何,分析的这个环节对于我们对此的研究来说是决定性的:它标志着记忆的场所的概念本身发生内在的转向。定义简洁明了:"不能满足于把遗产-记忆理解为概念的突然扩张及其新近且可疑的涵盖所有见证了民族过去的对象,而是说,更加深刻地,把它理解为记忆本身的传统价值转变成共同财富和集体遗产"(同上)。诺拉的最后一篇文章出现在《记忆的场所》第三卷结束时,它将对此说出更多的东西;这里强调的还只是它在记忆和历史的辩证法上的标志而已。对于这个遗产的转变,唯一能说的是,它"让到处都在进行的通过记忆来从历史上接近法兰西焕然一新,这项《记忆的场所》的事业想认可该进路的中心地位"(前揭,页651)。从此以后,民族归属感,其"不断重新感受到民族的独特性",战胜了民族和国家的同一化的中介和对立:"现在到了一种遗产记忆的时候,到了法兰西和一个没有任何民族主义的民族重新统一起来的时候了"(前揭,页652)。这样抹去民族和国家的联系,其结果是记忆的推进,只有依靠记忆,"民族,在其统一的词义中,才保持其贴切性和合法性"(前揭,页653)。在通过这种方式避免绕道国家的同时,记忆同样要求避免绕道历史,这是民族国家在法国得以建立的一方基石。"记忆的这种民族沉淀围绕国家产生,一个完全在民族国家的视域下展开的历史不再能够解释它"(前揭,页654)。从此以后,"'法兰西'(France)就是它自己的记忆,要不就不是"(前揭,页655)。

在这篇短文结束之际,仍是对遗产-记忆的出现持更多的接受态度,其被视为民族记忆的第五个类型及其结果的特征,这个结果是"摒弃民族的民族主义、法国中心主义、帝国、普遍主义样式"(前揭,页657)。然而确定的是,文章的最后没有说明,遗产的概念还是没有得到规定,它对记忆的场所的观念本身造成危害的能力还是没有被注意到。

c) 论文《一代》收录在《记忆的场所》的第三部《多元统一的法兰西》的第一卷《冲突与分享》(页931－969)中,就标题和主题来说,在记忆的场所的观念分析上,更确切地说,在遗产观念的影响下,在其转变分析上,似乎没有取得什么进展。然而情况并非如此。和一代的观念一起,社会联系的一个纯粹横向景观占得优势;一代接连不断地接替另一代;一代的观念尤其标志着新生代使老一代降级:"过去不再是权威,这是现象的本质"(《记忆的场所》第三部,第一卷,页934)。这种"象征的断裂"保证横向认同优于任何形式的纵向关联性。尽管现象的一个理论定义遇到很多疑难,作者审视了这些疑难,但是一种归属、一种代的关联性、一个与之相关的显著问题还是必要的:"随着变化的加剧,为什么年龄上大致相同的个体的横向认同能够压倒任何其他形式的纵向认同呢"(前揭,页942)?描述"原型的历史建构"(前揭,页944－955)的诸阶段是不够的,虽然从生者接替死者的近似生物学的概念到被理解为一个独特历史过程的一代的概念,为展开记忆史提供了机会:"很有可能在每一个国家,都有一代并且唯一的一代,充当所有后代的原型和榜样"(前揭,页994)。缪塞就这样塑造了"世纪儿"的诗意型,我们在上文和特迪曼一起遇到过它。特别在法国,政治和文学、权力和语词的轴心在一整代中结成。正是在这样的环境下,历史成为一门学科,伴随其巨大的循环历史分期,1968年5月要为这个历史分期做弥撒。仍然有待解释为什么历代的冲动能够支配法国史。因此提出来的是记忆的场所的概念及其在一代的颠覆影响下,融合记忆和历史:"一代现在是,并且过去始终是记忆和历史的融合,不过关系和比例随时间的推移似乎颠倒过来了"(前揭,页955)。颠倒在于,一代的概念是在回溯中建立的,而且在这个意义上,穿越历史,藏身在其"回忆的效果"(前揭,页956)中,正如在佩吉(Péguy)和巴雷斯(Barrès)的时代看到的那样。最开始是从外面强加的,然后它剧烈地内在化(读者在这里听到哈布瓦赫对其称为"历史记忆"的东西的形成所进行的论述的一种回声)。此外,一代的记忆是历史的居所,它发现自己"不堪历史的重负"(前揭,页958)(尼采1872年论文的腔调现在放在这里当作前兆)。回忆于是迅速地转变成纪念,始终摆脱不开一个结束、已逝的历史:"在每一代开始的时候,都缺少个东西,类似哀伤一样"(前揭,页958)(我们在这里遇到卢索和维希综合症的萦扰)。"正是这种本质上既是神话的又是纪念的历史庆典,让一代离开历史,安家在记忆中"(前揭,页959)(这一节的标题是"记忆的浸浴"[前揭,页955-964])。这就完全处在纯粹的记忆中,它不把历史放在眼里,并且消灭绵延,使其成为一个没有历史的当下:按照孚雷的一句评论,过去因此是"无法纪念的"(immémorialisé),以便更好地"纪念"(mémorialiser)当下。

历史学家诺拉在这一点上是有抵抗的:文章《一代》不向纪念的统治妥协,它结束在对"分裂的历史意识"(前揭,页966)的辩护上——分裂其"记忆的反刍"(前揭,页962)和宏大世界历史的再现,他呼吁法国在世界历史中间建立它的中间力量。历史学家,或许不如说历史学家中的公民,以"仅仅属于一代记忆的东西和仅仅属于历史记忆的东西之间的分享"(前揭,页963)来对抗一代的神话所强加的单向度形式。

记忆的场所的观念在这些情形中发生怎样的变化?在某种意

义上，纪念有违历史学家意愿地把它神圣化了。① 但是，还没有讲述上篇文章注意到的记忆的场所的观念和民族认同的遗产转变之间的联系宣告了其微妙的倒错。其实仍然有待讲述的是，遗产把持记忆的场所的观念——在当下进行把持之后，还在空间进行把持。

d) 1992年的文章《纪念的时代》(《记忆的场所》第三部，《统一多元的法兰西》第三卷，《从档案到象征》，页977‑1012)，在文章《记忆的场所》横空出世六年后，绕了整整一圈。它略带惋惜地绕完这一圈："这些《记忆的场所》的命运是奇特的：它们原本打算通过它们的概念、方法，甚至标题来实现一种反纪念的历史，但是纪念却一跃而上"(《记忆的场所》第三卷，页977)。本来想"使纪念本身成为那些优先剖析对象中的一个"(同上)，但是纪念的饕餮吞噬了用来把握现象的尝试。这一切就好像是，借法国退出宏大历史之机，《记忆的场所》的出版加剧了强迫性纪念。有待积极努力去"理解这种变化发生的原因"(同上)的历史学家来回应这些。

事实上，是纪念本身变了个样，②比起法国大革命两百周年，1968年5月的自我庆祝更加证明了这一点。大革命以前建立起一个民族纪念的经典榜样。这个榜样现在化为乌有并且被彻底颠覆：在这里可以发现散布在前面那些文章中的关于以民族国家为中心的民族身份认同的榜样日渐衰落的评论，"民族国家的统一框架的消失，导致传统体系四分五裂，这个体系以前是其凝练的象

---

① "一代的概念于是从内部被整个地颠覆了，这类似于能够用来描述现代的、成为了中介的事件所发生的那种颠覆"(同前书，941页)。作者在这里指的是他的文章《事件的回归》(见《制造历史》，前揭)。

② 我在本书的第一部分，在凯西的陪伴下，积极地讨论过这一点；参见上文，页44‑46和页184。

征表达。不再有共同的超我了,标准消失不见了"(前揭,页984)。一场记忆之战占据舞台中央:文化的和地方的,民族记忆的破坏者,充斥大众媒体。①

前面那些文章已经多次触及到的遗产的主题现在强势回归了:"从民族的到遗产的"(前揭,页992),这正是纪念的叙事在前几页文字中标出的变化秘密之所在。农民世界的终结是变化的一次机会;法国摆脱战争的阴影、戴高乐②的去世是另一些机会;还有文化遗产年(1980年)的成功,它让集体记忆的地区化长久持续;变化正在进行中,把历史变成回忆的东西,然后把回忆的东西变成纪念的东西,纪念的时代是这一系列转化的完成。历史不再是和民族史紧密联系在一起的"被核实的记忆"(前揭,页997)。"纪念从传统指定给它的空间中解放出来,不过整个时代都是纪念的了"(前揭,页998)。甚至勒高夫和诺拉在1973年出版的《制造历史》利用古贝尔(Goubert)、杜比和拉古图(Lacouture)的著作让记忆成为历史学的新对象,不得已地帮助了记忆对历史的这种颠覆。记忆的纪念冲动是如此强烈,连法国的左派都不得不臣服于它,正如密特朗在1981年拜谒先贤祠。但是遗产的推进及其在"历史古迹"上的凝结,壮观的地形学和考古学的怀旧,在时代上打上"纪念的时代"的烙印:"'可遗产化的东西'成了无穷无尽的"(前揭,页1005)。记忆的场所的概念本身发生了扭曲:概念,由象征工具——其启发式兴趣在于使"场所"非物质化——变成遗产型纪念的牺牲品。"遗产彻底地从通过继承而拥有的财产转变成把你们塑造起来的财富"(前揭,页1010)。同时,民族史,还

---

① 因此,废止南特赦令的三百周年纪念,同民族的想象比较起来,更加丰富了新教的想象,这可以帮助与君主强加的侵犯达成和解,甚至遗忘(《记忆的场所》第三卷,991页)。

② 原文是6月18日的那个人(l'homme du 18 juin)。1940年6月18日,戴高乐在英国伦敦通过广播发表讲话,号召法国人民继续抵抗法西斯的侵略。——译注

有跟它一起,作为神话的历史,让位于民族记忆这个新近的观念。"回忆的民族"接替"历史的民族"(前揭,页1011)——颠覆是深刻的。过去不再是将来的担保;这正是记忆来到一个动态场域进而成为连续性的唯一承诺的主要原因。当下和记忆的关联性,替代了过去和将来的关联性。"'身份'(identité)的出现相应地要归于这个被历史化当下的出现。"这个词的一种记忆上的用法替代了它的一种纯粹行政管理和治安上的用法:"法国作为'人格'(personne)需要它的历史。法国作为身份,只是在辩读它的过去中为将来做准备"(前揭,页1010)。够苦涩的了。

记忆的场所的概念总之就是个糟糕的选择?一团阴影在这个术语和它的"两个表面上相互矛盾的语词——一个远一个近——的词组"(前揭,页1011)上掠过。然而历史学家不想迷失在怀旧伤感当中。他更喜欢骄傲地回应:"在允许把性质非常不同的两个对象拼接起来的同时,(记忆的场所这个表达)能够在分裂中重组四分五裂的民族。这或许证实了具有多元声音的这三册和前四册的夙愿:在法国史的实质上不间断的连续性中,建立起法国人注视法兰西的一刻"(同上)。

在通过这种方式诉诸笔端,给予"民族记忆"对"历史民族"的颠覆一个文字表象的同时,作为公民的历史学家进行他的抵抗。不是没有向他的时代发出一个挑战:通过先将来时,他提到这一刻,"另一种共同生活的方式将已经产生出来","发掘地标并且探索场所的需要将消失不见"(前揭,页1012)。于是,与若干年前《记忆的场所》的导论以之开篇的那个宣告相反,"纪念的时代终将永久结束。记忆的专制将只持续一段时间——但正是我们的这一段时间"(同上)。

然而要我说,到那时,历史仍然充满"令人不安的陌生感",哪怕在它尝试理解纪念的记忆对它有异议的原因的时候。

第三章 遗 忘

导 论

536　　遗忘和宽恕既分别又共同地决定了我们全部研究的前景。分别地,这是就它们各自属于不同的问题域来说的:遗忘属于记忆及其对过去忠实性的问题域;宽恕属于罪责及其与过去和解的问题域。共同地,这是就它们各自的道路在某个不是地方的地方上交叉在一起来说的,前景(horizon)这个词更好地指称了它。一个得到平抚的记忆的前景,甚至是一个愉快的遗忘的前景。

　　在某种意义上,遗忘的问题域涵盖最广,因为记忆的平抚、宽恕正在于此,似乎是一条通往遗忘之路的最后一站地,它在魏因里希①希望看到其与耶茨所研究并赞美的记忆之术相平行地被构建起来的遗忘之术中到达极致。正是考虑到这一点,我决定让遗忘出现在本书的标题中,让它和记忆、历史具有同等的地位。遗忘实际上仍是一个不安因素,作为威胁,它在记忆现象学和历史认识论的背景上显露出轮廓。在这方面,它是历史条件(作为我们第三

---

① 参见上文,页73,页77 和页79-82。

部分的主题)的标志性术语,是这个条件的脆弱性的标志。在另一种意义上,就可能的遗忘之术被构想为记忆之术的一个复本、愉快的记忆的一个形态而言,记忆的问题涵盖最广。只要我们留心不要让记忆的病理学在日常记忆成功完成的每一个阶段上都压制日常记忆现象学,那么愉快的记忆这个观念就以某种方式为我们的整个事业开辟出了道路;事实上,我们并没有因此就知道给予愉快的记忆的观念以其完整的意义——穿过历史和记忆的辩证法并结束于遗忘和宽恕的双重检验——要付出什么代价。

我们的研究将结束在这个前景游戏上面,在我们讨论过的等级游戏的相同意义上。前景想说的,不仅是在我接受的伽达默尔意义上的视域(horizon)融合,还是前景逃离、未完成。在一项一开始就以对彻底反思的傲慢进行无情的批判为标志的事业中,承认这一点是意料之中的。

可以在尚未提及宽恕问题域的情况下详尽地讨论遗忘。我们在这一章要做的就是这件事情。首先,就总体而言,人们感到遗忘是记忆可靠性的一个妨碍。妨碍、弱点、缺陷。记忆,在这方面,至少最初,把自己规定为和遗忘的斗争。希罗多德力争防止希腊人和野蛮人的荣耀被遗忘。我们的著名的记忆的责任,可以被表述为不要忘记的劝告。但是与此同时,在同样的自然反应中,我们回避一个什么都不会忘记的记忆的幽灵。我们甚至会把它看作怪物。这让我们想到博尔赫斯(Luis Borges)的寓言,博闻强记的富内斯,一个什么都不会忘记的人。① 因此在人类记忆的使用中,存在一个尺度,或者根据古代智慧的箴言,一个"万事切忌过分"(rien de trop)吗? 遗忘因此并不是在所有情况下都是记忆的敌

---

① J. L. Borges,《博闻强记的富内斯》(« Funes qui n'oubliait pas »,见 Fictions, Paris, Gallimard, 1957)。

人,并且为了摸索着寻找公正尺度以保持记忆和遗忘的平衡,它们应该进行协商?这种公正的记忆,与放弃彻底的反思有某种共同之处?一个没有任何遗忘的记忆,是这种我们在整个历史条件的诠释学范围内与之作斗争的彻底反思的终极幻想、终极形态?

在完全穿过将地平线(ligne d'horizon)遮掩起来的连绵不断的阻碍过程中,必须牢记这个预感——Ahnung。

这里说要越过连绵不断的阻碍并不过分。任何人在试图评估遗忘的明显坏处和假定好处时都会首先碰到"遗忘"这个词棘手的多义性,正如魏因里希写作的那样,"遗忘"的文学史证实了其语义增殖。为了使我们避免语言因其丰富性而给遗忘的主题固有的徘徊不前添加的无所适从,我会在遗忘深度的等级观念上提出一个阅读框架。为了阐明这个区分,我把它和另一个区分关联在一起,其以前支配了在"对象的"(根据"记忆"的名词用法)视角下得到考量的记忆现象的描述,即认知进路和实用进路的区分;在第一条进路中,记忆依照其忠实地表象过去的雄心而得以理解,而第二条进路关系到记忆的操作、记忆的训练,它既是记忆之术的,也是我们尝试过根据一个特有的等级对之进行编目的使用和滥用的契机。遗忘要求我们借助一个新的区别原则,深度和表现的多层次原则,来重读两个问题域及其相互的衔接。实际上,遗忘给予深度的观念以一个新的意义,记忆现象学往往根据深度的一个横向格式而把它和距离、远离等同起来;遗忘在生存层面上提出的,是类似于纵向深度的隐喻所试图表达的深渊化的东西。

在深度层面上稍作停留,我建议把和这个层次有关的问题域与自发记忆的认知进路关联在一起。实际上,遗忘在这个交叉口上唤醒的,正是作为过去表象的可疑性根源的疑难,也就是记忆缺乏可靠性;遗忘尤其是记忆可靠性目标的挑战。而记忆的可靠性悬吊在整个记忆问题域构成的难题上面,亦即在场和不在场在过去表象中的辩证法,此外还要补充记忆特有的距离感,其不同于用

第三部分　历史的条件　559

作图示或用作伪造的图像的单纯不在场。在其更深层次上被表达出来的遗忘的问题域，在这个在场、不在场和距离的问题域的最关键地方，在过去记忆的现时识认所构成的愉快记忆的这个小小奇迹的对立一极上，出现了。

539

在这个关键的地方，将支配本研究前两节的一个重要的分异被提了出来，也就是深度遗忘的两个重要形态之间的两极性。我将其称为因痕迹的消失而产生的遗忘和保留的遗忘，我马上就会说明如此表达的理由。本章的第一节和第二节将用于讨论这个重要的分异。正如深度遗忘的第一个形态的名称示意的那样，在这个根本的层次上，痕迹的问题域支配着遗忘的问题域。这种闯入完全不会让人感到意外。自本书一开始，我们就遇到了柏拉图的《泰阿泰德篇》以戒指在蜡块上留下的标记为模型，把 eikōn 的命运和 tupos、印记的命运联系在一起的命题。遗忘迫使我们不得不比到目前为止所做的还要更深入地研究一下图像和印记的这个所谓联系。我们关于痕迹的所有问题域，从古代到今天，实际上都是继承自这个古老的印记概念的；它，不但距离解决不在场的在场难题——这个难题拖累了过去表象的问题域——还很远，又把其特有的难题加了进来。哪一个它？

在对柏拉图和亚里士多德涉及蜡块印记隐喻的文本进行评论的时候，我提出过要区分三种痕迹：被书写的痕迹，其在历史编纂活动的层面上成为了文献痕迹；心理痕迹，与其说印记，不如称之为印象，而不是印记，一个引人注目的，或者我们说，打动人心的事件在我们身上留下的，在情感意义上的印象；最后，神经科学讨论的、大脑的、皮层的痕迹。我在这里把第二部分讨论过文献痕迹的命运放在一边，但是要提醒说，和所有的物质痕迹一样，大脑皮层痕迹在这方面是和文献痕迹同一边的，它可以在物质上被改变，被清除，被毁灭。创建档案，其中一个目的，就是为了消除痕迹的消失带来的威胁。仍然有待讨论其他两种痕迹的并置：心理痕迹、大脑皮层痕迹。深度遗忘的整个问题域就取决于这个衔接。

困难首先是一个进路的困难。我们是经由两条极端异质的道路通达这个或者那个的。只有从外部,借助科学知识,我们才能认识大脑的、皮层的痕迹;感觉经验、亲身经历不一定符合科学知识,正如在关系到器官感觉的时候,它让我们说,我们"用"眼看、我们"用"手拿。我们并没有以相同的方式说我们"用"大脑思。我们经过学习得知,这个客体-大脑(cerveau-objet)是我们的大脑,被定位在这个颅腔内,我们的头脑,及其面孔就在这里。我们的头脑,是我们要求对肢体施加支配权的标志。这种对"我们的"大脑以及客观知识在这里描绘的痕迹的占有是极其复杂的。本章的第一节将用于讨论记忆痕迹(trace mnésique)的概念。① 它决定了深度遗忘的第一个形式的命运,即痕迹的消失产生的遗忘。通达假定的心理痕迹的道路完全不同。它更多是深深隐匿起来的。只有在回顾往事时,在严格以过去图像的识认作为模型的经验基础上,才能谈论心理痕迹。这些经验让人在事后想到,许多记忆,比如童年记忆中最宝贵的那一些,并没有完全消失,而只不过是变得难以接近、无法使用了。这就使我们可以说,我们忘记的要比我们认为的或担心的那样少得多。

但是和两种痕迹的问题域联系在一起的困难不仅是通达相关现象的困难。它关系到痕迹的两个词义——一种外在的和另一种内在的——能够具有的含义本身。第一节分为三个环节,用于讨论记忆痕迹的观念在神经科学的框架内的概念使用。(1)我们事先想知道,像我这样的哲学家,在面对科学家以一般性的方式讨论记忆或非记忆痕迹时的原则立场是什么?(2)可以更加专门地对记忆痕迹说些什么?现象学家和神经学家在这方面可以相互给予

---

① 我采用神经科学的用词,其讨论的是记忆(mnésique)痕迹。我将记忆(mnémonique)这个词保留给属于一门记忆现象学的现象全体。

对方什么帮助？在提问的这个阶段，首要的问题会被带到其成问题性的最高阶段。(3)最后，遗忘的问题在记忆障碍中占据什么位置？遗忘也是一个障碍？因痕迹的消失而产生的遗忘将会同提问的这个第三阶段一起，最切近地得到确定。但是提出来的解决原则，以及必要原因(causa sine qua non)、基质、构造和功能的相关性等观念，将包含在第一个环节中。大方向是关于神经元的话语和关于心理的话语之间的一个认识论差异。在本体论层面上坚决放弃所谓身心统一问题的经典争论，将使这个差异免于唯灵论的推论或唯物论的还原。

　　借助这个悬置，我将在第二节中尽可能远地推进诉诸一个不同的心理痕迹概念——不论其神经元条件是什么样的——所需要的前提。刚刚提到，关键的经验是识认的经验。我说它是一个小小的奇迹。实际上正是在承认的那一刻，当下的图像被视为忠实于原始的情感，忠实于事件的冲击。在神经科学仅仅讨论痕迹再激活的地方，从活的体验中得到教益的现象学家将讨论原始印象的持存。依照柏格森在《物质与记忆》中的方式，在探索记忆的诞生(从印象获得的那一刻起)和"图像的再生"(在识认的那一刻)的完全回溯性前提的同时，我会尝试把这个话语带到其最白热化阶段。因此必须设定记忆的一种"无意识"存在，在其可能归属于这种无意识的意义上。我将尝试把这个自身保存——其构成绵延本身——的假说拓展到其他潜在的现象上，直到这个潜在可以被视为遗忘的一个积极形态，我称其为保留的遗忘。当我愉快地记起我曾经见过、听过、经历过、学过、得到过的事情时，我实际上是把它们从这个遗忘的宝藏中取出来。历史学家能够在修昔底德之后，在这种坚持上建立"永恒财产"的计划。

　　当然，问题仍然在于如何同时接受记忆痕迹的神经元身份和通过持存、后继、再生、绵延等语词表达出来的那层身份。至少在我自己持有的那种话语中，也许必须遵循痕迹概念的多义性主张，

542 心理痕迹要求得到相对于神经元痕迹的一个平等权利。记忆痕迹的两种阅读于是就处于竞争中。第一种有终极遗忘的倾向:这是因痕迹的消失而产生的遗忘;第二种有可逆遗忘,甚至难以遗忘的倾向:这是保留的遗忘。我们对于遗忘的矛盾情绪就这样在深度遗忘的难题的两条异质进路之间的竞争中找到了其源头和思辨证明,一条是在客观知识的内在化和占有的道路上展开的,一条是在从识认的本原(princeps)体验出发的回溯性道路上展开的。一方面,遗忘让我们害怕。我们不是注定要忘记一切吗?另一方面,作为一个小小的幸福,我们因一个过去的片段重现心头而开心不已,我们说,遗忘曾经让它远离我们。两种阅读会贯穿我们一生——得到大脑的许可。

沿着遗忘深度诸层次的纵轴继续推进,我们到达表现的遗忘的诸形态。本章的第三节将对此作一番研究。依照上文在本章的主要划分和记忆现象的认知进路、实用进路的区分之间提出的相关性,我们把这一节放在遗忘的实用标题下。表现的遗忘同样是一种被训练的遗忘。为了帮助我们理清属于遗忘的这个实用范畴的诸现象,我将采用记忆的使用和滥用的阅读框架,我们在第一部分第二章中对其作过分析。一个类似的等级关系将着重强调被训练的遗忘的逐一表现。遗忘提供的,不仅仅是描述的一个重复,也就是说,相同的记忆使用在全新的遗忘使用的角度下被揭示出来;在使遗忘的表现沿着一条被分解为主动一极和被动一极的横轴分布的同时,遗忘的这些使用给它们带来了一个独特的问题域。遗忘因此暴露出来一个完全为其特有的狡猾策略。作为结论,我们将提出一个从当代史借用来的遗忘的这些使用和滥用的例证。

在这个针对遗忘的实用进行的研究结束的时候,和记忆的使用和滥用的等级关系的平行性不可避免地产生了问题,推定的记忆的责任所引起的困难和模糊能够在遗忘这里遇到怎样的回音和
543 响应——以及为什么完全不能谈论遗忘的责任。

第一节　遗忘与痕迹的消失

通常说来，神经科学是直接从记忆痕迹问题着手的，目的是为了确定它们的位置，或者把地形学的问题建立在突触构筑的连接、分层的问题上。由此，科学家转而讨论构造和功能的关系，并且在这个关联性的基础上，通过表象和图像（包括记忆图像）等术语确定大脑皮层的心理（或精神）对应项。遗忘因此在靠近记忆活动诸障碍的地方，在常态和病态的不确定边界上出现了。

这种思考方式和思路在科学上是无可厚非的。我将在神经学家的陪送下重走这一段路程。哲学家——或者说某一个哲学家——的问题属于另一套话语秩序。在导论中提到过，有一个事先的问题，其涉及皮层痕迹观念在概念用法类型学中的地位。一旦皮层痕迹的观念得到框定，那么问题就在于，我们是根据什么认出一个痕迹是记忆痕迹的，如果不是根据其在功能和心理表现层面上与时间和过去的关系的话。对于现象学家来说，这层关系是由图像-记忆的中心问题域，也就是在场、不在场和距离的辩证法说明的。它引发过我们的思考，陪伴过并且困扰过我们的研究。哲学家的作用因此就在于，把关于记忆痕迹的科学和位于现象学中心的过去表象问题域关联起来。接下去重读神经学家的工作，完全是在神经学知识和记忆图像的辩证法之间的这种关联化的指导下进行的。这种关联化不会直接着手于记忆痕迹的概念。我们需要对一个漫长的迂回保持耐心，它以阐明在这里拥护的哲学和神经科学保持的关系为出发点。只有这样，记忆痕迹的概念才能根据其与不在场过去之在场表象的难题的关系而得到直面处理。但是，即便如此，我们还是没有专门地讨论遗忘：它究竟是哪一种障碍？它和临床范围内的遗忘症（amnésie）是同一回事么？

a）关于在面对神经科学时我的哲学家立场，我要概述一下我在《什么使我们思考：本性和规范》①一书里，在和尚热的讨论中展开过的论证。我并没有努力让自己驻足在一元或二元本体论的层面上，而是驻足在，一方面，神经元科学持有的，另一方面，倚仗三重遗产的哲学家持有的话语的语义学层面上：它们分别是法国反思哲学（从德·比朗、拉韦松到纳贝尔）、现象学（从胡塞尔到萨特、梅洛-庞蒂）、诠释学（从施莱尔马赫到狄尔泰、海德格尔、伽达默尔）。② 我是以这个观念作为依据的：所有的知识，根据其定义都是有限的，都是和相对于它而言的终极所指有关系的，同一门学科的科学共同体把后者如其所是地接受下来，这个所指只有在这个学科范围内并且和它一起被规定才是终极的。因此一定不能让所指的二元论变成实体的二元论。这条禁令对哲学家和科学家来说有同等效力：在前者看来，"心理的"并不等同于"非物质的"，甚至完全相反。心理体验隐含身体体验，不过是在"身体"不可被还原为自然科学认识对象的身体意义上说的。亲历的身体、本己的身体、我的身体（我在这里讲话）、你的身体（就是你，我向你讲话）、他的身体（就是他、是她，我向他、向她讲故事），在语义学上都是和对象的身体截然不同的。只有一个身体可能是我的，所有的对象身体都是在我面前的。如何解释"对象化"，如这个词所说，本己身体通过它而被理解为"对象身体"，仍然是诠释学现象

---

① J.-P. Changeux 和 P. Ricoeur，《什么使我们思考：本性和规范》(*Ce qui nous fait penser. La nature et la règle*，前揭）。

② 我自一开始就作出如下声明："我的初始观点是，各自持有的话语分属两个异质的视角，也就是说无法相互还原，无法相互派生。对于其中一个来说，问题关系到神经元、神经元连接、神经元系统，对于另一个，讨论的话题是认识、行动、感知，也就是说以意向、动机、价值为特征的行为或状态。我因此将会反对我后来会称之为语义学混杂的东西，我在一个称得上矛盾修辞的句子里看到其概括：'大脑在思考'"（前揭，页25）。

学家没有很好地解决的一个问题。① 事实上,对象身体和本己身体之间的距离还是很远的。必须从共性的观念那里绕个弯路,做个迂回,并且为了做到这一点,必须经由一个为共同知识奠基的主体间性的观念,然后一直回溯到和而不同的诸心理状态在具身化主体的复数性之间的归因。总而言之,只有这个复数性才有资格说"我的"大脑是诸大脑中的一个,是除却其他大脑的另一个。我因此可以说,像我一样,他者有一个大脑。在这条长路的尽头,有"唯一的"大脑,它是神经科学的对象。神经科学将对象化过程视为既定的,而对于诠释学现象学来说,它仍然是一个巨大的问题,完全没有得到很好的解决。在何种意义上,本己身体和对象身体事实上是同一个身体?② 问题很难回答,因为初看起来,我们看不到从一个话语秩序过渡到另一个的可能性:或者我讨论神经元,等等,并坚守某个确定的语言;或者我讨论思想、行动、感知,并把它们和我的身体联系在一起,我和我的身体处在一个拥有和归属的关系中。我们要感谢笛卡尔,他把认识论的二元论问题带到其临界点上,从而超越中世纪形式质料说(hylémorphisme)的方便和混乱,直到"人"的概念的门槛:这种存在,并不是像舵手在他的船上那样在他的身体里的。③

---

① 关于终极所指的概念,本书已经多次遇到过这个问题了;在探讨历史编纂活动时,我承认,终极所指是在社会关系以及相关同一性的形成道路上的共同行动。更加明确地,在历史学家的文学表象层面上,我采用了作者与其读者受众的阅读约定概念。比如说,在讲述一个故事时,它把对之的虚构期待和现实期待都限定在一定范围内。科学家与其知识受众之间秘而不宣地结成了同一种约定。

② 在《本性和规范》中,我提出了这个问题,作为第三种话语的问题:这是一种绝对的话语,或是这里反对的反思话语的另一个说法吗? 或者说另一种话语,不是按照斯宾诺莎或后康德主义者的方式是思辨的,就是完全想象出来的,并且对多种变化保持开放?

③ F. Azouvi,《自笛卡尔以降个体作为身体主体的形成》(« La formation de l'individu comme sujet corporel à partir de Descartes »),见 G. Cazzaniga 和 C. Zarka 主编,《16-18 世纪,现代思想中的个体》(*L'individuo nel pensiero moderno, secoli* 16-18;法译本 *L'Individu dans la pensée moderne, XVIe-XVIIIe siècle.* t. I, Pise, ETS, Istituto italiano di cultura, Università degli Studi, 1995)。

546 　大脑在这方面是值得注意的：我和我的某一些——感觉的、运动的——器官处在一个双重关系中，它一方面允许我把眼睛和手视作对象本性的一部分，另一方面又允许我说，我用眼看，用手拿，但是我不能在同一个归属的意义上，以同一种方式说我用脑思。我不知道大脑是不可感知的是否无关紧要，但事实是，我既感觉不到也移动不了我的大脑，像我的某个器官那样；在这个意义上，它完全是对象的。只有作为存在于我的头颅中的，进而存在于这个头脑（作为支配全力的场所，我敬重并保护它）中的，存在于垂直体态（以此方式伫立在其他人面前）中的，我才会把它占为己有。科学家也许会大胆地说，人类用大脑思考；对哲学家来说，两个句子之间不存在平行性："我用手拿"，"我用脑理解"。哲学家认为，科学家在其话语约定中允许自己使用"用"（avec）来指称某个和本己身体的归属和拥有的亲历联系不同的东西，亦即构造和功能的关系。我们现在要对它简单地说几句。

　　在通往认识论和本体论的边界的时候，哲学家会自觉地遵照柏拉图在《斐多篇》中的表达：当被问到是什么原因让他不逃跑反而待在那里，还要等待城邦判处其死刑时，苏格拉底给出两个答案：他仍然在那里，是因为他的肢体把他留在那里；身体因此是必要原因——causa sine qua non。但是，让他继续留在那里的真正原因，是对城邦法律的服从。对此进行重述，我要说的是，大脑只有在必要原因的观念表达出的条件性层面上才是原因。我们因此可以同亚里士多德一起，在其多形式因果关系的理论框架内，谈论质料因，或者按照我更喜欢的说法，谈论基质（substrat）。

547 　当科学家仅限于谈论某个大脑皮层区的"贡献"，谈论某个神经元连接的"作用"、"效果"甚至"职责"，或者仍然宣称某些精神现象的显现和大脑"有关"时，他就仍然恪守这个因果性话语的界限。但是除了科学共同体自愿分享的哲学选择以外，对科学共同体来说,身心二元论是彻底弃绝的,唯物主义一元论作为支配科学共同体的信念是一个不言而喻的前提条件,生物学家还要求得更多。神经科学家在自己的领地上,要求较少地消极使用在结构或构造和功能之间起决定作用的因果性观念。这层关系跨越某种异质性——构造不是功能,并在这个意义上,相当于关联性。关联性和必要原因相比说出了更多的东西:它为后者增加了一个积极的条件性,我们由此可以最终(in fine)肯定说,大脑是那个使我思可能的,或者简言之,是那个让我思的构造。将其优点进一步推进,生物学家以结构和功能的关联性作为依据,把尤其属于心理话语范围的实体(entité),比如表象和图像,这些实体有一部分明显和功能联系在一起,归结到大脑的构造上。在这里,哲学家有些犹豫,怀疑这是一种语义学混杂,在他看来,其触犯了关联性观念所作出的许可。但是生物学家允许和功能概念联系在一起的新的模糊性:渐渐地,所有非大脑皮层的都会是功能的。每一门科学特有的霸权倾向,不是在大脑皮层整体器官构造的层次下面,在生物化学的层面上,尤其是包含在突触交换器的处理中的,就是在大脑皮层的层次上面,以在哲学家看来更加成问题的方式,按照认知科学(可以说认知神经科学)、行为心理学、人类行为学、社会心理学的顺序,以轻而易举地跨过大脑皮层痕迹和文化痕迹的距离为代价,开始作用于邻近的科学。在这里,哲学家不得不心甘情愿地放松其语义学警惕性,以容许相关科学共同体将之作为条文规定接受下来的这种侵犯。正是通过这种方式,神经学家允许自己把图像放到大脑中,尽管哲学家的语义学严格性对此有所保留。当神经科学在大脑是一个投开系统的观念基础上逐渐接近行动的现象学时,侵犯对哲学家来说就显得不是那么明目张胆了。其中,期待的、展望的观念属于一个新的混合领域,就好像,科学话语和现象学话语的边界,在实践维度中,比起在理论维度中要模糊得多。在行动的层面上,神经学和现象学的关联性相当于符合性。①

b) 随着问题越来越集中指向记忆痕迹,我们不但加深了理解,而且靠近了遗忘症和遗忘的发生地。与此同时,我们接近了讨论的核心,也就是图像-记忆的现象学意义和痕迹的物质性之间的关系。

初看起来,现象学从大脑的解剖生理学观察拓宽的临床教学那里得不到什么帮助。我已经多次大胆地说过,对在大脑中发生的事情的认识只有在遇到障碍时才会直接有助于自身理解,因为只有通过治疗,更一般地说,借用康吉莱姆重新采用的戈尔德斯坦的一个表达,只有根据行为对某个"被还原的"环境的适应,行为才会受其影响。但是即便如此,当一个直接病因是大脑的疾病突然落到头上时,所有的行为对"灾难局面"的适应让病人的亲人如此牵挂,更不必说病人自己的心烦意乱,以至于行为的这种混乱让人无心顾及大脑的知识。我们可以尝试说,神经科学对生命行为来说没有任何直接的帮助。这就是为什么我们可以发展出一套关于记忆的伦理和政治话语,并且在众多人文科学领域内从事前沿的科学研究活动,甚至不必提到大脑。历史认识的认识论既没有理由也没有义务去求助神经科学;其终极所指,社会行动,也不会有此要求。然而我并没有说记忆现象学有任何权利可以忽视神经

---

① A. Berthoz,《运动的意义》(*Le Sens du mouvement*, Paris, Odile Jacob, 1991)。A. Clark,《在彼处:重整大脑、身体和世界》(*Being there*: *Putting Brain*, *Body and World together again*, MIT, 1997)。J. Geanerod,《行动的认知神经科学》(*Cognitive Neuroscience of Action*, Blackwell, 1997)。J. -L. Petit,《导论》« Introduction générale »,见 J. -L. Petit, *Les Neurosciences et la Philosophie de l'action*, Alain Berthoz 作序,Paris, Vrin, 1997,页 1 – 37)。对我来说,我对这些展开更感兴趣,因为我的社会现象——历史编纂活动以之为对象——的进路是和表象、行动协调在一起的。同时可以发现一个对康吉莱姆来说极为重要的,关于环境(milieu)观念的问题。环境不是既成的世界,就像实验认识的世界那样,而是生命体通过其探索活动使之成形的环境(environnement)。参见《生命的认识》(*La Connaissance de la vie*, 前揭)。

科学。

以记忆作为研究对象的神经科学能够第一次在这个反思知识的层次上为生命行为提供教益。一门生命的诠释学包括这个反思知识。在直接的效用之外,还有对自然事物的好奇心,大脑无疑是自然最不可思议的作品。这个好奇心——总的来说和推动历史认识论的那个好奇心是相同的——是情绪的一种,其表达了我们和世界的关系。我们对大脑运作的原因依赖性,有关此依赖性的知识要归功于好奇心,依旧会对我们有所指导,即使在没有经受到功能障碍的痛苦的时候。这个指导会帮助我们提防希望我们成为自然界主宰和占有者的自命不凡的傲慢(hubris)。我们的整个"在世存在"会因为它而产生动摇。如果有一个地方,记忆现象学和神经科学的这个总体指导会处在和谐的状态,那也是在我们跟随在凯西的著作《回忆》之后,关于记忆的世界性的反思的层次上。①但是阻碍两者互通往来的墙上的这个缺口还可以进一步扩大。

令人印象深刻的是,用于直接讨论记忆及其扭曲②的著作,花费大量的精力在比塞(Pierre Buser)③称为记忆(mémoire)分类学,或者不如说诸记忆(mémoires)分类学的东西上:人们想知道,必须计算出多少种记忆?这是从临床那里接受的第二个重要指导。和上文提出的记忆现象学的直接照面在这个层次上是必需的了。在这方面,不相容性,比它第一次表现出来的时候还要更加的表面,不应该让我们感到意外。其本质在于提问和研究方法的差异。我们的类型学,及其对立结对,主要是由时间问题以及时间距离和深度问题推动的;此外,一个传统的概念体系(我们随表象、虚构、

---

① 参见上文,第一部分第一章,页 44-53。
② D. Schacter 主编,《记忆的扭曲》(*Memory Distortions*, Harvard University Press, 1995)。
③ Pierre Buser,《自己的大脑,别人的大脑》(*Cerveau de soi, Cerveau de l'autre*, Paris, Odile Jacob, 1998)。

"图示"等概念一起看到了它)为它指引了方向;最后,对本质分析的关心为它提供了支撑,前者通常是和常识的区分或者时代的实验心理学的区分背道而驰的。

从临床中产生的分类学依赖于观察的环境,其大多数时候是极端远离日常生活环境的:或者是为了说明这种或那种功能障碍的选择性,必须以之为前提的结构重建,或者是在完全人工的环境下进行的观察,实验员是游戏的掌控者,尤其是在筹划对实验对象提出的任务的时候;反过来说,对这些任务给予的回应是根据人为选择的成功标准的多样化,甚至是根据研究员提供的选项的多样性而得到解释的,它们通常是在极为不同的实验传统中形成的。就此说来,比塞提出来的区分是某种共识(consensus)的结果,除了临床观察本身以外,认知科学、行为心理学、人类行为学、社会心理学都协助达成这种共识。这些区分作为结果并不是就不再引起我们的兴趣了。完全为人认可的短时记忆和长时记忆的区分,进而每种记忆内部的区分,说的正是这种情况。通过这种方式人们说瞬时记忆——短时记忆的细分,其功效以第二等级(我们一开始就身处钟表的客观时间中)来衡量;人们也说工作记忆,这个名称本身就让人想到其被发现的方式,也就是在完成实验员规定的各种认知任务中。陈述的记忆和程序的记忆(身体活动和运动能力的记忆)的区分饶有趣味;这个区分让人想到柏格森"两种记忆"的区分,以及潘诺夫斯基、埃利亚斯、布尔迪厄的习性(habitus)理论。令人印象深刻的是,根据相关活动的类别(学习、对象、面孔的辨认,语义习得,知识和本事),分类还会持续进行下去;直到空间的记忆,它也有资格被单独地提到。人们既会对信息的丰富性和精确性,也会对实验环境相较于具体的生活情境,其次,其他心理功能,最后,整体构造的介入而表现出的某种狭隘性感到吃惊。在这方面,值得考虑一下为了补偿比塞阐述的,最终导致专门化记忆碎片化的这个分类所需要付出的努力;就这样,意识的概念,在单纯的醒觉或觉知(awareness)的意义上,重新出现在神经认知学科的领域内,而且和它一起出现的,还有意识层次的概念。我们于是就得到了外显记忆和属于下意识的内隐记忆的有趣区分。在这方面,比塞在《意识和下意识》这一章中使用的标题完美地表达出了不再根据任务完成的成功标准,而是根据意识层次把破碎的分类学集中到一起的志向。因此,现在说的不再是刚才提到的记忆的"世界性"一面,而是主体意识再次占有记忆的记忆样式。将记忆意识化的有效性程度纳入考量就这样丰富了我们的记忆归因理论。我们在下文还会回到这个和回忆以及回忆的障碍有关的问题,一项针对遗忘的研究可能对这些障碍感兴趣。

读者也许会问,关于这一切,例如大脑的定位或者把某个记忆的功能指定给某个神经回路、某个神经元结构,情况又如何呢?我们在这里来到了探险的最微妙境地,与其说是在临床解剖学的观察层面上,不如说是在对记忆痕迹的知识的解释层面上。

实际上就在神经科学即将完成其目标的时候,它也来到了其最成问题的地方。借助皮层纹区、神经回路、系统等语词来定位,最清楚不过地阐明了构造和功能的关联性。刚刚通过诸记忆的分类学而描述的,都关系到功能这一边,只有神经科学会为其寻找一个在构造上的对应物,大脑皮层的对应物。这正是整个事业卓尔不凡且难能可贵的一面:促进功能和构造的认同工作。在这方面,定位的工作远未结束。

但是即便成功绘制出了一份对查表,一边是大脑皮层的地理学,另一边是功能的分类学,又能从中理解到什么呢?能够在记忆现象最内在的结构中理解记忆现象么?

说起来,我们必须要澄清的,是痕迹的概念相对于已经过去的时间具有的含义本身。整个事业遭遇到的困难来自于一个简单的事实:"所有的痕迹都是在当下的。没有任何不在场的迹象,也少有先前性。因此必须赋予痕迹一个语义学维度,一个符号价值,并将痕迹视作一个符号结果(effet-signe)——产生印记的印章作用的符号"(《什么使我们思考,本性和规范》,页170)。如果从蜡块中的印记隐喻转到画面上的图形隐喻呢?疑难是同样的:"铭写既是如其本身所是的在场者,也是先前不在场者的符号,原因是什么"(同上)?如果以象形文字(尚热说"突触的象形文字",前揭,页164)的方式诉诸"痕迹的稳定性"呢?还必须进一步破译象形文字,正如通过计算树干切面的同心圆而阅读树龄那样。总之,"要思考痕迹,必须把它同时视作在场的结果及其不在场的原因。而在物质痕迹中,没有任何相异性,没有任何不在场。一切都是积极且在场的"(前揭,页170)。

在这个意义上,疑难自其首次在柏拉图的《泰阿泰德篇》中得到表达起就已经完成了。印记的隐喻没有解决不在场的表象和距离的难题。这不是它的作用。它的作用是,把一个功能和一个构造对应起来。至于记忆功能,和所有其他功能相比,它尤其是通过表象和时间的关系以及在这个关系的核心中,在场、不在场和距离(记忆现象的标志)的辩证法得到指定的。唯有关于心灵的话语能够解释它。神经科学告诉人们的,不是什么东西让我思,也就是这个发人深思的辩证法,而是什么东西使我思可能,也就是没有它我就无法思的神经元结构。它不是不起作用,但还不是全部。

c)仍然有待讨论遗忘!只有在靠近功能障碍,或者据说,靠近"记忆扭曲"的地方,临床才会明确地讨论遗忘问题。但是遗忘是一种障碍,一种扭曲吗?在某些方面,是的。终极的遗忘指的是痕迹的消失,我们感受到它是一种威胁:为了抵抗这样的遗忘,我们发动记忆,目的是为了减缓遗忘的速度,甚至战胜它。记忆之术的非凡功绩在于通过不断累加的记忆化——作为回忆起的帮手——以避免遗忘的不幸。但是人工记忆在这场不平等的战役中却是大输家。简而言之,和衰老、死亡一样,遗忘是注定要让人引以为憾的：这是不可避免的、无法挽回的形态之一。然而，遗忘也和记忆牵扯到一起，正如我们将在下两节中看到的那样：它的策略，以及在某些条件下，它的培养（称得上一门真正的遗忘之术）使得既不能把因痕迹的消失而产生的遗忘归为类似遗忘症的障碍，也不能把它归为影响记忆可靠性的记忆扭曲。下文将提到的某些事实让一个悖论的观念有了说服力，即遗忘是如此紧密地和记忆联系起来，以至于它可以被看作记忆的诸条件之一。遗忘就这样嵌入到记忆中解释了为什么神经科学对如此令人不安的且又摇摆不定的日常遗忘经验保持沉默。但是最初的沉默在这里是器官的沉默。在这方面，日常遗忘步愉快的记忆后尘：后者对其神经基础默而不语。记忆现象在器官的沉默中是亲身经历到的。日常遗忘在这方面和日常记忆一样位于沉默的这一边。这就是遗忘和充斥于临床文献中的所有类型的遗忘症之间的巨大差异。甚至终极的遗忘的不幸仍然是一种生存的不幸，它示意我们要更多地投身到诗和智慧，而不是沉默中。而且，如果这种遗忘在知识的层面上有话要说，那也是为了对常态和病态的边界重新提出疑问。这个干扰效果还不是麻烦最小的。另一个问题域，不同于生物学和医学的那个，出现在这个沉默的背景上：边界处境的问题域，遗忘在这里又一次和衰老、必死性聚首。于是，不仅是器官保持沉默了，还有科学话语和哲学话语的沉默，因为它们仍然被捕捉在认识论之网中。记忆和历史的批判哲学，还没有达到历史条件的诠释学的高度。

第二节 遗忘与痕迹的持存

我们还没有结束铭写的问题。如前所述，痕迹的概念既不能被还原为文献痕迹，也不能被还原为皮层痕迹。两者均包括"外在的"标记，尽管是在不同意义上的：一个是对于档案而言的社会建制,一个是对于大脑而言的生物学构造。还有第三种铭写,对我们接下去的研究来说,它最成问题,但也最有意义。它关系到原始印象的被动性持存:一个事件打动了我们,让我们为之欣喜,让我们为之疯狂,而且情感的标记留存于心。

值得注意的是,这个命题是属于前提条件的。我们马上会说明为什么。但是首先让我们展开这里牵涉到的多个前提。一方面,作为首要前提,我认为,在保存不在场和距离——我们在皮层痕迹的层面上寻找过其原理却无功而返——的标志的同时,存活(survivre)、持存(persister)、继存(demeurer)、绵延(durer),是情感的原初特征:在这个意义上,这些情感-铭写可能藏有记忆痕迹难题的奥秘。它们将动词"继存"——"绵延"的近义词——隐藏得最深的,也最原初的意义保存起来。这第一个前提把接下去的全部分析放在了接近柏格森《物质与记忆》的地方。①

另一方面,这个意义通常会因为回忆的种种障碍而向我们遮蔽起来。在本章的第三节,我们将尝试清点一下这些障碍。在这方面,即便存在这些障碍,某一些独特的经验,我们马上就会提到其纯粹形态,仍然构成了这第二个前提的一种生存论证实的开端。

第三个前提:有关情感-铭写的继存、绵延能力的主张和有关皮层痕迹的科学知识之间,没有任何矛盾的地方;通达这两种痕迹的,属于异质的思考方式:一个是生存论的,一个是客观的。

第四个前提:图像的存活,借助后面两个前提在其特殊性中得到确认,可以被看作是深度遗忘的一个基本形式,我称之为保留的遗忘。

第一个前提将会是重点讨论的对象。第二个前提将会在本章的第三节中得到研究。第四个前提将会出现在本节的结论中。

---

① Henri Bergson,《物质与记忆》(*Matière et Mémoire, Essai sur la relation du corps à l'esprit*,前揭)。

第三部分　历史的条件

考虑到第三个前提直接质疑这里进行对照的两种痕迹之间的差异，即皮层痕迹和心理痕迹，我们现在就来讨论它。必须坚定地肯定，这种对情感痕迹的研究不会给神经科学基础最扎实的教导带来任何减损：多少有一些严重的记忆损失持续威胁我们的记忆，由此使得因皮层痕迹的消失而产生的遗忘仍然是这个潜在威胁的日常形态；此外，我们身体存在的皮层基础始终构成了我们的心理活动在器官沉默中的必要原因；最后，构造和功能的关联性始终不为我们所知地和我们身体存在保持着和谐通奏的关系。这里提出的工作假说因此不是和这个基础结构相悖地展开其论证方法的。问题实际上关系到关于遗忘的两种异质的知识：外在的知识和内在的知识。每一种都有相信它的理由和怀疑它的动机。一方面，我相信在愉快的记忆的训练中的身体机器；但是我怀疑其没有得到很好控制的伤害、不安、痛苦的资源。另一方面，我相信情感-铭写的绵延和继存的原初能力，没有这个能力，我连部分地理解不在场的在场、先前性、时间距离和深度分别意味着什么都不可能；但是我同样怀疑强加给记忆的工作的各种阻碍，它们反过来为遗忘的使用和滥用提供了机会。正是通过这种方式，我们把潜在可逆的障碍和没有回旋余地的消失混同起来。这种混同在认识论层面上，和在生存论层面上一样，都招致了损失。在终极遗忘的威胁和一个被禁止的记忆的萦扰之间的摇摆不定上，还要加上辨认出心理痕迹的特殊性在理论上的不可能性以及和情感-印象有关的诸问题的不可还原性。这种既是认识论的，也是生存论的混同状态迫使我们回到第一个前提，紧随其后的两个前提不过是把它进一步强化了而已。

哪一些经验可以被看作证实了情感-印象超越其产生并存活的假说？本原（princeps）的经验在这方面是识认（reconnaissance）的经验，愉快的记忆的这个小小的奇迹。我想起了一幅图像；我心说：就是他，就是她！我认得他，我认得她！这个识认能够具有不同的形式。它已经发生在知觉的过程中了：一个存在曾经是当下的；它不在了；它回来了。出现（apparaître），不现（disparaître），复现（réapparaître）。在这种情况下，识认穿过不现，让复现适应出现——把复现和出现接合在一起。知觉的这个小小幸福多次出现在经典的描述中。我们想到柏拉图，他在《泰阿泰德篇》和《斐莱布篇》中提到误认的失望和成功识认的机会。我们想到古希腊悲剧中识别的突转，想到发现（anagnōrisis）：俄狄浦斯认识到（reconnaître）自己才是城邦灾难的始作俑者。我们想到康德，他在三个主观综合的基础上重建现象的客观性，认知（Rekognition）是直观中的单纯领会和想象中的表象再生的完成。我们还会想到胡塞尔，他把对空间对象的知觉和其侧显或侧面的组合等同起来。反过来说，康德的认知（récognition）在黑格尔的承认、*Anerkennung*中有一个概念衍生，位于主观精神和客观精神交叉点上的主体间性问题域在这个伦理行为中发挥到极致。以多种方式，认识（connaître）就是识认（reconnaître）。识认还可以依靠一个物质载体，一个形象化显现（présentation），诸如画像、照片，这些表象（représentation）使人在事物不在场时认出图示化的事物。胡塞尔把想象（Phantasie）、图像（Bild）和记忆（Erinnerung）联系到一起的没完没了的分析正是针对这个纠缠的。

最后，在知觉的语境以外，并且没有任何必要的表象载体，还有尤其是记忆的识认，通常被称为识认；它在于历历在目的图像和原始印象留下的心理痕迹——同样被称为图像——的完美重合。它实现了《泰阿泰德篇》提到过的脚放到从前的脚印中的"嵌合"。这个具有多面性的小小奇迹现实地解决了由一个过去事物的当下表象构成的第一个难题。在这方面，识认尤其是记忆的行为。没有这个有效的解决，难题就依旧是一个纯粹的疑难。针对记忆的一组可靠性或不可靠性的推断集中在这个行为上面。我们可能把脚放到了错误的脚印中，或者我们可能在鸟笼中捉住了错误的野鸽。我们可能是错误识认的受害者,比如当把远方的一棵树认作一位熟人的时候。然而,谁又能通过外在的怀疑来动摇这样一种我们深信其是确定无疑的识认的完满具有的确定性呢?谁敢说自己从未相信过记忆的如此重现呢?一种孤独或共同生活的标志性事件、创始事件,难道不属于这种首次相信吗?我们难道不是始终在权衡我们对从不可动摇的识认发出的信号的误认和失望吗?

我们刚刚说过,不在场的在场难题在记忆行为的实现并且在使其得以实现的确定性中得到解决。但是在思辨层面上它不是变得更加难以参透了吗?还是让我们回到第一个前提的结论:我们认为,情感-印象仍然继存。因为它仍然继存,所以它使得识认成为可能。但是我们是如何知道的?思辨的难题仍然存在于其有效的解决中。实际上,前提完全是回溯性的。它是在事后被讲述出来的。甚至于有可能,这就是事后的原型。在以后的叙事中,它只会以先将来时的形式被叙述:将会已经是这样的了,亦即,尽管经历过一个长久的、完全的缺席,我认出了这个心爱的存在还是同一个。奥古斯丁痛苦地喊道:"真理啊,为什么我现在才认出你!"现在才认出你,这是象征性地承认整个识认。在回溯性前提的基础上,我建立一个推论:为了我现在还记得它,某一些原始印象必须继存过。如果一段记忆重现了,这是因为我忘记过它;但是即便如此,如果我找到它并认出它,这是因为其图像存活过。

简单(in nuce)概括一下,这正是柏格森在《物质与记忆》中的推论。柏格森在我看来仍然是最好地理解了在他所谓"图像的存活"与识认的关键现象之间存在的紧密联系的哲学家。为了证实这一点,让我们停在《物质与记忆》的第二章和第三章上,它们构成了整本书的心理学核心。前者的标题是《论图像的识认,记忆与大脑》,后者的标题是《论图像的存活,记忆与精神》。识认和存活像是这本书的两个中流砥柱一样。

为了理解这一对概念的中心性,让我们来回溯一下我们的研究,直到我们分别第一次遇到识认的问题域和图像存活的问题域的地方。我们在记忆现象学的框架内第一次面对识认的问题域,当时,我们区分了两种记忆:习惯-记忆,单纯地行动且没有明显的识认;回忆起-记忆,不能没有明确的识认。但是在这个阶段,这还只是其中一个极性而已。至于存活的问题,为了区分记忆和图像,我们已经和柏格森一起第一次遇到了它了;我们因此把"纯粹"记忆的存在设定为过去表象的一种潜在状态,先于其在图像-记忆的混合形式下的图像生成。我们当时考虑的是"记忆的现实化",从而没有阐明"纯粹"记忆的设定,就好像引号根本没有引起过我们的好奇心。我们把"纯粹"记忆留在了潜在状态中。必须在这个关键的地方重新开始阅读,直至将这个"纯粹"记忆指定给除了潜在性以外的无意识和某种存在,后者近似于我们在没有知觉到外在事物时归给它们的那种存在。这些大胆的关系式以后让我们可以把图像存活的这层身份提升为遗忘的第二个范式,其和痕迹消失的范式展开了竞争(我们的第四个前提)。

为了理解这条概念链,必须在《物质与记忆》中进一步回溯到整本书的起始命题上,即身体是唯一一个行动而非表象的器官,大脑是这个行动系统的组织结构中枢。这个命题自一开始就排除了在大脑这里寻找记忆得到保存的原因的可能性。说大脑记得有过深刻的印象,这个观点本身就是说不通的。不过它没有排除大脑可能在记忆中扮演某个角色。但是记忆不同于表象。作为行动的器官,它在从"纯粹"记忆到图像的道路上,进而在回忆的道路上发挥其作用。和那个时代的神经科学的讨论,完全在于把行动——也就是说身体活动——的唯一领地指定给大脑:这是因为不能期待大脑具有解决过去借表象得到保存的答案,必须换个方向,把存活、继存、绵延的能力指定给印象,并且使这个能力不像在神经命题中那样成为一个有待解释的东西(explicandum),而是成为一个自足的解释原则。在柏格森那里,行动和表象的二分是大脑和记忆的二分的最终原因。这个双重的二分是和被严格地应用到整本书中的划分法相一致的,其在于,在重建作为混合形式的、日常经验的模糊暧昧的现象之前,先走向诸极端。对混合形式的理解被推延了。识认是这些得到重建的混合形式的典型,两种记忆的纠缠是最易分解和重组的混合形式的范例。如果没有这个阅读的关键,我们就不能在著名的"记忆的两种形式"(《物质与记忆》,页 225 以下)之间的区分中辨别识认的两种方式,第一种通过行动产生,第二种通过精神的工作产生,后者"在过去中寻找最能介入到现实处境中的那些表象,以便把过去带到当下"(前揭,页 224)。

一个问题事先被提了出来,"这些表象是如何被储存起来的,它们和各种运动现象保持什么样的关系?这个问题只有在下一章才会得到深入的研究,在那里,我们会讨论无意识,并表明过去和当下的根本区别"(前揭,页 224)。值得注意的是,这个困难只有从识认现象的角度出发才能被提出来,只有在这个现象中,它才会得到现实的解决。在此期间,心理学家有资格说,"正如我们预料到的那样,过去确实显得是以两种极端的形式被储存起来的,一种是利用它的运动机制,一种是个人的'记忆-图像',它勾勒出每一个事件的轮廓,色彩及其在时间中的位置"(前揭,页 234)。于是可以发现,这两种"忠实保存"(同上)过去的极端形式,"重现的记忆"和"重复的记忆"(同上),时而协同,时而对立地发生。然而,我们已经对常识赋予混合现象的特权有所警惕,并且根据划分的规则①给予极端的形式以优先性,进而舍弃"记忆储存在大脑的奇

---

① 在《柏格森主义》(*Le Bergsonisme*, Paris, 1966)的第一章《作为方法的直觉》中,德勒兹(Gilles Deleuze)注意到,诉诸直觉并不意味着在柏格森看来,不可言说可以恣意妄为,德勒兹写道,"直觉既非情感,也非灵感,更不是模糊的感应,而是一种精心设计的方法,甚至是最精心设计的哲学方法之一"(页1)。划分法,类似于柏拉图在《斐莱布篇》中的划分法,在这方面是这个方法的重要一环:不再是在普遍(转下页注)

怪假说,这些记忆凭借一个真正的奇迹好像具有了意识,它们通过一个神秘的过程把我带回到过去"(前揭,页235)。我在这里找到了我自己的论据,即物质痕迹完全是当下的,必须提供给它一个符号学维度,以表明它是属于过去的。在柏格森的用词中,皮层痕迹必须被放回到这个我们称之为世界的图像全体的中心(这是第一章的高深莫测的主题),并且必须被看作"是这些图像当中的一个,而最后的图像,我们可以随时获取,它每时每刻都在创造着普遍生成变化的一个瞬时片段。在这个片段中,我们的身体占据了中心"(前揭,页223)。①

在分析的这个阶段,只有两种记忆的严格区分才为表象-记忆的独立论题铺设了道路。关于这个独立的各种情况,我们还没说过什么。至少可以肯定,"我们在当下得以重新把握过去的具体行为,就是识认"(前揭,页235)。第三章要背负起刚刚放下的问题,即"这些表象是如何被储存起来的,它们和各种运动现象保持什么样的关系"(前揭,页224)。

———————

(接上页注)性(généralité)中提出的一对多(Multiple),而是两种不同的多样性(multiplicité)(同上,页31)。一种多样性在划分法中被提出来,其勾勒出一个需要扫视的光谱,两个需要辨别的端点,一个需要重建的混合形式。同样和德勒兹一起,需要注意到的是,在《物质与记忆》中相继而来的二元论和一元论的交替取决于依次论述的多样性和重建的混合形式。这个评论非常重要,因为分辨伪问题是柏格森的另一个重要准则,而且可以被看作是这个针对多样性的不同类型进行区分的一个必然结果。身心统一问题从各方面看来都完全是一个伪问题;恰到好处地提出问题仍然是哲学家的首要工作。

① 稍后,柏格森注意到,为了保存图像,大脑必须有能力保存自己。"我们暂且承认,过去存活在记忆的状态中,而记忆又储存在大脑中;因此,为了保存记忆,大脑必须至少先保存自己。但是这个大脑,作为在空间中有其空间性的图像,向来只是占据当下的瞬间;它同其余的物质宇宙一起构成了普遍生成的一个永常更新的片段。如此一来,要么你必须假定,在绵延的每一个瞬间,这个宇宙都在奇迹般地死而复生,要么你必须给它以存在的连续性(你否认意识有这种连续性),使它的过去成为一个实在,这个实在存活并绵延至其当下。因此,把记忆储存在物质中,你不会从中得到任何东西,相反,你不得不把过去的完整独立的存活(你否认心理状态有这种存活)拓展到物质世界的全体"(《物质与记忆》,前揭,页290)。

让我们打开第三章,柏格森在极其紧凑的四十页(前揭,页 276－316)中给出他称之为"图像的存活"(前揭,页 276)的东西的关键。

我们早先只是根据"纯粹"记忆离开其潜在状态并来到现实状态的阶段性活动开始对其的分析的:我们当时关心的只是记忆的图像生成。现在提出的问题更加彻底:柏格森注意到,我们的记忆,即便在其现实化的同时有模仿知觉的倾向,"其最深的根仍然和过去联系在一起,如果它在被现实化之后没有继续保持初始的潜在性,如果它在成为一个当下的状态的同时不能和当下形成鲜明的对照,那么我们就永远不会把它认作一段记忆"(前揭,页 277)。每一个文字都是如此考究:和当下形成鲜明的对照,把它认作一段记忆。不在场的在场和距离的难题,正如本书一开始就表述过的那样,①完完全全地再次得到肯定。

存活是根本性的解决。它包括识认现象的一系列派生命题。认出一段记忆,就是重新找到它。重新找到它,就是假定它如果不是可得到的,也主要是可使用的。可使用的,就好像在等待回忆,只不过尚未在手而已,正如柏拉图鸟笼里的鸽子,已经拥有,但未持有。识认的经验因此就是回到第一印象的记忆的一个潜在状态,其图像必须和原始情感同时产生。过去的图像在潜在状态存活的命题的一个重要结论实际上是任何一个当下自其显现起就是其自己的过去;因为如果在其是当下的同时,过去没有产生,那么它又如何成为过去呢? 正如德勒兹注意到的那样:"这里既是对于时间的一种根本看法,也是关于记忆的最深刻悖论:过去和它曾经是的当下是'同时的'。如果过去要等待不再是,如果它不是即刻并且现在就是过去的,'一般的过去',那么它就绝不能成为它现在是的,也绝不会是那个过去……如何过去不和它是其过去的

---

① 参见上文,页 8。

当下共在,过去就绝不会产生"(《柏格森主义》,页 54)。德勒兹补充说,"不仅过去和其曾经是的当下共在,而且……全部、完整的过去,我们的整个过去和每个当下共在。著名的圆锥隐喻描述了这个共在的完整状态"(前揭,页 55)。

　　进一步说,潜在的观念需要无意识的观念,如果把行动的倾向、生命的注意称为意识的话。身体和行动的关系通过意识得到表达。让我们和柏格森一起强调:"我们的当下是我们的存在的物质性本身,这就是说,是感觉和运动的一个统一,不是别的什么东西"(《物质与记忆》,页 281)。由此得出,相反,根据"假说"(前揭,282 页),过去是"不再行动的东西"(前揭,页 283)。在这个反思的关键时刻,柏格森说:"'纯粹记忆'的这种极端无力,恰好有助于我们理解它是如何保存在潜在状态中的"(同上)。"无意识"因此可以和"无力"一起结伴讲述。最后的语词使概念链补充完整:对于那些还没有通过回忆进入到意识之光的记忆来说,我们承认其存在方式是和我们归给那些在我们周围,我们却没有知觉到的事物的存在方式相同的。① 动词"存在"(exister)的这层含义就这样包含在保存过去的记忆的潜在和无意识的主题中。"但是我们在这里触及到存在的首要问题,我们仅能对这个问题投以匆匆一瞥,否则它就有可能一个问题接一个问题地把我们引向形而上

---

① 柏格森在这里走近弗洛伊德经常造访的无意识领地。在说起结在一条链上的诸外扩环节的同时,柏格森写道:"以这种压缩的形式,我们过往的精神生活对我们来说甚至比外部世界存在得更加完满,我们对外部世界的知觉从来只是极小的一部分,但我们却占有我们的整个亲身经验。当然,我们只是粗浅地拥有它而已,我们以前的知觉往往具有鲜明的个性,在我们看来不是已经完全消失了,就只是随心所欲地重现。但是这种完全毁灭性的或者反复无常的显现仅仅在于,现实的意识每时每刻都在接受有用的东西,拒绝无用的东西"(同上,页 287)。至于柏格森的无意识和弗洛伊德的无意识之间的关系,这个问题只有到了本章的第三节才会涉及。但是我们要知道,柏格森没有忽视这个问题,正如德勒兹提到的《思想与运动》的一段文字证实的那样:"甚至我们的观点,过去得到完整的保存,在弗洛伊德的门徒们创建的大量实验资料中越来越多地找到其经验的证实"(*La Pensée et le Mouvant*,见 *Œuvres*,前揭,页 1316)。

学的中心"(前揭,页288)。这个主题尚处在前提和回溯的阶段。存活,我们没有知觉到它,但我们以它为前提,而且我们相信它。①正是识认让我们可以相信它:我们曾经见过、听过、经历过、学过的东西,不是最终消失了,而是继续存活,因为我们能想起它并认出它。它在存活。但是在哪里? 问题是个陷阱。不过问题恐怕是无法避免的,因为很难不把记忆据说"在那里"重现的心理场所指定为某种容器。柏格森不是也说,在记忆在的地方,在过去中寻找记忆吗? 但是他的整个事业都在用"怎样?"的问题替代"哪里?"的问题:"我只是在回到我借以回想起记忆的活动的同时,恢复记忆的潜在的、来自过去深处的特征"(前揭,页 282)。古希腊的 anamnēsis 的深刻真理也许正在于此:寻找,就是希望重新找到。重新找到,就是识认曾经——以前——记住过的东西。"场所"在奥古斯丁《忏悔录》中的那些强有力形象,其把记忆(mémoire)比作记忆(souvenirs)储存于其中的"殿廷"、"府库",在字面上让我们倍感惊喜。eikōn 和 tupos 的古老组合以新的模样潜伏在这里。为了不受这个诱惑,必须持续地重组概念链:存活等同于潜在等同于无力等同于无意识等同于存在。使链的各环节联系起来的,是这个信念,即生成本质上并不意味着过渡,而是意味着围绕记忆的绵延。一个绵延的生成,《物质与记忆》的首要直觉就在于此。

但是重组这条概念链并达到这个首要直觉,始终都是跳到生命的注意在我们周围形成的晕圈外。这就是把我们带到行动场域外的梦当中。"一个人若是做他存在的梦,而不是过他的生活,那么,在每一个瞬间,他都有可能看见他过往经历中无限繁多的细

---

① 如果用一句话来概括《物质与记忆》,那必须说,记忆"保存自己"。在《思想与运动》(前揭,页1315)中也可以读到这个论断:"我们已发现,纯粹状态的内在经验在告诉我们一种其本质是绵延的、因此使一个难以摧毁的过去持续延伸到当下的'实体'的同时,不许甚至禁止我们去寻找记忆被保存在什么地方。记忆保存自己……"(引自德勒兹,《柏格森主义》,前揭,页49)

节"(前揭,页295)。为了回到"纯粹"记忆的源头,跳跃实际上是必需的,因为分析的另一个倾向会导致其向图像的下降,在图像中,"纯粹"记忆成为现实。倒圆锥的图型(前揭,页292-294)是众所周知的,借助这个图型,柏格森为他的读者可以说形象地展现了(正如胡塞尔在1905年《讲座》中做的那样)这个现实化过程。锥体的底部代表在记忆(mémoire)中积累的全体记忆(souvenirs)。尖点代表和行动平面的触点,行动的身体被压缩在这个点上;这个中心以其自己的方式是记忆的一处场所,但这个准自发的记忆,不是别的,只是习惯-记忆而已;这仅仅是一个运动的点、当下的点,它不断地过去,不同于锥体的宽阔底部代表的"真正的记忆"(前揭,页293)。这个图型能同时说明两种记忆的异质性及其相互提供支持的方式。如果把前一章的图形补充进来,其中,诸多同心圆代表记忆全体,它们能够根据深度的逐渐增加而无限散开,或者能够"根据我们的精神采取的紧张程度,根据其占据的高度"(前揭,页251)而集中到一个准确的记忆上,那么图型就进一步得到充实。记忆的非数的多样性通过这种方式被整合到简化的椎体图型中。这个图型是不可被忽视的,因为它标志着柏格森的划分法的顶点;图型说明的"过去和当下的关系"(前揭,页291以下)最终(in fine)表明一种混杂的、混合的经验的重建。"我们实际知觉到的只有过去,'纯粹'的当下是过去涌向未来的不可捕捉的进程"(前揭,页291)。柏格森的方法的全部巧妙处在这里起作用:回溯的反思运动在白日做梦时抽取出"纯粹"记忆。我们在这里可以在德语 *Gedächtnis* 的一个意义上,不同于 *Erinnerung* 但和 *Denken*、*Andenken* 有关,谈论沉思的记忆。在过去的继存事物的潜在的浮现中,实际上还有比梦更多的东西:在最大限度的思的意义上,类似思辨的东西(柏格森有时会说"一种完全静观的记忆"[前揭,页296]),其思考始终和语词"纯粹"记忆如影相随的引号。这个思辨实际上是逆回忆的努力而行的。说起来,它不是前行,而是后退、倒退、回溯。然而在回忆的运动中,进而在"纯粹记忆"向图像-记忆的前行中,反思尽其所能地撤销识认做的事情,也就是在当下中重新把握过去,在在场中重新把握不在场。柏格森令人钦佩地描述了这个活动;在讨论记忆从潜在状态转变为现实状态时,他注意到:"然而,我们的记忆依旧是潜在的;我们只是使自己有所准备,采取适当的态度来迎接记忆。它逐渐浮现出来,犹如一团凝结的云雾;从潜在状态转变为现实状态。其轮廓越来越清晰,表面逐渐呈现出色彩,它有模仿知觉的倾向。但是,其最深的根仍然和过去联系在一起,如果它在被现实化之后没有继续保持初始的潜在性,如果它在成为一个当下的状态的同时不能和当下形成鲜明的对照,那么我们就永远不会把它认作一段记忆"(前揭,页277)。把记忆识认"为记忆",整个难题都归结于此。但是,为了将其揭示出来,当然必须要做梦,但也必须要思考。因此我们开始思考深度的隐喻意味着什么,以及潜在状态意味着什么。①

在我们论述在遗忘领地的这第二段旅程的第四个和最后一个前提,亦即可以将"图像的存活"视为遗忘的一个形态,其称得上是和因痕迹的消失而产生的遗忘相对立的之前,一些批判性评论是必要的。

---

① 德勒兹强调走向潜在要求的这个退行特征:"人们一下子就置身到过去中,就像跳入到一个固有成分中那样跳入到过去中。正如我们不是在我们自身中,而是在事物在的地方感知事物,我们只是在过去在的地方,在其自身中,而不是在我们中,不是在我们的当下把握过去。因此有一种'一般的过去',它不是这个或那个当下的特殊的过去,而是像一个本体论成分那样,一个永恒的、任何时间的过去,是所有的特殊的当下发生'转变'的条件。一般的过去使所有的过去成为可能。柏格森说,我们首先使自己重新回到一般的过去中。他描述的就是跳入本体论"(同上,页51-52)。借此机会,德勒兹提醒人们避免柏格森文本的心理学解释,正如伊波利特在他之前要求的那样(《从柏格森主义到存在主义》[« Du bergsonisme à l'existentialisme »,见 *Mercure de France*,1949年7月号]以及《记忆在柏格森思想中的多个面向》[« Aspects divers de la mémoire chez Bergson »,见 Revue internationale de philosophie,1949年10月号])。但是对柏格森来说,参照心理学仍然是严肃的,并且其保持了心理学和形而上学的区分。我们在下文会回到这里。

我的评论关系到以下两点。首先,离开给予《物质与记忆》以其完整标题的形而上学命题而孤立地看柏格森本人称之为心理学的命题,这样做合理吗?事实上,围绕我们把它当作向导的中间两章展开的第一章和最后一章,共同构成了心理学的形而上学外衣。这本书以一个形而上学的命题为开篇,即把现实的整体视作"图像"世界的命题,在这个词的一个超越全部心理学的意义上;问题完全在于,在知识理论中结束实在论和唯心论的争论。柏格森说,这些图像不再是什么东西的图像,其确定性小于实在论视为独立于所有意识的物体,大于唯心论,至少是贝克莱的唯心论——康德在《纯粹理性批判》中以"驳斥唯心论"为标题已经批评了他——视为转瞬即逝的单纯知觉印象。身体和大脑被视作实践地进入到这个中立的图像世界中的方式;在这个意义上,它们既是图像本身,也是这个图像世界的实践中心。考虑到唯物论构成了实在论的顶点,人们称之为物质的东西就已经开始解体了。但是第一章还没有走得更远。因此为了阐述完整的形而上学命题,根据沃姆斯(Frédéric Worms)的表达,①其完全在于"一种建立在绵延基础上的物质形而上学"(《柏格森〈物质与记忆〉导论》,页187以下),必须等到第四章的结束。正是在这样一种形而上学的基础上,针对经典的身心统一问题(正如柏格森更喜欢说的那样,《物质与记忆》,页317)的重新阅读被提了出来,其一方面在于消灭伪问题,另一方面在于精心设计一个不属于任何二元论历史形态的二元论。此外,根据划分的多样性和重建的混合形式的类型,一元论和二元论的各阶段交替而来。我们于是惊讶地发现,如果真的可以形成诸绵延的一种多多少少充满节奏的多样性的观念,那么,绵延和物质的区分就不是最终的。这个已分化的诸绵延的一元论

---

① Frédéric Worms,《柏格森〈物质与记忆〉导论》(*Introduction à « Matière et Mémoire » de Bergson*,前揭)。

和自笛卡尔、后笛卡尔时代起发展而来的二元论不再有任何共同之处。①

但是这本书的结语还不在这里。《物质与记忆》的最后几页用于阐述三个经典对立：空间性和非空间性、性质和数量、自由和必然。因此，阅读《物质与记忆》，必须从第一章读到最后一章，直到最后一页。我对此深信不疑。

尽管如此，建立在识认和存活的结对上的心理学不仅在著作的展开中被完美地限定了范围，而且可以被视为限定它的形而上学的一个独特关键。一切实际上都是从命题"我们的身体是行动的并且仅仅是行动的工具"(前揭，页356)开始的。以"摘要及结论"(前揭，页356-378)为标题的几页文字由此开篇。行动和表象的对立在这个意义上构成第一个，根据其对物质的观念产生的结果，明显是心理学的，而仅仅隐隐约约是形而上学的命题。借助第一个命题的一个结论，亦即当下的意识本质上在于生命的注意，我们从这里出发，来到过去图像的自身存活的命题；它不过是"纯粹"记忆以无力和无意识为标志，并在这个意义上，通过自身存在的命题的反面而已。一个心理学的反题以此方式支配整个事业，并且给予中间两章以其标题的组对——图像的识认和图像的存活——建立在这个反题上。

从这时起，我尝试走进这个心理学，不考虑第一章的一般化图像理论和第四章的结尾以张力和压缩的节奏等级方式对绵延概念做出的夸张使用。就我而言——这将是我的第二组评论，我试图通过与我在记忆痕迹(物质基质)和心理痕迹(作为活的体验的前表象维度)之间做出的区分相容的方式，重新解释作为行动工具的大脑和自足的表象之间的本原对立。说"我们的大脑是行动的

---

① 德勒兹专门用一章来讨论这个问题：《一种还是多种绵延》(《柏格森主义》，同上，页71以下)。

而且仅仅是行动的工具",在我看来,这就是表明神经元进路的整体特征,这条进路通向的,仅仅是在纯粹对象性的意义上,行动现象的观察而已;神经科学的认识对象实际上只是相互关联的构造和功能,进而是身体行动,而且和这些结构有关的诸痕迹本身指的并不是在其原因的符号结果(effet-signe)的符号学意义上的痕迹。照搬柏格森关于大脑仅仅是行动工具的起始命题,没有妨碍我们在行动这个词的亲历意义上,恢复其和表象结伴在一起,而不是和表象相对立地,参与到活的体验的结构化中。不过这种恢复遇到来自柏格森这一边的明确反对。在他看来,行动,不仅仅只是身体的运动、世界生成的瞬间片段,它是生命的一种态度;它是行动着的意识本身。为了沉浸在处于一种梦样状态中的记忆,必须通过一个跳跃打破生命的注意产生的神奇晕圈。在这方面,文学作品比日常经验更多地站在柏格森这一边:伤感的、怀旧的、忧郁的文学,更不必说《追寻逝去的时光》,其比任何一部作品都更值得被推崇为和《物质与记忆》相媲美的文学丰碑。但是行动和表象是如此极端分开的吗?本书的总体倾向是把行动和表象的结对视为社会联系和建立社会联系的诸同一性的双重发源地。意见不同就是代表和柏格森有断裂吗?我不这样认为。必须回到柏格森的划分法,它要求在把日常经验——其复杂性和混淆构成描述的障碍——重建为一种混合形式之前,先走向现象的极端。我于是可以说,我在这条重建之路上遇到了柏格森:事实上,识认的本原经验,其和图像存活的经验结伴在一起,是这样一种在记忆的回忆之路上的活的体验。行动和表象的协同性在这个活的体验中得到证实。通过跳到实践领域外而返回"纯粹"记忆的环节,只会是潜在的,有效识认的环节标志着记忆重新进入到活的行动的厚度中。如果记忆在跳跃时和当下,根据柏格森的独到表达,形成"鲜明的对照",那么这个后退的、犹豫的、提问的运动就是表象和行动的具体辩证法的一部分。在柏拉图的《斐莱布篇》中,对话者始终在问:这是什么?这是一个人还是一棵树?这个悬置(epokhē)指出了误认的位置,陈述句——就是他!就是她!——结束了悬置。

由这些评论可以得出,识认可以被放在另一个等级上,其不同于表象对实践的接近程度的等级。同样还可以按照胡塞尔的方式,借"显现"(présentation)的样式来讨论表象(représentation),并使再现(re-présentations),或者不如说,使当下化(présen-tifica-tions),正如在胡塞尔的想象、图像、记忆的三段式中,和知觉的显现相对比。表象的另一个可供选择的概念体系因此是向反思保持开放的。

如果这些批判性评论让我们避免对行动概念的某种不加分辨的使用,其既被用到作为科学对象的大脑上,也被用到生命的实践上,那么在我看来,它们就进一步巩固了过去的图像通过自身存活的重要命题。为了理解这个命题,并不需要亲历行动和表象之间的对立。两个断言就足够了:首先,某个皮层痕迹不是在知道其是作为什么东西——过去已结束的事件——的痕迹的意义上存活的;其次,如果活的体验不是自一开始就是自身的存活,也不是在这个意义上的心理痕迹,那么它就永远不会成为心理痕迹。整个《物质与记忆》因此能够以如下方式,在痕迹概念的多义性表现出来的铭印(inscription)中得到概括:铭印,在其心理意义上,只不过是和原始经验同时的记忆图像通过自身存活而已。

在旅程的最后,是时候考虑一下当前研究建立在其上面的最后一个前提了,也就是情感-印象通过自身存活而应被视作一个遗忘的基本形态,它处在和因痕迹的消失而产生的遗忘相同的地位。柏格森没有说到这一点。甚至于看起来,他只是想到了和消失有关的遗忘。第三章的最后一段明显指的就是这种形式的遗忘。它出现一个推论结束的时候,在这个推论中,划分法一直推进到混合现象的层次上:大脑因此被放回到"感觉和运动的中介"(前揭,页315)位置上。柏格森注意到,"在这个意义上,大脑不但有助于唤起有用的记忆,还有助于暂时赶走所有其他的记忆"(同上)。于是结论出现了:"我们没看到记忆是如何居住在物质中的,但是我们很清楚,根据当代的一位哲学家(拉韦松)的深刻表达,'物质性让我们遗忘'"(前揭,页 315-316)。这就是关于存活的伟大一章的最后一句话。

那么,在什么意义上,记忆的存活相当于遗忘呢?

恰恰是在无力、无意识、记忆的被认出处在其"潜在"条件下的存在的意义上。物质性带给我们的遗忘,因此不再是因痕迹的消失而产生的遗忘,而是可以说保留的遗忘。遗忘因此指的就是记忆持存的未被察觉性,其摆脱意识的注意。

哪一些论证可以用来证明这个前提?

首先是我们对遗忘的整体态度还存在暧昧性。一方面,我们在日常生活中都有记忆减退的体验,我们把这个体验和衰老、濒死的体验联系起来。这个减退引起了我以前称之为"有限的悲伤"①的那种悲伤。它的结局是记忆的最终遗失,记忆的被宣判的死亡。另一方面,我们都经历过我们认为已经永远忘记的记忆有时候突然重现的小小幸福。我们因此必须说,上文已经说到过一次,我们忘记的要比我们认为的或担心的那样少得多。

其次是要提出一系列经验,它们给予识认的仍然点状的片断以一个持久的生存结构的维度。这些经验为"潜在"领域的逐渐拓宽开辟道路。当然,深度记忆的内核包括大量的标记,它们指示我们以这种或那种方式见过、听过、感受过、学过、得到过的东西;这是《泰阿泰德篇》的笼中鸟,我"拥有"却还没有"持有"。围绕这个内核,思想、行动、感知的惯常方式,总之,在亚里士多德、潘诺夫斯基、埃利亚斯、布尔迪厄意义上的习惯、*habitus* 聚集起来。在

---

① 参见《意志哲学》第一卷 (*Philosophie de la volonté*, t. I, *Le Volontaire et L'Involontaire*, 前揭)。

这方面,柏格森式的习惯-记忆和事件-记忆的区分,在记忆得到现实化的时候还有点用处,在其得到保留的深层上却不再有意义。反反复复、一再重复磨平点状记忆标记的棱角,并产生行动的宽泛倾向,拉韦松早些时候以《论习惯》的丰富内容赞美过这种行动。深度记忆和习惯-记忆因此就其具有可用性(disponibilité)而言是彼此相一致的。有能力的人从这个宝藏(thesaurus)中汲取并且依赖它为之提供的安全感、信心。然后是一般的知识,比如算术或语法规则、熟悉的或陌生的词汇、游戏规则等等。《美诺篇》的年轻奴隶重新发现的那些定理就属于这一类。最接近这些一般知识的,是知识的先天结构,我们说先验。和《人类理智新论》的莱布尼茨一起,我们对它所能说的一切是:除了人类理智本身以外,凡在理智中的,无不首先在感性中。在此之上还必须加上思辨和第一哲学的形上结构(一和多、同和异、存在、实体和现实[energeia])。最后是我大胆称之为古老得无法追忆的东西:它们从来都不是对我来说的事件,我们甚至从来都没有真正地得到过它们,与其说是形式的,不如说是本体论的。在最深处,我们有对创始的遗忘,有对其源初给予的遗忘——历史的生命力、创造力,Ursprung、"起源",作为不可被还原为开端的,起源始终都在那里,比如罗森茨威格在《救赎之星》中说到的创造(Création),他说,创造是永恒的根基;还比如给予(Donation),根据马里翁(Jean-Luc Marion)的《还原与给予》(*Réduction et Donation*, Paris, PUF, coll. «Épiméthée», 1989)和《被给予的存在:给予现象学研究》(*Étant donné: Essai d'une phénoménologie de la donation*, Paris, PUF, coll. «Épiméthée», 1998),它绝对地给予给予者以给予、被给予者以接受、被给予物以被给予。我们就此远离所有的叙事线索;或者说,即使仍然可以说到叙事,那也是一种没有任何编年学的叙事。在这个意义上,整个起源,在其源初化能力中被把握,不可被还原为一个带有明确日期的开端,就此说来,它具有和创始的被遗忘相同的身份。重要的是,我们进入到以源始的暧昧性为特征的遗忘领地中,直到本书结束,我们都不会摆脱这种暧昧性,这就好像,来自遗忘深层的毁灭和保存,直到遗忘的表层也会表现出来。

和深度的、源始的遗忘的这两个形态一起,我们来到哲思的玄妙地:它使遗忘被叫作 Lēthē。但是它同样为记忆提供战胜遗忘的对策。柏拉图的回忆(réminiscence)和遗忘的这两个形态有关。它源自第二种遗忘,出生并不能使之消失,而且回想、回忆受其滋养:于是乎,以某种方式学习始终都一直知道的事情就是可能的了。和毁灭性的遗忘相对的,是保存的遗忘。这里或许就是对海德格尔文本的一个不大为人注意的悖论的解释,①也就是,遗忘使记忆成为可能。"正如预期只有基于期待才是可能的,记忆也只

---

① 这个悖论更加令人感到惊讶了,尤其是当它和"遗忘"这个词在《存在与时间》中的相继出现相比显得格外突兀的时候;除一个例外情况,它们说的都是在操心活动中的非本真性。遗忘不是源始地和记忆相联系的,作为对存在的遗忘,它构成非本真的状态:这是古希腊 lanthanein 意义上的"遮蔽",海德格尔将它和 alētheia 意义上的"无遮"对立起来,我们把后者译为"真理"(《存在与时间》,前揭,页219)。在一个近似的意义上,在"良知"(Gewissen)那一章,问题关系到"对良知的遗忘",作为回避来自本己能够存在深处的召唤。仍然在非本真性这一边,遗忘,和重复同时的,"封闭着自身且在最本己的'已经存在'面前溜走"(同上,页339)。但是要注意,"遗忘并非什么都不是,也不仅仅是记忆的阙失,而是已经存在的固有的一种'积极的'绽出样式"(同上)。因此可以说起一种和日常操劳纠缠在一起的"遗忘的力量"(同上,页345)。当下让好奇遗忘了上一个(同上,页347)。迷失在用具世界里,自身的遗忘是必然的(同上,页354)。因此可以通过矛盾修辞法来说"有所期待的遗忘"(同上,页369)。遗忘在这个意义上是常人的特征,"盲目不见种种可能性","不能重复已经存在之事"(同上,页391)。卷入到操劳的当下,遗忘意味着一种"无所期待的"(同上,页407)、无决断的时间性,根据一种"无所期待而有所遗忘的当下化"(同上,页410)样式。时间性深陷所谓的"无终"时间的流俗概念中,"遗忘自身的表象"(同上,页424)又使其加剧。说"时间逝去",就是遗忘正在滑开的诸当下即是(同上,页425)。正是在这个反复提及非本真性的背景上,《存在与时间》唯一一次对记忆和遗忘的关系的暗示出现了:"正如预期只有基于期待才是可能的,记忆也只有基于遗忘才是可能的,而不是相反。因为'已在存在'原本要在遗忘的样式中'开展'出一条视野来,迷失在其有所操劳的'外在性'的此在,只有进入这一视野内部才能回忆"(同上,页339)。我们并不是很清楚,对遗忘的拒绝是否在其沉沦(Verfallen)中发动起记忆的工作,或者对过去的识认能否使遗忘摆脱其沉沦,并将其提升至保留的遗忘。

第三部分 历史的条件

有基于遗忘才是可能的,而不是相反。因为'已在存在'原本要在遗忘的样式中'开展'出一条视野来,迷失在其有所操劳的'外在性'的此在,只有进入这一视野内部才能回忆"(《存在与时间》,页339;马尔蒂诺译本,页238)。如果考虑一下上一章提到的一个重要的术语选择,这个表面上的悖论就明朗了。海德格尔为将来和当下保留了日常用语,但他却不再使用 Vergangenheit 来命名过去,并决定用动词存在(être)的复合过去时来指称它:gewesen, Gewesenheit(马尔蒂诺译为"已在存在"[être-été])。这个选择是关键的,它了结了一种模糊性,或者不如说一种语法上的双重性:我们实际上说到过去,说它不再存在,但已经存在。通过第一种称谓,我们强调它的消失、不在场。对什么的不在场? 对我们作用于它、使它"上手"的要求的不在场。通过第二种称谓,我们强调它和每一个带有日期的、被记得的或被遗忘的事件有关的完全的先前性。先前性不仅是使其摆脱我们的掌握,正如在已过去的过去(Vergangenheit)中的情况,先前性还得到保存。没人能使不再存在的东西不已经存在。这个海德格尔告诉我们说它是记忆条件的遗忘,和作为已经存在的过去重新联系在一起。如果把遗忘领会为古老得无法追忆的资源而非不可避免的毁灭,那么表面上的悖论就得到理解。为证实这个阅读假说,可以向上回溯几行文字,海德格尔在那里把遗忘和在收回——其在于"承接 Dasein 已经是的存在者"(同上)——意义上的重复关联起来。"先行"和"回归",正如在科泽勒克那里,期待视域和经验空间,通过这种方式结合在一起,不过是在海德格尔认为从历史意识派生出来的层次上。围绕"已经"——被投、债责、无所依的共同时间标志,一系列相似的表达(已在、遗忘、最本己的能在、重复、收回)组织起来。总之,就在和过去的观念相关的含义中,已经存在战胜不再存在来说,遗忘有一个积极含义。已经存在使遗忘成为提供给记忆的工作的无法追忆的资源。

最后，毁灭性遗忘和奠基性遗忘的原始暧昧性，仍然无法根本地得到解决。在人类经验中，不存在任何超越的视角可以在那里发现毁灭和奠基的共同根源。在存在的这本大书中，对我们来说没有可能的完结。

第三节　回忆的遗忘：使用和滥用

我们现在要转向记忆、古代的回忆（réminiscence）、现代的回想（récollection）或回忆的第二个维度：记忆和遗忘的联合实践揭示出遗忘的哪一些方式？我们把目光从经验的深层移开，遗忘在这里继续悄无声息地从事其减退工作和保存工作，并转到生命的注意施展其狡计的醒觉层次。

这个表现的层次同样也是遗忘的诸形态分散开来并且拒绝任何类型学的层次，正如其多样性几乎数不胜数的口头表达、民间传说、格言和谚语以及魏因里希给出其详实历史的文学作品证实的那样。这个惊人增殖的原因要在多个方向上去寻找。一方面，对遗忘的看法绝大多数是处在对记忆的看法的反面的；记得，在很大程度上就是不忘记。另一方面，遗忘的个体表现与其集体形式纠缠不清，以致遗忘的那些最最令人烦恼的经验，比如萦扰，只有在集体记忆的等级上，才会展现其最最恶劣的结果；宽恕的问题域同样会介入到这个等级上，我们将尽可能久地把它先放在一边。

为了在这个迷宫中指引方向，我提出一份简单的阅读框架，重新把表现程度的纵轴和被动性或主动性样式的横轴包括在内。比塞在记忆现象层面上对意识和下意识的思考为第一个分类规则开辟道路；还有精神分析的许多贡献，我们很快就会提到它们。至于我们横向展开的被动性和主动性的样式，整个回忆现象学为我们论述它们做好准备：正如中世纪学者可能会说的那样，回忆的努力有其艰难等级的不同程度。这不就是斯宾诺莎《伦理学》的最后一句话吗:"一切高贵的事物,其难得正如其如此稀少一样?"在通过这种方式把两个分类规则,从最深层到最表层,从最被动到最主动,交叉起来的同时,我们也就再次遇到,不是非常关心它们的对称性,记忆的使用和滥用的类型学:被压抑的记忆,被操控的记忆,有义务的记忆。然而这不是一种单纯的复制,因为这些复杂的整体现象是我们在记忆现象学层面上预料不到的,它们不仅包括集体记忆,还包括历史和记忆的复杂游戏,更不必说遗忘问题域和宽恕问题域的交错。在结语中,我们将直接讨论宽恕的问题。

1. 遗忘和被压抑的记忆

认为因皮层痕迹的消失而产生的遗忘没有穷尽遗忘问题的其中一个原因是,许多遗忘应该归于挖掘埋藏在记忆里的宝藏的障碍。对一个过去的图像通常突然发生的识认,于是直到当下构成了一个被遗忘的过去的再现的本原经验。出于与记忆和回忆(réminiscence)的区分有关的教学法上的考虑,我们始终把这个经验限定在突然性的范围内,没有考虑能够越过它的回忆(rappel)的工作。而正是在回忆的道路上,人们遇到了图像再现的诸障碍。我们从再现和捕获的瞬间性,回溯到探寻和捕捉的渐进性。

在研究的这个阶段,我们第二次系统地听取精神分析的诸多教诲,它们最有助于我们跳出精神分析谈话的封闭空间。在重新阅读过两篇为证明被压抑的记忆的主题而展开研究的文本之后,我们在那些被更加专门地指定给遗忘问题域的现象的方向上——这些现象在一种尤其背负着历史的集体记忆的层面上更加具有意义——扩大缺口。

《回忆,重复,修通》和《哀伤与忧郁》提到的被压抑的记忆是一种易忘的记忆。我们想起弗洛伊德在第一篇文本开篇所作的评论:病人以重复代替回忆。代替:重复相当于遗忘。而且遗忘本身也被叫作一项工作,因为它是重复性强迫的杰作,其阻碍病人意识到创伤事件。精神分析在这里的第一课是,创伤仍然存在,甚至在它还没有被认识到、没有被加以处理的时候。诸替代现象、诸症状出现在它的位置上,它们以多种方式掩盖被压抑事物的再现,精神分析对象和精神分析医生共同破译这些方式。第二课是,在某些特殊的环境下,不断重复的、已逝去的且被遗忘的过去的全部细节可以重现。精神分析因此是哲学家在没有遗忘的命题上最可靠的盟友。经历过的过去是毁灭不了的,这甚至也是弗洛伊德的最坚定的信念之一。这个信念和命题,即无意识是无时间的(zeitlos)、避开时间的,是分不开的,如果把意识的时间理解为先和后、相继和同时的话。在这方面,柏格森和弗洛伊德,没有遗忘的命题的两个拥护者之间的一种比较是必需的。在他们两人的无意识概念之间,我没有发现任何不相容性。柏格森的无意识涵盖过去的全体,指向行动的现实意识把它关在身后。弗洛伊德的无意识,如果敢说的话,显得要狭隘些,因为它仅仅涵盖因压抑的阻拦而无法到达的记忆的领域;而且,压抑的理论,和强迫性重复的理论联系在一起,似乎把发现限定在病理学的范围内。不过,弗洛伊德在一个要点上纠正了柏格森,初看起来,其结果是柏格森主义无法接受精神分析:柏格森的无意识是根据无力定义的,而弗洛伊德的无意识根据其和内驱力的联系以能量为特征,它鼓励我们对教义进行"经济学的"阅读。柏格森看起来放在生命的注意这一边的一切,似乎才是和无意识力比多的内驱动力相关的。我认为不应该止步在这个表面上非常明显的不一致上。在柏格森这边,最后不是结束在无力、无意识、存在的关系式上的。纯粹记忆只有相对于全神贯注在实践效用上的意识来说才是无力的。只有通过反用法,无力才会被指给记忆的无意识:跳到短时的全神贯注形成的神奇晕圈外,并回到梦的意识状态中保证了这一点。此外,过去图像再生的命题在我们看来是兼顾行动和表象的结对的,这样,在活的体验的领域外,只剩下神经科学的客观目光注视的那种行动,也就是没有了它我们就不可能思考的神经系统运作。在精神分析学家这边,以压抑为特征的无意识和纯粹记忆的无意识之间的分隔并没有构成一道相对于柏格森的无意识来说的不可逾越的深渊。进入分析的谈话和其"表达一切"的规则,不是同样要求避免直接的关心吗?精神分析的入口不正是一个让梦自己表达自己的方法吗?但是,我们刚刚说到的精神分析的第二课,即相信经历过的过去是毁灭不了的,如果没有第三课的话,在我们关于被压抑的记忆那一章提到过的第二篇论文中可以更清楚地读到它,也不会起作用:回忆的工作在于修通,如果没有哀伤的工作,修通就不会发生。经过哀伤的工作,我们摆脱已经失去的爱和恨的客体。这种经过回忆的对缺失的整合,对于所有将精神分析的教诲隐喻性地挪用到其活动领域之外来说,具有重大的意义。这里的威胁,并且至少初看起来,无法借助和重复的内驱力相同的概念体系得到表达的,是忧郁的诱惑,我们在完全超出弗洛伊德划定的病理学领域之外的地方探索过其分支。于是乎,被叫作移情性神经症的临床描述,包括了症状的替代形态和忧郁的自我否定程度,被压抑事物的过度再现和迷失的自我感觉的空洞。如果不同样借助缺失的客体来思考,也就不再可能借助内驱力来思考。

刚刚回顾的这些精神分析的教导,让我们得以接近当我们离开职业技能和职业道德共同划定的分析谈话的框架并远离临床的话语时会遇到的诸滥用吗?是的,确实有可能。一个事实是,且不说好坏,精神分析已经产生一种权威,这使得它成为既是颠覆性的,又是建设性的文化现象。另一个事实是,弗洛伊德是第一个坚持不懈地要使他的发现摆脱治疗隐私的保密性束缚的人，不仅通过发表他的理论研究，还通过频繁地走出病理学的领域。在这方面，《日常生活的精神病理学》构成一个可贵的里程碑，其树立在从精神分析谈话出发直到大世界政治舞台的道路上。

而《日常生活的精神病理学》主要探讨的正是遗忘，活动的这个领域如此接近公共的空间。收获是丰富的：首先，通过重新接上当下和一个人们认为早已永久逝去的过去表面上已经断裂的联系，这本书以其特有的方式充实《梦的解析》对过去的不可毁灭性所作的辩护；其次，在把动机揭示出来的同时，压抑的机制使其成为无意识的，它在人们或是诉诸偶然，或是诉诸习惯性的地方带来某种可理解性；最后，它勾勒出从私人领域到政治领域的挪用路线。

文集开篇于遗忘专名的情况，它出色地表明第一个目的：有人寻找一个已知的名字，另一个名字却出现了；分析揭示出无意识欲望驱动的一个微妙替代。屏蔽记忆插在我们婴儿期的印象和我们对这些印象确信地讲述出的叙事之间，它的例子，为名字遗忘的单纯替代补充了一个真正的错误记忆的产生，其在我们不知道的情况下让我们记错了事情；印象和亲历事件（也就是现在知道或者以前知道的事情）的遗忘和计划的遗忘，相当于疏忽、有选择的忽视，它们揭示出处在防御姿态下的无意识的狡猾一面。计划的遗忘——忘记做某件事——此外还揭示出欲望在其与他人关系中的战略资源：道德意识将从中取得其为其辩护策略作辩护的武器。借助口误，语言对此有所帮助；借助误会、笨拙的行为和其他不成功的行为（用书桌上的钥匙开错误的房门），身体姿态也同样如此。在日常生活的另一面，在群体生活中，还会发现这个在无意识动机中盘绕的、相同的机巧：诸遗忘、屏蔽记忆、不成功的行为在集体记忆的等级上占更大的比例，只有历史，更确切地说，只有记忆史才能够将其揭露出来。

2. 遗忘和被操控的记忆

继续把遗忘的使用和滥用的研究推进到被压抑的记忆的精神病理学层次之外,我们遇到了遗忘的诸形式,它们不但更加远离遗忘的深层,进而更加的表层,而且更是在被动性和主动性的两极间展开的。在我们和回忆有关的实践的平行研究中,这是被操控的记忆的层次(参见上文,页97–105)。也是在这个层次上,记忆的问题域和同一性的问题域相交,以致和它混同起来,正如在洛克那里那样:造成同一性的脆弱性的,就这样成为操控记忆的机会。记忆的滥用为什么一上来就是遗忘的滥用?我们这样说过,由于叙事的中介作用,记忆的滥用成为遗忘的滥用。实际上,在滥用之前,还有使用,也就是叙事的必然的选择性。既然不能记住一切,也就不能叙述一切。详尽无遗的叙事的观念,是一个在述行上(performativement)不可能的观念。叙事必然有一个选择维度。我们在这里触及到陈述的记忆、叙事性、证据、历史过去的形象化表象之间的密切关系。正如我们注意到的那样,叙事的塑形工作提供的可变资源使记忆的意识形态化成为可能。遗忘的策略直接嫁接在这个塑形工作上:通过删减,通过改变重点,通过对行动轮廓和行动主角同时有所不同地再塑形,故事始终能别样地被讲述。对于穿过了从个人同一性构造到诸共同体同一性——它们构成我们的归属联系——构造的叙事的塑形和再塑形的每一个阶段的人来说,主要的危险,出现在道路的尽头,出现在权威的、被强加的、被庆祝的、被纪念的历史,也就是官方历史的操纵中。当最高权力左右这个情节化,并且通过恫吓或诱惑、恐惧或奉承的方式强加一套标准叙事时,叙事资源也就成为陷阱。遗忘的一个狡诈形式在这里起作用,它是社会角色被剥夺讲述自己的原始能力的结果。但是这个剥夺,如果没有一个隐蔽的共谋的话,就不会发生,正如在逃避的遗忘中看到的那样,共谋使得遗忘成为一种半被动、半主动的行为。逃避表达的是不诚实,它的回避策略是受一个不去了解真相、不去调查公民环境犯下的恶的无知意志驱使的,简言之,受一个不想知道(vouloir-ne-pas-savoir)驱使的。经历过20世纪中叶的沉重岁月之后,西欧,乃至整个欧洲,都提供了这个顽固意志的痛心景象。在别的地方说过的记忆的太少,可以归为被动的遗忘,因为它可以表现为记忆的工作的一种不足。但是,作为回避、躲避、逃避的策略,它是遗忘的一个既主动又被动的暧昧形式。作为主动的,这种遗忘引起的责任和在所有不作为的处境中归咎在忽视、疏忽、轻率、短视行为上的责任是相同的。在一个明理的且诚实的意识事后看来,在这些处境中,人们原本应该并且能够知道,或者至少努力去知道,原本应该并且能够参与其中。就这样,在社会行动者重获其叙述能力的道路上,人们重新发现了和帮助形式的瓦解有关的所有障碍,每个人的记忆都可以在他者的记忆中找到这种帮助,这些他者能够以可理解的、可接受的、负责任的方式,允许、帮助每个人去叙述。但是目盲的责任落到每个人的头上。在这里,启蒙运动的口号,"敢于认识!"(sapere aude)、"走出未成年!"可以被重写:敢于自己叙述。

在遗忘的这个表现层次上,在属于日常生活的精神病理学范畴的紊乱和可指定给意识形态社会学的障碍中间,历史编纂学可以尝试给予从这两门学科借用来的诸范畴一个操作有效性。当代史在这方面是这种检验的一个合适框架,因为它立足在另一个边界上,仍然健在的证人的话语和相关事件的档案痕迹已经收集于其中的书写互通往来的边界。正如已经第一次提前说过的那样,①经历过1940到1945年间的暴力以后的,特别是经历过维希政府的政治暧昧以后的法国历史时期,有选择性地适合某一些已

---

① 参见上文,第一部分第二章,关于记忆的责任,页105-111。

第三部分　历史的条件

经进入公共领域的精神分析概念的历史化挪用，比如创伤、压抑、被压抑事物的再现、否定等等。卢索①冒着认识论的——有时是政治的——风险，把从1940—1944年间直到今天的私人和公共行为的一个阅读框架建立在萦扰概念的基础上："过去的萦扰"。这个概念和我们一路走来已经遇到的重复概念是近似的，确切说来，是和修通、记忆的工作的概念相对立的。② 作者因此能够把他本人对"维希综合症"历史的贡献看作是一个符合公民身份的行为，用来帮助他的同代人离开对记忆的工作始终未完成的驱魔，必须不能忘记，它同样也是哀伤的工作。

　　选择过去的萦扰的主题，在书写维希政府史的同时，为书写"另一个历史，也就是在1944年之后，它的记忆的历史，它的后效的历史，它的变化的历史"(《维希综合症》，页9)提供了机会。在这个意义上，维希综合症属于上一章提到的记忆史的范围。③ 萦扰是一个作为事件后续的记忆史的范畴。这个主题的另一个优点在于，在直接面对记忆的同时，通过不成功的行为、言下之意、口误特别是被压抑事物的再现，它还以遗忘作为直接的对象："因为，研究表明，甚至在社会的等级上，记忆是遗忘的一种结构化"(前揭，页12)。相关主题的另一个优势是，它把争论本身产生的

---

① Henry Rousso，《维希综合症》(*Le Syndrome de Vichy, de 1944 à nos jours*，前揭)；《维希：一段不曾消逝的过去》(*Vichy. Un passé qui ne passe pas*，前揭)；《过去的萦扰》(*La Hantise du Passé*，前揭)。需要注意的是，"一段不曾消逝的过往"，萦扰的同义词，这个表达方式同样存在于德国历史学家的争论中。在这个意义上，这里提到卢索的工作，需要和他的德国同事的工作联系起来考虑：法国历史学家和德国历史学家的工作环境的差异，让历史学家们产生同一个主题。在莱茵河两岸分别孕育而生的工作，在另一个敏感的地方交叉起来：法官和历史学家的关系(Henry Rousso；« Quel tribunal pour l'histoire? »，见《过去的萦扰》，前揭，页85-138)。参见上文，《历史学家和法官》，页413-436。

② 参见上文，第一部分第二章，《被压抑的记忆》。

③ 参见第三部分，第二章，第三节。关于记忆史，参见 Henry Rousso，《维希综合症》(前揭，页111)。这里和诺拉的"记忆的场所"的概念联系起来。

断裂摆上台面,因此,它可以归类到奥西尔讨论的分歧中。① 一旦主题的选择被接受下来,那么神经症和萦扰的精神分析"隐喻"②用法的辩护,在其诠释学有效性中找到其启示价值。这个有效性在诸多归于综合症的症状的"历史学家分类"层次上得到证实,在作者看来,这个分类把四个时期的演进(前揭,页19)揭示出来。1944到1955年间的哀伤时期,在痛苦,而不是严格说来哀伤的工作的意义上,历史学家注意到,确切说来,哀伤的工作还未发生——"未完成的哀伤"(前揭,页29);从大清洗到大赦,以内战的后遗症为标志的时期。在共产党和戴高乐主义党的势力范围内,借助统治神话的建立,借助抵抗主义神话(résistancialisme),压抑的时期。被压抑事物的再现时期,镜像被打碎了,神话破灭了(正是在这里,卢索用他精美的文字围绕让人叹服的电影《悲哀与怜悯》进行了思考,杜维耶事件间接地从中获得一个意想不到的象征维度)。最后,看起来我们仍然处在的萦扰时期,它以犹太人的记忆觉醒和占领时期的回忆在内部的政治辩论中的重要性为标志。

"遗忘的结构化"是如何在这些不同时期起作用的?

关于第一个时期,屏蔽记忆的概念,利用对解放的欢呼雀跃,在集体记忆的等级上,正如在日常生活的心理学等级上那样,发挥作用:"带有距离的、表象的等级关系替代了事实的等级关系,它把一个事件的历史重要性和其积极或消极特征混同起来"(前揭,页29)。屏蔽记忆,它使伟大的解放者可以说,"维希已经永远过去了,不会再来了"。维希因此将被搁置起来,以此方式掩盖纳粹占领时期的独特性。集中营受难者的出现于是成为最最匆忙压抑

---

① 参见上文《历史学家和法官》。同类证据通过这种方式还会被归类到法国人对法国人的战争和刑事审判中:电影(《悲哀与怜悯》)、戏剧等等。

② "从精神分析借用来的……在这里只有隐喻的价值,没有解释的价值"(《维希综合症》,前揭,页19)。

第三部分 历史的条件

起来的事件。纪念保证不完整的记忆及其遗忘的衬里。

在压抑时期,"戴高乐的驱魔"(前揭,页89)几乎成功地掩盖,但是不能阻止,在阿尔及利亚战争期间,历史学家巧妙地将其描述为"断层复活"(前揭,页73)的东西——"后遗症的显现和复发"(前揭,页117)。一切都在这里:遗产、怀旧、幻觉(夏尔·莫拉斯)和重新举办庆祝活动(解放二十周年,让·穆兰进入先贤祠)。

以"被打碎的镜像"(前揭,页118以下)为标题的那些文字在表象显现的层面上是最丰富的:他写道,"毫无怜悯的悲哀……"(前揭,页121)。被压抑的过去突破屏蔽记忆的屏蔽,借走上前台的证人之口,通过他们的言下之意和口误,喊出它的"你要记住";一个维度早就被忘记了:法国传统的国家反犹太主义。诸记忆间的残酷对峙,这个对峙称得上是按照奥西尔的方式得到讨论的分歧,使得人们认清抵抗主义神话的真相。要遗忘的劝告和颁给民兵杜维耶的总统特赦是相联系的,以社会和平的名义,它把一个问题摆了出来,我们会在适当的时候,在记忆、遗忘和宽恕交错在一起的地方,展开其各分支的讨论。在这里,历史学家让人们听到公民的声音:"在意识觉醒的时候,在《悲哀与怜悯》唤起人们注意的时候,在争论重新开启的时候,如何接受法国人对法国人的战争这样的说法?我们能鬼鬼祟祟地,或是拐弯抹角地闭口不谈下一代的责问和怀疑吗?我们能无视那些投身到抵抗运动的或者关押在集中营的前人对他们的经历会被遗忘的忧虑吗"(前揭,页147 - 148)?问题是非常紧迫的,因为"和戴高乐的讲话不同,它提倡的遗忘没有提供任何和历史相伴而行地,对历史令人满意的解释"(前揭,页148)。① 总之,特赦(grâce amnistiante)具有遗忘症

---

① 《正义和历史学家》(«La justice et l'historien», *Le Débat*, n° 32, 1988年十一月号)。

(amnésie)的效果。

在"萦扰"的标题下——它描述了一个时代的特征,一个仍然是我们的时代,而且它为这本书提供了视角——,一个现象,比如犹太人记忆的复活,为这个观念提供了一个具体内容,即当把目光对准过去的某一面——占领时期——时,也就看不到另一面了——犹太人的灭绝。萦扰是有选择性的,统治叙事把视野的一部分遮蔽起来;还是在这里,电影表象发挥它的作用(《浩劫》、《夜与雾》);还是在这里,刑罚和叙事相交:在勒盖(Legay)、布斯凯(Bousquet)和帕蓬(Papon)事件之前,巴比(Barbie)审判把一种不幸、一种责任摆在世人面前,通敌的魅力使人没有在它们的鲜明特征中把握到它们。看见一件事,就是看不见另一件事。叙述一出戏,就是忘记另一出戏。

总的说来,病理学的结构、意识形态的局势和大众传媒的出场,定期地把它们的反常结果结合起来,而辩解的消极性会搭配忽视、目盲、疏忽的积极狡计。著名的恶的"平庸"在这方面不过是这个狡诈联合的一个症状-结果而已。当代的历史学家无法回避一个首要问题,过去的转让问题:必须谈论过去吗?如何谈论过去?问题既是向公民,也是向历史学家提出的;至少后者,在发生内讧的集体记忆的浑水中,提供了一种严格的距离化观察。至少在一点上,他的积极作用可以完全得到证实:在对否定主义(négationnisme)①的事实性驳斥中。否定主义不再属于遗忘的病理学,甚至不再属于意识形态的操控,而是属于伪造文件的使用。自瓦拉及其对伪造的《君士坦丁的馈赠》的揭露以来,历史学家已经准备好辨伪了。历史学家的界限,和电影工作者、叙事者、法官的界限一样,在别的地方:在极端经验的不可转让的部分中。但是,正如随本书的展开已经多次强调的那样,不可转让的东西,并

---

① 否定主义指的是否认德国纳粹在二战期间对犹太人大屠杀的罪行。——译注

不是不可表述的。①

3. 被命令的遗忘：赦免

放在有义务的、被命令的记忆标题下的记忆的滥用,在遗忘的滥用中有它的平行和补充吗？在遗忘的制度形式下,它们和遗忘症(amnésie)的界线被轻易地跨越了,有的：这主要关系到赦免和更加边缘的,特赦权(droit du grâce),同样也被叫作特赦(grâce amnistiante)。遗忘和宽恕的界线也被悄无声息地跨过了,因为这两种情况都是和司法程序与下达判决有关的；宽恕的问题是在有控告、判决和惩处的地方被提出来的；针对赦免的法律把赦免当作一种宽恕。我在这一章将仅限于讨论相关措施的制度自定一面,并为结语保留因和遗忘症界线模糊而造成的和宽恕界线模糊的问题。

特赦权是一个国家特权,只有根据国家元首的决定权才会定期地付诸实施。这是和君主的绝对主权联系在一起的准神圣权利的残余,在神学政治的时代,保证君主强制权力的宗教涂油礼为这个准神圣权利提供合法性。康德说过所有对其必须想到的好处和坏处。②

赦免的意义完全不同。首先,它为严重影响国内和平的政治动荡——内战、革命时期、政体剧变——画上句号,赦免被视作是

---

① Pierre Vidal-Naquet,《犹太人、记忆和现在》(*Les Juifs, la Mémoire et le Présent*, Paris, Maspero, 1981)。Alain Finkielkraut,《一个否定的未来》(*L'Avenir d'une négation. Réflexion sur la question du génocide*, Paris, Éd. du Seuil, 1982)。

② 康德,《道德形而上学》第一部《法权论的形而上学初始根据》,第二卷《公共法权》,总附释,《惩罚的法权和特赦的法权》(Kant,«Le droit de gracier», 见 La Métaphysique des mœurs, I, Doctrine du droit, Introd. A. Philonenko 法译本, Paris, Vrin, 1971,«Le droit public»,«Du droit de punir et de gracier»)：" 对罪犯的特赦权,要么是减轻惩罚,要么是完全减免惩罚,它大概是统治者的所有法权中最有漏洞的法权,因为如果说它显示了他最威严的光辉,同时也行了最大的不义。"康德补充说："只有当他本人受到伤害时,他才能使用这种特赦权"(页 220)。

终止这些暴力的。除这些特殊环境之外,赦免以创立它的当局而著称:今天的法国国会。至于它的内容,它针对的是在骚乱期间,双方的某一类不法行为和犯罪。在这方面,它作为一种有选择性的,并且有针对性的规定起作用,不考虑某些轻罪犯人。但是作为制度的遗忘,赦免触及到政治的根源本身,并且通过政治,触及到和一个被禁止的过去的最深的、最隐匿的关系。赦免(amnistie)和遗忘症(amnésie),比起语音上,甚至比起语义上还更多的接近性表明和拒绝记忆存在一个密约,我们稍后将看到,在提出了对宽恕的模仿之后,它实际上使赦免远离了宽恕。

从其宣告的目标来看,赦免的最终目的是要实现与敌对公民的和解,实现公民的和平。关于这一点,我们有许多值得关注的模型。亚里士多德在《雅典政制》中让我们想起了最古老的一个,它取自公元前403年,在民主政治取得对三十僭主的寡头政治的胜利之后,雅典颁布的著名法令。① 表达方式值得我们来重提一下。实际上,它是两方面的。一方面,严格说来的法令;另一方面,城邦公民依次地进行宣誓。一方面,"禁止回想那些恶(那些不幸)";希腊人用一个单独的音义段来表达它,即 *mnēsikakein*,它说的是不想起(souvenir-contre)。另一方面,"我不会回想那些恶(那些不幸)",否则就要遭受背誓引起的厄运。否定的表达震撼人心:不要回想。而想起是否定某个东西的,也就是否定遗忘。不遗忘的

---

① 洛罗(Nicole Loraux)用一整本书来讨论这个问题:《分裂的城邦》(*La cité divisée. L'oubli dans la mémoire d'Athènes*, Paris, Payot, 1997)。这本书选取的路径是意味深长的:它的出发点是冲突(stasis)与以厄里斯、纷争女神(Discorde)形象出现的"夜神之子"的神话起源之间的深层联系(«Éris: forme archaïque de la réflexion grecque sur le politique», 页119)。在被接受下来并被正式宣布的政治散文的方向上,分析穿过诗的各层次。全书结束在"和解的政策"(页195以下)上,并尝试衡量否认纷争女神的被压抑起来的基础所付出的代价。由于个人策略的选择,我会沿相反的方向,从赦免法令和无记忆的誓言开始,直到,根据作者的强力表达,无法规避的愤怒女神和痛苦女神的"不可忘却"的基础。

遗忘(oubli contre oubli)？不遗忘遭受过的伤害的遗忘纷争？必须在适当的时候进入到这些问题的深处。仍然处在事情的表面上的时候，必须向雅典人的法令和誓言的公开目标表示敬意。战争结束了，是被庄重地宣告结束的：悲剧讲述的当下斗争成为了不可回想的过去。政治散文接管一切。一个公民想象物建立起来，其中，友爱，甚至兄弟的纽带晋升为基础，即使发生过弑亲；仲裁建立在程序正义上，它以解决冲突为借口，保持了冲突；甚至于民主(démocratie)想要忘记它本身是力量(kratos)；甚至在胜利中，在共享的善意中，它也想要被忘记；从此以后，比起民主，它带有力量、kratos 的痕迹，波里德亚(politeia)更为人喜欢，它意味着宪政秩序。简单地说，政治会重新建立在骚乱的遗忘上。我们在下文会衡量为了不要忘了要去遗忘(ne pas oublier de oublier)的事业所必须付出的代价。

在法国，我们有亨利四世颁布南特敕令的一个不同的模型。在里面会读到，"第一条：首先，自一五八五年三月开始，直至今时吾王登基，加上过往的动乱，所有的记忆早已倦怠不堪，值此之际，就让它们继续深眠下去，像是从未发生的。不论是我们的总检察长，还是任何人，不论是个人还是公众，不论什么时候，不论什么理由，都不许他们提任何诉讼，也不许提上诉到任何法院或法庭。——第二条：禁止我们的所有臣民再度唤醒过往的记忆，不论他们是什么等级，是何种身份，不许他们为了谴责发生过的事情，因为什么理由或者借口就攻击、记恨、侮辱其他人，更不许向其他人动武，不许辩论、不许怀疑、不许争吵，不许因一言不合就恼羞成怒，大发雷霆。作为兄弟、作为朋友、作为同胞，不但可以隐忍克制，还可以一起安定地生活；若有违者，作为和平的破坏者和公共治安的扰乱者，他们都将接受惩罚"。"像是从未发生的"，这个表达令人感到惊讶：它强调使得好像什么都没有发生过的活动的神奇一面。正如在色拉西布洛斯(Thrasybulus)的希腊时代那样，有许多否定词。动词的维度,和终止诉讼划定的刑罚范围一起,得到强调。最后,"兄弟、朋友、同胞"的三位一体让人想到希腊的和解政策。没有把赦免放在诸神和诅咒——背誓的惩罚机器——的担保下的誓言。目标是相同的,"使记忆的未遗忘沉默不语"(洛罗,《分裂的城邦》,页171)。真正的革新不在这儿,而在发布禁令的当局及其动机的一面:是法国的国王,在争论双方不能在宗教纠纷上达成一致时,调解基督教教派间的宗教争论和内战。政治家在这里战胜了神学家,以一个可能从仁慈的王权那里继承来的特权之名义,而且以一个其本身带有神学标志的政治概念之名义,正如敕令的《序言》有力地证实的那样:一位完全信仰基督教的国王,提出的不是重建宗教,而是在一个得到整顿的宗教基础上建立政治的东西。在这个意义上,与其应该说在道德和政治上,对宽容的期待,不如说"一个被打碎的文艺复兴的梦",尤其是洛皮塔尔(Michel de l'Hospital)的梦。①

  法兰西共和国在其所有政府统治下如此大量地实践过的赦免是完全不同的。在它们的代议制议会中,被委托给主权国家的,是一种变得传统的政治行为。② 王权,除了一个特例(特赦权)外,被交给人民:作为积极权利的根源,人民有资格限制它的影响;赦免终止了一切正在进行的审判,中止了一切司法诉讼。这完全是一种狭隘的司法遗忘,但又是波及范围很广的一个,因为终止审判相当于在记忆的证实中使记忆幻灭,相当于说,什么都没有发生过。

---

 ① Thierry Wanegffelen,《和谐一致的理想》(« L'idéal de concorde et d'unanimité. Un rêve brisé de la Renaissance », 见 *Une histoire européenne de la tolérance du XVIe au XXe siècles*, Paris, Le Livre de Poche, Librairie générale française, 1998)。

 ② Stéphane Gacon,《制度的遗忘》(« L'oubli institutionnel », 见 *Oublier nos crimes. L'amnésie nationale: une spécificité française?*, Paris, Autrement, 1994,页98-111)。在德雷福斯事件当时,关于终止某些刑事诉讼的法律构想的理由包括以下陈述:"我们要求国会在仁慈的同时不要忘记遗忘,并且表决通过法律条文,在保障第三方利益的同时,使激情再也无力重温最痛苦的那些冲突"(页100)。

第三部分 历史的条件

提醒每一个人说他本人也犯了罪,给胜利者的报复一个限度,避免在斗争过度的同时又正义过度,这些当然都是有用的(这样说恰如其分)。甚至于,正如在古希腊和罗马时代那样,通过赞歌仪式和公共庆祝活动进一步扩充的语言仪式来再次肯定国家统一是有用的。但是,这种假想统一的缺点不正是在于,从官方的记忆中抹去了能够用来防止未来犯过去错误的犯罪案例,并且在剥夺民意的分歧好处的同时,迫使敌对记忆过上了一种隐蔽的不良生活吗?

在通过这种方式靠近遗忘症的同时,赦免把和过去的关系放到宽恕的问题域将会和分歧一起找到其合适位置的领域外面。

那么,对所谓的遗忘的责任,又能说些什么?对遗忘来说,和记忆一样,通过命令式把它投射到未来,是自相矛盾的,而且,这样一种命令相当于一种被命令的遗忘症。如果后者能够发生(但是很可惜,这样就没什么可以阻止跨越赦免和遗忘症的分界线了),那么私人记忆和集体记忆就将失去同一性的健康转机,它可以使人清醒地再度占有过去及其创伤重负。赦免制度还没有达到这个考验,它只是在有用性,而不是在真理的庇护下,回应了社会治疗的迫切需要。在结语中,我会说明,赦免和遗忘症的界线,是如何借助记忆的工作(哀伤的工作使其得以完成,并且接受宽恕精神的引导)得到完整保存的。如果因此能够正当地提起遗忘的某个形式,那不会是一个对恶闭口不谈的责任,而是一个心平气和地、没有愤怒地述说恶的责任。这个述说不是对一个命令、一个指令的述说,而是以祈愿语气,对一个心愿的述说。

结　语
艰难的宽恕

导　论

寛恕提出一个问题。这个问题原则上不同于从本书的前言开始,在记忆和历史的层面上,冒遗忘的风险,推动过我们整个事业的那个问题,即过去表象的问题。现在提出的问题关系到一个难题,和一个先前性印记标记过的不在场事物的在场表象的难题是不同的。它是两方面的:一方面,这是某种过错的难题,这种过错麻痹我们所是的那种"有能力的人"的行动力量;另一方面,作为回应,这是这个生存上的无能力有可能消除的难题,宽恕这个词指的就是它。一旦过错的影响和宽恕的影响波及记忆和历史的所有组成活动,并给遗忘加上一个特殊标志,这个双重的难题就会间接地穿过过去表象的难题。但是,即使过错为宽恕提供机会,那也是宽恕为整个结语奠定基调的。这种基调,是过去表象的一种末世论基调。宽恕,假如它确有意义,假如它确存在,构成记忆、历史和遗忘的共同前景。这个前景始终都在后退,避开任何对它的把握。它让宽恕变得艰难:既不轻松,也不是不可能。① 它让整个事业表现出未完成的特征。如果说给予和得到宽恕是艰难的,那么就连设想一下它

---

① 赫伏利诺(Domenico Jervolino)的杰作《艰难的爱》(*L'Amore difficile*, Rome, Edizioni Studium, 1995)在结语的标题上启发了我。

都是同样艰难的。宽恕的轨迹从在过错和宽恕的两极间存在的不成比例出发。我将在这整篇文章中讨论过错的深度和宽恕的高度之间的一个垂直差异,一个纵向不相称。这个极性构成宽恕的公式:底端是过错的供认,顶端是宽恕的颂歌。这里使用了两种话语行为。第一种用语言表达出一种和孤独、失败、斗争,那些反思嫁接在其上面的"经验的予料"(纳贝尔)——那些"边界处境"(雅斯贝斯)——是同一类的经验。道德指控的场所于是乎被揭露出来——可归罪性,其中,行动者和他的行动联系在一起,并且自认是对这个行动负有责任的。第二种存在于智慧书同时赞美爱和快乐的伟大诗篇中。那个声音说,有宽恕。供认和颂歌之间的张力将被带到一个几近断裂的地方,在这里,宽恕的不可能性回应道德恶的不可宽恕性。宽恕的公式就是这样列出的(第一节)。

  由此出发的宽恕的轨迹,从此具有了一种奥德赛之旅的形态,其用来引导宽恕从距离自身性(ipséité)最远的领域(司法、政治和社会道德)逐步地到达它的被推定是不可能性的地方,亦即可归罪性。这个奥德赛之旅穿越了一系列建立起来是为了公开指控的制度。这些制度本身,根据社会规则规定的罪责的内在化程度,分层次地出现在多个层面上:在司法的层面上,罪行(crime)的无时效性的可怖问题被提了出来,它可以被看作是实践的宽恕问题域的第一次重大考验。旅程还将继续下去,从刑事罪责到共有的公民身份固有的政治和道德罪责。提出来的问题因此是宽恕占据负责惩罚的制度之边缘的位置问题。如果说,必须伸张正义,否则有罪的人就得不到惩罚,那么宽恕就只能体现在不能转变为制度的诸姿态中。这些构成了宽恕的隐匿状态(incognito)的姿态,指定应该尊重每一个人,尤其是有罪的人的必不可少的位置(第二节)。

  在奥德赛之旅的第二站,我们注意到一个显著的关系,它暂时地把请求宽恕和给予宽恕放在一个平等性和交互性的平面上,好像在两种话语行为之间,还存在一个真实的交换关系。许多语言在宽恕(pardon)和礼物(don)之间的亲缘性,进一步鼓励这条道路的探险。在这方面,礼物和回礼(contre-don)的相关性在某些古式的交换形式中有加强这个假说的倾向,亦即,请求和给予宽恕在一个横向关系中互相平衡。在我看来,在得到修正之前,这点提示值得被推向极致,一直到,甚至敌人的爱也能够表现为交换在一个非商业层面上的重建。问题因此在于,在交换的横向关系内,重获宽恕的原始公式固有的纵向关系(第三节)。

因此必须把这个不平等交换的实现交还给自身性的中心。再次建立在一个横向相关性上的最后一次澄清的尝试,同宽恕和承诺的结对一起被提了出来。为了受承诺的约束,行动的主体必须还能够通过宽恕来解约束。行动的时间结构,也就是时间的不可逆性和不可预测性,要求一个施加在行动的执行上的双重掌控作出回应。我在这里的观点是,在宽恕的能力和承诺的能力之间,存在一个意味深长的不对称,正如宽恕的真正政治制度上的不可能性证实的那样。宽恕的悖论,伟大的亚伯拉罕传统的懊悔辩证法使其进一步激化,就这样被揭露出来。问题完全在于,宽恕的精神能够使行动者解除其行动的约束(第四节)。

有待尝试根据宽恕的精神,回顾一下《记忆,历史,遗忘》走过的整个旅程。关键是记忆的,以及在它后面的,历史的和遗忘的一种末世论投开。这种通过祈愿语气表述出来的末世论从一种愉快的、平静的记忆的心愿出发,并围绕这个心愿有了结构。在历史实践中,甚至在决定了我们和遗忘关系的不可逾越的不确定性中心,这个心愿多少被传达出来(第五节)。

第一节 宽恕的公式

1. 深度:过错

过错是宽恕的生存上的(existentiel)前提(我说"生存的",而不再像在前几页那样说"生存论的"［existential］,以表明在这里在以下两者间作出区分的不可能性,即一个和我们向来所是的存在的历史条件分不开的特征,与一个带有文化史——它的普遍性还只是所谓的普遍性——烙印的个人和集体经验)。

过错的经验本质上是在一个感受(sentiment)中被给予的。第一个困难就出现在这里,如果考虑到哲学,特别是道德哲学,不大会关注不同于情绪(émotion)和激情(passion)的、作为特殊情感(affection)的感受。来自康德的自感(auto-affection)概念在这方面仍是困难的。纳贝尔,这位理性主义哲学家在这个方向上走得最远,他把过错的经验,连同失败和孤独的经验一起,放到"反思的予料"①中。他就这样和雅斯贝斯相遇了。雅斯贝斯很少依赖康德、费希特和后康德主义的传统,他把罪责,过错的另一个名字,放到"边界处境"中,也就是说那些我们发现其始终都已经在那里的生存的必然规定性,比如死亡、痛苦、斗争。② 在这个意义上,罪责,和其他"边界处境"一样,包含在每一个偶然的处境中,并且属于我们自己在存在论诠释学的层面上,用"历史条件"这个术语指称的那个范围内。

过错的经验把自己作为一个予料提供给反思。它让反思得以思考。首先被提供给反思的,是这个经验会位于其中的基本结构的选定。这个结构是我们的行为的可归罪性结构。实际上只有在

---

① Jean Nabert,《伦理学要素》(*Élément pour une éthique*, Paris, PUF, 1943)。第一卷《反思的予料》(« Les données de la réflexion »),第一章《过错的经验》(« L'expérience de la faute »),页 13-18。"诸感觉为反思提供养分,它们是它的质料:虽然反思是自由的,但它们仍然使得反思作为一个瞬间表现出来,一个构成我们存在的欲望的历史瞬间"(页4)。

② Karl Jaspers,《哲学:世界之指向·生存之澄明·形而上学》(*Philosophie: Orientation dans le monde. Éclairement de l'existence. Métaphysique*, Jeanne Hersch 译,Paris-Berlin-Heidelberg-New York-Tokyo, Springer-Verlag, 1986; éd. originales: Berlin-Heidelberg, Springer-Verlag, 1932, 1948, 1956, 1973);第二篇《生存之澄明》(*Éclairement de l'existence*),第三部分《生存作为在处境中的无条件性·意识和行动·罪责》,页 455-458。

能够指控某个人、能够推定或宣布他有罪的地方,才能存在宽恕。而且只能指控可以归罪到一个行为者身上的诸行为,其被看作是这些行为的真实作者。换句话说,可归罪性是这种能力,这种资格,根据它,诸行动能够被记在某个人的账上(mies au compte)。这个账的隐喻为可归罪性的概念建立起一个完美图式,它在同样使用模态动词"能够"(pouvoir)的语言——我能够说,能够行动,能够叙述,能够坚持对我的行为负责——的共同句法中找到另一个恰当表达:这些行为能够归罪给我。可归罪性在这方面构成了我称之为有能力的人的一个不可或缺的维度。过错、罪责要在可归罪性的领地内去寻找。这个领地是行为和行为者,行动的"什么"和行动力量——能动性(agency)——的"谁"之间的连接领地。在过错的经验中,这个连接,以某种被感动的方式,因一个痛苦的情感而有所损伤。

我们不是没有意识到这个连接:在本书的第一部分,在记忆(souvenir)-记忆(mémoire)的一种对象分析和自身记忆(mémoire)的一种自反分析的拐点上,我们研究过它。问题早已关系到记忆(souvenirs)的"什么"和记忆(mémoire)的"谁"之间的一个结点。我们在当时研究过把记忆(souvenir)-记忆(mémoire)归因给某个它内在于其中的主体的归因概念,并且提出过把归因重新分配在本己、亲者和疏者的三条轴线上。我们在这篇结语的第三个环节中将再次找到机会把归因的这个三重划分用到宽恕上。在当前研究的开始阶段,过错经验的根本性要求我们停在过错的自身指定的界限内,作为代价,概括从一个基本罪责得以共享的诸条件这个层次开始。过错的自身归因采取的特殊形式,是供认,一个主体通过这个语言行为承担起责任,接受指控。这个行为毫无疑问和回忆起有关,如果考虑到历史的创造性联系的力量已经在回忆起中得到证实的话。但是回忆起在源头上是无罪的。我们也正是在这个意义上描述它的。或者不如说,正如过去在《意志哲学》中那样,这本书建立在有罪悬置的假说上,①记忆现象学始终都是在一个方法上不考虑有罪和无罪之区分的描述的本质不确定性中逐阶段地展开的。悬置现在被取消了,并且相比较那个有意为之的无区分,过错是记忆现象学的点缀(parerga),"补充"。过错的谜团让人越陷越深;还有一个问题,在纳贝尔的术语中,作为一个"反思的予料"得到探讨的过错,就什么说来,构成了在雅斯贝斯的另一套术语中的,一个和痛苦、失败、死亡、孤独具有相同性质和地位的边界处境的。无论如何,供认跨过了一个既是方法上的也是笛卡尔夸张怀疑式的迟疑在无罪和有罪间挖出的深渊。

另一方面,供认还跨过另一个深渊,不同于那个把可以说是方法上的无罪和经验上的有罪隔开的深渊,也就是行为和行为者之间的深渊。我们现在开始感兴趣的,就唯独是这个深渊。在行动和行动者之间划出一条线,这当然是合理的。当我们在道德、司法、政治上谴责某个行动的时候,我们就会这样做。从其"客体"方面讲,过错在于违反规则,无论是什么样的规则,在于违反义务,包括其可把握得到的诸后果,也就是说,过错本质上在于给他人造成伤害。这是一个错误的,并且在这个意义上,有负面评价、应受谴责的行事。在康德关于负值的论文中,过错是实践的一个负值。② 在这第一个意义上,过错和它违反的规则一样,都是有限的,即便说,诸后果通过它们的影响,即让人遭受到痛苦,能够具有无限的一面。这一点和行为者牵涉到他的行为中的情况并不相同。后者相当于"无限化我们的行动对每一个人的意识的影响"(纳贝尔,《伦理学要素》,页6)。关键在于,和供认相关,"在行动

---

① 《意志哲学》第一卷(*Philosophie de la Volonté*, t. I, *Le Volontaire et l'Involontaire*, 前揭,Introduction générale,« L'abstraction de la faute »,页 23 – 31)。

② Kant,《将负值概念引入哲学的尝试》(*Essai pour introduire en philosophie le concept de grandeur négative*, 见 *Œuvres philosophiques*, Paris, Gallimard, coll. « Bibliothèque de la Pléiade », t. I, 页 277 – 280)。

的质的背后,是产生行动的原因性的质"(前揭,页7)。在这个深层次上,自我认识既是行动,也是激情,既是干坏事的行动,也是对自己的行动深感不安的激情。这就是为什么,认出行动和行动者之间的联系不能缺少意识的惊奇,在行动过后,它对"不再能够区分它自己作为原因性的观念和它做出的独特行为的记忆"(前揭,页5)感到惊讶不已。在这方面,行动的表象可以说阻碍行动返回到行动者。记忆(mémoire)的碎片化表象会跟随记忆(souvenir)的分散线。相反,反思回到自身记忆的中心,过错感构成的情感的场所。从行为到行为者的路线,重复了从记忆(souvenir)－记忆(mémoire)到自反记忆的路线。它重复了它,又在本己整体性的丧失感中,脱离了它。无限化同时也是深不可测感。对过去的意识,没有不连贯感和彻底结束感,在其无所依的状态中把行动力量占为己有。存在于行动中的恶和存在于原因性中的恶之间的差异,是自我和自我最深层欲望的不匹配差异。最深层的欲望,几乎只有借助整体性欲望才能被讲述出来;通过生存努力的减退,比起通过接近本己的存在,还能更好地认识它。我们在这方面能够说起一个即使不是上古的过去,至少也是"一个超出记忆及其所有经验历史范围的过去"(前揭,页13)。如果可以说,过错的价值就在于通往这个前经验的,但并非无历史的过去,过错的经验是如此依附在欲望史上。因此在这里为了说明这个相对于行动编年学的错误构造的先前性,我们将慎重地谈一下形而上学的经验。这个先前性的意义,永远都是实践的,并且拒绝任何思辨的掌控。

也就是说,即使是一个仍然受到实践支配的思辨,也还是必须被禁止吗?我们不能作这样的判断,如果考虑到,任何一个指称我们所是的存在——表现为存在的欲望和生存的努力——的表达,简而言之,指称欲望本身的本己存在的表达,早已使存在和非存在卷入其中。原因性这个词本身被用到行动力量和过错代表的无力上,它证明了我以前称之为关于自身(soi-même)的话语的存在论激荡的东西。这个存在论的激荡,也是证实(attestation)的激荡,在我看来,以恶在语言中作为过错的特征为标志,当然是道德的恶,然而更是恶。

在纳贝尔那里,语词"恶"在标题正是《论恶》①的文章中代替语词"过错"在这方面是指示性的和代表性的。和已经变得站不住脚的诸"形而上学"话语之间的令人不安的接近性,不应该麻痹心灵的好奇心,以致禁止在非存在的否定形式下使用动词存在,正如语词道德的恶让人想到的那样。然而只须坚持存在作为力量(puissance)和现实(acte),而不是作为实体、属性和偶性的词义就好了。如果因此可以这样说,深度的这种深化,在过错的现象学层面上,不是没有任何帮助的。我来列举一下。

首先,在非存在的元范畴的保护下,过错的经验,和其他一些同样可以把它们说成是分有非存在的负面经验重新关联在一起。具体来说,失败,作为在有效、生效维度上的成功的反面,有它表达力量和现实、计划和实现、梦想和完成的特定词汇。失败通过这种方式,使过错的经验符合存在和力量的形而上学,后者又和一门有能力的人的人类学相契合。孤独的经验同样与存在论和谐一致:当然,它依附在过错的经验上,因为后者本质上是孤独的;但是同时,反过来,它让同在的经验具有了价值,并且以孤独和分享的这个辩证法之名,它允许我们完全真实地说"我们"。换句话说,在阿伦特看来,孤独是人类复数性的事实对立面。孤独本质上仍然是相互交流的一种中断。它说的是这种交流的间断性。在另一边,根据雅斯贝斯,冲突的边界处境为孤独特有的间断性补充了一个话语和行动的争斗嫁接在其上的不可逾越的对抗观念:话语的争斗,规定了本书已经多次提到的分歧在政治和社会的层面上的

---

① J. Nabert,《论恶》(*Essai sur le mal*, Paris, PUF, coll.«Épiméthée», 1955; rééd., Aubier, 1970)。

不可还原性；行动的争斗，看上去是和事实，即每个行动都是作用于……上的行动分不开的，这也正是行动的作者和接受者之间的不对称性的源头。就这样被放回到层层关系中，过错的负面经验具有恶的维度。

　　过错和恶的这种结合的另一个效果是，一提到恶，就让人想到一个过度、一个难以忍受的过多的观念。事情的这一面自纳贝尔的《论恶》开篇几页起就尤其得到强调。这一章的标题是"无法辩护的"。这个在《伦理学要素》中没有说到过的词表示什么？值得注意的是，在转向主体之前，恶的概念首先是通过行动进入到和无法辩护的东西有关的反思领域中的。从客体一边来考虑，无法辩护的表示不正当的过度，表示超出以道德良知承认的诸规则为尺度来衡量的违法乱纪：在社会条件下，某种暴行、某种劣行、某种极端不平等让我感到惊慌，除非我能指出它们触犯的法则；这不再是我仍然通过对比正当的来理解的一个单纯对立面；这些恶，属于一个比正当和不正当的矛盾还要更加极端的矛盾，并且引起辩护的需要，责任的履行不再能满足这个需要。只有在越过正当的并到达极限的同时，不正当的这种过度才能表现出来。纳贝尔说："这些是恶，是内存在的撕裂，是冲突，是痛苦，连想象上的平抚也不可得"。诸恶，对于那些遭受它们的人来说，因此是无法言表的不幸。① 大屠杀幸存者的那些叙事，仅仅是听到它们就已经很困难了，出现在我们的文本始终坚持的这个方向上。弗里德兰德在这个意义上讨论过"不可接受的"，这都是轻描淡写的了。从这些行为可归罪到他身上的行为者一边来考虑，无法辩护的东西特有的过度，构成另一种无限化，不同于在诸行动的背后，在主体内在性中挖掘出的深不可测的原因性的无限化。这个无限化，和给他人

---

① Jean Améry,《超越罪与罚：为超越不可超越的》(*Par-delà le crime et le châtiment. Essai pour surmonter l'insurmontable*, 前揭)。

造成伤害的无限化是对称的,它的可能性尤其存在于这个伤害中,也就是谋杀、非经受的而是判处给他者的死亡,简而言之,"人对人施加的恶"。① 在使他者忍受痛苦和杀害他者的意志外,实际上还有侮辱他者,抛弃他者,使他无依无靠,任其自我蔑视的意志。当在行动者这边,对意志同谋的供认,补充到在行动这边,对不正当过度的供认之上时,无法辩护的就走得比过错的经验还要远。我们于是在这里,在触及到一种付诸行动的狂热的同时,仇恨勉强给出它的限度,而且它使主体因他自己的行动而感到痛苦的观念突然表现出来,还触及到一个内在的障碍,一种根本的无力,即无力保持任何一种尊严。甚至纳贝尔提出的"邪恶的原因性"的概念看起来也是不恰当的。无法挽回的堕落观念也不是就更加可以接受的。因此,对他人施加的恶的一端,在人类联系的断裂中,成为另一端,亦即罪犯内心恶意的迹象。在这一点上,诸概念,比如就结果来说,不可补救的,就刑事司法来说,不受时效约束的,就道德判断来说,不可宽恕的,相继出现了。这篇结语的最后一个环节将面对这些概念。辩护的哪一端反过来仍然还是可接近的?②

过错的观念和恶的观念结合在一起的最后一点帮助:③结合邀请我们走进伟大的文化想象,它为思想提供神话表达的养分。除了爱和死亡,没有主题会像恶一样,产生如此多的象征建构。在哲学上仍然具有指导意义的,正是起源问题的叙事处理。纯粹思辨的思考只会在这个问题中迷失方向,最终导致失败。正如我们在摩西五经的亚当神话中看到的那样,一个初始事件——失去

---

① Myriam Revault d'Allonnes,《人对人的作为:论政治的恶》(*Ce que l'homme fait à l'homme. Essai sur le mal politique*, Paris, Flammarion, Seuil, coll. «Champs», 1995)。

② "存在绝对无法辩护的东西吗?所有的问题都集中指向这个问题,如果它还没有得到解答,那么我们说过的话就什么都不算"(纳贝尔,《论恶》,前揭,页142)。

③ Paul Ricoeur 和 André LaCocque 合作,《思考圣经》(*Penser la Bible*, Paris, Éd. du Seuil, 1998)。

纯真(perte de l'innocence)的事件——的观念,和叙事一起出现了,并且和事件的观念一起,一个可以说超历史的偶然性观念出现了。失去纯真是发生在一个和历史时间没有任何关系的初始时间中的事情,因此也就是原本可以不发生的事情。一个在经验中始终都存在的、然而在初始秩序中却完全是偶然的恶的观念被提了出来。在哲学上,它是饶有趣味的,如果考虑到行动和行动者之间的距离就这样被拉开了。从此,行动普遍地被看作是恶的,并且在这个意义上,普遍地是可悲的、让人遗憾的。但是主体逃脱这种评价,它有可能没有迷失在意志对作恶的附庸中,某种纯真也许还没有完全消失,它将出现在某些非常幸福的时刻。我以前为这个观点做过辩护,亦即,罪责构成了一个不同于人类条件构成的有限性的边界处境。我认为,不连续性会为从一门按照胡塞尔的方式的、意愿和非意愿的本质学转向一门诠释学提供根据,这门诠释学对过错的初级象征,比如污点、不端、罪,和伟大神话赋予其结构的次级象征保持开放,这些神话尤其滋养了西方思想,更不必说理性化神话,关于真知(gnose)的理性化神话,其中包括反诺斯替的基督教原罪的真知。对我们当前研究来说,注意到这些关于罪责的神话,还是很有趣的,并不是那么多地为了关于恶之起源的思辨,这种思辨,其无价值在我看来是补救不了的,①而是为了探索仍然未经触碰的再生资源。在旅程结束的时候,我们将利用资源。在恶之起源的神话和叙事处理中,宽恕的位置凸显出来。

2. 高度:宽恕

就这样下降到过错经验的最深处,撇开任何遁形到神话想象

---

① P. Ricoeur,《恶:哲学和神学的一个挑战》(*Le Mal. Un défi à la philosophie et à la théologie*, Genève, Labor et Fides, 1986)。

中不谈,如果必须讲出来一个词,那就是不可宽恕的。这个词不仅被用到这样一些罪行上,由于给受害者造成不堪忍受的巨大不幸,它们属于纳贝尔命名的无法辩护的。它不仅被用到那些被指名道姓地认定是犯下这些罪行的行动者上,它同样还被用到把行动和行动者、罪行和有罪的人联系起来的最内在联系上。不论恶之传统的创始事件的前经验偶然性事实上是什么样的,人类行动总是和过错经验交织在一起。即便罪责不是原初的,它也永远是根本的。罪责对人类条件的这种依附,看起来,不仅使它成为在事实上不可宽恕的,而且在法律上也是不可宽恕的。把罪责从生存中连根拔除,看起来,将彻底地摧毁生存。

哈特曼(Nicolaï Hartmann)在他的《伦理学》中极其严格地得出这个结论。他说,如果宽恕是可能的,那么它将构成一个道德的恶,因为它会把人类自由交给上帝支配,并且会冒犯人类的自尊:"坏事是有罪的(être-coupable),这一点决不能因为任何人而撤销,因为它和有罪的人是分不开的。"①我们回到前面分析的出发点,也就是可归罪性的概念,这个我们以行动的真实作者之名,自视对我们的行动负有责任的能力。过错的经验是如此依附在可归罪性上,以至于它成为揭示可归罪性的手段。当然,哈特曼也承认,我们能够减轻过错的撕咬,减轻它的刺痛,甚至在共同体之间的关系中也是如此,但这不是针对罪责本身的:"在道德层面上确实有对恶的胜利……但是过错没有消失。"人们可以对罪犯表示理解,但是不可以原谅他。过错在本质上,不但事实上是不可宽恕的,而且在法律上也是不可宽恕的。

像克达勒(Klaus M. Kodalle)那样,我会把哈特曼的这些表述

---

① 引自 Klaus M. Kodalle,《转折期之后的宽恕?》(*Verzeihung nach Wendezeiten?*, Erlangen et Jéna, Palm et Enke, 1994),本文是作者在 1994 年 6 月 2 日在耶拿大学的就职演讲。

当作是一门自视完全避免神学渗透的哲学伦理学向每一个关于宽恕的话语提出的警告。过错和自身(soi)、罪责和自身性(ipséité)之间的联系，看起来是割不断的。

在简单一句话中概括出来的宣讲，作为一个反面的挑战，响彻耳际：有宽恕(Il y a le pardon)。

"有"(il y a)的表达能保护列维纳斯在每一个同一种类的宣讲中称之为 illéité 的东西。illéité 在这里是高度的 illéité，宽恕在这个高度上被讲述出来，如果这个高度没有过于匆忙地指定给可能是其绝对主体的某个人的话。起因也许仍然是一个人(personne)，在它产生个人化(personnalisation)的意义上。但是斯坦尼斯拉斯·布雷东(Stanislas Breton)提醒我们，任何源自本原的东西，都不是本原。宽恕声音的"有"以其自己的方式说出这一点。这就是为什么，我要说到这个声音，作为一个从高处来的声音。它从高处来，正如对过错的供认，从自身性的深不可测的深处来。这是一个安静的，但不沉默的声音。安静的，因为它没有狂怒的喧嚣，不沉默的，因为它没有被剥夺讲话。实际上有一个恰到好处的话语专门献给它，颂歌的话语。歌颂的话语和赞美的话语。它说：有(il y a, es gibt, there is...)宽恕——冠词"le"表示 illéité。颂歌因此不需要说谁宽恕和宽恕谁。有宽恕，正如有快乐，正如有智慧，有疯狂，有爱。确切地说，有爱。宽恕属于同一类。

怎么能不提圣保罗在《哥林多前书》中对爱讲述的颂歌？但是要注意：颂歌指名要歌颂的，至少在思想的第一个乐章中，还不是某个人，而是圣灵(l'Esprit-Saint)赐予的一个"属灵的恩赐"(don spirituel)——一个"神赐"(charisme)："兄弟们，说到属灵的恩赐，我不愿意你们不明白"。颂歌就是这样开始的(《哥林多前书》,12,1)。严格说来的入祭文(Introït)走得更远："你们要切切地求那更大的恩赐。我现今把最妙的道指给你们"(《哥林多前书》,12,31)。接下来就是著名的"当我……"的连祷文(当我能说众人和天使的话语;当我拥有先知的才能;当我有充足的信仰;当我将财富周济穷人,舍己身叫人焚烧)和"我若没有……"的连祷文(我若没有爱,我就什么都不是,我就不过是空想家而已,我就算不得什么,一切都和我无益)。这样通过在存有(avoir)和存在(être)的连结点上,揭露一种不足、一种缺乏来隐喻地开启主题,就以否定的方式表达一条上升之路,一条胜过所有其他属灵的恩赐的道路。使徒保罗因此能够以动词的直陈式现在时来直抒胸臆:仁爱是这样……是那样……是它一直做的事情。"爱不计较恶,不喜欢不义,只喜欢真理,凡事包容,凡事相信,凡事盼望,凡事忍耐。"如果说爱不计较恶,这是因为爱下降到指控、可归罪性的地方,它自己计算自己。如果说爱是以现在时被讲述的,这是因为爱的时间是永恒的时间,借用柏格森的语言,是最包罗万象的、最具有张力的绵延的时间。爱"永不逝去",爱"常存于是"。而且它比其他伟大的事物还更加完美地常存于是,"总之,如今长存的有三样:信、望、爱,其中最大的是爱"。最大的:因为它是高度本身。如果说爱包容一切,这个一切就包括不可宽恕的。否则的话,爱将化为乌有。我在这里又一次遇到德里达,他在这方面是对的:宽恕是针对不可宽恕的,否则宽恕就什么都不是。它是无条件的,它是无一例外的,没有条件限制的。它不以请求宽恕作为前提:"人们不能而且不应该宽恕,不存在宽恕,如果确实存在宽恕的话,那也是在不可宽恕的地方。"①问题域的整个余下部分就从这里出发,从帕斯卡在一部以宇宙几何学和代数学为标志的词典——它把两个极端的无限对立起来——中称之为"不成比例"的东西出发。过错的深度和宽恕的高度之间的这个不成比例,直到本文结束,都

---

① Jacques Derrida,《世纪与宽恕》(« Le siècle et le pardon », *Le Monde des débats*, 1999 年 12 月)。

将一直折磨我们。这个来自一个无条件命令的无限要求,实际上被两类因素——它们关系到命令现实地写进某一段历史——遮蔽起来。

首先,宽恕的命令是一个特定的文化向我们传达的,这个文化的丰富性并没有成功地掩盖它的局限性。德里达注意到,我们尝试为命令搭配的语言,属于"一个宗教遗产,为了把犹太教、基督教和伊斯兰教都囊括进来,让我们说它是亚伯拉罕的"。而这个复杂的、已分化的甚至充满冲突的传统,既是特殊的,又是处在普遍化过程中的。它是特殊的,"在邻人和同胞的犹太诠释尤其是基督教诠释中,并且在亚伯拉罕圣经宗教的记忆"背负着它的意义上。在这方面,没有人不知道,圣保罗对爱的颂歌,和耶稣基督的传道、和把它写进三位一体的宣讲、和"恩赐"在早期教会共同体中的一门类型学都是分不开的。然而接纳却是普遍的,至少是处在普遍化过程中的,德里达注意到,这实际上相当于一种"不再需要基督教教堂的基督教化",正如我们在日本的舞台(scène)上,并且在基督教话语的某些"世界拉丁化"现象表现出来时看到的那样。这个简单的观察,对任何一个具有普遍要求的伦理使命来说,包括人权的话语,提出了关于基础的和历史的之间关系的重要问题。在这方面,人们只能说所谓的普遍,在世界的范围内,尚处在形成的过程中,并提交给舆论的讨论。如果没有对此的认可,人们就会担心普遍化检验的庸俗化,这种庸俗化导致道德层面的普遍化、政治层面的国际化和文化层面的国家化之间的混淆。对这种庸俗化,除了要求在共同的讨论中对语义保持高度的警惕外,什么都不须多说,只要德里达称之为"上演"(mise en scène)的第二个因素还没有介入其中的话。他想到,"自第二次世界大战以来,尤其是最近几年情况愈演愈烈,悔过、坦白、宽恕或道歉的所有场景(scène)在地缘政治的舞台(scène)上轮番上演"。正是借助这些上演,亚伯拉罕式的宽恕语言以不加批判的方式传播开来。对于"戏剧的空间","大规模的悔过场景"在这里上演,又能说些什么?这种"戏剧性"又是什么样?在我看来,有人可能怀疑这里存在一个滥用现象,类似于本书已经多次揭露的那些滥用,不论是记忆的被推定的责任,还是纪念的时代:"但是幌子、机械的仪式、口是心非、盘算或者装腔作势,通常也在其中,并寄生在这个认罪的典礼上。"实际上,这关系到滥用的同一个情结。但又是什么的滥用?如果我们说,还是和德里达一起,存在"记忆的一个普遍的紧迫性",而且"必须转向过去",那么,把这个道德必然性写进历史的问题不可避免地被提出来。当德里达合理地要求,这个记忆的、自我指控的、"悔过"的、出庭受审的行为应该同时被提交到"司法机关和民族国家以外"时,他就承认了这一点。一个严重的问题因此是,一个在司法的和政治的以外的边缘,是否能在这两个制度的中心被识别出来。简而言之,幌子能否装出真实的姿态,甚至合法的制度的样子。反人类罪的概念在这方面仍然处在"整个地缘政治的宽恕范围内",这大概是这个大范围提问的最后一次检验。就我而言,我要通过这样一些表述来重新提出问题:如果有宽恕(Il y a le pardon),至少在颂歌(如果有人更喜欢,亚伯拉罕的颂歌)的层次上,那么有对我们的某种宽恕(Il y a du pardon)吗?在部分冠词的意义上,有某种宽恕(du pardon)。或者必须和德里达一起说:"只要宽恕是为某个目的服务的,不论这个目的是多么高尚,多么精神性(赎救或赎罪、和解、拯救),只要它旨在通过一种哀伤的工作,通过记忆的某种治疗或者某种生态学而建立一种常态(社会的、国家的、政治的、心理的),那么,'宽恕'(le pardon)就是不纯粹的——包括它的概念也是如此。宽恕不是,也不应该是正常的、标准的、格式化的。它应该是异常的、特别的,经得起不可能的之考验的:就好像它截断了历史时间性的常规进程一样"。现在我们必须直接面对这个"不可能的之考验"。

第二节 宽恕精神的奥德赛之旅:制度的穿越

整个被归类在制度——疏远的他者——的标题下的各种情况有一个共同点,过错被放在控告的社会规则下面。在一个制度框架内,并且这个框架准许这一点,亦即,如果某个人根据规则指控某个人,那么后者就成为前者的一个被告。一个尚未提到的关联在这里建立起来——宽恕和惩罚的关联。原则在于,在这个社会的维度内,只有在能惩罚的地方,才能宽恕;在违反共同规则的地方,必须惩罚。一系列关联是严格的:在存在社会规则的地方,就存在违反的可能;在违反规则的地方,就存在应受惩罚的;惩罚的目的是,通过象征地且实际地否定对他人、受害者造成的伤害来恢复法律。如果宽恕在这个层次上是可能的,那它也是加大惩罚性制裁,而不是在它能惩罚且必须惩罚的地方不惩罚。直接地宽恕是不可能的,因为宽恕造成某种不惩罚,这是一种极大的不义。在控告的影响下,宽恕不能正面面对过错,而只是附带地面对有罪的人。仍然有在法律上不可宽恕的。为了在制度层面的迷宫中找到出路,我采用一份阅读框架,类似于雅斯贝斯在《罪责问题》(*Die Schuldfrage*)中提出的那份。这本出版在战争刚刚结束时的书,在思想上产生巨大的冲击,我们把它译为《德国的罪责》(*La Culpabilité allemande*);但是在大约半个世纪后,必须恢复它的全部概念范围。

雅斯贝斯[①]区分了四种罪责,它们全都和行为有关,并且通过这些行为,又和提交给刑事判决的个人有关。这些行为对应以下

---

① Karl Jaspers,《罪责问题》(1946)(*Die Schuldfrage*, Munich, R. Piper, 1979); Jeanne Hersch 译,《德国的罪责》(*La Culpabilité allemande*, Pierre Vidal-Naquet 作序,Paris, Éd. de Minuit, coll.«Arguments», 1990)。

标准：哪一种过错？送交到哪一个部门？结果是什么？准许哪一种辩护、免罪、惩罚？正如我们在这里要做的那样，哲学家把刑事罪责放在首位：它关系到触犯单一法律的行为；主管部门是进行诉讼的法院；产生的结果是处罚；还可以补充，合法性的问题从正在形成的国际法层面转向，根据上文在讨论法官和历史学家的关系时提出的图式，①分歧训练的大众舆论层面。我暂时把其他三种罪责放在一边。政治罪责，公民和政治犯事实上属于同一个政治体招致这种罪责；道德罪责，它和所有个体行为联系在一起，这些行为能够以某种方式实际地帮助过国家罪行。最后，被叫作"形而上的"罪责，它和人生活在一个恶之超历史传统中的事实是相互关联的。最后这种罪责是本篇结语的开篇讨论过的那种罪责。

1. 刑事罪责和不受时效约束的

20 世纪，时值诸罪行发生之际，这些罪行属于纳贝尔称为无法辩护的范畴范围，把刑事罪责放在显著的位置上。其中某些罪行已经在纽伦堡、东京、布宜诺斯艾利斯、巴黎、里昂和波尔多接受过审判。另一些正在或者将被提交给海牙的国际刑事法庭来审判。它们的审判使人们在国际法和国内法上，针对反人类罪——其不同于战争罪——和在它们中的种族灭绝罪进行专门的刑事立法。这个法规通过不受时效约束性的问题，触及到我们关于宽恕的问题。

不受时效约束的问题得以提出，是因为概无例外地，对于所有不法行为和犯罪行为来说，时效在法律上都是存在的。时效的时限根据不法行为和犯罪行为的性质发生变化。一方面，民法的立法本身就具有一个双重形式，取得的和解除的。在第一种形式下，它规定，在时限过后，物的所有权要求不能反对那个在事实上占有

---

① 参见上文，第三部分，第一章，第三节，《历史学家和法官》。

这个物的人;以此方式,它成为决定性地取得一个物的所有权的方法。在第二种形式下,它通过取消一项义务、一项债务来解除它们。另一方面,时效是刑法的一个规定:它在于终止法律行动;它禁止原告在时限过后把案件提交给管辖法院。一旦提交给法院,它阻止继续提起诉讼(除了军事司法法典规定的潜逃罪和未按时返回部队罪以外)。在其所有形式下,时效制度都是让人吃惊的,它勉强依据的是,时间对义务的被推定的影响,而义务又被认为是在时间中常驻不变的。不同于赦免,正如我们在遗忘那一章结束的时候指出的,①赦免有清除心理或社会痕迹的倾向,就好像什么都没有发生过,时效在于禁止考虑犯罪的刑事后果,也就是说禁止考虑提起刑事诉讼的权利甚至义务。如果时效和时间有关,如果它是"时间效应",正如民法表明的那样,②那么,它关系到的,正是不可逆性;这是说,在任意选定的若干年后,拒绝把时间重新回溯到不法或不正当行为及其痕迹。这些痕迹没有被清除,只是通往它们的道路被禁止了,被用到债务和刑事诉讼权利上的"终止"一词指的就是这个。如果没有社会对不采取行动的默许,时间如何能够独自地——这已经是一种讲述方式了——产生时效呢?它的辩护纯粹是实用的。结束物的取得、债务的收回可能引起的诉讼和针对违反社会规则的人提起的公诉,这是具有公益性的。取得时效有助于保障所有权;解除时效使人免受无限期的负债之苦。

---

① 参见上文,第三部分,第三章,页 585－589。

② 民法第 2219 条直截了当地讲述时间效应的内容:"时效是经过一段时间后,并在法律规定的条件下,一种取得或解除的方法。"经过一段时间后? 借助时间,某一个人可能在某一刻被掠夺,另一个人可能会被赦免其原来的暴力。拉康蒂纳里(G. Baudry-Lacantinerie)和蒂西耶(Albert Tissier)在《民法的理论和实践:论时效》(*Traité théorique et pratique de Droit civil. De la prescription*, Paris, Sirey, 1924)中引用布尔达卢(Bourdaloue)《布道词》(*Sermons*)的一篇:"我求助你们的经验。环顾一下四周,看看你们的房子,你们的家人,充足的财富让他们与众不同,他们中有一些人对自己最光荣的根基感到自豪,看起来,他们无不诚实守信,信仰虔诚。如果你们还能一直回到这种富足的发源地,那么你们会发现,那些自一开始,在原则上就让人颤抖的东西"(页 25)。

刑事公诉的时效会加强一般刑事判决的结论性、"决定"性,这些判决被认为是结束了引起诉讼的司法不确定状态。要结束诉讼,就不应该重提诉讼,甚至就完全不应该提。终止的概念——在民法中债务的终止和在刑法中诉讼权的终止——在这方面是意味深长的。它同时包括一个消极性、惰性、忽视、社会不行动的现象和一个专断的社会姿态,这个姿态准许人们把时效制度视为人为法的一种制定。在这里发挥的社会调控作用完全不同于宽恕。时效起到一个维护社会秩序的作用,这个社会秩序跨越一段漫长的时间。即便宽恕,正如下文将要把它和承诺联系在一起指出的那样,也起到一个重要的社会作用,但是,它的本质和根源都处在社会功能内,甚至是最明显地关心全面和平的时候。

我们必须把宣告反人类罪和在它们中的种族灭绝罪不受时效约束的立法放回到这个背景上。① 不受时效约束性意味着绝不会

---

① 1945 年 8 月 8 日纽伦堡,随后 1946 年 1 月 12 日东京的国际军事法庭宪章规定了反人类罪。这些文本区分:在战争前和战争期间,针对全体平民的非人道行为,包括屠杀、灭绝、奴役和放逐;基于政治、种族或宗教等原因施加的迫害。1948 年 12 月 10 日,联合国通过《禁止大规模种族屠杀公约》使这个概念更加明确。1968 年 11 月 26 日的《不适用法定时效公约》和 1973 年 12 月 13 日的针对战犯的诉讼展开国际合作的决议在这个概念上打上国际法的烙印。相应地,1964 年 12 月 26 日的法律把反人类罪的概念写进法国国内法,它参照 1946 年联合国的决议,即这些罪行的本质宣告它们是不受时效约束性的,"确认"反人类罪和种族灭绝罪的不受时效约束性。法国最高法院在针对这种指控(杜维耶和巴比事件)的主犯提起诉讼时作出的一系列判决表现了法国的法律原则,它把"非人道行为和迫害"视作不受时效约束的罪行,这些罪行,"是以实践一种意识形态上的霸权政策的国家之名义,系统地被犯下的,不仅因为某一些人属于某个种族或宗教共同体而针对他们,同样还针对这个政策的那些异议者,不论他们有何异议"。第一个共同因素关系到存在一个蓄意酝酿的计划。第二个共同因素在于,和战争罪不同,牺牲的是人,从来都不是财物。反人类罪的定义在此之后是由 1994 年新颁布的刑法第 211-1 条及以下决定的。种族灭绝在这里被规定为一种反人类罪,它导致一个群体的毁灭,有意伤害他人生命、伤害肉体或心理的完整,或者让受到歧视的群体成员被迫遭受"导致群体的全体或部分毁灭的自然生存环境,包括流产、绝育、有条件生育的成年人的隔离、儿童被迫的迁移"。所有这些犯罪行为撕毁了《世界人权宣言》第一条和第三条肯定的人人生而平等。

诉诸时效原则。它中止一个其本身就在于阻止提起公诉的原则。通过取消诉讼的时限,不受时效约束性的原则准许无限期地对罪大恶极者提起诉讼。在这个意义上,它恢复权利的持续力,尽管有阻碍权利作用发挥的障碍。对中止一个其本身就是中止的规则的辩护可以求助好多理由。本质上,罪行的极端严重性为没有任何时间限制地起诉罪犯辩护。在面对时间的机械效应会使公诉有所减损的谬论时,推定是,对相关罪行的斥责是不会考虑在时间中的限制的。在这个理由上,还要兼顾蓄意酝酿的作恶,在法国国内法中对反人类罪的限制规定针对的就是这个。这种情况为起诉罪犯的独特热情提供辩护,如果考虑到迅速判决的不可能性,并且有罪的人是如此擅长通过拒绝或更改同一性来逃避正义。为应对这些诡计,不但需要抗时间减损的证据,还需要一种话语,它不应该再承认时效的时限。既然如此,不受时效约束的和不可宽恕的,两者的关系又如何呢?在我看来,把两个概念混同起来将是一个错误:只是因为问题还没有被提出来,所以反人类罪和种族灭绝罪才能被(不恰当地)说成是不可宽恕的。上文已经有所暗示:正义必须发生。不能用饶恕来代替正义。宽恕会批准不受惩罚,它是以牺牲法律,甚至是以牺牲受害者为代价犯下的严重不义。然而,罪行的骇人听闻和比例原则——它决定了不法行为或犯罪行为的等级和惩罚的等级之间的关系——发生断裂的事实鼓励了混同。对于一个不成比例的罪行来说,没有适当的惩罚。在这个意义上,这样一些罪行就构成了在事实上不可宽恕的。① 此外,类似补赎的概

612

613

---

① 我认为,通过这种方式可以理解扬凯列维奇在这个问题上的变化。在发表于 1956 年的第一篇以《论无时效》(*L'Imprescriptible*, Paris, Éd. du Seuil, 1986)为题的文章中,时值对希特勒罪行的时效进行论战,他自己承认,他反对宽恕。但是问题就真的是这样吗?就基调而言,这篇文章与其说是反对,不如说是诅咒,对方在这里没有发出任何声音。在这一点上,他是对的,"所有习惯性地用到法定罪行上的司法准则,比如和时效有关的,在这里都失效了"(前揭,页 21):"国际"罪行、反"人类本质"罪、反"生存权"罪,同样在比例外的罪行;"忘记这些罪大恶极的反人类罪将是一个新(转下页注)

念也能鼓励混同。我们很自然地说起无法补赎的罪行。但是补赎,如果不是从惩罚——惩罚可以说把邪恶消耗殆尽了——中得到的一种赦罪,又能是什么呢?在这个意义上,补赎的结果是诉讼的终止,正如时效要求的那样。从此以后,说某些罪行是无法补赎的,就相当于宣告它们是不可宽恕的。但是这个提问法并不适用于刑法。

这就是说,宽恕精神在刑事罪责的层面上没有任何存在的迹象?我不这样认为。我们已经注意到,这种罪责仍然是以违犯单一法律的尺度来衡量的。被宣告为不受时效约束的,是诸罪行。但是接受惩罚的,是诸个体。既然有罪的意味着应受惩罚的,那么罪责就从犯罪行为回到它们的作者身上。而某种东西要归给有罪的人,可以称之为尊重(considération),蔑视的对立面。只有在离开极端罪行的特殊领地并回到普通法罪行之后,这个精神规定的意义才能得到理解。它们的作者有权获得尊重,因为他们和他们的法官一样终究还是人;在这个意义上,在宣判之前,他们都要被推定是无罪的;此外,在同一块诉讼场地上,他们和受害者一起被传唤出庭;他们同样被允许让人听到他们的声音,并自我辩护。最后,他们遭到处罚(peine),甚至在简化为罚款和剥夺自由的时候,处罚仍然是一种加在痛苦上的痛苦(souffrance),①尤其是在长期

(接上页注)的反人种罪"。正是在这里,我说事实上不可宽恕的。1967 年关于《宽恕》(*Le Pardon*, Paris, Aubier)的研究在另一个方向上开始,其中,宽恕的时间等同于遗忘的时间。问题因此关系到的是时间的消磨(前揭,页 30)。1971 年,第三条进路以疑问性的标题《宽恕?》(*Pardonner?* Paris, Éd. du Pavillon, 收录在 *L'Imprescriptible*, 前揭)展开。我们在这里听见那句著名的呼喊:"宽恕!但是有人向我们请求过宽恕吗"(前揭,页 50)?"罪人的悲痛和无所依,只不过给宽恕一个意义和理由罢了"(同上)。我们在这里来到另一个问题域,请求宽恕的行为实际上将重建某种交互性。扬凯列维奇清楚意识到显见的矛盾:"在爱的律法的绝对和恶的自由的绝对之间,存在一个不能被完全撕裂开的裂缝。我们一直以来都在尝试使恶的非理性和爱的至上力量和解。宽恕像恶一样强大,但恶也像宽恕一样强大"(前言,页 14 - 15)。

① peine 和 souffrance 都有痛苦的意思。——译注

处罚的情况下。但是尊重并不限于诉讼的框架内,也不再限于在执行处罚的框架内。它被要求去灌溉在犯罪性的处理中牵涉到的活动全体。自然地,它关系到警察行动。但更具有重要意义地,尊重关系到精神,人们应该在精神中向犯罪问题靠近。即便说事实上诉讼的功能在于用话语替代暴力,用讨论替代谋杀,但是还有一个事实是,不是所有的人都拥有相同的讨论武器。有被排除在言说外的人,尤其在判决现行犯罪的情况下,他们被拖拽到法庭上,能够感觉到出庭不过是他们每天都会遭遇到的制度暴力的一个额外表现。因此,道德外在地对法律的评判证明了格言:最严厉的法律最不公正(summum jus, summa injuria)。道德对正义的这个评判(jugement)一直延续到在司法系统内进行的判决(jugement),后者以对正义讲述命令的方式,要求它永远都更加地公正,也就是说,既是更加普遍的,又是更加特殊的,既是更加关心法律面前人人平等的具体情况,又是更加关注嫌犯的叙事统一性。所有这些意味着对人的尊重。

对滔天罪行的恐惧让人没办法把这种尊重推及到它们的始作俑者身上,这一点仍然是我们没有能力绝对地爱的标志。扬凯列维奇最后对"宽恕像恶一样强大,但恶也像宽恕一样强大"的承认的意义就在于此。它和弗洛伊德在提到诸神和巨人之战——厄洛斯(Éros)(性爱)和塔纳托斯(Thanatos)(死之本能)在这里发生冲突——时得出相似的犹豫相契合。

2. 政治罪责

重要的是和雅斯贝斯一起,使公民和政治家的政治罪责区别于由法庭、进而由刑事诉讼程序——其决定诉讼流程——裁决的刑事责任。政治罪责产生于公民在事实上归属于政治体,罪行是以政治体的名义犯下的。在这个意义上,只要还没有被移送给刑事法庭,它就可以被称为集体的:犯罪的人民的概念必须明确地加以抛弃。不过这种罪责还是牵涉到政治共同体的成员,不考虑他们的个体行为或者他们对国家政策的接受程度。得到过公共秩序好处的人必须以某种方式回答其所在国家产生的诸恶。这种责任（Haftung）是在谁的面前表现出来的？在1947年,雅斯贝斯回答说,在胜利者面前——"他冒生命的危险,而且结果如其所愿"（《德国的罪责》,页56）。人们今天会说,在受害者的权利和利益的法人代表面前,在一个民主国家的新当局面前。但是问题始终关系到一种权力、统治关系,尤其是多数人对少数人的权力、统治关系。至于结果,它们分为各级法院以肃清政策的名义宣判的惩罚性制裁,和国家——它产生自新的力量关系——承担的长期赔款义务。但是比惩罚,甚至比赔款更重要的,仍然是正义的话语,它建立起每一个参与者的公共责任,并在一个恰到好处的距离关系中,指出侵害者和受害者的各自位置。

　　这种罪责的界限是确定的:诸力量关系仍然牵涉其中;在这方面,必须提防把力量的历史当作世界法庭。但是,在这些界限内,冲突有它们的位置,宽恕的问题域对这些冲突感兴趣。就每个人都仍然处在谴责、定罪的地位上而言,我们始终都是有罪责的,都是要被控告的。证明无罪的策略因此能够任意施展,这些策略妨碍宽恕精神走向有罪的自身。辩解总是有很多理由:用事实来反对事实;诉诸反国家权利的个人权利;揭露法官的自利意图,甚至指控法官也是灾难的帮凶(你也一样！ *tu quoque*！);或者再次尝试把地方性波折淹没在世界事件的大历史中。开明的见解因此始终都在于,使意识的省察从世界大舞台回到在那里得以成长的国家小舞台。在这方面,必须把证明无罪的一个备受推崇的方式揭露出来,也就是自认和公共生活无关的公民所诉诸的方式。雅斯贝斯提醒人们说,"政治伦理建立在一种国家生活的原则上,所有人通过他们的意识、他们的知识、他们的意见和他们的意志参与到这种生活中"（前揭,页49）。反过来说,在政治层面上,对被告的尊重在权力行使中表现为节制,在暴力使用中表现为自我克制,甚至表现为针对战败者的仁慈:宽待战败者(parcere victis!)——仁慈,宽宏大量,宽恕投荫于其上……

3. 道德罪责

随着道德罪责的提出,我们在一定程度上远离诉讼的结构,并且接近罪责、邪恶意志的中心。问题关系到大多数个体行为,它们或多或少地,通过他们的默许或明许为政治家的刑事罪责和政治体成员的政治罪责出过一份力。政治性的集体责任到此结束了,个人的责任开始了:"负责审查的,是我的意识,是和亲朋好友、兄弟姐妹的交流,他们能够爱,能够关心我的灵魂"(雅斯贝斯,《德国的罪责》,页46－47)。在这里被概述出来的是,从指控的制度过渡到请求和宽恕的交换制度,我们马上就会谈到这个交换。但是证明无罪的诸策略同样在这个层次上施展开来:它们在那些想要永远都正确的人的遁词中找到支援。没有任何地方比在这个复杂动机的层面上更加需要理智的诚实和看清自己的意志。我们在这里又一次发现了不知(ne pas savoir)的意志,其躲避在上文提到过的目盲和遗忘的半被动、半主动的诡计中。但是还必须提到卖弄的且不知羞耻的自我指控,人格尊严的牺牲产生的反面过度,它们会转而对那些保持缄默的同胞发起攻击。① 我们想到在加缪的小说《堕落》中,"忏悔的审判者"的出场,其中,指控者和被控者的

---

① 克达勒并没有向轻易地脱罪妥协的嫌疑,他更是严格要求"傲慢的超道德主义"(前揭,页36),它和脱罪是成立地出现的。面对同样的问题,马克斯·韦伯在第一次世界大战之后,在他的同胞中,告诉那些自我并且致力于追捕罪犯的战败者们:"他们不如采取刚强有力的态度,对敌人说:'我们失败了,你们得到了胜利。让我们忘记过去吧,现在来讨论一下应该从新形势中得出来的结论……考虑一下面对未来需要担负的责任,这是胜利者必须关心的'"(《学术与政治》[*Le Savant et le Politique*], Paris, Plon, 1959; rééd., 10/18, coll.«Bibliothèques», 1996,页201)。25年后,雅斯贝斯向他的同胞们要求更多的懊悔。

两个角色巧妙地融为一体,没有中立且宽厚的第三方调解。① 然而战争刚刚结束后的形势不应该让人把注意力仅仅放在道德责任上,这种道德责任牵涉个体和民族国家公权力的关系,以及极权主义提出的内部问题。解放战争,殖民和后殖民战争,特别是因少数民族的文化和宗教要求引发的冲突和战争,把一个令人不安的问题摆放在显著的位置上,克达勒将这个问题放到他关于宽恕的公共维度之思考的起点:人民大众能够去宽恕吗? 当然,问题是逐一地向每一个个体提出的;这就是为什么问题恰恰关系到和具体行为有关的道德责任;但是,在背负着历史的历史共同体的规模上,诸行为的动机通过集体记忆传达出来的。在这方面,那些分散在世界各地的冲突,和 20 世纪重大刑事诉讼提审的冲突,具有相同的公私交错的结构。克达勒的问题在最后这个层次上被提了出来。可惜回答是否定的。必须得出结论说,关于"人民大众的和解"的话语,"仍然只是一个虔诚的心愿而已"。集体性并没有道德意识。以此方式面对"外在的"罪责,人民大众再次陷入世代仇恨、古老屈辱的周而复始当中。政治思想在这里遇到一个重要现象,也就是敌友关系——施密特(Carl Schmitt)把他的政治哲学建立在这个关系上——不可还原为个体之间的敌对关系。这个不情愿的观察对记忆的某个概念体系来说,尤其是件麻烦事,正如本书提到的这种,其中,个体记忆和集体记忆之间是存在连续性和相互关系的,集体记忆本身被当作在哈布瓦赫意义上的历史记忆。爱和恨,看起来,在记忆的集体层次上各不相同地运作。

面对这个惨淡的结论,克达勒在邻敌(voisins ennemis)的关系中提出常态性(normalité)的观念作为病态记忆的治疗法;他把常

---

① 参见 P. Gifford,《苏格拉底在阿姆斯特丹:〈堕落〉中的反语使用》(« Socrates in Amsterdam: the uses of irony in 'La chute' », *The Modern Language Review*, 73/3, 1978, 页 499–512)。

态性构想为宽恕的一种隐匿状态(Inkognito der Verzeihung)(《转折期之后的宽恕?》,页14)。他说,在交换关系中,不是亲若兄弟,而是保持端正。他把这个观念和一种在公民和世界性的层次上的尊重(Nachsichtlichkeit)文化的观念联系在一起。我们在刑事罪责的层面上遇到过这个概念。以节制、宽厚、仁慈的形式,它可以被拓展到政治责任的层面上。最后,以一种尝试理解那些是历史使其成为敌人的他者的顽强意志的形式,它还可以出现在道德责任的层面上,面对"世代相传的仇恨"。把它用到自身上时,它意味着拒绝诉诸陌生人、敌人或过去的敌人,轻易地为自己脱罪。善意在这个层次上要求关注那些不属于我的创始事件,关注另一方的生活叙事。这里是重复这句格言的地方:"学会别样地叙述。"诸多不可能转变成制度的姿态,比如勃兰特总理的华沙之跪,正是在这个被用到外交关系上的尊重文化的框架内,具有了意义。重要的是它们的异常特征。借助一种神秘的炼金术,它们在使人产生——借用克达勒的表达——"尊重性情"的同时,能够对制度产生影响。而这些姿态恰好还是对宽恕的请求。在这个意义上,它们显示出它们属于两种思想秩序,被控告的,同样也是不可宽恕的秩序,以及请求和给予的交换秩序,不可宽恕的在这里开始瓦解。我们现在必须在这个新的秩序方向上前进。

第三节 宽恕精神的奥德赛之旅:交换的驿站

让我们走出指控和惩罚的循环,在循环内,宽恕只有边缘的位置。一个问题推动我们走出这一步,正如扬凯列维奇提出的那个问题:"有人向我们请求过宽恕吗"? 问题预先假定了:如果侵害者请求过宽恕,那么是否宽恕他将是一个允许提出的问题。而这个假定又直接对立于宽恕的首要特征:它的无条件性。我们和德里达一起说起过,如果有宽恕,那么它必须能够在没有请求条件下被给予。然而我们相信,实践上的一种相信,在被请求的宽恕和被给予的宽恕之间,存在类似相关性的东西。这种相信,把过错从控告和惩罚的单边秩序带到交换秩序。政治家向受害者请求宽恕的姿态,提请人们注意在某些特殊的政治环境下请求宽恕的力量。

我在这里的观点是,即使宽恕进入到交换循环中标志着已经考虑到请求宽恕和给予宽恕的双边关系,但是高度和深度、无条件性和有条件性的纵向关系特征还是没有被注意到。这个尤为显著的相关性特有的两难困境证明了这一点。正如阿贝尔(Olivier Abel)在他给一项关于宽恕的研究所写的跋中注意到的那样,至少在这个阶段,还只能提供一门"两难困境的地理学"。① 这些两难困境嫁接在两种话语行为的面对面上:有罪的人的话语行为,他讲述他犯下的过错,以详尽讲述过失的可怕作用、痛苦的情节化为代价,和受害者的话语行为,他被认为是能够讲出让人解脱的宽恕的话的。后者完美地表明一种按其说的去做的话语行为的力量:"我宽恕你"。确切地说,两难困境和这样一种话语交换的条件有关,并且通过一连串问题表现出来:"能够宽恕不承认自己过错的人吗"?"讲述宽恕的人必须是被伤害过的人吗"?"能够宽恕自己吗"?② 即使某位作者作出一个决断而不是另一个——而且如果至少,哲学家的任务不仅仅是记录这些两难困境,那么他又如何能避免如此情况呢?——始终都有异议的空间。

面对第一个两难困境,在我看来,尊重有罪的人的自尊——向他表示上文说到过的那种尊重——就是期望他供认不讳。第二个两难困境更加棘手:受害者的范围在不断扩大,如果考虑到亲子关系、社区生活联系、文化接近性的话,并且一直扩大到政治智慧确

---

① Olivier Abel,《宽恕的目录》(«Tables du pardon. Géographie des dilemmes et parcours bibliographique», 见 *Le Pardon. Briser la dette et l'oubli*, Paris, Autrement, série «Morales», 1992, 页 208 – 236)。

② 同上, 页 211 – 216。

定的一个界限,哪怕只是为了提防同代人过度受害化的倾向。更恰当地说,和被提出的问题相对应的问题还是比较麻烦的:是不是只有最初的侵犯者才有资格请求宽恕?上文提到过的悔罪和忏悔的公共场景,其庸俗化和戏剧化毋庸置疑,产生了一个关于合法性的问题:一个当权的政治家,一个宗教团体的实际领袖,为了向受害者们请求宽恕,不过,他们本人并不是这些受害者的直接侵害者,受害者本人也没有亲自遭受相关的伤害,能够利用何种委派呢?一个随着传统生生不息的展开,在时间中和在空间中的代表性的问题被提出来了。悖论在于,制度是没有道德意识的,制度的代表以制度的名义讲话,他们授予制度类似一个专名的东西,并且和专名一起,授予其一种历史罪责。然而,相关共同体的某些成员并没有感觉到自己卷入到一种文化连带责任中,这种文化连带责任具有一种不同于政治连带责任的力量,上文提到的集体责任是政治连带责任的结果。①

至于第三个两难困境,只有在我们奥德赛之旅的最后一站地,它才能得到完整的答复。自己宽恕自己的假说,在两方面产生问题:一方面,侵害者和受害者的角色的二元性抗拒一种完全的内在

---

① 参见 Walter Schweidler,《宽恕与历史身份:越过集体脱罪的边界》(« Verzeihung und geschichtliche Identität:über die Grenzen der Kollektiven Entschul- digung»[La Pardon et l'identité historique, par-delà les frontières de la disculpation collective], Salzburger Jahr- buch für Philosophie, XLIV/ XLV, 1999/2000)。

作者提到在美国、澳大利亚、日本政治家的公开道歉和南非的"真相与和解"委员会,还提到天主教主教和教皇本人为十字军东征和宗教裁判所提出的宽恕请求;这里的问题焦点在于,道德责任的某个形式,它意味着存在一种共同体维度的"道德记忆",换句话说,意味着承认集体记忆的一种道德维度,对某个人类共同体来说,这种道德维度是"历史身份"的根源。作者说,记忆同样是某种属于道德判断的公共的东西。他也承认和困惑(perplexio)的问题域有关的道德困境的存在:罪责在超政治的人类连带责任领域内的传递,实际上不应该滋长在上文称之为道德责任的层面上个体的脱罪意图。脱罪其实比归罪还要阴险得多,它有过度的危险。在施魏德勒(Schweidler)看来,这里讨论的连带责任,属于康德称之为"不完全的"那些义务,它更加适合和奥古斯丁的爱的秩序(ordo amoris)联系起来。

化:只有一个他者才能宽恕,受害者;另一方面,并且这个保留是决定性的,宽恕和过错的供认之间的高度差异,在一种关系中,这种关系的纵向结构投射在一个横向相关性上,不再被认识到了。

这种不识在我看来导致人们过于匆忙地把宽恕和唯一的交互性所确定的一种交换相似看待。

1. 礼物经济学

为了澄清这种暧昧不清,我建议把宽恕的两难困境的独特结构和一些困难关联起来。这些困难是把和礼物概念联系在一起的交换模型推广到宽恕问题域时引起的。许多语言的词源学和语义学都鼓励这种关联化:礼物-宽恕(don-pardon, gift-forgiving, dono-perdono, Geben-Vergeben)。不过,礼物观念也有自己的困难,可以把它们分为两个环节。首先,重要的是重获礼物的交互维度,其对立于单边维度的第一个特征。然后,问题关系到在交换关系的中心,恢复高度的差异,其根据交换的本质,区别宽恕和礼物。

关于第一个对照,我们必须承认,没有回报(sans retour)的礼物,这个主题有很大的力量,并且提请我们进一步注意:罗贝尔词典说,赠送(donner)是"慷慨地,没有得到任何回报地,把拥有或享有的一个东西送给某个人"。重点完全在于没有交互性。送礼的人和受礼的人之间的不对称看起来是彻底的。大体上说,这并没有错。比起不必做的还要更多的赠送,实际上构成了没有得到任何回报的赠送的一个平行形态。但是,另一方面,另一种逻辑推动礼物在另一个层次上重建等价关系,其不同于过剩的逻辑与其断裂的层次。[①] 在这方面,马塞尔·莫斯(Marcel Mauss)关于礼物、

[①] 在《爱与正义》(Amour et Justice, éd. bilingue, Tübingen, Mohr, 1990)中,我把我称作礼物的经济学所固有的过剩的逻辑和正义的经济学,甚至在惩罚的实行中,连同它的评量和权衡所固有的等价的逻辑对立起来。同样参见布尔当斯基的《作为能力的爱与正义》(Luc Boltanski, *L'Amour et la Justice comme compétences*,前揭)。

关于交换的古式形式的经典著作应当引起我们的注意。① 莫斯并没有让礼物和交换相对,而是和交换的商品形式、计算、利益相对:在斯堪的纳维亚的一首古诗中可以读到,"送礼总是期待回礼"。和送礼相对应的,实际上不是受礼,而是回送、回礼。社会学家要研究的,正是一个特征,"深层且独立的:这些送礼的可以说自愿性,表面上是自由的和无偿的,然而却是强制的和有利益关系的"(《论礼物》,页147)。② 问题是,"礼物中究竟有什么力量让受礼者必须回礼"(前揭,页148)? 难题在于三个义务之间的联系:送礼,受礼,回礼。在这些人口的代言人看来,③ 这个联系的力量是回礼

---

① Marcel Mauss,《论礼物》(*Essai sur le don. Formes et raison de l'échange dans les sociétés archaïques*,见 *Année sociologique*,1923 - 1924,第一期;收录在 Marcel Mauss, *Sociologie et Anthropologie*, Paris, PUF, 1950; 8ᵉ éd., coll.《Quadrige》, 1990)。莫斯的这部作品与马林诺夫斯基(G. Malinowski)在同一领域内的作品,达维(G. Davy)关于誓言的作品(1922)都是同时代的。

② 利科的引文有误,这里按照莫斯的原文译出。——译注

③ 在其著名的《马塞尔·莫斯的著作导言》(《Introduction à l'oeuvre de Marcel Mauss》,见 *Sociologie et Anthropologie*,前揭)中,列维-斯特劳斯提出疑问的,正是这个发言(parole):从其研究的人口那里得到的概念"并不是科学的概念。它们并没有澄清人们要求解释的现象,它们介入到这些现象中"(前揭,页45)。玛纳(mana)的概念代表意义的剩余,一个流动的能指,人们用它来理解世界。为了避免单纯的重复、同语反复,科学只能在它的其中一个前科学诠释中发现交换关系的纯粹形式本身。完全不同于我们的问题:这个古式结构继续存在于实践和理解的现象学层面上的问题,我们拥有它的非商品交换在科学时代的残存形式。

在德贡布(Vincent Descombes,《Les essais sur le don》,见 *Les Institutions du sens*, Paris, éd. de Minuit, 1996, 页237 - 266)那里,我们将会看到一个关于列维-斯特劳斯的异议的讨论。讨论的框架是三元关系的一个逻辑分析,礼物的交换是它的一个特殊情况(送礼者、礼物、受礼者)。至于列维-斯特劳斯指责莫斯只是接受相关礼物交换的参与者给出的描述,它并没有真正触碰到支配交换发生的义务所具有的法律特性。在精神的无意识结构里寻找义务的动因,这就是把义务当作一个解释,对这个解释,只能给出一个以"神秘的纽带"(德贡布,前揭)来表述的虚幻说法。不同于通过精神的无意识基础来进行解释,"莫斯的《论礼物》是以一种描述的风格书写而成的,它只能让这些哲学家感到满意,比如皮尔士,他认为礼物的关系包含无限,并且超出任何向原始事实(faits bruts)还原的可能性,比如维特根斯坦,他认为规则不是行为的一个动因(一种心理学的或者其他形式的机械论),而是人们遵守的一个规范,因为他们想(转下页注)

义务的基础;回礼义务来自接受的东西,它不是没有活力的:"在夸富宴(potlatch)上被交换的东西具有一个效力,它使礼物循环流通,既被赠送,也被回赠"(前揭,页214)。① 重商主义及其个体利益的概念,曼德维尔(Mandeville)的《蜜蜂的寓言》庆祝其胜利(前揭,页271),得以在它上面呈现出来的背景,必须还是一个要回到那里去的基础:在这里,"我们触及到根本"(前揭,页264)。毛利人有一句精辟的谚语:"送取相宜,一切如意"(前揭,页265)。②

2. 礼物和宽恕

通过这种方式得到重述的古式模型,为解决宽恕的两难困境提供足够的支持了吗? 至少对于关系到宽恕的双边和交互维度的第一部分论证来说,回答可以是肯定的。不过,异议以下述方式跳跃出来:在纯粹只是按照礼物的循环来看待宽恕的同时,模型让我

(接上页注)用它来指导生活"(德贡布,前揭,页257)。在我看来,相关的问题是,三元关系(把某物送给某人)的逻辑和把它运用到历史自然的具体情形中的义务之间的关系问题。在这里,我们的问题也就合情合理地提出来了,它关系到夸富宴在非商品交换的实践层面上的古式结构继续存在于科学和技术的时代。

① 自调查进行到其多样性像西北美洲(夸富宴的命名就从这里来)、美拉尼西亚、波利尼西亚、澳大利亚的某些部落一样的当代人口时,对我们的读者来说,关于交换制度的这个古式结构(先于商业及其主要发明,准确地说,货币制度)在我们的契约关系中留下持久痕迹的问题被提出来了。莫斯注意到,在这里,在我们的道德和经济下面,它起到"建构我们社会的一方人类基石"(同上,页148)的作用。送礼和回礼这种交换形式更加看重的,是在大方中的竞争性,是在引起回礼的礼物中的过度。这就是古式的交换形式及其原因。莫斯在古代法律(古代罗马法)和古代经济(日耳曼法的抵押)中还认出这个形式的残余。莫斯的《道德的结论》在这里引起我们的兴趣:社会学家鼓励道德学家大声说,"我们不是只有商人的道德"(同上,页259)。他补充,"今天,那些古老的原则抵抗我们法规中的严格、抽象和非人性……至于我们的制度从罗马和撒克逊那里继承来的冷漠,这种对它的反抗完全是有益的和有力的"(同上,页260)。在慷慨的庇护下,礼貌和好客结合起来。要注意据说致命的礼物发生的令人不安的偏移,正如 gift 一词在日耳曼语中的双重含义证实的那样:一方面,礼物(don),另一方面,毒药(poison)。在这个角度上,就此而言,怎么能不提引起我们极大注意的柏拉图《斐德罗篇》的 pharmakon?

② 此处译文引自《礼物》,汲喆译,上海人民出版社,2002年版,194页。——译注

们不再能够区分宽恕和报偿,它们彻底结成伙伴关系。我们于是尝试掉转方向,跃到两难困境的另一极。我们因此会碰到什么?会碰到没有回报地爱敌人的极端诫律。看起来只有这条不可能的诫律才能达到宽恕精神的高度。敌人没有请求过宽恕:必须如其所是地爱他。这条诫律,不仅转而反对报偿原则,也不仅反对报偿原则打算纠正的同等报复法,在最大限度内,它还反对被视作废止报复法的黄金规则。黄金规则说,"己所不欲,勿施于人"。即使改写成"人所不欲,勿施于人"也没有用。问题在于交互性。怀疑逐渐滋长,开始责怪依仗慷慨精神的私人或公共行为(志愿者服务、公众募捐、施舍乞者),更不必说无政府的人道主义组织在今天受到的抨击。反对者是这样论证的:赠送要求回赠(do ut des);通过把送礼者放在独尊处优的地位上,礼物隐蔽地造成不平等;赠送约束受益者,使其有了义务,要感恩的义务;赠送让受益者不堪重负,一项无力偿还的债务的重负。

  对此的批判不一定就是不怀好意的;福音书的作者们,确切地说,正是在让人想到黄金规则之后,借耶稣之口讲出了它。我们读到:"你们若只爱那爱你们的人,有什么可酬谢的呢? 就是罪人也爱那爱他们的人;……但是你们要爱敌人,善待他们,借与他们又不指望偿还"(《路加福音》,6:32-35)。前面的批判就这样被极端化了:礼物的绝对尺度,就是爱敌人。不指望偿还的借与观念和它联系在一起。远非得到削弱,批判在一条(几乎)不可能的诫律的压力下变得更加极端。

  我想表明的是,只有商品的交换不得不接受批判,而且,直到在对敌人的爱中,仍有一种高级的交换形式。所有的异议,实际上,都预设了一个隐藏在慷慨背后的利益。它们因此也就还处在商品的领域内,这个领域有其合理性,确切地说,还处在一个对交互性的期待在这里具有货币等价形式的秩序中。爱敌人的诫律从打破交互性的规则开始,要求达到极致;和福音书的夸张修辞保持一致,诫律希望,只有给敌人的礼物才是正当的,因为并不指望从他那里得到任何回报。但是严格地说,这个说法是错的:为人期待的是爱,它使敌人变成朋友。莫斯称赞的夸富宴,在内部通过大方(munificence)来打破商业秩序,正如巴塔耶(Georges Bataille)的"耗费"(dépense)以自己的方式做的那样。福音书通过给予恩赐(don)一个"过度的"(folle)尺度做到这一点,慷慨的日常行为只能远远地接近它。①

怎样称呼礼物的这种非商品形式? 不再是送礼和回礼的交换,而是送礼和仅仅受礼的交换。② 在慷慨中,慷慨仍然是商业秩序的一部分,潜在地被冒犯的,是受礼者的尊严。在尊敬受益者的同时赠送,是上文提到过的尊重在交换层面上具有的样子。在尊重从此时起具有的独特形态的帮助下,送礼和受礼的交互性不期待任何回报地结束了礼物的横向不对称。认识到请求宽恕和给予宽恕的交互关系维度,只是构成了完整重建这层关系的第一步而已。还要说明宽恕两极间的纵向距离:在宽恕的无条件性和请求宽恕的有条件性之间的对比中,问题实际上正是在于这个距离。这个不断重现的困难,以一个问题的形式,再次出现在被用到宽恕上的交换模型的中心:是什么使得诸伙伴能够进入到供认和宽恕的交换中? 问题不是空洞的,如果我们再一次提到阻碍供认的和同样巨大的、阻挡开口讲出宽恕的话的障碍:请求宽恕,实际上同样是准备好接受一个否定答案:不,我不能,我不能宽恕。而交换模型却视送礼、受礼和回礼的义务是理所当然的。我们刚刚看到,莫斯把义务的根源归给被交换的东西具有的准魔力。把供认和宽恕的两种话语行为联系在一起的不可见力量又是什么? 被推定为

---

① 我敢说,我甚至在"永久和平"——按照康德的说法——的政治乌托邦中也会找到一些类似福音书夸张法的东西:乌托邦授予任何人在外国"作为一个客人而不是一个敌人"被接待的权利;普遍的好客在政治上确实近似福音书对敌人的爱。

② Peter Kemp,《不可替代之物》(L'irremplaçable, Paris, Corti, 1997)。

交易的这个不确定性是不对称的结果,其可以说是纵向的,并且有掩盖交换的交互性的倾向:事实上,宽恕跨过高和低、宽恕精神的高耸和罪责的深渊之间的一段间隔。这个不对称是宽恕的公式构成的。它一直陪伴我们,作为一个谜团,我们永远不会停止对它的探索。

着眼于这些困惑,我想提一下南非的新任总统曼德拉期盼的,并且图图大主教威风凛凛地主持的,举世闻名的"真相与和解委员会"的发起者们勇敢地承担起来的特殊困难。成立于1996年1月,直到1998年7月,并在1998年10月递交了一份厚重的洋洋五卷本报告,委员会的任务是"收集证据,安抚、赔偿受害人,赦免那些对政治罪行供认不讳的人"。①

"理解,不要报复",这是决心,完全有别于大规模的纽伦堡和东京审判的惩罚逻辑。② 既没有赦免,也没有集体豁免。在这个意义上,正是在交换模型的帮助下,清查一段充满暴力的过去的另一种尝试值得我们来讨论一下。

评价这项针对相关人口的所谓补偿正义的事业的效果还为时尚早。但是,主角和众多直接证人已经把反思推进得足够远,我们因此可以做一个暂时的评估,关于一个在其明显的政治维度内,比

---

① Sophie Pons,《种族隔离:招供与宽恕》(*Apartheid. L'aveu et le pardon*, Paris, Bayard, 2000,页13)。委员会由分别来自宗教、政治和市民团体的29人组成,它分为三个工作委员会:侵犯人权委员会,它的任务是确定1960年至1994年间,虐待的性质、原因和范围,并且具有放大的调查和传讯的权力;补偿和修复委员会,它的任务是确认受害者的身份,同时了解他们的诉求以便提供赔偿、物资援助和心理支持;赦免委员会,负责审议宽恕的申请,条件是彻底地供认被控行为的政治动机。

② "南非的最大变革和一个原则有关,个体的和有条件的赦免原则,截然不同于在拉丁美洲,在武装压力下授予的大赦。问题不是清除,而是揭露,不是遮掩罪行,而是相反,揭露它们。为了得到宽恕,过往的罪犯必须参与到民族史的重写中:豁免是应得的,它意味着公众认识到他的罪行,新的民主规则也得到接受……自古以来,人们都说任何罪行都必须得到惩治。在非洲大陆的一端,由一个前政治犯发起,在一个主教的领导下,一个国家探索了一条新的道路,对那些认识到自己罪行的人来说,这是一条宽恕之路"(S. Pons,前揭,页17–18)。

如雅斯贝斯在政治罪责的标题下限定的那个范围,目标不是宽恕,而是和解的行动所固有的局限及其遇到的阻碍。

在受害者这边,从治疗、道德和政治的角度一起来看,成果是不可否认的。为了知道真相数年来不懈抗争的家属,面对被告,并且在证人面前,能够述说他们的悲痛,表露他们的仇恨。以漫长的听证为代价,他们能够讲述那些虐待,能够指认那些罪犯。在这个意义上,听证真正地允许在恰当的审讯程序的引导下,公开地从事记忆的和哀伤的工作。在给控诉和讲述痛苦提供一个公共空间的同时,委员会顺理成章地引起了一种相互的净化(katharsis)。此外,重要的是,除了被传唤的个人以外,还有来自商界、新闻界、民间社会、教会的专家,委员会邀请他们来发掘自己的记忆。

即便如此,想知道直到什么地方,主角已经能够走上真正宽恕的道路了,也许对这个没有任何先例的尝试还是期待太多了。这很难说。交付赔款的合理关心能够得到满足,但记忆的净化并没有导致怒火的平息,这才是和由衷地给予宽恕联系在一起的,比如在主体具有宗教或沉思意识,或者熟悉先祖智慧的咒语时,它就是这样发生的。另一方面,还有许许多多的人,当那些使其陷入到悲伤中的人,或者那些拒绝为曾经伤害过其亲人道歉的人,没有得到赦免的时候,他们公开地感到高兴。更何况,负责赦免的委员会给予的赦免并不等同于受害者名义的宽恕。他们没有因此得到满足,通常来说,法院的判罚才能使他们满意。

在被告这边,评估更是对比强烈,尤其更是模棱两可的:公开的供认在大多数情况下难道不是一个计谋,为了请求和得到一种赦免,用来解除所有司法诉讼和所有刑事判决吗?供认,为了不对簿公堂……没有回答受害者的问题,但是满足赦免依赖的法定标准……公开懊悔的场面让人困惑。事实上,只是作为语言约定来公开地使用它,不可能不为目标是政治赦免的努力提供可乘之机。过度地供认,但是完全不放弃这个信念,亦即自己才是正确的,这是更加经济地使用供认游戏的规则。对于另一些被告,他们通过告发上级或同谋,转而从供认程序中得到好处,又能说什么呢?诚然,他们协助确定事实的真相,然而是以释放他们本人的真相为代价的。过往罪行在事实上的不受处罚对他们来说就变成了在法律上的不受处罚,作为没有忏悔的供认的报偿。比较来看,某些被禁止请求宽恕的前领导人的傲慢拒绝值得给予更多的尊敬,虽然这种拒绝,就其延续了蔑视一切的文化而言,在政治上是有害的。

这些困惑,其发生在供认与宽恕之交换的两面上,要我们来考虑一下这样一个和解计划所固有的局限。委员会的成立是新旧权力之间动荡交易的产物,更不必说不得不共享胜利果实的敌对派系之间的对抗。更深刻地且更持久地,种族隔离的暴行留下的创伤,经过多年的公开听证也不足以治愈。① 我们就这样极不情愿地接近克达勒的令人不安的观察:人民大众不能宽恕。"真相与和解"委员会的创立者和拥护者大胆地证明这个让人大失所望的念头是错误的,并且为了长治久安,他们向记忆的工作和哀伤的工作的一种政治形式提供了一个历史机遇。很多时候,委员会发掘了许多残酷的真相,昔日敌人间的政治和解当局无法接受这些真相,正如很多人否决委员会的报告所证明的那样。认识到一项和解事业的非形势的,但可以说结构性的局限,并不是说就显示出了绝望,它不仅需要大量的时间,还需要一个在自身上的工作,其中,在政治和解的一种公开实践的形态下,发现某种类似宽恕的隐匿状态(incognito)的东西并不就是不可能。

正是借助它在主角和证人那里引起的困惑,"真相与和解"委员会的痛苦尝试把我们一直带回到我们刚才中断了对宽恕、交换

---

① 在未说出口之事的政治影响力之上,还必须补充蔑视的教训,祖辈恐惧的纠缠,不义的意识形态甚至神学辩护,始于冷战的地缘政治论证,涉及个人和集体同一性的整套动机。所有这些都构成要克服的巨大障碍。

和礼物之间的关系的讨论的地方。正如结语这一节的标题表明的那样,这个讨论不过只是旅程上的一个驿站而已,这个旅程从列出宽恕的公式出发,直到其在最隐蔽的自身性层面上的解答。但是为了揭示一个在本质上是一种关系的行为的他异性(altérité)维度,这个驿站是必要的。我们把这个关系特征和让两种话语行为面对面相互对质联系在一起,供认的话语行为和免诉的话语行为:"我请求你的宽恕。——我宽恕你。"这两种话语按它们说的做:确实认错了,确实宽恕了。问题因此在于弄明白这是如何做到的,考虑到宽恕公式的关系,也就是宽恕的无条件性和请求宽恕的有条件性之间的不可通约性。这个深渊难道不是以某种方式,借助一种交换,这种交换保存诸极端的极性,被跨过去了么?礼物的及其回礼的辩证法的模型因此得以提出。宽恕的话和供认的话之间的不成比例以一个问题的形式再现了:什么力量使人能够请求、给予、接受宽恕的话?

第四节 回归自身

现在,研究必须转向自身性的中心。但是仅仅为了请求宽恕,它必须求助何种能力,何种勇气呢?

1. 宽恕和承诺

在走进懊悔的悖论之前,我们必须检验一下澄清的尝试,对我们来说,这将是在交换和礼物的尝试之后的最后一次尝试。请求宽恕的勇气似乎能够从我们控制时间进程的能力中获得。这是阿伦特在《人的条件》①中的尝试。这本书的声誉是名副其实的:它建立在恢复一个非常古老的象征体系,亦即解约束-约束(délier-

---

① Hannah Arendt,《人的条件》(*The Human Condition*,前揭)。

lier)的象征体系,以及宽恕和承诺通过下述这个辩证主题的联系上,一个会解除我们的约束,另一个会约束我们。这两种能力的作用是,它们负责任地回应"行动的持续"在人类事务层面上受到的时间束缚。①

我们还记得,行动是一组三元概念的第三个范畴:劳动,工作,行动。这是在其人类学结构中得到考量的积极生活的基础三段式,既是基本的,又是历史的。行动因其特有的时间性而不同于另外两个范畴。劳动被用到消费品上,工作想要超越它的有死的作者,行动只是想要持续下去。在海德格尔那里并没有确切说来,和操心联系在一起,能够为道德或政治提供一个基石的行动范畴,而阿伦特不需要通过共在(Mitsein)的道路使操心共同化,在《存在与时间》中,操心仍然明显以不可让渡的死为标志。行动自一开始就直接地在一个可见的公共空间中展开,它在这里把交互往来的错综网络展现出来。说话和行动发生在人类展现出来的公共空间内,并且是直接地,没有从私密性到公共性、从内在性到社会性

---

① 扬科列维奇在《不可逆的和怀旧》(*L'Irréversible et la Nostalgie*, Paris, Flammarion, 1974)中迈向这个方向。作者把不可挽回的(irrévocable)和不可逆的严格对立起来(第四章)。"不可逆的"表达的是,人不能回到过去,过去不能作为过去回到现在;"不可挽回的"指的是,"已经存在过的"——主要是"已经做过的"——是不可能归于虚无的:做过的事情不可能当作没做过一样。两个相反的不可能性。怀旧是作者探讨的第一个情感,它落在"不可逆的"这边。它是人们对已经不再存在的、又想留住它、让它重现的事情的伤感。内疚是另一回事:它想忘却,想"不要出现"(前揭,页219)。内疚以其特有的伦理特征对立于伤感的唯美和强烈的情感特征。这还是让人感到伤心的。如果"遗忘没有使不可挽回的事情归于虚无"(前揭,页233),如果不可挽回的事情是不会消失的,那么要废止过去,就不能依靠时间的侵蚀,而是要依靠解约束的行为。于是必须谨记这一点,"废止肯定要剩下什么东西"(前揭,页237)。这是哀伤的必然环节。这里触及到不可宽恕的,以及和它联系在一起的不可补救的,其是"已经存在过的事情"和"已经做过的事情"的最后残余。正如莎士比亚在《麦克白》中所说,没做过是不可能的(前揭,页241)。在这一章结束的时候,扬科列维奇讲述那句刻在他的房门上,又作为本书题铭的话:"往日之所是,来日必永是:'已经存在过的'这个神秘而又极度晦涩的事实,将是永恒的圣餐"(前揭,页275)。

的过渡。人类的复数性是源始的。就此说来,为什么还必须经过宽恕的能力和承诺的能力?因为有阿伦特称之为复数性的内在"脆弱性"的东西。人类事务的脆弱性实际上不能归结于事业的不持久性和有终结性,这些事业无不受制于事物的无情秩序,受制于痕迹的物理消失——这个终极遗忘的保证者。脆弱性的危险,和行动在复数性条件下具有的不确定性有关。这种不确定性,一方面关系到不可逆性,它使独自掌控行动后果的愿望破灭,宽恕会回应它,另一方面关系到不可预见性,它使对行动的预期进程、对人类行动可靠性的信心破灭,承诺会回应它。①

阿伦特采取的立场跟我们自本文的第一节开始就讨论的问题域——宽恕在那里被看作是从高处来的——有一段意味深长的距离:"可以说,要把行动从其开启的过程的不可逆性和不可预见性中解救出来,不能依靠另一种或许更高级的能力,而是依靠人类行动的一种潜在性……"(《人的条件》,页266)。用能力(faculté)这个词,阿伦特说到"宽恕的能力,许下和信守承诺的能力"(同上)。是否可以这样说,没有人能宽恕自己,而且如果放任我们自己的话,我们只能漫无目的、无精打采地飘来荡去?确实如此:"这两种能力依赖复数性。"人类复数性满足彼此间面对面的需要。宽恕的能力和承诺的能力建立在那些没有人能独自做出的经验上,这些经验又完全建立在他人的在场上。如果这两种能力的根源是复数性固有的,那么它们的实践领域就完全是政治的。关于这一点,阿伦特把最有利于她诠释的福音书注释用到她的研究中。这些福音书说,只有在人类彼此间相互宽恕时,他们才能祈望得到上

---

① 约束和解约束的图型之间的严格两极性引起一些有趣的探索,探索它们在新领域内的表达资源。在《法的时间》(*Le Temps du droit*,Paris,Odile Jacob,1999)中,奥斯特(François Ost)在法的时间性上展开"四节拍":约束过去(记忆),解过去的约束(宽恕),约束未来(承诺),解未来的约束(疑义)。法谈论的时间,是"当下,因为法的四节拍是在当下演奏的"(前揭,页333)。

结语　艰难的宽恕　　　　　　　　　653

帝的宽恕：宽恕的力量是人类的力量。① 阿伦特写道："只有相互解除他们所作所为之事的束缚，他们才能继续是自由的行动者"（前揭，页270）。证实这一点的，一方面是宽恕和报复的对立性，它们是人类对冒犯的两种反应方式，另一方面是宽恕和惩罚的平行性，它们结束错误的无止境持续。②

　　我想要对之提出疑问的，正是这个用能力来表述的，宽恕和承诺的严格对称性。阿伦特并不是没有想到宽恕有承诺没有的一种宗教氛围。承诺回应的是不可预见性，它是心灵的间断性和我们行动的一系列后果的复杂性产生的；承诺用掌控未来的能力，就好像关系到的只是当下，来对抗人类事务的这个双重不确定性。这个能力自一开始就发现它被政治地记录在宣布彼此非暴力地交换承诺的协约和契约缔结上。关于这一点，阿伦特赞同《论道德的谱系》的第二篇论文中的尼采，承诺在那里被说成是"意志的记忆"，它克服遗忘的懒惰。③ 在尼采得出的这个特点上，阿伦特补

---

　　① 在《马太福音》18:35 中，我们读到："你们各人若不从心里宽恕你的兄弟，我的天父也要这样待你们。"还有，"你们宽恕人的过犯，你们的天父也必宽恕你们的过犯；你们不宽恕人的过犯，你们的天父也必不宽恕你们的过犯"（《马太福音》, 6:14 - 15）。《路加福音》17:3："若是你的弟兄得罪你，就劝诫他；他若懊悔，就宽恕他。倘若他一天七次得罪你，又七次回转，说：'我懊悔了'，你总要宽恕他。"

　　② 关于这一点，阿伦特稍有犹豫："因此，惩罚是人类事务领域的一个极为重要的结构因素，人们不能宽恕他们无法惩罚的行为，也不能宽恕那些表现为可不宽恕的行为。这就是自康德以来被叫作'极端恶'的罪行的真正标志，它们的性质几乎不为人所知，甚至对亲眼目睹过它们在公共领域内的一次罕见爆发的我们来说，也是如此。我们所知道的一切是，我们既不能惩罚也不能宽恕这些罪行，因此，它们超出了人类事务的领域，超出了人类的潜在权能，后两者无论显现于何处，都会被它们彻底摧毁。因而，当行为本身解除我们一切权力的地方时，我们确实只能重复耶稣的话：'对他来说，最好把磨石栓在他脖颈上，把他丢进海里'"（前揭，页271）。

　　③ Friedrich Nietzsche,《论道德的谱系》(*La Généalogie de la morale*, Colli 和 Montinari 整理, Isabelle Hidenbrand 和 Jean Gratien 译, Paris, Gallimard, coll.《Folio》, 1987)。《论道德的谱系》的第二篇论文的开篇语惊四座："圈养一种能够承诺的动物，这难道不是大自然在有关人的问题上提出的两难任务吗？ 这难道不是关于人的真正难题吗？这个难题在很大程度上已经得到解决，这一点对于完全了解何种力量——（转下页注）

充,承诺的行为属于复数性的游戏,它反过来标志着承诺跻身政治的领域。

这和宽恕的情况有所不同,宽恕和爱的关系让宽恕远离政治。

通过归谬法,在宽恕制度化的全部尝试的有时惨重的失败中,我们有对此的证据。不过还是存在可靠的承诺制度,它们以不同的方式属于誓言的秩序——宽恕没有这种情况。我们在上文提到过宽恕的滑稽模仿,即赦免,遗忘的制度形式。① 但是我们在一个完全不一样的维度内能够提到施行忏悔圣事在天主教内引起的困惑。② 严格站在约束和解约束的力量在秩序井然的教会共同体内以安心和宽恕为目的加以运用的对面的,是陀思妥耶夫斯基的

(接上页注)遗忘的力量——与之相反的人来说,也是很吃惊的。"它是如何得到解决的?通过为抵抗遗忘而许下的承诺。遗忘不能只被看作一种惰力,还要被看作"一种活跃的抑制能力,一种从最严格意义上讲的主动能力"。承诺因此在谱系学中表现为一种第二阶段的征服:遗忘征服生命的躁动,"诚如我所言,这是积极遗忘的效用,它像个门房,像个灵魂秩序的守护者、安宁和规矩的守护者",承诺又征服遗忘。记忆反对这种遗忘,不是随便什么记忆,不是守护过去的记忆,不是回忆起已结束的事件、已消逝的过去,而是那种让人有能力许下承诺、坚持承诺的记忆;我们说,自身性的记忆,通过依照过去的诺言来支配未来,它使人"可预见、有规律、有必然性",并且以此方式,使人能够"回应自己的将来"。在这个光荣的背景上,其他"阴郁的东西"出现了:债责,过错,罪责。关于这些,参阅德勒兹的杰作《尼采和哲学》(*Nietzsche et la Philosophie*, Paris, PUF, coll.«Quadrige», 1962, 1998)。

① 参见上文,第三部分第三章,页585-589。

② Jean Delumeau,《供认和宽恕:忏悔的困难(13-18世纪)》(*L'Aveu et le Pardon*, *Les difficulté de la confession*, *XIIIᵉ-XVIIIᵉ siècle*, Paris, Fayard, 1964, 1992):"没有任何基督教,也没有任何宗教,像天主教那样如此看重反反复复地、细致入微地对罪进行供认。这种不断地劝说并且极大地帮助认识自我仍然在我们身上打下烙印"(页5)。现在的问题是,以这种供认作为代价的给予宽恕,是否真的更多是产生安全感,而不是产生恐惧和犯罪感,正如作者随《西方的恐惧》(*La Peur en Occident*, 1978)和《罪与怕——西方的罪感》(*La Péché et la Peur. La culpabilisation en Occident*, 1983)的工作展开想知道的那样。"让罪人自己供认不讳,以便从神父那里得到神的宽恕,并由此安心:这是天主教的目标,尤其是当它使一年一度的私人忏悔成为一项义务,并且还要求信徒事无巨细地供认所有'不可饶恕的'罪的时候"(页9)。弄清楚授予具有"医生"、"法官"、"父亲"三重角色身份的教士(不考虑信徒共同体)以"司钥权"的体制之前提是另一回事。

《卡拉马佐夫兄弟》里的宗教大法官形象。① 以自由为代价拯救人类的甚至是温和的尝试也必须以宗教大法官的尺度来衡量。根本不存在宽恕的政治。

这是阿伦特已经预见到的。她说到它,是从和宗教大法官代表的一极相对立的一极,即爱的一极出发的:爱,一个"人类生活中极少有的现象"(前揭,页272),显得和世界没什么关系,因此之故,它不但是非政治的,而且是反政治的。宽恕和承诺运作层次之间的这种不一致对我们来说非常重要。人类事务由于其时间条件而具有那两种"脆弱性",即不可逆性和不可预见性之间的对称性把不一致遮蔽起来。这种对称性似乎允许作者通过以下表述进行跳跃:"爱虽然限制在自身狭小的空间里,尊重却存在于人类事务的广阔领域中"(前揭,页273)。不过这里提到的,与其说是使徒的爱(agapē),不如说是哲学家的政治之爱(philia politikē),那种既不私密也不亲近的友谊。最后这一点把宽恕带回到我们上一节的横向交换层面上。在人类复数性中间,宽恕发挥相同的能力,即揭示出在行动和话语中具有的"谁"。阿伦特甚至似乎会提出,如果我们能察觉我们自己,那么我们就能宽恕自己:如果据说,我们不能宽恕自己,那是因为"我们依赖他人,我们在一种独特性中向他人显现,而这种独特性我们自己不能察觉"(同上)。

---

① 作为反基督者的形象(基督的狱卒,根据福音书,基督战胜魔鬼的三个诱惑,而历史却又战胜他),宗教大法官把意识的安宁带给民众,赦免他们所有的罪,以此换来他们的臣服:"这样做,不是正确的吗,你说呢? 我们认识到人类的脆弱,怀着爱心减轻他们的负担,甚至容许他们孱弱的天性有些罪过,难道我们不爱人类? 现在你为何来妨碍我们? ……跟着我们人人安享幸福,再也不造反,不自相残杀,在你的自由中会发生的这一切再也不会发生了……我们将告诉他们,任何罪过只要是得到我们准许的都可以赎买;我们容许他们有罪是因为我们爱他们,至于这些罪过应得的惩罚由我们担待。他们把我们当作在上帝面前替他们承当罪过的恩人敬若神明。他们将没有任何瞒过我们的秘密"(« La Légende du Grand Inquisiteur »,见 *Les Frère Karamazov*,法译本 Paris, Gallimard, 1952, 1973, t. I,页358-359-361)。(中译引自荣如德译本,上卷,上海译文出版社,2011年版,个别译文有改动。——译注)

但是,所有一切都发生在公共领域的可见空间内吗?在《人的条件》中,行动那一章的最后几页突然引入人类行动牵涉其中的关于有死性和诞生性的思考:"顺其自然地,人类事务不得不遵循有死性的规律,这个行进在生和死之间的生命最确定、最真实的规律"(前揭,页277)。如果行动的能力,再加上说话的能力,能够干扰到这个规律,以致阻断不可避免的自发性,那是因为行动和语言在"诞生性的表达"(前揭,页276)中汲取它们的养分。难道不应该把这里理解成是向海德格尔"向死存在"的哲学发出一个谨慎而又坚决的抗议吗?难道不应该"时刻提醒我们,虽然人终有一死,但他不是为死而生的,而是为变旧启新"(前揭,页277)?在这方面,"行动就像一个奇迹"(同上)。①

提到行动的奇迹,其根源在宽恕的奇迹,就是严肃地对宽恕能力的全部分析再次提出问题。时间的掌控和诞生性的奇迹是如何联系在一起的?恰是这个问题重启整个事业,并要我们把宽恕精神的奥德赛之旅领向自身性的中心。宽恕的政治诠释,其保证了宽恕在同一个交换层次上和承诺的对称性,在我看来还缺少的东西,是针对解约束行为本身——其作为约束行为的条件被提出来——的一种反思。② 在我看来,当阿伦特把宽恕的姿态放在行

---

① "事实上,行动是唯一的创造奇迹的能力:拿撒勒的耶稣,他对这种能力的深刻洞见,由于它的独创性和革新性而使人想起苏格拉底对思想可能性的深刻洞见。在把宽恕的能力比作更一般地创造奇迹的能力,把两者等量齐观并置于人力所及的范围时,耶稣就完全认识到了这一点。奇迹,将世界和人类事务领域从通常的'自然'毁灭中拯救出来,它最终是诞生性的事实,从生存论的角度上讲,行动能力同时扎根于其中。对世界的信仰和希望,也许可以在福音书宣布的'福音'中找到它的最简捷、最荣耀的表达:'一个孩子诞生在我们中间'"(前揭,页277 – 278)。

② 阿伦特对宽恕和承诺根据它们与时间的关系而共同组成的结对的表述不是唯一可能的。《人的条件》的作者选择不可逆性和不可预见性的主题;扬凯列维奇选择不可逆性和不可挽回性。在我所能够查阅的未出版的作品中,阿贝尔(Olivier Abel)诉诸时序,开始的能力,进入交换的能力(他把承诺归于这个能力),在正义观的保护下,在交换中坚守自身的能力和离开交换的能力(这是宽恕)一起构成时序。他说,伦理学就是在这两极之间展开的。

动和它的后果,而不是行动者和行动的交叉点上时,她就还停在难题的门槛上。诚然,宽恕有这样的效果,它把债责和其罪责的重担分开,并且可以说,作为一个接受来的遗产的附属,揭露债责的现象。但是它必须做得更多。至少,它可以做得更多:解除行动者其行动的约束。

2. 解除行动者其行动的约束

让我们来更好地理解一下问题的关键。我们关于宽恕的整个研究是从供认的分析出发的,通过供认,有罪的人承担其过错的责任。过错就这样把一个指控内在化,从此以后,这个指控针对的是在行动背后的作者:法不赞成的,是违法行为——但是法院惩罚的,是人。这个观察把我们引向了哈特曼说的行动和行动者的不可分割性的观点。从这一点出发,把它看作一个挑战,我们得出有罪的自身性在法律上的不可宽恕性的结论。于是为回应这个在法律上不可宽恕的,我们建立了不可能的宽恕的要求。我们随后的全部分析就在于,探索在不可宽恕的过错和不可能的宽恕之间被打开的间隙。宽恕的独特姿态,对接受审判的人保持尊重的告诫,以及我们在刑事罪责、政治罪责和道德罪责的三个层面上大胆地视为宽恕的隐匿状态的所有那些行为——它们常常只是宽恕的不在现场(alibis)而已——艰难地填补了这个间隙。所有这些最终都是发生在区别对待行动者及其行动的不可能性上的。这种解约束(déliment)标志着宽恕的高耸和罪责的深渊之间的纵向差异被放到力量和现实的横向差异的领域中。解约束使有罪的人能够重新开始,这就是这一统帅一切的解约束的形象。

解约束统帅一切。但是它本身是可能的吗?我在这里最后一次遇到德里达的观点:把有罪的人和他的行动分开,换句话说,在给他的行动定罪的同时宽恕有罪的人,这相当于是宽恕另一个主体,不再是做出那个行动的主体。① 观点是严肃的,回应也是困难的。我认为,要到一个比第一个主体(犯错的主体)和第二个主体(接受惩罚的主体)的观点提出的拆分还要更加彻底的拆分那边去寻找回应,一个位于行动力量——能动性(agency)——的中心,也就是实现和能力之间的拆分,实现使能力现实化。这个内在的区分意味着,道德主体的践行能力不会因为他多样化地参与到世界进程中而耗尽。这个区分表达的是一种信仰(foi)行为,一种对自身(soi)的再生资源给予的信任。

要解释这个终极的相信行为,除了接受《圣经》宗教提出的,并且我发现其被记录在亚伯拉罕记忆里的一个终极悖论以外,没有别的方法。它通过一个我们还没有提到过的,并且在内心深处起作用的联结得到表述,到目前为止提到的任何一种联结都没有到达过这里:也就是宽恕和懊悔(repentance)的联结。

这里已经完全和交易无关了。② 这个悖论,而不是一个两难困境,让人想到一个独一无二的循环的观念,根据它,对宽恕的生存上

---

① 更确切地说,在说到有罪的人明确地请求有条件的宽恕时,德里达说:"从这时起,已经完全不再是有罪的人,而是另一个人,一个比有罪的人更好的人。就此说来,在这个条件下,人们宽恕的不再是作为有罪的人的有罪的人"(《世纪与宽恕》,前揭)。我要说,还是同一个人,不过是潜在地不同,不是真的不同。

② Annick Charles-Saget,《回归、懊悔和自身的建构》(*Retour, Repentir et Constitution de Soi*, Paris, Vrin, coll. «Problèmes et Controverses», 1998)。巴黎第十大学的费斯蒂吉埃中心(Centre A. J. Festugière)在这里收录的文章主要用于讨论圣经的懊悔和新柏拉图主义的回归本原(Principe)之间的交织。前者扎根在希伯来的悔改(Teshuvah)中,如同在律法的指引下,回归上帝、回归与上帝立的约(Alliance)、回归完全的道(la voie droite)。马可福音提到施洗约翰的悔改(metanoia)洗礼(metanoi 在拉丁语中说的是 conversio)。因此,与其说基督教的懊悔是一种"回归",不如说是一种开始的姿态。《七十二子希腊文本》(Septante)和《智慧书》时代的希腊人借用转变、"转向"(Tour)、回归(epistropha)的形象。另一方面,普罗提诺的《九章集》带给回归(epistrophē)纯粹哲学上的发展,它是对知识的一种追求,同时也是一种情感冲动。在普罗克洛斯(Proclus)那里,回归本原构成了一个自身封闭的循环。只有到了内观学派(参见上文,第一部分第三章,页115-146)那里,回归或懊悔对自身的建构所起到的作用的问题,以及和这个问题相关,这里提到的这一系列悖论,才会被提出来。

的回应可以说包含在礼物本身中,而礼物先行地在开始懊悔的姿态中被认出了。诚然,如果有宽恕,那么宽恕"常存于是",正如在颂歌中,颂歌赞美爱的伟大,就是这样说到爱的;如果它是高度本身,那么它就既不容许前,也不容许后,然而对懊悔的回应却发生在时间中,不论它是突然的,比如在某些壮观的皈依中,还是循序渐进的,经过整个一生。确切地说,悖论是亘古"长存的"事情和每次都发生的事情之间的循环关系的悖论。在这方面,我们很清楚有那么多教条的思想把自己囚禁在非此即彼的逻辑中:要么首先是恩典,甚至只是恩典,要么首先是人类的主动性。随着不论是预期的、辅助的、至高的,还是其他形式的因果关系的出现,僵局变得更彻底了。因此,让我们将悖论保持在它的萌芽期,让它远离思辨的重担,让我们仅限于说明它是如何在历史条件中占有一席之地的:通过影响行动者和行动的关系的解约束具有的多种多样的形态。

这种解约束的行为在哲学上并非异类:它和一门行动哲学的脉络保持一致,在这门行动哲学中,重点在于能力(pouvoirs),它们共同组成有能力的人的肖像。反过来说,这门哲学人类学又建立在一门基础存在论上,在存在一词根据亚里士多德的形而上学而具有的广泛多义性中,这门基础存在论更偏好作为现实和作为力量的存在,不同于在一直到康德的形而上学中占据过统治地位的实体词义。这门现实和力量的基础存在论,人们可以在莱布尼茨、斯宾诺莎、谢林、柏格森和弗洛伊德那里追踪其踪迹,在我看来,再次出现在道德哲学的边界上,在这个地方,一门宗教哲学嫁接在一个道德义务论的概念体系上,正如我们在康德本人那里,在《纯然理性界限内的宗教》开篇的最后一节《论根本恶》中看到的那样。他说,恶是根本的,而且实际上是作为所有恶的准则之准则,是根本的,但它并不是原初的。根本的是趋恶的"倾向"(penchant),原初的是向善的"禀赋"(disposition)。而这个向善的禀赋在《道德形而上学的奠基》的第一章以之为开篇的那句名言中就已经被推定了:"在世界之中,甚至一般地在世界之外,除了善良意志以外,不可能设想一个无条件善的东西。"这句话不仅表明一门目的论伦理学被明地吸收到一门义务论道德学中,并且在相反的意义上,还表明隐地承认后者植根于前者。这种植根在《纯然理性界限内的宗教》的一些话里再次得到印证,它们标志着,趋恶的倾向和向善的禀赋结合到一起:关于禀赋(Anlage)的整个话语实际上是一个目的论话语,它逐一地把动物性的禀赋、理性的禀赋和人格性的禀赋联系起来。这个三元组合被归结为一句话,"人的原初禀赋是善的"(《总的附释》)。道德哲学的开篇语和《论根本恶》的结束语就这样严格地相互吻合。

而"重建向善的原初禀赋的力量"的可能性就存在于这个"向善的原初禀赋"中。我可以这么说,在这个谦虚的标题——"在我们身上重建向善的原初禀赋"——之下,一门以人类善的根据的解放为中心主题的宗教哲学的全部计划既被遮蔽,也被揭露出来了。康德表示,这种"向善的动机","我们永远都不会失去,而且要是有可能失去的话,我们也就永远不能重新取得它"(《纯然理性界限内的宗教》,页69)。这个信念在对探讨恶的超历史起源的古代神话进行哲学式的重新阅读中找到了一个支持。在这方面,我们在上文提到过亚当神话,其中,堕落作为一个初始事件得到讲述,它开启一个在纯真之后的时间。叙事形式就这样使一个诚然不可挽回的,但就其发生来说,并非不可避免的历史地位的根本偶然性保存下来。这个相对于被造地位的差距保留另一种历史的可能性,懊悔的行为每一次都会开启这种历史,纯真和善在时间进程中的每一次涌现都会加强这种历史。《纯然理性界限内的宗教》中的康德哲学建立于其上的向善的禀赋响应了这个放在起源叙事保护下的生存论-生存上的可能性。因此要倾注到这项致力于重建的庞大计划中的,一方面,是诸象征,它们滋养犹太教和基督教的宗教想象物,比如,受苦的仆人及其耶稣基督的表达,另一方面,是超政治的诸制度,比如,在基督教中,具有门徒和守护者的双重身份的教会关于这种想象物积淀的可见形式。事实上,康德针对这种基础的宗教精神——我们今天说其是《圣经》宗教的宗教精神——具有的历史形式,以一种越来越强烈的口吻展开了用于讨论这些象征和制度的《纯然理性界限内的宗教》的余下部分。

在这些宗教的意义空间内,宽恕的难题呈现在这种对西方宗教精神进行哲学式阅读的背景上。在讨论宽恕精神如何在意志活动中占有一席之地时,康德在这里仅限于提起"超自然的协助",它能够帮助并完成"道德的动机接纳意志的准则"。这个结点既是宽恕的解约束,也是承诺的约束。①

因此对这个合取的可理解性,能说些什么? 不论在关于自由和恩典问题的神学争论过程中尝试过的解决方法都是什么,康德在《纯然理性界限内的宗教》的第三篇中让自己离开这些争论,看起来,从纯粹理性辩证法的二律背反继承来的语词,即无条件的和有条件的,并不适用于宽恕和懊悔的问题域。似乎必须用悖论来反对析取,反对两难困境。必须放弃以思辨或先验的方式讨论这个悖论。②

---

① "假定为了成为善的或者更加善的,一种超自然的协助同样是必要的,无论这种协助仅仅在于减少障碍,还是作出积极的帮助,人都必须事先就使自己配得上接受这种协助,并且承认有这种协助(这是非同小可的),这就是说,把力量的积极增长纳入到自己的准则中。只有这样,善才能被归于他,他才能被看作是一个善的人"(前揭,页67)。一门在纯然理性界限内的宗教哲学不允许自己在这两个触及到受《圣经》宗教框架内某种阅读和解释传统所引导的个人生存践行的解释之间做选择。《总的附释》的结语劝勉每一个人利用他的向善的原初禀赋,希望"由更高的协助补上他自己力所不能及的东西"(前揭,页76)。

② "对于一个在自然情况下的恶人来说,自己使自己成为善的可能性,这超出了我们所有的概念:一棵坏树如何可能结出好果子呢? 然而,正如我们前面所承认的,一棵原初(就它的禀赋而言)好的树曾结出坏的果子,而从善到恶的堕落(如果我们考虑到这种恶是出自自由的)也并不比从恶升为善更易于理解。这样,后者的可能性也就是无可争议的了。因为即使有那种堕落,'我们有义务成为更善的人'这个命令,仍然伴随着同样的力量回荡在我们的灵魂中,因而我们必定也能够这样做,即使我们所能够做的这件事单就其本身而言并不充分,我们由此也只是使自己仅仅能够接受一种我们所无法探究的更高的帮助"(前揭,页67-68)。

对不可化约的实践本性来说,只有在祈愿式的语法中才得以陈述。

在宽恕的影响下,有罪的人被视作能够做出一些不同于其不法行为和过错的事。他恢复行动的能力,行动恢复持续的能力。人们以尊重的小小善举对这种能力表示敬意,我们在这些善举中认出在政治舞台上被表演的宽恕的隐匿状态。把行动投向未来的承诺最后赢得这种被恢复的能力。简练的一句话表述了这个解放的话语:你比你的行动更优秀。

第五节　回顾一段旅程:重述

一旦宽恕的轨迹绕回到它的发生地并且自身在其基本的道德能力,即可归罪性中被认出,问题就在于,我们关于宽恕行为的反思使我们能够如何看待本书已经走过的全部道路。和宽恕精神联系在一起,又可以对记忆、历史和遗忘说些什么?对最后这个问题的回答可以说构成了这篇《结语》的结语。

适用于这个重述的话语不再是一种现象学的话语,也不是一种认识论的话语,甚至不是一种诠释学的话语,而是对一系列活动的完成前景进行探索的话语,这些活动构成这座宏伟的时间纪念堂,其中包括记忆、历史和遗忘。我在这方面大胆地说起末世论,目的是强调这个终极前景的期盼和投开维度。最恰当的语式在这里是愿望的祈愿式,与描述的直陈式和规定的命令式保持相等的距离。

说实话,我是很晚才发现宽恕的精神和我们整个事业的完成前景之间的这层推定联系的。很显然,这是重新阅读的一个结果。对这层联系的预感自一开始就在引导我吗?很有可能。如果情况确实如此,我要把《作为他者的自身》在开篇提出的动机的暗流涌动和论证的依次展开之间的区分用到它上面吗?或者还是那个我认为,我要将之归功于欧根·芬克(Eugen Fink)的操作性概念(从未完整地放在心上)和主题性概念(被看作知识的直接相关对象)之间的区分？我无话可说。不过我所知道的是，整个寻找的关键配得上幸福的美名。

1. 愉快的记忆

我能够在事后说，整个记忆现象学的导航星，是愉快的记忆这个观念。它一直隐藏在记忆以忠实性为认知目标的定义中。对过去的忠实性不是既定的，而是一个心愿。和所有的心愿一样，它可能落空，甚至可能被违背。这个心愿的独特之处在于，它不是有意去行动，而是有意在一系列构成了记忆的陈述维度的语言行为中重新获得表象。和所有的话语行为一样，陈述的记忆的话语行为既能成功，也能失败。就此说来，这个愿望首先还不是被看作一个心愿，而是一个志向、一个诉求——一个要求(claim)，其不得不承受我已经多次提到的那个初始疑难，一个带有先前性、时间距离标志的不在场事物的在场表象构成的疑难。不过，虽然这个疑难确实给思想造成了一些困扰，但是它也从未把我们带到死胡同里去。记忆活动的类型学因此自始至终都是克服在场和不在场的左右为难的诸方式的一门类型学。从这个树状类型学中，我们一点点得出记忆的识认这个高贵主题。开始的时候，它还只是记忆类型学的众多形态中的一个，只有到最后，跟随在柏格森对图像识认的分析之后，并且以图像的存活或者再生的名义，识认的现象才证明了它的优势。现在，我在这个现象里面发现这篇结语的前几节将其特征描述为宽恕的隐匿状态的东西的等价物。仅仅是等价物而已，如果从这一点来看的话，即在这里，不是罪责，而是和解才是区分要素，和解的完成以记忆活动的完整系列为标志。我把识认视作记忆的小小奇迹。作为奇迹，它同样也可以不发生。但是一旦它发生，比如在翻阅相册，偶遇某一位熟人，或者悄无声息地想起一个不在场的存在或一个永远消失的存在时,人们就不由自主地发出尖叫:"是她!是他!"同样的雀跃以不那么生动的色彩渐次渲染被回忆起来的事件、重新取得的本事(savoir-faire)、再次被提升为"认知"的事态。每一个"记住"(faire-mémoire)的行为就这样被归结为识认。

这颗导航星的光芒越过记忆的类型学,一直洒向整个现象学研究。

参照愉快的记忆让我能够从一开始就把神经科学对认识记忆提供的帮助一直推迟到本书的结束。潜在的理由是,只要在亲历行为和生命行为的层面上的功能障碍不强求考虑以大脑为对象的知识,那么,记忆现象就能在器官的沉默中得到理解。

识认现象的自身清楚明白的同一个前提接下去以其锋利的刀锋切开两种不在场,从前的不在场和非实在的不在场,并通过这种方式在原则上把记忆和想象分开,尽管幻觉有时会令人不安地闯入到记忆的领域内。我相信我大多数时候都能识别出是记忆还是虚构,即便记忆是作为图像再现的。毫无疑问,我希望我永远都能做出这个区分。

仍然是同一个相信的姿态,一直伴随在使用和滥用的研究左右,使用和滥用在回忆的道路上树立起重新获得记忆的标志。被压抑的记忆、被操控的记忆、被命令的记忆,如此多艰难的,但并非不可能的记忆的形态。付出的代价是记忆的工作和哀伤的工作之间的衔接。但是我相信在某些有利的情形下,比如说由另一个人来准许记得,或者更好地说,在他人的帮助下共享记忆,回忆可以说是成功的,哀伤被拦在忧郁——对悲伤的那种顺从——的致命倾向上。如果确实如此,那么愉快的记忆将成为平抚的记忆。

最后,记忆的自反环节通过祈愿式在自身的识认中达到极致。不过,我们提防过不要让自己受到这个自反环节往往具有的直接性、确定性和安全性的外表的迷惑。它同样还是一个心愿、一个要求,一个诉求。在这方面,归因理论概述,以记忆的自身、亲者和疏者的三重归因作为表现,值得我们从宽恕问题域提出的约束和解约束的辩证法角度来重述一番。反过来说,在通过这种方式扩展到记忆领域的同时,这个辩证法得以离开罪责的特定领域,从而展开和解的辩证法。现在根据约束和解约束的辩证法,全体记忆的自身归因,这些记忆造成一个人的一生的脆弱的同一性,产生于一个距离化环节和一个占有环节之间的连续中介。如果我感觉到我有权把过去的全部记忆看作是我的、是为我所有的,那么我还必须能够远距离地观察邀请过去的记忆出场亮相的舞台。与此同时,记忆现象的自身、亲者和疏者的三重归因的主题,要我们向不同于我自己的其他人打开约束和解约束的辩证法。我们在上文提到过的对我们视之为亲人的那些人的存在和行动方式表示赞成——而且赞成相当于亲近性的标准——同样包括一个约束-解约束:一方面,对一个他者的尊严表示尊重——其在和公诉有关的情况下值得被视作宽恕的隐匿状态——构成赞成的解约束环节,另一方面,同情构成它的约束环节。历史认识在记忆向所有其他不同于我和我亲人的人归因的层面上继续这个约束和解约束的辩证法。

约束和解约束的辩证法就这样沿着记忆(souvenir)向记忆(mémoire)的多重主体归因的线索展开:愉快的记忆,平抚的记忆,和解的记忆,对我们和对我们的亲人来说,这些是我们的记忆许下的幸福心愿的样子。

安德烈·布勒东(André Breton)在《疯狂的爱》①中呼喊的"谁会教我们明白记忆的快乐",除福音书的至福外,还给予希伯来诗篇著作的疑问"谁会使我们看见幸福"(《诗篇》,4:7)以一

---

① André Breton,《疯狂的爱》(*L'Amour fou*), Paris, Gallimard, 1937。

个当代的回音。愉快的记忆是对这个修辞学问题给出的众多回答之一。

2．不愉快的历史？

被用到历史上时，末世论的观念必然要产生歧义。我们难道不是回到波米扬归入"时间智慧学"——对立于历史科学的编年学和"时间编纂学"——里的那些形而上学和神学展望吗？必须要明白，这里关系到的是意识到其自身局限的历史认识的完成前景，我们从本书的第三部分开始衡量过这些局限。

历史的真理计划和记忆的忠实性目标之间的比较所反映出的主要事实是，在历史学中，没有和识认的小小奇迹相对应的东西。这个将永不会被完全填补的鸿沟，是断裂的结果，可以说认识论的断裂，书写的制度把它加于全部历史编纂活动之上。我们已经多次重复过，这些历史编纂活动，从档案时期开始，直到以供于阅读的书籍或文章作为表现形式的文学写作时期，彻头彻尾地都是某种书写。在这方面，我们能够把《斐德罗篇》关于书写——至少是使用外在符号的书写——起源的神话重新诠释为狂热的历史编纂的起源神话。

并不是说这种文字转换放弃了记忆和历史之间的任何过渡，正如见证，历史话语的那种奠基行为证实的那样："我当时就在那儿！相信我。如果你不相信我，那去问问其他人！"通过这种方式相信一个他人，见证把陈述的记忆具有的活力传递给历史。但是见证者的活的话语转变成书写，并消散在大多数档案文献中，这些档案文献属于一个新的范式，"征象"范式，其囊括每一种痕迹。并不是所有的文献都不属于见证，比如"见证者无意间留下的"文献就仍然是见证。此外，被视作是人为建立起来的事实更不是零星的事件。许多据说是历史的事件，从来没有谁有过对它们的记忆。

记忆和历史的差异出现在解释的环节中,其中,连接词"因为"的每一个用法都得到考察。诚然,我们始终都强调的解释和理解的结合,继续保存社会行动者在犹豫不决的处境内做决断能力的连续性,以及通过这种方式,保存依赖记忆的自身理解的连续性。但是,历史知识给予意义的建筑一些有利条件,使其超出集体记忆的有限资源:事件、结构和局势之间的衔接,扩展到规范和评价尺度上的时间尺度的多样性,历史学的相关对象在多个层面上的分布,比如经济、政治、社会、文化、宗教等等。历史不仅比记忆范围更大,而且它的时间也是分成不同的几层的。随着把记忆事实当作和性、风尚、死亡一样的"新对象"来对待,历史学到达距离记忆最远的地方。记忆表象,作为我们和过去联系的媒介,同样也成为历史学的对象。记忆,作为历史的发源地,是否并不只是历史学的一个对象而已的问题也就合理地提出来了。在到达记忆向历史编纂学还原的这个极致的时候,我们发出我们的抗议之声,记忆对过去的证实的力量在此得以表达。历史能够放大、补全、纠正甚至驳斥记忆对过去的见证,但是不能废止它。为什么?因为,在我们看来,记忆仍然是构成过去之过去性的终极辩证法,亦即"不再存在"和"已经存在"之间的关系的守护者,前者以过去的已经结束、消失的特征为标志,后者表明过去的原初和在此意义上的不可毁灭性的特征。对过去图像的识认和口头证词,建立在前谓述地——甚至前叙事地——相信某件事确实发生过之上。在这方面,诸如20世纪的大屠杀和滔天罪行这类的事件,在表象的范围内,是所有在身心上留下创伤印记的事件的典型:它们申明,它们存在过,并且以此名义,它们要求被述说,被讲述,被理解。这个增强上述证实的申明是相信的一部分:能够对它有异议,但不能拒绝它。

历史知识的这个脆弱的建构产生出两个后果。

一方面,没有识认的担保,历史学的唯一和记忆表象相对应的东西,是 représentance 的概念,我们强调过它的不确定性。历史学家的建构是对确实发生过的事情的重建,只有历史学家在他的工作室里从事的校正和重写工作才能加强这个推定的信誉。

第二个后果:记忆和历史之间、一者的忠实性和一者的真理之间的竞争在认识论层面上没能得到解决。在这方面,《斐德罗篇》的神话让我们产生的怀疑——书写的药是毒药还是良药?——在认识论层面上从未消除过。尼采对历史文化的滥用发起的抨击引发新一轮的怀疑。我们在某些著名的历史学家关于"历史的令人不安的陌生感"的证词中听到其最新的回音。必须把争论搬到另一块场地上,既是历史的读者的场地,也是审慎的公民的场地。历史文本的受众,就其自身而言并且在公共讨论的层面上,应该保持历史和记忆的平衡。

就这样结束针对宽恕的精神在历史学家的历史上投下的阴影的讨论?在用于讨论历史学中的死的几页纸里,我们读到对历史学中并不存在识认的记忆现象的等价物的真正回应。我们当时说,历史学对过往的死者负有责任,我们是他们的子嗣。因此可以把整个历史学活动看作一种埋葬行为。没有只是安放骸骨的墓地,只有一种重新下葬的行为。这种书写的埋葬把记忆的工作和哀伤的工作延续到历史学的层面上来。哀伤的工作明确地把过去和当下分开,并给将来让路。如果过去的重建成功地引起过去的一种复活,那么记忆的工作就达成其目标。必须把这个浪漫心愿的责任单单交给米什莱的不论承认与否的追随者们吗?触摸到在死亡面具背后,那些以前生活过、行动过并且遭受过、履行过尚未完成的约定的人的面庞,不是每一个历史学家的志向吗?但是它的始终在推迟的完成,不再归于那些书写历史的人,而是那些创造历史的人。

这里怎么能不提克利以《新天使》(Angelus Novus)为题的画

作,正如本雅明在第九篇《历史哲学论纲》里描述过的那样?① 我们读到,"这幅画是克利的《新天使》。它画的是一个天使看上去正要从他驻足的地方离去。他凝视着前方,他的嘴微张,他的翅膀张开了。历史的天使必然有这副模样。他的脸朝向过去。在我们认为是一连串事件的地方,他看到的只是一场单一的灾难……他想停下来唤醒死者,把破碎的世界修补完整。② 可是从天堂吹来了一阵风暴,猛烈地吹动他的翅膀,以致再也无法把它们收拢。这风暴无可抗拒地把天使刮向他背对的未来,而他面前的残垣断壁越堆越高,直逼天际。这场风暴就是我们说的进步"。那么对我们来说,这场让历史的天使如此无能为力的风暴是什么? 难道不是,以今天还有些争议的进步形象示人的、人们创造的历史,其冲破历史学家书写的历史吗? 不过历史的意义不再依赖这些历史学家,而是依赖对过去的事件作出回应的公民。对职业的历史学家来说,缺少这个逃脱前景,仍然有历史的令人不安的陌生感,有记忆的忠实性心愿和历史学的真理追求之间的没完没了的竞争。

我们现在要说起不愉快的历史了吗? 我不清楚。但我不会说,不幸的历史。实际上,历史有一个优势是不得不承认的,它不仅把集体记忆扩展到任何实际记忆以外的地方上去,而且还纠正、

---

① Walter Benjamin,《历史哲学论纲》(« Thèses sur la philosophie de l'histoire », 见 *Schrifen*, 1955, *Illuminationen*, 1961, *Angelus Novus*, 1966, Francfort, Suhrkamp Verlag; M. de Gandillac 译,见 Walter Benjamin, *Oeuvre II*, *Poésie et Révolution*, Paris, Denoël, 1971,页 277 – 288)。我们还可以在 Walter Benjamin 的《法语文集》(*Écrits français*, Paris, Gallimard, 1991,页 333 – 356)中读到以《论历史的概念》(« Sur le concept d'histoire »)为标题的另一个译本。我在这里引用第一个译本。关于《论纲》,可以阅读 Stéphane Mosès, 《历史的天使》(*L'Ange de l'histoire. Rosenzweig, Benjamin, Scholem*, Paris, Éd. du Seuil, 1992,页 173 – 181) ; Jeanne-Marie Gagnebin,《瓦尔特·本雅明思想中的历史和叙事》(*Histoire et Narration chez Walter Benjamin*, Paris, L'Harmattan, 1994, « Histoire et césure »,页 143 – 173)。

② 事实上,如果未来能够使破碎世界的历史免遭遗忘,那么情况就是这样:所有的一切最终都将"回想起来"。在将来的这一刻,革命和救赎将同时发生。

批判甚至否认某个限定共同体的记忆,当这个共同体只是封闭地关注它自己的那些苦难,以至于对其他共同体的苦难装聋作哑的时候。在历史批判的道路上,记忆遇见正义感。愉快的记忆如果不同样是一种公平的记忆,又能是什么?

3. 宽恕和遗忘

我们最终(in fine)要承认某种东西,就像愉快的遗忘的心愿吗?我将说明我对我们的整个事业的一个愉快的结束保持的某一些沉默。

我的犹豫从遗忘的表层表现的层面上开始,延续到它在消失的遗忘和保留的遗忘相互纠缠在一起的层面上的深层结构。

在遗忘的制度——其范式是赦免——为遗忘的滥用(和记忆的滥用相对应)提供有利机会的层面上,仍然可以轻易地揭露遗忘的狡计。在这方面,雅典的赦免是有代表性的,我们在关于遗忘的最后一章中关注过它。我们已经看到,公民的和平是建立在创始暴力的何种否定策略上的。宣誓使命令"不要回想那些恶"的法令具有效力,这不亚于要求掩盖政治冲突和内战的现状,城邦唯一赞成的,是对外的战争。就其本质存在而言,政治体是和冲突不相干的。问题于是就提出来了:如果没有像记忆压抑这类的东西,合理的政治是可能的吗?政治散文开始在报复结束的地方,否则,历史就会仍然封闭在无休无止的仇恨和健忘的记忆之间的死寂一般的交替更迭中。一个社会不可能无限期地处于怒火中。只有诗歌保存不遗忘(non-oubli)的力量,它躲避在埃斯库罗斯表述的"灾难永不餍足的"(《欧墨尼得斯》,976 行)痛苦中。诗歌很清楚,政治是建立在对不遗忘的遗忘(oubli de non-oubli)之上的,洛罗说,"那个从未被明确表达出来的矛盾修辞"(《分裂的城邦》,页161)。誓言只能以否定之否定的方式提到它,表达它。誓言下令说,这种伤痛不许发生,厄勒克特拉说它本身就是"无法遗忘的伤痛"(《厄勒克特拉》,1246－1247 行)。这就是赦免的精神挑战:让记忆的不遗忘沉寂下去。这也是为什么古希腊的政治家需要宗教来保持意志力,忘记无法忘记的,一旦有违誓言,就要受到诅咒。我们已经看到,在国王的时代没有宗教和诗学,在提到伟大观念的时候,荣耀的修辞学目标在于,在厄里斯(Éris)、纷争女神(Discorde)记忆的位置上强加另一种记忆。宣誓,这种语言仪式——誓言(horkos)和遗忘(lēthē)一起合作——也许在民主和共和散文中不会出现,但是会出现在城邦对自己的颂词中,还有它的委婉语、典礼、市民仪式、纪念仪式。在这里,哲学家对相继地进行赦免尤为警惕,尤其是法兰西共和国经常性地如此赦免,不过他也强调赦免具有的纯粹功利的、治疗的特征。而且,他听见被忘却的记忆——其和政治的散文再奠基联系在一起——驱逐到权力场之外的无法忘记的记忆发出的声音。以此为代价,把赦免和遗忘症分开的薄壁得以保存。城邦仍然是"分裂的城邦",这个知识属于实践智慧和它的政治运作。分歧(dissensus)——纷争的无法忘记的记忆的回音——的强化使用促成了这一点。

对遗忘主要在制度实践中的使用和滥用具有的正当的不安态度,归根结底是一种顽固的不确定性的症状,它在遗忘的深层结构的层面上影响了遗忘和宽恕的关系。问题随之而来:如果谈起愉快的记忆是可能的,那么存在类似愉快的遗忘这样的东西吗?在我看来,能够表现为遗忘的末世论的东西遭到一种终极的无定论打击。在遗忘那一章结束的时候,通过权衡因痕迹的消失而产生的遗忘和保留的遗忘,我们已经预见到这个危机。在愉快的记忆的视野内,问题再一次关系到这种权衡。

为什么就不能像谈起愉快的记忆那样谈起愉快的遗忘?

第一个理由是,我们和遗忘的关系并不是通过那些类似于识认事件的思想事件表明的,我们很乐于把识认称作记忆的小小奇迹——一段记忆被唤醒了,它来了,它出现了,我们一瞬间就认出那些物、那些事和那些人,我们惊呼:"就是她!就是他!"记忆的到来是一个事件。但遗忘不是一个事件,不是某件发生的或者人们使之发生的事。诚然,我们能够意识到自己已经忘记了,并且在某个特定的时刻注意到这一点。但是,我们因此认出的,只是当时所处的遗忘状态。这种状态当然可以被称作一种"力量",正如尼采在《论道德的谱系》的第二篇论文开篇讲述的那样。他说,遗忘并不"只是一种惰力"(《论道德的谱系》,页271),不如说,它是"一种活跃的抑制能力,一种从最严格意义上讲的主动能力"(同上)。但是这个使遗忘成为"门房、灵魂秩序的守护者、安宁和规矩的守护者"(同上)的力是如何引起我们注意的?多亏了记忆,这个反作用力,我们才知道这一点,"借助记忆,在某些特定的情形下——在关系到承诺的情形下,遗忘得以避免"(前揭,页252)。在这些特定的情形下,不仅可以说能力,还可以说不要忘记的意志,"持续不断地渴求一度渴求过的东西,名副其实的意志记忆"(同上)。正是在约束自己的同时,人们得以解除力量,而不是尚存的意志的约束。有人可能提出异议说,上文说起过的遗忘策略包括一些多少积极的参与,可以把它们揭露为是对疏忽、忽视、盲目负有责任的。但是,如果一种道德罪责能够和不作为(non-agir)这一类的行为联系起来,正如雅斯贝斯在《罪责问题》中要求的那样,那是因为,它关系到的只是不作为的许多零散行为,它们的确切情况能够事后地被回忆起来。

拒绝记忆和遗忘之间的就成功或完成来说的对称观念的第二个理由是,相较宽恕,遗忘有它自己的两难困境。这些两难困境在于,如果说记忆直到在产生报偿、赔偿、赦罪的交换中也是和事件有关的,那么,遗忘就发展持久的处境,在这个意义上,就这些处境构成行动的悲剧性来说,可以说它们是历史的。遗忘就这样阻碍行动的持续进行,或是通过不可能梳理清楚的角色的相互纠缠,或是通过不可逾越的冲突(纠纷在这里无法得到解决),或是通过不可补救的错误,这些错误往往要回溯到遥远的过去。如果在这些持续增长的悲剧性处境中,宽恕还有事情要做,①那只能是一种非局部的工作,关系到期待和迎接这些典型处境——相互纠缠的、不可和解的、不可补救的——的方式。这种默认与其说和记忆,不如说是和作为长久情绪的哀伤有关。这里提到的三种形态其实是缺失的形态;承认永远都会有缺失,这是智慧的准则,在行动的悲剧性中,其称得上是宽恕的隐匿状态。耐心的寻求和解是必需的,在讨论的伦理中,欢迎分歧也同样如此。一定要至于说"忘记债责",缺失的这个形态吗?就债责近乎过错,且一再重复来说,可能是的。就债责意味着遗产的承认来说,不是的。就是在债责中,一项解约束和约束的微妙工作也要继续下去:一方面,解过错的约束,另一方面,约束永远无法偿还的负债人。没有过错的债责。赤裸裸的债责。在这里,我们再次看到对死者的债责和作为埋葬的历史。

　　遗忘和记忆之间的不对称,跟宽恕相对照,它的最不可忽视的理由在于,把遗忘的地下王国分裂成两块的两极性之间的不可决定性,亦即因消失产生的遗忘和保留的遗忘之间的两极性。宽恕的最宝贵且最隐秘的标志落在对这个顽固的暧昧性的承认上。承认"在人类经验中,不存在任何超越的视角可以在那里发现毁灭和奠基的共同根源",这是历史条件的诠释学在上文对遗忘宣告的判决。我们当时得出结论说,"在存在的这本大书中,对我们来说没有可能的完结"。这就是为什么不可能像能够渴望一种愉快的记忆那样,有一种愉快的遗忘。宽恕在这个承认上有什么标志?消极方面,它在于把反思和思辨的无力放在不可补救的事之前,要

---

① O. Abel,《宽恕的历史作用》(«Ce que le pardon vient faire dans l'histoire», *Esprit*, 1993 年 7 月刊,*Le Poids de la mémoire*)。我们可以注意到这种提法非常接近黑格尔在《精神现象学》中的提法,在那里,宽恕建立在双方的相互扬弃之上,建立在各自抛弃片面性之上。

加以放弃的东西的首位；积极方面，当遗忘的屏障又一次被向后推动些许的时候，让知识的这种放弃融入到愉快的记忆的小小幸福中。因此能够在已经多次提起的记忆之术（ars memoriae）的意义上，提起一种遗忘之术（ars oblivionis）吗？说实话，在这个不太熟悉的领地内，很难开辟道路。我为我们的探索提供三条线索。可以按照魏因里希的方式，我把这个表达方式归功于他，①在和耶茨赞美的记忆之术严格对称的地方发展这项技术。如果记忆之术本质上是一项记忆化的技术，而不是对回忆起及其自然涌现的一种抛弃，那么与之相对的技术就是一项"遗忘术"（Lethe，页29）。的确，如果关于记忆术的当代论述要效仿记忆之术的功绩，②那么遗忘术就必须建立在一种关于遗废的修辞上才行：为遗废而书写——归档的对立面。但是，"奥斯维辛和不可能的遗忘"（前揭，页253以下）实在困扰魏因里希太多，他不能接受这个野蛮的梦。这种洗劫，人们一度叫它焚书（autodafé），在记忆的视野内，是比因消失而产生的遗忘还要坏的一种威胁。这种化为灰烬，作为极限经验，不正是用归谬法证明，即使是有遗忘术，它也并不能构成和愉快的记忆的心愿相比，一项明确的计划吗？因此，与记忆和遗忘的这种毁灭性竞争截然相反，现在提出的是遗忘的可能工作，它被织进把我们和时间编织在一起的每一束纤维中：过去的记忆、将来的期待和当下的注意。这是奥热（Marc Augé）在《遗忘的形式》中选择的道路。③ 作为非洲仪式的一位敏锐的观察者和诠释者，作者描述了遗忘的三种"形态"，仪式使它们成为象征。他说，要回到过去，必须忘记当下，比如在附体状态中。要把握当下，必须切断与过去和未来的联系，比如在角色颠倒的游戏中。要拥抱未来，

---

① Harald Weinrich, *Lethe, Kunst und Kritik des Vergessens*，前揭。
② 参见上文，第一部分，第二章，第一节，页69-82。
③ Marc Augé,《遗忘的形式》(*Les Formes de l'oubli*, Paris, Payot, 1998)。

必须以开始、重新开始、焕然一新的姿态忘记过去,比如在接纳入教的仪式中。"总之,遗忘的变位始终都是现在时"(《遗忘的形式》,页78)。正如这些象征性形态表明的那样,集体和个体同时养育遗忘的"三个女儿"(前揭,页79);它们既是制度,也是考验:"时间关系始终要通过单数和复数来思考。这意味着,为了遗忘,也就是说,为了管理时间,必须至少有两个人"(前揭,页84)。但是,如果"没有什么是比回到过去还难以实现的了",自从《奥德赛》以来,我们就深知这一点,而且切断和重新开始可能也同样如此,那么,必须像《追寻逝去的时光》的叙述者那样,冒着仅仅发现一种浩如烟海的记忆的危险,努力去遗忘吗?遗忘,它躲过自己的注意,在某种程度上,不是必须被遗忘吗?

现在提供第三条线索以便探索:关系到的遗忘不再是策略,也不再是工作,而是一种懒散的遗忘。它和记忆对列,这种记忆不是发生过的事情的回忆起,不是本事(savoir-faire)的记忆化,也不是奠定我们身份的事件的纪念,而是处在时间中的作为操心情态的记忆。如果记忆确是一种能力,能够记住(faire-mémoire),那么更加本质地,它是操心——历史条件的基础人类学结构——的一个形态。在操心-记忆中,我们固守过去,我们仍然对过去牵肠挂肚。进而就没有一种遗忘的高级形式,作为在世存在的情态和方式,它是无牵无挂,或者不如说,是不操心吗?不会操心这个,操心那个,就好像到了据说弗洛伊德将其定性为"有止境"的精神分析结束的时候……但是,这种遗忘之术实在不能因为时间的消磨就构成不同于记忆的一个领域,否则就要再次落入到赦免-遗忘症的陷阱中。它只能位列愉快的记忆的祈愿式之下。它仅仅在记忆的工作和哀伤的工作之上加上一道优雅的音符而已。因为它不再是任何工作。

怎么能不提克尔凯郭尔对遗忘是摆脱操心的赞词,作为安德烈·布勒东在记忆的快乐上的呼喊的回声,以之回应本雅明提到收拢翅膀的历史的天使?

福音书其实正是勉励那些"操心的人""仔细看一下原野的百合和天空的飞鸟"。① 克尔凯郭尔写道,"如果满腹忧虑的人真的曾仔细观察那些百合和飞鸟,如果他专注于它们的生活,那么,他从这些导师那里,不为人所知地,独自学习作为人的道理"(《不同精神的启发性谈话》,页157)。他从百合那里学习的,是"它们不工作"。我们于是就必须懂得,哪怕是记忆的工作和哀伤的工作也必须忘记?而且如果说它们也"不纺织",它们的存在就是它们的服饰,那么我们就必须懂得,"人,既不工作,也不纺织,没有任何成就,即使在所罗门最荣耀的时候,服饰也不及他们华丽"?至于飞鸟,"它们不播种,不收获,不积聚"。但是,如果说"人是野鸟",他如何能够不再"忧心忡忡",能够"摆脱相互比较的忧虑",然后"满足生而为人"呢?

哪一种"神圣的娱乐",比如克尔凯郭尔为了把它和世俗的消遣区分开而称作的"烦恼的遗忘",能够让人"考虑一下,作为人是多么的高贵"(前揭,页80)?

在操心的记忆的视野内,不操心的记忆,忘记的和不会忘记的记忆的共同灵魂。

在宽恕的这个终极隐匿状态的影响下,能够呼应《雅歌》的智慧之语:"爱像死亡一样强大。"我要说,保留的遗忘,像消失的遗忘一样强大。

---

① Soren Kierkeggard,《我们从原野的百合和天空的飞鸟那里学习什么》(« Ce que nous apprennent les lis champs et les oiseaux du ciel », 见 *Discours édifiants à divers points de vue*, P. -H. Tisseau 和 E. -M. Jacquet-Tisseau 译,Paris, Éd. de L'Orante,1966)。

在历史之下,是记忆和遗忘。
在记忆和遗忘之下,是生命。
书写生命却是另一种历史。
永未完成。

——保罗·利科

# 人名书名索引

集体著作或匿名著作

Ancient and Modern History《古代史与现代史》519n

Cantique des Cantiques《雅歌》(《圣经·旧约》)656

Deutéronome《申命记》344, 519n

Devant l'histoire：Les documents de la controverse sur la singularité de l'extermination des Juifs par le régime《面对历史：关于纳粹的犹太人种族灭绝事件的独特性之争的文献汇编》330n, 337n, 427n, 428n, 429, 431n

Dictionnaire de l'Académie《法兰西学院词典》405n

Dictionnaire Le Robert《罗贝尔词典》347, 622

Ecclésiaste《训道篇》92, 500n

Encyclopaedia Universalis《综合百科全书》247 和 n

Encyclopeda Einaudi《艾奥蒂百科全书》222n, 503n

Évangiles《福音书》625, 633n, 638n

Geschichite, Ereignis und Erzähung《历史、事件与叙事》388n

History and Theory《历史与理论》521n

Index zu Heidegger Sein und Zeit《海德格尔存在与时间术语》502n

Le Pardon：Briser la dette et l'oubli《宽恕：消除债责和遗忘》619n

Oublier nos crimes：L'amnésie nationale, une spécificité française?《忘记我们的罪》588n

Poetik und Hermeneutik《诗学与解释学》388n

Pourquoi se souvenir?《为什么要回忆?》418n

期刊

Annales《年鉴》161,188 和 n,189,233 和 n,234n,237,241,242n,243 和 n,244 和 n,245,246 和 n,248,249,254,260,262,267,278,279 和 n,281,288,298n,308,310,385,412,417,422,445,446,479,501,502n,505

Année sociologique《社会学年鉴》622n

Communications《交流》321n,323n

Critique《批判》412n

Diogène《第欧根尼》307n

Esprit《精神》653n

Informations sur les sciences sociales《社会科学信息》323n

Jahrbuch für Phänomenologie und phänomenologische Forschung《哲学与现象学研究年鉴》450n

Le Débat《争鸣》312n,583n

Les Cahiers《手册》358n,502n

Littérature《文学》269n

Mercure de France《法兰西信使》566n

Proceedings of the Aristotelian Society《亚里士多德学会学报》153n

Revue d'histoire de la spiritualité《精神史杂志》477n

Revue de métaphysique et de morale《形而上学与道德杂志》142n,244n,504n

Revue de synthèse historique《历史综合杂志》242n

Revue historique《历史杂志》242n,524

Revue international de philosophie《国际哲学杂志》566n

Salzburger Jahrbuch für Philosophie《萨尔茨堡哲学年鉴》620n

Science《科学》549n

Vingtième Siècle, revue d'histoire《二十世纪历史杂志》225n

ABEL(O.)阿贝尔

« Ce que le pardon vient faire dans l'histoire », 见 *Le Poids de la mémoire*, *Esprit*《宽恕的历史作用》,见《精神》,"记忆的分量"专刊 653n

《Tables du pardon:Géographie des dilemmes et parcours bibliographique》,见 *Le Pardon:Briser la dette et l'oubli*《宽恕的目录:两难困境的地理学和目录进程》,见《宽恕:消除债责与遗忘》619n

AMÉRY(J.)阿梅利

Par-delà le crime et le châtiment:Essai pour surmonter l'insurmontable《超越罪与罚:为超越不可超越的》224 和 n,619n

AMPHOUX(P.)安富

Le Sens du lieu《处所的意义》191n

ANKERSMIT(F. R.)安克施密特

Narrative logic:a Semantic Analysis of the Historian's Language《叙事的逻辑:对历史学家语言的语义学分析》315n,362n

ANSCOMBE(G. E. M.)安斯康姆

Intention《意向》231n

ANTELME(R.)安泰尔姆

L'Espèce humaine《人》224 和 n

ARENDT(H.)阿伦特

Condition de l'homme moderne(*The Human Condition*)《人的条件》162n,383,465,630 和 n,632,636,637n

Les Origines du totalitarisme《极权主义的起源》434n

Le Système totalitaire《极权主义》434

L'Impérialisme《帝国主义》434n

Sur l'antisémitisme《反犹主义》434n

ARIÈS(P.)埃里耶斯

L'Homme devant la mort《面对死亡的人》250n

Histoire de la vie privée(与 G. Duby 主编)《私人生活史》250n

ARISTOTE 亚里士多德

De anima《论灵魂》76 和 n

De la mémoire et de la réminiscence(*De memoria et reminiscentia*)见 *Petit Traités d'histoire naturelle*(*Parva Naturalia*)《论记忆与回忆》,见《自然诸短篇》18 和 n,23,75,76 和 n,106,192

Éthique à Nicomaque《尼各马可伦理学》108n,451

La Constitution d'Athènes《雅典政制》586

Métaphysique《形而上学》24，27，449

Petit Traités d'histoire naturelle（Parva Naturalia）《自然诸短篇》6，18 和 n

Physique《物理学》19，53，192

Poétique《诗学》63 和 n，313 和 n，314 和 n，326n，341，343n，366，405，432n

Politique《政治学》113

Rhétorique《修辞学》342

（*attribué à*）*Problèmes*《问题集》90

ARNAULD（A.）和 NICOLE（P.）阿尔诺和尼科尔

La Logique ou l'art de penser《逻辑或思维的艺术》(《波尔-罗亚尔逻辑》) 297，344，345n

ARON（R.）阿隆

Introduction à la philosophie de l'histoire : essai sur les limites de l'objectivité historique《历史哲学导论：论历史客观性的限度》210，438 和 n，497

La philosophie critique de l'histoire : Essai sur une théorie allemande de l'histoire《历史批判哲学：论德国的历史理论》438n

AUDARD（C.）奥达尔

Anthologie historique et critique de l'utilitarisme, t. I : Bentham et ses precurseurs（1711-1832）《功利主义的历史与批判文集 I：边沁与他的先驱们（1711-1832）》218n

AUERBACH(E.) 奥尔巴赫

Mimēsis : la representation de la réalité dans la littérature occidentale《摹仿论：西方文学中所描绘的现实》333n

AUGÉ（M.）奥热

Les Formes de l'oubli《遗忘的形式》655 和 n

AUGUSTIN（SAINT）奥古斯丁

Confessions《忏悔录》39，75，76n，117 和 n，118，119 和 n，121 和 n，152，163，201，389，454，459，564

La Cité de Dieu《上帝之城》460

AZOUVI（F.）阿祖维

《 La formation de l'individu comme sujet corporel à partir de Descartes 》,见 *L'Individu dans la pensée moderne*, XVIIe - XVIIIe siècle《自笛卡尔以降个体作为身体主体的形成》,见《17-18 世纪现代思想中的个体》545n

BACHELARD（G.）巴什拉
  Poétique de l'espace《空间的诗学》,185
BACON（F.）培根
  Novum Organon《新工具》,79
BAKHTINE（M.）巴赫金
  Rabelais《拉伯雷》,243n
BARRET-KRIEGEL（B.）巴雷-克里格尔
  L'Histoire à l'âge classique《古典时期的历史》,218n
BARTH（F.）巴思
  Ethnic Groupsand Boundaries《族群与边界》,271n
  Selected Essays of Frederick Barth, t. I, *Process and Form in Social Life*《巴思选集第一卷:社会生活的过程与形式》,271n
BARTHES（R.）巴特
  Le Bruissement de la langue《语言的噪声》323n
  Poétique du récit《叙事的诗学》321n
  《 Introduction à l'analyse structural des récits 》,见 *Communications*《叙事结构分析之导引》,见《交流》,321n
  《 Le discours de l'histoire 》,见 *Le Bruissement de la langue*《历史的话语》,见《语言的噪声》322n
  《 L'effet de réel 》,见 *Le Bruissement de la langue*《真实的效果》,见《语言的噪声》322
BAUDELAIRE（C.）波德莱尔
  Exposition universelle de 1855《1855 年世界博览会》,408
  Le Peintre de la vie moderne《现代生活的画家》,408
  Les Fleurs du Mal《恶之花》,93,508
BAUER（G.）鲍尔
  《 Geschichtlichkeit 》 *Wege und Irrwege eines Begriffs*《 Geschichtlichkeit:一个概

念的道路与歧途》482n

BAUTRY-LACANTINERIE（G.）和 TISSIER（A.）博德里-拉康蒂奈尔和蒂西耶

 Traité théorique et pratique de Droit civil：De la prescription《民法的理论和实践：论时效》610n

BEDARIDA（F.）贝达里达

 L'Histoire et le Métier d'historien en France 1945－1995《法国史学五十年(1945－1995)》212n，364n

BENJAMIN（W.）本雅明

 Angelus Novus《新天使》,649 et n

 Écrits français《法语文集》649n

 Illuminationen《启迪》649n

 Œuvres II：Poésie et Révolution《选集第二卷：诗与革命》649n

 Schriften《文集》649n

 «*Thèses sur la philosophie de l'histoire*»，见 *Œuvres II：Poésie et Révolution*《历史哲学论纲》649n

BENTHAM 边沁

 Traité des preuves judiciaires《审判证据原理》218

BENVENISTE（É.）本维尼斯特

 Le Vocabulaire des institutions indo-européenes《印欧政制语汇》205n，209n

 Problème de linguistique générale《普通语言学问题》229n

BERGSON（H.）柏格森

 La Pensée et le Mouvant《思想与运动》563n

 L'Énergie spirituelle《精神的力量》34 和 n

 Matière et Mémoire《物质与记忆》18，30 和 n，31，34－36，50，61，62 和 n，450，541，554 和 n，557－559，560n，561n，562，563n，564，566，567 和 n，568，569

 Œuvres《全集》30n，34n，485n

BERMAN（A.）贝尔曼

 La Technique psychanalytique《精神分析》84n

BERNET（R.）贝尔奈特

«Die ungegenwärtige Gegenwart, Anwesenheit und Abwesenheit in Husserls Analysis des Zeitbwusstseins (Le présent non présent, présence et absence dans l'analyse husserlienne de la conscience du temps)», 见 *Phänomenologische Forschungen*《在胡塞尔时间意识分析中的非当下的当下、在场和不在场》, 见《现象学研究》141n, 142n

«Einleitung» à Texte Zur Phänomenologie des inneren Zeitbwusstseins (1893–1917)《通往内时间意识现象学》(1893–1917) 的《导论》141n

«L'autre du temps», 见 *Emmanuel Levinas*, *Positivité et Transcendance*《时间的他者》, 见列维纳斯,《实证性与超验》142n

BERQUE (A.) 贝尔克

Logique du lieu et Œuvre humaine (与 P. Nys 主编)《处所的逻辑和人的作品》191n

BERTHOZ (A.) 贝尔托

Le Sens du mouvement《运动感》548n

BIRNBAUM (O.) 伯恩鲍姆

The Hospitality of Presence: *Problems of Otherness in Husserl's Phenomenology*《在场的殷勤:胡塞尔现象学中的他者性问题》142n

BLOCH (M.) 布洛赫

Apologie pour l'histoire ou Métier d'historien《为历史学辩护或历史学家的技艺》214 和 n, 215n, 216n, 219 和 n

La Sociéte féodale《封建社会》243

Les Rois thaumaturges《国王的神迹》243, 417n

L'Étrange Défaite《奇怪的溃败》441n

«Essai d'une logique de la méthode critique», 见 *Apologie pour l'histoire ou Métier d'historien* 〈批判方法的逻辑〉, 见《为历史学辩护或历史学家的技艺》219

BOLTANSKI (L.) 博尔坦斯基

De la justification: *Les économies de la grandeur* (与 L. Thévenot 合著)《论辩护:权威性的结构》162n, 285 和 n, 356n

L'Amour et la Justice comme compétence: *Trois essais de sociologie de l'action*《作为能力的爱与正义:行动社会学三论》283n, 622n

Les Cadres: *La formation d'un groupe social*《管理层:一个社会群体的形

成》282n

BOOTH（W. C.）布思

 Rhetoric of Fiction《小说修辞学》,326n

BORGES（J. L.）博尔赫斯

 « *Funes qui n'oubliait pas* », 见 *Fictions*（*Ficciones*）《博闻强记的富内斯》,见《虚构集》522, 537n

BOUDON（R.）布东

 Effets pervers et Ordre social《反效果和社会秩序》,276n

BOURDALOUE（L.）布尔达卢

 Sermons《布道词》610n

BOURDIEU（P.）布尔迪厄

 La Distinction: *critique sociale du jugement*《区隔:一种趣味判断的社会学批判》266n

 Réponses（与 J. -D. Wacquant 合著）《回答》266n

BRAUDEL（F.）布罗代尔

 Civilisation matérielle, *Économie et Capitalisme*, *XVe – XVIIIe siècle*《15 – 18 世纪的物质文明、经济与资本主义》190 和 n, 245

 Écrits sur l'histoire《论历史》244n

 La Méditerranée et le Monde méditerranéen à l'époque de Philippe II《菲利普二世时代的地中海和地中海世界》189 和 n, 190 和 n, 245n, 267, 269, 447

 L'Identité de la France《法兰西的特性》,357n

BRETON（A.）布勒东

 L'Amour fou《疯狂的爱》646 和 n

BROWNING（C. R）布朗宁

 German memory, *judicial interrogation and historical reconstruction*: *writing perpetrator history from postwar testimony*《德国人的记忆、法庭审讯和历史重构:根据战后证词书写犯罪史》335n

BRUNO（G.）布鲁诺

 Ombres des idées（*De umbris idearum*）《概念的阴影》78, 91n

BURNYEAT（M.）伯恩亚特

 Introduction au Théétète de Platon《柏拉图〈泰阿泰德篇〉导读》11n, 12n

BUSER (P.) 比塞

　　Cerveau de soi, *Cerveau de l'autre*《自己的脑，别人的脑》,549n

CAMUS (A.) 加缪

　　La Chute《堕落》,617

CANGUILHEM (G.) 康吉莱姆

　　La Connaissance de la vie《生命的认识》71 和 n,189n,548n

　　« Le vivant et son milieu »,见 *La Connaissance de la vie*《存在者及其环境》,见《生命的认识》189n

CASEY (E. S.) 凯西

　　Getting back into Place: Toward a Renewed Understanding of the Place-World《回到位置：对于位置-世界的新理解》184n,187n

　　Imagining《想象：一种现象学研究》184n

　　Remembering: A Phenomenological Study《回忆：一种现象学研究》44 和 n,45,52n,80n,184n,188,549

CAZZANIGA (G.) 和 ZARKA (C.) 卡萨尼卡和扎尔卡

　　L'Individu dans la pensée moderne, XVIIe-XVIIIe siècle《17-18 世纪现代思想中的个体》,546n

CERTEAU (M. DE) 塞尔托

　　L'Absent de l'histoire《历史的缺席者》257 和 n,258,476 和 n,477n

　　La Fable mystique《神秘主义的寓言》477n,479

　　La Possession de Loudun《鲁登的着魔》260n,272

　　L'Écriture de l'histoire《历史书写》169n,210 和 n,211n,257 和 n,258-260,302n,440n,478 和 n

CERUTTI (S.) 赛鲁蒂

　　« Normes et pratiques, ou de la légitimité de leur opposition »,见 *Les Formes de l'expérience*《规范和实践，或论规范和实践之对立的合法性》,见《经验的诸种形式》282n

CHANGEUX (J. P.) 尚热

　　Ce qui nous fait penser: La nature et la règle(与 P. Ricoeur 合著)《什么使我们思考：本性和规范》155n,544n

CHAPOUTHIER（G.）沙普捷

 La Biologie de la mémoire《记忆的生物学》70n

CHARLES-SAGET（A.）查理-萨热

 Retour , Repentir et Constitution de Soi《回归、懊悔和自身的建构》638n

CHARTIER（R.）夏蒂埃

 Au bord de la falaise《悬崖边：游走在确定性和不安之间的历史》100n，287n，296n，299n，324n，360n，364n

 Lectures et Lecteurs dans la France de l'Ancien Régime《法国旧制度时期的阅读和读者》295

 Préface à La Société de cour《〈宫廷社会〉序言》262，265n

 Histoire de la lecture : Un bilan de recherché（夏蒂埃主编）《阅读史：一份研究小结》295

 La Nouvelle Histoire（与 J. Le Goff 及 J. Revel 主编）《新史学》200n

CHÂTELET（F.）夏特莱

 La Naissance de l'histoire《历史的诞生》173n

CHAUNU（P.）肖努

 Histoire quantitative , Histoire sérielle《计量史学与系列史学》233n

CICÉRON 西塞罗

 De inventione《论开题》76n

 De oratore《论演说家》76n

 Disputes tusculanes《图斯库鲁论辩》76n

 Ad Herennium（误归于其名下的）《修辞学》74，75，76n

CLARK（A.）克拉克

 Being there : Putting Brain , Body and World together again《在彼处：重整大脑、身体和世界》548n

COLLINGWOOD（R.G.）科林伍德

 The Idea of History《历史的观念》,496 和 n

CONDORCET 孔多塞

 Esquisse d'un tableau des progrès de l'esprit humain《人类精神进步史表纲要》,404

CORBIN（A.）科尔班

Le Miasme et la Jonquille : L'odorat et l'imaginaire social, XVIIIe–XIXe siècle《瘴气与黄水仙：18-19 世纪的嗅觉与社会想象》250n

CURTIUS（E. R.）库尔提乌斯

La Littérature européenne et le Moyen Âge latin《欧洲文学与中世纪拉丁语》，403n

DANTE 但丁

Divine Comédie《神曲》77 和 n

DASTUR（F.）达斯蒂尔

Heidegger et la Question du temps《海德格尔与时间问题》462n，463n

La Mort : Essai sur la finitude《死亡：论有限》465n

DELACROIX（C.）德拉克鲁瓦

«Histoire du "tournant critique"»，见 *Espaces Temps*, *Les Cahiers*《"批判转折点"的历史学》，见《手册》，"空间时间"专刊 502n

DELEUZE（G.）德勒兹

Le Bergsonisme《柏格森主义》560n，562，563，567n

Nietzsche et la Philosophie《尼采与哲学》634n

DELUMEAU（J.）德吕莫

L'Aveu et le Pardon : Les difficultés de la confession, XIIIe–XVIIIe siècle《供认和宽恕：忏悔的困难（13-18 世纪）》634n

La Peur en Occident《西方的恐惧》，250n，634n

Le Péché et la Peur : La culpabilisation en Occident《罪与怕：西方的罪感》634n

DERRIDA（J.）德里达

De la grammatologie《论文字学》173 和 n

La Dissémination《播撒》175n

«Le siècle et le pardon», *Le Monde des débats*《世纪与宽恕》，见《论坛报》月刊 606n

DESCARTES（R.）笛卡尔

Discours de la méthode《谈谈方法》6，79，82，218

Entretien avec Burman《与比尔曼的谈话》124n

Les Principes de la philosophie《哲学原理》124n

Méditations métaphysiques《形而上学沉思集》123，124

  Réponses aux Objections《反驳的答辩》123，124n

DESCOMBES（V.）德贡布

  Philosophie par gros temps《大时代哲学》408n

  «Les essais sur le don», 见 *Les Institutions du sens*《论礼物》, 见《感觉的建制》623n

  «Une question de chronologie», 见 Jacques Poulain, *Penser au présent*《一个编年学问题》, 见《思考现在》406 和 n

DÉTIENNE（M.）德蒂亚那

  Les Ruses de l'intelligence : la mētis des Grecs（与 J.-P. Vernant 合著）《智慧的狡黠：希腊人的 mētis》220n，248，252n，347

DIDEROT（D.）和 D'ALEMBERT（J.）狄德罗和达朗贝尔

  Encyclopédie《百科全书》404n

DILTHEY（W.）狄尔泰

  Avant-propos aux Œuvres I《全集》（第一卷）的《序言》487

  Avant-propos de 1911《1911 年的序言》487

  Critique de la raison historique : Introduction aux sciences de l'esprit, Œuvres t. I《历史理性批判：精神科学引论》,《全集》（第一卷）484 和 n，485，486

  Discours inaugural à l'Académie des sciences, 见 *Œuvres t. I*《科学学院就职演讲》, 见《全集》（第一卷）485 和 n

  Discours inaugural du soixante-dixième anniversaire, 见 *Œuvres t. I*《七十岁生日讲话》, 见《全集》（第一卷）485 和 n，487

  Idée d'une psychologie descriptive et analytique《一种描述的和分析的心理学的观念》486，487

  L'Édification du monde de la vie dans les sciences de l'esprit《精神科学中历史世界的建构》

  Œuvres《全集》484n，485n

  Philosophie und Geisteswissenschaft《哲学与精神科学》485n

  Sur l'étude de l'histoire des sciences humaines, sociales et politiques《有关人文科学、社会科学和政治科学的历史之研究》483n

  Vie de Schleiermacher《施莱尔马赫传》486

DOSSE（F.）多斯

　　L'Histoire《历史》168n，234n，304n，449n，453，500n

　　L'Histoire en miettes：Des « Annales » à la nouvelle histoire《碎片化的历史学：从〈年鉴〉到"新史学"》188 和 n，189，190，243n

DOSTOÏEVSKI（F.）陀思妥耶夫斯基

　　Les Frères Karamazov《卡拉马佐夫兄弟》635 和 n

DOUGLAS（M.）道格拉斯

　　How Institutions Think《制度如何思考》146n

　　Introduction à la traduction anglaise de La Mémoire collective《〈集体记忆〉英译本序言》146n

DULONG（R.）迪隆

　　Le Témoin oculaire：Les conditions sociales de l'attestation personnelle《目击证人：个人证明的社会条件》202n，204，205n，206n，218n，222，223n，224

ELIAS（N.）埃利亚斯

　　La Dynamique de l'Occident《西方的动力学》261 和 n，264 和 n，276

　　La Société de cour《宫廷社会》261n，262n，266n，289，348n

ESCHYLE 埃斯库罗斯

　　Euménides《欧墨尼得斯》651

FARGES（F.）法尔热

　　Le Goût de l'archive《档案的趣味》230n，446n

FARRELL KRELL（D.）法雷尔·克雷尔

　　Of Memory, Reminiscence and Writing：On the Verge《论记忆、回忆和书写：在边缘》9n，10n

FAVIER（J.）法维耶

　　Histoire de France（法维耶主编）《法国史》441n

　　«Les archives»，见 *L'Histoire et le Métier d'histoire en France, 1945 – 1995*（与 D. Neirinck 合著）《档案》，见《法国史学五十年》212n

FEBVRE（L.）费弗尔

　　Combats pour l'histoire《为史学而战》242n

Marguerite de Navarre《玛格丽特·德·纳瓦尔》242

Le Problème de l'incroyance au XVIe siècle : la religion de Rabelais《十六世纪的不信教问题：拉伯雷的宗教》242 和 n，243n

Un destin : M. Luther《一种命运：马丁·路德》242 和 n

FERRY（J. M.）费里

Les Puissances de l'expérience : Essai sur l'identité contemporaine《经验的力量：论同代的认同》162n

FINKIELKRAUT（A.）芬基尔克罗

L'Avenir d'une négation : Réflexion sur la question du génocide《一个否定的未来：对大屠杀问题的反思》584n

FLØISTAD（G.）弗洛伊斯塔德

Philosophical Problems today（弗洛伊斯塔德主编）《当代哲学问题》169n，362n*

FOUCAULT（M.）福柯

Naissance de la clinique《临床医学的诞生》257n

Histoire de la folie《疯狂史》273n

L'Archéologie du savoir《知识考古学》254 和 n，257n，258，259，476n

Les Mots et les Choses《词与物》255，259，476n

Surveiller et punir《规训与惩罚》283

FREUD（S.）弗洛伊德

Cinq leçons sur la psychanalyse《心理分析的五次讲座》86n

Gesammelte Werke《全集》84

L'Avenir d'une illusion《一个幻想的未来》94

Le Moïse de Michel-Ange《米开朗基罗的摩西》94，220

L'Interprétation des rêves《释梦》205

Malaise dans la civilisation《文明及其不满》94

Métapsychologie《元心理学》86n，94

Moïse et le Motothéisme《摩西与一神教》94，260

Psychopathologie de la vie quotidienne《日常生活的精神病理学》578

Totem et Tabou《图腾与禁忌》94

Un souvenir d'enfance de Léonard de Vinci《达·芬奇的童年回忆》94

«Remémoration, répétition, perlaboration», 见 *Gesammelte Werke*, 《回忆, 重复, 修通》, 见《全集》84n

«Deuil et Mélancolie», 见 *Gesammelte Werke*, 《哀伤与忧郁》, 见《全集》86 和 n

FRIEDLANDER (S.) 弗里德兰德

Probing the Limits of Representation: Nazism and «Final Solution» (弗里德兰德主编)《探寻表象的界限:纳粹主义与"最终解决"》223n, 329 和 n, 330, 331n, 332, 334n

FRYE (N.) 弗莱

Anatomie de la critique《剖析批评》326

FURET (F.) 弗雷

«De l'histoire-récit à l'histoire-problème», 见 *L'Atelier de l'histoire*《从历史-叙述到历史-问题》, 见《历史工作室》307n

FURETIÈRE (A.) 弗勒蒂埃

Dictionnaire universel《通用辞典》297

GACON (S.) 加孔

«L'oubli institutionnel», 见 *Oublier nos crimes:L'amnésie nationale, une spécificité française?*《制度的遗忘》, 见《遗忘我们的罪行:民族遗忘症, 法国的特性?》588n

GADAMER (H.G.) 伽达默尔

Vérité et Méthode《真理与方法》367n, 369n, 498n

GAGNEBIN (J.M.) 加涅班

Histoire et Narration chez Walter Benjamin《瓦尔特·本雅明思想中的历史和叙事》649n

GARAPON (A.) 加拉蓬

«La justice et l'inversion morale du temps», 见 *Pourquoi se souvenir?*《正义和时间的道德逆转》, 见《为什么要回忆?》418n

GEERTZ (C.) 格尔茨

The Interpretation of Cultures《文化的解释》100n, 296

GIFFORD (P.) 吉福德

«Socrates in Amsterdam: the uses of irony in "La Chute"», 见 *The Modern Lan-*

guage Review《苏格拉底在阿姆斯特丹:〈堕落〉中反讽法的使用》,见《现代语言评论》,617n

GINZBURG(C.)金兹堡

Le Fromage et les Vers《奶酪与蛆虫:一个16世纪磨坊主的精神世界》272 和 n,417

Le Juge et l'Historien《法官和历史学家》416 和 n,417

Mythes, Emblèmes, Traces: Morphologie et histoire《神话,象征,痕迹:形态学和历史》156n,219n,220,275n

Préface à Lorenzo Valla, La Donation de Constantin《瓦拉〈君士坦丁的馈赠〉的序言》217n,364n

《Traces: Racines d'un paradigme indiciaire》,见 Mythes, Emblèmes, Traces: Morphologie et histoire《痕迹:一种征象范式的根本》,见《神话,象征,痕迹:形态学和历史》156n,219n,275n

GOMBRICH(E.H.)贡布里希

L'Art et L'Illusion: Psychologie de la représentation picturale《艺术与错觉:图画再现的心理学研究》298n

Meditations on a Hobby Horse and Other Essays on the Theory of Art《木马沉思录:艺术理论文集》298n

GOUHIER(H.)古耶

Le Théâtre et l'Existence《剧场与生存》,73n

GRANGER(G.G.)格朗热

Essai d'une philosophie du style《风格哲学》326n

GREISCH(J.)格雷西

Ontologie et Temporalité: Esquisse d'une interprétation intégrale de «Sein und Zeit»《存在论与时间性:〈存在与时间〉整体解释纲要》463n,465,484,491n,493n,498n,500n

GRIMAUDI(M.)格里莫蒂

«Échelles, pertinence, configuration»,见 Jeux d'échelles《尺度,相关性,结构》,见《尺度游戏》269n

GUITTON(J.)吉东

Le Temps et l'Éternité chez Plotin et saint Augustin《普罗提诺和圣奥古斯丁思想

中的时间与永恒》117n

HABERMAS（J.） 哈贝马斯

    Connaissance et Intétêt《认识与旨趣》103n

    « Une manière de liquider les dommages : Les tendances apologétiques dans l'historiographie contemporaine allemande »，见 *Devant l'histoire*《一种消除伤害的方式：当代德国历史编纂学中的辩护趋势》，见《面对历史》337n

HALBWACHS（M.）哈布瓦赫

    La Mémoire collective《集体记忆》146 和 n，147，148 和 n，512 和 n，513n，516n，517n

    Les Cadres sociaux de la mémoire《记忆的社会框架》，147n

HART（H. L.）哈特

    « The ascription of responsibility and rights »，见 *Proceedings of the Aristotelian Society*《责任与权利的归属》，见《亚里士多德学会学报》，153n

HARTMANN（N.）哈特曼

    Éthique《伦理学》，603

HARTOG（F.）哈托

    L'Histoire d'Homère à Augustin : Préfaces des historiens et textes sur l'histoire（哈托编辑和评论）《从荷马到奥古斯丁的历史：史学家的序言以及关于历史的文本》167n

    Le Miroir d'Hérodote : Essai sur la représentation de l'autre《希罗多德的镜子：论他者的表象》173n，209n，319n

HEGEL（F.）黑格尔

    Encyclopédie des sciences philosophiques《哲学全书》，145，395n

    La Raison dans l'histoire《历史中的理性》，394，395n，400n

    Leçons sur l'histoire de la philosophie《哲学史讲演录》，482

    Logique《逻辑学》，395n，452

    Phénoménologie de l'esprit《精神现象学》145，348n，368n，483，509，653n

    Philosophie de l'histoire《历史哲学》197

    Principes de la philosophie du droit《法哲学原理》，355

HEIDEGGER（M.）海德格尔

Être et Temps（*Sein und Zeit*）《存在与时间》45,450 和 n,452,455,456,461,462,463 和 n,465 和 n,471,472,473n,474,481,484n,487,488n,493n,494,497,498 – 500,502n,572n,573 和 n,631

HELVÉTIUS 爱尔维修

De l'esprit《论精神》81

HENRY（M.）亨利

Marx, t. I, Une philosophie de la réalité《马克思 I：一种关于实在的哲学》102n

HÉRODOTE 希罗多德

Hstoires《历史》167n,319n

HEUSSI（K.）霍伊西

Die Krisis des Historismus《历史主义的危机》365n*

HILDESHEIMER（F.）伊尔德塞梅尔

Les Archive de France: Mémoire de l'histoire《法兰西档案：历史的记忆》212n

HILLGRUBER（A.）希尔格鲁贝尔

Zweierlei Untergang: die Zerschlagung des Deutschen Reiches und das Ende des Europäischen Judentums《两次覆灭：德意志帝国的崩溃与欧洲犹太人的毁灭》332n,430n

HOMANS（P.）霍曼斯

The Ability to Mourn《哀伤的能力》86n

HOMÈRE 荷马

Odyssée《奥德赛》173n,188,655

HUSSERL（E.）胡塞尔

Einleitung in dir Logik und Erkenntnistheorie Vorlesungen（1906 – 1907）《逻辑学与认识论讲座导论》（1906 – 1907）,58n.

Erinnerung, Bild, Phantasie《记忆,图像,想象》142n.

Erste Philosophie（1923 – 1924）《第一哲学》（1923 – 1924）57n.

Ideen I《观念 I》44,59,60,138

Husserliana I《胡塞尔全集》（第一卷）143n

Husserliana VIII《胡塞尔全集》（第八卷）57n

Husserliana X《胡塞尔全集》（第十卷）54n,56n,59 和 n,60 和 n,133n,

141n

Husserliana XXIII《胡塞尔全集》（第二十三卷）43，54 和 n，55，59 和 n，60 和 n，133n，141n

Husserliana XXIV《胡塞尔全集》（第二十四卷）58n

Méditations cartésiennes《笛卡尔式的沉思》131 - 133，138，143 和 n，144，145，157，159，451

La Crise des sciences européennes《欧洲科学的危机》159

Leçons pour une phénoménologie de la conscience intime du temp（*Zur Phänomenologie des inneren Zeitbewusstsein*）《内时间意识现象学讲座》37 和 n，38，42 - 44，50，54，56n，59 - 61，132，133 和 n，134，137n，138n，140 - 143，564

Phantasie, Bild, Erinnerung《想象，图像，记忆》60，556，569

Recherches logiques《逻辑研究》56，360

Vorstellung, Bild, Phantasie（1898 - 1925）《表象，图像，想象（1898 - 1925）》54 和 n，142

HUTTON（P. H.）赫顿

History as an Art of Memory《历史作为一种记忆术》146n，176n

«Maurice Halbwachs as historian of collective memory»，见 *History as an Art of Memory*《研究集体记忆的历史学家莫里斯·哈布瓦赫》，见《历史作为一种记忆术》146n

HYPPOLITE（J.）伊波利特

«Aspects divers de la mémoire chez Bergson»，见 *Revue internationale de philosophie*《记忆在柏格森思想中的多个面向》，见《国际哲学杂志》566n

«Du bergsonsime à l'existentialisme»，见 *Mercure de France*《从柏格森主义到存在主义》，见《法兰西信使》566n

JANKÉLÉVITCH（V.）扬科列维奇

Le Pardon《宽恕》613n

L'Imprescriptible《论无时效》613n

L'Irréversible et la Nostalgie《不可逆的和怀旧》631n

Pardonner?《宽恕?》613n

JASPERS（K.） 雅斯贝斯

    La Culpabilité allemande（*Die Schuldfrage*）《德国的罪行》(《罪责问题》)608 和 n，615，616，652

    Philosophie. Orientation dans le monde. Éclairement de l'existence. Métaphysique《哲学·世界之指向·生存之澄明·形而上学》596n

JAUSS（H. R.） 姚斯

    Pour une esthétique de la réception《接受美学》401n，403n，405n

    «La «Modernité» dans la tradition littéraire et la conscience d'aujourd'hui», 见 *Pour une esthétique de la réception*《在文学传统和当代意识中的"现代性"》，见《接受美学》401n*

JERVOLINO（D.） 赫伏利诺

    L'Amor difficile《艰难的爱》593n

JOYCE（J.） 乔伊斯

    Ulysse《尤利西斯》188

KANT（E.） 康德

    Critique de la faculté de juger《判断力批判》310，385，390n，451

    Critique de la Raison pur《纯粹理性批判》173，566

    Essai pour introduire en philosophie le concept de grandeur négative 《论将负值概念引入哲学中的尝试》598n

    Essai sur le mal radical，见 *Philosophie de la religion dans les limites de la simple raison*《论根本恶》，见《纯然理性限度内的宗教哲学》639，640

    Esthétique transcendantale《先验感性论》183，184

    Fondements de la métaphysique des mœurs《道德形而上学基础》640

    Le Conflit des facultés《学科之争》390n

    Œuvres philosophiques《哲学选集》598n

    Philosophie de la religion dans les limites de la simple raison《纯然理性限度内的宗教哲学》639－641 和 n

    «Le droit de gracier», 见 *La Métaphysique des mœurs*《特赦的法权》，见《道德形而上学》585n

KANTOROWICZ（E. H.） 坎托洛维茨

Les Deux Corps du roi《国王的两个身体》344n

KEATS（J.）济慈

《Ode of Melancoly》《忧郁颂》94n

KELLNER（H.）凯尔纳

Language and Historical Representation：*Getting the Story Crooked*《语言和历史表现：歪曲故事》327n

KEMP（P.）肯普

L'Irremplaçable《不可替代之物》626n.

KIERKEGAARD（S.）克尔凯郭尔

Discours édifiants à divers points de vue《不同精神的启发性谈话》656 和 n.

KLIBANSKY（R.），PANOFSKY（E.）和 SAXL（F.）克利班斯基、帕诺夫斯基和萨克斯尔

Saturn and Melancholy：*Studies in the History of Natural Philosophy，Religion and Art*《土星与忧郁：自然哲学史、宗教史和艺术史研究》88，89 和 n，91n，93，94n.

KODALLE（K. M.）克达勒

Verzeihung nach Wendezeiten?《转折期之后的宽恕?》604n，618

KOSELLECK（R.）科泽勒克

Le Futur passé：*contribution à la sémantique des temps historiques*（*Die Vergangene Zukunft*：*Zur Semantik geschichtlicher Zeiten*）《已逝的未来：对历史时间的语义学研究》292n，316 和 n，317n，318n，342n，388，389 和 n，390n，393，397

L'Expérience de l'histoire《历史经验》317n，391n，392n,397n，400n，404

《Geschichte》，见 *Lexique historique de la langue politico-sociale en Allemagne*《历史》，见《德国政治—社会语言中的历史词汇》391 和 n，392，394，400

《Le concept d'histoire》，见 *L'Expérience de l'histoire*《历史概念》，见《历史经验》392n

KRIEGER（L.）克里格

Ranke：*The Meaning of history*《兰克：历史的意义》357n

LA CAPRA（D.）卡佩拉

«Representing the Holocaust: reflections on the historians' debate», 见 *Probing the Limits of Representation*《表现大屠杀:对历史学家争论的反思》,见《探寻表象的界限》335n

LACOMBE (P.) 拉贡布*

De l'histoire considérée comme science《论作为科学的历史》225n

LA FONTAINE (J. DE) 拉封丹

«Le Corbeau et le Renard»《乌鸦与狐狸》348n

LECLERC (G.) 勒克莱尔

Histoire de l' autorité: L'assignation des énoncés culturels et la généalogie de la croyance《权威的历史:文化话语的指定和信仰的谱系》72n

LEGENDRE (P.) 勒让德

L'Inestimable Objet de la transmission: Essai sur le principe généalogique en Occident《传承的不可估计的对象:论西方的谱系原则》494 和 n

LE GOFF (J.) 勒高夫

Histoire et Mémoire《历史与记忆》402 和 n, 504n

Mémoire et Histoire《记忆与历史》503, 523

La Nouvelle Histoire(与 R. Chartier 及 J. Revel 主编)《新史学》200n

Faire de l'histoire(与 P. Nora 主编)《制造历史》169 和 n, 196n, 210n, 228, 249 和 n, 250, 294n, 391n, 477n, 532n, 533

«Les mentalités: une histoire ambiguë», 见 *Faire de l'histoire*《心态:一段含糊不清的历史》,见《制造历史》249n, 294n

«Documento/monumento», 见 *Encyclopedia Einaudi*《文献/遗迹》,见《艾奥蒂百科全书》222n

LEIBNIZ (G. W.) 莱布尼茨

Monadologie《原子论》124n

Nouveaux Essais sur l'entendement humain《人类理智新论》571

LEJEUNE (P.) 勒热纳

Le Pacte autobiographique《自传契约》340n

LEPETIT (B.) 勒珀蒂

Les Formes de l'expérience: Une autre histoire sociale (勒珀蒂主编)《经验的诸种形式:另一种社会史》161n, 238, 278, 282n, 288, 289n, 291 和 n, 502n

« De l'échelle en histoire », 见 *Jeux d'échelles*《论历史的尺度》, 见《尺度游戏》269n

« Histoire des pratiques, pratique de l'histoire », 见 *Les Formes de l'expérience*《实践的历史, 历史的实践》, 见《经验的诸种形式》282n

LEROY LADURIE (E.) 勒华拉杜里

Histoire du climat depuis l'an mil《公元 1000 年以来的气候史》249n

Les Paysans de Languedoc《朗格多克的农民》439

Montaillou : village occitan《蒙塔尤: 1294 - 1324 年奥克西坦尼的一个山村》479

LEROY-GOURHAN (A.) 勒鲁瓦-古朗

Le Geste et la Parole《姿态和话语》504

LEVI (G.) 莱维

Le Pouvoir au village : Histoire d'un exorciste dans le Piémont du XVIe siècle《村庄中的权力: 16 世纪皮埃蒙特地区一个驱魔者的历史》274 和 n, 276, 280n, 290 和 n

« I pericoli del Geertzismo », *Quaderni storici*《格尔兹主义的危险》, 见《历史笔记》271n

LEVI (P.) 莱维

Les Naufragés et les Rescapés《遇难者与幸存者》208n, 222 和 n

Si c'est un homme ; Souvenirs《如果这是一个人: 回忆录》208n, 222n, 223n

LEVINAS (E.) 列维纳斯

Autrement qu'être ou au-delà de l'essence《异于存在或超越本质》122, 470n

Le Temps et l'Autre《时间与他者》142n, 500n

Totalité et Infini : Essai sur l'extériorité《整体与无限: 论外在性》469 和 n, 470

LÉVI-STRAUSS (C.) 列维-斯特劳斯

Anthropologie structurale《结构人类学》244n, 246

Race et Histoire《种族与历史》198n

Tristes Tropiques《忧郁的热带》246

« Histoire et ethnologie », *Revue de métaphysique et de morale*《历史与人种学》, 见《形而上学与道德杂志》244n

« Introduction à l'œuvre de Marcel Mauss », 见 *Sociologie et Anthropologie*《马塞

尔·莫斯著作导论》，见《社会学和人类学》622n

LÉVY-BRUHL 列维-布留尔

 Carnets《笔记》251

LITTRÉ（É.）利特雷

 Dictionnaire《词典》482n

LLOYD（G. E. R.）罗伊德

 Pour en finir avec les mentalités（*Demystifying Mentalities*）《揭开心态的神秘面纱》251 和 n, 252 和 n

LOCKE（J.）洛克

 Essai philosophique concernant l'entendement humain《人类理解论》123, 130

 Identité et Différence : L'invention de la conscience《同一与差异：意识的创造》123n, 124n

 Second Traité du gouvernement《政府论（下篇）》130 和 n, 131 和 n

LORAUX（N.）洛罗

 La Cité divisée : L'oubli dans la mémoire d'Athènes《分裂的城邦：雅典记忆中的遗忘》586n, 587, 651

LYOTARD（J. F.）利奥塔

 La Condition postmoderne《后现代状况》411 和 n, 412n

 Le Différend《异争》413n

MANDEVILLE 曼德维尔

 Fable des abeilles《蜜蜂的寓言》624

MANDROU（R.）芒德鲁

 De la culture populaire en France aux XVIIe et XVIIIe siècles : La Bibliothèque bleue de Troyes《17、18 世纪的法国市民文化：特鲁瓦的〈蓝色丛书〉》247n

 Introduction à la France moderne : Essai de psychologie historique《近代法国引论：历史心理学》247n*

 Magistrats et Sorciers en France au XVIIe siècle : Une analyse de psychologie historique《17 世纪法国的法官与巫师：一种历史心理学分析》247n

MANN（T.）托马斯·曼

 La Montagne magique《魔山》342

人名书名索引

MARGUERAT（D.）和 ZUMSTEIN（J.）马格拉特和祖姆斯坦
 La Mémoire et le Temps：Mélanges offerts à Pierre Bonnard《记忆与时间：献给皮埃尔·博纳尔的文集》483n

MARIN（L.）马兰
 Des pouvoirs de l'image《图像的力量》300 和 n，301，354n
 La Critique du discours : Études sur la « Logique de Port-Royal » et les « Pensées » de Pascal《话语批判：对〈波尔-罗亚尔逻辑〉与帕斯卡尔〈思想录〉的研究》297n，350n
 Le Portrait du roi《国王肖像》300 和 n，344 和 n，345n，347，348n，349，350n，353n，356
 Opacité de la peinture：Essais sur la représentation du Quattrocento《画之晦：论十五世纪的表象》342n
 « Une ville, une campagne de loin… : paysage pascalien », Littérature《从远处看一座城市、一个乡村……：帕斯卡尔的风景画》，见《文学》杂志 269n

MARION（J. L.）马里翁
 Étant donné：Essai d'une phénoménologie de la donation《被给予的存在：给予现象学研究》572
 Réduction et Donation《还原与给予》572

MARROU（H. I.）马鲁
 L'Ambivalence de l'histoire chez saint Augustin《圣奥古斯丁思想中历史的模糊性》461n
 La Théologie de l'histoire《历史神学》461n
 De la connaissance historique《论历史认知》227 和 n，439，442

MARX（K.）卡尔·马克思
 L'Idéologie allemande《德意志意识形态》102，397n

MAUSS（M.）莫斯
 Essai sur le don：Formes et raison de l'échange dans les sociétés archaïques，见 *Sociologie et Anthropologie*《论礼物：古式社会中交换的形式与理由》，见《社会学与人类学》622 和 n，623n
 Sociologie et Anthropologie《社会学和人类学》622n

MERLEAU-PONTY（M.）梅洛-庞蒂

La Structure du comportement《行为的结构》71

Phénoménologie de la perception《知觉现象学》185

MICHELET（J.）米什莱

Histoire de France《法国史》357 和 n，495

Journal《日记》479n

MINK（L.O.）明克

Historical Understanding《历史理解》236n，310

Narrative Form as a Cognitive Instrument《作为认识工具的叙述形式》312

MOMIGLIANO（A.）莫米利亚诺

《The place of Herodotus in the history of historiography》，*Studies in Historiography*《希罗多德在史学史中的地位》，见《史学研究》173n

《Time and ancient historiography》，见 *Ancient and Modern History*《时间与古代史学》，见《古代史与现代史》519n

MONTAIGNE（M. DE）蒙田

Essais《蒙田随笔集》81n，467，471n

MOSES（S.）摩西

L'Ange de l'Histoire: Rosenzweig, Benjamin, Scholem《历史的天使：罗森茨威格，本雅明，肖勒姆》649n

MUSSET（A. DE）缪塞

Confession d'un enfant du siècle《一个世纪儿的忏悔》508

NABERT（J.）纳贝尔

Éléments pour une éthique《伦理学要素》596n，598，600

Essai sur le mal《论恶》599 和 n，600，602n，639，640

NAGEL（T.）内格尔

Égalité et Partialité《平等与偏爱》414 和 n

NEIRINCK（D.）内汉克

《Les archives》，见 *L'Histoire et le Métier d'historien en France, 1945–1995*（与 J. Favier 合著）《档案》，见《史学和史学家在法国 1945–1995》212n

NIETZSCHE（F.）尼采

La Généalogie de la morale《道德谱系学》633 和 n，634n，652

Seconde Considération intempestive : De l'utilité et des inconvénients de l'histoire pour la vie《第二个不合时宜的考察：历史对于人生的利弊》82，175，176，178，377 和 n，379，522

NOLTE（E.）诺尔特

Devant l'histoire《面对历史》429

«un passé qui ne veut pas passer»，见 *Devant l'histoire*《一段不会逝去的过往》，见《面对历史》330n

NORA（P.）诺拉

Les Lieux de mémoire（诺拉主编）《记忆的场所》109，110 和 n，358n，522n，523，524，526n，529，530，532 和 n，533n，535

Faire de l'histoire（与 J. Le Goff 主编）《制造历史》169 和 n，196n，210n，228n，249 和 n，250，294n，391n，477n，532n，533

«La nation sans nationalisme»，见 *Espaces Temps, Les Cahiers*《无民族主义的国家》，见《手册》，"空间时间"专刊 358n

«Le retour de l'événement»，见 *Faire de l'histoire*《事件的回归》，见《制造历史》196n，228n，532n

NYS（P.）尼斯

Logique du lieu et Œuvre humaine（与 A. Berque 主编）《处所的逻辑和人的作品》191n

OSIEL（M.）奥西尔

Mass Atrocity, Collective Memory and the Law《大众暴行、集体记忆和法律》338n，423 和 n，427，432n

OST（F.）奥斯特

Le Temps du droit《法的时间》632n

PASCAL（B.）帕斯卡尔

Discours sur la condition des grands《关于大人物的条件的谈话》354n

Pensées《思想录》267，268，301，345，347，349，350

PETIT（J. L.）珀蒂

Du travail vivant au système des actions : Une discussion de Marx《从活的劳动到

关于行动的体系:论马克思》103n

L'Événement en perspective（珀蒂主编）《透视事件》208n

Les Neurosciences et la Philosophie de l'action（珀蒂编）《神经科学和行动哲学》548n

PHARO（P.）和 QUÉRÉ（L.）法罗和凯雷

Les Formes d'action（法罗和凯雷主编）《行动的诸种形式》284n，291n

PLATON 柏拉图

Le Sophiste《智者篇》8，12 和 n，13 和 n，14，16，24，25，345

Ménon《美诺篇》25，29，571

Phédon《斐多篇》465，546

Phèdre《斐德罗篇》16，17，75，172，175 和 n，179，182－184，212，229，241，377，378，378，381，382，459，513，525，526，624n，646，648

Philèbe《斐莱布篇》16 和 n，17n，556，560n，569

République《理想国》113，270，383

Théétète《泰阿泰德篇》8－10，11n，12 和 n，13，15，16，20，21，23，25，74，75，139，176n，539，552，556，571

PLOTIN 普罗提诺

Ennéades《九章集》638n

POMIAN（K.）波米扬

L'Ordre du temps《时间的秩序》193 和 n，197n，198n，199，200 和 n，310n

《 *L'histoire des structures* 》，见 *La Nouvelle Histoire*《结构史》，见《新史学》200n

PONS（S.）庞斯

Apartheid: L'aveu et le pardon《种族隔离:招供与宽恕》627n

POULAIN（J.）普兰

Penser au présent（普兰主编）《思考现在》406n

PROST（A.）普洛斯特

Douze Leçons sur l'histoire《关于历史的十二堂课》225 和 n，234n*

《 *Seignobos revisité* 》，*Vingtième Siècle, revue d'histoire*《再论瑟诺博斯》，见《20 世纪历史杂志》225n，242n

PROUST（M.）普鲁斯特

À la Recherche du temps perdu《追寻逝去的时光》28，46，49，77n，568，655

QUINTILIEN 昆体良

Institutio oratoria《演说术原理》217n

RACINE（J.）和 BOILEAU（N.）拉辛和布瓦洛

Éloge historique du Roi sur ses conquêtes depuis l'année 1672 jusqu'en 1678《路易十四史颂：关于其 1672 至 1678 年间的征服》347

RAD（G. VON）冯拉德

Theologie des Alten Testaments《旧约神学》520n

RANCIÈRE（J.）朗西埃

Les Noms de l'histoire：Essai de poétique du savoir《历史之名：论知识的诗学》445 和 n，446 和 n，448n，478，479 和 n

RANKE（L.）兰克

English History《英国史》357n

Nachlass《遗作集》357

RAWLS（J.）罗尔斯

Théorie de la justice《正义论》414

RÉMOND（R.）雷蒙

Les Droites en France《法国的右翼》293 和 n

Notre siècle，1918 - 1988，dernier tome de L'Histoire de France（与 J. -F. Sirinelli 合著）《我们的世纪 1918 - 1988》，《法国史》最后一卷 440n，441n

«Introduction» à Notre siècle，1918 - 1988《我们的世纪 1918 - 1988》的《导论》440，441

RENTHE-FINK（L. VON）雷特-芬克

Geschichtlichkeit：Ihr terminologischer und begrifficher Ursprung bei Hegel，Haym，Dilthey und Yorck《历史性：其在黑格尔、海姆、狄尔泰及约克思想中的术语及概念起源》481n，482 和 n，486，487

REVAULT D'ALLONNES（M.）勒沃·达隆

Ce que l'homme fait à l'homme：Essai sur le mal politique《人对人的作为：论坏政治》601n

REVEL (J.) 雷维尔

　　Jeux d'échelles : La microanalyse à l'expérience（雷维尔主编）《尺度游戏：对经验的微观分析》161n，268n，269n，271n，272n，274n，275n，277n，281n，361n

　　La Nouvelle Histoire（与 R. Chartier 及 J. Le Goff 主编）《新史学》200n

　　«L'institution et le social»，见 *Les Formes de l'expérience*《制度与社会》，见《经验的诸种形式》282n

　　«Microanalyse et construction du social»，见 *Jeux d'échelles*《微观分析与社会建构》，见《尺度游戏》268n

　　«Microhistoire et construction du social»，见 *Jeux d'échelles*《微观历史与社会建构》，见《尺度游戏》361n

　　«Présentation» de l'ouvrage de Levi (G.), *Le Pouvoir au village* 莱维的《村庄中的权力》的《序言》290n

RICARDOU (J.) 里卡尔杜

　　Le Nouveau Roman《新小说》323n

Ricœur (P.) 利科

　　À l'école de la phénoménologie《论现象学流派》143n

　　Amour et Justice《爱与公正》622n

　　Du texte à l'action : essais d'herméneutique《从文本到行动：解释学文集》210n，279n，292n

　　Histoire et Vérité《历史与真理》437n，440n

　　La Métaphore vive《活的隐喻》319，343n，366n

　　Lectures 2, La contrée des philosophes《阅读Ⅱ：哲学家角落》102n

　　Le Juste《论公正》285n，420n

　　Le Mal : Un défi à la philosophie et à la théologie《恶：对哲学与神学的挑战》603n

　　L'Idéologie et l'Utopie《意识形态与乌托邦》99n，101n，102n，103n，279n，296n，351n

　　Philosophie de la volonté《意志哲学》92n，375，570n，597

　　Soi-même comme un autre《作为他者的自身》26n，68n，129n，153 和 n，162，206n，472，499n，510，643

Temps et Récit《时间与叙事》15,64,117 和 n,121,122,131,136n,143n,160n,186n,190n,191 和 n,212 和 n,222n,231n,234n,235n,236,245n,305n,309n,310 和 n,313n,314n,320n,321 和 n,324n,333n,340n,341n,360,365 和 n,366,367n,388 和 n,394,395n,445n,452n,459n,462n,490n,491n,493n,514 和 n

Temps et Récit I. L'Intrigue et le Récit historique《时间与叙事 I:情节与历史叙事》117 和 n,186n,190n,231n,234n,235n,245n,309n,310n,313n,320n,324n,340n,459n

Temps et Récit II. La Configuration dans le récit de fiction《时间与叙事 II:虚构叙事中时间的塑形》321 和 n,333n,341n

Temps et Récit III. Le Temps raconté《时间与叙事 III:被叙述的时间》136n,143n,160n,191n,212n,222n,320n,340n,365n,366,388 和 n,389,394,395n,445n,452n,462n,490n,491n,493n,514n

Ce qui nous fait penser:La nature et la règle(与 J.-P. Changeux 合著)《什么使我们思考:本性与规范》155n,544 和 n,545n,552

Penser la Bible(与 A. LaCocque 合著)《思考圣经》602n

«L'acte de juger»和 «Interprétation et/ou argumentation»,见 *Le Juste*《审判行为》和《解释及/或论证》,见《论公正》420n

«La cinquième Méditation cartésienne»,见 *À l'école de la phénoménologie*《笛卡尔的第五沉思》,见《论现象学流派》143n,144n

«Philosophies critiques de l'histoire:recherche, explication, écriture»,见 *Philosophical Problems Today*《历史的批判哲学:研究,解释,书写》,见《今日的哲学问题》169n,362n

ROSENSTOCK-HUESSY(E.)胡絮

Out of Revolution《走出革命》522n

ROSENTAL(P. A.) 罗森塔尔

«Construire le «macro» par le «micro»:Fredrik Barth et la microstoria»,见 *Jeux d'échelles*《以"微观"建构"宏观":巴思与微观史学》,见《尺度游戏》272n,281n

ROSENZWEIG(F.) 罗森茨威格

L'Étoile de la Rédemption《救赎之星》572

ROUSSEAU（J.-J.）卢梭

 Contrat social《社会契约论》414

ROUSSO（H.）卢索

 La Hantise du passé《过去的萦扰》109n，441n，581n

 Le Syndrome de Vichy, de 1944 à nos jours《维希综合症：1944年至今》109和n，581和n，582n

 Vichy: un passé qui ne passe pas《维希：一段不曾消逝的过去》109n，330n，581n

 « La justice et l'historien », Le Débat《公正与历史学家》，见《争鸣》杂志584n

 « Quel tribunal pour l'histoire? », 见 *La Hantise du passé*《历史需要怎样的法庭?》，见《过去的萦扰》581n

SARTRE（J.-P.）萨特

 L'Imaginaire 《想象物》7，64和n，65

 L'Imagination《想象》7

SCHACTER（D.）夏科特

 Memory Distortions（夏科特主编）《记忆的扭曲》549n

SCHLEGEL（F.）施莱格尔*

 Über die neuere Geschichte. Vorlesungen《论新史学：讲课稿》400n*

SCHUTZ（A.）舒茨

 Collected Papers《论文集》159n

 The Phenomenology of the Social World《社会世界现象学》159n，160n，206n，514n

 The Structure of the Life-World《生活世界的结构》159n

SCHWEIDLER（W.）施魏德勒

 « Verzeihung und geschichtliche Identität, über die Grenzen der kollektiven Entschuldigung », Salzburger Jahrbuch für Philosophie《宽恕与历史身份：越过集体脱罪的边界》，见《萨尔斯堡哲学年鉴》620n

SEIGNOBOS（C. V.）瑟诺博斯

 La Méthode historique appliquée aux sciences sociales《用于社会科学的历史方法》242n

L'Introduction aux études historiques《历史研究导论》225n

SHAKESPEAR（W.）莎士比亚

Macbeth《麦克白》631n

Sonnets《十四行诗集》93

SIMIAND（F.）西米安

«Méthode historique et science sociale», *Revue de synthèse historique*《历史方法与社会科学》，见《历史综合杂志》242n

SIRINELLI（J.-F.）西里内利

Notre siècle, 1918–1988, dernier tome de l'Histoire de France（与 R. Rémond 合著）《我们的世纪 1918–1988》，《法国史》最后一卷 440n, 441n

SOPHOCLE 索福克勒斯

Électre《厄勒克特拉》651

SORABJI（R.）索拉布吉

Aristotle on Memory《亚里士多德论记忆》18n

SPIEGELMAN（A.）施皮格尔曼

Maus: Survival's Tale《毛斯：幸存者的故事》332n

SPINOZA 斯宾诺莎

Éthique《伦理学》5, 6, 466, 575

Traité théologico-politique《神学政治论》218

STAROBINSKI（J.）斯塔罗宾斯基

La Mélancolie au miroir: Trois lectures de Baudelaire《镜中的忧郁：关于波德莱尔的三篇阐释》93 和 n, 509n

STONE（L.）斯通

«Retour au récit: réflexions sur une vieille histoire», *Le Débat*《叙事的复兴：对一段旧史的反思》，见《争鸣》杂志 312n

STRAWSON（P. F.）斯特劳森

Les Individus《个体》153 和 n

STUART MILL（J.）斯图亚特·密尔

Logique《逻辑学》484n

TAYLOR（C.）泰勒

Le Malaise de la modernité《现代性之隐忧》409 和 n

Les Sources du moi : La formation de l'identité moderne（*Sources of the Self*）《自我的根源：现代认同的形成》44 和 n, 113n

TERDIMAN（R.）特迪曼

Present and Past : Modernity and the Memory Crisis《当下与过去：现代性与记忆危机》507n, 508n

«The mnemonics of Musset's confession», 见 *Present and Past : Modernity and the Memory Crisis*《缪塞的〈忏悔〉的记忆法》, 见《当下与过去：现代性与记忆危机》509n

THÉVENOT（L.）泰弗诺

De la justification : les économies de la grandeur（与 L. Boltanski 合著）《论辩护：权威性之结构》162n, 285 和 n, 356n

«L'action qui convient», 见 *Les Formes d'action*《适当行为》, 见《行动的诸种形式》284n, 291n*

THOMAS D'AQUIN（SAINT）（圣）托马斯·阿奎那

Somme《神学大全》77

THOREAU（H.）梭罗

Wilden《瓦尔登湖》188

TODOROV（T.）托多罗夫

Les Abus de la mémoire《记忆的滥用》104 和 n

TOULMIN（S. E.）图尔敏

Les Usages de l'argumentation《论证的用途》326n

TURGOT（A. R. J.）杜尔戈

Réflexions sur l'histoire des progrès de l'esprit humain《对人类精神进步史的思考》404

VALLA（L.）瓦拉

La Donation de Constantin《君士坦丁的馈赠》217 和 n, 223, 334, 364n, 584

VERNANT（J.-P.）韦尔南

Les Origines de la pensée grecque《希腊思想的起源》252n

Mythe et Pensée chez les Grecs : études de psychologie historique《希腊人的神话和

思想：历史心理分析研究》248 和 n，252n

Les Ruses de l'intelligence : la mētis des Grecs（与 M. Détienne 合著）《智慧的狡黠：希腊人的"mētis"》220n，248，252n，347

（与 P. Vidal-Naquet 合著）*Mythe et Tragédie en Grèce ancienne*《古希腊神话与悲剧》248

VEYNE（P.）韦纳

Comment on écrit l'histoire《人如何书写历史》234n，439

L'Inventaire des différences : leçon inaugurale du Collège de France《差异清单：法兰西公学院就职讲课稿》196n，366n

VIDAL-NAQUET（P.）维达尔-纳凯

Les Assassins de la mémoire《记忆的杀手》334

Les Juifs, la Mémoire et le Présent《犹太人、记忆和现在》334，584n

Mythe et Tragédie en Grèce ancienne（与 J.-P. Vernant 合著）《古希腊神话与悲剧》248

« La raison grecque et la cité », 见 *Le Chasseur noir : Formes de pensée et formes de société dans le monde grec*《希腊理性与城邦》，见《黑色猎手：古希腊世界的思想形式和社会形式》252n

VOVELLE（M.）沃韦勒

Piété baroque et Déchristianisation en Provence au XVIIIe siècle : Les attitudes devant la mort d'après les clauses des testaments《十八世纪普罗旺斯的巴洛克式虔诚与去基督教化：从遗嘱的条款看面对死亡的态度》250n

WALZER（M.）沃尔泽

Sphères de justice : une défense du pluralisme et de l'égalité《正义诸领域：为多元主义与平等一辩》285n

WEBER（M.）韦伯

Économie et Société. Concepts fondamentaux de la théorie sociologique《经济与社会》第一部分第一章《社会学的基本概念》101，144，159n，234n，444n

Le Savant et le Politique《学术与政治》211，617n

WEIL（É.）埃里克·韦伊

Philosophie politique《政治哲学》355

WEIL（S.）西蒙娜·韦伊

　《Malheur et joie》,见 Œuvres《不幸与快乐》,见《著作集》467n

WEINRICH（H.）魏因里希

　Lethe:Kunst und Kritik des Vergessens《Lethe:遗忘之术及其批判》73n,77n,79n,81n,82,654 和 n

WHITE（H.）　怀特

　Metahistory:The Historical Imagination in XIXth Century Europe《元史学:十九世纪欧洲的历史想象》324n,325

　The Content of the Form《形式的内容》324n,329n,334n,363n,364

　Tropics of Discourse《叙事的回归线》324n,328n

　《The Burden of History》,见 History and Theory《历史的负担》,见《历史与神学》521n

WORMS（F.）沃姆斯

　Introduction à《Matière et Mémoire》de Bergson《柏格森〈物质与记忆〉导论》62n,567 和 n

WRIGHT（H. VON）赖特

　Explanation and Understanding《解释与理解》235,444n

　《On promises》,见 Philosophical Papers I《论承诺》,见《哲学论文集I》206n

YATES（F. A.）耶茨

　The Art of Memory《记忆之术》69n,73 和 n,77n,78

YERUSHALMI 耶鲁沙利米

　Zakhor:Histoire juive et mémoire juive《Zakhor:犹太历史和犹太记忆》517 和 n,518,519 和 n,520n,521 和 n,522 和 n

图书在版编目(CIP)数据

记忆,历史,遗忘/(法)保罗·利科著;李彦岑,陈颖译.
--上海:华东师范大学出版社,2017
ISBN 978-7-5675-6688-0

Ⅰ.①记… Ⅱ.①保… ②李… ③陈… Ⅲ.①史学理论—研究 Ⅳ.①K0

中国版本图书馆 CIP 数据核字(2017)第 177858 号

华东师范大学出版社六点分社
企划人　倪为国

La Mémoire, l'histoire, l'oubli
By Paul RICŒUR
© Éditions du Seuil, 2000
Published by arrangement with LES ÉDITIONS DU SEUIL
Simplified Chinese Translation Copyright © 2018 by East China Normal University Press Ltd.
ALL RIGHTS RESERVED.
上海市版权局著作权合同登记　图字:09-2007-108 号

记忆,历史,遗忘

著　　者　(法)保罗·利科
译　　者　李彦岑　陈　颖
责任编辑　高建红
封面设计　吴元瑛

出版发行　华东师范大学出版社
社　　址　上海市中山北路3663号　邮编　200062
网　　址　www.ecnupress.com.cn
电　　话　021-60821666　行政传真　021-62572105
客服电话　021-62865537
门市(邮购)电话　021-62869887
地　　址　上海市中山北路3663号华东师范大学校内先锋路口
网　　店　http://hdsdcbs.tmall.com/

印　刷　者　上海中华商务联合印刷有限公司
开　　本　890×1240　1/32
印　　张　23
插　　页　4
字　　数　570千字
版　　次　2018年5月第1版
印　　次　2020年7月第3次
书　　号　ISBN 978-7-5675-6688-0/B·1084
定　　价　158.00元

出版人　王　焰

(如发现本版图书有印订质量问题,请寄回本社客服中心调换或电话021-62865537联系)